THE GREAT DIVERGENCE

KENNETH POMERANZ

大分岐

中国、ヨーロッパ、そして近代世界経済の形成

K.ポメランツ——【著】
川北 稔——【監訳】

名古屋大学出版会

THE GREAT DIVERGENCE
by Kenneth Pomeranz

大分岐——目　次

凡　例　vii
日本語版への序文　1
序　章　ヨーロッパ経済発展のさまざまな比較、説明、叙述……17
さまざまなヨーロッパ中心史観——人口、生態環境、資本蓄積　24
他のヨーロッパ中心史観——市場、企業、組織　28
ヨーロッパ中心史観の諸問題　30
より包括的なストーリーの提起　32
比較、説明、そして議論の構造　39
地理的範囲についての覚え書き　40

第I部　驚くほど似ていた、ひとつの世界

第1章　ヨーロッパはアジアよりも早く発展したか……46
——人口、資本蓄積、技術
農業、輸送、そして資本としての家畜　48
ヨーロッパ人は長生きで、豊かだったのか　51
出生率　55
資本蓄積に差異はあったか　56

技術に差異はあったか　58

第2章　ヨーロッパとアジアにおける市場経済……86

中国と西ヨーロッパにおける土地市場と土地利用への規制　87
労働の制度　96
移民、市場、制度　99
農産物市場　102
農村工業と副業　103
中国とヨーロッパにおける家内労働――「インヴォリューション」と「勤勉革命」　107
第I部の結論――近代世界経済における多数の中核と共通する制約　123

第II部　新たな経済は新たな精神から生まれるのか――消費、投資、資本主義

はじめに　126

第3章　奢侈的消費と資本主義の勃興……129

より一般的であった奢侈品とそれほど一般的でなかった奢侈品　129
近世ヨーロッパとアジアにおける日常生活に用いる奢侈品と民衆の消費　132
耐久消費財と奢侈の「即物化」　141

エキゾティックな商品と流行の速さ――グローバルな複合状況と文化に基づく経済的差異の出現　164
奢侈品の需要、社会システム、資本主義的企業　174

第4章　見える手――ヨーロッパとアジアにおける企業構造、社会・政治構造、「資本主義」……178
海外からの富の搾取と資本蓄積――ウィリアムズ・テーゼ再考　198
衒示的なものの重要性――奢侈需要、資本主義、そして新世界の植民地化　201
国家間競争、暴力、国家システム――いかに重要ではなかったか、いかに重要であったか　206
第II部の結論　類似点の重要性――そして相違点の重要性も　218

第III部　スミスとマルサスを超えて――生態環境の制約から工業の持続的な成長へ

第5章　共通の制約――西ヨーロッパと東アジアにおける生態環境の重圧……222
中国における森林破壊と土壌の消耗――ヨーロッパとの比較研究　236
旧世界における「周辺」との、資源のための貿易――疑似マルサス的問題に対するスミス的解決の共通パターンと限界　252

第6章　土地の制約を外す……272
——新しいかたちの周辺としての南北アメリカ
もうひとつの新世界、もうひとつの「思いがけない授かり物」——貴金属　277
生態環境上の救済の方途——産業革命時代のイギリス　282
比較と計算——数字の意味するもの　287
数字では表せないもの　289
工業化時代の世界へ　292
最後の比較——労働集約度、資源、そして工業の「成熟」　294

補論A　一人当たり陸上輸送能力の推計……307
——一八〇〇年前後のドイツと北インドを事例として

補論B　一八世紀末の中国北部とヨーロッパにおける施肥推計……310
——およびその結果としての窒素流出量の比較

補論C　フランス、嶺南、そして一部の中国北部の森林と燃料供給の推計……315
——一七〇〇年から一八五〇年まで

補論D　イギリスへの商品輸入がもたらした「幻の耕地」の推計……321
——一八世紀末と一九世紀初め

補論E　中国長江下流域農村における織物労働者の稼得能力推計……324
——一七五〇年から一八四〇年まで
補論F　一七五〇年とそれ以降における、長江下流域および中国全体としての棉花生産と生糸生産の推計……335
——イギリス（連合王国）、フランス、ドイツとの比較とともに
訳者あとがき　347
注　349
参考文献　巻末 *17*
図表一覧　巻末 *16*
索　引　巻末 *2*
訳者一覧　巻末 *1*

凡　例

一、本書は Kenneth Pomeranz, *The Great Divergence : China, Europe, and the Making of the Modern World Economy* (Princeton : Princeton University Press, 2000) の全訳である。

一、本文中の「　」は原則として原著の“　”を示し、傍点は原著のイタリックを示す。

一、本文中の（　）は原著のもの、［　］は訳者による補足である。ただし、引用文中の［　］は原著者ポメランツによるものである。

日本語版への序文

拙著『大分岐』日本語版に新しい序文をというお誘いをいただいた。原著をめぐって闘わされたさまざまな議論の再考を、という意味であろうと思う。そうした議論は、相互に重なってもいるが、明確に区別もできる四つの対話に分類することができる。二つは、主として欧米で闘わされた議論であり、後の二つは中国人および日本人の研究者が中心となったものである。当然のことながら、後者の二つは、ヨーロッパというよりは、主に東アジアに関わる議論である。それらはまた、本書が焦点を当てた一八世紀や一九世紀初めの展開を、近年の環太平洋経済や世界経済の変容と結びつけようとしている。

分岐の程度——どれほどで、いつ分岐したのか

最初のグループの議論は、生活水準や賃金などから見た分岐のタイミングと場所、およびその説明になりそうな要因で、測定可能なトレンドに関わっている。こうした問題は基本的なことではあるが、あまり踏み込んだ議論をすべき場所でもないと思うので、主要な論点を指摘するにとどめる。

しっかり確認された、きわめて重要な指摘は、長江下流域の農業が強力であったということである。ロバート・アレンが再構成したところでは、一八二〇年になってさえ、長江デルタの農業では、一労働日当たりの生産性は、イングランドのそれの九〇パーセントで、長江デルタの小作農家族は（ごく一般的であったように、妻がパートタイムで布づくりをしていると仮定して）、イングランドの同様の夫婦よりは高い実質年収を得ていた、と推定されている（のちに証明するように、この頃までに中国の繊維品生産者は、イングランドの繊維労働者に比べて、一日当たりの生産性では低くなっていたが、自営化する傾向もあったので、逆にその分、イングランドの賃金労働者より、生産した価値の取り分は高くなっていた）[1]。ほかに、一八〇〇年頃の長江デルタの農業の労働生産性を、オランダのそれに匹敵する——つまり、イングランドの九四パーセントくらい[2]——とする研究さえある。他方、長江デルタの土地生産性は、日本の例外的な地域を除いて、どこよりも高く、イングランドのおよそ九倍であった。こうして、同デルタの総要素生産性もまた、際立って高く、一九世紀に工業化を達成したヨーロッパ諸国のそれより上にあった（たとえば、ドイツの農業における労働生産性は、イングランドの約五〇パーセントの水準であったし、土地生産性も同様に低かった）[3]。こうした点から、工業化の前提条件は農業の生産性にあ

り、高い農業生産性こそが、労働力と資本を農業以外の目的のために解放し、食糧を維持することで賃金コストを低く抑えるのだという、いわゆる「農業＝基底主義（agrarian fundamentalism）」[4]は支持しえない。

中国の学界動向では、別のかたちの「農業＝基底主義」も長らく有力になっている。拙著『大分岐』は中国ではおおむね好意的に受け入れられてきたが、批判もあった。そうした批判の多くは、（主として賃金労働者によって耕作される大農場に対する意味での）小農生産は、生存に必要な水準を超える余剰を生んだり、一人当たりの生産の成長を維持したりすることはできなかったと信じている研究者のものであった。このような見方は、中国本土における学説史上では、長年、暗黙の前提となってきたが、上述のような労働生産性および総要素生産性にかんするデータと整合しないし、二〇世紀における日本や台湾、より近年では、中国東部における印象深い経済成果とも矛盾する。これらの地域はいずれも、強力な所有権ないし用益権をもつ家族経営の小規模農業を特徴としてきた地域だからである。

本書のより大きな主張である、ヨーロッパと中国、イングランドと長江デルタとの生活水準および一人当たり所得がほぼ拮抗していたという点については、いささかの修正が必要である。もともと、一八〇〇年まではそのようにいえるだろうし、一七五〇年頃までなら、ほぼ確実にそうだったと考えてきた。しかし、いまでは、一七五〇年にそうだっただろうということは、ありそうなことではあるが、議論の余地もある。一八〇〇年については、明らかに言いすぎであった。スティーヴン・ブロードベリと管漢暉（Guan, Hanhui）および李稲葵（Li, David Daokui）の示唆するところでは、それがいえるのは、一七五〇年よりむしろ一七〇〇年に近い年代ということである。管漢暉と李稲葵は、以前に、一五世紀にはすでに両地域には大きなギャップがあったと主張していたので、[5]見解の差は縮まっていると言うべきであろうが。

一七五〇年——一七〇〇年であっても——に両地域がほぼ拮抗していたと言うとすれば、それでもこれまでの通説を大きく変更することになる。たとえば、広く使われているマディソンによる一人当たり国民総生産の推計によれば、中国はヨーロッパより数世紀ほど遅れていたことになっているし、[6]多くの研究者によって、根本的な分岐は一五〇〇年までに始まったとも、一〇〇〇年頃だとか、もっと早い時期だとかいわれている。[7]分岐の始まった時期を正確に確定することは重要ではないし、可能でもないだろう。大まかな推定でも、時期がいつだったのかということは、どんな説明ができるかという問題にとって重要なのである。それが一七〇〇年だとしても、ある種の通説を排除するには十分遅い時期だといえる。たとえば、ランデスのいうように、自由と専制の違いが分岐の原因だとすれば、しかも古代ギリシアにまでさかのぼるこの違いが、ヨーロッパ人に革新を好む傾向をもたらしたのだと言うとすれば、ペリクレスの時代から二〇〇〇年ものあいだ、なぜ東アジアがヨーロッパと肩を並べていられたのかは、説明できない。

しかし、経済の分岐が、かつて考えられていたよりは遅く生じたのだとしても、一八〇〇年までには、明確なギャップが生じており、その後は、急速に拡大していった。これは、主としては、ヨーロッパないしイングランドでは、非農業労働者の生産性が農民のそれより高かったのに対して、中国ないし日本では、必ずしもそうではなかったことと、非農業労働者の数が、ユーラシア大陸の両端で増加していたことが重なって、生じたことであった。[9] とすれば、説明は、農業以外のところに求められるべきであるが、それも、両地域で黒か白かの明確なコントラストを求めたりすべきではない、ということになる。こう言ったからといって、なお意見の一致があるとはとてもいえないが、可能性の幅はよほど縮まったといえよう。

分岐は、都市でも農村でも、生活水準よりは非熟練労働の賃金の側面でより早く出現したようである。データは少なく、とくに中国側では乏しいが、得られるデータからすれば、一八世紀中頃までは、他の点では江南とヨーロッパの豊かな地域とはなお、ほぼ拮抗していたのに、長江デルタにおける賃金は、すでに大きく遅れ、ロンドンの水準よりは、ミラノのそれどころか、ワルシャワのそれにさえ近づいていた。[10]

この二つの傾向は、一見したところ、両立しないように思われるが、実質賃金にギャップがあることと生活水準が拮抗していることとは、十分に両立する。というのは、高度に商業化され、土地をもたない農民が広範に見られたと思われる長江下流域においてさえ、賃金労働者はおそらく一〇パーセント以下であったのに対して、一七〇〇年頃のイングランドやオランダでは、労働人口の半数近くが賃金収入に依存していたはずだからである。[11] それに、長江デルタの大半の小作農は、強力な用益権をもっていたので、非熟練労働者より収入が多かった。私が収集した限りの最良の推計では、およそ三倍となっている（小規模の土地保有者であれば、労働者よりは実質五倍の所得があったかもしれない）。[12] こうして、非熟練労働者の実質賃金を比較することは、江南の最も底辺部の所得区分を北西ヨーロッパの中位のそれと比較していることになり、賃金格差があるにもかかわらず、生活水準がほぼ拮抗していたという主張と矛盾しないことになるのである。

持続的成長の開始をどう説明するか

分岐がなぜ起こったのか、その理由を問題にすると、方法や証拠の水準は、いっそう議論を呼ぶことになる。にもかかわらず、いくつかはっきりしていることもある。本書の議論では、石炭と海外貿易によって得られた生態環境上の救援を重視した。むろん、新しい一連の機械の導入が、たんにそれらを動かすエネルギーが入手できたということだけで説明できるなどと言うのではない。それに、江南なりその他のどこかが、資源的な側面において、実際より有利な立場にあったとすれば、必ず工業化できたはずだなどと言うつもりもない。それどころか、江南の例は、活発な農業と商業と手工業からなる経済をもつことと、近代的な資本および炭素集約的な成長とのあいだには、断絶があることを際立たせるものである。したがって、(とくに、工業化の後半の段階において)ヨーロッパの科学が果たした役割を強調する、モキアやその他の研究者と争うつもりはない[13]。ただし、それは、彼らがそれですべてが説明できると言うのでない限りにおいてのことであるが[14]。

ロバート・アレンの近著『グローバルな観点から見たイギリス産業革命』は、モキアの議論より、『大分岐』の世界に近いものである。(たとえば、労働集約的なのか、労働節約的なのかなどという)発明の性格を重要視し、発明自体の頻度よりも、その普及率を重視している。その結果、要素賦存と相対価格を説明の中心に据えているのである。アレンはまた、拙論とは違うが、おおむね両立しうるやり方で石炭と蒸気機関の重要性を強調している。異常に高い賃金と異常に安い化石燃料のエネルギーとが、他の地域ではずっとのちまで開発することにも、導入することにさえも意味が見いだせなかった新技術の追求を、イギリスでのみ意味あるものにしたのだ、と主張している[15](蒸気機関こそは、このことを簡潔に示している。すなわち、初期の蒸気機関はあまりにも燃料浪費的であったため、石炭が豊富で、賃金の高かったイギリス以外の土地ではほとんど意味をなさなかったばかりか、初期には、そのイギリスでも、炭坑そのものの坑口以外では役に立たなかった)。こうした点では、中国は、他のヨーロッパ諸国以上に、イギリスから距離があった。すなわち、一七〇四年のデータでは、広東の木炭はカロリー・ベースでロンドンの二〇倍のコストがかかったことになっている(したがって、たとえ実質賃金が同じであったとしても、非熟練労働者にとっては、燃料費がそれくらいかかったということでもある)[16]。もっともこれがアレンの主張のすべてではない。彼は拙著で詳しくは指摘できなかったいくつかの問題を提起している。もっとも、彼の発見した事実と私のそれとは、本質的に矛盾するとは思わない。

しかし、化石燃料へのブレイクスルーについての拙著の枠組みは、アレンのそれとはまったく違う。拙著の枠組みでは、環境史がより大きな役割を与えられていることが、その一番の理由である。アレンは、ヨーロッパの実質賃金が(黒死病から人口が回復し、労働不足が解消されたため)、ほぼ一三七五年から一六二五年にかけての時期以降、劇的に低下したことを認めているものの、彼の焦点は、一六二五年以後、(オランダ以外の)ヨーロッパの他の地域とは違って、イングランドの実質賃金がなぜ上昇したのかという点にのみ合わされている。ヨーロッパの他の多くの地域では、実質賃金はさらに一五〇年ないし二〇〇年間上昇しなかった、というより落ちつづけたという事実には注目していないのである。私にとっては、このように低下が続いたことは、とくに、森林の消滅や地味の枯渇、砂嵐の頻発などについての報告が広範に見られることとあわせると、重要な事実であると思われる。それこそ、東アジア各地と同様に、西ヨーロッパの各地も、人口増加による森林、農地など、供給が弾力的でない資源への圧力の高まりを経験していたことを示しているのである(近世ヨーロッパにこうした圧力がかかっていたという見方は、フランスのアナール学派の仕事にきわめて顕著であり、そこから学んだことが多い）。[18]

こうした圧力があったからといって、ユーラシア大陸の両端のどちらにおいても、それが真の意味でのマルサス的危機を意味したなどと言うつもりはない。事実はむしろ逆で、双方の中核地域において生活水準は上昇しつづけた。ただ、上昇速度はゆっくりしたものであったし、それも、労働投入量を増やしつづけながらのことではあったのだが（ハンス・ヨアヒム・ヴォスは、『大分岐』の刊行準備中に出た論文のなかで、ロンドンにおける労働者一人当たりの平均労働時間は、ちょうど一七六〇年から一八〇〇年にかけて、（部門によって）三五ないし四五パーセントという激増を経験し、年間三三〇〇ないし三六〇〇時間に達した、と主張している。所得や消費の増加分をはるかに凌駕する数値である。その後に刊行された彼の論文によれば、イングランドの他の地域でも、労働時間は似たようなもので、農業労働はその最たるもののひとつであった）。[19]

こうしてみると、経済成長は（日本について）速水融が、そして（北西ヨーロッパについて）ヤン・ド・フリースがいう「勤勉革命」の問題であった。二人がこの言葉に込めた意味は多少違うのだが、労働投入量が拡大され、制度もしだいに効率化されていったのに、生産性の上昇はわずかだったことを強調する点では、両者の立場は一致している。そして一九世紀と二〇世紀になると、技術革新や資本蓄積、資源の思いがけない授かり物などによって、大きな成果が得られたのは対照的だというのである。他方、このような労働投入量の拡大は、初期の「プロト工業化」論で強調されていたように、生存のための圧力によって促された場合もあるが、また、新たな消費財（たとえば、タバコや茶やコーヒー）が得られたことで促進された場合もある。これらの新しい消費財は、生物学的な生存に必要な水準を超えて、市場目当ての労働を行う誘因となったからである。[20]こうして、近世の経済成長は、現実のものであり、重要なものでもあったが、おおまかにはマルサスの枠組みのなかにあった。つまり、そこでは、食糧も、衣服も、建築資材も、燃料も、すべてがおおかたは土地と水と日光の組み合わせで植物を成長させ、それを刈り取るか、それを食わせた動物を利用することで得られたのであった。

こういう条件のもとでの経済成長は、結局のところ、土地利用の方法についての選択の問題でしかなかった。つまり、耕地や牧場を増やすということは、建材や燃料としての森林の面積を減らすということであった。東アジアはヨーロッパよりこのような限界に近かったとはいえるかもしれないが、変化の方向は、どちらの地域でも同じであった。それに、東アジアの中核地域は、資源節約的な方法を導入し、重要な点で、ヨーロッパの中核に引けを取らないほどうまくやっていくこともできた。たとえば、食事を変えることで、燃料や牧場の必要性を減らすことができたのである。施肥がきわめて効果的に（ただし、労働集約的に）なされると、休耕にしておく必要が減じたし、さまざまな用途にかんして、リサイクルや燃料を多く必要とする鉄を他の素材に代えることなども行われた。

石炭革命は画期的で、東西がともに向かっていた生態環境的限界を回避して、ヨーロッパが成長に向かうことを可能にした。というのは、この革命は、比較的狭い範囲に蓄積された、何百万年分もの化石化した植物を収穫することを意味し、生態環境的に膨大な救援となったからである。E・A・リグリによれば、一八一五年までに、イングランドの年間石炭生産は、一五〇〇万エーカーの森林の木材に匹敵するエネルギーを生み出すようになった。二一〇〇万エーカー分だという、もう少し甘い推計もある。[21] 後者の数値は、イングランドの耕地と牧場をあわせた全面積を越えている。イギリスのエネルギー消費は、このとき以来、一五倍にもなっている。東アジアに同様の救援が来たのは、ずっとのちのことである。遅れた理由は、技術面にもあったが、地理的な運にもあった。中国にも石炭は豊富に埋蔵されていたが、比較的豊かで、都市化され、燃料の不足している長江デルタへ安く運べるような場所には、ほとんどなかったのである。

このように比較史と環境史を重視してみると、石炭関連の事象を超える問題が出てくる。とくに重要な実例として、東アジアより早くヨーロッパ（とくにイギリス）に到来した、他の種類の生態環境上の救援を挙げることができる。とくに私が強調してきたのは、南北アメリカからヨーロッパへの、土地集約的な輸入品である。たとえば、一八三〇年頃でいえば、北アメリカからイギリスへの棉花輸入だけで、「幻の耕地（ghost acerage）」は、すでに見た石炭による救援をさえ凌駕しているのである。[22]

この要因の重要性は、イギリスの賃金と地代の比率にかんするケヴィン・オルークとジェフリー・ウィリアムソンの研究からも確認できる。彼らが用いた手法は私のそれとまったく違うだけに、印象深いことである。[23] この比率が持続的に上昇するのは、多かれ少なかれマルサス的世界——そこでは、人口が増加すると、賃金に対して地代が相対的に上昇する——から、近代的な世界——労働の生産性上昇と、農業や林業の生産物に対する需要には限界があることとがあいまって、人口の増加があっても、賃金の地代に対する比率を上昇させることができる——への移行を示している。

オルークとウィリアムソンは、外国貿易が相対価格にまったく関係しない理論モデルを用いて、人口の趨勢をもとにして、一五〇〇年から一七三〇年までのイギリスの賃金の地代に対する実際の比率（全体に低下していく）を推定することができた。一七三〇年頃から、とくに一八〇〇年以後については、このモデルはそれほど正確ではなくなる。賃金の地代に対する比率は低下していったが、このモデルの予想値よりは、ゆっくりとした下がり方でしかなかった。一八四〇年以後については、このモデルは意味を失う。一八四二年から一九三六年までのあいだに、賃金と地代の比率は、三九四パーセント上昇したが、人口を基礎とするモデルでは、五四パーセント下落するはずだからである。[24]

そこで、オルークとウィリアムソンは、回帰分析を使って、長期趨勢の転換をもたらした二つの要因の軽重を評価する。二つの要因とは、すなわち、⑴ひとつには、労働生産性の前例のない上昇であり、⑵いまひとつは、土地集約的な輸入品が激増したことから、地代の上昇が、人口に基礎を置く理論モデルの予測よりはるかに低く抑えられたことである。[25] 注目すべきことに、分析の結果、両者のウェイトは同等であったことがわかった。言い換えれば、一八四二年以後の一世紀間については、他のすべての近代的と見られる生産性上昇要因をあわせても、イングランドをマルサス型径路から脱出させるうえでは、大西洋貿易の発展より大きな意味はもたなかったというのが、オルークとウィリアムソンの結論である。[26]

仮に一八四二年以後の変化についてのこの見方が正しいとすれば、一七三〇年から一八四二年にかけての期間に起こったマルサス型径路からの段階的な脱出についても、ヨーロッパ外との貿易が決定的であったことには、疑問の余地がないことになる。というのは、この期間は、技術革新ははるかにゆっくりとしか進行しなかったし、農林業のウェイトははるかに大きかったからである。それでもなお、海外から得られたこうした資源が、どれくらい代替の利かないものであったのかという問題は残るが、いかにして、なぜ、それらが手に入ったのかを理解することが決定的に重要であることは、これで確認できる。

こうした流れを構造化したのは、市場だけではない。政治もまたその役割を果たしたのだから、制度の検討も不可欠である。もちろん、制度もまた、東西の分岐に関わる他の研究者たちの説明のなかにも登場する。実際、研究者によって取り上げる制度的差異はさまざまで、際限がないようにさえ見える。たとえば、国内の政治体制、財産所有権、契約履行の強制、財政・金融システム、発明を奨励または抑圧、あるいは保護する制度、海外貿易や帝国を建設するための組織などが、それである。こうした議論は、分岐の程度とタイミングにかんする議論よりはるかに広い。しかも、議論はしばしばすれ違っている。というのは、細かく言うと関心のある分野が違っていたり、分岐の描写からその意味の評価に移るやり方が、つねに明確というわけではないからである。それゆえ、ここでも、比較的受け入れられてきたいくつかの点を強調することしかできない。

東アジアにおける財産権や契約履行の強制は、北西ヨーロッパに出現しつつあったものとは違うけれども、効率的なスミス型の成長に必要な生産物市場にとっては、まったく十分なものであった。[27] 話が要素市場に及ぶと、農業についての上述の議論からして、土地用益権の割り当て方の点で、中国（と日本）のシステムの効率性を否定することは難しくなる。資本市場にかんする証拠はもう少し複雑である。日本およびとくに中国では、資本はヨーロッパの場合より高かったものの、典型的な一八世紀型の企業活動を阻害するほどではなかった。すなわち、手工業でも、（遠隔地貿易を含む）商業でも、農業改良でも、初期的な工場についてさえ、そうだったのである。東アジアの製造業の技術は、ヨーロッパのそれに比べると、あまり資本集約的でない傾向が見られたが、効率は必ずしも悪かったわけではない。[28]

資本市場にかんして最も違いが大きかったのは、財政の側面であった。ヨーロッパ諸国が、将来の収入を担保として即刻資金調達ができる、[中国より]はるかに効率的なシステムをもっていたことは明白である。ただ、つぎの三つの決定的な前提条件があって、近世の全体的な経済成長にとって、このことが重要な問題であったのかどうかは、はっきりしないのである。つまり、

(a) ヨーロッパ諸国の政府支出の圧倒的な部分は戦争のためであり、建設的なものとはいえなかった。

(b) 中国、とくに日本の軍事費は低かった、というより、一時的なものでしかなかったため、一般には臨時の徴税で賄うことができたし、額も大きくなく、頻繁でもなかったから、富の蓄積を阻害するほどではなかった。

(c) 利用可能な技術は、(たとえば、一九世紀の鉄道のように)初期費用を回収するのに何年もかかるような巨額の固定資本を必要とはしなかったし、(たとえば、義務教育のような)そもそも回収が始まるまでに何年もかかってしまうような物的・人的な公共投資も要しなかった。

一九世紀には、こうした状況はすべて一変した。しかも、一八〇〇年以降、ヨーロッパは、以前に行った海外植民という、巨額の忍耐強い資本を必要とし、さまざまな意味で軍事・財政問題に結びつけられた活動から、遅れて得られる膨大な収益を刈り取るようになった。[29] しかし、ここで問題になる制度は、たんに「財産権の保護」や「競争的市場」だけではなかった。はるかに錯綜した、しばしば自由とは言いがたい一連の編成を代表していたかもしれない。おそらく、かなり明確に決着していて、しかも重要な議論は、断絶の問題であろう。ある一連の制約と可能性をもった経済にとって、合理的に機能する(または機能しない)制度が、近代的成長がもつまったく別種の可能性にとっては、そうではないということもありえたのである。

比較史上の近世中国

第三の議論は、主として中国人研究者と、一部は若干の欧米人中国学者によるものである。この議論では、西洋の発展は所与のものとしながら、すでにあった中国史研究上の二つの論争を基礎にしているからである。すなわち、ひとつは、帝政後期[ほぼ明・清代を指す]の中国の経済には、その内部に「資本主義の萌芽(sprouts of capitalism)」が包含されていたのかどうか、もしされていたとすれば、それはなぜ開花しえなかったのか、という論争である。もうひとつの論争は、中国では完全な資本主義への移行がなかったことは、外的な諸力——一七世紀の満洲人による征服とか、一九世紀欧米の帝国主義など——だけで説明しきれず、中国社会に根ざした理由を求めなければならないことが明確になった結果、生まれたものである。[30] この議論は、とくに農村部の中国が、帝政後期の社会システムの枠内で

一人当たりの所得の持続的成長を達成することがどこまで可能であったのか、また、一人当たり所得の成長が限定的（人によってはゼロだという）であったことと、人口増加が明白であったこととの関係がどうだったのか、という点に集中している。こうして、結局、主としてマルクス主義的な外衣をまとうか、主にマルサス主義的な装いを保つかという違いはあるものの、どちらの議論をたどっても、「農業＝基底主義」に戻ってしまうことになる。

長年、中華人民共和国における中国経済史にかんする主な議論は――いつもというわけではないが、しばしば「先進的な」長江デルタに焦点が当てられた――、いわゆる「資本主義の萌芽」をめぐって闘わされてきた。すなわち、一六世紀から一八世紀にかけて、中国資本主義の出現のきざしが見えたのに、一六四四年の清による征服（あるいは研究者によっては、一八三九年から四二年にかけてのアヘン戦争）のために、それが流産に終わったといえるのかどうか、である。この論争で重視されたのは、マルクス主義的な意味で、中国の支配的な「生産関係」が何であったかを確定することであった。つまり、一人当たりの所得や生産性、技術などの変化にではなく、ひたすら賃金労働が支配的になりつつあったという証拠をもとに発展の図式を描こうとした（補助的には、土地と資本の市場の成長を跡づける努力もなされたが）のである。[31] 一九八〇年代末以降になると、こうした焦点の絞り方に不満を抱く歴史家が増えたものの、中国の中国史研究の動向がどこに向かいつつあるのか、明確ではなかった。

中国経済史研究が、生産関係より生産量のほうに向かうようになったのは、誰よりも李伯重（Li, Bozhong）の貢献である。彼はまた、市場経済指向型の組織と技術の変化を基礎として、ゆっくりとではあるが、概して着実な一人当たり［所得の］成長が、おそらく八世紀頃から始まっていたが、とくに一六世紀中葉から一九世紀の中葉までのあいだに強化された、と主張した。[32] 呉承明など、この「萌芽」論争に加わった長老級の歴史家のなかにも、李伯重のアプローチを認める者がいたが、多くは、彼に完全に同調するところまではいかなかった。李伯重の研究に影響された研究者は、概して『大分岐』も受け入れてくれた（呉承明教授は、多少の留保をつけながらではあるが、『大分岐』の中国語版に序文を寄せてくれた）。[33] 若い研究者のなかでは全面的に支持してくれた人は多い。

中国でも、アメリカでも、中国学の研究者のうち、『大分岐』に最も懐疑的だったのは、「資本主義の萌芽」論争の影響を受けて、帝政後期の人口増加が悪影響を与えたという点をとくに強調する人たちであった。おそらく最もよく知られているのは、中国系アメリカ人の黄宗智（Huang, Philip）である。彼は、長年、カリフォルニア大学ロサンゼルス校を拠点にしながら、中国の学界でもきわめて活発に活動してきた。基本的に黄宗智は、カリフォルニア大学ロサンゼルス校の同僚、ロバート・ブレナーの議論の再確認をしている。ブレナーの議論というのは、賃金労働に基づく資本主義的農場のみが、（土地労働者に

「過剰な」圧力をかけて、容赦なくコスト削減を図ることで）労働の生産性を高め、資本蓄積を可能にし、持続的成長をもたらしうる、というものである。ブレナーの著作の大半は、この基本的なダイナミクスは、イングランドにのみ出現したものであることを主張し、その理由を説明することに終始している[34]。

ブレナーは、大陸ヨーロッパは質的に停滞していたと主張したが、黄宗智は、影響力の大きかった一九九〇年の著作において、長江デルタを含む中国をそうした停滞のもっと極端な例だと主張した。彼に言わせると、大半の中国農民は（イギリスとは違い、フランスと同じように）土地を維持しつづけていたという。ところが、人口が増え、一人当たり耕地面積が小さくなるにつれて、面積当たりの収量を極大化せざるをえなくなった。これこそが、彼らが非常に高い地代を支払いえた理由であり、そうなると地主にとっては、彼らを賃金労働者に変える誘因はなかったのである。このような高い収量が得られたのは、単位面積当たりに投入される労働日数を異常に多くし、もともと労働集約的な手工業にも、さらに多くの労働日数をつぎ込んだ結果でしかなかった。こうした労働集約化の強化は、一労働日当たりの農民の収入を極度の低水準に押し下げるという犠牲を払ってまでも、続けられた。これほどの厳しい労働によって、大家族の家政はようやく成り立っていたのだが、それもおおむね生存ぎりぎりの水準においてのことであり、次世代においては土地への圧力がさらに強まるという犠牲を払ってのことでもあった。数量的には成長が見られたとしても、そのプロセスにはこのような事実が込められており、真の意味での発展とは正反対のものであるとして、黄宗智自身はこれを「インヴォリューション」と呼んでいる[35]。

ここでは、*Journal of Asian Studies* で始まり、中国歴史学界の中心的学術誌『歴史研究』その他で続けられたこの論争の、以後の展開を詳細に述べるつもりはない[36]。ただ、この論争が黄宗智の著作の基本的な間違いを暴露したことが一因となって、拙論は広く受け入れられたということを指摘するだけで十分であろう。すなわち、長江デルタの織布工の一労働日当たりの所得を計算する際に、小数点の位置を間違えて、総所得の計算を十分の一にしている（純所得については、もっと大きく減算してしまっている）。むろん黄宗智の立場を支持する者も多いが、その数は減少しつつある。しかし、この論争のおかげで、中国その他の地域で、『大分岐』への関心が高くなった。ほかにも関心の高まる要素はいろいろあったが、必ずしもそのすべてが学問的なものであったわけではない（たとえば、拙著が意図したわけではないが、一部の中国人ナショナリストに強く訴えかけるものがあった。もっとも、こうした志向の人には、ヨーロッパには幸運と暴力以外には、何の優位もなかったのだと断定するアンドレ・グンダー・フランクの『リオリエント』のほうが、はるかに魅力的ではあるのだが[37]）。

『大分岐』のなかで、中国で最も関心をもたれたのが、（ヨーロッパやその他の地域についてではなく）とくに中国に関係した箇所であったことは、無理もない。それは、より広範に「カリフォルニア学派」に属するものとされたり（ときには、「カリフォルニア大学」アーバイン校学派とされたり）して、このことをテーマにした論文もいくつか書かれた。カリフォルニア学派のメンバーは、論者によってさまざまなのだが——確固とした組織の基盤をもつわけでも、学説が完全に一致しているわけでもないので、当然のことではある——、王国斌（Wong, R. Bin）、李中清（Lee, James）と共著者たち、李伯重、ロバート・マークス、リチャード・ファン・グラウン、ジャック・ゴールドストーンと私は、ほぼいつも名前が挙がる。

この「学派」に対する中国人の反応はさまざまであったが、それが中国内で比較史への関心を高めたとだけは言っても不当ではないと思う。しかも、それは、「萌芽」論や「インヴォリューション」論とは違って、中国と「典型的」な径路、換言すれば、いわゆるヨーロッパ資本主義のそれとの比較を超えた比較史であった。「カリフォルニア学派」の比較の特徴は、どちらかの社会が基準であり、他の社会はそれからの逸脱であるとする見方を拒否していることである[38]。これが刺激となって、清朝について、新たなアプローチの方法が生み出された。そこでは、（良かれ悪しかれ）国家が圧倒的な存在であったとは見ず、社会変容の原動力は、社会のなかのどこか別のところに見いだされるべきだと考えられるようになった（もっとも、私自身は、それがこの方向を志向する多くの動きのなかのひとつにすぎないことを強調しておきたい）。これに伴って、中国社会に、——おそらく、はるか宋代にまでさかのぼり——二〇世紀まで続く、超長期的な、ゆるやかな発展を見ようとする関心も強まった。こうした見方は『宋・元・明の時代の変遷（*The Song-Yuan-Ming Transition*）』と題する学会報告書で大いに強調され、それ以前の歴史観に取って代わろうとしているように見える。つまり、宋代から明末にかけて「革命的な」変化があったものの、同様に激しい逆転現象によって、マルクス主義であれ、欧米的な近代化理論であれ、当然、次に起こる「はず」と予想していたことが起こらず、その阻害要因をどう考えるかで中国史を定義するやり方に代位しつつあるのだ。

ある意味ではこの再定式化は、少し前に欧米の歴史学界で生じた、「近世」をひとつの時代として強調し、「中世」と「ルネサンス」のあいだに明確な区分線を引くことをやめる動きと同じことを、中国史についてやっていることになるのかもしれない。もっとも、同時に、このことで視野に入ってきた中国史上の長期にまたがる期間を何と呼ぶべきか、中国固有の言葉にすべきか、ユーラシア大陸全体、否、さらにグローバルな歴史全体に共通のものにすべきかについては、何らコンセンサスがないのも事実である。そのことについては、ほかの何よりも、現在研究されている、多数でしかも多様な個別の問題への答えがどうなるかによるものと思われる。

「近代化の東アジア型径路」？

第四の論争は、日本人の研究者と日本史を中心とするもので、地域史と世界史の関係にかんする問題である。とくに、経済近代化の特殊「東アジア型径路」といえるものがあるかどうかが、問題になっている。この論争は、上述のすべての論争と重なってもいる。東西の制度的差異が意味をもつ問題は何か、もつとすれば、どのように意味をもつのかが、重要視されてきた。「農業＝基底主義」の説明がつかないことも認識されてきた。徳川時代の日本と清代初期および中期の中国ではともに人口が激増したのに、一人当たり所得には大きな変化がなかったことも、知られるようになった。

　しかし、このタイプの研究の最も強力な背景となっているのは、東アジアと欧米の生活水準が、過去数十年間に（日本の場合は、一〇〇年以上ということになるが）似通ってきた事情を解明したいという欲求である。両地域の生活水準は完全に収斂したとはいえないが、例外的なものではある。というのは、ヨーロッパと東アジア以外のたいていの国は、最富裕国が一九一三年に到達していた生活水準にも、まったく近づけていないからである[40]。また、以前の研究では、この接近は、東アジアが欧米の制度を真似ることで「キャッチ・アップ」しつつあるためだとするのがふつうであったが、ここで私が取り上げている研究は、過去から続く地域に特有の制度が決定的な役割を果たしたと主張している。その結果、経済の近代化には複数の径路がありえたというのが正しい、としているのである。

　成長を可能にした地域に特有の要因を求めていくと、自然に「近世」という時代にたどり着く。「近世」という用語は、かつてはヨーロッパに限って用いられていた［訳注＊］が、いまでは広く使われていて、この時期の限界を強調するよりは、可能性を強調する傾向にある。たとえば、近年の研究では、徳川時代および明・清代の人口増加は、少なくとも多少の一人当たり所得の上昇を伴っていた、と主張する傾向が見られる。したがって、人口増加だけを取り上げて、マルサス的危機の兆候だというのではなく、福祉水準の低下を引き起こさないで人口増加を維持できたことは、社会経済的には成功だったのだとするのが、学界の動向となっている。

訳注＊：文字通りには「初期近代」。ポメランツの説明にもかかわらず、日本史研究では伝統的に「近代」とは区別された意味で「近世」が使われてきた。日本の西洋史学界では、かつて「最近世史」という名称で現代史が講じられたこともあり、「近世」は「近代」と同義であったが、百科事典編集に際して阿部謹也・二宮宏之・川北稔が、early modern の訳語として「近世」を当てることにした経緯がある。

　この「東アジア型発展径路」はさまざまに定式化されていて、その性格や地理的範囲についてもコンセンサスはない。しかし、中核となる考え方には共通点があり、その多くは、『大分岐』が提起した問題と交差している。すなわち、

(1) 東アジアの社会は、一般に、成長の段階や福祉の水準が同じような西洋社会と比較すると、エネルギーその他の消費が少ない社会であったようである。一八、一九世紀に東西でエネルギー消費に差があったことは、誰もが認めている。しかし、問題は、すでに見たように、生活水準をどのように比較するかである。ただし、どんな見方をするにしても、生活水準の東西

格差は、エネルギー消費量の差よりは小さかった、とはいえよう。ヴァクレイヴ・スミルは、すでに見たように、民衆の生活水準には大きな差がなかったと思われる一七五〇年では、（生物燃料《バイオマス》を含めても）日本と中国の一人当たりエネルギー消費量は、フランスの半分、イギリス（連合王国）の三分の一であった、としている。一八〇〇年のイギリス（連合王国）は、経済規模的にはそれほどのリードをもっていなかったのに、エネルギー消費は六倍に達していた。[41] 東アジアはまた、土地についても、一人当たりの使用量が明らかに少なかった。

そのうえ、日本、台湾、中国沿岸部で工業化が始まったときにも、資本集約的でも、資源集約的でもない生産物と生産方法に集中することになった。ほぼ同じような一人当たり所得水準にあり、製造業による所得のシェアも同じくらいであった西洋の諸社会に比べると、はるかに多くの製造業が農村にあり、工場規模は小さく、自営が多かったし、都市化も進展せず、プロレタリア化の度合いも低かった。これらの事実は、おしなべて、東アジアは遅れて普遍的な発展のコースを歩みキャッチ・アップしようとしているのだというより、「東アジア型発展径路」をたどっているのだというべきであることを示唆している。

(2)「東アジア型」成長の多くの特徴をふまえて、徳川時代の日本でも、清代の中国でも、それぞれの中核では、高収益の商業化された農業と農村工業ないし商業を兼業し、しばしば職業のあいだを移動する世帯の数が膨大な数にのぼった。それは、市場の出すシグナルへの対応として生まれたものであったが、多くの研究があるように、ヨーロッパでは家族のなかの個人（とくに女性や若者）が直接市場と交渉するようになったことの表れであったが、東アジアのそれは、世帯主の統制のもとに生じたものでしかなかった。こうして、家父長の権威は、ヨーロッパより長く残ることになった。そのうえ、東アジアのプロト工業化では、賃金上昇→早婚→比較的若い層での家族規模の拡大→生産過程への労働力投入量の拡大と（前貸問屋制を通じてであれ、工場を組織するかたちであれ）商人による生産への介入の強化→賃金労働の拡大という、ヨーロッパの主要な地域で工業化の初期の特徴となったフィードバックのリンクが完成しなかった。[42]

東アジアでは、直接生産者の生産管理権が多少とも強かったので、生産単位は小さめのままで、生産の労働集約的な性格もそのままになった。こうした小さな生産単位が持続したことで、経営や管理のスキルが異様に広汎に広がる一助となったのだ、と主張する者もいる。たとえば、杉原薫や谷本雅之らは、日本について、この点を強調しているようにみえる。[43] また、中国と台湾についても、ふつうこのタイプの発展とは明確なつながりはつけられていないものの、こうした主張は多くみられる。[44] 杉原や谷本は、日本では、職種間のこの頻繁なローテイションに慣れていたことが、巨大企業においてさえ、フォーディズムのような極端な専門特化を避けて、多様な役割を果たせるよう労働者を訓練することを好むようになったのだ、ともいっている。こうしたさまざまな特徴全体から、とくに杉原は、「東アジア型発展径路」は、たんに労働集約的であっただけではなく、スキル集約的でもあり、そのことが、労働集約化が所得の上昇や、所得の不平等が比較的少ない状態と並立しうる潜在的可能性を生み出した、というのである。この発展径路が、ヨーロッパ型のそれほどには資源集約的でなかったとすれば、それだけで普及させるに適したものではないか、と杉原はいう。[45]

(3)「東アジア型発展径路」にかんする多くの議論には、商人のネットワークとそれらの国家との関係に焦点を当てるもうひとつの側面もある。こういう議論はまた、「分岐」をめぐる研究を利用してはいるのだが、日本における研究史の別の筋道、つまり、「海域アジア」の問題により深く関わっている。これらの議論は、いずれも明確に区別のできる複数の資本主義があると主張している。先の議論が、東アジアの成長とマルクス的な資本主義発展との違いを（これらの異なった径路を定義する際に、プロレタリア化をどこまで重要であったとするかが違っている）示したのだとすれば、海域アジアについての議論は、全体として、よりブローデル的な資本主義の定義から出発している。[46] つまり、生産よりは流通を強調し、市場を（しばしば国家の支援を受けて）独占ないし寡占的に支配することで利潤が蓄積されたことを重要視する。ついで、上述の議論にもあるように、こうした研究者は、東アジアの遠隔地貿易システムはヨーロッパのそれとは違っていたものの、なお資本蓄積や経済発展を可能にするものであった、と主張している。

この議論では、とくに大きな意味を与えられた現象が二つある。中国を中心とする「朝貢貿易」と中国商人のディアスポラ［華僑］とである。欧米の研究者は、朝貢制度は貿易の制限であり、ひいては成長を制約するものであったとみなしがちであるが、濱下武志らは、朝貢制度それ自体は国が組織したもので、儀礼的なものといえるが、実際には、それこそが私貿易に足場を提供して間接的に支援したことになり、エリート層に共有された好みを広い範囲に広める役割などを果たしたという。[47] 中国商人のディアスポラは、一部のヨーロッパ商人が信用を渇望して独占権を認可した重商主義諸国の国家権力とのあいだに築いたような、国家との共生関係に発展することは（中国でも、外国でも）なかったが、それでもほぼ非武装化された海域を覆う効率的なネットワークの構築に成功していた。濱下は、日本における初期の工場に融資してこれを成功させ、ほぼアジア内に留まっていたその製品を売り出した中国商人のディアスポラの役割を強調することで、いわばもうひとつの商業資本主義を、東アジアにおける近代の産業資本主義の議論に結びつけようとしている。[48] こうして、濱下は、中国を中心とした広域商業インフラと二〇世紀の日本を中心とする東アジアの連続性を主張するのである。

これらの研究者や彼らの影響を受けた研究者のなかには、ジョヴァンニ・アリギのように、[49] もっと極端な議論を展開して、前工業化時代の海域アジアとより新しい時代の東および東南アジアをまたにかけた補完産業や下請けのネットワークとのあいだには、重要な連続性がある、とまで主張する者もいる。とくに杉原は、この商業史の成果を大分岐論の資源に関わる側面に結びつけることで、この議論を進めている。彼によれば、一九世紀のヨーロッパは、資源集約的な工業製品において支配的になったが、まもなく大阪（ボンベイも、さらにのちには上海も）が、いくつかの労働集約的な生産物で競争力をもつようになった。この競争力は、皮肉なことに移民制限に助けられて生じていた。移民制限によって、アジア人が多くの望ましい移民先から排除され、東西の賃金格差を本来の姿以上に拡大させていたからである。さらに、各地の地域市場を熟知した中国商人ディアスポラとのつながりに助けられて、日本の生産者たちは（のちには、中国沿岸部の生産者も）、東および東南アジアの消費者、とくに最初は小規模であったが、のちには（東南アジアの資源輸出ブームにも刺激されて）急成長しつつあった中産階級にねらいをつけたのである。[50]

第二次世界大戦後、東アジアと欧米の経済が新たなかたちで結びついて、この過程のさらなる局面が開けた。アメリカ合衆国主導の戦後秩序は日本を組み込んで、必要な資源と市場を提供することで、付加価値のより高い部門を発展させ、より利益の大きいグローバル市場に参入させることになった。こうして日本の賃金が上昇すると、まさに同じ日本の商社と地方商人（民族的には中国人であることが多い）のネットワークが、台湾と韓国への下請体制をつくり上げた。さらにのちには、台湾と韓国の産業人は、それぞれの地域の賃金が上昇すると、最も労働集約的な産業をよそに押しつけた。こうして、赤松要のいう地域開発の「雁行」形態が出現したのである。[51]一九八〇年以後、とくに一九九二年以後、この下請けの波は、中国沿岸部にまで達した。中国沿岸部は、ようやくグローバル市場に再編入され、郷鎮企業（明らかに、かつての農業と農村工業の結合の現代版である）[52]と、膨大な外国からの（大半は東アジアからの）投資に導かれて、労働集約的工業化の大波を経験していった。

議論の糸を寄り合わせる

本書の議論の大半は、いまのところ、なお論証を必要とする一連の仮説と言うべきである（とくに、持続可能性についての主張は、今後の歴史的展開によっても、検証される必要がある。なかでも、中国の成長が環境に与える影響については、それが必要である）。実際、この序文で取り上げた論争はすべて、未決着であり、したがって、個々の論争を他の論争から切り離し、議論すべき課題を少なくする誘惑に駆られる。しかし、他方では、個々の議論は、相互に重なり合っていることも明白である。たとえば、上述のように、「ヨーロッパだけが真の財産」をもっていたのだとするような、古い、極端に幅のある説明に戻ろうとする人があまりいないのは、一八世紀以前には、量的に大きな格差が存在しないということと両立させることが難しいからである。近世のみに関心を限るとしても、議論すべきことは無数にあるが、「東アジア型径路」論に関係する現代の諸問題を考えると、こうした議論はその様相が変わり、近代的成長の起源に関心を限った場合より、重要性を帯びて見えることには、議論の余地がない。たとえば、グローバルな所得の配分とそのゆくえ、生態環境上の持続可能性、経済発展における「人的資本」の問題、開発された諸国のハイテク型成長のさなかに現れる不完全雇用や失業の増加という問題などが、それである。

したがって、本書が一定の役割を果たした諸論争がいまだなくなっていないこと、また、それだけでひとつの小さな世界をつくるのではなく、より大きなさまざまな議論に寄与してさえいることは、喜ばしいことである。日本語訳の出版によって、新たな読者がこの議論に参加してくれるとすれば、それもまた、喜ばしいことである。

序章　ヨーロッパ経済発展のさまざまな比較、説明、叙述

多くの近代社会科学の起源は、一九世紀後半から二〇世紀にかけてのヨーロッパ人[1]による、西ヨーロッパの経済発展の径路を独特なものにしたのは何なのかを、理解しようとする努力にあった。しかし、それらの努力からは、何ら共通の理解がもたらされていない。大規模で、機械化された、工業化の初期局面を説明するため、大半の文献はヨーロッパに関心の的を絞ってきた。世界の他地域とのさまざまな比較をすれば、決まってつぎのような説明になった。「ヨーロッパ」――西ヨーロッパ、プロテスタント圏ヨーロッパ、あるいはたんにイングランドなどの表現がありうるが――の境界線の内側には、工業化が成功するための何らかのユニークで、自生的な要因があったか、さもなければ、何らかの障害からヨーロッパだけがまぬがれていたのだ、と。

ヨーロッパと世界の他地域との関係――とりわけ、さまざまな形態をとった植民地収奪――に光を当てた説明もあったが、それらの研究は、西ヨーロッパの学界主流派の賛同をあまり得られなかった。[2] そうした議論は、アメリカ・インディアンや奴隷にされたアフリカ人（それに、膨大な数のヨーロッパ自体の下層階級の人びと）からの収奪を通じて、マルクスのいう資本の「原始的蓄積」が達成されたのだと強調したが、事態の改善にはいたらなかった。「原蓄」というフレーズは、その過程の野蛮性をあますところなく明らかにしているが、これによってその蓄積が大規模資本蓄積の最初のステップという意味で「原始的」であったということもまた、示唆されている。しかしこの立場は、学問的成果の積み重ねが以下のことを明らかにするにつれて、しだいに論拠を失ってきた。すなわち、生存維持（subsistence）レヴェルを超えた投資可能な余剰は、ヨーロッパ固有の農場や作業場や会計事務所に蓄えられた利益から生じ、ゆっくりとだが確実な成長をみたのである、と。

本書は非ヨーロッパ人からの搾取――より一般的に言えば、海外資源へのアクセス――も強調するが、しかし、それをヨーロッパの発展の単一の原動力とみなすことはしない。その代わ

りに、ヨーロッパの内部成長の決定的な役割を認めるのだが、その過程が、世界の別の場所、とくに東アジアで一八〇〇年頃までに起きていた過程と、いかに似通ったものであったかも強調する。たしかに重大な差異もいくつかあったにせよ、それらは、ヨーロッパが特権的に海外資源にアクセスしえたという文脈においてのみ、一九世紀の巨大な転換を創造しえたのだ、と言いたいのである。たとえば、なるほど西ヨーロッパには、利益があがるまでに比較的長い期間を要する資本を大量に集めるには、効率のよい制度が整っていたかもしれない。しかし、一九世紀になるまでは、武装遠隔地貿易と植民地建設以外の用途に法人組織が用いられることはほとんどなかったし、［銀行団が引き受ける］シンジケート長期債は、もっぱらヨーロッパ内で戦争資金の融通に使われたにすぎない。より重要なこととして、西ヨーロッパは、一八世紀までに種々の労働節約的な技術の利用においては、世界の他の地域から抜きん出ていた。しかし、種々の土地節約的技術においては、相変わらず遅れをとっていたため、もしも海外の資源がなければ、急速な人口増加と資源需要の増加で、西ヨーロッパも、より労働集約的な成長の径路に引き戻されていたかもしれない。その場合、中国や日本との「分岐」は、ずっと小さなものになっただろう。したがって本書で、ヨーロッパの発展とユーラシアの他地域（とくに中国と日本）の発展との差異についてはそれを説明する根拠を、［西ヨーロッパによる］海外の抑圧に求めるのである。ここで説明されるのは、発展全体についてでもなければ、ヨーロッパと旧世界の他地域すべてとの差異についてでもない。いずれかのカテゴリーにしっかりとは収まらないような二、三の要素、たとえば石炭供給の立地のようなものにもまた、それなりの役割がある。したがって、ここでは、比較分析、何らかの純然たる地域的な偶発的状況、さらには、統合的ないしグローバルなアプローチを組み合わせることにした。

そればかりか、本書では、比較アプローチと統合的アプローチとが、互いに修正し合うことになる。西ヨーロッパをインドなり東ヨーロッパなりと区別する何らかの要素（たとえばある種の労働市場）が中国とは共有されるなら、たんにヨーロッパの特徴なるものを探すことに、比較がとどまってはならないであろう。ユーラシアの両端で共有されている諸パターンを、ヨーロッパの文化や歴史の独自の産物であると説明することも、またできないのである（むろんまた、それらを世界的な傾向の自然な結果だと説明することもできない。というのは、そうしたものが生じた社会もあれば、そうではない社会もあったからである）。西ヨーロッパと他の地域とに相似する点があるために、純然たる比較アプローチ——比較の単位として、本質的にばらばらな諸世界を仮定するもの——から、グローバルな複合状況《コンジョンクチュール》(3)をも観察するアプローチに転じざるをえないのだが、そのことはまた、別の意味をももっている。つまり、一八〇〇年以前のグローバルな複合状況は、ヨーロッパ中心の世界システムとしては理解できないということである。代わりに、ここで提示したいのは、支配的な中心をもたない、多中心的《ポリセントリック》な世界である。グローバルな複合状況はしばしば西ヨーロッパに有利に働いたが、だからといってそれは、必ずしも西ヨーロッパが創造したものでもなければ、押しつけたものでもない。たとえば一五世紀以来の中国における銀貨再鋳造――ヨーロッパ人がアメリカに到達し、そこから銀が輸出された時期より以前の出来事――は、スペインの遠く離れた新大陸帝国が、金融的に維持・存立しうるために決定的に重要な役割を果たした。さらにいえば、そもそも、この帝国の建設にとって決定的であったのは、恐ろしい、予期せぬ伝染病であった。単一の、支配的なヨーロッパの「中核」というものを措定することが意味をもってくるのは、一九世紀の工業化がかなり進展してからのことであった。

既存の文献の大半は、しかし、いまだに「あれか、これか」の枠組みのなかにある。つまり、本質的な海外における原始的蓄積を遂行したヨーロッパ中心の世界システムか[4]、ほとんどすべてのことを説明するために持ち出されるヨーロッパの内生的成長か、である。どちらかの選択を迫られると、大半の研究者は後者に傾いてきた。事実、最近のヨーロッパの経済史学界は一般に、こうしたもっぱらヨーロッパ内部への観点の集中を、少なくとも三通りの方法で強めてきた。

第一に、最近の研究は、十分に発達した市場、その他の「資本主義」的な諸制度の成立を、時間的にどんどんさかのぼらせる傾向にある。ついには、しばしば資本主義のアンチテーゼと考えられた「封建」時代のさなかにすら、その時期を設定する者も出現する始末である[5]（同じような修正は、中世の科学史や技術史についても見られる。かつては「暗黒時代」とそしられていた中世が、いまやきわめて創造的だったと見られるようになったのである）。西ヨーロッパはその海外への拡大のはるか以前に独自に前途有望な径路に乗っていたのだという概念が、これによって補強されがちである。近年では、工業化自体をターニング・ポイントとしては消失させ、区分不可能な何世紀間もの「成長」に包含させる例さえ見られる。

角度を変えていえば、より古い時期の研究は――一九世紀後半の社会科学の古典から一九五〇年代、六〇年代の近代化理論にいたるまで――、近代西ヨーロッパとその過去とのあいだ、および、西ヨーロッパと西ヨーロッパ以外のあいだにも、根本的な対立があったことを強調してきた。より近年は、これらギャップのうち前者のギャップを比較的狭く考える傾向があるものの、後者のギャップ――すなわちヨーロッパの特殊性――は、これまで考えられてきたよりも、はるか以前にさかのぼれるとさえ示唆されている。しかし、本書の中心的な主張は、一八世紀までは、西ヨーロッパと少なくともユーラシアの他地域とのあいだのギャップは、意外と小さかったのだと言うべき根拠がいくらもある、ということなのである。

第二に、市場のダイナミクスが、それに敵対的であったはずの中世の文化や制度のなかにすら見いだされる例が増えるにつれて、無数の政策や地域的諸慣習の複雑なディテールや混合的な効果を無視して、市場志向の成長こそが、ヨーロッパ発展の、全史だとする主張が、ますます魅力的になってきた[6]。本国における立法や決定でさえ、ヨーロッパの発展径路に、ごく小さな抜け道や臨時の近道をもたらしただけなのだとすれば、何ゆえに、物語の中心舞台から遠く離れたところで起こった、海外での［植民地の］抑圧などに、大きな関心を払う必要があるのか、というわけだ。他方、ますます個人のイニシアティヴに焦点を絞った研究が増えているが、これによって作られるのは羨ましいほど明晰であるばかりか、近年支配的な新自由主義的な理念にもぴったりくる筋書きなのである。

　第三に、この商業化過程の進行は、前工業化時代の西ヨーロッパの大半に及んでいたことを根拠に、最近の文献では、産業革命の遺産は何であれ、ヨーロッパ的な現象として取り扱われがちで、かつて一般的であったように、本来イギリスの現象であったが、のちにヨーロッパの他地域に広まっていったというふうにはみなさない傾向がある[7]。たしかに、こうした動きは、比較的古いタイプの研究者からの批判だけでなく、産業革命より数世紀も以前に、イングランドはすでにいくつかの決定的な点で、大陸諸国から分岐していたと主張する、より新しいタイプの研究によっても、批判にさらされている[8]。しかし、他方では、政治過程を重視せず、「伝統的」慣習と合理的な利己的個人との衝突を過小評価する傾向によって、イギリスからヨーロッパへと焦点を移すことが助長されているため、西ヨーロッパ内部の多様性は、いとも簡単に過小評価されてしまっているのである。

「イギリスの奇跡」に代えて「ヨーロッパの奇跡」の看板を掲げることは、重大な結果を伴う。ひとつには、そうなると、またしてもヨーロッパ外との連関があまり重要ではなかったかのようにされてしまいがちである。西ヨーロッパの大半は、イギリスほどには対ヨーロッパ外貿易に包摂されていなかった。したがって、仮に商業の成長がスムーズに工業的成長につながったのが「イギリス」ではなく「ヨーロッパ」だったのだとすれば、ヨーロッパ内の市場、資源などが、この転換に十分でなければならなかったはずである。それに、成長というものが、競争的市場が段階的に完成していくことだけで達成されたのだとすれば、植民地には――とりあえず二つだけ問題を挙げておくとして――重商主義的制約と不自由労働が付きものであったのだから、そのような植民地が母国に顕著に影響を与えるほどダイナミックでありえたなどとは考えられない。そこで「世界でも、イギリスでもなく「ヨーロッパ」という枠組みを重視する」「ヨーロッパ派」的歴史観の指導的メンバーであるパトリック・オブライエンは、イギリスの工業化では綿があれほど決定的な役割をもったのだから、植民地と奴隷制を抜きにしてはそれを考えることはできないと認めながらも、しかしこう続ける[9]。

> 中核の工業化にとって、ランカシャーの綿織物工業が決定的に重要であったなどという議論は、綿業をリーディング・セクターとし、イギリスの技術革新が西ヨーロッパの経済成長

のエンジンとなったと考える単純な成長モデルに頼る場合にのみ、支持されうるものである。この過程は、その前線があまりにも広がりすぎたため、補給線が海を越えてアジアや南北アメリカにまで延びてしまった先発部隊が敗北したとしても、それくらいでは止められはしなかったのである。

こうして、オブライエンは、「中核の経済成長にとって、周辺はしょせん周辺的なのである」と結論する。[10]

　こうした議論をしていると、ヨーロッパの経済的優越が成立する歴史的過程で、その対外進出にはあまり意義を認めないことになってしまう。帝国の形成は、逆に経済的優越からは説明できるだろうし、あるいは、中立的であったとまではいえるかもしれないが、少なくとも、帝国が優越を生み出すことはまずなかった、というわけだ。その結論としてなされる歴史叙述は、たいてい、二つの決定的な意味で、おおかた自己完結的なものとなる。すなわち、ひとつには、そうした議論は、めったにヨーロッパの枠を超えることはないし、いまひとつには、主流派経済学の核心的部分である、自由で競争的な売り手と買い手からなるモデルを超えることもない。技術的変化が早まったのは、特許制度の確立で、発明などの創意工夫にこれまでより確かな財産権が保証されたからだ、という説明をしたがる研究者たちになると、こうした閉鎖性は、ほとんど完璧なものとなる。

　「ヨーロッパの」工業化を強調する見方も、本書の比較で用いる単位を、しばしば不都合なかたちにしてしまうことになる。本書で用いる比較の単位は、たんに現在の国民国家を基準とし、そのために、たとえばイギリスをインドや中国と比較したりすることもある。しかし、インドや中国は、それぞれ、その広さ、人口、内部の多様性などの点で、ヨーロッパの個々の国とではなく、ヨーロッパ全体と比較すべきものである。また、どちらの亜大陸にあるにせよ、それ自体でイギリスやオランダと比較可能な地域は、バルカン半島や南イタリアやポーランドなどに当たる［東南アジアのような］アジアの各地域を含めた平均をとってしまうと、その姿は見えなくなる。国家の政策を中心に語るのでなければ、国家は都合のよい単位ではない。

　いまひとつの根強いアプローチは、まず全体として「ヨーロッパ」の特徴を明確にしたうえで（といっても、その際選ばれる特徴は、しばしば実際には、ヨーロッパ大陸のことでしかないのだが）、これで世界の他地域を構図から外せるので、おもむろにヨーロッパの内部だけで、イギリスの特殊条件を探すというものである。こうした大陸、ないし「文明」という単位は、われわれの思考法に強い影響力を及ぼしてきたので、揺るがすことさえ困難なほどである。本書でも、それらは登場することになろう。しかし多くの場合、別のアプローチに挑むほうが有用だと思われる。それには私の同僚［二〇〇〇年当時］の王国斌が重要な先鞭をつけている。[11]

　まず、以下のことは認めたうえで、事をはじめよう。すなわち、オランダとウクライナ地方を、あるいは甘粛と長江デルタを結びつける特徴はほとんどないこと、長江デルタ（厳密な定義によっても、一七五〇年頃に三一〇〇万から三七〇〇万の人口があった）のような地域は、たしかに一八世紀ヨーロッパ諸国と比較可能なほどの規模であること、また、旧世界に散在したさまざまな中核――長江デルタ、関東平野、イギリスとオランダ、グジャラート――は、相互に重要な諸特徴を共有していたが、それぞれの大陸ないし亜大陸に属する周辺地域とのあいだには（たとえば比較的自由な市場、広範な手工業、高度に商業化された農業など）共有するものはあまりなかった。とすればこの場合、日常生活でも、大きな貿易の枠組みでも、技術移転などの点でも、ほとんど関連のない、きわめて恣意的な大陸という単位を持ち出す前に、直接これらの地域を比較しない手はあるまい。[12] そればかりか、こうした各地に散在する中核に、本当に多くの共通点があるのであり――また、複合状況や偶発性の役割を認めるつもりなら――、こうした地域間の比較は、真に双方向的なものとすることに意味があるだろう。双方向的比較というのは、つまり、ヨーロッパの径路を暗黙のうちに普遍化してしまい、それを非ヨーロッパ地域が後追いするのを妨げてきた障壁を求めるという、ごくふつうの作業に加えて、イングランドを長江デルタやグジャラートのたどった径路から分岐させた要因、すなわち、何が欠けていたのか、どんな偶発事件が起こったのか、どんな障害があったのかを探求するということである。

ここでも、王国斌が、『変容した中国』で略述しているやり方に従う。王国斌が指摘したように、一九世紀における社会科学の多くの古典がヨーロッパ中心主義として非難されているのは正当である。しかし、近年の「ポストモダン」の学者たちが称揚するこれに代わる案は、多文化間の比較をまったく拒否し、ひたすら歴史上の決定的な瞬間の偶発性と特殊性とおそらくは不可知性を主張する方向になっている。こんなことでは、歴史上の（したがってまた、現代生活における）最も重要な問題の多くに、アプローチすることすら不可能になってしまう。したがって、そんなやり方ではなく、もっとましな比較の手法を生み出して、偏見に満ちた従来の比較と対決することが望ましいはずである。それが可能になるのは、部分的には、比較対象のどちらか一方をつねに規範とすることをやめ、両者を互いの見方からすれば、「逸脱」に当たるのだと認めることである。本書では、おおかたこのやり方をとるつもりだが、この双方向的比較の手法の具体的な適用方法は、王国斌のそれとは、いくつかの重要な点で違うし、それを適用する場面も、かなり違うことになろう。[13]

従来あまり試みられなかったこのアプローチは、世界のさまざまな地域に、異なった光を当てる新しい問題をいくつか提起することになる。たとえば――ここで再び王国斌に従うことになるが――、一連のバランスのとれた比較によるならば、一七五〇年までのユーラシア大陸各地における農業的・商業的な、あるいはプロト工業的な（家内使用のためではなく市場向けの手工業生産の）発展には、驚くほどの類似性があることが論じられるであろう。したがって、一九世紀を通じてヨーロッパにだけ、さらなる爆発的な成長が起こったことは、説明を要する大きな分岐ということになる。対照的に最近のいくつかの文献は、ヨーロッパの通時的比較を行い、そこに同質性（十分現実的なものであろうが）を見いだすことに自己限定しており、結果的に、この変化を曖昧なものにしてしまう傾向がある。したがって、そうした研究もまた、しばしば、工業化をもたらした重要な要因を見落としがちになる。というのは、こうしたヨーロッパ史の時代間の比較では、そうした条件――とくに、複合状況に関わるそれ――が、当然、いつでもあるはずの「背景」とみなされてしまうからである。

双方向の比較という手段を選ぶと、一見したところ異なった二つの事象をリンクさせることができる。西ヨーロッパが経済的に最も豊かなものとなったという論点と、それがマルサス的世界を脱し、持続的な一人当たり成長の世界に入ったという論点とは、必ずしも一致するとは限らない。実際のところ、いわゆる「ヨーロッパ中心」アプローチの大半は、ヨーロッパは経済的ブレイクスルーのはるか以前から、独自に豊かになっていたと論じている。われわれの問題が、中国（あるいはインドなり、日本なり）がブレイクスルーを成し遂げて、そうした世界に入っていけたかどうかに尽きるならば――つまり、西ヨーロッパの経験を普遍化し、そこには「障壁」や「失敗」がなかったはずのパターンだとして扱うのであれば――、ヨーロッパがいつマルサス的世界を脱出したのかなどは、もはやさほど重要な問題ではない。そんなことより大事なのは、ヨーロッパは、はるか以前から結局はブレイクスルーを果たすことになる径路に入っていたのだという事実だということになる。他方、ヨーロッパが他の地域を圧倒するようになったのがいつかということがわかったとしても、ヨーロッパがもっとほかの道をたどった可能性があったというのではなく、ただ、その他の地域が、迂回路に迷い込んで停滞に陥った時期がわかったというにすぎない。

しかし、双方向的比較によって、ヨーロッパも中国になりえたという可能性――劇的で持続的な一人当たり成長をあらかじめ約束された地域などなかったのだという可能性――を考慮すれば、相互に比較対象となる両地域のつながりは、より密接になる。以下の各章でするように、さらに議論を進めて、一八世紀の世界では、利用可能な経済的可能性を、資源の制約からの劇的な解放（ヨーロッパは、化石燃料と新世界のおかげでそうなったのだが）がなくても、ヨーロッパとほとんど同じ所まで極大化しえた地域が、ほかにもいくつかあったと主張するとすれば、二つの事象のつながりはなおいっそう緊密となるだろう。

上述の二つの問いは、さらに細分化することが可能である。気候や土壌などの違いからそれぞれの地域に、それぞれの前工業化社会にとっての可能性がもたらされたとはいえるかもしれない。しかし、ヨーロッパが、他のすべての人口稠密地域よりも、この点で優位にあったということはありえない。とくに、本書内でのちに示す証拠からすれば、工業化が進むまでは、実際、ヨーロッパは、東アジアをそれほど上回ってはいなかったからである。あるいは、つぎのように言う人もあるかもしれない。すなわち、工業化前夜まで、ヨーロッパが東アジアを引き離すことはなかったかもしれないが、結局、工業化を起こすことになる諸制度が、ごく早い時期からそこには存在していたのだ、と。つまり、南北アメリカが見つかったり、化石燃料が都合よく埋蔵されたりしていなくても、また、ヨーロッパ以外の世界各地で、一人当たり指標では成長できないが、総生産の持続的成長を維持する役割を果たした、極端に労働集約的な解決法に訴えなくても、どんな地域的な資源不足に直面したところで成長を持続する技術上の発明の才が、ヨーロッパにはすでに十分にあった、というわけだ。しかし、このように、必然性を主張しようとすると、強力な仮定が必要になるが、ヨーロッパを他の前工業化経済のスタンダードに照らしてみると、とたんにあやふやなものに見えてくる。というのは、とりわけ工業化以前の数世紀間には、ヨーロッパ経済史に持続的で、強靭な成長は見られないからである。こうして、双方向の比較は新しい問題を提起すると同時に、古い諸問題間の関係を再定置するのである。

したがって本書では、ヨーロッパ、中国、インドなどの各大陸世界内で、同じような位置にあったと思われる地域間の、双方向的比較を強調したい。ただし、たとえば、さまざまな中核とその後背地の関係についてなどという問題を解明するうえで必要とあれば、大陸という単位や、大西洋世界というような、さらに大きな単位にも、戻るつもりである。場合によっては、全世界をひとつの単位として取り上げることが必要にもなるだろうが、その際には、ふつうのものとはいささか違う種類の比較、すなわち、チャールズ・ティリーのいう「包括的比較」が必要になる。その場合、(古典的な社会理論のように) 二つに分割された物事が比較されるのではなく、より大きな全体の二つの部分が観察され、システム内での各部分の位置や機能が、いかにしてその性質をつくり上げてきたのかを検討する。[14] このレヴェルでは、比較と関係の分析とは、区別がつかなくなる。王国斌とは違って、このことはとくに強調しておきたい。しかし、双方向的に分析を進める重要性は、ここでも変わらない。ある地域が残りの地域より利益を得る相互関連のシステムが洞察できるからといって、それだけでその一地域を「中核」と呼び、それが他のすべてを創り出したのだと仮定してよいというわけではない。そうではなくて、さまざまな方向を指し示す影響力のヴェクトルを見極めるべきであろう。

さまざまなヨーロッパ中心史観——人口、生態環境、資本蓄積

西ヨーロッパ経済には産業の変化を生み出す独自の能力があったと断定する議論は、大きく二つのグループに分けられ

る。エリック・ジョーンズに代表される最初のグループの議論は、「前工業化」社会の表面的な類似性をもとに、一六世紀から一八世紀にかけてのヨーロッパは、物的、人的双方の資本蓄積において、すでに世界の他の地域にはるかに先行していたとする。[15]この見方の主な主張は、人口再生産へのさまざまな慣習的抑制（晩婚や聖職者は独身であるべしという考え方など）があったために、ヨーロッパは、普遍的な「前近代的出生レジーム」の制約から脱出できたのだし、ひいては人口成長がほとんどあらゆる生産の増加を飲み込んでしまうという、これも普遍的に見られた制約から脱出できたのだ、というものである。その結果、ヨーロッパは、独自にその出生率を厳しい時代に適応させ、長期間にわたって（たんにトータルのではなく）一人当たりの資本ストックを増加させることができたのだ、という。

したがって、この見方では、ふつうの農民、職人、商人の人口学的および経済的な行動様式の違いが、ヨーロッパをして、より多くの非農民人口を扶助できるようにしたということになる。つまり、民衆により優れた用具（より多くの家畜がそこに含まれる）を与え、より栄養充分で、健康的で、生産的たらしめ、そのことがまた、たんなる必需品ではないさまざまな商品の市場をも、他の地域より大きなものにした、ということになる。こうした立場を裏打ちする主な議論は、三〇年以上前にジョン・ハイナルによって展開されたものである。[16]それ以来、微修正はなされてきたが、大きな変更はない。しかし第1章で見るように、中国、日本、さらには（より推論になってしまうが）東南アジアにおける出生率や平均余命などの人口学的変数についての最近の業績によって、ハイナルにはヨーロッパ特有のものと思われていた現象が、ますます普遍的なものに見えるようになっている。

これらの知見の意味は、まだ全面的には定まっていないが、人口学からする歴史解釈に、最近になって加えられた修正、つまり、ヨーロッパ外の前工業化的状況においても、経済的ブームと生活水準の上昇があったことが認識されたことで、部分的には、そうした知見の意義が認められている。ただし、これらの現象は、たいてい、一時的な繁栄にすぎないとみなされている。それは政治的変動で消滅してしまったり、経済が繁栄して人口が増加すると、この革新ではその人口増加以上の生産力の上昇を維持しえないことがわかって、自ら退場してしまったりするからだというのである。[17]

これらの歴史解釈は、多くの先行文献に比べれば、大いに進歩しているといえる。というのは、かつては、明言するか否かはともかく、近世ヨーロッパがブレイクスルーするまでは、世界全体が貧しく、最低限の蓄積しかなかったとされていたからである。とりわけ、そうした初期の研究では、「ヨーロッパの勃興」だけでなく、「アジアの没落」[18]をも見ることを余儀なくされてきた。しかし、人口学的歴史解釈のなかでも、こうしたタイプのものは、少なくとも二つの決定的な点で、しばしば時代錯誤である。

ひとつには、ともすれば一九、二〇世紀のアジア各地を襲った生態環境の災害（およびその背景となっていた人口過密問題）の淵源を、あまりに古い時代にさかのぼって求めすぎており、一八世紀アジア社会はもてる可能性をすべて使い果たしたかのように描かれてきた。「アジア」などという単位は人工的なものであるにすぎないのに、こうした制約が一八〇〇年頃の「アジア」全域に当てはまるかのようにいう場合もある。しかし、後述のように、インドや東南アジア、さらには中国の一部においてすら、大きな技術的ブレイクスルーも生活水準低下も伴わずにより多くの人口を養う余地が十分にあったのである。おそらくこうした状況に直面していたのは、中国や日本のほんの一部だけのはずである。

第二に、ヨーロッパ人が新世界から受けた法外に大きな生態環境上の恩恵が、しばしば「内在化」されてしまう。海外への進出を、ヨーロッパ内部の「ふつうの」フロンティア拡大のパターン（たとえばハンガリー平原やウクライナ地方の開拓と植民や、ドイツ森林地帯でのそれ）と同一視するかたちで、「内在化」が進められることもある。新世界という天の恵みは、例外的に規模が大きく、そこでの植民や生産の組織化がはなはだしく強圧的な側面をもっていたことや、南北アメリカにおけるヨーロッパの拡大が成功するのに貢献した世界的なダイナミクスの役割などが、無視されているのである。[19] ハンガリーやウクライナで行われた新耕地の開拓に対応するのは、四川やベンガルなど多くの旧世界の他地域でのそれであって、新世界で起きたことは、ヨーロッパやアジアにおけるどんな出来事とも大きく異なるのである。さらに、一九世紀ヨーロッパは、その境界線の彼方に大規模な生態環境上の救援――資源獲得と人口の海外流出[20]――を見いだせたので、一六世紀から一八世紀にかけての時期には、ヨーロッパの人口稠密な中核も、アジアの中核とさして変わらない生態環境上の圧力や選択にさらされていたことは、そうした説明ではほとんど考慮されないのである。

したがって「アジアの没落」を議論に入れたい研究は、生態環境的に消尽した中国、日本、および（あるいは）インドと、成長の余地を大いに残したヨーロッパという過度に単純化された二分法の助けを借りることになる。そこでは、ヨーロッパは、内部資源を使い果たすほどにはなお十分に発達していなかったため、「後進性による利点」[21]をもっていたのだとさえ定式化されている。

こうした印象論を乗り越えるために、第5章では、中国とヨーロッパの、いくつかの主要地域における生態環境上の制約条件を、体系的に比較する。この検討からわかることは、一八世紀ヨーロッパには、その比較対象となるアジアの地域に比べて、多少の生態環境的優位が認められる地域もあるものの、全体的なパターンは、きわめて混在しているということである。実際のところ、中国の主要地域は、一人当たり使用可能な燃料供給など、いささか驚くべき点で、ヨーロッパを凌駕していたようである。そればかりか、ヨーロッパでも、他のあちこちの地域にはなお未利用の資源が残されていたものの、実際に工業化が始まるイギリスには、そんなものはほとんどなかった。実際、木材供給や土壌消耗など、決定的な生態環境上の条件では、イギリスは、中国においておおまかに比較対象にされる地域――長江下流デルタ――に比べて優越していたなどとは、決していえなさそうである。したがって、仮に人口成長と生態環境の問題が中国を「没落」させた、というアイデアを受け入れるのならば、ヨーロッパの内的プロセスも――「離陸」の寸前にあったどころか――海外の資源獲得と、（一部は地理的幸運による）地下エネルギー資源利用によるイングランドのブレイクスルーとの複合効果によって救われるまでは、同じような危機に瀕していたと認めなければなるまい。逆に、もしヨーロッパがなお危機ではなかったのだとすれば、おそらく中国も危機にあったなどとはいえないのである。

こうした議論を組み立てていくうえで、本書は、グローバルな発展にかんする杉原薫の著作に見られる議論と同じになっているところがある。杉原の著作を見いだすのが遅きに失したため、細部にわたってその議論に触れることはできないのだが。本書と同じように、杉原は、一五〇〇年から一八〇〇年にわたる東アジアの激しい人口増加を「発展」を阻害した病状と見るべきではない、と強調する。逆にそれは、人口の維持や技能の創出などの点で、「東アジアの奇跡」と言うべき現象であって、工業化という経済的成果を生んだ「ヨーロッパの奇跡」に十分匹敵するものである、と彼は論じる。杉原はまた、本書と同様に、一八世紀日本と（杉原によれば日本ほどではないにしても）中国における生活水準の高さを強調しており、また、多くの西洋人の研究者は、所有権と契約の国家による保証が、市場存立の条件だとみなしているが、それと同じような条件は満たされなくても、洗練された諸制度があって、市場の便益効果を生み出すには十分であった、ともいう。[23] 彼はさらに――本書の範囲を越えるものの、拙論と整合的な議論として――、長期的にみれば、世界の国内総生産［の成長］は、たんに西洋の技術が普及した結果ではなく、西ヨーロッパ的な成長のタイプと東アジア型のそれの組み合わせによるもので、西洋よりはるかに大きな人口をもつ社会において、西洋の技術が使用可能となったことに起因している、という。

しかし、杉原は、つぎのようにも示唆する。すなわち、二つの「奇跡」の根本的な違いは一五〇〇年にまでさかのぼるもので、西ヨーロッパは、その頃に資本集約的な径路をとり、東アジアは、労働集約的な径路をたどることになった、と。これと対照的に、本書では――一七五〇年になっても、両者には、驚くべき相似性が見いだされることもあり、また、「なぜ長江デルタは、イングランドのようでなかったのか」という疑問と同じく、ごく真摯に、「なぜイングランドは、長江デルタのようではなかったのか」という疑問をも掲げようと決意しているので――、ヨーロッパもまた、「東アジア的」な労働集約型の径路をくねくね進むこともありえたかもしれないと主張する。ヨーロッパがそうならなかったのは、重要で、劇的な断絶の結果であった。ここでいう断絶は、化石燃料と新世界の資源へのアクセスに基づくもので、この二つの条件があいまって、土地を集約的に経営する必要がなくなったのである。実際、一八世紀末から一九世紀にかけての劇的な展開によって、発展径路が逆転させられるまでは、主立ったヨーロッパの地域でも、労働集約型の径路を志向していたという形跡はいくらも見られるのである。そうした証拠は、（イングランドを含む）ヨーロッパ全域に、デンマークについてはほぼすべての側面において、見いだされるはずである。[24] 農業とプロト工業の側面において労働集約の程度にかんして生じた東西の差異は本質的なものではなく、きわめて偶発的なものである。つまり（総量と区別された意味での）人口成長率の地域分布こそが、決定的な変数であったことがわかる。しかも、この変数こそが、一六世紀から一八世紀末にいたるヨーロッパでの市場の歪みに大いに関係し、一九世紀には、新世界への移民にも関係することになるのである。

中国でも、日本でも、一七五〇年以降の人口成長は、比較的開発の進んでいない地域に激しく集中していた。これらの地域では、当時、資源の貧弱な中核に交易を通じて「吐き出される」はずの穀物や木材、棉花など、労働集約的な産品の余剰は比較的少なかった。しかも、そうした周辺における人口の増加部分は、プロト工業に吸収されたので、中核地域との交易の必要は、ますます小さくなったのである。これに対してヨーロッパでは、一七五〇年から一八五〇年までに大きな人口増が起きたのは、もっぱら比較的先進的で、人口の稠密な地域においてであった。たとえば東ヨーロッパの大半は、ようやく一八〇〇年以降に急速な人口増加を経験したにすぎないし、南ヨーロッパ（とりわけ南東ヨーロッパ）が追いつきはじめるのは、さらに遅れた。第5章と第6章では、この差異の政治経済的および生態環境的根拠と、工業化にとってのその意味について、さらに多くの議論を展開する。ここでまた強調されるのは、そうした差異は、ヨーロッパと比較して、東アジアが（南アジアはともかく）より深刻な全般的資源不足の状態にあったことの反映などではないことである。とすれば、ここで、利用可能な資源――すでに蓄積されているものにせよ、手つかずのものにせよ――の量にかんする議論を離れ、ヨーロッパの諸制度が、長期の持続的成長を導くうえで、資源をより適合的に配分したのだ、という主張に目を転じることにしよう。

他のヨーロッパ中心史観――市場、企業、組織

第二のグループの議論は、富の水準にはあまり関心を払わないが、その代わりに、近世ヨーロッパ（ないし、その一部）では、他の地域より経済発展を導く効果が強かったとされるタイプの組織が台頭したことを強調する。それぞれ多少の違いを含むかたちではあるが、フェルナン・ブローデル、イマニュエル・ウォーラーステイン、K・N・チョードリらの著作にこの見解が認められ、かなり異なった視点からではあるが、ダグラス・ノースの著作にも見られる。こうした議論で焦点が当てら

れているのは、おおむね、土地・労働・資本の利用について、より生産的な方式を発見した者にきちんと報いるような効率的な市場と所有権の確立とである。この種の議論に、共通して——必ずと言うほどではないが——出てくるのは、他の地域（とくに中国とインド）では、政府があまりに強力であったうえ、私的所有権には敵対的であったことか、または、反対に、政府があまりにも脆弱で、合理化を実践しようとする革新者が地域の慣習や宗教家や権勢家と激突したとき、彼らを守ることもできなかったことこそが、経済発展の抑制要因となっていたのだという主張である。[25]

もしかするとこうした議論に符合するのは——一見かけ離れているようだが——、ロバート・ブレナーの著作であるかもしれない。彼は、ヨーロッパ内部で発展径路が分岐していったことを、階級闘争で所有権のあり方が変化した結果として説明した。ブレナーの解釈によれば、西ヨーロッパの農民は、黒死病の世紀ないしそれ以後に、領主との闘争の第一ラウンドを勝利し、賦役［労働強制］からの自由を確立した。一方、東ヨーロッパの農民はこれに敗れ、支配階級は、以後何世紀にもわたって、農民に対するより過酷な搾取によって生きつづけ、農業の近代化や労働節約的な革新の導入を怠った。ブレナーは西ヨーロッパにおける闘争は、第二ラウンドに及んだと続ける。今度は、いまや土地を所有しているだけの領主を相手に、利潤の極大化をはかる自由を求めて争われ、その結果、しばしば非生産的で「過大な」借地権は撤廃された。ブレナーによればフランスのエリートはこの戦いに敗れたため、以来、フランスは、自分たちの相当数が不必要になるような革新を導入する能力もなければ、その気も起こさない無数の小土地所有者を基礎とする農業システムに固着されてしまった。他方、イングランドでは領主が勝利した。彼らは、労働コストの削減が可能になる革新に投資し、そして不必要な労働者の多数を土地から追い出したのである。こうして排除された農民の少なくとも相当数が、結局は、イングランドの工業労働者になった。彼らは、彼ら自身が追放されることで創り出され、かつての領主によって商品化された農業余剰から食糧を購買したのである。

ブレナーの議論では、マルサス的圧力や、より完全な市場の「自然な」勃興ではなく、階級闘争が歴史の原動力となっている。とはいえ、行き着く先は同じである。社会は、新古典派モデルにどれだけ近似的であるかによって、その後、どれだけ生産的になるかが決まるのであるから。とくにイングランドは、最も厳密に土地と労働とが分離された（かつ商品化された）国であり、だからこそ、最もダイナミックな経済を発展させることもできたのだ、とされる。この点でブレナーは、奇妙なことに、ノースと軌を一にすることになる。ノースもまた——所有権のあり方の説明要素として、階級闘争を持ち出すことには否定的である一方で——、商品化された土地、労働、資本、知的所有権の完全な市場がしだいに発達するにつれて、経済は徐々に発展可能性を増す、としている。

ノースとブレナーの議論は、どちらも、民衆の圧倒的多数が関わる制度的環境に焦点を当てている。すなわち、日雇い労働や小作契約やふつうの人びとが生産し、消費する生産物の市場などである。こうして、両者は、前工業時代のヨーロッパは、すでに独自に繁栄し、生産性も高かったのだとする、上述の結論に似通ったものとなり、ともすれば見分けがつかなくなってしまう。

しかし、もう一方の制度論の主要な流れ、つまり、ブローデルとその学派は、非常に少数の富裕な人びとによる利潤の蓄積に、より強く焦点を当てている。しかも、この種の蓄積を促進する制度には、しばしば新古典派的な市場を阻害する諸特権が含まれるのである。結果として、強制と共謀に基づく利潤により多くの関心を払うことになった。また、これらの研究者は、研究対象としてきた大商人の多くが遠隔地貿易に携わっていたため、対外政策やヨーロッパとヨーロッパ外地域との関係に、より注目せざるをえなかった。とりわけ、ウォーラーステインは「封建的」東ヨーロッパと「資本制的」西ヨーロッパとの交易の増大を世界経済の開始と捉え、世界経済における自由労働の「中核」での利潤蓄積が継続するには、貧しく比較的不自由な「周辺」の存在継続が不可欠であったと強調した。

とはいえ、ウォーラーステインのストーリーを動かすのは、西ヨーロッパに特有の、比較的自由な労働、大規模で生産的な都市住民、遠隔地貿易と利潤の再投資を促進する商人や政府という組み合わせなのである。この貿易が生んだ国際分業は、西ヨーロッパとその他の地域全体との富の格差を増大させた。なぜなら、周辺となった各地は、高い生産性のために必要な用具や制度よりも、安価で、しばしば強制的な労働のほうが意味をもつ生産物に特化していったからだ、という。しかし、それは、西ヨーロッパには最初から、他の地域につけ入ることを可能にした社会経済的差異が、つとに存在していたという事実に基づいていた、ともいうわけだ。

ヨーロッパ中心史観の諸問題

本書は、こうした議論——おおかたは、各種の「制度学派」的なもの——から多くの論点を借用しているが、しかし、最終的には、まったく別の主張をするものである。第一に、資本主義の起源をどれほど遠くさかのぼれるにしても、無機質エネルギー資源の大規模使用によって、前工業化社会に共通の制約からの解放を可能にした産業資本主義は、せいぜい一八〇〇年代に勃興したにすぎない。資本ストックの点でも、経済制度の点でも、西ヨーロッパ経済がすでに決定的に優位にあったために、西ヨーロッパでなら工業化が十分にありえたが、他の地域では、そんなものは起こりそうにもなかったなどと示唆するものは何もない。先立つ数世紀間の西ヨーロッパ中核地域において、市場志向の経済成長はたしかに存在しており、それが工業化の重要な前兆であったことは間違いがない。しかし、おそらくいくつかのアジアの中核地域でも、まったく同様の商業化や

「プロト工業化」の過程が進んでいたことからすれば，それが工業への転換をいっそう招来したものではなかったはずである[26]。近世のヨーロッパで形成された科学・技術の発展パターンは特別のものであったが，それだけで西ヨーロッパが，たとえば東アジアなどとは異なった経済発展の径路に乗ることを保証できるようなものではなかったことも，明らかになろう。

第二に，ヨーロッパの工業化は少なくとも一八六〇年まではブリテン島外ではなおきわめて限られていた。だから，そもそも西ヨーロッパに共通の特徴に基づいて「ヨーロッパの奇跡」を唱えることは危険であるが，ましてや，西ヨーロッパに広く共有されていたものの多くは，少なくともユーラシアの他の地域にも同じように存在していたのだから，なおさらそうなのである。

本書第I部は，ヨーロッパが一八〇〇年以前に，それも内生的に，経済的優位を確立していたとするさまざまな主張に疑義を呈し，反対に，旧世界における人口稠密で，商業化されたいくつかの地域間には，類似性が広汎に見られたことを主張する。第1章は，物的な資本の蓄積にかんしても，ヨーロッパは，一八〇〇年以前に決定的に優位にあったわけではないこと，また，他の多くの大規模な経済と比べても，ヨーロッパがマルサス的圧力からより自由であった（したがってまた，投資の可能性がより豊かにあった）わけでもないことを，多数の地域から集めた史料によって描き出したい。他のさまざまな地域の民衆も，ヨーロッパの人びとと同じくらい長生きであったし，家計レヴェルでの蓄積を考えて，出生を抑えようとする意図と能力を，ヨーロッパ人と同じくらいにはもっていたように見える。ついで，この章の後半では，産業革命以前にさえ，ヨーロッパには技術上の強みがあったという可能性について検討する。ここにはたしかに，重要な相違が見いだせる。もっとも，エネルギー革命にとって本質的であった幸運な地理的偶然と，ヨーロッパに特権的な海外資源へのアクセスがなければ，その相違は，もっと小さく，もっと遅く，おそらく質的に異なった意味をもったものになっていただろう。つぎに，技術的創造力は，産業革命にとって必要条件ではあるが十分条件ではなく，ヨーロッパに特有でもなかった。創造性の程度に多少の差異があったとしても，どの程度の違いなら，マルサス的世界からの脱出に決定的に意味があったのかは，（技術的ブレイクスルーは，多少ともよりゆっくりと伝播しただろうから）明らかではない。しかし，グローバルな文脈の違いが重要であったことだけは明白である。ヨーロッパにおける資源の制約を緩和する一助となったのも，この違いであり，（土地消費的，エネルギー消費的，かつ労働節約的な）径路に沿った特定の革新が，大きな成果をあげ，自己補強的でさえあるような過程になったのも，この相違のためであった。

第2章は市場とそれに関連する制度を取り扱う。主に焦点を当てられるのは，西ヨーロッパと中国との比較である。そこに示されるのは，「フランス革命の始まる」一七八九年においてすら，ヨーロッパの土地，労働，生産物の市場は，中国の大半の地域以上に、全体として完全競争からはかけ離れたものでしかなかった。つまり、多数のなかから自由に取引相手を選べる機会をもった複数の売り手と買い手とが構成する市場ではなく、アダム・スミスが思い描いた成長過程には、およそ適合しないものだったのである。まず、土地の所有権やその利用法を規定した法や慣習の比較から始めたい。農業生産者が、その生産物を誰に売るかをどこまで選択できたかも、比較してみたい。続くセクションでは、労働を取り扱う。すなわち、強制労働、移民の制限（あるいは奨励）、転職の制限などは、どの程度行われたのかということである。

最後の最も複雑なセクションで論じるのは、消費単位としての世帯と労働配置——とりわけ女性・児童労働のそれ——の装置としての世帯との関係である。これまでの研究者のなかには、以下のようにいう者もいた。すなわち、中国の世帯は西ヨーロッパのそれより、女性と児童を限界生産性が生存可能な賃金を下回ってまでも労働させる傾向が強く、いわゆる「インヴォリューション経済」を形成していた、と。この学説は、ほとんど信じるに足りないことを証明したい[27]。むしろ中国の世帯における労働展開は、労働、余暇、消費の市場向けの再定置というヤン・ド・フリースがヨーロッパの「勤勉革命[28]」と呼んだものに酷似しているように見える。要するに、一七五〇年頃の中国や日本の中核地域は、洗練された農業や商業、機械化されていない工業が、西ヨーロッパの最先進地域と酷似したかたちで組み合わされていた。否、むしろ、より完璧なかたちが実現していたといえるのである。したがって、現実に起こった分岐を説明しようとすると、これら中核の外に目を転じなければならない。

より包括的なストーリーの提起

第II部（第3、4章）は、たんに生存することを目標とするのではなく、新しいタイプの消費需要が生まれてきたこと、それに応じて文化的・制度的な変化が生じたこと、需要の差異が生産に重要な影響を及ぼした可能性があることを、検討する（第3章）ことから始める。ここでは、中国、日本、西ヨーロッパは、他の地域とはっきり区別できたが、この三地域相互間では、大きな差異がなかったことがわかるであろう。これら三社会間では、利用可能な財の量や「消費主義的」態度に見られる差異はごく小さく、どっちがどっちともいえないものであった（たとえば一八世紀中頃の中国人は、おおむねヨーロッパ人より多くの砂糖を消費したし、一七五〇年頃、中核に当たる長江下流域の住民は、一人当たり衣料品生産量では、一八〇〇年のイギリス人とほぼ拮抗するほどであった）。こうして、これら三つの社会すべてにおいて（他の地域では、必ずしもそうではなかったが）、あらゆる制度が、生産の増加が自然に需要の増加を引き起こすようなかたちになっていたように見える。これに比べると、需要の増加が供給を創出しえたのかどうかは、それほど明らかではない。結局のところ、ヨーロッパに有利に働いた消費行動上の差異は、ヨーロッパ外の要素に強く影響を受けてきたと思われる。たとえば、新世界における銀の採掘とアジアにおける銀需要があって、ヨーロッパは、その他の「エキゾティックな」商品を吸い上げることができたという事実や、新世界のプランテーションと奴隷制がつくり上げた生産システムがそれである。

第4章では、第3章で見た新しい「奢侈品」——輸入品であれ、模倣されたもの（たとえばウェッジウッドの「陶磁器《チャイナ》」）であれ、また、まったく自生的なものであれ——を市場にもたらした商人と製造者を考察する。その際、「典型的な」世帯とそうした世帯が当事者となったタイプの土地や労働や消費財の市場についての考察は簡単にして、むしろ、より大規模に活動した参入者たちのことを考えたい。すなわち、最後の生産要素としての資本市場と資本主義がヨーロッパに特有のものだとする議論について検証したい。こうして、第4章は、西ヨーロッパ内部にこそ、より完全なものとされる市場が成長したのだという主張にのみ焦点を当てる制度論的な議論を離れ、対外関係により関心を払う、ある種のプレイヤーにとっては、不完全競争のなかにこそ有利な点があったとする議論に向かう。後者の立場はまた、経済外の強制にも、より注意を払うことになる。

この第4章は、いくつかの学説の否定から始める。すなわち、社会の一般構造、ないし商業的資産に関わる特殊な法制度が、ヨーロッパの商人に、資本を蓄積したり、蓄積した資本を国家権力から護り、それを合理的に活用するうえで、「他の地域にはなかった」決定的な利点をもたらしたとする学説は、拒否したいのである。たしかに、ヨーロッパでは（少なくとも、イングランドとオランダ、およびイタリアの都市国家においては）、金融資産は、他の地域におけるより厳密に定義され、より安全が確保されていたかもしれない。しかし、そうした差異は小さなもので、ブローデルからチョードリ、ノースにいたるまでのさまざまな研究者がいうほどの説明力をもつものではない。ましてや、そのことを、さほど資本集約的でもなかった産業革命の初期段階に結びつけるのは、いっそう困難である。実際、たとえば、中国の比較的大規模な企業には、鉄道以前の時代の主要な技術革新を実践するに足りる程度の資本は、いつでも集められたはずである。

西ヨーロッパの利子率は、おそらくインドや日本や中国に比べて低かっただろう。しかし、だからといって、このことが農業、商業あるいはプロト工業の拡大に、重要な差異をもたらしたとは考えにくく、機械化された工業の初期の勃興に大きなインパクトを与えたと主張するのは、もっと難しい。重要なことは、優れていたとされる一八世紀ヨーロッパ人の商業組織にしても、旧世界の他地域からやってきた商人たちと武力抜きで競わなければならなかった場合には、その競争の結果は凡庸なものでしかなかった、ということである。ヨーロッパの金融組織——財政赤字を抱えて競合する諸国家のシステムが育んだものである——が、決定的に強みを発揮したのは、ただ海外での植民地形成と武装貿易においてのみであった。

さらに重要なのは、ブローデル自身が強調しているように、一八世紀においては、資本はとくに希少な生産要素ではなかったということである。[29] エネルギーの制約、つまり、究極的には土地の総量の制約（とりわけ、ユーラシアのすべての中核地域における森林の縮小）が、いっそうの成長を阻害する、はるかに重要な障害として屹立していた。土地との対比で、労働と資本は、ともに比較的潤沢になっていったが、マルサスのいう生存に不可欠な四大要素――食糧、繊維（衣服）、燃料、建築用材――のいずれを生産するにも、なお土地が必要であったというのが、発展の本質的な状況であった。

資本と労働を使うことで、ある程度までは、より多くの土地を創り出したり（開拓）、灌漑や肥沃化や丁寧な除草などによって、食糧や繊維を増産したりはできた。しかし、それは一九世紀後半に化学工業によって可能になったことに比べれば、はるかに限られたものでしかなかった。また、化石燃料を大量に使用するようになる前にも、燃料や建材を「人工的に」生産できるようになっていたとしても、労働と資本が土地の代替となる可能性は、局限されていたのである。したがって、たとえヨーロッパが、投資資本の蓄積の点で勝っていたとしても、それだけでは、最も「先進的」なプロト工業化地域のすべてが直面していた、生態環境上のボトルネックが解決されたわけではなかった。たしかに、資本は豊富なのに工業化は遅滞したという例は、ヨーロッパ内にもいくらでもあり、資本蓄積の進行と工業化社会への移行とのあいだに何らかの関連がある、という主張そのものを疑いたくもなる。高度に洗練された商業経済をもちながら「工業化が進展しなかった」北イタリアとオランダは、その顕著な事例であった。状況は違うが、あまり開発されていない経済に、莫大な銀流入があったために、成長が阻害されたスペインもまた、その実例ということになる。[30]

ブローデル自身、一八〇〇年以前には資本が比較的豊富であったことを見ていたものの、そうだとすると、ヨーロッパは特殊だったのだとする歴史理解に、どんな影響が出るかを体系的に説明することはなかった。むしろ、彼は、ヨーロッパでは、他の地域よりも富が安全に保たれていたという、立証不可能な主張に後退してしまった。[31] とはいえ、ブローデル派の一連の議論は、たしかに、遠隔地貿易に関心を向かわせ、ヨーロッパのブレイクスルーに近年の多くの研究が示唆するよりはるかに大きな役割を果たしたと思われる諸現象――国家や植民地における冒険的事業および非市場的搾取――にも、関心を抱かせたとはいえる。本書ではとくに、一八〇〇年以前のヨーロッパが、生産活動にとって本当に適した環境になったのは、近世ヨーロッパで創出された新しい所有形態（たとえば、法人組織や将来の所得の流れに対する種々の権利の要求が保証されたこと）のためでもなければ、ヨーロッパ諸国がとった、競争的で、利潤追求的な国内政策のせいでもなく、海外における国家間のライヴァル関係の逆投影こそが重要だったと論じる。同様に、ジョイント・ストック・カンパニーと初期独占企業は、結局、武装遠隔地貿易の追求と輸出志向型植民地の建設——利益があがるまでに、比較的長期間を要する資本を、当時としては、例外的な規模にまで必要とした事業——においてこそ、独自の優位性を発揮したのである。こうしたヨーロッパ資本主義の概念——武力である種の市場を先取する権利を国家に賦与した——と、いかなる地域においても、発達した市場経済は生態環境的問題に直面するはずだという考え方を重ね合わせると、新しい歴史像が描ける。最も重要なヨーロッパの特性が何であったのかは、そこにおいてこそ、はっきりするはずである。

第III部（第5、6章）は、ヨーロッパの発展径路の内的要因と外的要因の関係について、新しい考察の枠組みをスケッチする。第5章はユーラシアの最も人口稠密で、市場志向的で、また、商業的に洗練されたすべての地域で、さらなる成長を阻害した深刻な生態環境的障害についての議論から始める。これらは、深刻な食糧危機の原因になるほど激しくはなかったが、燃料と建材の不足や、ある程度は繊維の不足として、また地域によっては、地味維持の危機というかたちで実感された。これらの制約がどんなものであったかを観察したのち、第5章の終わりの部分では、これらの中核地域は、旧世界の比較的人口の少ない地域との長距離交易によって、この不足に対処しようとしたことを見るが、そうした交易では、全面的な解決は得られなかったことも議論する。ひとつの理由は、蒸気機関時代以前の交通コストの高さであった。しかし、もうひとつの原因は、多くの「周辺」地域のポリティカル・エコノミーに起因している。すなわち、そこには比較的低レヴェルの需要しかなく、その結果として、中核の工業製品とこれらの周辺の原料との交換が持続されるには、それを強制する植民地的なシステムか、さもなければ一九世紀後半以降に初めて顕著となった（しばしば新技術を体現した資本装備のような、比較的固定的な要素に基づく）工業生産性の地域間格差のさらなる拡大がなければ、困難だったのである。

第6章では、工業化進行中のヨーロッパで、土地の制約が劇的に解消された事実について考える。木材から石炭への転換——重要ではあるが、どこにでも当てはまりそうなことでもある——について簡単に触れ、続いてヨーロッパと新世界との関係によってもたらされた、生態環境上の救援に目を転じる。この救援は、たんに新世界の自然の恵みにその基盤があっただけではなく、奴隷貿易やその他のヨーロッパの植民地システムの諸特徴が、新しいある種の周辺を創り出したという事実にも基づいているのである。こうした周辺の創出によって、ヨーロッパには、恒常的に増加しつづける大量の労働集約的な生産物と、これも恒常的に増加しつづける大量の輸出工業品との交換が可能になった。

工業化初期の前後から、この補完性の核心部分は、奴隷制によってもたらされた。奴隷は、新世界のプランテーションによって海外から購買されたが、自らの生存に必要なものは、しばしばほんのわずかしか生産しなかった。したがって、奴隷制の地域は、たとえば東ヨーロッパや東南アジアよりも、はるかに多くのものを輸入した。東ヨーロッパなどでは、輸出用作物の生産者は現地で生まれ、基本的な生活物資は自給していたが、何かほかのものを買う資金はほとんどもっていなかった。

プランテーションの世界はまた、決定的な点で中国内陸部のような、自由労働の行われた周辺とは異なっていた。東アジアにおける米や木材や原棉の輸出業者は、強制労働による換金作物栽培地域の小農より、購買力が大きく、外部の需要に対応する柔軟性やインセンティヴでも優れていた。しかしこうしたダイナミックな周辺を創り出した、程度の差はあれ自由な労働のシステムそのものが、人びとが収穫逓減的な活動からシフトすることをもまた可能にしたのである。時がたつにつれ、これらの周辺地域は、顕著な人口増（部分的には所得の上昇によるもの）と自らのプロト工業化を経験する傾向が強まった。このことは、こうした地域が工業製品を輸入する必要と輸出可能な一次産品の余剰を、ともに減少させたのである。

対照的に、環カリブ海プランテーション地域には、生産を多様化したり、奴隷や食糧の輸入の必要をなくしたりしようという試みは、ほとんど見られなかった。ヨーロッパは、新世界に輸出する奴隷の大半を工業製品（とりわけ衣料）の見返りとして得たのだし、他方、カリブ海地域に多くの穀物と木材を送り出したのはイギリス領北アメリカで、そのおかげでこれら植民地は、ヨーロッパの工業製品の購買が可能になったので、新世界におけるすべての輸入需要——穀物であれ、人間［奴隷］であれ——は、ヨーロッパが労働と資本を用いて、その土地不足を解決する一助となったのである。最後に第6章では以下のことも確認される。すなわち、このような植民地時代に動きはじめたダイナミクスが、奴隷制の地域と自由労働の地域のどちらからも、資源がヨーロッパに流入するような枠組みをつくり上げ、その後の［植民地の］独立と［奴隷］解放にもかかわらず、一九世紀を通じてさらに加速されたということである。

第6章の行論のうちに、ユーラシア大陸のさまざまな中核地域に共通していた特徴の意味が、長期のあいだにどのようにずれていったかをも示したい。ここで言う、共通の特徴とは、「プロト工業化」、つまり、商人の仲介によって（しばしば遠隔の）市場向け生産を行う農村労働者による機械化されていない工業の大発展のことである。この概念を創ったのは、ヨーロッパの歴史家たちであったが、彼らはプロト工業化と真の工業化との関係にかんして二分されている。一方には、プロト工業化が利潤蓄積、ならびに（あるいは）市場志向や分業・特化、家内生産が難しい生産物への嗜好の増大に寄与したと主張する研究者たちがいる。ジョエル・モキアは、——彼自身はヨーロッパのケースを取り上げているが、それが正しいなら、一七五〇年頃のアジアの一部にも、同様に当てはまるはずである——プロト工業的職種における「疑似余剰労働」の大きなプールができたことが工業化に決定的に貢献したと主張している。仮に、農業の「余剰労働」から工業労働者が誕生したと考えるならば、当然起こるはずの混乱は、ここでは回避されている。[32]

しかし、モキアのプロト工業化モデルにおいては、以下のことが仮定されている。すなわち、プロト工業化地域は、それらが一部となっているいかなる「世界」においても、相対価格に影響することとなく、手工業品輸出と農業産品輸入を拡大しつづけられるという仮定がそれである［訳注：本訳書では輸出入と移出入を訳し分けない］。この仮定の限界を考慮することで、プロト工業化の別の側面が浮かび上がる。

プロト工業の成長は、一般に著しい人口成長とからんでいた（もっとも、その関連の正確な性質については、激しい論争がある）。多くの場合、プロト工業化地域における急激な人口成長は、製品単価が非常に低くなると、十分な食糧が買えるか買えないかで、あまり土地をもたない労働者が産出量を増やさざるをえなくなり、そのために単価がさらに低下する、という悪循環につながっていたのである。相対価格の変化は何であれ——プロト工業に従事する人口が増加し、食糧輸入の拡大が不可欠となる一方で、輸出市場が供給過剰になったためであろうと、外部からの供給や域外市場の縮小によるものであろうと——、この窮乏化のパターンをさらに強化したのである。より一般的にいえば、人口成長は——プロト工業化との関係がどうであれ——、燃料、繊維、その他経済発展の必需品の供給に必要とされる土地に対して、深刻な圧力となることがあった。たとえこれらの物品は交易によって手に入ったにせよ、産出量の拡大を持続させる唯一の手段は、土地のより集約的な利用以外にはなかった。こうして、このことは、当時利用できる技術では、農産品価格の上昇と一人当たり生産性の低下、すなわち、工業の成長の足かせとなることを意味した。

これら深刻な生態環境上のボトルネックと、人口過多となったプロト工業の労働者および不完全雇用状態の農業労働者のあいだで貧困が蔓延したらしい兆候は、一八世紀中頃のヨーロッパの多くの地域でも、はっきりと読み取れた。それは、中国や日本の同じような地域に比べて、同じような状況——否、実際のところ、おそらくはそれら以上——であったように思われる。ところが、これ以後、後述するように、ヨーロッパと東アジアに逆転が生じた。

たとえば、長江下流域では、プロト工業の成長や比較的高い労働者の生活水準を維持するのに十分な衣料の輸出と食糧や木材の輸入が、しだいに困難になりつつあった。これはその地域に内生的ないかなる「欠陥」によるものでもなく、交易相手だった地域がそれ自身の人口ブームとプロト工業化ブームを経験したため、しだいに補完的な性格を喪失していったためである。長江デルタは、いかにも先進地域らしく——高品質の衣料に特化し、付加価値をつけるという手段で優位を確保することで——ある程度までは埋め合わせをつけたが、これでは十分ではなかった。要するに、中国の（それぞれがたいていのヨーロッパ諸国より大きい）八つか九つのマクロ・リージョン［訳注：もとはG・W・スキナーの概念で、流水域に基づいて中国を北部・北西部・長江上流域・長江中流域・（贛長江・）長江下流域・東南沿海・嶺南・南西部の大地域に区分したもの］内では、市場がよく機能していたので、土地が人でいっぱいになると、それぞれの内陸部の民衆は、繊維品その他の商品生産や川べりでの木材伐採にもっと時間を使うよう促された。しかし、このように地域市場が円滑に機能し、相互依存が深まることは、とくに一七八〇年頃以降には、帝国規模の市場の成長と矛盾するようになった。こうして、一、二の先進地域では、成長の継続がさらに困難になり、また土地および土地集約的な生産物を保全するために、いっそう労働集約的ともいえる戦略を、あえて採用せざるをえなくなった。したがって、周辺で、劇的な技術変化がないのに、自由と成長が見られるようになると、国全体としては、経済的な袋小路に迷い込むことになった。

対照的に北西ヨーロッパでは、一七五〇年以後の一世紀間に、先例のない水準で（プロト工業と近代工業の双方における）製造業への特化を進め、同時に、期間中のすさまじい人口成長を、長所に転じることが可能になった。むろん、製造業と輸送業における一連のめざましい技術革新そのものが、この転換の大きな部分をなしていた。前者は、土地集約的な産物と交換できる膨大な量の、安価な商品をもたらしたし、後者は、専門特化を促進したのである。しかし、このような比較的よく知られたことが、すべてではない。西ヨーロッパは、土地の供給が限られていたことから来る限界が、突如として弾力化し、重要性がなくなったために、一八世紀のレヴェルにおいても生態環境的に限界に近づいていると多くの人が感じていたにもかかわらず、人口の増加と製造業における専門特化、一人当たり消費水準の上昇を、同時に進めることができるようになったのである。理由の一半は、フランス革命とドイツにおけるナポレオン後の諸改革によって初めて動員可能となるまで、ヨーロッパ自体の制度的障害によって、重要な農業資源が手つかずのままで残されていたという事実にあった。また、ひとつには、東ヨーロッパ——中国の長江上流域や南西部に対応する地域——では、はるかに極端な制度的な障壁（とりわけ農奴制）が、かなりの未利用資源を残していたこともあった。さらには、新しい土地経営技術が一九世紀初期になって、帝国各地から導入されたということもあった。結局のところ、ヨーロッパは混農林業における最良かつ平均的な慣習の点で、何か新しい道を開拓したというのではなく、ようやく中国と日本に追いついたと言うべきであろう。しかし、たとえそうだとしても、なお、ヨーロッパの変容には、人口減少、奴隷貿易、アジアの銀需要、および植民地体制と重商主義的資本主義などが、新世界を土地集約的な物産の、ほとんど無尽蔵といえるほどの供給源に変え、比較的潤沢であったヨーロッパの資本と労働のはけ口ともした、独特の径路が不可欠であった。このように発明の才、市場、抑圧、さらには都合のよいグローバルな複合状況などが組み合わさって、大西洋世界のブレイクスルーをもたらしたのだが、その一方で、東アジアでは、はるかにうまく機能していたはずの市場が、はるかに早い時期から普及していたはずであるにもかかわらず、それらは逆に、生態環境上の行き詰まりを招く結果になったのである。

したがって第6章では、大西洋貿易の意味を、金融の利潤や資本蓄積、工業製品への需要――ヨーロッパは、域内で十分に生み出すことができていたはず[33]――の問題としては見ない。むしろ、真に不足していたもの、つまり、土地とエネルギーの供給のネックから、ヨーロッパがいかにして救われたかという点に、その意味を見いだしたい。ヨーロッパの海外収奪は、こうした根本的、物理的な制約を緩和する役割を果たした点で、マルサス的制約の世界からの脱出をもたらした決定的要因として、繊維業、醸造業などの発展よりは、イングランドの石炭燃料への転換とこそ、比較されるべきものである。というのは、繊維産業や醸造業は、なるほど金融資本の蓄積や賃労働の発展には大きな貢献をしたが、西ヨーロッパの中核地域における土地とエネルギーに対しては、その窮迫を緩和したというより、むしろ悪化させた面が強いからである。実際のところ、この生態環境的な偶然の幸運がいかに重要であったかに思いをいたすだけで、一九世紀のかなり後まで、海外における搾取の成果こそ、少なくともイギリス経済の転換にとって、画期的ともいえる化石燃料への転換とほぼ同じくらいの意味をもったということが判明する。

比較、説明、そして議論の構造

こうして、第I部では、本質的に比較の手法を用いているが、そこでは、相対的に高かった資本蓄積の水準、人口動態、およびある種の市場の存在が重なって、二、三の地域――西ヨーロッパや中国や日本、それにおそらくほかにもいくつかの地域――が、経済上の可能性に劇的なシフトが最も起こりそうな場所として際立っていたとしても、そのシフトがなぜ、現実に西ヨーロッパで初めて起きたのか、あるいは、そもそも場所はどこであれ、なぜそのようなことが起きたのかは、こうした説明では明らかにされないのである。技術差などということも、（ヨーロッパが土地経営の点で「アジアに」追いつき、他の地域に大差をつけた）一九世紀より前については、多くのことを説明できない。一九世紀についてさえ、そのようなことが説明されるのは、ヨーロッパの世界と他地域との複雑でしばしば暴力的な関係が問題になったときだけである。

第II部は、引き続き、大陸間の比較から始めるが、しだいに重要性を帯びてくるものとして、大陸間の関係をも取り上げる。物理的欲求に直接的には結びつかない――ごく一部の人びとにしか関わらない――経済活動が多くなると、他の「ユーラシアの」「中核」とは違う西ヨーロッパの文化的・制度的な特徴が、重要性を帯びて見えてくる。しかし、そうした差異は、質というより、程度の問題であり、その影響の強度と範囲はごく限られたものである。そうした差異をもって、西ヨーロッパが――あるいは西ヨーロッパだけが――、「資本制生産様式」や「消費社会」をもつことになった原因だというたぐいの主張を正当化することはできないし、それだけでは、一九世紀に起こるはずの劇的な「大分岐」を説明することもできない。それどころか、顕著な差異が見られるところでは、つねに、そうした特徴が、単純なスミス型の市場ダイナミクスからの逸脱――とりわけ、国家の認可した独占や特権、および武装貿易や植民地化の成果――につながっていたことにこそ、注目すべきである。

第III部は、再び比較から始まり、ヨーロッパがもっていたいかなる優位も――「資本主義」や「消費経済」がより発達していたことであれ、制度的障害があってより集約的な土地使用ができなかったために、改善の余地が残されていたことであれ、はたまた、技術革新ですら――、旧世界のさまざまな「中核」地域が共有していた生態環境上の一連の根本的制約からの脱出径路というには、ほど遠いものであったことを論じる。のみならず、旧世界の人口稠密ではない地域との、純粋に同意に基づく交易は――ユーラシアのすべての中核地域が追求した戦略であり、一八〇〇年以前の西ヨーロッパには、とても手に負えないほどの規模であることもしばしばであった――、こうした資源のボトルネックを切り開くのに十分なほどの力はなかった。しかし、新世界には、おおかたグローバルな複合状況のせいで、より大きな可能性があった。第一に、疫病が、ヨーロッパ人による土地収奪に対する抵抗を弱めた。第二に、征服と人口の激減――重商主義、およびとりわけアフリカ奴隷貿易――の後に生まれた環大西洋関係によって、資源のヨーロッパへの流入が自己成長的なものになった。しかし、そのようなことは、旧世界の地域間の同意に基づく交易では、期待できないことであった。つまり、環大西洋の貿易関係は、工業化以前にありながら、現代世界における一次産品輸出地域と工業地域との永続的な分業体制を予見させるものだったのである。したがって、世界初の「近代的」中核と初の「近代的」周辺とは、同時に形成されたのである。かくして、このグローバルな複合状況は、西ヨーロッパが、発達した市場経済――それ自体は主要な点でユニークなどとはいえない――を基盤としながら、真にユニークなものを築くことを可能にした点で重要であった。最後に、比較だけでは説明できない要素を説明するために、相互の関係と交流について論じることにしたい。

地理的範囲についての覚え書き

以上、本書の概要を記したので、ここで扱う地理的な範囲について、簡単に注意を促しておくのがよいだろう。本書は、活発な研究分野である「ワールド・ヒストリー」の列に加わるものだが、世界の諸地域の取り扱いには、非常に偏りがある。中国（原則的に中国東部および南東部）と西ヨーロッパについては、かなり詳細に論じるが、日本、南アジア、中国内陸部については、それほどでもない。東ヨーロッパ、東南アジア、南北アメリカについては、さらに言及することが少ない。アフリカについてもそうで、例外は奴隷貿易にかんしてのみである。中東、中央アジア、オセアニアには、ほとんど言及しない。のみならず、中国、日本、南アジア、西ヨーロッパは、比較論と関係論の双方の観点から論じられる。言い換えれば、それらの地域は、経験からして、根本的な経済的変化が起こってもまったく不思議ではなかった地域としても、また、それらの地域と他地域とのあいだの相互作用という点からも、取り上げることになる。

一方、東ヨーロッパ、東南アジア、南北アメリカ、そしてアフリカは、主に他の地域との関係で論じられる。むろん、だからといって、これらの地域がたんに、従属するだけだったということを示唆するのではない。事は正反対で、ここで展開した議論は、「中核」とみなされている地域で可能になったことは、「それぞれの中核にとっての」周辺の発展径路やその内的ダイナミクスによって規定されていた、ということである。また本書が、比較の手法で取り扱う地域だけが、重要な変化の起こりえた場所だと言いたいのでもない。工業の成長は、いわゆる「近代的なもの」の、重要不可欠ではあっても、たんにひとつの構成要素であるにすぎない。だから、他の構成要素については、別の発祥地がありうるかもしれない。それにまた、このことにかんしては、いま圧倒的に重要だと思う問題の苗床になった地域のことだけがわかればいいのだろうか。それでは、その地域の特徴が、不可避のものであったかのように考えてしまう危険性が、きわめて大きくなる。要するに、ヨーロッパの物語に、中国や日本の例を少々貼り付けたくらいでは、「ワールド・ヒストリー」にはならない、ということである。

しかし、本書でこのように焦点を絞ったのには、私自身の力量の限界ということもあるが、ほかにいくつか理由もある。何を問題にしたいのかという問題意識のこともあるし、全体として、どんなストーリーを描きたいのかという問題もある。

第一に、スミス、マルサスからマルクス、ヴェーバーにいたるまでの近代の西洋が自ら語ってきたその歴史において、「他者」とされてきたのは、ほかでもない中国であった。したがって本書には、二つの重要な課題が生じた。すなわち、ひとつには、ヨーロッパにとっての反面教師としての役割から解き放ってみると、中国の発展がいかに異なって見えるのかということであり、いまひとつは、ヨーロッパ経済と、あまりにもしばしばそれとは対照的とされてきた経済との類似性に気づいたとき、ヨーロッパ史が、いかに違ったものに見えるか、ということである。

第二に、本書で強調した議論からすれば、世界のなかで人口稠密な地域とその交易相手に関心が向く。一方では、すでに進行中の専門特化の過程は、高い人口密度によって促進された。というのは、もしその市場エリアに多くの人口がいなければ、一般に個人としては、たまにしかやる必要のないタイプの仕事で生計を立てることはできない[34]。人口密度は、スミス的な「市場の規模」を決める唯一の決定要因ではない。人口過疎地域でも、文化的に重要だと判断されれば、ある種の仕事については、細分化した専門家集団が存在しうることもあった。しかし、経済活動の多くの分野——食糧生産、衣料生産、建設、輸送、さらには、交換そのもの――では、高度な特化を進めるには、結局のところ、物理的かつ文化的に利用可能な範囲内に、多くの人口をもつことに代わりうるものはなかったのである(このことは、自然世界の探求や新しいその活用手段の追求――スミス的にいえば、技術変化が進行するうえで、最も予測不可能な、しかし決定的に重要な要素――を、専門分化させていく過程にも当てはまる)。

同時に、これもまた、本書の議論の中心である生態環境的圧力は、人口動態に、より深く関係していたともいえる。[35] むろん、絶対的な意味で人口過疎になっている地域も、たんに多数の人口を扶養する能力がなかったか、環境が特別の方法で利用されていたかした場合には、強い生態環境的圧力にさらされていたといえる。そこで、第III部では、人口稠密地域と、いわば「人口膨満」地域とでも言うべき地域とを区別した。後者は、たとえ他の地域と比較すれば単位面積当たりの人口が少なかったとしても、顕著な土地節約型の技術革新や制度的改善、あるいは外部との交易によって土地集約型製品へのアクセスが容易になるなどの条件がなければ、もはや大きな成長の余地が残っていない地域のことである(したがって、たとえば一八世紀のイギリスは、たとえ人口密度の水準がより低く、単位面積当たりの産出量がはるかに小さく、生活水準がより高くても、「人口膨慢」ではベンガル以上であったかもしれない)。しかし、この基準からしても、焦点は西ヨーロッパ、中国、日本――さらに、多少程度は下がるがインド――に絞られてくる。行論では、さらに、直接的な議論ではないが、人口密度、情報の集積およびある種の技術的・制度的変化が生じる可能性についても触れる。

最後に、知的な意味ではあまり擁護できることでもないが、自分自身の受けたトレーニングのおかげで、他の地域についてよりも、中国、ヨーロッパおよび日本について書いたり、これらの地域についての比較的豊富な研究蓄積にアクセスしたりするのに、有利な立場にあるかもしれない。ジェイムズ・ブラウトのいう「均質主義《ユニフォーミタリアニズム》」――特定の時点(彼の分析では一四九二年)で、相互に関連したアフリカ・ユーラシアの多くの場所には、全体的な「動態化」に、したがってまた、「近代化」[36]に向かう潜在能力が、ほぼ同じようにあったという考え方――は、議論の適切な出発点とはなるものの、限界もあることが経験的にわかっている。それが、どこにでも当てはまることがわかったとしても、たんに見事な偶然の一致かもしれないし、必ずしも当てはまらないところもあることについては、証拠がいっぱいある。本書の着想からすれば、人口密度はきわめて重大な役割を果たすことになる。そのために、たとえばインド北部が、中央アジアやオスマン帝国などよりも、中国、日本、西ヨーロッパに近い位置にあるということも、ありそうなことである[37](ついでにいえば、一〇年前に本書のような本を書こうとした人がいたとすれば、中国についての本書のような主張を支持する文献を見つけるには、はるかに苦労をしただろうし、二五年前となると日本についてすら、そうだったに違いない)。しかし、今日利用可能な文献に照らすと――自分の能力と知識の限界の範囲内でのことだが――、本書がいくつかの特定の地域に重点を置いているのは、われわれの検討課題に新たな問いを加えるには、適切なはずである。私が比較的詳しく観察する場所が全世界なのではない。また世界の残りの場所が意味をもつのは、私の観察対象地域と関連をもつときのみだというわけでもない。また、中国と西ヨーロッパが互いに異なる以上に、たとえば東欧が中国、西ヨーロッパの双方と異なっていることを見ることで、中国と西ヨーロッパの共有するものが何であるかがわかるというようなネガティヴな事例として役立つときのみでもない。とはいうものの、現在の工業化社会がどこから来たのかを再考するためには、本書は理にかなった地理的配分を行っていると信じる。

第I部
驚くほど似ていた，ひとつの世界

第1章　ヨーロッパはアジアよりも早く発展したか
——人口、資本蓄積、技術

一九世紀半ばまでに、ヨーロッパが他に抜きん出て豊かになったのは、なぜだろうか。この問いに対する一致した答えはない。しかし、エリック・ジョーンズの『ヨーロッパの奇跡』は、今日の「主流派」の立場に最も近いと言ってよいだろう。彼の議論は多岐にわたっていて、ヨーロッパを中心として考えたい人たち、いわゆるユーロピアニストに反感や疑問を抱かせそうな主張も多い。しかし、彼の立てた一般的な命題のいくつかは、幅広い共感を得ている。本書の目的から見て、そのうち最も重要な命題は、つぎのようなものである。「ヨーロッパの経済史は、工業化をもって初めて他の「旧世界」の軌道から離れたわけではない。というより、工業化は、それまでのヨーロッパが何世紀もかけて地道に築き上げてきた独自性が、ついに花開いた成果なのだ」。こうした主張は、他の文献でもしばしば目にする。これをあたりまえだと思い込んでいる研究者は、実際に多い。それを正面から論じたジョーンズの著作は、ここでの議論の手始めとして俎上に載せるのに相応しい。

ジョーンズはこのようにいう。すなわち、「ヨーロッパ人」[1]は、工業化以前からすでに、他の地域の人びとよりも豊かであった。具体的にいえば、彼らは多くの資本、とくに家畜[2]をその手もとに置いていた。そのような資本は、彼らが「人口を目いっぱいには増やさず、それよりやや低い水準に抑える」ことで蓄えたものであった。そのことでヨーロッパ人は、「自分たちの消費水準をアジアよりやや高い水準に保つ」ことができた。[3]さらに、ヨーロッパでは自然災害がより少なく、火災に強いレンガや石を建築に使うようになったのも他の地域より早かったので、ヨーロッパ人の資本ストックは相対的に長持ちした。[4]そのためヨーロッパでは、必需品を除く年々の余剰のうち、減価償却にあてる分が少なくてすんだ。資本ストックにおけるヨーロッパの優位は時を追うごと高まって、産業革命の前にはすでに明確なものとなっていた、等々の主張がそれである。

しかし、実のところ、西ヨーロッパの資本ストックが、一八〇〇年以前から量的に見て優位に立っていたことを示す証拠は、ほとんどない。また、ヨーロッパが人口その他の点で、長期にわたって、とりわけ資本蓄積に有利な環境に置かれていたことを示す証拠もない。そればかりでなく、アジアの比較的発展した地域に比べて、ヨーロッパ人のほうがより健康であった(人的資本が優位にあったと言い換えてもよい)とか、より生産性が高かったとか、その他の点で長いあいだに徐々に優位性を高めてきた、と考えることは困難である。

資本ストックに具現された技術について比較すれば、産業革命の二、三〇〇年前から、いくつかの重要な点で、ヨーロッパの優位が目立つようになっていたことは確かである。それでも、ヨーロッパがなお後進的であった分野もあって、それは農業や土地経営、ある種の土地集約的な生産物(とくに燃料木)に集中して見られた。その後の結果が示しているように、現実の革命的な発展において重要になったのは、ヨーロッパがそれまでに優位を固めていた分野であり、他の社会のほうがより高い技術をもっていた分野ではなかった。とはいえ、ヨーロッパが得意としなかった分野でいくつかの変化が起き、そのためヨーロッパが土地の有限性という制約から相対的に自由になっていったのでなければ、ヨーロッパがさまざまな分野で技術的に先行していたといっても、持続的な成長へのブレイクスルーは開かれなかったであろう。ヨーロッパの持続的成長をもたらしたひとつの要因は、ヨーロッパがそれまで立ち遅れていた土地節約的な技術においてキャッチ・アップを果たしたということであり、その過程は海外の植民地から得られた知識によって大きく促進された。いまひとつの要因は偶然の恵みで、重要な天然資源(とくに森林の節約に役立つ石炭)が恵まれた場所に存在したということであった。さらにグローバルな複合状況《コンジョンクチュール》も無視できない。こうした複合状況は、ヨーロッパの(多くは暴力を伴った)努力と、疫学上、幸運に恵まれたこと、および、本質的に偶発的な展開の組み合わせによって、形成されたものであった(偶発的要因の例としては、中国経済が通貨として銀を使用するようになったために、新世界の鉱山の収益性が維持され、銀以外の産物が開発されるまで、ヨーロッパが新世界の植民地を保持しつづけえたことなどが考えられる)。

このようなグローバルな複合状況のおかげで、西ヨーロッパ諸国は新たに土地集約的な資源を大量に得ることができた。ヨーロッパの生態環境は、一九世紀に人口と一人当たり資源利用の双方が急増する前から、すでに厳しい制約のもとにあった。西ヨーロッパ諸国が、そうした生態環境に新たな負荷をかけることなく、資源を獲得できた点は重要である。また、そうしたグローバルな状況に恵まれたことで、ヨーロッパでは、土地の管理のために多くの労働力を割き、労働集約的な作業を通じて生態環境を維持しつつ、土地の生産量を高めるという課題からまぬがれることになった。こうした「外的な」要因がなかったとすれば、ヨーロッパの発明そのものは、経済と社会にそれほど革命的な衝撃を与えず、一八世紀の中国やインドその他で継続的に起きていたような、それほど重要でない技術改良の域を超えることはできなかったであろう。

農業、輸送、そして資本としての家畜

ヨーロッパにおける一人当たりの家畜数は、他の定住社会に比べ、たしかに多かった。しかも、ヨーロッパの農業システムのなかでは、家畜は貴重な資本設備であって、それが多ければ多いほど、その農場はより豊かであることを意味するのがふつうであった。むろん、アジアでも、家畜不足が耕地拡大の妨げとなった地域もあった。たとえば一八世紀のベンガル各地では、土地をもたない労働者たちは、耕作用の家畜をもたないために、肥沃な未開墾地を利用することができなかったのである。ただしこれは、家畜数が絶対的に不足していたからというよりは、労働力を失うのを恐れた地主が、耕作用の家畜を必死に独占したからにすぎない。(5) 未利用の土地がなお豊富にあったという事実からすると、人びとが家畜をもてなかった原因をマルサス的な圧力に求めることはできない。

アジアの他の地域では、人口が稠密になりすぎたために家畜が入手しにくくなった例も、たしかに見られた。だがそうした場合にも、耕作用の家畜の不足が農業生産を妨げたとはいえない。家畜不足が本当に決定的な問題であったならば、少なくとも大規模で富裕な農民たちは、より多くの家畜を飼育し、利用しようとしたはずであるが、実際にはそうではなかった。適切なデータが利用できる期間に限ってのことだが、中国北部での場合、耕地一エーカー当たりの畜力利用には、農家経営の大小による差異を見いだせない。(6) ほとんどの農地は、ヨーロッパ的な基準からすれば驚くほど少数の家畜で、十分に耕作できたのである。また、混作の状況と生態環境から見れば、この地域は、米作地域の中国南部よりもむしろヨーロッパに近い。しかし、一八世紀末のこの地域では、同時期のヨーロッパに比べて、役畜の数こそ相対的に少なかったものの、肥料は大量に、しかも良質のものが施されていたと推定できる。(7) その生産物は、乾地農法地帯としては例外的なほど、多くの人びとの生活を支えていたし、(8) 地域の生活水準も、のちに見るように、西ヨーロッパに匹敵していたと考えられる。またアジアの米作地域に目を転じると、役畜の数はより少なかった一方、世界でも最高水準の農業生産高を誇っていた。米作では、耕作に要する畜力が少なかっただけでなく、収穫後の処理に要するそれも、小麦粉の生産に比べて少なかった。(9) 中央アメリカなど、アジア以外の亜熱帯・熱帯地域を見ても、耕作用の家畜が比較的少なかったり、皆無だったりしたにもかかわらず、人口は多かった。ヨーロッパ農業の生産性が、家畜の数の多さにもかかわらず、とりたてて高くはなかったとすれば、家畜の数が多かったことが、決定的に有利な要因であったとはいえないであろう。

耕作用の家畜は、むろん他の貨物を牽引することもできた。工業化以前のヨーロッパにおいて、陸上輸送がきわめて発達していた理由のひとつは、耕作用の家畜が大量に利用できたこと

であろう。家畜は毎日餌をやらなければならないが、耕作に利用する時間はわずかであったため、輸送に動員できたのである。とすれば、ヨーロッパは、陸上輸送のための資本設備の点で、決定的に優位にあったといえるだろうか。牧草地に恵まれなかった東アジアに比べれば、そうかもしれない。しかし、日本や中国では、代わりに水運が顕著に発達しており、輸送のための資本として［ヨーロッパの家畜と］同等以上の役割を果たしていた。アダム・スミスは、同時期の東アジアの交通が、一般に先進的であったことに注目している[10]。また、アジアにおいても、牧草地や草原に恵まれた地域では、ヨーロッパと同様、農村での交通が高度に発達していたといえる。北インドにおける牛の輸送隊は、ときに一万頭を連ねるほど長大なものだったという[11]。これは逸話的ではあるが、印象的な事例である。数量的な推計には不確実な部分が少なくないが、断片的な資料を寄せ集めた限りでいえば、一八世紀の北インドにおける家畜による貨物輸送力は、人口一人当たりにすれば、ヴェルナー・ゾンバルトが計算した一八〇〇年のドイツにおけるそれと大きくは違わないようである[12]。それに、中国もインドも、広大な牧草地をもつ中央アジアから、軍馬その他の家畜を長らく輸入してきた。一七〇〇年以後は、清朝がこの地域の大半を支配するようになり、自らの軍馬をそこで飼育した。その他の家畜を中国に輸入することも、生態環境的には可能だったはずである[13]。

その他の証拠からも、アジアにおいて輸送のための資本が不足していたと言うことはできない。仮にそのような資本の不足があったとすれば、市場での取引、とくに穀物のようなかさばる商品の取引は阻害されたはずである。しかし、実際には、最も多くの人口を抱えていた社会のひとつであった中国において、穀物の収穫高のうち遠隔地交易にあてられた割合は、ヨーロッパのそれよりよほど高かったと見られる。呉承明の控えめな推計でも、一八世紀の中国の遠隔地間で交易された穀物は［年間］三〇〇〇万石であり[14]、これは優に一四〇〇万人を養うに足りる量である[15]。またこれは、ヨーロッパで一八〇〇年以前のピーク時に長距離交易された穀物について、多めに見積もった推計量のさらに五倍に当たり[16]、最盛期のバルト海交易の平常の年間穀物輸送高の二〇倍以上に当たっていた[17]。

しかも、この呉承明の数字は、中国の穀物交易ルートのうち、最も重要なものしか取り上げておらず、それもどちらかといえば控えめな推計になっている。彼が取り上げなかった地域のひとつ、山東省の例を見てみよう。この省は、一八〇〇年当時、人口にしてフランスよりやや多い二三〇〇万人を抱えており[18]、商業化がとくに進んでいたわけではないとしても、遅れたほうでもなかった。一八世紀、この省に一年間に輸入される穀物は、平均して七〇万人から一〇〇万人を養いうる量であり、これはバルト海交易で取引される穀物よりも多かった。さらに、ほぼ同量がこの省から外部へと輸出されてもいた[19]。この一国に相当する大きさの省について、輸出入される穀物の量をヨーロッパにおける「国際貿易」のそれと比較してみるならば、この省だけで、全ヨーロッパの遠隔地交易に匹敵する量の穀物を交易していたことになる。さらに、省の内部でも相当量の穀物が取引されていたに相違ない。というのは、右の輸入高だけでは、（棉花やタバコの栽培に従事する農民に加えて）都市部の住民の需要には、到底応じられなかったと考えられるからである。

中国だけが特別だったわけではない。アジアの各地には（さらには、おそらく植民地化以前のアメリカの一、二の都市を含めて）、一八世紀ロンドン以前のヨーロッパのどの都市よりも大きな都市が多数見られたし、なかには、そのロンドンをさえ超える都市もあった。一八世紀の日本では、人口の二二パーセントが都市に居住していたと推計されるが、同じ頃西ヨーロッパで都市に住んでいたのは人口の一〇ないし一五パーセントであった。[20]全体的に見れば人口密度が低かったマレーの島嶼部でも、一五パーセントの人口が都市部に住んでいたと考えられる。[21]それらの都市の多くは遠隔地から海路輸入される食糧に大きく依存しており、そのような状況は南アジアや中東のいくつかの都市でも見ることができた。

こうして見ると、ヨーロッパの交通が優位にあったという証拠は見いだせない。最後に残っているのは、粉ひきなど工業活動の動力を供給するうえで、ヨーロッパの家畜が重要な役割を果たしたという可能性である。しかし、米は多くの場合、（小麦と違って）粉に加工せずに食べられていたため、アジアの米を食べる地域では、そもそも製粉業の必要があまりなかった。米の製粉が行われる場合、一回で加工される分量が一般にきわめて少量だったのは確かだが、それは畜力の不足によるものではなく、米そのものの性質によるものであった。米はいったん籾摺りをすると急速に劣化するため、その日に入用な分だけを手作業で処理しなければならなかったのである。[22]さらに製粉所をはじめとする工業施設の大半は、ヨーロッパでも、アジアでも小規模だったし、需要不足や祝祭日などの慣習による制約、その他もろもろの欠乏（たとえば鍛冶屋における燃料の不足）などによってしばしば休業を余儀なくされた。このように、一般に多くの家畜が必要とされていたとはいえないし、畜力の不足が工業化を著しく阻害したという形跡はどの地域でも見ることができない。

家畜がヨーロッパに「他の地域との」違いをもたらしたとすれば、それは「資本財」としてではなく、端的に消費財のひとつ、つまり、他の地域には十分な代替物がなかった、タンパク質の供給源としてであったと思われる。大半のアジア人と比べて、ヨーロッパ人のほうが、より多くの肉と酪農製品を食べていたことは間違いない。もっとも、この点での優位も、近世に拡大したとはいえず、むしろ縮小（それも急速に縮小）していった。たとえばドイツでの肉の消費量は、中世末から一八〇〇年にかけて、八〇パーセントも縮小した。[23]さらに、タンパク質の供給源としての肉は、ほかのもので代替できなかったわけではない。中米・北米の人びとは、肉に含まれるような必須アミノ酸の多くをトウモロコシや豆類、カボチャから摂取していたし、東アジアでは豆腐から摂ったと考えられる。

より一般的にいって、食生活の一側面――または、「石やレンガの建物が多い」といったひとつの特徴――に着目する議論には、いずれも疑問の余地がある。ある相違点が、「生活水準の決定において最も重要な」要素であるなどとは、どうしていえるのだろうか。[24] たとえば住宅にかんしてヨーロッパが優位に立っていたことを強調する場合、それを日本や中国、東南アジアの大半の地域で安全な飲み水が豊富に得られたこと以上に重視するのはなぜか。[25] あるいは、快適で耐久性のある綿製品が、アジアの大半の地域では貧しい人にいたるまで普及していたこと、しかも、ヨーロッパでもそれが入手できるようになると、豊かな人びとまでもが欲しがったということについては、どう考えればよいのだろうか。想定しうる唯一の答えは、ヨーロッパで見られた、モノのある種の組み合わせが、人びとに健康や長寿、活力をもたらしたということであろう。だが、手もとにある材料は――明らかに限られたものだとはいえ――、そうしたことを何ひとつ示していないのである。ポール・ベーロックは、二〇世紀の値から遡及するかたちで、世界の大半の地域について、一八〇〇年頃の一人当たり所得を推計した。その値によれば、「アジア」は全体的にいって西ヨーロッパよりわずかに下回っていたものの、ヨーロッパ全体と比べれば上回っており、中国だけを取り出せば、西ヨーロッパをさえも上回っていた。[26] むろん、彼の業績にも多くの問題点がある。そこで以下では、彼が各地域について示した数字だけに依拠することはせず、一八世紀ヨーロッパ経済がいかに「平凡」であったか、いくつかのトピックスを通じて明らかにしていきたい。

ヨーロッパ人は長生きで、豊かだったのか

イングランドは、ヨーロッパのなかでもおそらく最も豊かな地域だったが、一六五〇年における出生時の平均余命は、貴族の子弟でさえ三二歳前後にすぎなかった。それがやっと四〇歳を超えるのは、一七五〇年以後のことである。[27] また、ジョン・ノーデルによれば、ドイツ西部の一四の村落における出生時の平均余命は、一八、一九世紀のあいだ三五歳から四〇歳までを上下していた。それでもこれは、より大きな母集団について算出された一九世紀の値（後述）よりも高いのである。[28] リグリとスコーフィールドによるイングランドの村落についての膨大な研究では、一八世紀を通じて出生時の平均余命は三〇歳代半ばから後半にとどまり、一九世紀になると、四〇歳代に上昇するものの、その水準が大きく上昇するのは一八七一年以後であった。[29]

これらの数値からすれば、イングランド全体の平均余命は、ストーンの示した貴族子弟のそれよりやや低いぐらいだったことになり、これは意外な感を与える。しかし、この結論をそのまま受け入れることはできない。一七八〇年以前は平民の出生・死亡届が不完全だったはずなのに、リグリらが十分に補正していないことを批判する研究者もいる。もしそうだとすれ

ば、平民の平均余命は下方修正しなければならず、詳細な記録が残っている貴族との格差はより大きかった可能性がある。またピーター・ラゼルによれば、一六〇〇年から一七四九年のあいだのイングランドの乳児死亡率は、いずれの地域でも、リグリらの推計より六〇パーセントから一〇〇パーセント高かっただろうという。[30] このことだけでも、出生時の平均余命は三七歳から三一・六ないし三四・〇歳にまで引き下げられる。またラゼルは、各年齢階層における死亡率も上方修正しなければならないこと、とくに早い時代においてその必要があることを指摘している。[31] より大きな母集団をもとに計算されたフランスでの出生時平均余命はきわめて低く、一七七〇年から一七九〇年のあいだ、男女とも二七・五ないし三〇歳であった。[32] ややのちの時期（一八一六年から六〇年まで）のドイツ各地についての推計値はフランスのそれと近く、西・東プロイセンで二四・七歳、ラインで二九・八歳、ヴェストファーレンで三一・三歳であった。[33]

アジアのさまざまな社会集団について見ると、その寿命は、西ヨーロッパと少なくとも同等だったようである。ハンレーと山村耕造によれば、一八世紀末から一九世紀初めにかけて、日本の村落二カ所における出生時平均余命は、それぞれ男性三四・九歳と四一・一歳、女性四四・九歳と五五・〇歳であった。[34] またスミスとオンおよびランディの共同研究には、記録のよく残っている一八世紀のある集落について一歳時の平均余命が算定されており、男性四七・一歳、女性五一・八歳となっている。[35] このように、農村に住む日本人——城下町への居住を義務付けられていた支配階層は含まれない——は、ヨーロッパ人に比べて少なくとも同じか、それ以上に長生きだったのである。

中国人の寿命はこれほどめざましいものではなかったが、それでもヨーロッパ人のそれに十分匹敵していた。このことは、アジアの他の地域についても当てはまる。テルフォードは［中国の］比較的豊かな地域の家譜を検討し、一八世紀半ばに三九・六歳だった出生時平均余命が、一九世紀初めには三四・九歳に後退したことを見いだした[36]（それでもこれは、イングランドでの推計値に匹敵する長さである）。また李中清とキャンベルは、満洲の一農村にかんする一七九二年から一八六七年までの、非常に良質なデータを検討し、一歳男児について三五・七歳、一歳女児について二九歳という平均余命を導き出した。[37] これは、一八世紀半ばについてのテルフォードの結果よりもやや低いが、女児については、中国では男児を好む傾向がきわめて強かっただけに、人為的要因で低くなっていた可能性がある。いずれにせよ、これらの数値は、ヨーロッパの豊かな農村に引けを取らない。レイヴリーと王国斌は、さまざまな理由から、一八世紀末に平均余命が低下したということにも懐疑的である。中国の平均余命についての各種の研究から彼らが集めた数値は、全般的に一九世紀より以前の北西ヨーロッパの値よりも高くなっている。[38]

清朝の皇族については、前近代の世界でおそらく最も詳細で、かつ多くの——そして裕福とは限らない——人びとをカヴァーする記録が残されている。これに基づいた近年の研究は、多岐にわたる成果を生み出しているが、「中国人」[39]が西ヨーロッパ人と同程度には長生きだったという主張をおおむね支持する結果になっている。出生時の平均余命は低く見えるが、その理由のひとつはきわめて頻繁に乳児殺しが行われたことにある。一八世紀にその比率は最も高くなり、新生児の女子はおそらく二五パーセントが殺された[40]（乳児殺しは家族計画の手段として広く行われていた。清朝皇族の微細にわたる記録からは、それがいかに普及していたかを知ることができる）。一方で一歳時の平均余命を見ると、一八世紀末には四〇歳以上に達しており[41]、これは先に見た西ヨーロッパでも最も豊かな人びとに匹敵する数値であった。中国人の平均余命がヨーロッパ人に劣らなかったということは、他の人口データからも推察できる。のちにも見るが、中国人の出生率はヨーロッパ人よりも低かったように思われる一方、人口増加率は、初め（一五五〇年から一七五〇年まで）ヨーロッパよりも高く、のちに同等となった（中国とヨーロッパの人口は一七五〇年から一八五〇年のあいだにいずれも約二倍となった）。これは中国人の死亡率が、ヨーロッパ人のそれよりも低かったことを示しているというほかない（ヨーロッパでは、移民による人口流出もあったが、この時期の終わりまでは、大きな影響をもたらすほどの規模ではなかった）。今後研究が進み、中国の、とくに貧しい地域についてのデータが得られるようになれば、中国の出生率・死亡率が、これまでの研究結果に比べ、より高かったことが明らかになるかもしれない。だが、われわれがヨーロッパについて利用できるデータも、相対的に豊かな地域に偏っている。

栄養状態については、利用できるデータは断片的なものでしかないが、一八世紀の中国とヨーロッパでは、富裕層の平均余命がほぼ同じであった（おそらく中国のほうがやや高かった）という推察と矛盾しない。むろん、死亡率と栄養状態のあいだに、あまりにも密接な相関を見るのは避けるべきである。そのような見方は、工業化以前の人びとが死亡率を意図的にコントロールする手段をほとんどもたず、手に入る資源の増減（または疾病や戦争などの外的な危機）にもっぱら生死を委ねていたと考えることを意味する。しかし、実際のところは、一八世紀の中国では、新しい公衆衛生の手法（天然痘防止のための人痘摂取の普及のような）や古くから確立していた個人的な衛生の習慣（石けんや湯を用いるような）、さらには、民衆の態度の変化（医療の求め方から、乳児殺し・捨て子にいたるまでのあらゆることがらについて）が重なって、近年の研究の成果が前近代のヨーロッパについて示している以上のインパクトを、一八世紀の中国に与えたのではないかという、李中清と王国斌の主張は正しい。ただ、そうだとしても、一人当たりの食糧の供給量が死亡率を左右するという、マルサス主義者の基本的な考え方を無視することはできない。こうなると、相対的に長生きだった中国の人びとは、食物にもより恵まれていたことが、再確認されるのである。

ブローデルは、一八〇〇年以前のカロリー摂取量にかんする多様なヨーロッパの史料を発見したが、その大半は特権階層の生活についてのものだとしている。［庶民にかんしては、］重労働に従事する肉体労働者、たとえばスペイン海軍の乗組員は一日に三五〇〇カロリーを、「大都市の大衆」は二〇〇〇カロリー程度を摂っていたという。[42] またクラークとヒューバーマンとリンダートが共同で収集した一九世紀イギリスの記録によると、一八六〇年代における成人男性一人当たりのカロリー摂取量は、農業労働者以外の家庭で二〇〇〇カロリーから二五〇〇カロリー、農業労働者ならばほぼ三三〇〇カロリーであった。[43] 一方で中国について潘敏徳 (Pan, Ming-te) は、一七世紀長江デルタの農書に記された農業労働者の食物から逆算して、穀物だけで四六〇〇カロリーは摂っていた、とする。[44] 一八世紀の中国全体について見ると、穀物消費量の推計結果はまちまちだが、平均して一日につき米二・二石であり、[45] これはおよそ一人当たり一日につき一八三七カロリーに当たる。この時期の年齢構成が、ジョン・L・バックの収集した一九二〇ないし三〇年代のデータと同様だったとすると、[46]［この値は］成人一人当たりにして二三八六カロリーとなる。これに加えて、穀物以外の何らかの食物も摂取していたはずである。これを先のイギリスの例と比較するには、成人男性一人当たりに換算するのが望ましいが、一七、一八世紀の中国農村のデータによると、成人男性と女性のあいだの消費量の較差がイギリスに比べて大きすぎるため、比較可能かどうか疑問がある。しかし、仮に一九世紀末のイギリスにおける［男女間の］比率を援用すれば、中国では、成人男性一人当たり二六五一カロリーを摂取していたことになり、イギリスの諸史料の数値に（一例を除いて）引けを取らない。その一例というのは、よほど豊かになった後の一九世紀末のものである。しかも、この中国での数値は、ヨーロッパの「大都市の大衆」についてのブローデルの推計よりはずっと高い。[47]

東南アジアについては、きわめて断片的なデータしか残っていないが、一九世紀初頭におけるルソン島の教区簿冊が利用できる。これによれば、出生時の平均余命は四二歳であった。[48] その他の細かい証拠からは、一五〇〇年から一八〇〇年にかけて、東南アジアのエリート層は、ヨーロッパの貴族よりも若干長生きであったらしいことが窺われる。当時のヨーロッパ人旅行者も、現地住民がたいへん健康であるという叙述をしばしば残している。[49] その他の多くの地域については、史料を得ることができない。

インドについてだけは、一地域のあやふやなデータに依拠したものではあるが、平均余命の推計が得られる。それによれば、一八〇〇年頃の出生時の平均余命は大半の北西ヨーロッパに比べてかなり低く、二〇ないし二五歳程度であった。[50] のちにも見るが、南アジアはとても多様で、得られる史料も薄弱であることから、全体としての傾向を見いだすことはきわめて困難であるし、特定の地域に限って何か言うことも、中国や日本、ヨーロッパに比べれば、やはり難しい。ここで注意すべきなのは、インドにおける労働のあり方は、より広大な（とはいえ政治的にはより統合された）中華帝国に比べても、多様だったということである。西ヨーロッパ以上に多様だったのはもちろんであり、ヨーロッパ全体で見られたばらつきにほぼ匹敵するといってよい。このような条件から、同じような資源が得られる地域のあいだでも、所得の分配と生活水準に大きな開きが現れたことは、驚くに当たらない（このことはヨーロッパにももちろん当てはまる。中国の場合、地域の生態環境は、生活水準により直接的に反映されていたようである）。なお、平均余命が二五歳だったといっても、それはブラヨが推計したフランスについての値を若干下回る程度にすぎないということに注意しておきたい。最近では、一八世紀半ばの南インドにおける労働者は一般に、農業・工業とも、イングランドの労働者層よりも多くの食糧を買える購買力をもっていたという研究さえ現れている。[51]

出生率

ヨーロッパの死亡率がとくに低かったわけではなく、出生率も低くはなかったとすると、資産を世代間で引き継いでいくうえで、ヨーロッパの家族がとくに有利な条件にあったとはいえない。ジョン・ハイナルによれば、ヨーロッパではそもそも独身率が高く、そうでなくても青少年期に実家を離れて使用人として何年か他家に住み込み、それからやっと結婚するのが一般的だったために、（出産抑制がまったく行われない）「前工業化的人口レジーム」に比べれば、出生率は低く抑えられていたという。彼がこのような説を初めて打ち出した頃は、非ヨーロッパ世界では、すべてではないにしろ大半の地域で、そのような「前近代的レジーム」が存在したという見方が広く受け入れられていた。[52] 実際のところ、ヨーロッパを除く大きな社会では、婚期を遅らせたり、結婚する人の割合を低めたりする仕組みに相当するものは、ほとんど見いだされない。またヨーロッパの場合、出生数の効果的なコントロールが既婚夫婦間で行われるようになるのは、だいたい一八世紀末頃からであるが、同様の装置がそれ以前に「ヨーロッパ外で」存在したとしても、ヨーロッパ側から他の世界を眺めていた比較論者には、それに気づくのは困難だった。しかし今日では、アジア（少なくとも東アジア）で何らかの出生率のコントロールが行われていたことが明らかになっている。

日本のデータは、驚くほど低い出生率を記録した最も早い例である。それは、若い女性が故郷の村を離れて、一回につき数年のあいだ奉公に出る慣習がもたらした、間接的でたぶん無意識的な結果であったように思われる。こうした慣習が日本の出生率に、ハイナルがヨーロッパについて見いだしたのと同様の（というより、もっと顕著な）影響を及ぼしたのであろう。[53] さらに堕胎や乳児殺し、またおそらく避妊や禁欲など、一家族が養う子供の人数や性別をコントロールするための、より直接的な努力が見られたことも、確実である。さらに驚くべきことが明らかになってきている。乳児殺しを含む、これら直接的な手法は、経済的な困窮から生き残るための戦略としてとられただけでなく、資産の蓄積を進め、行動の自由を保つための戦略の一部として、平常時にも選択されていたのである。[54] 実際に日本では、乳児殺しが、貧困層よりも、むしろ富裕層のあいだで広く行われていたことが確認されている。[55]

日本の例に比べると、東南アジアの事例は断片的で、説得力も弱いが、やはり夫婦が出産をコントロールするためにさまざまな努力をしていたこと、とくに女性が移動商業に従事している世帯にその傾向が強かったことを、強く示唆している。[56] 近年の研究によれば、中国でも、貧富の差を問わず、また好況期、不況期のいずれにおいても、家族数を制限したり、子供をもつ間隔を空けたり、子供の性別を選択したりといったさまざまな戦略が選択されていたことが明らかになっている。[57] 最も広くとられたのは、結婚後、妊娠するまでの時間を空けたり、いったん家族が形を整えた後は、新たな妊娠を避けるという方法だったようである。その結果、中国人女性は一般に早婚であったにもかかわらず、一生のうち子供を産む期間は、ヨーロッパに比べて相当短かったことが、近年明らかになっている。[58] そのため、夫婦当たり、また、女性一人当たりの出生率は、一五五〇年から一八五〇年までのあいだ、西ヨーロッパよりもかなり低くなっていた。[59]

要するに、アジアの各地域では、生活水準の維持、改善を目的とした出生率の抑制が、少なくともヨーロッパと同じ程度には可能だったし、その意志もあったと見られる。[60] さらに中国と日本の出生率がヨーロッパよりも低かったことは、これらの地域での死亡率が低かった（ひいては生活水準も高かった）ということを裏書きしているし、その逆もまたしかりである。そして、もし、東アジアの人びとが、ヨーロッパと同等、もしくはそれ以上の生活水準を享受していたとすれば、［家族人数の抑制が十分に行われていた以上、］家計の資本蓄積がヨーロッパより少なかったとは考えにくい。そこで次のセクションでは、にもかかわらず、さまざまなマクロ的要因が作用して、ヨーロッパが成功にいたったのだという見方について、検討してみることにしよう。

資本蓄積に差異はあったか

このように、一七五〇年頃まで時代が下っても、大半のヨーロッパ人が――北西ヨーロッパの人びとでさえも――とくに豊かであったと考えるべき理由はほとんどない。彼らが蓄積した資本ストックも、その生活水準を向上させるのに役立ったとは考えられない以上、高くは評価できないように思われる。しかし、エリック・ジョーンズが提示したもうひとつの可能性、つまり、ヨーロッパの資本ストックが、他の地域に比べて減耗しにくい性格のものだったという説は、再検討してみる価値があろう。資本ストックの耐久性が比較的高いという事実が、長いあいだ、他の諸要因の違い（たとえば総投資率が低かったとか、熟練労働力が不足していたことなど）によって相殺されていたが、のちになって、こうした他の諸要因が重要性を失うにつれて、しだいに意味をもちはじめた、という筋書きもありうる。しかし、さしあたっては、こうした筋書きにあまりこだわる理由もなさそうである。

レンガや石をあまり使わない中国や日本の建物に比べ、ヨーロッパの建物のほうが、たしかに災害には強かったように思われる。とはいえ、この点でヨーロッパが他のあらゆる社会よりも勝っていたと言い切るほどの証拠はないし、［他の社会が］資本ストックの脆弱性を補うような強みをもっていた可能性も否定できない。

またエリック・ジョーンズは、疫病や戦争、凶作など、ヨーロッパで多く発生した災害は、資本ストックよりも労働力にダメージを与えるものであった一方、地震や洪水は、アジアの多くの地域でヨーロッパに比べ頻繁に発生し、資本ストックを破壊した、という。だが、この点も、ヨーロッパに優位を与えるほどのものであったかどうかは、疑うべき余地がある。

たしかに、人口というものは、よほどの災害でない限り、［いったん減少しても］ふつう一、二世代のうちに回復するものである。それに対し、資本ストックの破壊による影響は、長く尾を引くことがある。最もよく知られている例は、一三世紀のイラン・イラクで起きた戦争が灌漑施設を破壊し、そのために以後数百年にわたり、この地域が衰退を余儀なくされたというものである。[61] とはいえ、社会の基本的な骨組みが破壊されない限り、相当に手の込んだインフラであっても、それを再建するのにかかる時間は、人口が疫病の被害から立ち直るのにかかる時間と、それほど変わらない。たとえば長江流域の治水システムは、打ち続く戦争や疫病、不況や人口減少で大きな打撃を受けながらも、一七世紀にそうした状況がいったん収束すると、速やかに再建されている。[62] また一九世紀半ばにも、相当の、というより壊滅的といえるほどの打撃を受けたが、やはり数年のうちに修復されている。[63] そもそも、洪水や地震のほうが、［ヨーロッパで多かったという］疫病や日照りよりも、社会の基本的な枠組みに与える打撃が大きかったとは言い切れない。アジア社会の安定が、戦争によって、ヨーロッパよりも大きく損なわれたというなら話は別だが――近世のヨーロッパでは、少なくとも中国や日本よりも戦争が頻繁に起きていたこと、東南アジアの場合は、戦争が物理的な破壊にいたることが少なかったことを考え合わせると、そうした可能性は少ないと思われるが[64]――、そうでないならば、ヨーロッパの資本ストックが、他の地域よりも耐久性が高かったという説は、かなり疑わしいのである（ジョーンズの近年の研究では、実際の物理的破壊の程度よりも、モンゴル支配の遺産として、アジアの体制がより保守化したという点を強調するようになっている。これについては、のちに検討することにしよう）。[65] そして最後に、ジョーンズは、荒廃した物的資本を再建することが、人的資本の再生よりも、つねに困難だということの証拠を挙げていない。ヨーロッパの人的資本は、少なくとも中国や日本よりも、そしておそらくは東南アジアよりも、大きな被害を受けてきたのである。

また、ヨーロッパの織布工や農民などが、ユーラシア各地の同職者に比べ、とくに生産的であったという証拠もない。もしヨーロッパ人がより多くの、あるいは、より良質の資本財を所有していたとすれば、生産性においても、ヨーロッパ人のほうが高かったはずではないか。すでに検討したように、ヨーロッパ人は特別に長生きだったわけでも、健康に恵まれていたわけでもなかったと考えられる。このことは、それ自体も重要な事実であるが、そのうえ、ヨーロッパの製造業者がより高い実質賃金を支払わざるをえないことで、アジアの製造業者との競争で、不利な状況に置かれていたわけではないことを示唆している、という意味でも重要である。そうである以上、もしヨーロッパの労働者がより生産的であったならば、その製品をアジア市場に売り込むことが可能だったはずである。だが「実際のところ」、研究者たちが声をそろえて言うように、ヨーロッパ商人にとって、ヨーロッパ商品の市場をアジアに見つけることは相当に困難であって、むしろアジア商品を母国で売りさばくほうが、高級品であれ、大衆品であれ、容易だったのである（アジア人がヨーロッパ人と同等の食物を摂取していたにせよ、他の財貨の所有において見劣りしたという可能性もある。だが第3章で後述するように、中国人と日本人は、ヨーロッパ人と同じ程度の財貨を所有していたと考えられる）。アジアにおいて、ヨーロッパ向け工業製品を最も多く供給していたのはインドであるが、インド人労働者の生活水準が、アジアのなかでも際立って低かったとみる研究者は、たしかに多い（それは一人当たりの実質的な生産水準が低かったうえ、所得水準がきわめて不平等であったからである。これについては、第3章で検討する）。とはいえ、中国製の繊維製品なども、一八世紀から一九世紀の大半を通じて、欧米市場（それも必ずしも富裕層とは限らない市場）に多く売り込まれていたのである。[66]

技術に差異はあったか

北西ヨーロッパの技術は、少なくとも一八五〇年頃には、明らかに他の旧世界のそれを凌駕する水準に達していたし、その優位がすべて一九世紀になってから生じたものと見ることもできない。とはいえ、これまでの検討で明らかになったように、一八世紀のヨーロッパにおける生産性が、総体的に見て、中国や日本などよりも高かったとはいえないように思われる。したがって、ヨーロッパが全体として一七五〇年頃までに、「技術的な優位」を確立していたと断言することには慎重でなければならないし、議論の対象もそういう見通しに従って定める必要がある。結果的に見て、「科学文化」の普及を促したような文化的ないし制度的な要因が重要であったことは間違いないが、そのような文化がどれだけ「他の地域に比べ」特異なものだったのかどうかは、さらに検討する必要がある。また特定の政治＝経済的要因（特許法から、恒常的に繰り広げられた戦争、さらには、イギリスの労働コストが割高であった事実にいたるまで）

に着目する研究者も多いが、それらの役割もまた割り引いて考える必要がある。その一方で、こうした結果は、特定の主要技術について海外から得られた知識であるとか、地理的条件や資源の利用可能性によって「許容され得た要因」をもっと重視しなければならないことを示唆している。

すでに見たように、ヨーロッパ人の全体的な生産性が、一七五〇年の時点でそれほど際立ったものではなかったとすると、その技術水準についても、あまり高いものであったと言えそうにない。ただし、いくつかの重要な部門では、ヨーロッパ各地で（とくにイギリス、オランダ、フランスの一部において）、当時、利用できた最も優れた技術は、すでに世界でも最先端の技術となっていた可能性は高い。そうした技術が一九世紀になって普及し、ヨーロッパのなかで最高水準の技術と平均的な技術との格差が縮小したことで、周知の一八五〇年頃におけるヨーロッパの生産性優位を生み出したのではないだろうか（たとえば、ヨーロッパでは、一七五〇年ですでに、ニュートン力学を応用し、それまでの世界のどこで発明されたものよりも優れたポンプや運河水門がつくられていた。とはいえ、たとえば中国では、それ以後もしばらくのあいだ、発達した運河網のおかげで、平均して見れば、内陸水運の便におけるそれまでの優位を維持することができたと思われる）。一八五〇年のヨーロッパの優位が、すべて一七五〇年以後の発明によって成し遂げられたと仮に考えるとしても、そのように爆発的な発明の増加を可能とした基盤は何だったのか、さらに究明する必要があることになろう。

一七五〇年以後に優れた技術の普及を促し、また新しい発明を爆発的に増加させた理由のおおかたは、「科学文化」という要因に求めなければならない。マーガレット・ジェイコブその他によれば、それは、一七五〇年以後の一五〇年間に、とくにイングランドで勃興したものであり、具体的にいえば、識字率の上昇や印刷業の発展、学術団体の増加、公開性の高い講演の実施などにそれが表れている。これらを推し進めたのは、自然の摂理の解明を奨励しようという強い意志であった。というのは、そうすれば、個人の物質的な便益を増すばかりでなく、それぞれに政治的な意味を含んだ二つの認識論――すなわち、教条的な「聖職者の権威」と、生き物や神、社会秩序についての直観的で、神憑り的、魔術的な知識に基づく通俗的な心情との両方、またはそのどちらか――に代わって、社会の安定をもたらす装置が得られると考えられたからである。[67] こうした考え方には、たしかに北西ヨーロッパにしか現れなかったものも含まれるが、すべてがそうだったというわけではない。たとえば、自然科学や数学に対する中国人の関心が、一七世紀から、とくに一六四四年の満洲人［清朝］による中国本土の征服以後、顕著に高まったことは注目に値する。[68] また同じ時期に中国の印刷業者は、医学書がたいへんよく売れることに気づき、それが彼らの生業を通じて社会改良に貢献する道であるのと同時に、満洲人の征服によって生じた政治論争の地雷地帯をうまく避ける方法でもあることを、自覚するようになった。[69] より一般的にいえば、ヨーロッパ人の「科学文化」は、結果的に多くの成果を生んだとはいえ、技術発展の唯一の道であったとはいえない。ヨーロッパ以外の地域も、依然として多様な技術を開発、または維持しており、その地域なりの道筋をたどりながら、発明とその成果の普及を続けていたのである。

非ヨーロッパ地域が優位を保っていた分野も少なくない。その最も顕著な例は、先にも触れた灌漑であろうし、他のさまざまな農業技術についても、ヨーロッパは、中国やインド、日本、さらには東南アジアの一部にも遅れをとっていた。一七五三年にウェールズで設立されたある農業改良団体では、そのことを当然のこととして受け入れ、ウェールズが一日も早く「中国のように繁栄する」ことを目指していた。[70] すでに見たように、「アジアとヨーロッパの」平均寿命にはあまり違いがなかった――つまり、ヨーロッパ人のほうがより多くの栄養を摂取していたとは思えない――のだから、ヨーロッパと東アジアの人口密度に大差があったのは、「農業技術の」優劣の差をはっきりと証拠立てている。[71] 加えて、ヨーロッパ農業が、一八〇〇年以後、織物用の繊維需要の激増に対応しきれなくなったのに対し、中国と日本ではそれをやりとげたということ、また、（第5章で論じるつもりだが）相対的に遅れていた中国北部でも、イングランドやフランスに比べて、土壌の肥沃度を保つことに成功していたことが注意されよう。のちに見るように、一八世紀の終わり近くになって熱帯植民地の森林減少と土壌荒廃を防ぐのに頭を悩ませるようになっていたヨーロッパ人は、インドと中国に学ぶべきことが多くあるのに気づいた――もっとも、その教訓が本国で組織的に応用されるようになったのは一九世紀に入ってからであったが。ヨーロッパが大西洋の対岸に膨大な土地を獲得したことを別とすれば（それは航海術や商業だけでなく、好運や天然痘、暴力に助けられてのことであった）、一八世紀のヨーロッパ経済は、多くの側面でよほど技術的に遅れをとっていた。この事実は、逆にヨーロッパが優位に立っていた分野がいくつかあるとしても、そのことと同時に重視しなければならない。

一八世紀末のヨーロッパがなおキャッチ・アップの途上にあった分野は、ほかにもある。たとえば、西ヨーロッパの織布業や染色業では、インドや中国の製品を模倣している面がなお大きかったし、陶磁器でも同じことがいえた。また、一八二七年と一八四二年になってさえ、二人のイギリス人が別々に、つぎのような観察を残している。すなわち、インドの棒鉄はイングランドのそれに劣らないか、むしろ優れており、しかも、一八二九年につけられていたその価格は、イングランドにおける国産鉄の半額以下であった。[72] さらに、アフリカ各地でも、大量の鉄と鋼鉄が生産されていた。しかも、（燃料用）木材の不足のため産地が限られており、森林から離れた場所では鉄の価格が跳ね上がったという側面はあるものの、少なくとも品質においては、近世のヨーロッパで入手できたものに比べて、遜色がなかったのである。[73] 医薬については、世界のどの場所でも、それほどめざましい発展は見られなかっただろうが、東アジア（それに、おそらく東南アジア）の都市部では、衛生設備や清潔な水の供給といった、公衆衛生に不可欠な要件にかんしてはよほど先進的であった。[74] 一七、一八世紀において医学が進歩を遂げた数少ない事例の一つは天然痘の予防であるが、これは、ヨーロッパと中国、インドにおいてそれぞれ独自に発展したと見られる。[75]（わかっている限りでは）中国の医学には、ハーヴェイの血液循環説に当たるような基礎概念の展開は見られなかったものの、近年の研究によれば、少なくとも産婦人科の分野にかんする限り、清代の医学は、民間知識の急速な普及というかたちをとりつつ、依然としてヨーロッパのそれより高い水準を維持していた。[76] このような事例は枚挙にいとまがない。

　このように、全般的に見て、ヨーロッパの技術が一七五〇年時点ですでに圧倒的に高い水準に達していたという説は、根本的に修正されなければならない。エネルギーの生産量と消費量は、（のちに述べるように）一九世紀のヨーロッパが最も先に進んでいた分野であったが、これについてさえ、一〇〇年前にさかのぼれば怪しくなる。スミルの推計によれば、一七〇〇年頃の一人当たりのエネルギー消費量は、中国と西ヨーロッパがだいたい同じ水準にあった。[77]（当初の水車から、すぐにそれに取って代わった蒸気機関にいたるまで）個々のエネルギー発生装置の効率性という点でいえば、ヨーロッパのほうがかなり進んでいたと思われるが、一方で中国は、調理・暖房に用いる暖炉の効率性という点で、やはり先に行っていたのである。[78]

　一九世紀にはヨーロッパが、豊富で、入手しやすい化石燃料の利用に転じたことを知っている現在の時点からいえば、熱の利用法におけるヨーロッパの優位が、熱効率を保つ方法における中国の優位に比べて、革命的なほど大きな可能性を秘めていたことは、自明のことのように思えてしまう。しかし、それはあくまで現在の時点から見ての後知恵であり、またヨーロッパが石炭に恵まれていたからこそのことにすぎない。仮に燃料不足によってヨーロッパの工業成長が抑制され、どこか他の地域で先に工業化へのブレイクスルーが開かれていたと考えてみよう。その場合、ヨーロッパの出来の悪い暖炉は、一連のめざましい技術発展のなかの数少ない「例外」としてではなく、ヨーロッパを後進地域にとどめ置いた、最も深刻な技術的弱点の例として記憶されたかもしれない。また、もし新世界から、織物用の繊維原料が大量に輸入されるようになっていなかったとしたら、どうだろう。ヨーロッパの紡績と織布の工程が早くから機械化されたことは、巨大な変化のかなめとしてではなく、たんに好奇心をそそる出来事として捉えられていたにすぎないかもしれない。そして一エーカー当たりの収量の低さゆえ、ヨーロッパの大半の耕地が食糧生産に割かれることとなり、したがって、紡績・織布における発明も、いかにも巧みではあるが、ヨーロッパでは十分に活用されず、どこか他の地域で模倣されるのを待つほかなかった、ということになったかもしれない。

　蒸気動力と紡績業というきわめて重要な問題――および、それらと、「ヨーロッパが偶然手に入れた」資源との関係――については、本章の終わりで、あらためて論じることにしよう。ここでさしあたり強調しておきたいのは、非ヨーロッパ世界のほうが、多くの分野で技術的に先進的であるという状態が一八世紀末まで続いていたということ、そして、そうした非ヨーロッパ世界の技術が歴史上あまり重要な役割を果たさずに終わったのも、決して必然的な結果ではなかったということである。また、ヨーロッパの技術が他の世界よりも急速に、かつ広範に進歩しはじめた後でさえ、そのことが、従来からのヨーロッパ社会の弱点——土地利用や資源の保護、市場の拡大など——の克服に直結したわけではなかった。それらの弱点の克服が速やかに実現したことで、ヨーロッパが、東アジアないし例外的には西ヨーロッパの一部（たとえばデンマーク）で見られたような、労働集約的な手段によって問題を解決しようとする方向に足を踏み出し、以後、長らくその影響に囚われるという事態に陥らずにすんだのも、当初から自明の帰結というわけではなかったのである。

また、非ヨーロッパ世界が優位に立っていた分野のことを、たんに、かつては偉大だったが、いまや停滞に陥ってしまった伝統の残光だとしてすませるべきでもない。たしかに、一八世紀のアジアでは、ジョエル・モキアがいう「大発明（macro-inventions）」、つまり、それ自身の影響力によって将来の生産のあり方にいたるまで突如として転換させてしまうような、革新的なアイディアは生まれなかった。とはいえヨーロッパでも、その種の発明は、一五〇〇年から一七五〇年までのあいだにはほとんど生じなかったし、一般に産業革命といわれる時期（一七五〇年から一八三〇年まで）においても、それほど多く起きたわけではない。[79] その一方で、より小規模で、多様な技術改良は、多くの地域において、多くの技術的分野にわたって、継続的に発生していた。たとえばヨーロッパの染料は中国でもあっという間に大流行し、現地の革新的経営者によって模倣された。[80] それは多くのアジア産品が、ヨーロッパで経験したことと変わりなかった。一七世紀には、棉作地帯の中国北部において、ある種の地下室を利用すれば、長い乾季にも綿紡績に必要な、適度な湿気を保ちうることが発見された。この発見は、その後一〇〇年余をかけて野火のように広まり、ヨーロッパのどの国よりも多くの人口を抱えたこの地域で織物の自給を可能とし、さらに農閑期の失業を大幅に減らすことになった。（限られた燃料からどれだけ多くの熱を取り出すかということがそれほど意味をもたなくなり）中国の暖炉の熱効率のよさが決定的に重要とはいえなくなったとすれば、それは、その後化石燃料の利用が進んだからこそである。同様に、こうした地下室の利用が、せいぜい脚注に記される程度の事実にすぎず、「単純だが、決定的な技術のブレイクスルーであり、急速に普及した」とは思えないとすれば、それは、つぎの世紀［つまり一九世紀］になって、あらゆる種類の家内織物業が「時代遅れ」になってしまったことがわかっているからである。[81]

またこの地下室の事例が興味深いのは、それが普及したということはわかっても、それがどのような過程を通じてなされたかについては、ほとんどわからないということである。地下室のつくりは単純だが、そのような技術を必要とした人びとは、社会のなかで最も貧しく、互いにつながりもなく、文字も知らない人びとであった。この種の技術の普及が、広範囲にわたって相当に速いスピードで、現在のわれわれにはわからない方法で起きたらしいという事実から推して、中国（またその他の社会）では、科学団体やニュートンを信奉する聖職者がいないために、新しい有用な知識を普及させるのに相応しい手段を欠いていた、と決めつけるには慎重でなければならないことがわかる。この点では、エリートのあいだで闘わされた科学的な議論についても、まだ解明すべき点が多い。ベンジャミン・エルマンやその他の人びとが明らかにしたように、一八世紀の中国では、ふつうに考えられる以上に盛んな議論が行われていたようである[82]。そうした議論の大半は、何かの制度的な枠組みのもとで行われたわけではなく、古典的な漢文で書かれた手紙のやり取りによって行われた。とはいえ、それらの手紙は、完全に個人的なものというわけではなかったし、話題は多岐にわたり、洗練され、そしてしばしば現実に即した議論が展開された。組織立った学術団体が存在しなかったため、イングランドやオランダに比べれば、込み入った発見が広く知られるには時間を要しただろうし、エリートたちの科学が職人的な知識と触発し合うことも難しかったかもしれない。とはいえ、近年、口語体の医学書も流通していたことが明らかにされつつあり、中国の科学技術の発展において、口語体の出版物が果たした役割について、もっと検討する必要があるかもしれない（もっとも、医学は、他の種類の科学技術と違う、とくに名声の得られる分野であったことはたしかだが）。さらにいえば、ヨーロッパでは公的な学術団体が重要だったのは、科学を権威あるキリスト教会の敵意から護るためであった。一方で、中国の場合、教会に相当するような強力な敵対者は存在しなかった。科学技術の発展において、ヨーロッパで発達したような特殊な組織が、どの地域でも不可欠なものだったということは決して自明ではない。そこで、問われるべきは、中国の科学技術がなぜ「停滞」していたのか、ということではなく――そもそも停滞などしていなかったのだから――、その発展がなぜ経済全体の大きな変革につながらなかったのか、ということなのである。同じように、ヨーロッパの場合、学術団体の存在が科学技術の急速かつ多面的な発展を促したことは間違いないとしても、そのように多面的な発展のなかで、経済的に決定的な意味をもっていたのは何だったのかを考える必要があるし、また、それを決定的要因にした条件についても考えなければならない。モキアの使ったたとえを（彼の目的とは違うかたちで）拝借すれば、技術変化を推し進めたエンジンだけを比較するのではなく、[その進む方向を定める] ハンドル、そしてそれぞれの社会が置かれた地形についても比較しなければならないのである。

西ヨーロッパの技術がすべての分野において先進的だったわけではない。また先進的だった技術についても、長い目で見て重要な役割を果たしたのは、ごく一部である。たとえば、西ヨーロッパの水車は、その頃 [一七五〇年頃] までに、世界で最も高い効率性を実現していた。[83]しかしそのことだけで、水車を用いるヨーロッパの工業が、高い輸送コスト（あるいは生産費を押し上げる他の要素）を克服するだけの競争力を獲得し、他の地域の市場を制圧したわけではない。また水車が強みを発揮するかどうかは、多かれ少なかれ、立地条件に依存していたし、よい立地だからといって、無条件に設置されたわけではない。同じようなことは、ヨーロッパにおいてであれ、ヨーロッパ以外であれ、他の多くの技術についてもいえる。

本章の後段で論じるように、持続的な成長を生み出した最も重要な技術革新は、いずれも何らかのかたちで土地節約的な性格を伴っていた。とりわけ化石燃料にかんする革新は、エネルギー源としての森林への依存を緩和した。しかし従来の通説は、ヨーロッパの技術革新の労働節約的な側面に重きを置いてきた。そうした学説では、経済的な特異性（とりわけ、西ヨーロッパの労働者が自由で、相対的に高い賃金を享受してきたといわれていること）を背景として、ヨーロッパ人（ときとして、イギリス人）が労働節約的な技術の開発に力を注いだ一方、他の地域では、労働力を節約する必要を、ほとんど、あるいはまったく感じなかった、と主張されている（こうした議論が、先述したハイナルの人口論や、ブレナーの制度論に立脚していることは間違いない）。この通りだとすれば、西ヨーロッパは、高価な労働力を節約しなければならないという地域特有の理由から、最終的に機械、そして近代工業の発展をリードすることになり、大幅に一人当たりの生産性と生活水準を引き上げたということになる。一方で、その他の地域では、土地や資本、ある種の希少資源を節約するような技術革新に励んだということになろう。こうして、ヨーロッパは、とくに創造的な能力に秀でていたわけではなく、高賃金という条件から自然に真の変革に向けて努力を集中したのだ、という見方が生じる。このような見方は、これまで多くの研究者によって、少しずつ違うかたちをとって主張されてきた。たとえば、（イギリスと大陸ヨーロッパを対比した）H・J・ハバカク、（中国とヨーロッパを対比した）マーク・エルヴィン、（インドとヨーロッパを対比した）デイヴィド・ウォシュブルック、（アジア全般とヨーロッパを対比した）アンドレ・グンダー・フランクなどがそれである。[84]そしてこうした見方は、ヨーロッパが、工業化以前からすでに他の地域よりも豊かだったという通念とぴったり符合する。しかし上の議論は、一、二の例外的な産業を除けば、当てはまらない。

まず実証的な問題として、すでに本章の前半で見たように、一八世紀末になっても、日本、中国、さらには東南アジアの一部における平均所得は、西ヨーロッパと同等（あるいはそれ以上）であったらしい、という点が挙げられる。それが事実だとすれば、ヨーロッパの製造業者が高賃金問題に直面するためには、つぎの二つの可能性のうち、どちらかひとつが実際に起きていたのでなければならない。まずひとつは、西ヨーロッパ（少なくとも産業革命の起点とされるイギリス）の所得分配が相対的に平等で、一人当たり平均所得のうちの労働者の取り分が、他の地域に比べてより多かった、という場合である。もうひとつ考えられるのは、非自由労働のシステムを採用してきた社会で、一見、労働者が合計ではかなりの収入を得ているように見えたとしても、主人が彼らに生産的な仕事を用意できなくても彼らは他の仕事に移ることができないために、より多く働いても、それに応じた賃金の増し分はもらうことができなかった、という場合である。そのようなケースでは、たとえ高賃金を支払っているように見えたとしても、エリートたちにとってより合理的な選択肢は、その支配下にある労働者からできるだけ長時間の労働を絞り取るということであって、労働節約的な技術に投資するということではなかったはずである。

後者のケースは、東南アジアの一部の地域によく当てはまるだろう。それらの地域では、高度な熟練職人たちが、その技術の希少さに見合った高額の賃金を受け取ってはいたものの、彼らを「保護」する貴族階層の主人に拘束され、その製品も主人に独り占めされていた。[85] インドの場合も、これが当てはまる地域がなかったわけではないが、より一般的には、職人は（しばしば薄給ではあったが）自由ないし半自由の身分であった。少なくとも、イギリスがさまざまな技術に規制を課すようになるまでは、インドの織布工たちは、運転資金の前貸しをしている資本家に対して、自立性を保っていた。[86] また中国の職人については、そのようなケースは、一四〇〇年代にはすでにほとんど当てはまらなくなっており、政府の定めによる職人の世襲制が一五〇〇年代に崩壊した後は、実際上、見られなくなっていた。次章で見るように、中国の労働者は、ヨーロッパ近世の労働者に比べ、より「自由」であったか、少なくともそれ以下ではなかったのである。徳川時代の日本については、非自由労働のシナリオが当てはまるように見える。法令によって職業上の身分が細かく設定され、移動も制約され、さらに世襲的なパトロン＝クライアント関係が、建前上、存在していたからである。しかし、これも次章で見るように、実態は、法令の文面から大きく乖離していた。

［非ヨーロッパ世界の労働者が、所得分配の不平等ゆえに、平均所得は高かったにもかかわらず］超低賃金の状態に置かれていたという議論については、より踏み込んだ分析が必要となる。第3章でいくつかの史料を通じて見るように、清代中国や徳川時代の日本においては、西ヨーロッパ全体、とくに一八世紀末のイギリスよりも、実質的に平等度の高い所得分配が実現されていた（なおインドの所得分配は、これも第3章で見るように、大量のエピソード的な史料から判断する限り、事実、ヨーロッパのそれよりも不平等であったと見られる。ただし数量的なデータは乏しく、それぞれ異なった方向を指し示している）。とはいえ、東アジアについての史料からも、断定的な結論を下すことはできない。全体の国民所得のうち、最上位の支配層による取り分を見ると、ヨーロッパでよりも、中国や日本でのほうが少なかったことは、おおかたの史料から確認できる。ただ、そうだとしても、中国や日本には、絶望的なほどの極貧層が西ヨーロッパよりも厚く存在し、それが不熟練労働の賃金水準をヨーロッパのそれよりも大幅に引き下げていたのかもしれない。それを裏付

ける材料は手もとにはないが――それに、一八四〇年以前に東アジアを訪れたヨーロッパ人旅行者が書き残したエピソード的な史料は、むしろその反対のことを示唆しているが[87]――、その可能性を完全に否定することはできない。

中国や日本の中核地域が高い生活水準を享受していたという事実と、オランダやイングランドの雇い主の頭を悩ませたような高賃金問題が存在しなかったという事実とを整合させる、この説明に関連はしているが、はっきり違うもうひとつの――より蓋然性の高い――説明がないわけではない。一七世紀半ばから一八世紀にかけて、オランダとイングランドの製造業は、大半が農村部に立地していたものの、少なくともその頃には、農業と非農業を季節的に掛け持ちするような労働者は相対的に少なくなっていたということが、確かな史料から明らかになっている[88]。これまでは、少なくともオランダにおいては、多くの工業労働者が農繁期には農業労働に従事しており、そこから相当の賃金を稼いでいた。しかし、農業と工業の労働市場が分離していくにつれ、働き口の一部を失った労働者が生きていくためには、より高額の日当が支払われねばならなくなった。そのような賃金の上昇は、失業の増加という代償を伴いながらも、実際に発生した[89]。これとは対照的に、日本と中国の手工業労働者には、農業から完全に切り離された者はほとんどいなかった。そこで、日本と中国の労働者は、少なくとも理論的には、機織りや糸紡ぎ、レンガづくりなどからあまり多くの賃金を得られなくても、オランダやイングランドの労働者と同等、あるいはそれ以上の生活水準を享受することが可能だったはずである。このような筋書きを実証するのは難しいが、十分ありえたことだと思う。そして仮にそうだったとすると、このことは、われわれの他の知見、つまり、ヨーロッパの雇い主の少なくとも一部は、労働力を節約することにきわめて強いインセンティヴをもっていたという事実と噛み合うのである（またこのことは、イングランドの雇い主にとってみれば、労働者が農工兼業であった頃に比べ、工場の通年操業に有利な条件が整ったということを意味する。そうだとすれば、彼ら雇い主が、集中作業場形式の工場や生産設備に投資するインセンティヴは、より高くなったことだろう）。ヨーロッパの雇い主はまた、相対的に高い食糧価格という問題にも直面していた。そのおかげで彼らは、アジアの――すべてではなくても――おおかたの競争相手に比べ、実質賃金として見れば変わりはないにせよ、名目的な額面のレヴェルでは、より多くの賃金を労働者に支払わなければならなかった[90]。

しかし、西ヨーロッパの賃金が、アジアのどこよりも高かったということを、仮に認めるとしても、それが産業革命への技術変化を促したと言うには、いくつかの問題が残っている。近世的な条件のもとでの高賃金は、労働節約的な発明を促す可能性もあったが、同時に、一般的にいって、技術革新を阻害する要因に容易に転じる可能性もあった。モキアによる、この一見矛盾した結論は、一八世紀の現実とかなりよく適合するモデルから引き出されている[91]。モキアに従って、新しい技術はつねに新しい資本設備に体現されており、それを入手するには何らかの代金を支払わねばならない、と仮定しよう。また、大半の製造業者にとって賃金が最も大きなコストであるということ、相当の賃金を支払わなければならない企業や国家にとって、技術それ自体に、ある製品の総生産コストを引き下げるような効果があらかじめ備わっているわけではないということも、あわせて仮定しよう。そのような場合、競合相手よりも多くの賃金を支払わなければならない者は、一般に、より多くの賃金を支払わなければならない者は、一般に、より少ない利益しか得ることができないはずである。そしてもし――一九世紀に入ってもしばらくは一般にそうだったのだが――、新しい資本設備を購入する際に銀行の貸し付けを受けられないか、あるいは、その企業の稼ぎに応じて融資を受けられたとしても、それがごくわずかであるような場合、新技術を体現した設備を購入する費用は、企業内に留保された利益金から捻出しなければならない。これを実践することは、多くの賃金を支払わなければならない者ほど、困難であろう。こうして、高賃金は、いかなる新技術の導入をも妨げることになる。このようなモデルは、現代人の直観には反するかもしれないが、過去には成り立ちえた可能性がある。たとえば、高度に洗練され、かつ高賃金でもあったオランダにおいて、工業の機械化がなかなか実現しなかった理由を説明する際に、このモデルは威力を発揮してきた。

さらにいえば、過去二〇〇年来の工業化が、総じて労働を節約し、資本を多用する方向で進んだことは確かだとしても、主な技術革新が、つねに［最初から］それを目指していたというのは、時代錯誤の考え方である。あらゆる工程で石炭と蒸気動力が利用されるようになったことは、結果として、多くの労働力を節約することにつながったものの、一八世紀の技術革新によって製鉄やガラス工業、ビール醸造などで石炭が使用されるようになったのは、もっぱら燃料費の節約を目的としたものであって（なぜなら石炭は薪よりも安価であったから）、労働力を節約しようとしたものではなかった。また炭鉱からの排水に蒸気機関が使われたのは、同じ労働をする人間を置き換えられたわけではなく、たんにそれまで誰も利用できなかったような［深い場所にある］炭鉱を利用できるようにするためであった。ガラス製造や製鉄で見られたその他の種類の革新も、とくに何らかの生産要素の節約を目的としたものではなく、より高品質の製品をつくることが目的であった。高価な労働力を節約できるようになったことは、産業革命を推し進める大きな力となったが、それは意図した結果ではなかったのである。クリスティン・マクラウドは、一八世紀イングランドの特許申請者について調べるなかで、彼らの大半が、発明の目的を、製品の品質向上および［労働力ではなく］資本の節約に置いていたという事実を発見した（このことは、産業革命の最初の一〇〇年間における技術変化が、一八七〇年代以後のそれとは違い、比較的に安価な資本財として体現されたことを考えれば、納得のいく結果である）。一方で、労働力の節約を目的とした特許は、全体のわずか三・七パーセントにすぎなかった。[92] 発明者自身がとくに労働力の節約を意図していなかったとすれば、その特許を判定する側がそれを意識することは、いっそう稀であったろう。一七二〇年代になっても、発明の目的を労働力の節約とすることは、特許を認められるうえで明らかに不利に働いたのである。[93] 長期的に見れば、技術変化の結果が労働節約をもたらしたことは間違いない。しかし、高賃金が技術を特定の方向に誘導したという説については、発明の主観的な動機について、検討の余地があるだろう。

最後に、当時利用された資本財は、おおかたがそれ自体、相対的に安価なものであったから、製造業者は、かなりの低賃金に恵まれた場合でも、こうした資本財を導入してみる気になった可能性がある。賃金コストが低ければ労働節約的な技術は導入されない、という見方は、資本財がより高価となった現在にあっても、成り立たない[94]（そのような見方は、たとえば現代のパキスタンとドイツを比べた場合のように、賃金コストの差がきわめて大きいときには、有効なこともある。しかし、賃金に差があったとしてもそれほどは大きくない場合——たとえばヴィクトリア時代のイギリスとアメリカ合衆国を比べるとき——には、成り立たない。しかも、一九世紀半ばまでは、今日よりも国富の差は大きくなかったから、賃金の違いもあまり目立ったものではなかった）。[95] 一九世紀以前の経営者たちも、利潤の極大化を志向していたとすれば、彼らが賃金コストの低さを理由として革新を取り入れないのは、それを導入しても、ごく限られた労働節約効果しか期待できない場合だけだっただろう。こんな理由だけで、綿紡績のような分野で革新を採用しない製造業者がいたとしたら、その経営者は、実質的に無報酬で労働者を使っていたということになってしまう。エルヴィンほか、技術革新の誘因を賃金コストに求める論者たちであれば、中国の賃金が（ヨーロッパのそれに比べて）きわめて安価だったために、中国の製造業者は労働節約的な革新を志向しなかったというだろう。しかし、実際には、自らの労働を節約するために、中国の農業経営者たちが資金を使った例を、第2章でいろいろ取り上げる。

しかし、高賃金［が産業革命を促したという］仮説は、なお、決定的に重要な一部門、すなわち綿業にかんしては意味がある。ブローデルとフランクはいずれも、綿業における高賃金仮説の重要性を指摘している。[96] 紡績工程において、どのような技術革新が生じたのかは、きわめて明白で、一定量の綿糸を紡ぐのに要する労働力を、おそらく九〇パーセント以上、削減したということである。[97] このように劇的な労働力の節約は、賃金率のいかんにかかわらず、すべての雇い主にとって魅力的だったであろうが、とくにイングランドにおける綿織物の製造業者を強く惹きつけたと思われる。というのは、彼らは価格に敏感な多くの市場（具体的には西アフリカと中東、何よりも新世界であり、こうした場所では奴隷が最も安価な種類の綿織物を着用していた）でインドの業者と競合していたが、イングランドの業者が負担しなければならない名目賃金は、インドのそれよりずっと高かったからである。この時期に中国から輸出される織物は、かなり高品質なもので、価格の点ではイギリス産品と競争関係になかった（先進的な機業地であった江南地方の産品を含め、中国製織物の多くは、中国国内の市場で販売されるようになっていた)[98]。とはいえ、イギリスの織物業者が、中東やアフリカや新世界でインド綿布と競り勝つには、賃金コストを切り下げるほかなかった。

　むろん、イギリスの織物業者がそれに失敗して、インドの織物業者との競争に敗れてしまう可能性も、十分にあった。必要性があるからといって、いつでも技術革新が生まれるとは限らない。また、イギリスの織物業者がそれらの市場の制圧に成功するかどうかが、イギリス全体にとって、最初から重要な問題だと思われていたともいえない。なぜなら、イギリス東インド会社が、その競争相手［つまりインド］の製品を販売していたからである。綿織物の市場となった地域は、たしかに戦略的にも重要な地域であったが、ここでいう「必要性」とは、あくまで織物業者自身にとっての必要性であって、「イングランド」全体にとってのそれではなかった（これらの市場のなかでも、戦略的に最も重要だったのは西アフリカである。というのは、この地域で求めに応じて綿布を供給することは、アフリカ人奴隷を購入するうえで非常に重要だったからである。しかし、この地域で需要される綿布のうち、少なくともその一部は、高価かつ高品質のものであったから、イギリスの奴隷商人は、綿布の価格よりは、それを十分に仕入れられるかどうかを気にかけていた。彼らは当初、インドで綿布を仕入れており、母国から仕入れるようになるのは、かなり後のことであった）[99]。

　こうして、「高賃金が［技術革新の］必要性をもたらした」という考え方は、ここでも問題にぶつかる。とはいえ、この考え方を、［綿業という］限定的だが重要な事例を通じて検証することには、意味があるかもしれない。そうすれば、世界的な織物交易の構造、とくにイングランドの製造業者のベンガルの業者との競争が、紡績と織布における機械化を促したということは示唆できる。ベンガルは、当初から（少なくとも貨幣賃金で見れば）低賃金の地域であったばかりでなく、一七五七年以降には、イギリス東インド会社が暴力を用いて、市場価格を下回る価格での綿布の供給を強要した地域でもあった[100]。さらに、この事例からは、重要なのは「工業化」一般ではなく、特定の技術革新についての説明であるということも、明らかになる。説明は、関連産業を取り巻く細かな事情に結びつけて行う必要があるし、当時の人びとが、その技術革新によって何を達成しようとしたかについても、気を配らなければならない。その際、ヨーロッパの優位の形成という、より大きな現象を説明するのに意味のある事例を選ばなければならないのは、もちろんのことである。

　われわれは産業革命がどのように起きたかをすでに知っているために、重要で、またダイナミックでもあった二つの部門に結びつけて、ヨーロッパが優位にあった点を求めがちであり、探しがちである。すなわち、一方での綿業と、他方での石炭・蒸気動力・鉄の複合体であり、とくに後者であった。これらに関連して、多少のヨーロッパの優位があったことは確かだが、しばしばそれは思いもつかないところで見いだされるものである。

繊維産業では、中国人は、ずっと前から機械を用いており、それらは、ハーグリーヴズのジェニー紡績機やケイの飛び杼と比べて、決定的に重要な一点で微妙な違いがあっただけである[101]。したがって、そうした発明が［イギリスで］実際になされるまでは、綿業部門の技術において、西ヨーロッパのほうが進んでいたとは、とうてい言うことができない。それに、どちらの例でも、その最後の一工夫というのは、後から考えれば単純なもののようだから、それを発見できなかったからといって、中国の技術革新がまったく停滞的なものだったと決めつけることもできない。一八世紀のヨーロッパで起きた技術革新の大半は、その一五〇年前にはもうおおむね出来上がっていたものだが、だからといって、その中休み期間が技術の「停滞」を意味するわけではないのと同じである[102]。今日あたりまえに思えることが、しばしば、昔からあたりまえだったわけではない、ということを忘れてはならない。

さらに、イングランドにおける綿工業の技術革新には、歴史上の重要な画期とならないで、せいぜい脚注に触れられる程度の事件に終わってしまう可能性も十分にあった。イギリス人が綿紡績業において重要な技術改良を始めた頃、ヨーロッパでは、棉花はまだマイナーな繊維素材であり、亜麻や羊毛の紡績のほうが、ずっと長い機械化の歴史をもっていた。第5章であらためて見るように、生態環境や社会的な問題から、ヨーロッパで羊毛や亜麻の生産を拡大するのが難しくなっていたのは確かである。とはいえ棉花も外国からの輸入品であり、一八世紀を通じて、相当に限られた分量しか入手することができなかった。新しい紡績技術の開発は棉花の需要を急増させ、その価格を大きく引き上げ、その結果、北アメリカ南部において棉花生産が増加するという事態がなければ、せっかくの技術も十分に利用されなかったかもしれない[103]。

この問題は、より一般的なかたちに置き換えて言うこともできる。技術史の思考法からすれば、画期的な発明の結果として新しいボトルネックが生じ、その問題の解決に努力が注がれる結果、新たなブレイクスルーの発見がもたらされる、ということが少なくない。織布技術の効率化が、紡績の速度を向上させようという動機を生む、というのがその例である。しかし、そうしたボトルネックの解決が、何らかの技術の変化を伴うことなく、たんにより多くの資源を投入することによって図られるという場合もしばしばあり、そうしたかたちでの資源の投入が続けば、技術的な解決を図ろうという誘因は減少してしまう（一九世紀後半には、炭鉱労働者の人数が大幅に増えたことで、化石燃料が産業のあらゆる工程で利用されるようになった一方、鉱業自体の効率は変化しないという事態が起きた。これがそのよい例である[104]）。綿業を機械化する過程では、結果としての生産性の上昇に対応する棉花（およびその他の繊維素材）の増産にボトルネックが現れたが、それには、より多くの土地と労働力を［棉花生産に］振り向けることで対応が図られることになった。

第5、6章で後述するように、そのようなボトルネックを解決するのに必要なだけの土地を、ヨーロッパで見つけることは不可能であった（ポーランドとロシアでは牧羊業が拡大したものの、およそ十分な土地はどこにもなかったし、棉花の生産は最低限にとどまった）[105]。一方、労働力の面でこのボトルネックの解決を助けたのは、もっぱらアフリカ人奴隷であった。その分、ヨーロッパ人の労働力は、海運や貿易、奴隷の使役、さらには（アフリカで奴隷と交換したり、棉花を購入したりするための）工業生産にあてられることになった。第6章で検討するように、このボトルネックを解決するために、［奴隷貿易という］特定のかたちの労働力の配置換えがなされたことは、ヨーロッパ内で繊維素材の生産を拡大するべく、農業労働力を増強した場合――必要な土地は得られたと仮定して――に比べると、長い目で見てヨーロッパにとってよほど有利に働いたと思われる（中国や日本が選択したのは、［自前の土地・労働力を使うという］方法であった。日・中両国では、労働集約的なやり方で、在来の土地からより多くの食糧と燃料を搾り出す一方、森林を切り開いたり、食用作物の生産にあてていた耕地を繊維素材の生産に振り向けたりすることで、新たな土地を捻出した。しかし、こうしたやり方は、長い目で見れば、相当のコストを伴っていた）。綿業はたいへんわかりやすい事例だといえるが、それ以外のさまざまな産業においてもボトルネックは生じたし、人口の増加による食糧需要の増加も、ボトルネックのひとつとなった。しかし、そうしたボトルネックは、最終的には、より多くのヨーロッパの土地をそれに割いたり、ヨーロッパでの労働力の投入を増やしたりすることなく、解決された。パラタサラティの見解では、工業化とは、「耕地の単位面積当たりの収量の低さが食糧価格を高騰させ、それがもたらす高賃金が競争力を喪失させる」という悪循環からイギリスが脱出するためにとられた方策のひとつである、ということになる[106]。しかし、そのような問題が解決され、彼のいうようなかたちで工業技術の果実が生み出されるためには、たんに工業化するだけでは不十分である。そのためには、同時に、工業それ自体と労働者たちによる農産物の需要が満たされねばならない。しかも、のちに見るように、イギリスの耕地面積当たり収量は、一七五〇年から一八五〇年のあいだに大きくは増えなかったから、この問題を解決するためには、新たに生産に投じうる、広大な土地をもつ取引相手を巻き込む必要があった。

しかし、ここで重要なのは、紡績・織布工程において生じた大幅な生産効率の上昇が、一八世紀のヨーロッパを取り巻く生態環境上の制約のせいで、根本的なブレイクスルーにならない可能性も十分にありえたということである。おおかた一八世紀を通して、ヨーロッパでは、織物用の繊維素材に振り向ける土地が求められただけでなく、マルサス的な意味での四つの必需品、すなわち、食糧、燃料、繊維、そして建築用材の生産をめぐる土地の奪い合いがますます熾烈になっていった。食糧と燃料の価格が、賃金よりも速く上昇する限り[107]――一八世紀の大半を通じて、ヨーロッパでは実際にそのような状況が生じた――、たとえ紡績・織布のコストが低減したとしても、織物に対する需要が無制限に伸びるということはありえなかった。

それに、綿業の新技術は、他の部門に即座に流用できるという種類のものでもなかった。とすれば、こうした状況下での綿業の発展は、かつて農村「手工業」がその長い成長の過程でたどってきた道筋を（第2章で詳しく論じる）、さらに深刻なかたちで再現するだけに終わった可能性も、十分にあったのである。つまり、人口増加に拍車がかかり、土地不足が深刻化し、労働集約化が進む一方で実質賃金は上昇せず、おそらく最終的には、生態環境上のブレイクスルーどころか、その袋小路に行き着いてしまうような道筋であった。

一八世紀の西ヨーロッパは、生態環境上の深刻な制約に直面していた。（このことについては、第5章でより徹底的に論じるつもりだが）要約していえば、次のようなことである。すなわち、「長期の一六世紀」と一八世紀（とくにその後半）に生じた人口の増加と経済の拡大は、西ヨーロッパの森林を大幅に減少させたため、結果として、森林面積の割合と一人当たりの木材供給量は、インドのみならず、人口の稠密な中国よりも、さらに低くなってしまった。森林の減少は、さらに、他の問題にも影響を与えた。考古学的な証拠によれば、フランスとドイツでは、歴史上二度、土壌の激しい浸食が起きた時期を経験しており、一八世紀はそのうちのひとつであった。その事実は、文献史料からも確認できるが、他のいくつかの場所でも森林の減少が見られたこと、そうした地域では大規模な砂あらしや生産の低下など、深刻な生態環境上の制約を示す現象が生じていたことが、確認されている。[108] 近年の研究によれば、土壌侵食という目に見える兆候の背後には、もっと広範でさまざまな種類の土壌問題が存在する場合が多いという。[109] 一八世紀にはまた、「ヨーロッパ・モンスーン」として知られる、異常気象も発生していた。すなわち、きわめて長期にわたる日照りと、集中豪雨とが繰り返し襲ったのである。そのような雨は、深刻な土地侵食を引き起こすばかりで、作物にはほとんど益するところがなかった。ヨーロッパには（インドなどとは違い）貯水および導水機能をもつ大規模な灌漑システムが整備されていなかったから、なおさらのことであった。そのような異常気象の原因は明らかでないが、一般に森林減少の度合いが著しい地域で頻繁に起こった。[110] 森林は、季節的あるいは局地的な降雨パターンの変動を和らげる働きがあるためである。今日、温帯でありながらそのような「モンスーン」気候が現れる地域は少ないが、その数少ない例のひとつは、森林の減少が著しい中国北部である[111]（とはいえ、中国北部もヨーロッパ北部に比べればずっと南方に位置しており、気圧配置も熱帯のそれに近い）。

こうした生態環境上の問題が、ヨーロッパにマルサス的な危機を生み出し、生活水準を崩壊寸前にまで追い込んだ、と言いたいのではない。むしろ反対に、そうした問題は、場所によっては、人口の増加とともに、一人当たりの消費水準の向上によってもたらされたのである。しかし、のちに見るように、生態環境上の問題が、それ以上の経済成長を決定的に妨げていたことも確かである。ところが一九世紀になると、ヨーロッパでは、人口も一人当たり消費も加速的に増加する一方、環境上の変化は落ち着きを取り戻した。西ヨーロッパにおける森林面積の割合は、四〇〇年間にわたる減少傾向にブレーキがかかり、一八〇〇年から一八五〇年のあいだは安定していた。イギリス、フランス、ドイツ、ベルギーでは、一九世紀のうちにかえって増加さえしたのである。[112] 土壌侵食が少なくなる一方、耕地の肥沃度は安定し、さらには好転した。ヨーロッパ「モンスーン」は消滅し、より典型的な降雨パターンが戻ってきた。[113]

それまでの経済成長は、つねに、土地への新たな需要を呼び起こすものであった。ヨーロッパが産業革命に成功した理由は、かなりの程度、そうした長年のパターンから脱け出した点に求められる。しかもそれは、(デンマークのような)わずかな例外を除けば、多くの労働力を新たに投入し、耕地の肥沃度を維持しつつ、単位面積当たりの収量を引き上げるという方法(ボズラップが指摘した、よく知られたやり方)によって達成されたわけではない。一九世紀の後半、耕地一エーカー当たりに投入された労働量は、大幅に減少しさえしたのである。今日では、化学的なブレイクスルーが開かれ、資本が、土地(および労働)を驚異的な度合いで代替している(とりわけ化学肥料の使用と、耕地をまったく必要としない合成製品の開発は重要である)が、そうしたやり方が普及したのは、一九世紀の最末期から二〇世紀にかけてのことである。それでは、ヨーロッパの持続的な経済成長は、生態環境的には、どのようにして可能となったのだろうか。

持続的成長を可能とした理由を理解するためには、リグリがいうように、土地による制約を軽減する変化があったことを知らなければならない。リグリは、石炭使用の増加を強調している。というのは、土地の単位面積当たりで見て、石炭が生むエネルギーは、木材のそれよりもずっと大きいからである。[114] しかし、ここではさらに、新大陸産の食用作物が取り入れられたことを挙げておきたい。とくにジャガイモから得られる、耕地の単位面積当たりのエネルギーは、それまでのヨーロッパでは例を見ないほど高かった。また、リチャード・グローヴが明らかにしたように、植民地での経験は、生態環境についての理解を深め、土地(とくに森林)の経営方法を改善するうえで、大いに役立った。さらに、手持ちの技術を、海外の広大な新領土に適用することで、莫大な資源を新たに得ることもできた。

これらの発展のうち、最後のものは、純粋に技術的なものとはいえない。第6章でこの点に焦点を当てて論じるが、さしあたっては、土地集約的な産品(当初は棉花や砂糖、のちには穀物や木材、食肉、羊毛)と、グアノのように地力を回復させる産物の双方が、新大陸からもたらされたことを指摘しておけば、十分である。これらを除く三点、すなわちジャガイモの導入と生態環境にかんする知識、そして石炭については、それらが重要な意味をもつことになった全体的な背景とあわせ、技術的な問題として、以下に本章で論じることにする。

ジャガイモは、ヨーロッパの既存の作物に比べ、耕地一エーカー当たりではるかに高いカロリーを提供することができた。ジャガイモは一八世紀の中国と日本にも導入されたが、ほとんど山間地向けとしてのみ、受け入れられた。耕地面積当たりの食糧生産高という指標で見ると、平野部では、すでに米が高い実績をあげていたからである。これに対してヨーロッパでは、（耕地面積当たりの収量で見ても、播種量当たりの収穫率で見ても）穀物の生産性は相当に低かったから、アイルランドやベルギーのように、人口の稠密な平野部においても、ジャガイモは劇的な普及を遂げた（たとえばフランドル地方では、一七九一年までに、穀類由来のカロリーのうち四〇パーセントがジャガイモによって代替された）[115]。さらに、中欧や東欧でも、しだいに多くの場所でジャガイモが栽培されるようになっていった。

非ヨーロッパ世界からの影響として、ジャガイモほどよく知られた例ではないが、［生態環境についての］技術的な進歩も、挙げることができる。一九世紀になると、ヨーロッパ人は、科学的な森林保全という考え方を受け入れ、森林の保護が生態系全体にとって重要な意味をもつことを、理解するようになった。リチャード・グローヴは、この面でのブレイクスルーへの道がどのように開かれたかを慎重に追跡している。彼によれば、このような進歩の過程で、ヨーロッパ科学が応用されて大きな貢献をしたのは間違いない――たとえば、樹木が水をどのように循環させ、周囲の環境に影響を与えるかを解明するうえで、ニュートン力学は重要な役割を果たした――が、興味深いことに、ヨーロッパで広く信じられていた考え方が、かえって阻害的に働くこともあった。たとえば、一九世紀の初めになっても、ヨーロッパの医者や植物学者は、森林には病気を引き起こす「瘴気《ミアズマ》」があるという理由で、公衆衛生のため、その伐採を主張していた[116]。

生態環境への理解の深まりをひとつの背景として、北西ヨーロッパは、地中海沿岸の一部や中国北部を襲った［森林消滅の］運命に見舞われる直前、ぎりぎりのタイミングで、生態環境の安定を取り戻すことができた[117]。そして、そのような生態環境への理解は、つぎの二つの点で、海外の植民地と決定的に関わっていた。まず、ヨーロッパ人たちは、熱帯の島嶼部で、土地利用の変化がどのように気候（とくに乾燥）に影響し、さらに急速な土質の変化につながるかを観察することができた。その経験は、それまでヨーロッパ人自身が理論的には解決できなかった論争を決着させることになった。また、新たに植民地となったインドの一部では（ヨーロッパからの需要と、土地所有権の変化によって、急速な土地利用の変化が起きていた）、［熱帯島嶼部で見られたのと］同様の因果関係が、大陸部の土地でも起こりうることが観察された。さらに、こうした因果関係を解き明かした、植民地在住の植物学者や外科医、官僚たちは（これらはしばしば同じ人物が兼ねていた）、中国南部やとりわけ南インドで見られた慣行から、生態系をどのように管理すべきかについて学んだ。そうした現地でのやり方は、多くの点で、ヨーロッパ人自身のそれよりも優れていたのである（日本の慣習はさらに優れていたはずだが、探求心の強い外国人にも、なかなか知りえないものであった）[118]。最後に、植民地では所有権が十分に保護されていなかったこと、また、統治権力が現地地主のもつ影響力から遮断されていたことから、イギリス、フランス、オランダの植民地官僚たちは、生態環境を管理するための構想を、実地に試してみることができた。そうした構想のなかには、あまりに過激で、本国では実行できなかっただろうものも含まれていた。このようにして海外で得られた知識は、一九世紀にいったんヨーロッパ（およびアメリカ合衆国）に持ち帰られ、森林事業に活用されたり、耕地の保全や改良のために樹木をいかに利用するかというテーマで出版されたりした。[119] このように、海外植民地は、（ジャガイモの導入や、生態環境についての知識、植物学にかんする膨大な情報というかたちで）[120] 農林技術におけるヨーロッパの後進性を払拭するのに貢献した。ヨーロッパは、後述するような資源だけでなく、重要な知識をも海外植民地から輸入したのである。

しかし、土地節約的な技術への転換を最後に後押ししたのは、非ヨーロッパ世界からもたらされたものではなかった。それは石炭の使用であり、（とくにイギリスにおける）その増加が、燃料としての木材の使用を減少させ、新たな変化全体の基礎をつくったのである。

石炭は、かつての産業革命史では、中核的に扱われてきたものである。かろうじてそれと同じくらいに注目を集めてきたものとしては、綿、鉄、鋼と鉄道が挙げられるが、それらですら、綿を除いては、石炭に依存する部門でしかなかった。しかし、最近では、石炭の重要性はあまり強調されない傾向があるようである。たとえば、最も初期の工場は、石炭よりも水車を動力としていたことや、イングランド産の石炭の大半は、家庭暖房や調理といった、それほど魅力的でも、革新的でもない用途に使われていたことが指摘されている。リグリは、石炭がもっていた核心的な重要性をあらためて主張し、イングランドで石炭から得ていたエネルギーを、もし木材から得るとすれば、一八一五年までに年々一五〇〇万エーカー（彼のより大きめの推計では、二二〇〇万エーカー）の森林が消えていたとする。[121] しかし、この数字の意味は、あまり明瞭ではない。そもそもイングランドにそれだけの森林はなかったのだから、もし石炭の使用が増加しなかったとして、木材の使用がそれほど増えたわけはない（リグリもそのようにいっているわけではない）。また、石炭が使われなかった場合、廃業してしまった鍛冶屋の数や作られなかったガラスの量、暖房できなかった家の数などを、正確に見積もることもできない。そのせいで寒さに苦しんだ人びと、衣服の需要増加、鉄の産出の減少などの複雑な関係を同時に想定しないことには、その計算は不可能であろう。石炭が使われなかったせいで、何らかの産業の成長が阻害されたかどうかについても、考えるのは難しい。ましてや、工業化全体に議論を広げることはできない。

そうはいっても、石炭を重視する従来の見解に立ち戻るのは、少なくとも部分的には、必要なことだと思われる。リグリの言い分に一理があるというだけでなく、その他の理由を挙げることもできる。水力によって稼働する工場のほうが、石炭で稼働するものより多い時期もあったかもしれないが、水力の利用は地理的に限定されていたし、持ち運びができず、また、季節によって利用できないこともあった。何よりも水力は、燃焼という現象に代わることができなかった。（醸造や冶金、染料の製造にいたるまで）さまざまな化学的・物理的な工程で火が必要とされたし、［地域間の］分業を急速に推し進めた交通革命においても、同様だった。きわめて重要な製鉄部門について（したがって、製鋼や鉄道についても）、化石燃料に代わるものが存在したかどうかは疑問である。たしかに、従来の主張に反論してハマースリは、イングランドの製鉄業が一六六〇年から一七六〇年のあいだに縮小した事実はなく、入手できる燃料が決定的に不足していたわけではないだろう、という。彼の推計によれば、当時のイングランドにおける製鉄業の需要を満たすためには、イングランドおよびウェールズの面積に対して、二パーセント程度の森林があれば十分だっただろう、という[122]。しかし、一八世紀末において、森林はイギリス全体の五パーセントから一〇パーセント程度にすぎなかった[123]。それゆえ、イギリスで木炭を使って生産できる銑鉄の量は、うまくいっても、八万七五〇〇トンから一七万五〇〇〇トン程度だったことになる。しかし実際には、一八二〇年頃のイギリスでの鉄生産高は、四〇万トンに達していた[124]。さらに、他の用途に使われる木材を差し引いたとしても、残りの木材を、すべて製鉄用の木炭として投入するのは不可能であった。製鉄場の立地が、近くで鉄鉱石と（ふいごを動かす）水力を得られる場所に限られていた一方、製鉄用の木炭は一〇マイルから一二マイル（できれば五マイル以下）の距離しか輸送できなかった。熔鉱炉の燃料とする木炭は、大きなかたまりでなければならなかったが、長距離を輸送すると、ばらばらに（ときには粉々に）砕けてしまいがちだったからである[125]。たしかにハマースリのいう通り、製鉄業が一七六〇年時点で「エネルギー危機」に直面しているということはなかったにせよ――製鉄燃料の石炭への転換が森林の減少を原因としていたとは、なおさらいえない――、彼の挙げる数字は同時に、製鉄業がそれ以上発展するためには、石炭を絶対に必要としていた、ということも示している。

ところで、製鉄業で石炭が利用されるようになる以前から、イギリスの他の主要産業では、石炭を燃料として使いはじめていた[126]。それは、蒸気機関の利用によって石炭の生産量が急増する以前から、すでに石炭は広く利用されていた、ということでもある。それゆえ、石炭が蒸気機関を用いて採掘されるようになったことが、他の諸産業における革新の原因になったとまではいえないものの、それが他産業での生産拡大を促したことは間違いない。石炭の主な用途が家庭暖房用であったにせよ、もし石炭が利用できなかったとすれば、工業用燃料の価格は、ずっと高くなっていたであろう。たしかに、イングランドにおける木炭の実質価格は、一五五〇年から一七〇〇年まで大幅に上昇したのち、一七〇〇年から一七五〇年までのあいだは安定していた（とはいえ、木材と木炭の価格は取り扱いが難しい指標である）[127]。さらに、蒸気機関の利用によって深い地下での採炭が可能になる前にも、道路や運河の整備によって、石炭を安価に利用できる地域は、徐々に広がっていた。しかし、すぐ後で見るように、その広がりの度合いは、(とくに一七五〇年以降に)蒸気機関［の炭鉱での使用］によってもたらされた結果に比べれば、ごく限られたもので、［そのまま拡大が続いたとしても］すぐに壁にぶつかってしまったことだろう。また、木炭の実質価格にしても、それは一七五〇年以降、再び上昇を始めた。石炭の供給が増えつつあったにもかかわらず、木炭価格が上昇したのは、鉄の生産が増加したためであったと考えられる。[128] もし、実際に起きた以上に大幅な燃料価格の上昇があったとすれば、多くの産業が生産の拡大を妨げられたであろうし、技術革新も阻害されたであろう。後述するように、蒸気機関自体も、当初は相当に大きなものであり、たくさんの燃料を必要とし、危険でもあったから、燃料のコストがもっと高くて、炭鉱そのものが、その利用に適した場所でなかったとすれば、蒸気機関を導入する必要はないと考えられただろう。森林の減少については(また大陸ヨーロッパの状況については)第5章で再び見ることにするが、さしあたってここでは、イギリスが［工業化という］ブレイクスルーを開くうえで石炭が不可欠であったこと、とくに、鉄と鋼、蒸気機関、運輸の面において重要な役割を果たしたことを指摘しておくにとどめたい。

さらに、一九世紀初頭に石炭が大量に産出されるようになったことで、結果的に、土地の有限性に由来する制約は、あまり問題とならなくなった(農業にかんしてさえ、大量のエネルギーを消費して肥料が作られるようになったことで、制約は緩和された)。結果論にすぎないとはいえ、それはやはり、決定的に重要な変化であった。水車がどれだけ改良されたとしても、水力では、その後数十年にわたって続く、急速な人口増加を上回るだけのエネルギーは供給できなかっただろうし、科学の発展を通じて、土地の有限性に由来する制約を緩和させることもできなかっただろう。結局、純粋にヨーロッパの内部で生み出された技術的な優位としては、石炭の採掘と利用こそ、最も重要なものであったといってよい。それは一九世紀のブレイクスルーにとって決定的で、しかも(綿業とは違って)海外の資源へのアクセスに依存していなかった。

ここで決定的な意味をもったのが、蒸気機関であった。蒸気機関は、石炭を燃料としつつ他の産業の動力源となったばかりでなく、効率的な排水ポンプの動力源として、石炭の採掘自体を大きく拡大した。M・W・フリンによれば、炭鉱の排水には風力や水力、重力、馬力などさまざまな手段が用いられたものの、イギリスの石炭の大半は、それらがほとんど役に立たないような深さに埋蔵されていた。そのため、もし蒸気機関が存在しなかったとすれば、「イギリスの炭鉱業は［一七〇〇年における年間生産高の水準を超えて］拡大することは困難で、おそらく、減産に転じることになっただろう」という。[129] 現実には、炭鉱で使用される蒸気機関の数が増え、性能も効率的になるのに従って、石炭の生産高は一七〇〇年以後の五〇年間におおむね七〇パーセント増加し、さらに一七五〇年から一八三〇年のあいだに約五〇〇パーセント増加した(あわせて約九〇〇パーセン

トの増加となった）のである。(130)

一種の蒸気機関といえるようなものは、一八世紀以前から、すでに多くの社会で生まれてはいたものの、それらはしょせん、好奇心の対象としての域を出るものではなかった。(131)中国人は古くから蒸気機関の基本的な科学原理、すなわち気圧の存在を理解していた。彼らは、（その「箱型ふいご」の一部として）ワットのそれに類似した複動式のピストン・シリンダー機構を早くにつくっていた。また、回転運動を直線運動に変換する仕組みについても、二〇世紀以前としては世界最高水準のものをつくり上げていた。残されていたのは、その逆、つまりピストン［の直線運動］を車輪の回転に変えることだけだった（ふいごの目的は、ピストンを使って熱気を噴射することであり、それによって車輪を回転させることは考えられていなかった）。一六七一年、イエズス会の一宣教師が宮廷で、蒸気タービンで動く乗り物と船の模型を披露した。その際、彼は西洋の技術だけでなく、中国の技術からも学んでいたものと思われる。(132)それゆえ、厳密に技術的な意味でいえば、［蒸気機関という］この産業革命の核心的な技術についても、ヨーロッパの外部で発展した可能性を否定できない。だから、蒸気機関がなぜヨーロッパで最初に発達したのかという問いは、明らかに不適切である。しかし、なぜヨーロッパにおいて、蒸気機関が石炭と結びつき、産業革命にいたったのか、という問いであれば、ヨーロッパ、とくにイギリスがそれに適した条件を備えていたということを、いくつかの面から指摘できる。イングランドと中国の長江デルタとを比較してみると――いずれも、地域内の木材供給に限りがあるという悩みをもち、先進的な技術と高度な商品経済が存在するという点も共通していた――、ヨーロッパの優位というのは、全体的な技術水準の高さということだけでなく、ましてや、全体として市場の効率性がヨーロッパの方が高かったということでもなく（おそらくそのようなことはなかっただろう）、地理的な偶然性によるところが大きかったことがわかるのである。

関連する技術で、一八世紀の世界において西ヨーロッパが最も進んでいたといえるのは、イギリスが主導したものであった。そのひとつは鉱業それ自体であったが、その他は［蒸気機関との］関連性が直接には明確でないもので、時計や鉄砲の製造、航海機器などであった。

中国の鉱業史についてはは全般によくわからないが、炭鉱業にはとくにわからないことが多い。中国の北部および北西部における石炭の埋蔵量は莫大なもので、北部に政治や経済、人口の中心があった長いあいだに、中国は石炭と鉄の巨大な複合体をつくり上げた。実際、ハートウェルの推計によれば、一〇八〇年頃の中国における鉄の生産高は、ロシアを除くヨーロッパ全体の一七〇〇年頃の生産高を上回っていた可能性が高い。さらに、このような鉄と石炭の複合体は、たんに規模が大きかったばかりでなく、複雑なものでもあった。たとえば、中国の製鉄業者は、（石炭を精製した）コークスの製法を他の地域の人びとよりも、何百年も前から知っていたようである。(133)しかし、中国の北部と北西部は、一一〇〇年から一四〇〇年にかけて、立て続けに大きな災難に見舞われた。（モンゴル人その他の民族によって）侵略・支配されたかと思うと、内乱が起こり、（黄河の本流が変わってしまうほどの）大水害に加えて、疫病まで流行した。一二世紀に侵入してきた女真人は、攻撃を（一時的に）中止する代償として、しばしば、首都に住む優秀な職人たちを譲り渡すよう要求した。彼らのうち、どれだけが帰ってくることができたのか明らかではない。[134] 一四二〇年以後、この地域が幾分安定を取り戻した頃には、中国の人口と経済の中心は、生態環境的により快適な南方に移ってしまっており、北方にはもう戻ってこなかった。北方の多くの地域では、一五世紀に、政府が移民を主導して人口を補充することさえ必要とされたのである。[135]

かつて考えられていたのとは異なり、中国の鉄鉱山と製鉄業は、モンゴル侵入による打撃から立ち直ったことがわかっている。新しい生産の中心地は、広東と福建、雲南、そして湖南地方であり、北西部でもいくらかは回復が見られた。総生産高は、一六〇〇年までに、四万五〇〇〇トンという新たなピークに達し、技術的にもいくつかの新しい発展が見られた。[136] モンゴル時代以後の製鉄業の回復について明らかにしたのは、黄啓臣の研究である。彼は燃料の問題についてはほとんど論じていないが、新しい生産地――彼は、生産高の七割以上が、これらの地域のものと推計している――がいずれも、石炭の生産地から遠く離れていたのは驚くべきことである。それらの地域における製鉄業は、もっぱら木材ないし木炭を燃料として行われていたと考えざるをえない。[137] 一七、一八世紀に中国の製鉄業に何が起きたかは、ほとんどわかっていないが、黄啓臣の研究では、（きわめて限られた史料をもとに）その衰退が示唆されている。[138] それが事実だとすれば――あるいは、衰退しないまでも成長が止まったとすれば――、モンゴル侵入以後の生産地移動に伴って、化石燃料の使用をやめたことが、致命的な原因となったのではないだろうか。

［中国における］石炭の生産や使用全般についても、わからないことが多い。ハートウェルは、モンゴル人の侵入とその際の破壊のせいで、炭鉱業は大きな打撃を受け、立ち直ることができなかったと主張している。製鉄業についての彼の同種の主張が厳しく批判されているのと同様、炭鉱業についてのこの見解も、いつか批判を受けるかもしれない。しかし、いまのところそのような批判は見られないし、もし仮に炭鉱業が彼の考えているほどには急激な衰退を経験しなかったとしても、それが中国経済の最先端部門として返り咲くことがなかったのは確かである。

石炭の採掘と利用にかんする知識は、一二世紀から一四世紀にかけての混乱のなかで、相当部分が失われてしまったのかもしれない。そうした知識が（少なくとも一九世紀までは、中国でも、ヨーロッパでも）親方から弟子に口伝えされ、書き留められることが少なかったのを考えると、その可能性は大きい。また中国の石炭産地の大半が後進地域となってしまい、主な市場から離れ、他の業種の職人たちと活発に交流する機会が失われたことで、石炭についての知識があまり活用されなくなり、それ以上の発展が見られなくなったというのも、ありうることである。炭鉱業はその後も中国の重要な産業でありつづけるが、もはや最先端の産業とはいえなくなった。それに代わって、燃料節約的な目的をもつさまざまな技術革新（重い鍋で食物を煮込むのではなく、中華鍋で炒めるというのも、それに当たる）がいっそう重要になったのである。

一八世紀の長江下流域は、中国で最も豊かで、同時に、森林の減少が最も著しい地域であった。この地域では、河川や沿岸の交易を通じて、木材や肥料用の大豆粕を輸入するようになっていた（このような輸入肥料のおかげで、人びとは、それまで［自給肥料として］土に埋め戻していた草や作物の茎を、燃料として燃やすことができるようになった）。このように交易によって燃料不足が緩和されたからといって、化石燃料を利用する試みがなかったとは言い切れない。他の地域では、この二つが同時に見られた例もあるし、文献上の証拠は残っていないものの、長江下流域でも同様の試みがあった可能性はある。しかし、実際のところ、この地域の職人や企業家は、石炭にはあまり関心をもたなかったようである。この地域では石炭をほとんど産出しなかったし、交易によって容易に運べる範囲にも石炭はなかった。現在の中国における石炭埋蔵量のうち、南部の九つの省にあるのはわずか一・八パーセントにすぎず、東部の一一省にも八パーセントしかない。対して、山西省と内モンゴルからなる北西部は六一・四パーセントを占めている。[139] 実際には、南部でも、各地で石炭の採掘が行われていたし、北部にある北京の市場圏内にも炭鉱はあったが、[140] それらの大半は小規模だったし、また、中国一豊かで同時に燃料不足の著しかった市場［すなわち長江下流域］に出荷するには交通の便が悪すぎた。またそうした炭鉱の操業は、政府の政策が一貫しなかったために、しばしば制約を受けていた。[141] 断然多くの埋蔵量を誇り、理論的には、生産と輸送の改善に大規模な投資が行われたとしても不自然でなかったのは、北西部の炭鉱であった。

いまから考えれば、このような北西部の石炭を長江下流域と結びつければ、非常に大きな利益が得られたように思われる。したがって、そのような試みに努力した人がいたはずだ、と考えたくなる。しかし、実際のところ、そうした試みがあったかどうか明らかではないし、そもそも、そのような試みは大きな利益をあげただろうと想定するのは、石炭の有用性がすでにわかっているからであって、当時の人にとってそんなことは自明ではなかったのである。

一方、北西部の炭鉱は一般的に言って後進地域にあった。炭鉱主たちが抱えていた問題は、他の地域での技術進歩を応用すれば解決できたかもしれないが、彼らがそうした成果を学ぶ機会はほとんどなかったであろう。また、たとえば時計など、専門化された奢侈品の製作において、高い腕前を身に付けた職人と出会う機会もまずなかったと考えられる。そうした高度な職人は現実に存在したし、人数はともかく、その技術は、西ヨーロッパの職人にほとんど劣るものではなかった。しかし、彼らの大半は、長江デルタや東南沿海地域にいた。それらの地域では、手の込んだ鐘つき人形を組み込んだ、時計や機械仕掛けのおもちゃが大流行していたのである。[142] さらに、炭鉱主たちは、仮に採掘技術を改良する方法を知ったとして、よりたくさんの石炭を掘れば、売れ行きもそれに従って伸びるとは、思えなかっただろう。彼らの炭鉱と、大都市の燃料消費者たち――金持ちではあっても生態環境の面では貧しい――とのあいだには、なお越えがたい輸送問題の壁が横たわっていたのである。[143]

江蘇省北部に位置する徐州および蕭県の炭鉱は、［北京と杭州を結ぶ］大運河からも近く、長江デルタで利用できる数少ない炭鉱のなかでは、立地に最も恵まれていたように思われる。しかし清代には、徐州近くで採掘された石炭でさえ、運河の港でもあった徐州府城にたどり着くまでに、価格が二倍になっていた。[144] 中国北部の炭鉱と同様、これらの炭鉱は、宋代にはある種の重工業地帯の一部を形成していたが（とくに製鉄・製塩が盛んだった）、一二世紀から一四世紀にかけて続いた災厄から完全に立ち直ることはできなかったようである。一八世紀になると、政府は、この地の炭鉱業を振興して長江デルタの燃料不足を緩和しようと考え、貧しい失業者たちを選んで採掘のライセンスを与えた。これらの人びとが掘ったのは、大半が、小規模で浅い炭鉱であった。[145] たとえ大規模な資本を投下して炭鉱を掘ったところで、中国のエネルギーや運送、金属産業を一変しうるほど大きなブレイクスルーが開けたかどうかは、疑問である。しかし、大きな市場と熟練した職人集団が近くにあるといえ、中国でも数少ない条件に恵まれていたとはいえ、このような小規模な経営者に委ねていたのでは、このあたりの炭鉱が燃料問題を解決する見込みは、なおのこと乏しかったと言うべきである。

最後に注意したいことは、中国の炭鉱主たちが、とりわけ北西部の炭鉱において直面した問題は、イングランドでのそれとは根本的に異なっていたということである。イングランドの炭鉱は出水しやすかったので、排水のための強力なポンプが必要とされた。中国の炭鉱では、水の問題は比較的小さかった代わりに、著しい乾燥による自然発火がつねに脅威となっていた。中国の最も代表的な技術書［宋応星『天工開物』一六三七年］を見ても、編者が最も関心をもっていたのは自然発火の問題であり、そこで求められたのは強力なポンプではなく、通気性の確保であった。この技術書でも、自然発火の問題を完全に解決できたわけではないが、現代のある鉱業史家によれば、そこで提示されている解決法は、当時としてはきわめて洗練されたものであったという。[146] とはいえ、イギリスの炭鉱で排水に用いられた蒸気機関が石炭（およびその他の物品一般）の運送問題をも解決したのに比べると、たとえより優れた通気法が考え出され、自然発火の問題が緩和されたとしても――それはつまり、人びとの石炭への需要がより切迫し、自然発火の危険を解決するため、より多くの資金を投じてもよいと考えるようになったということだが――、輸送問題に寄与することはなかっただろう。「中国」を抽象的なひとつのまとまりとして捉え、その技術や資源、経済などの条件を全体的に見た場合、石炭と蒸気機関が結びついて革命的な変化にいたる可能性が、「ヨーロッパ」全体のそれに比して小さかったとは思われない。しかし、それらの要素の空間的な散らばり具合を考えてみると、そのような革命が中国で起きる見込みはほとんどなかった。

それとは対照的に、ヨーロッパで最大級であったいくつかの炭田は、将来を約束された場所、つまりイギリスに存在した。そのため、それらの炭鉱は水運の便に恵まれたばかりでなく、ヨーロッパで最も活力のあふれる商業地域に近接し、他地域の熟練した職人たちの力を借りることも容易であった。そしてイギリスは――これこそが石炭の採掘と利用をさらに促す要因となったのだが――、遅くとも一六〇〇年頃には燃料用の木材の深刻な不足に直面していた。(147) 木材や木製品を海路を用いて輸入してはいたものの、それは、長江デルタのように川を使って丸太を運搬するのに比較すれば、相当高くついた。より入手が容易な石炭を利用（したり、研究したり）する動機も、それだけ強かった。実のところ、イングランドでは一五〇〇年頃から、主に家庭暖房用として石炭を用いていた。人びとが石炭を用いたのは、それが安価だったためだが、煙と悪臭を生じることは石炭の重大な欠点であった。(148) 醸造業やガラス製造業、製鉄業などの工業においては、その煙がもたらす不純物が悩みの種となった。その問題が一連の技術革新によって解決されたのは、一八世紀になってのことである。(149)

石炭をどのようにして採掘し、利用するかについての知識は、大半が職人たちのあいだで積み重ねられ、一九世紀になっても、文字には書き起こされなかった。ジョン・ハリスによれば、石炭の採掘と利用について一八世紀に書かれた書物のうち、英語によるものは、フランス語によるものよりもずっと少なかった。それは明らかに、そうした知識の勘所は、イングランドでは、必要のある人びと、つまり職人の間で、口伝えにされたからであった。ハリスによれば、フランス人は石炭を用いた工業の移植に努力したが、設備をつくるところまではできても、結局はうまくいかなかった。たとえば、耐熱坩堝の製造には、経験によって身に付くような類の、非常に細かな知識と、秒刻みでタイミングを測る力が必要とされたし、ひとたび失敗すれば、その経済的な損失はたいへん大きなものとなる恐れがあった。素材をどのくらいの時間、どのような角度で火にかけておくのか、細部の形状はどうなっているのか、というような些細な点が、決定的に重要であった。それは石炭の炉を長く使っている人には身に染みついたものであったが、木材を燃料とする炉を使ってきた人の経験とはまったく異なるものであった。そのため、一方の伝統のなかで育ってきた職人にとっては、別の伝統を背景にした職人に対しては、何から説明すればよいのかさえ、わからなかったことだろう。(150)［石炭を使うのに必要な技術が効果的に移転されるようになったのは、（おおむね一八三〇年以後）一団の職人がイングランドから連れて来られてからのことである。

このことからわかるように、ヨーロッパで石炭が本格的に使われるようになるためには、専門的な技術の習得が必要だったのはもちろんだが、そのような技術の習得に当たっては、長期にわたる経験（そして、その過程での試行錯誤）の積み重ねが、[石炭自体の] 豊富で安価な供給とともに、不可欠であった。そのような経験が蓄積されるには、職人の技能と消費者の需要、そして石炭そのものが、すべてごく近くに集中して存在している必要があった。そのような地理上の好運に恵まれなかった場合でも、特定の地域において、将来性のない専門技術が開発されることもありえた（たとえば、木材を燃料とする炉の使用と改良）が、最終的に、新エネルギーの膨大な供給に道を開くようなものではありえなかった。それに、中国の場合、長江デルタから炭田までの距離は、たとえばパリ盆地から炭田までよりもずっと離れていた。そのことはイングランドが好運に恵まれていたことを、いっそう際立たせている。

　石炭の採掘技術は、徐々にではあるが、着実に進歩し、石炭から出る煙がビールやガラス、鉄を駄目にしない方法も開発されていったが、それらよりずっと重要なブレイクスルーになったのは、蒸気機関の出現であった。この意味でイギリスが好運だったのは、すでに見たように、その炭鉱が抱えている問題が自然発火の防止ではなく、排水の必要だったということである。蒸気機関はその解決のために用いられるようになり、その他さまざまな重要な用途にも応用されていった。とはいえ、蒸気機関もひとりでに生まれたわけではなく、その技術進歩には、やはり立地条件が影響を与えていた。

　蒸気機関が実際に使えるようになるためには、多くの職人たちが改良を加えていく必要があった——そのなかには、関係のないように見える方面から加えられたものもあった。モキアによれば、一八世紀のヨーロッパ、とくにイギリスが本当に先進的な技術を誇っていたのは、道具や機械ではなく機器類、すなわち、置時計や懐中時計、望遠鏡、眼鏡などの分野であった。これらの機器類は、生産財として利用されることもあったが——主として航海に用いられた[151]——、おおかたは富裕層、とくに都市に住む富裕層の娯楽に用いられていた。[152] しかし、ニューコメンが最初に製作した蒸気機関が順調に動くようになり、ワットの改良を経て効率性が四倍になる過程では、機器類の製作（および一部は銃の製作）から借りてきた技術、すなわち、正確な穿孔や測定の技術が重要な役割を果たした。[153] それから二〇〇余年にわたり、徐々に改良が重ねられてきた結果として、動力機関は、もとの形のものからすると、はるかに安全で高燃費となり、[154] また軽量化もされた。そのため現在のわれわれは、改良が加えられる前の蒸気機関についても、人びとはその将来性を買って積極的に利用したはずだ、と考えがちである。だが、それは後知恵にすぎない。精巧な武器・機器製作から借りた先進的な技術をもってさえ、蒸気機関のコストや外形の大きさなどの問題は、なかなか解決できるものではなかった。そのことを如実に物語っているのは、ニューコメンによって初めて蒸気機関が製作されてから八八年間に（一七一二年から一八〇〇年まで)、わずか二五〇〇台しか製造されなかったという事実である。[155] 大半の工場主や発明家が期待をかけたのは、むしろ、水車の改良であった。フォン・タンゼルマンによれば、蒸気機関を動力とする織機について、一単位のエネルギーを得るのに必要なコストが急に低下したのは一八三〇年以後のことで、それまでは、水力も(もちろん水の得られる土地ならば、ということだが)十分に競争力を維持していた。[156]

ただし、炭鉱でだけは蒸気機関の有用性が明らかで、一八〇〇年時点ですでに一〇〇〇台が利用されており、こうした急速な普及の結果、数十年のあいだに産業全体を一変させることになった。[157] 炭鉱においては蒸気機関の大きさは問題にならなかったし、蒸気機関が莫大な燃料を喰う一方、石炭価格は炭鉱からの距離にしたがって〔輸送費のため〕急激に上昇するという点も、問題にはならなかった。坑口に置いた蒸気機関では、しばしば劣悪な「粉炭」が燃料として用いられた。これは安価すぎて他の地域に出荷しても引き合わないような種類のもので、そのため、炭鉱での蒸気機関の燃料費は、実質的にただのようなものとなった。[158] このように、蒸気機関の発展には、いくつかの条件による後押しが必要であった。その条件とは、具体的には、近くに住む他分野の職人から技術を借用できたということ、また、近くにある炭鉱で実地に使ってみることができたということ、そして、石炭そのものが安価に入手できたということであり、これらの条件がなければ――今日のわれわれには信じがたいことだが――、当時の人の目には、蒸気機関が利用に値するものとは見えなかったであろう。

職人と企業家、そして科学的知識のもち主のあいだに横たわる社会的な溝を埋めたのは、ジェイコブのいう「科学文化」の大きな成果であった。(なお検証は必要だが)この点でヨーロッパは大きく優位に立っていたといえる。もっとも、たとえそうだったとしても、もしもヨーロッパの石炭産地が、機械技術をもつ人たちの集まって住む場所から遠く離れていたとしたら、どうだっただろうか。また逆に、中国において両者がもっと近くにあったとしたら、どうだろうか。二つの地域の歴史は、実際とは大きく違っていたかもしれない。中国において、早い時期から石炭と製鉄を組み合わせた発展が見られたことを思い起こすと、その可能性は小さくなかったように思われる。

ヨーロッパで新しい技術がつぎつぎと発明されたことが、産業革命の必要条件となったことは、(いささか同義反復的ではあるが)明らかである。しかし、一八世紀におけるヨーロッパ人の創造性が、他の地域の人びとのものよりも優れていたように称讃したり、ヨーロッパがその後達成した卓越した発展の原因そのものであるかのようにみなしたりする前に、心に留めておかなければならないことがある。それは、イギリスの石炭と蒸気機関が工業化への道を切り開くに当たっては、地理的な偶然性や、いくつかの条件がたまたま同時に存在したという事実が、きわめて重要だったということである。後から考えると、ヨーロッパは〔石炭と蒸気機関という〕勝ち馬に賭けたことになるが、ヨーロッパがそのような賭けに乗ったのは、とくにイギリスにおける好運な条件（もっぱら地理的な条件）があったからこそであった。そのことについて、ヨーロッパの科学や技術、哲学の嗜好だけで十分な説明ができるとは思われないし、いわれているような経済制度や要素価格の違いも、あまり関係がないように思われる。最後に述べておきたいのは、エネルギー問題のブレイクスルーが右のようなかたちで開かれたにせよ、もし他の資源問題が解決されなかったならば、その成果も一八世紀末から一九世紀にかけて生じたヨーロッパの人口増加によって、意味を失っていたかもしれない、ということである。この点はのちの章であらためて検討するが、そのような資源問題を解決したのは、ヨーロッパ人によるその他の世界の征服であった。石炭と植民地がそろって存在しなかったとしたら、どちらか一方だけがあっても、それほど重要な意味をもたなかったであろう。また、石炭と植民地によって資源の制約が緩和されなかったとしたら、ヨーロッパで起きたそれ以外の技術革新だけでは、一人当たりの経済成長が土地による制約から解き放たれて無限に持続するような、そういう新たな世界は開かれなかったであろう。

第2章　ヨーロッパとアジアにおける市場経済

一七五〇年の時点でヨーロッパが特別繁栄していたわけではないとすれば、そのころから始まる急速な発展にとって、その制度がより適していたといえるのだろうか。もし、「制度」というものを十分に広い意味に定義すれば、この議論は少なくとも北西ヨーロッパにかんしては正しいに違いない。しかし、こうした議論のうちでも、最も常識的になされている議論——西ヨーロッパは、最も効率的な財や生産要素の市場を有していたために、最も急速に発展したという——は、まったく説得力がない。[1] むろん、これとは違ったかたちでの制度的優位性を主張する学派もあり、それどころか、まったく逆のことを主張する学派さえある。つまり、ヨーロッパは自由市場からは逸脱していたのだが、資本の蓄積と集中、「未利用の」生物資源の保護などをなしえたのは、まさにその逸脱の仕方のためだった、というのである。しかし、こうした議論はのちの章で扱うことにして、ここでは市場が成長をもたらすものであり、ヨーロッパには最も完全に近い市場が存在したと仮定する、より典型的な部類の議論に注目する。

たしかに、こうした市場主義的な議論のなかにも、微妙なニュアンスの違いはある。西ヨーロッパの現実が入門経済学の教科書を要約したようなものであったなどという歴史家はいないだろう。それに、一部の特殊なケースでは、(たいていは一時的なものだったが) 完全競争からの意図的な逸脱——たとえば一九世紀のアメリカ合衆国やドイツにおける保護主義——が特定の経済の成長に大いに恩恵を及ぼしたという見方に同意する人も多いだろう。[2] しかし、こうした「市場の」不完全さは別の側面では損失をもたらすことになる。たとえば、イギリスはそうした保護主義がなければ、アメリカ合衆国や補助金を受けていない産業でより多くのものを売ることができたはずである。というのは、補助金を受けていない産業では、その潜在的顧客が、「他の」特定の産業を保護するために課税されていただろうからである。それゆえ、新古典派経済学の枠組みをもとにしては、完全市場からの逸脱が、実際の貿易相手と潜在的なそれとを含む経済システム全体にとって、長期的な利益になったと考えることは困難である。このように、ヨーロッパをひとまとまりのものとして論じようとすれば（とくに、他の大陸との関係を極少化して考えようとするならば）、重商主義やその他のかたちでの市場介入が効果的だったと主張することは困難である。

同様の理由で、ヨーロッパのダイナミズムに関連して、無数の、ふつうの人びとによる、ひとつひとつは小規模な生産性の向上と資本蓄積を重視する近年の学説は、他の生産者を犠牲にしつつ、一部の生産者だけに恩恵を与えることになる歪んだシステムよりは、全生産者を競争させる、比較的完全な市場を強調する傾向がある。その結果、ヨーロッパの発展にかんする議論の多くが、政府の介入や恣意的な課税、領主や教会による独占、不自由な労働や土地利用、職業の流動性などへの慣習的な規制の、衰退ないし緩和を重視している。しかも、ヨーロッパでは、他のどの地域よりも、こうした衰退が早くから進行したとみなされている。しかし、この章ではそのような見解とはまったく違った主張を行う。一八世紀の中国の市場経済（そして、たぶん日本のそれも）こそが、西ヨーロッパのそれよりも新古典派経済学における理想的な市場により近かった、と主張するつもりである。

当時は、どちらの地域でも、最大の経済部門は農業部門であった。したがって、土地と農産物の市場から議論を始める。ついで、労働力利用への制約（職業と労役奉仕の強制、移民制限、特定の活動からの排除など）を比較したうえで、産業や商業に従事することが自由であったのかどうか議論を行い、最後に労働市場の機能に強力な影響を与える制度としての世帯を比較する。資本市場については第4章で論じる。

中国と西ヨーロッパにおける土地市場と土地利用への規制

中国でも、西ヨーロッパでも、地域や時代によって、それぞれに状況はきわめて多様であったが、一六世紀から一八世紀にかけて、比較的多くの地域がマルク・ブロックのいう「農業個人主義（agrarian individualism）」に近づいていったことは間違いない。しかし、全般的にいえば、中国の農業部門の方が、ヨーロッパ——西ヨーロッパのほとんどの地域を含めて——より、むしろ市場志向性が高かった。

ここでは、経済学上の理念型から逸脱したさまざまな形を比較する方法を考えることが重要である。たとえば、黄宗智は、長江デルタにおける土地・労働・生産物市場での慣習的な規制を重視している。というのは、土地を売るなり、抵当に入れるなり、貸し出すなりしようとする者は、まず親戚や同じ村の住民にその申し出をせざるをえなかったからである。つまり、これらの市場は競争的な状態からはほど遠かったのである[3]。したがって黄宗智も、活発な市場の存在が「社会的な変革を伴う成長[4]」への前提だとは限らない、と指摘する。しかし、完全な市場がつねに変革を伴う成長への歴史的な前提条件であったわけではないため、中国に完全な市場が存在しなかったからといって、そのことだけで、中国経済が西ヨーロッパのそれと同じ急速な成長を遂げられなかった理由を説明したことにはならない。中国の失敗を説明するには、証拠と評価の基準とが必要なのだが、それを示した人は、いまだかつていない。

本来なら土地を売買できたはずの人びとへの規制は、しばしば土地所有者に金銭的負担をもたらし、土地が最も効率的な利用者の手にわたることを妨げたかもしれない。規制が大きければ大きいほど、効率性も損なわれる。そうした損失を正確に測ることはできないが、だいたいどの程度の水準にあったのかを推測することは可能である。たとえば、基本的な技術が広範に普及していたことと、借地農が生産の極大化に向かうような借地契約（分益小作か固定地代契約）を利用していたことを考え合わせると、最も才能のある農民であっても、一定の農地から得る収穫が、慣習的な特権をもっているものの技術的には劣る農民のそれに比べて、非常に大きな差があったとは考えにくい。それに、慣習に規制されている土地のすべてが、技術的に劣る借地農にわたったわけでもない。

不完全な市場を描くだけでなく、その本当に具体的な結果を例示する史料があれば理想的である。つまり、土地の生産性には差がないのに、土地売買の両当事者の社会的関係の違いに対応して価格に大差が生じているような例があれば、理想的である。そうした例は、ヨーロッパでは一七世紀末のイタリア北部のような、かなり進んだ地域でも見られたが[5]、中国ではそのような史料は見つかっていない。しかも、中国でも西ヨーロッパでも、慣習による規制がどの程度まで、新古典派的な完全競争市場の想定からの乖離の原因であったかについて、体系的に比較できるほどの史料が出現することは、今後も期待できない。

他方、市場が不完全であったために、ほかの場所では類例がないような深刻な否定的影響が生じた証拠を求めることは可能である。この条件に最も合いそうな例は、ヨーロッパ各地で、土地利用にかけられた規制が、既知の技術革新の導入を妨げたケースである。そのような技術革新を取り入れて、最高の地代を支払ってくれたかもしれない借地人から土地を取り上げ、わずかな地代しか支払わない親族に貸し与えるということがしばしばあった。そういうことがなければ、技術革新による生産性の向上は、はるかに大きいものとなっていただろう。

中国の大部分の土地は、多かれ少なかれ、自由に譲渡することができた。明代初期（一三六八年から一四三〇年まで）には、長江流域の多くの土地が政府に没収されたが、こうした土地も、私有地に戻るのがつねであった。一六世紀中頃には、政府は土地の没収をあきらめ、納税されている土地については、自由な土地と認めざるをえなくなった[6]。主として北部には、建前として依然国有地になっている土地もあったが、それらは、軍人や「大運河」の船頭などの［職業を］世襲する集団に貸し出されていた。清代には皇帝自身も七〇万エーカーほどの土地をもっていた。しかし、帳簿上でいっても、そうした土地は全部を合計しても、全国土の約三パーセントに当たる三五〇万エーカーを超えることはなかった[7]。さらに、これらの土地のほとんどは最終的に私有財産として扱われるようになった。その土地を世襲的に借り受けてきたと見られる人びとは、土地を売り払うか抵当に入れてしまい、後から政府がその土地を公式に払い下げようとして代価を要求した際には、敢然と反抗した（そしてそれに成功した）[8]。

また、こうした土地より幾分多くの土地が、民間の「慈善のための資産」とされて譲渡不可能となった。これは未亡人や孤児のため、あるいは宗族の連合体の儀式や寺院や学校を維持する費用を賄うのにあてられた土地である。こうした土地が重要な意味をもった地域もあり、広東省では、可耕地の三五パーセントを占めたのではないかとも思われる。ただ、おおかたの地域では、その規模は大きなものではなかった[9]。二〇世紀の一調査によれば、中国の全農地のうち九三パーセントが、単純不動産権［fee simple：譲渡自由で無期限の不動産権］に基づいて保有されていた[10]。さらに、譲渡不可能な土地が一般的であった地域においても、実際に、それらの利用法が他の土地と違っていたのかどうかは明らかではない。

所有者が誰であれ、大半の土地は、借地農かそのまた下請けによって経営されており、この借地関係について別の制約がかかる可能性があった。史料状況のよい二〇世紀にかんしても、全体の土地のうち、どの程度が貸し出されていたかを正確に言うのは難しい。中国北部では、貸し出された土地は、全体の一五パーセントから二〇パーセントを超えなかったと思われる[11]。高度に商業化され、相対的に肥沃であった長江流域では、半分近い土地が貸し出されていたであろう[12]。中国南東部では、ほとんどの土地が貸し出されているような地域もあった[13]。

慣習法でしばしば見られるのは、土地を貸し出す際、その提案はまず親族か同じ集落の人に対してなされるべきであるという規定である。宗族がとくに強固であった南東部では、親族関係が潜在的な買い手や借り手を実際に制限した可能性がある。だが、多くの親族集団は非常に大きいものであったから、「親族優先」原則があったとしても、特定の土地をめぐって多くの人びとが競争するという事態が生じえた[14]。さらに、二〇世紀に行われたいくつかの聞き取り調査によれば、親族であってもなくても、宗族の所有地の借地条件には差がなかったという[15]。他の地域では、親族優先を定めた慣習的な規制が存在したことを示す史料が残っているが、そこからわかるのは、そのような［土地の貸し付けにかんする］提案が［親族に対して］行われていたことと同時に、土地自体は結局、親族外の者に売却されてしまったということである[16]。多くの村において何らかの形で外部者の手にわたった土地の規模からすれば、この慣習が土地売却の大きな障壁になったことはめったになかったと考えられる。最後に、少なくとも一八世紀以降は、親族の土地を内部の若者があたかも厄介払いのように外部者に貸し出し、もう元の状態には戻せないような新しい開発に使わせてしまったという例が、多数認められる。これは違法であるが、いったん既成事実化した後は、認められるようになったようである。[17]

より複雑な問題は、借地人の権利の範囲と、彼らの土地投資との関係である。所有者自身が耕作に従事しない場合、「直営地」として所有者（またはその代理人）が意思決定を行い、労働者を雇用して耕作させるよりも、小作に出すほうが一般的であり、そこではしばしば借地農が耕作にかんする重要な決定を行った。[18] そのため、借地農が土地改良を行う気になるような十分な保証が［耕作権に対して］与えられていたかどうか、またそうだとして、彼らが経営者型の農民のように高い生産性をあげられたかという問題がしばしば議論されてきた。

史料では、借地人の権利がどの程度守られていたかは、よくわからない。現存する借地契約史料では、彼らの耕作権はそれなりに守られていたように見えるが、[19] 地主と借地人の紛争を記録した古文書からは、このような契約を強制することは難しかったらしいことがわかる。[20] 急速な商業化が進んだ一八世紀には、土地はたんなる商品のひとつではなく、むしろ侵すことのできない世襲財産であるとみなす人びとからの強烈な抵抗があったにもかかわらず、純粋な地主＝借地農関係への移行が加速された。[21]

しかし、仮に、最もありそうにもない見解、つまり、借地農の立場が不安定で、地代も高かったために、彼らは生産性を高めるための投資がしにくい状態にあったと仮定する場合でも、二つの決定的に重要な点には留意しておく必要がある。第一の点は、そうしたシナリオにおいても、改良の導入に失敗したのは「伝統」の結果ではなく、市場の力が強力になりつつあった結果だということである。第二の点は、ここでは、せいぜい土地改良に投資したために、借地農が追加的に直面するリスクのことを論じているにすぎないことである（つまるところ、長期の土地保有は、当然の権利としては認められていなくても、実際には、きわめて一般的であったのだ）。したがって、大半の借地農は明らかに、何はともあれ投資を続けることを選択するのである。慣習法によって、それがなければ改良を行っていたはずの農民が、改良を行えなくなったなどという例は、どこにも見られない。そうした状況は、すぐ後で論じるように、西ヨーロッパでより一般的だったのである。相対的に貧しく、他の地域より自営農民が多く、借地人が少なかった――おそらく、借地農が生産性を極大化することが、他の地域より困難であったことを示している――中国北部においてさえ、直営農場が借地農や小地主の土地よりも生産的だったということはないようである。[22]

西ヨーロッパのほとんどの地域の農地は、中国よりはるかに売買が難しかった。一九世紀でさえも、イングランドの全土地面積の約五〇パーセントには、家族継承財産設定［訳注：「プライヴェイト・アクト」と呼ばれるタイプの議会法を得て、土地所有権を一族の未成年ないし未生の子孫に移し、後見人の許可なしには売却できなくする処置のこと。家産の分散防止のため、イギリスでは、一八世紀以降、普及した］がかけられており、売却することは不可能になっていた。[23] 一八世紀のスペインでも「限嗣相続制のために、市場に出回る土地があまりにも少なく、投資を促進するには、その価格があまりにも高騰しすぎていた。……改良意欲のある資本家や小農たちは、ともに土地不足にあえいでいた」[24]。フランスでは、限嗣相続の所領はイングランドやスペインに比べて少なかったが、そのような慣習がなかったわけではない[25]。西ヨーロッパの一部の地域、たとえばオランダやロンバルディア、スウェーデンには、一七、一八世紀には実質的に自由な土地市場が存在したが[26]、イングランドとスペインの限嗣相続の所領を合わせただけで、西ヨーロッパの土地全体に対する比率が、中国において市場に出ない土地の割合よりも、はるかに大きかったのである。

ただし、活発な土地の借地市場が存在したことで、土地の売買市場が制約されていた事実は、十分に補われていた。こうして、自分は無能な地主でも、世襲の土地を最もうまく利用できる人物（最高額の地代を支払っても、自らのための利潤をも確保できる人物）に経営させることさえできた。しかし、ヨーロッパのいくつかの地域では、依然として大規模な土地改良は地主の責任となっており、その場合、借地市場が活発であっても、土地所有権の移転が規制されていることによる損失を完全には補塡できなかったかもしれない。西ヨーロッパでは、地方によって、所有権の移転と同様に、土地の利用にも制約がかかっている場合があった。それどころか、ときには、後者のほうがより強く規制されていた例も見られる。

イングランドでは、一四世紀から一五世紀にかけて、地主たちは苦心をして、世襲の保障された借地契約を消滅させていった[27]。オランダ北部ではそのような権利が確立されたことはなく、いずれにしても一六世紀以降に貸し出された農地は、大半が新たに開墾された土地であった[28]。一六〇〇年代の半ばまでには、この二つの地域は、ヨーロッパ内で最も生産性の高い農業を展開し、一人当たり所得も最も高くなっていた[29]。結局、ヨーロッパのブレイクスルーは、この両地域に負うところが大であった。しかし、一六〇〇年代とブレイクスルーの中間の期間では、一七五〇年時点においても、オランダとイングランドの人口を合わせても、フランスの半分以下でしかなかった。そのフランスでは、一六、一七世紀および一八世紀を通して、世襲的な土地保有が支配的であり、法的保護もより強かった[30]。この数世紀間にヨーロッパの農業にとって可能となった最も重要な新規投資は、共同体全体の協力か、または、地主（か彼の代理人）によってしかなされえないほどの投資規模——あるいはその両方——が必要であり、安定した借地農の存在は、（中国とは違って）改良に有利というよりは障害になる可能性が高かった。

世襲的な土地保有の存在によって、耕地の分合、つまり、ひとまとめにすることは非常に困難であり、分合ができない以上は、囲い込みは費用がかかりすぎ、ほとんど意味がなかった。ところが、囲い込みは、一九世紀末以前のヨーロッパの農業経営者が活用しえた唯一の重要な技術革新にとって、必須の前提条件であった。その技術とは、毎年、休閑地の半分から三分の一に家畜の飼料用の作物を植え付けるものであった（これによって、家畜用の飼料が得られ、地味を回復させることもできた）。一六世紀までに、多くのイタリア北部、オランダ、およびイギリスの農業経営者は、土地を囲い込んで、共有地の羊の群れを追い出し、そこに飼料作物を栽培すると、地味を維持すると同時に、休閑によってより多くの家畜を飼育することができることに気づいた。数の増えた家畜からの堆肥が、今度は農場全体の生産高をさらに高めた[31]。ある近年の研究によれば、イングランドでは増加した家畜から得られた追加的な堆肥は、耕地には使われておらず、したがって、最も肥沃な土地では一エーカー当たりの生産高が高まることはなかったという。しかし、この放牧地（以前はたいした重要性をもっていなかった土地を含む）の生産性が上昇することで、より多くの最も肥沃な土地が穀物栽培のために解放されることになったので、このプロセス全体では、農業生産を向上させる役割を果たしたのである[32]。

しかし、この「新農業法」を採用するには、一般に、二種類の「囲い込み」のうち、どちらかが必要になったが、それらはいずれも、しばしば慣習に反するものであった。すなわち、ひとつは、村人が燃料や飼料の採集場所として共同で使っていた共有地を分割し、私有地にするものである。もうひとつは、すでに私的に所有されてはいたが、それまでは二、三年おきに休閑地として、村の家畜の放牧地にする義務が課されていた土地（潜在的にはすべての土地がそうだった）に囲いをし、ひとまとめにするものである。この第二の型の囲い込みはあまり議論されてこなかったが、この方法による囲い込みのほうがはるかに多かったし、こちらのほうが、ここでの議論にとってはより重要である。囲い込まれる耕地は大きいものである必要はない[33]が、非常に小さな土地を囲い込むことは割に合わない。また、四角張った土地の方が、フランスで一般的であった細長い土地よりも有利であった。

フランスでは一八世紀のあいだ、どちらの型の囲い込みも、進展がきわめて遅々としていた。一七五〇年頃から、とくに一七六九年以降には、共有地の分割を合法化する立法が一種のブームとなった。地主がすでに所有している土地の囲い込みを認可した件数が断然多かったのは、一七六七年から一七七七年にかけてであった[34]。しかし、いったんこうした権利が理論上は認められた後でさえ、執拗な世襲財産制によって、実質的にはその効果が台無しにされてしまうこともしばしばあった。イングランドでは、事実上、囲い込み法のひとつひとつに、分散していた土地保有権を、囲い込む価値のある大きさに再配分するべきであるとする規定が盛り込まれていた。これに対してフランスでは、この種の強制は「問題外」であった[35]。たとえその地方の裁判所が、借地農の追放や入れ替えを容認したとしても、フランスでは一九世紀までは共同体が、こうした借地農を追い出した地主や、追い出された借地農の土地を借りようとする借地農には、「厳しい制裁」を課しつづけたからである[36]。このように、西ヨーロッパ最大の国［フランス］での土地利用への規制は、新しい農法の普及を大いに遅らせるほどに強かった。この新しい農法が、それまでフランスやドイツ北部、イタリアで一八〇〇年頃まで利用されていた技術よりも、一エーカー当たり生産高がおよそ六〇パーセントも高いことが知られていたにもかかわらず、である。[37]またスペインでは、国王の勅令が、囲い込みを遅らせるのに、［フランスの慣習より］いっそう重要な役割を果たした。[38]すなわち、地代と小麦価格を固定しようとする試みによって、より生産的な農業を実現するための投資が、いっそう阻害されたのである。ドイツのほとんどの地域では、少なくともナポレオンの時代まで三圃制が普及していた。主な理由として、共同放牧権その他の伝統的で保護的なさまざまな権利が、そのまま損なわれずに残っていたことが挙げられる。そのため、一八〇〇万ヘクタールの耕地のうち、毎年、四〇〇万ヘクタール程度が休閑地となっていた。こうした制度的要因が消えた後に何が起こったのかを見ることによって、そうした要因がどの程度影響をもっていたのかを推測することができる。一八五〇年までに、休閑地は実質的に消滅し、多くの共有地や以前は耕作に適していなかった土地が耕地となって、耕地のうちの二五〇〇万ヘクタールが年間を通して使われるようになり、一ヘクタール当たりの生産高も上昇した（しかしながら、南西部では共同放牧権がより長く存続し、生産性の上昇も同様に遅れた）。[39]

全体として、通説によれば、西ヨーロッパで一八〇〇年に新農法を行っていた面積は、一六〇〇年のそれとさして変わらなかった。技術的な意味における「農業革命」は、主として一九世紀の現象だったのである。[40]中国では、最もよく知られている農法の普及を、慣習や法律がこれほど大規模に遅らせた、多少ともよく似た例を見つけることはできない。[41]

いくつかの近年の研究は、本当に囲い込みが生産性の上昇に重要な影響を与えたのかどうかに疑問を投げかけている。[42]たとえば、グレゴリー・クラークは、囲い込みによる地代の上昇は、イングランドで（そしてたぶんフランスでも）多くの文献が主張する一〇〇パーセントではなく、むしろ四〇パーセントを下回っていたと考える。[43]しばしば言及される生産の大幅な伸びは、囲い込み後に投入されるようになった労働力と資本量の上昇によるものであり、囲い込みそれ自体によるものではないし、労働や資本が他の生産的な投入先からこちらに向けられたことによるものでもない。このように、これらの研究者は総要素生産性――生産量とその生産に使われたすべての土地・労働・資本の価値との比であり、全般的な効率性の指標である――の伸びはそれほどめざましいものではなかったと主張する。それに、囲い込みの資本コストが四〇パーセントの地代の増分から引かれれば、総要素生産性はさらに小さくなる。[44]

こうした議論は、中世や近世のヨーロッパにかんして最もよく引用される「市場の失敗」[45]が、それほど問題ではないことを示唆している。しかし、本書の目的からすれば、問題は依然として残っている。総要素生産性を囲い込みによる利益の指標として用いることは、囲い込まれた土地に投入された労働と資本の量の増分が、もしその土地に投入されないとすれば、囲い込みが存在しない他の土地で同等の価格で使われるという世界を想定している[46]。この仮定は、追加的な資本がフェンスを作るのに使われたり、囲い込み後の土地の改良に使われたりすることを考えると疑わしいし、労働にかんしてはなおさら疑わしい。言い換えれば、総要素生産性を尺度として用いることは、土地――囲い込みによって土地の生産量は増加する――は、労働と資本ほどには希少ではなかったと仮定することになる。後者の二要素は、土地の生産高を上げるために囲い込みと新農法が導入されるときに使われた。いずれ行論のうちで明らかになるように――より詳しくは第5章で論じる――、ヨーロッパ各地で、土地の希少性が深刻化しつつあったため、一エーカー当たりの生産を増加させた手段は、大量の労働と資本を必要としたとしても、やはり生産量を増大させたのである。そうした手段がなければ、土地の希少性はより多くの人びと（とおそらく資本にも）に失業や破滅的な雇用をもたらすこととなり、より生産的な他の作業に使われることはなかったであろう。

近世のヨーロッパの富の多くは生産の拡大のためにではなく、爵位の購入（つまり間接的には、ほとんどの政府にとって主な活動となっていた戦争）のような非生産的な目的に使われた。実際に、入手可能な富のより多くの部分を、宗教的、芸術的、あるいは他の分野での地位の象徴の追求にではなく、生産と商業の拡大の方向に移転することで、ヨーロッパのいくつかの経済がしだいに「資本主義的」となり、そうしなかった他の経済は「前資本主義的」[47]なままであったと、しばしば主張されてきた。こうした移転の一部は「資本主義的精神」の出現を反映していたともいえるかもしれない。しかし、他の部分は、生産的投資の新たな投資先が出現したことこそが、もうひとつの要因であった。そうした投資先のなかには、投資家がほとんど経営の労をとる必要のないものも含まれていた（その場合、投資家は相変わらず、他のタイプの社会的地位の追求にしばしば熱中していたものである[48]）。囲い込みは、こうしたしだいに姿を現しはじめた新しい投資先のひとつであった。そして、その間にも、大量の資本が、経済的には囲い込みより生産的でない他の目的に投資されつづけていた。囲い込みが法的に困難なままであったとすれば、囲い込みや土地の改良に使われた資本が必ず生産的に投資されたと考えるべき理由はない。そのような仮定を前提とすると、囲い込みの総生産高に対する貢献度を、過小評価することになる。つまり、総要素生産性を基準とすると、囲い込みの障害となっていた諸制度のコストをも過小評価することになるのである。

同じような議論は、労働需要について、よりぴったりと当てはまる。囲い込みに伴って生じた変化、つまり、牧草地を耕地に変え、沼地を排水し、休耕地を減らしたことは、いずれも労働力を必要とするものであった。しかし、市場で決定される賃金水準は、その労働の機会費用を正確に反映していたのであろうか。生きていくことができないような賃金水準で働く理由がないとすれば、市場で決定される賃金は生存可能な水準以下に下落することはないといえる。しかしそうした賃金でも、誰にでも仕事があったわけではない。人口成長がとくに急であったイングランドやアイルランドを含む近世ヨーロッパのほとんどの地域は、農村の失業や［就業はしているが、能力以下の仕事しかない］過少雇用が空前の水準に達していた。[50] そして、アーサー・ルイスが彼の「余剰労働」経済にかんする古典的研究で示したように、そうした経済で雇用されている人びとの賃金は、その労働者の機会費用の水準――つまり、彼らがいまの仕事をしていないとすれば、［代わりに］とったはずの行動の経済的価値――などという超低水準まで落ちるはずはないのである。したがって、囲い込みで得られた純利益を計算しようとして、囲い込みで必要になった追加的労働の賃金を基準として用いると、産出高から差し引くべきコストを過大評価していることとなる。だからといって、総要素生産性を基準にすることは、西ヨーロッパ経済に存在した、囲い込みを阻害する要因による費用を過小評価することになる。

近代ヨーロッパは、ルイスの想定した純粋な「余剰労働」のシナリオから、労働者は完全に雇用されていたが限界的な生産しかできなかったのだというシナリオまでのあいだの、どこに位置していたのか明らかではない。たしかに、失業と過少雇用は、ヨーロッパで一六世紀から一八世紀を通じて慢性的な問題であった。オランダの労働市場にかんする詳細な研究では、一七世紀の深刻な失業の存在と国際的な賃金水準の下落にもかかわらず、［オランダ国内では］都市、農村双方の賃金水準はほとんど低下していなかったことが強調されている。[52] 一方で、ジョエル・モキアは、失業中の労働者の少なくとも一部は、するべき仕事に対して、それらの仕事を希望する人の数が多すぎること以外の要因、たとえば、余暇選好が現代よりも強かったことや、交通費と情報収集費が高かったうえに、労働に季節性があったことなど、で説明されるかもしれないと述べている。[53] しかも、純粋な余剰労働者、つまり、総生産に何の損失も与えずに生産から引き抜くことのできる人びとを見つけようとする努力は、二〇世紀の非常に貧しく人口稠密な地域についてさえ、成功していない。[54] 近世のヨーロッパでは、囲い込みによって吸収された余剰の労働者の機会費用は、ゼロよりは大きかったようだが、わかっている限りの市場賃金水準よりはかなり低かった。さらにいえば、本当に余暇が現代より高く評価されていたのだとすれば、非常に限られた利益しかもたらさない労働者でもそれを用いることは（余暇を高く評価する人を労働に惹きつけるには多くの費用がかかるため）、産出高をかなり増やしたとも想定できる。したがって、囲い込みから得られた利益は、総要素生産性から算出されるものと、土地以外の投入要素の費用を無視して推測したものとの中間のどこかにあることになるだろう。このことは、土地所有権がすっきりしなかったために生じた市場の失敗が、中国で見られるそれよりもはるかに深刻であったことを示唆している。

ヨーロッパでは、その土地法規のために、他の改良もまた立ち遅れていた。一八世紀のフランスでは湿地の干拓や、既存の農場用地の灌漑は――そうすることで非常に大きな利潤が得られる場合でも——、改良の必要性に迫られているそうした土地の買収をほとんど不可能にする慣習的な規制や法的な手続きに妨げられて、大幅に遅れていた。そうした特権を廃し、手続きを簡素化するためには、革命が必要であった。[55] 対照的に、一八世紀の中国や日本、一六世紀から一八世紀にかけてのインド——開墾や灌漑が加速的に行われた——では、灌漑を行った者に補償したり水利権の紛争を収拾するのに、慣習的な取り決めがはるかに効率的であったように思われる。[56]

たしかにフランスの農業経営者は、生産を増加させる他の方法を見つけていた。少なくともフランス北部では、都市の市場で生産物を売買する機会に恵まれた一八世紀後半の農業経営者（およびもう少し前の一部の者も）の多くは、しだいに耕作作物の組み合わせを変えたり、総生産量を劇的に増加させる技術を導入したりすることで、事態に対応した。さらに、技術変化がなくても、専門特化をいっそう進めることで潜在的な利益が得られる状況は、産業革命以前には決してなくならなかった。[57] しかし、こういう利益が得られるということは、スミス型の成長の可能性が十分に活用しつくされてはいなかったということでもある。仮にフランスの食糧供給がアナール学派が提示したほどにはひどくなかったとしても、それがひどい——少なくとも、有力な商人、政治家、その他の都市住民にとっての不安の種となる程度にはひどい——ものであったことは間違いなく、[58] 遠隔地の農業経営者にとっても、生産量を増やすことができさえすれば、実質的な報酬が期待できたのである。しかし、進歩は遅々としており、アンシャン・レジームの残りの期間は、都市における食糧不足によって特徴づけられるようになったために、商人や役人は、穀物を求めて遠隔地にまで出向くほどになった。[59] 農村労働力が可動性を欠いていたという議論を厳しく批判しているジェイムズ・ゴールドスミスは、つぎのようにいう。すなわち、「土地の細分化と領主法の古臭い規制が、農村の再編を遅らせたことは明白である。しかし、こうした規則は、克服できない障壁ではなかった。……史料からすれば、問題は、マルサスの罠ではなく、資源の非効率的な利用にあったとみなされる」と。[60] つまり、生産性向上のための革新——囲い込み、沼地の排水といったような——が相対的に遅れていたのは、なお、「市場の失敗」のように見え、（ローゼンタールが行ったような）制度的な説明を必要とするように思われるのである。一八世紀の中国にかんしては、そんな議論をする必要はあまりない。

労働の制度

西ヨーロッパの土地所有権が非常に効率的だったわけではないとすれば、労働市場についてはどうであろうか。まず「自由な労働」の問題がいかに経済効率と経済発展に関連しているかを見ておく。「自由な労働」に基づく経済制度——自由でない人のそれに対する——の観点からは、不自由な労働の管理者たちは、その不自由な労働者たちを、彼らが自由であれば従事したと思われる活動に比べて、より生産性の低い活動に雇用したかどうか、ということが問題である。雇用側は、そうした非自由労働者を相対的に生産性の低い仕事に従事しつづけさせる傾向がとくに強い。そのような仕事は、上級領主にとってのみ、意味があった。というのは、強制労働の労働時間が増えたからといって、彼らにとっては、何ら現金コストの追加を必要とせず、故意に抑えられている機会コストの上昇も伴わなかったからである。[61] 非自由労働者が解放されて、より生産的な仕事へと実際に移ることになるのであれば、強制労働の制度は本当に総生産を抑制していることになる。たとえば、緊縛されていた借地農が、改良に積極的な地主によって追い出され、新しい産業の労働力となるといったシナリオである（「改良に積極的な」地主が実際に生産する量は少なくなるかもしれないが、正味ではより多くの生産をすることになる。なぜなら、彼はもはや、相対的に非生産的な作業に従事している大きな非自由労働者集団を支えなくてよいし、経済全体では、そのような労働者が他の作業のために雇われ、彼らの生存維持費用より多くを生産するからである）。

　しかし、新しい産業は一夜にして発展しないので、そのようなシナリオは、一般に長期的なものでしかない。一方で、多くのそうした労働者は過少雇用の状態にあるとはいえ、総生産に多少とも貢献をしていた元の作業がなされなくなると、たとえその労働が生存維持水準の賃金にさえ見合わないものであったとしても（たとえば、ほとんど雑草が残っていない土地で、さらに草取りをするといった）、総生産は落ち込むかもしれない。したがって、非自由労働は、短期的・中期的には、総生産を上げることも、下げることもある。

　こうした議論は、奴隷や農奴といったさまざまな種類の非自由労働の文脈で生じた。小農世帯内の女性や子供を同じように扱う歴史家もいる。彼らは、そうした人びとは文化や制度によって、家の外で働くことを妨げられているが、（調理や育児を通じての労働力の再生産に加えて）販売可能な財を家で生産しており、小農世帯は、少数の非自由労働者を使用する小規模な所領のような働きをしている、と主張する。家族の構成員はどうにかして養われなければならないので、彼らの稼ぎがどれほどのものであろうと、たとえそうした労働力の「時給」に当たるものが生存維持水準以下であっても、家計にとっては収入であることに変わりはないのである。そうした労働が広範に広がったインヴォリューション化した社会では、（社会的、感情的にはともかく）経済的には、奴隷制や農奴制と同じ特徴を示すのも当然である。つまり、極度に労働集約的な技術を利用している場合、消費財市場が非常に小規模となり、さらには、労働節約的な技術革新への興味がほとんどなくなるなどという点が特徴として挙げられる。[62] ここではまず、血族関係にないかたちで緊縛された労働の制度的枠組みについて考察したのち、家族労働の問題に立ち返る。

　中国でいつ頃から隷属的な労働が、経済的に取るに足りないものになったのかについて、研究者のあいだでは、意見が一致していない。政府としては、強力な地方の有力者を通してではなく、直接に課税することができ、徴兵できるように、臣民を自由土地保有農とすることを望んできた。しかし、政府は、いつも思い通りにできたわけではない。日本人の研究者たちは、とくに長江流域の農場で、こうした世襲の隷属的農業労働者が執拗に存続したことを実証してきた。

とはいえ、こうした農場は、一五世紀、ないしもっと早くに、賃金労働者を雇う農場に取って代わられていった。そして、一六〇〇年代の初頭までには、賃金労働に基づくものであれ、奴隷を使うものであれ、長江流域の「直営」農場は、自由土地保有農ないし平民の契約借地農による零細農家に取って代わられていった。明清交替が始まった時（一六二〇年頃）にはなお緊縛されていた労働者のほとんどが、戦争中の混沌とそれに引き続く五〇年間の労働力不足のなかで自由になった。長江流域における非自由労働者の存在を、最も強く主張する研究者でも、一八世紀までには、その存在は重要ではなくなっていたことを認めている[63]（農業に従事しない楽士や役者、その他、役所の吏員といった「賤しい」人びとは、一七三〇年代までには通常の平民となった）。

他の地域では、非自由労働は、もっと早い時期に取るに足らないものとなっていた。たとえば、中国北部では、明代（一三六八年から一六四四年）のあいだ、多くの農業労働者は、なお、他の平民より低い身分に留まっていたが、土地に緊縛されてはいなかった。一八世紀後半までには、土地所有者自身でも借地農でもない人が耕す、ほんの一部の耕地（一〇パーセント以下）においてさえ、そのような労働者は稀になっていた[64]。中国北部の借地農や農業労働者に対する法制上の差別が最終的に消滅したのは、西ヨーロッパとほぼ同じく、一七八〇年代のことである。だが実際のところ、中国ではそれよりはるか以前から、そうした差別はほんの少数の人びとにしか適用されなくなっていた[65]。一九世紀や二〇世紀になっても、非自由労働を特徴とする農場は、安徽省の徽州地方などに存続したが、それは例外にすぎなかった。とはいえ、こうした例外は、一七八〇年で三億人を数えた中国の人口のなかで、数千の家族に影響を及ぼしたにすぎない[66]。八旗に属する満洲人は奴隷を保有することが許されていたが、そのような小集団に属する人びとでさえ、おそらくは大半が、一八世紀までにそれができなくなっていた。さらに、一七世紀の満洲帝国［清朝］の最盛期でさえ、彼らの保有する奴隷は通常（親族に準じるものとして扱われたことも多い）個人的な召使いであって、農民や職人ではなかった[67]。

こうして見ると、時間的な展開は、西ヨーロッパの場合と根本的な違いはない。エルベ川以西では、本格的な農奴制は、一五〇〇年までにきわめて稀になっており、ほとんどの農奴は合法的に結婚し、移民し、土地を保有することができた[68]。しかし、一八世紀のフランスでさえ、きわめて少数の農奴は残っており[69]、デンマーク諸州では、強制労働や農奴制が非常に重要でありつづけた[70]。さらに、フランスでも、ドイツ西部でも、きわめて多様な領主への義務や、領主からの規制が残っていた。そのなかには、しばしば領主による製粉小屋の独占や農民の賦役義務、領主による地域の裁判所に対する支配などが含まれていた。このような権力を前にして、農民は自己の権利を主張するのをためらうことも多かった。[71] 農奴制が廃止されて何世紀も過ぎた一九世紀初期のイングランドでも、貧民は、生まれた教区に留まるのでない限り、救貧法による救済は受けられなかった。そのため、短期的な出稼ぎさえもが多くの人びとにとって非常に危険なものとなってしまい、彼らは近隣にある、少数の――ときにはたったひとつの――大規模所領にとらわれた労働力のプールの観を呈した。[72] ましてや、ヨーロッパ内での長距離移動となると、さまざまな法的規制、言葉の違い、その他の障害によって、以下に見る中国の場合より、ひどく妨げられていたのである。

移民、市場、制度

貧しい労働者は、(そもそも移動が可能なら) つぎの二つの方向のどちらかの土地への移民を選択するはずである。すなわち、ひとつは、土地＝労働比率のより高い土地 (典型的な例がフロンティアである) への移民であり、もうひとつは、資本＝労働比率が高く、建設業、サーヴィス業、製造業等での雇用機会のある土地 (つねにというわけではないが、たいていは都市) への移民である。一六世紀から一八世紀にかけては、前者のほうが後者より多くの人びとを吸収でき、こうした移民はヨーロッパより、中国でよく発達していた。

より豊富な土地を求めるヨーロッパ人は、理論的には中央ヨーロッパの東部や東ヨーロッパへの移民か、太西洋の彼方への移民を考えたであろう。しかし、さまざまな制度的枠組み (しばしば総括して「荘園制」、「封建制」または「再版農奴制」と呼ばれた) のために、西ヨーロッパの人口稠密な地域から、東方に移民することで生活水準を改善させることができた者は、ほんの一握りにすぎなかった。それ以外の人びとは、この移民によって、法的地位が低下したり、入手した土地に対する権利が不確実なままであったりするのを甘受しなければならなかった (もちろん、利用できる資本や市場が限られているという、フロンティアではありがちな問題もあった)。彼らに法的に確立された地位を保証する契約のもとで、自由なドイツ人の一部がロシアやプロイセンへ、またオランダ人がリトアニアに移動していったが、これらは例外であった。概して、相対的に人口が少なく、地味に潜在力のある東方地域への移民は、仮想上の「ヨーロッパ」内部での移民、ないし中国内部での同程度の距離の移民に比べれば、ごく小規模であった (この点ついては第5章でより詳しく述べる)。一般に、この地域に労働力を充足させるには、大きな法的変革と一九世紀の東ヨーロッパ内部で生じた人口増加の両方を待たねばならなかった。

一八〇〇年以前でさえ、土地の豊富な新世界へのヨーロッパ人の移民は、中国での移民に比べると、取るに足りない程度のものでしかなかった。一八〇〇年以前に、南北アメリカに渡ったヨーロッパ人は、全体でも、おそらく一五〇万人未満であった[73]。さらに、イングランドからの移民の三分の二近くは年季契約奉公人であった[74]。それに、貧民は、新大陸での機会という恩恵に浴しながら自由な労働者でありつづけることは、さまざまな植民地の政策によって、人為的に困難にされていた[75]。自由な身分のヨーロッパ人移民などというものは、イギリスの余剰労働者だけと比べても、非常に少ないものであったし、大西洋の両岸における自由な白人のそれぞれの「生活機会」は、単一の労働市場でなら均等化されるはずであったが、そうではなかった。たとえば、一七〇〇年頃にニュー・イングランドに行くことで、イギリス人の若年層の余命は一〇年延びたといわれるが[76]、しかし、一八〇〇年までには、移民の大洪水は起こらなかった。

（東ヨーロッパとは違って）新大陸の場合には、貧しい人びとの収入や貯蓄に比べて移民費用が高いことが、どんな法的問題よりも大きな阻害要因であっただろう。さらに、大部分の人びとは、移民に伴う費用を年期契約労働者の身分と契約条件を受け入れることでしか賄えなかったことは強調しておくべきであろう。しかも、その契約条件は、大規模な輸出向けプランターの労働需要には限りがあり、年期契約労働者が高くつきすぎるようであれば、奴隷の購入のほうを選びえたという事実によって、決定的に規定されていたのである[77]。中国政府は、労働力が不足している地域への大量移民を、それも、耕作者が自立性を維持しうる程度の条件で、促進しようと繰り返し試みたが、ヨーロッパには、それに相当するような政策はなかった。

こうした中国の努力には、しばしば移民費用、初期費用や種子の提供、家畜を入手するための支援、基本情報や土地の供与が含まれていた[78]。中国における低開発地域（および一七世紀の諸戦争によって人口が減少した地域）への長距離移民は、一七世紀後半から一八世紀にかけてだけでも、一千万人を優に超えた。この入植者のほとんどは自由土地保有に基づく農場を建設していたし[79]、借地農となった者も、ほとんどが自由借地農であった[80]。こうした移民が、どれほど地域間の所得格差を均等化させたかについては、十分なデータがないが、中国における「希望の土地」が、そこに移民することがもはや明確に社会的上昇につながる見込みがなくなるまで、たちまち移民で埋めつくされたことは、いくつかのエピソードが物語っている。こうして、いかなる理由からにせよ、中国の移民は、ヨーロッパのそれよりは、地域的な労働の過剰供給の解消に、より大きく貢献したようである。

一方で、資本が豊富な地域への移民は、ヨーロッパではより容易であったかもしれない。たしかに、ヨーロッパで最も資本が稀少であった地域——たとえばロシア——の人びとは、流動性が非常に低かった。先に見たように、イギリスの救貧法のような制度は、貧しい教区からロンドン（のちにはマンチェスター）への移民さえをも、人為的に制約していた。しかし、多くの一七、一八世紀のヨーロッパ人は、中心的な地域への短・

中距離の移動を行っていた（たとえばドイツ人やスカンディナヴィア人のネーデルラントへの移民や、アイルランド人のイングランドへの移民などである）。

それに対し、中国政府はつねに「浮浪者」に懸念をもっており、プロレタリアよりは、農民の保護に力を入れていた。それゆえ、政府は貧しい人びとが辺境に農地を探すのを助けはしたが、彼らが中核地域で仕事を得るような支援はしなかった。実際、政府の政策はそうした［中核地域への］移動を妨げるようなものであった。飢饉のときの配給を、人びとが自ら受け取れるようにしたのも、ひとつの例である。また、保甲制度を通じて近所の住民に互いの行動に責任をもたせるように試みたことは、同様の目的の、より野心的な計画であったが、おそらく移民にはほとんど実質的な影響はなかった。中国における産業上の慣習と社会構造のほうが、より重要であったと考えられる。

一八世紀では、中国、ヨーロッパのどちらでも、最大の産業部門は繊維部門であり、生産のほとんどは農村で行われていた。中国では、機織りは典型的な「女性らしい仕事」であるとみなされていたため、生産者の大部分が女性であった。しかし、中国では、親族と一緒でない限り、独身の女性が短期間の巡礼に出ることでさえ、評判を落としかねなかった。実際、農村部では、いまでも女性が仕事を求めて移住することには、激しい抵抗感がある地域もある。[81] 女性が、夫とともに移民するとすれば、住宅が必要であったし、夫がわずかでも土地への権利をもっていることが望ましかった。また世帯主の男性は、（所有しているにせよ、借地にせよ）農地をもっているべきであるという社会常識が非常に強かったため、さまざまな賃金労働者としての働き口は存在していたにもかかわらず、最も移民の可能性が高い人びとも、移民を躊躇していた。長江下流域や他のいくつかの地域には、農村出身の織布工や紡糸工が数多くいたが、西ヨーロッパで見られるように夫婦二人ともが織物業に従事しているような例はまずなかった。また、西ヨーロッパの場合、有力な地主が、そうした人びとを、労働力として使うために、自分の土地に住まわせようとすることもなかった。要するに、中国では、いわゆる「プロレタリアが移民という選択をする」のは、難しかったということである。なぜなら、中国では、典型的な紡糸工や織布工はプロレタリアではなく、土地を所有しているか、そうではなくても、借地のための地代の前納金くらいは支払える世帯に属していたからである。

これらのことから、ヨーロッパの制度のほうが、（理論上は）労働余剰地域と資本余剰地域のあいだを均衡させるような移民を、促進しやすい傾向にあったことになる。中国では、周辺部の人口が激増したのに、最も繁栄していた地域の人口がほとんど増えなかった一九世紀には、まさにこの違いこそがきわめて重要であったかもしれない。この議論には、第5章で戻ることにしよう。しかし、一八世紀中葉の時点では、長江デルタが大繁栄していたとしても、ジェンダー、その他の文化的価値観を無視して、賃金労働の働き口を求めて多くの移民がそこに引き寄せられるということは想像しがたい。肥沃で灌漑の行き届いた長江中流の湖南省の人口密度が一平方マイル当たり一七五人であったのに、長江デルタはすでに一〇〇〇人以上の人口密度となっていたからである。[82] しかも、おおかたの人びと（とくに男性）は、他のどんな仕事よりも農業にこそ習熟していた。[83]

こうした状況下では、たとえ慣習によって移民が制限されておらず、国によって土地が豊富な地域への移民が促されていなかったとしても、資本の豊富な地域に向けての大量の移民が中国で起こったとは考えにくい。ヨーロッパでは、結局のところ、土地を求める動きに対する制度的な制約はほとんどなかったし、豊富な資本が労働者を求める動きにもほとんど制約がなかったにもかかわらず、一八世紀的な仕事に向かう人びとの動きは、なお弱かった。資本が豊富な地域への移動に対する慣習的な制約が、不完全な一八世紀中国の労働市場において、すでに見たようなヨーロッパで土地を求めた人びとが感じたのと同じくらい厳しかったと考える根拠は何もない。もちろん、中国も、西ヨーロッパも、スムーズに機能する新古典派的な労働市場をもっていなかったことは明白である。われわれの目的からすると、おそらく中国の方がこのモデルにより近い市場をもっていたが、それ以上のものではなかったということがわかれば、十分である。

農産物市場

さらに生産物のほとんどを市場で売る農民が、少なくともロンドンやパリ近郊の農民がそうであったように、独占的な買い手に直面することは少なかった。イギリスやフランスの国王は食糧供給に腐心しており、どんな対価を払ってもそれを達成しようとしていた。「私的市場」の成長が容認され、そこでは、「買い占め」、つまり、穀物が市場に出る前に買ってしまうことを禁じた法規制は無視されていた。商人たちは、しだいに穀物を農民から直接買い取るようになった。こういう相対取引では、実際の市場に穀物が流れ、競合するほかの買い手がどれくらいの価格を提示するかを見ることができなくなる。[84] ブローデルが強調したように、遠隔地市場について圧倒的な知識をもち、現金をもっている商人が行ったこうした取引は、「本質的に不平等」であり、[85] 農民の負債と、いつ誰に作物を売るかについての選択権の喪失のあいだの、永続的悪循環に陥りがちでもあった。

これとは対照的に、清朝は、多様な、基本的な財にかんして、互いに競争的な売り手と買い手が存在する市場を、地方に創出することに努めた。実際、これこそが、一八五〇年代までは、商人と仲買人の免許制度構築の主要な目的であった。[86] 穀物と棉花にかんしては、このシステムがつねにとは言わないにしても、おおかたうまく機能していたことを示す史料には事欠かない。しかも、この二つの品目で、市場で販売される農業製品の大部分を占めていたのである。たしかに、商人は欲しい農産物を確保するために、しばしば信用を用いたが、やはり少なくとも一八五〇年までは、ほとんどの場合、農民は売る相手を選ぶことができた[87]。

農村工業と副業

さらに、中国の農民は、ヨーロッパのそれに比べてかなり自由に商業的な手工業生産に従事できたし、その製品を競争的な市場で買い手に売ることができた。単純化のために、繊維業のみに注目しよう。

明代初期の中国には、依然として一三九三年時点の人口の三パーセントほどの世襲職人の家系があった[88]。しかし、この制度は、つぎの二〇〇年間に崩れ去った。非自由労働者の賃金は非常に低かったため、多くが彼らの義務から逃避した一方、しだいに農民世帯が自ら生産した布やその他の手工業品を売るようになったからである[89]。明朝の末までには、世襲職人制度は完全に衰退してしまい、清朝は一六四五年に公式にその制度を廃止した。ギルドは広く存在したが、繊維業では大きな意味はなかった。繊維生産にかんしては、都市における合法的な独占はなかった。それどころか、清朝は課税対象となる小農世帯の家計を経済的に安定させるためにも、また、機織りをする母親のイメージが子供の道徳教育に好都合だということもあって、農村の女性たちが糸を紡ぎ、布を織ることを奨励した。官吏が棉の種子と耕作方法を印刷したパンフレットを配布し、関連技術の教育を勧め、「男は耕し、女は織る」という性的分業を、強力な家族の基礎として推奨した[90]。

一般的に見て、この政策はうまく機能した。一六〇〇年代初めまでには、長江下流域のほとんどすべての農村世帯が、市場向けの繊維製品生産に関わる仕事に携わっていた。嶺南と並んで、中国北部のおおかたの地域が一七世紀から一八世紀にその動きに倣い、また長江中流域やその他にも、重要な生産地が散在することになった[91]。こうした生産が発展しなかった地域もあるが、その原因はその地域に適切な資源がなかったことと、より進んだ地域から手工業品が輸入されたことであった。

西ヨーロッパの都市ギルドも、繊維製品の生産を支配する力を喪失していったが、その動きはもっと緩やかであった。農村の労働力のコスト面での利点は明白であったが、他方では、都市の職人には合法的な特権があるということも、広範に認められていた。しかも、彼らの特権は、規制されることはあっても、簡単には廃止されなかった[92]。啓蒙思想家は、そうしたタイプの権利の正当性に疑問を抱くようになったが、法典に彼らの考えが取り入れられたのは、一七八九年以降のことでしかない[93]。都市の秩序を守ることが関心の中心であったヨーロッパの政府は、急速な都市独占の崩壊は大規模な社会不安をもたらすであろうことを知っており、しばしば農村における生産の禁止を強化した。一七世紀から一八世紀にかけて、ドイツのほとんどの国家は、都市独占をむしろ強化しようとしていた。[94] 実際、一八世紀にドイツの多くのギルドは（事実のうえでも法律のうえでも）勢力を増しており、一九世紀の遅くまで、「もぐら」狩り――農村のもぐり同業者たちの排除――を続けた。そうした努力にもかかわらず、農村工業は拡大しつづけたため、親方のなかには、農村の労働力を排除するのではなく雇用しはじめる者も現れた。[95] しかし、大多数の農村の住民は、都市の特権によって法的に産業活動から排除されていた。

農村そのもののなかにある障壁もあった。（イングランドにおける自由主義とヨーロッパ式繊維業の中心地であった）ラトランドの公爵たちは、つぎのように決めつけているが、それもまんざら不当な言い分でもない。すなわち、彼らによれば、農村に編み物業が浸透することは、農業労働者に競争をもたらし、その結果、出生率が上昇し、結局は貧民救済に割かなければならない費用も多くなる、と。そして、ボッフォードの土地の四分の三の地主であり、この地の市場向けの生産物のほとんどの購入者でもあった彼らは、そうした悪弊の拡大を止めることができたのである。一八〇九年になっても、ピットは、彼らの政策を以下のように描写した。「この地では、体に不自由のない無数の農民が救貧を受けている。靴下編みは行われていないし、そんなことを気にする者もない」と。ランカシャーのおおかたの土地で繊維産業が成長していたものの、単一の貴族の家系に支配された村では、それが見られず、また、土地所有権が多少とも集中していた村でも、そうした発展があまり生じなかったことは、驚くに当たらない。[96] ドイツのいくつかの地域（とくにプロイセン以外）では、一九世紀に入るまで、ギルドが効果的に多くの労働者（とくに女性）の繊維製品生産への参入を妨げつづけていた。[97] 一方、一八四八年まで各種の奉仕義務が織布工や革新を実践する人たちにとって、桎梏でありつづけた。[98]

さらに、農村工業は大幅に成長したものの、農村部にもギルド規制を課すという犠牲を払ってのことでしかなかった例もあった。こうした例では、農村と都市のギルドが相携え、（国の支援を受けて）技術の変革を抑えることにしばしば成功していた。シーラ・オジルヴィーは、ドイツの記録を調べたうえで、プロト工業化的開発の名残と特権集団の存在が、一九世紀になってさえ、「経済的・社会的変革に対する直接的で持続的な障害となっていた」と結論づけている。[99]

しかし、開放的で、統合された労働市場の概念から、現実がいかに乖離していたかをあげつらうだけで終わってはならない。こうした乖離は、どこにでも見られることで、それだけで、有意義な労働市場が存在しなかったということにはならないからである。しかし、ヨーロッパについては、結果として、労働市場の統合が局限され、断続的であったと評価すべき例がいくつかある。

フェルプス・ブラウンとホプキンズによる、よく知られたイングランドの時系列賃金推計は、長期的に硬直性があったことを明確に示している。さまざまな非農業雇用の名目賃金は、需要と供給が頻繁に変動したにもかかわらず、数十年あるいは数世紀にわたって変化しないままであった。さらに、熟練工と非熟練工の賃金格差もまた、非常に長い期間にわたって、おおむね安定したままであった[100]。また、フランスとドイツの一部についても、似た事実がわかっている[101]。他方、失業――需要の増減に対して賃金がうまく調整されなかったときに起こりがちである――は、一六世紀から一八世紀のイングランドで非常に深刻であった。一八世紀のイングランドでは、深刻な季節的失業が生じたにもかかわらず、ほとんどの農業労働者が農閑期に工業部門の仕事をすることはなかった。収穫期には、相対的に日当が高水準であったにもかかわらず、農業部門への季節的な労働力の流入もほとんどなかった[102]。農業部門と産業部門の労働市場のこうした明確な分離状態こそは、農村と都市の大きな賃金格差――一八世紀の終わりに都市の賃金は農村のそれの一五四パーセントだった――がなくならない要因となっていた[103]。

少なくとも黄金期とされる一六世紀後半から一七世紀初めにかけてのオランダでは、労働市場はより柔軟であったといえよう。名目賃金も、熟練度による格差も、イングランドよりはるかに頻繁に変化したし、臨時労働者は、農業雇用と非農業雇用のあいだを行ったり来たりしていたことが明白で、二つの労働市場の統合に一役買っていた[104]。しかし、一六五〇年頃から、賃金も、熟練度格差も、それほど頻繁には変化しなくなった。利益が減少し、失業が増えたにもかかわらず、組織化された都市の産業はいずれも、賃金を高く保つことができた（さらに、一六七〇年以降の国際的な物価の下落により、実質賃金は上昇しさえした）[105]。季節的な非農業労働には多様なものがあったが、しだいにドイツやスカンディナヴィアの農場からの出稼ぎ労働者によって、埋められるようになった。そのため、比較的貧しく、不安定であったオランダ人労働者の多くは、十分な日数の臨時労働を確保できなくなってしまった。なぜなら、公共事業（運河の掘削など）が減り、農場では、年間を通して働く使用人が雇われるようになったからである。外国船の船乗りやオランダ東インド会社の兵士として――雇用の最終手段であったが、一八世紀に増えていった――海外に出る者も多かった。その結果、オランダには、はっきりと区別できる三種類の賃金労働者市場が生まれた[106]。ひとつは入念に参入が制限された最も望ましい市場であり、残りの二つは、その市場の労働者が継続してオランダ国内に住むことができないという特徴をもつ市場であった。

労働市場は、一八世紀後半にいっそう統合されたわけでもないし、一九世紀の大半を通じても、そうなったわけではない。イングランドの都市＝農村間の賃金格差（一七九七年には五四パーセントであった）は一八二〇年代から五〇年代にかけて（工業化の初期によく見られるように）劇的に上昇し、八一年にピークの八一パーセントを記録し、つぎの数十年間も、少しずつ（周期的に逆転しながら）しか減少しなかった[107]。

当初、フランスの労働市場はより統合されているように見受けられたが、それは、一時的なものであったことが明らかになった。フランスの農村の工業は、夏に休業するのが長いあいだの慣習であった。なぜなら、工業賃金は、農繁期の農業賃金には太刀打ちできなかったし、それに、三五歳前後を過ぎて、工業で稼げる賃金が低下しはじめると、しだいにフルタイムの農業労働者へと転向する者が多かったからである。この農業労働者と非農業労働者の重複（一八〇〇年で、フランスの農業労働力の二五パーセントから四〇パーセントは製造業でも働いていた）によって、少なくとも都市の外では、イギリスのそれよりも、より統合された市場が創出されていた。さらに、一七五〇年から一八七〇年のあいだにフランスの農業がますます商業化されていったということは、少なくともこの統合が多くの地域でさらに進んでいったことを意味する。[108] しかし、この統合はフランスの工業が例外的に資本集約的ではないこと（それゆえに夏期の休業が経営的に可能になった）と、低賃金（夏期に農業賃金が上昇したとき、休業せざるをえなくなる）とに依存していた。こうした工業は、一八二五年以降、蒸気を動力とする工場が発達するに伴って、徐々に競争力を失っていった。しかも、一八七〇年代の農業不況で収穫期の賃金が崩壊すると、工業から農業への労働者の季節移動が止まった。その結果、一九世紀後半のフランスの都市＝農村間と各地域間の賃金格差は急激に拡大した。[109] 二〇世紀までに、フランスの労働市場は、地域的に統合に向かう流れよりは、むしろ分断という新しい特徴を備えることになった。

部門間や地域間の大幅な賃金格差の拡大が、なぜそれほど長く、ヨーロッパが工業化の時代に入っても続いたかについては、研究者のあいだで意見が一致しない。その説明は間違いなくさまざまであり、労働市場の「欠陥」とみなすことはできないような要因も数多く含んでいる。[110] しかし、そうした欠陥が、格差を温存する要因のひとつであったことについては、広く合意が得られている。さらにいえば、研究者によって重視する要因がどんなに異なるとしても、近世においても、工業化時代にあっても、ヨーロッパがスミス的な効率性からは大きく逸脱していたこと、しかも、そうした逸脱に当たるものは東アジアではまったく見つからないという事実を説明する必要に、再び迫られることは明白である。

残念なことに、中国にかんしては、信頼に足り、上述の結果と比較できる賃金の時系列データは存在しない。しかし、この章の少し後で見るように、少なくとも一八世紀には農業労働者と農村の繊維業に従事する労働者の収入は、おそらくよく似た水準にあった。しかも、部門間の移動への規制が、ヨーロッパのおおかたの地域とは違って、ほぼなかったこともわかっている。個々の中国人地主は、ラトランドの公爵のような権力をもったことはなかった。何はともあれ彼らは、借地農が地代――金納化されつつあった――を支払うのを助ける追加的収入を得ることを歓迎した。他方、すでに見たように、都市の手工業のギルドは、農村からの競争相手を排除する実効的な権力をもっていなかった。地縁組織を通じての季節労働者と常雇いの労働者の手配といった、より非公式な取り決めがあるということは、労働市場がたしかにいろいろなかたちで分断されていたことを意味する。しかし、それ以上の法的規制の影響がなければ、中国の労働市場は、分断されていたとしても、近代ヨーロッパのそれよりも統合されていなかったとはいえないだろう。

移動や副業への多くの法的規制が一八六〇年代まで残存していた日本では、労働市場の分断は、ヨーロッパのそれに近いだろうと想定されるかもしれない。しかし、少なくとも商業化が進んだ地域では、非公式の契約によって、こうした規制にはしばしば効果的な抜け道が存在していたようである。斎藤修は、一七五〇年代以降、畿内地方の都市の日雇い労働者は農村の日雇い労働者とほぼ同じくらいの収入を得ており、これは労働市場がよく統合されていたことを意味する、と主張している。[111] 同様に、西川俊作は、一九世紀の長州における労働の限界生産性——農村労働者の賃金とだいたい同水準のはずである——は、製塩業の工場の労働者の賃金に近かったことを示している。[112] つまり、多くのことがまだなされなければならないものの、ここまでに検証してきた証拠だけからでも、ヨーロッパの労働市場が、日本や中国に比べて、新古典派的な基準により近かったとはいえないのである。

中国とヨーロッパにおける家内労働——「インヴォリューション」と「勤勉革命」

消費と生産

しかし、それでもやはり黄宗智は、清朝時代の経済は、西ヨーロッパのそれとは違って、「インヴォリューション化」していたと主張する。黄宗智の議論によれば、生産や商取引の拡大は、賃金を支払う必要のない家族労働——その労働生産性は低く、いっそう低下しつつさえあった——のさらなる追加投入に依存していた。そのようにして得られた収入によって、家計は何とか従来通りの消費需要を満たしていたが、それには相当の犠牲も伴った。すなわち、利益率が低いうえに、潜在賃金率がほぼゼロという状態であったから、労働節約的な機械に投資するインセンティヴは失われ、人びとは低生産性の仕事に閉じ込められていて、「生存維持のため以外の財」の市場は、ほんのわずかしか存在しえなかった。このような環境下では、農村工業は成長しえたものの、労働生産性の上昇はありえなかった。したがって「そこにあったのは、小農による生産活動と自らの家計の商業化にすぎず、決して資本主義的な企業の初期形態などではなかった」。このダイナミズムの背景にあったのは、さまざまな「文化的な制約」によって女性が外で働くことがほぼ阻害されていたという事実である。[113] こうした制約の結果、女性の労働は、むしろ奴隷や農奴に近い、コストのかからないものとして扱われ、彼女たちがどのくらい働いているかに関係なく被扶養者の身分にあるとみなされた。

とりあえず仮に、黄宗智の描く中国像が正しいとしておくとしても、一八世紀末以前の西ヨーロッパと比べて、いったいどれほどの違いがあったというのだろうか。ヨーロッパにおいても、一五〇〇年から一八〇〇年のあいだに起こった生産拡大は、生産性の飛躍的な向上によるものではなく、労働投入量の増加に負うところが大きかったことを裏付ける史実は数多く存在する。こうした傾向はあまりにも一般的、基本的かつ普遍的であったため、ヤン・ド・フリースはこの時期を「勤勉革命」と再定義する必要があると提案した。[114] しかし、第1章で述べたように、こうした追加的な労働投入のすべてが、一般的な西ヨーロッパ人の生活水準を大いに向上させることに貢献したかどうかは、明らかでない。第3章で取り上げるように、ヨーロッパの非エリート層の保有する資産が、一五〇〇年よりも一八〇〇年のほうが多かったことを示す証拠は豊富に存在するが、実際に彼らの食生活が改善されたとはとうていいえず、むしろ悪化したかもしれないのである。

すでに見たように、中世末期から一八〇〇年にかけて、ヨーロッパにおける肉の一人当たり消費量は減少した。一方、一六三七年から一八五四年にかけてのパリにおけるパンの消費量については、なんら長期的な傾向は認められなかった。[115] 他の都市についても、同じような記述が残されている。しかも、時がたつにつれて、同じ分量のパンを得るために必要とされる労働量は増加していった。ストラスブールにおいて、一四〇〇年から一五〇〇年のあいだでは、四人家族の一カ月分の穀物を得るために必要とされる肉体労働は、四〇時間から一〇〇時間のあいだで変動していたが、たいていの場合は六〇時間から八〇時間の範囲に収まっていた。ところが、一五四〇年までには一〇〇時間のラインを大幅に超えるようになっており、その後三世紀にわたって再びその水準を下回ることはなかった。フランスのデータにおいて、ほぼ一カ月分の穀物を一〇〇時間の労働量で再び手に入れられるようになるのは、ようやく一八八〇年代のことでしかない。[116] ドイツの労働者にとっても状況は変わらず、一五〇〇年から一六五〇年にかけて、穀物ベースの労働賃金の購買力はおおよそ半分に落ちていた。[117] イングランドではフランスやドイツよりやや遅れて購買力の低下が起こった。イングランドの場合、一七四〇年頃にひとつのピークがあり、そのときの建築職人の賃金は、一六世紀と同量のパン消費を可能にする水準へ戻ったが、[118] もしこのピークが訪れなければ、彼らの場合も一六世紀の穀物購買力を回復したのは、一九世紀に入ってからであっただろう。人びとの日常的な食生活にとって、穀物がいかに重要であったかを考えれば——都市上流層でさえカロリーの半分超を穀物から摂取しており、貧困層の場合はおそらく八〇パーセント以上の栄養を穀物から摂取していた[119]——、この期間の人びとの一労働時間当たりの実質所得は減少しつつあったことになる（もちろん、なかには主食をパンからポテトに変えることで、カロリー摂取量を何とか維持しようとした人びともいたが、これは一般に食事の質の低下とみなされていた)。

自作・小作に関係なく、小農業経営者を取り巻く状況は、これよりはいくらかましといえる程度のものだった。周期的な穀物価格の上昇時に得られる収入によって、徐々に調理器具や家具などを購入する傾向が見られたとはいえ、彼らの食生活が改善されることはなかった。主として、生産の増加分が農民人口の増加によって相殺されてしまったこと、しかも、それまで不満を抱いた農民たちが流れ込む先であった自由な土地が、しだいに消滅したことで、エリートや国家による余剰の収奪を促した。もちろん、新たな商品が彼らの日常の消費生活にも登場していたが、それらを得るために失われたものを考えると、新しい消費生活が以前のそれより断然優れていたとも言い切れない。そのうえ、人びとは、この新しい消費習慣を維持するために、はるかに長時間の労働を強いられるようになったのである。仮に、農業の実質賃金が上昇しているか、せめて一定であったとすれば、農業労働者の供給過剰――この点にかんする記述は数多く存在する――が起こって、実質賃金をさらに押し下げる役割を果たすなどということはありえなかっただろう。[120]

「プロト工業化」、すなわち、近世のヨーロッパに見られた農村手工業の急速な展開の研究からも、同様の結論が導き出される。デイヴィド・レヴィンによるイングランドの農村繊維工業の研究によると、労働者一人では、その家族を養うことは不可能であった。それどころか、労働者二人が繊維の仕事についていたとしても、たいていは他の農業収入、あるいは子供からの収入がなければ、家族を養うには不十分であった。こうした状況にもかかわらず、繊維業での就労の機会――それに加えてごく小さな土地――でもあれば、多くの夫婦が親の遺産を相続しなくても自立するようになり、その結果、結婚年齢が低下し、出生率が高まり、繊維工業が発展した地域では人口過剰が引き起こされ、それが賃金をさらに押し下げる圧力となった。このような賃金低下は、人びとの労働時間をさらに延長させるという悪循環を加速させる方向へと働いた。[121] したがって、プロト工業化は近代工業化の先駆けとなるどころか、発展の見込みのない行き止まりを意味した、とレヴィンは指摘する。イングランドがかろうじてこのような行き止まりから脱出できたのは(すべての繊維労働者が脱出できたわけではないが)、科学技術の飛躍的発展という繊維工業以外の要因のおかげであったということになる。

このモデルが提唱された初期の頃に比べると、プロト工業化と人口の急速な成長との関連性はもはや自明とはいえない。農業部門における賃労働の雇用機会の上昇があると、賃金収入を得ることで、土地を世襲しないままでも結婚することが可能になり、このこと自体は、プロト工業化と同様の影響を人口の成長に与えたであろう。[122] この場合でも、同様に、生存のためには少なくとも二人の稼ぎ手が必要となるような家族の増加につながったはずである。とはいえ、「プロト工業化は成功して工業化へのブレイクスルーとなる場合もあったが、同様に、まったくの行き止まりになってしまう可能性もあった」というレヴィンの議論の根幹は、依然としてきわめて正当なものと思われる。このことはまた、プロレタリア——理論的には、生産と消費の単位でもあり、多少の土地を保有している可能性もある家族の一員としてではなく、一個人として市場と対峙する——であっても、新古典派の予想とは違って、同様の「インヴォリューション」に向かう可能性があることを示唆している。

ピーター・クリーテとハンス・メディックおよびユルゲン・シュルムボームは、現在のドイツ、フランス、イングランド、およびベルギーの一部を対象に研究し、商人の手によって利潤や組織化された経営手法・技術が蓄積されることで、プロト工業化はそれに続く工場制の導入に貢献した可能性がある、という。[123] しかし、一方で彼らは、労働者にとっての経済的・人口学的な影響については、生活水準の停滞や利用可能な資源への圧力の増大を主張するレヴィンの描くインヴォリューションのパターンを踏襲している。[124] また、プロト工業化は、一八世紀から一九世紀初頭にかけてのドイツでも見いだされており、実際その地域では激しい人口増加が起きた。結婚に対する規制の法制化が地方レヴェルで試みられたにもかかわらず、激しい人口増加が起きたのである。その結果、大量失業と生存維持レヴェル以下の低賃金の状況が、とくに一八四〇年代に顕著に見られた。[125] 結局のところ、ドイツの生活水準は、早くても一八五〇年まで改善する兆候は見られなかった。この時期、ドイツの手工業者の四分の一から半分は、「貧困線」以下の生活をしていたとされており、実際にフランクフルトでは、市民として認められる程度の十分な資産を保有する男性の、全体に占める比率は、一七二三年の七五パーセントから一八一一年には約三三パーセントにまで低下していた。[126]

とすれば、生活水準が多少とも上昇するなかで、労働投入量が増大したことは、一六世紀から一八世紀の中国の特徴でもあったが、それはまた、少なくとも同じくらいに、西ヨーロッパの特徴でもあった。しかし、ド・フリースがヨーロッパの変容の特徴として挙げている別の部分は、黄宗智が描く中国のイメージと大きく異なっている。ド・フリースによれば、「勤勉革命とは、市場で取引されるさまざまな財および労働の供給と、同じように市場を媒介とする商品の需要とを、ともに増大させるような、世帯を基礎とする資源の再配分」のことであった。[127] 言い換えれば、ヨーロッパ人は、市場向けの財の生産に多くの時間を費やせば費やすほど、パンやろうそくなど、以前は自分でつくっていた最終財あるいは準最終財の購入にも、その収入をあてることになったということである。[128] また、総労働時間は依然として上昇しつづけたものの、[129] 世帯内における労働を減少させる出費を行っており、女性の労働時間に対する機会費用をゼロとみなしていなかったことがわかる。

これとは対照的に、中国では——黄宗智がそれほど明瞭に述べているわけではないが——農民は、世帯内での労働量を急激に減らすことはなかった。したがって、家庭内労働（とくに女性が提供する労働力）はたんに増加しただけであり、ド・フリースがヨーロッパの事例で指摘したように、他の部門に再配分されることはなかったので、新たに農村における工業製品の市場が発展することはなかった。これが事実であれば、決定的な相違と言うべきであるが、ここでも実証性が欠けている。むしろド・フリースの描く西ヨーロッパ世界のイメージは、中国の比較的開発の進んだ地域について当てはまるように思われる。

むろん、ヨーロッパにおいても、中国においても、供給される労働力の増加とそれらを再配分する動きは生じていた。ヨーロッパの農村において人びとが新たに消費するようになった財、たとえばコーヒー、タバコ、砂糖（これらの財はいずれも個人の絶対購入量はおそらく非常に少なかったが、その収入に対する消費量を比較すると、ヨーロッパの場合、どの階層よりも農村の職人たちの比率が高かった）[130]は、それまで家庭内で手間をかけてつくられていたものの代替品として、市場から購入されたわけではなかった。実際のところ、一九世紀までは、これら商品の多くは、家庭内で大量に消費されることすらなかった。[131]このように、大いに好まれた（労働集約的な）肉料理の食事が減ったことの埋め合わせだと考えるのでなければ、それらの商品が、家庭内での労働時間を短縮したとはとてもいえない。農民の世帯でこの時期に普及した他の商品——家具、食器、壁掛けなど——についても、労働力の節約との関連性は薄いと思われる。むしろ、それらは、許容できる最低程度の生活水準と、おそらく余暇に関わるモノの効用についての見直しが起こりつつあったことを示しているといえよう。[132]ただし、許容できる最低の生活水準は上昇していたというより、変化していただけだと考えることもできる。すなわち、肉を食べる回数を減らしてでも、引き出し付きの衣装箱をもつことのほうが、自尊心を保つうえで、より重要となったのかもしれないのである。しかし、この時期に増加した一般的な商品のなかには、パン屋から買うパン、醸造所でつくられたビール、テイラーメイドの衣服などのように、明らかに家庭内における労働時間を節約する役割を果たしたモノもある（事実、家庭内自給品の生産が、すべて純粋な意味での「労働」だと捉えるならば、なかにはまったく無報酬のものもあったのだが、勤勉革命による専門特化は、時間当たりの賃金が下落したにもかかわらず、総労働時間に対する平均報酬の上昇をすらもたらした可能性がある。一方で、家内労働のなかでも調理や育児などは、少なくとも部分的には「楽しみ」と感じたかもしれないので、問題は相当複雑になる）。

中国人もまたヨーロッパ人と同様、より多くの砂糖とタバコを購入するようになった。後述するように、事実、彼らは一八三〇年以前には、すでにヨーロッパ人を上回る量を消費していた。これらの財を購入するため、中国の人びとのあいだでは、再配分ではなく、むしろ明らかな労働の増加が見られた。しかも、穀物も肉もその消費量はほとんど一定であり、[133]調理法もほとんど変化がなかったことから、この点で家内労働が大幅に削減されたとは考えがたい（もっとも、中国の食品加工業にかんする研究が進めば、この点は再検討が必要となるであろう）。おそらく最も重要なのは、つぎの点である。すなわち、データが非常に少ないが、一定量の米を購入するために必要な労働投入量が、（耕地と人口との割合が最も良好な状態にあった）一一〇〇年から少なくとも一八〇〇年まで、一貫して増加傾向にあったということであろう。[134] このパターンは黒死病が流行した直後のヨーロッパの事例と酷似している（ヨーロッパと同じく一八世紀の中国では、以前はそれほど嗜好されなかった食べ物、とくに新世界から導入されたものを好むようになった人びともいたが、[135] それでも食糧価格の上昇という一般的な傾向に影響を与えることはなかった）。

十分なカロリーを得るためのコストが上昇しているにもかかわらず、人びとが食糧以外の財の購入を増やしはじめたという点において、中国はヨーロッパに酷似していた。多くの中国の大衆のあいだでも、家具や宝石などの財を所有する傾向が強まっていたことが確認されている。ヨーロッパ人の死亡時に作成された遺産目録に対応する記録が、中国には存在しないため、中国では余暇関連商品の購入額（および関連の支出）が上昇していたとしても、それをヨーロッパの事例と比較することは、きわめて困難である。しかし変化の方向はほぼ同じであった。第3章では、どんな史料があるかを検証し、ヨーロッパとの類似性がかなりのものであったことを示したい。ただ、目下の問題――中国における労働力の増加は、ヨーロッパよりも明らかにインヴォリューション的であったのか否か――にかんしては、実際には、中国では食糧以外の財の購入が多少とも上昇を示しており、その一方で、ヨーロッパにおける肉の消費の減少に対応するような何か特定の食糧に対する需要減少はなかった、と言っておくだけで十分である。

遺産目録がよく示している通り、ヨーロッパ人は、耐久性のある財を好んだらしいのに対して、中国人はサーヴィス財の購入を激増させたようである。たとえば、中国では、一六世紀から一八世紀にかけて、儀礼の専門家やプロの余興師を雇う習慣が、最下層の人びとを含めて、急速に普及したことを示す多くの証拠が残っている。実際、遅くとも一八世紀までには、有料のサーヴィスを伴う儀礼や娯楽が成長しつつあった。対照的に、ヨーロッパでは、ライフサイクルに関係するさまざまな儀礼は、ほとんどが教区教会や地域の共同体によって無料で行われていた。余暇の商業化は、かなり新しい現象であり、比較的繁栄しており、かつ都市的で「ブルジョワ的」なイングランドの中産階級においても、一七世紀末から一八世紀にいたるまでは、同様であった。[136] 無数の文化的相違点を考慮すると、中国の人びとが、購買力の上昇分を北西ヨーロッパの人びととは異なる財の消費に用いたとしても、それ自体は決して驚くべきことではない。中国人と西ヨーロッパ人とのあいだに、このような消費選好の相違が存在したとすれば、そのことは、長期的には重要な意味をもっただろう。しかし、だからといって、「インヴォリューション」を立証したことにはならない。[137] 同様に、中国ではヨーロッパと比較して肉の消費量が低下しなかったことからすれば、中国における他の財の消費の増加は、労働時間の増加によって生活水準の改善が見られたことを、より明確なかたちで示していると言わざるをえない。

したがって、生活水準や一般的な意味での労働投入量（われわれが語れる範囲において）からは、「インヴォリューション化」した中国を「勤勉な」ヨーロッパに対置するような見方を正当化することはできない。世帯内部のダイナミズムや労働についての、より具体的にわかっていることからしても、同様に不可能である。

仮に中国の農村社会が本当にインヴォリューション化していたならば（つまり、少なくとも女性や子供の労働に対する機会費用が著しく低いために、彼女たちはより多く働き、少しでも収入を得る機会があれば、必ずと言ってよいほどそれを手に入れようとしたのだとすれば）、女性労働を減らすためにお金を費やすことなどなかったはずだが、事実、彼らはそうしたのである。たとえば、一三五〇年から一八五〇年にかけて、綿布の衣服が、麻の衣服に完全に取って替わった。しかも、黄宗智自身が指摘しているように、麻は短繊維だから、衣服を作るのに適した糸をつくる段階で、「より手間のかかる生産工程」が必要であったのに対し、綿はずっと簡単な工程ですんだ[138]。ヨーロッパと同じように、ろうそくに対する需要が中国全土にわたって拡大したことも、中国人が家庭内労働の削減のために、積極的に費用をかけたという事実を示している。後述するように、中国の家庭では、市場向けの財の生産に対しても、時間を節約するために、より多額の費用を投入した。

もとより、なかには、依然として市場原理に基づく効率性の概念を無視したかたちで、自家用に生産されるものもあった。たとえば、帝政後期の中国では、刺繍の技術が女性らしさの象徴として決定的に重要となったため、（少なくとも一定の身分にあった）若い女性たちには、嫁入り道具として自ら刺繍したものを持参することが、強い社会的圧力となっていた。たとえ刺繍技術の習得にかなりの時間が必要とされ、多くの若い女性にとっては、フルタイムで機織りや絹糸繰りに従事して得たお金で刺繍品を購入したほうが、はるかに効率的であったにしても、そうしたのである（価値を無視して、そうした者もいたということである）[139]。しかし、現実の社会においては、このような、完全な市場経済に支配された生活に対する抵抗（言い換えれば、何らかの文化的意味をもつ生産過程）は、すべての社会において存在する。「家庭内で生産された財およびサーヴィス」といえば、同質的なカテゴリーに属するように見えるが、実際には、多くの個々の財で構成されており、いかなる文化的背景をもつ人であっても、そのいくつかは、他人のためではなく、自分自身と家族のために生産しつづけることを強く希求するものである。このことは、家族構成員の市場労働と交換されたもうひとつの抽象的な意味で同質的な商品ともいえる「余暇」についても、より適合的である。余暇の意味は広く、あらゆる種類の活動（クロスワードパズル、音楽鑑賞や作曲、性交渉、家族の誕生日パーティへの参加など）が含まれ、どのような文化的背景にあっても、より多くの収入を得る機会（つまり、金銭で満足感を得る機会）を、余暇のために犠牲にすることは受け入れやすい。

したがって、「勤勉革命」のさなか、家族内での生産活動がいくつか転換されずに存続したからといって――それが中国文化の理解のために、いかに重要であるとしても――、こうしたプロセス［つまり「勤勉革命」］自体が、中国ではヨーロッパより弱かったとはいえない。このようなタイプの［世帯内に留まる］生産活動が、一方で圧倒的に多いとか、あるいは断然、基礎的な商品に関わっていたといえない限り、そのような主張はできない（たとえば、見知らぬ他人に、お金と引き替えに食事を出すのは馴れ馴れしすぎるとされるような社会は、中国やヨーロッパの社会より、「勤勉革命」にとってはるかに強力な障壁となっただろう）。むしろ、こうした問題では、中国とヨーロッパは、それぞれ別の方向に向かっており、正味でどちらが「先に進んでいる」ともいいにくい。一例を挙げれば、ヨーロッパよりも、拡大家族のなかで生活する機会が多い中国の農家の女性たちは、畑仕事や機織りができなくなった老人たちに、無料で育児の協力をしてもらいやすかったであろう。ヨーロッパの農村女性の場合、まずそのような機会が得られることは稀で、義母が育児の手助けをするべきだとは、中国女性ほど強く主張することもできなかった。しかも、子供の養育を親族以外の他人に委ねることは、高い費用を要したし、（時代によっては）非難の的でもあった。

したがって、ここまでのところでは、家庭内労働の拡大や再配分、時間節約的な消費のあり方を含めて、中国と西ヨーロッパのどちらの生産ないし消費パターンが、より「勤勉革命」に近いのか、また、どちらがより純粋な意味で「インヴォリューション」に近い経験だったのかを、結論づけることはできない。ここではひとまず、両者を同じ範疇において、ユーラシアの両端で見られた労働市場、時間節約的な財とその他の市場、および人口圧の関連性の変化を確認しておくのが、最も安全な方法であろうと考える。比較が可能だという主張を強固にするために、さまざまな生産体制に内在する労働時間に対する評価を、できる限り直接的な方法で見ていきたい。まず男性の労働者について検討した後、就業機会が比較的少なくて、インヴォリューション化した経済に閉じ込められていた可能性が最も高いはずの女性たちについて見ていく。

生産に関わる決定と労働配分

小規模な農家の生産決定にかんする適切なデータは、存在しない。しかし、男性の農業労働者の賃金が、その生存を脅かすほどに低いレヴェルに落ちたことはないし、自分で耕作可能な土地を所有する者については、農村のプロレタリアよりも悪い条件に置かれたとも思えない。そのうえ、肥料として、堆肥（とくに、自給できた肥料）よりはるかにコストはかかるものの、より少ない人手で施肥することができる大豆粕肥料の消費量が飛躍的に増加したことは、きわめて示唆的である。賃金と物価のデータからすれば、大豆粕肥料を購入した世帯は、暗黙のうちに労働コストを市場での賃金レヴェルを基準に考えていたものと推測される。[140] 最後に、一六〇〇年代、一八〇〇年代、一九三〇年代の長江デルタにおける水田一畝（すなわち六分の一エーカー）当たりの生産に要する労働日数の推計を見てみると、ほとんど変わっていない。[141] にもかかわらず、一畝当たりの生産量は上昇し、[142] 単位生産量当たりの地代はおおむね低下したと思われ、[143] したがって、実際に労働時間が延長され、おそらくは非熟練労働者の賃金が低下していた近世ヨーロッパと比べて、少なくとも中国のこの地方にかんする限り、農業におけるインヴォリューションの徴候は認められない。

　女性労働の観点から見ても、やはりヨーロッパがより「革命的」であり、中国がより「インヴォリューション的」であったという明確な証拠は見いだせない。ヨーロッパよりも中国のほうが、女性が家庭外で働くことへの文化的な制約は大きかったが、それは必ずしも、ヨーロッパの女性がより自由に労働市場に参入したのに対して、中国の女性は家庭内で生産した製品を市場で販売するかたちでしか市場と関わることができなかった、という意味ではない。すでに見てきたように、たとえばギルドによる規制は、ヨーロッパの女性を生産物の市場からしばしば排除してきた。これらの規範は、より一般的な文化的規範の一部をなしており、男性たちが自分の妻を、できる限り家庭用の生産活動に集中させようとするようにし向けた。おおかたの人びとにとって、このようなことは非現実的であったが、それでも規範はそうだったのである。したがって、こうした規範は少なくとも、女性の企業活動には敵対的である点では中国の場合と同様であった。ただし中国では、女性は家庭内にいるべきだが、そこで市場向け生産に従事することには何の問題もない、とみなしていたのである。ヨーロッパの啓蒙主義時代の君主たちが、皇帝が年初に最初の鍬を入れて耕すという中国の儀式を取り入れた際、皇后が公の場で桑の葉を集め蚕の女神を称える習慣を合わせて受け入れなかったのも、偶然ではなかったはずである。[144] おそらく、女性が家庭用だけでなく、市場に向けての生産活動に携わることを高く評価し、このような仕事に携わる姿勢が道徳的な子供を育んでいく女性の仕事の助けになるとみなす考え方は、[145] 多くのヨーロッパ人にとって、異質なものと受け取られたであろう。

　むろん、中国の女性が自ら生産した商品を、直接自分たちの手で市場へ持ち込んだり、取引したりすることは皆無に近かった。多くの場合、彼女たちの活動は、夫や義母の監督のもとに置かれていた。夫や義母は、彼女たちにとっての余暇の必要性を高く評価せず、しばしば追加で労働する際の報酬が市場の賃金水準をはるかに下回った後でも、彼女たちを働かせていた。しかし、ヨーロッパでは、比較的多くの女性が親族以外に自らの労働を直に提供することができたとしても、それだけで、彼女たちが家のなかで自らが望む以上の労働を提供させられなかったということにはならず、報酬の少ない家事から逃れたことにもならない。

　さらに、中国の家族が、世帯内で女性が生産した綿製品を売るとすれば、無数の買い手が相互に競い合う市場があった。農村の家族と商人との関係については諸説があるものの、農民が自ら市場へ出向いて製品を販売したことは、一様に認められている。[146] 対照的に、ヨーロッパの前貸し問屋制では、商人が原材料と道具を供給して賃金を前払いしていたので、農民には売るべき商品が手元にはなかった。つまり、盛んになりつつあった穀物の「私的取引」と同じように、雇主は、ときに競争的な労働市場を迂回することが可能であったことを意味している。商人たちはまた、同業者間での競争を避けるため、各々が経済活動を行う地域を分けていた。このことによって、彼らは、債務奴隷制《ペオナージュ》にごく近いか、少なくとも、賃金上昇なしで追加的な労働力を継続的に確保できるようなシステムのもとで、労働者たちを一人の雇主のもとに緊縛することができた。[147]

最後に、賃金データは、いかにも粗いものでしかないが、それでもそこから見る限り、中国のほうが、西ヨーロッパよりも「インヴォリューション化」していなかったと言うべきである。黄宗智がその議論の根拠として重視している一八世紀河南の賃金データによると、夫婦そろって雇用されている場合よりも、夫のみが雇われているほうが（賄いとは別に）高い現金が得られていたことがわかる。このような扱いを甘受したのを見れば、これらの家族は、生存水準を下回る賃金であっても、女性が働きつづけるのをよいことだと考えたことを示している。また女性にとって、（織布や紡績のような）他の就業機会からは、それ以下の収入しか得られなかったことを、意味してもいるだろう。しかし、この議論は、商業化された繊維業のあまりない、貧困な地域の、少数の契約史料に基づくものであるため、繊維生産がより活発で、豊かな地域にも同じことがいえるとは限らない。そのうえ、これらの契約自体、多少曖昧な部分がある。[148] 最後に、黄宗智の女性の紡績工と織布工の賃金にかんする推計は、一七世紀末の価格を基準としており、それが一般的な状況を反映していないことには、のちに触れる。

他方、潘敏徳は、仮説的ではあるが、ほぼ妥当と思われる一八世紀中頃の農村世帯の家計について、一連の推計を作成した。彼によると、ある成人女性は、九歳の娘とともに、家事と並行して養蚕と蚕糸を紡ぐことによって、年間一一・七三両（中国の銀両・重量単位）の収入を稼ぎ、貧しい江南の農家世帯の家計に貢献することができたという。さらに、もしその世帯が、借金せずにこの生産活動を行うことができていたとすれば、その額は一三・七三両になっていた。[149] この地域における男性の農業労働者は、たとえ一年を通じて仕事に就けたとしても（決して一般的な事例とはいえない）せいぜい年間五両と、少々の自らの食事を得ることしかできなかった。[150] もし彼が日雇いや月払いではなく、一年を通じて雇用される労働者であれば、食事の心配をする必要はなくなっただろう。しかし彼の収入はわずか二両から四両の銀両にとどまったことになる。

したがって、女性が「追加的」な労働をした場合に想定される収入は、非熟練の男性労働者と同程度、あるいはそれ以上の水準にあったことがわかる。上述の一一・七三両でさえ、一七五〇年頃でいえば、男性労働者が一二カ月就業し、しかも、現金払いの賃金のほかに、全日、食事の提供を受けていたとしても、彼の収入はその八五パーセントにしかならなかった。したがって、平均して、蚕糸業に携わる母親と娘の組み合わせは――彼女たちが成人男性の九〇パーセントの米を消費するとして――[151]、本質的に成人男子と同程度の、生存水準を上回る稼ぎを得ていた、と想定される。仮にこの余剰分は二人で稼ぎ出したものだとしても、わずか九歳の女の子が、成人のように稼げたとは思えないし、二人とも、このモデルで想定した一二カ月契約の男性農業労働者よりは、ずっと短い労働時間しか働いていなかったはずである。そのうえ、ここでは、女性は自らの仕事のために、史料で確認できる限り最高の利率（月一〇パーセント）で融資を受けたと仮定しているのに対して、男性の稼ぎの推計に当たっては、きわめて甘い仮定を採用している。

より大規模であった綿業部門における女性の所得もまた、「インヴォリューション」的なレヴェルをはるかに超えていた。盧漢超（Lu, Hanchao）の研究によれば、一七世紀末の長江下流域では、妻が織る分の原棉を夫が提供したとすれば、女性の織布工一人で、三人から四人を養うことができたという[152]。しかも、黄宗智同様、盧漢超の推計は一六九〇年代を基準にしており、この時期はまさに過酷な不況期から中国が脱した時期に当たっていて、あらゆる商品の相対価格が異常な状態にあった。一六九六年の価格データでみると、この年、綿布価格は異常に低く、逆に、棉花価格は過去八年間で最も高い水準にあり、織布工と紡績工の収入は異常に低くなっていた。それに、一六九〇年代に綿布価格が異常に低かったという者がいることは、同時代の人びとが少し以前に経験しただろうことに照らせば、驚くべきことであった。というのは、物価は、一六八〇年代に過去五〇年で最低を記録しており、［前王朝である］明朝のすべての時期と比べても圧倒的に低かったからである[153]。一方、清朝の半ばまでには、大半の中級品の綿布価格は、一七世紀の二倍近くとなり、それほどでないにせよ高級品の価格も上昇していた（最下級品にかんする適切なデータは存在しないが、どちらにしても長江下流域では、この種の製品の生産は徐々に減少していた）[154]。そして、一八世紀の大半と一九世紀初頭をカヴァーするこの時期こそ、ここでの議論にとって最も重要なのである。

しかし、一八世紀の人口爆発によって、穀物のほうが、手工業品よりも早く騰貴したのではないかと考えられるかもしれない。それゆえ、もう少しのちの織布工と紡績工の実質所得を推計することが必要である。補論Eでは、一七五〇年代の棉花価格と綿布価格の二つの別々のデータを用いて推計を行っている。本書の本文では、より確かだと思われる低いほうの推計値に依拠してきた。したがって、実質所得を実態よりかなり低く見ていることになるはずである。

また、ここでは一貫して、男性の農業労働者は一二カ月のフルタイムで就業するのに対して、女性は年間、二〇〇日から二一〇日しか就業しないと想定して、その所得を推計してきた。しかし、実際のところ、おそらく現実には、女性の織布工や紡績工は、一年を通じて就業しえたと想定するほうが妥当だと思われる。というのは、二〇世紀に、長江下流域の中心にある、綿業が盛んな地域で行われた調査では、年間三〇五日という推計がなされているからである。[155]

少なくとも低価格の方のシナリオを使って推計すると、紡糸のみに従事していた女性の収入はごくわずかで、せいぜい一・三石の穀物、つまり、成人女性に必要な栄養摂取量のかろうじて半分程度にしか相当しなかった。しかし、黄宗智自身が指摘するように、紡糸のみを行っていたのは成人女性ではなく子供が中心であり、わずか一・三石でも、一三歳未満の少女たち（紡糸のほとんどを担っていた）にとっては、実際に糸を紡いだ日数分以上の十分な食糧を入手できたことになる。それ以上に、これは低価格シナリオを用いた推計だから、ひどく悲観的なバイアスがかかってしまっている可能性もある。したがって、高価格のシナリオに従った場合、このような女性たちも、生存を維持するレヴェルよりいっそう高い収入を得ていたことになるはずである。[156]

紡糸と織布の両方に従事していた女性たちは、ずっと高い賃金を得ていたため、本書の主張が、より明確に証明される。このような女性は、世紀中葉の例でいえば、二一〇日の労働で一二両、すなわち、約七・二石の米を手に入れることができた。これは最善のシナリオを用いて計算した男性農業労働者の収入の中位値をわずかながら超えた水準であり、成人女性一人と五人の幼児を扶養できるほどの収入であった。より現実的な想定をすれば、成人女性一人と年老いた義理の親（少しは家事を手伝えただろう）および二、三人の子供を養うのに十分な水準であった。高い賃金に加えて、必要最低限の栄養摂取量も成人男性より低かったのだから、彼女たちの稼ぎの生存水準を越える部分は、男性の農業労働者のそれの一・六倍から三倍にもなったことを意味する。

最後に、綿糸を他所から調達することができて、年に二一〇日くらいは完全に織布のみに集中した女性たちを見てみると、彼女たちは、低価格のシナリオに従って推計しても、一六・二両の収入を得ていたことになる。これは優に紡・織兼業の女性より三五パーセントは上で、男性の農業労働者の収入に相当する。おそらく、超高級品の生産に携わる都市の織布工（おおかたは男性）の所得と比べても、見劣りしないだろう。[157] 近年、李伯重は、農業と手工業（および双方の生存維持レヴェルを上回る余剰分）、それぞれの所得を調査した結果、年間労働日数などその他のパラメーターについて、本書とは多少異なった前提をおいているにもかかわらず、同じような結論に到達している。[158]

要するに、中国の女性が世帯内で市場向けの生産活動を強いられていたことは、社会的・文化的な観点から見ると、西ヨーロッパの女性と比べて、自由を制約された状況に置かれていたといえるかもしれないが、生産性をひどく不自然に抑え込んだようには思われないのである。

「ゴールドストーンによる刺激的で、新しい「インヴォリューション」仮説を考えるとき、世帯内の中国人女性が、明らかに男性労働者に引けを取らない（あるいはそれ以上の）収入を得ていたことの意味は重要である。[159] ゴールドストーンは、黄宗智とは違い、ヨーロッパに比べて、中国がより人口過剰な状態にあったとか、労働市場（少なくとも男性にとって）が未発達であったなどとは主張していない。その代わりに、本書で行ってきたように、レヴィンらの研究を用い、中国との対比で、おおむねプロト工業部門に（厳密な意味ではないが）余剰労働力を抱えたヨーロッパというイメージを、描き出している。その際二つの地域をほぼ同じように扱い、（「インヴォリューション」という言葉は用いていないものの）どちらの地域においても、非熟練労働者よりもはるかに機会費用――したがって、彼らに払う必要のある賃金――の低い大量の人びと――その多くは女性――が存在したのだと主張している。

ついで、ゴールドストーンは、つぎのように論じる。すなわち、女性の労働力がこのように安いということが、男性の労働力を使って競争しようとする経営者の利潤獲得の可能性を減殺した、と。たとえ、機械を導入することで、男性従業員の生産性をはるかに上昇させることができたとしても、そうなのだというのである。したがってゴールドストーンは、ここでは黄宗智と同意見になるわけだが、中国の農村の世帯内に存在する安価で自己搾取的な女性労働力こそが、農村に工場制の導入を妨げる主要因であったという（ここでゴールドストーンにとって重要なのは、男女の賃金格差であることに注意すべきである。それだけに、女性――男性ほど食糧を必要としない――が生存維持レヴェルの所得を稼いでいたとしても、つまり、黄宗智のいう意味での「インヴォリューション」はないとしても、ゴールドストーンの議論はなお生きている）。彼にいわせれば、ヨーロッパが違っていたのは、女性も外へ出て働くことができたことである。したがって、初期の工場は、競争相手［であるプロト工業］と同じ、きわめて低廉な労働力を雇うことができたのであり、新たな機械の導入で生み出されるはずの潜在的利益をも実現することができたのだ、と。それゆえに、中国女性が家のなかに留め置かれたこと――そこで市場向けの生産を行っていたとしても――に意味があったのである。結果として中国では、工業化に必要な他の要因――利用できる資本や新技術の発明など――が、ヨーロッパと同じように整っていたとしても、工場制が発達することはなかったということになる。

ゴールドストーンが取り上げた論点のいくつかには、本書の他の部分で言及している。たとえば、すでに第1章において、ある社会が、必要な条件の大半を満たしたとしても、当然期待されるような技術のブレイクスルーが起こらないことを説明するために、何が障害だったのかを検討した。また、繊維業を機械化するだけでは、必ずしも持続可能な成長にはつながらないことは、第5、6章で明らかにする。しかし、それでもゴールドストーンの主な疑問点は依然として残る。それは、はたしてジェンダー的な規範は、ヨーロッパや日本ではなく、むしろ中国において繊維業の機械化を妨げる主要因となったのだろうか、という点である。

明らかに中国では女性を世帯内に留まらせる傾向は強く、多くの貧困世帯でも、娘を工場へ働きに出すことに抵抗していたことは、その一例として挙げられる。しかし、それでも、もし工場が存在していれば、多くの女性（あるいはその世帯内で決定権をもつ者）がタブーを打ち破り、ささやかな収入増を求めて、工場に就業しようとする動きも見られただろう。李伯重の言葉を借りれば、「男が耕し、女が織る」という理想がいかに強力で、いかに古くから見られたといっても、実際問題としては、それほど確立したものでもなかったはずである。明朝後期（一七世紀）の長江下流域にかんしては、織物を手伝う男性や畑仕事をする女性に言及した史料がいくらもある。こうした史料は、清朝中期になっても数多く見受けられ、完全に消えてしまうのは、太平天国の乱（一八五〇年から一八六四年まで）以降のことでしかない。[160]それに、この理想がゆっくりとしか実現されなかったのは、強制力の問題というより、実行の可能性と深く絡んだ問題であったようにも見える。かくして、男性が織物業を手伝わなくなったのは、技術水準があまりにも低かったことが一因であったが[161]――多毛作・二期作といった農業技術が進展して農業に専念する必要が生まれた結果、彼らの未熟ぶりはひどくなったはずである――、同時に、江南の綿布生産もより高級品への特化が進んだ。さらに、稲作と綿織物業との組み合わせよりも、稲作と絹織物業とが行われていた地域では、女性がより早く、しかも完全に、農業を離れてしまった。というのは、絹の生産は世帯内から都市の作業場（この作業場は初期の工場の形態に近くなっていく）を基盤とした生産様式へと転換したため、農地から簡単に移動して作業に従事することができなくなったためである。[162]一方、安徽省で茶を生産していた地域や、広東省と福建省で砂糖を生産していた地域では、一九世紀を通じて男女がいっしょに働きつづけていた。[163]

女性がこれらすべての場所で働くことができたのだとすれば、なぜ工場で働けないことがあっただろうか。ゴールドストーン自身が明らかにしているように、二〇世紀の工場では、困難に直面することもあったものの、実際に多くの女性が働いていた。現代の中国南部を対象としたある研究では、こうした偏見が、むしろ、女性が工場で雇用されるのに有利な方向に働いたとしている。なぜなら、男性から見ると、他の仕事にはきっちりした規律がないのに対して、工場では「自分の」女が「人目にさらされる」ことが少なく、規律に縛られる工場労働のほうが、「女性らしさ」の維持とより両立しやすいと感じられたからである。[164]言い換えれば、人びとは彼らの文化的規範における「女性らしさ」の定義にしがみつくことなく、従来の慣習と工場で働くこととのあいだには、なんら矛盾がないと考えるようになっていたのである。かつては民衆の態度が大きな障害であったのだが、おそらく一九世紀末になって、外国からの影響でこうしたタブーがよほど柔軟性をもつようになったのだろうというのが、ゴールドストーンの意見である。清朝後期の中国における、非エリート層のあいだでの性的役割や文化変容について、わかっていることは少ないので、この議論を完全に否定することはできないが、明末・清初において性的分業が明確でなくなったことを示す李伯重の史料からすれば、そんなことはまずありそうにない。

この融通の利かない厳密なものであったとされているタブーがそれほど強力だったのかという点については、ゴールドストーン自身の絹業にかんする研究からも、もうひとつの疑念が生じてくる。蒸気駆動の糸繰り機——機械化された織機や紡績機のように、個別の世帯内では調達できない規模の労働力を要する——は、綿業の技術革新よりも早い時期に導入された。ゴールドストーンによると、これはまず中国の南東部——血縁や拡大家族とのつながりがきわめて重要な意味をもつ——において始まった。そして、この拡大家族の形態こそが、妻や娘を外へ働きに出すことなく、新しい機械の運営に必要な労働力を確保することを可能にした。したがって、この地域で、核家族では大きすぎて扱えないはずの機械が比較的急速に導入されたことは、要するに、ふつうなら、他の新技術の創造・導入を抑制するはずの、女性は家庭のなかに閉じ込めておくべきだという考え方の反映にすぎなかったのだ、という。しかし、広東省では、絹のみならず、綿糸や綿布の生産も盛んであった。実際、一六世紀以降、どちらの繊維についても、長江下流域についで第二位につけていたはずである。とすれば、なぜこの地域特有の血縁関係に規定された、より大規模な単位での女性労働の機会が、綿業では目立たなかったのだろうか[165]（一八三三年に、広東省の仏山で、綿布生産のための大規模な都市型作業場が多数存在したという報告はあるが、史料の信憑性を否定している歴史家もいる[166]）。

しかし、ゴールドストーンの仮説に対抗する最も有効な証明は——少なくとも一八〇〇年以前については——、上記で詳しく展開してきた所得の比較であり、つまり、仮説上の工場では、実際には、男性を雇用するのを強制されることで損害を被ることはなかったはずだ、ということである。さらに黄宗智が指摘したように、長江下流域において、フルタイムで糸紡ぎをしていた女性の大半は、子供であった。しかも、社会的に性別による差異のなかった一三歳以下の子供がほとんどだったのである[167]。したがって、ゴールドストーンのいう、女性を家の内に隔離しておくべきという考え方と、中国に工場制が発達しなかったこととの関連性は、少なくとも一八世紀については弱いと言わざるをえない。ゴールドストーンが指摘する問題点は、もし、女性が世帯内に留まることを強要されていたとすれば、ほかならぬイングランドでこそ表面化したはずである[168]。なぜなら、イングランドでは、男女の所得格差が、長江下流域以上にずっと大きかったからである。しかし、史料からすれば、女性を世帯内に隔離しようとする願望があったにもかかわらず、中国では、男女の所得格差がイングランドよりずっと小さかった。しかも、中国では、農閑期に工業で使える低廉な男性労働力が存在した。すでに見たように、これと同じ状況は（工場制工業化の発祥地であるイングランド北部ではめったに見られなかったものの）、フランスの初期の工場制の発展にとっては、重要な意味をもっていた。最後に、忘れてはならないこととして、ひとたび機械化による生産性の向上を認識すれば、賃金格差があるというだけで、機械化の有利さを帳消しにするなどということはありえない。結局は、イングランドの撚糸が、一九世紀のインド市場を征服してしまった。インドでは、他のどの社会と比べても内部の賃金格差が大きく、輸送費もきわめて高かったにもかかわらず、そうだったのである。

　しかし、これらの事情をすべて考慮に入れてもなお、中国が綿織物に転向した一三〇〇年代（当時すでに中国は、四〇〇年以上のちにイギリスの綿紡績業に革命的変化をもたらすことになる機械にそっくりの苧麻用の紡績機を開発していた）から、中国の紡績業が完全に機械化された二〇世紀までの長い時期のどこかでは、ゴールドストーンの仮説が意味をもつ時期があったかもしれない、ということには留意しておく価値がある。実際、第6章では、とくに深刻な人口圧の高まった時期、つまり、一九、二〇世紀初頭に、農民との比較で紡績工の実質賃金が急激に低下したことを確認する。このような環境のもとでなら、ゴールドストーンの提示したいくつかの論点は、もう一度検討するに値するだろう。とはいえ、それでも、ゴールドストーンの仮説では、工業化がどこで、いつ、なぜ起こったのかという問いに対する十分な説明は期待できそうにない。

　結局、総合的に考えると、中国における労働のあり方は、土地を含めて、「市場経済」の原則に適応していた——少なくともヨーロッパと同程度に、あるいはそれ以上に——と思われる。「勤勉革命」は、少なくともユーラシアの両端に位置する二つの地域では、一般的に見られたと考えるべきである。当然ながら、ヨーロッパでは中国の場合と異なり、近世のうちにさまざまな制度が発達して、人数は少ないものの、重要で、活動的な階層に対して、彼らの活動がもつ社会的貢献度に、より見合った収益を容認する社会になったということはありうる。たとえば、一八世紀イングランドで特許法が確立したことによって、発明家たちの成果が、ほぼそのまま彼ら自身に還元されるようになり、そのことが産業革命期における技術革新に影響したという議論は、十分にありうるものである。[169] しかし、たとえ真実であったとしても、これらの議論は、本書が対象としている期間の、ごく終わり頃になって重要性をもってくるにすぎない。しかも、その頃になっても、一九世紀半ばまでは、西ヨーロッパ経済のなかで新たな技術革新によって変容した部分が、（地理的にも経済的にも）どれほどわずかであったかは、記憶しておく必要があるし、（第1章で見たように）最も重要な発明でさえ、それが革命的なインパクトをもつことができたのは、ヨーロッパ外での偶発性や複合状況《コンジョンクチュール》があってのことだったことを忘れてはならない。また、発明市場を管理する制度の差異などというものは、ヨーロッパが最終的に経済的優位を確立したことの説明としては、一八三〇年以前のどの時点においても狭すぎる。

第I部の結論——近代世界経済における多数の中核と共通する制約

ここまで、一九世紀中葉以前のヨーロッパにおいて、ヨーロッパが生産性の優位を確立したのは、内生的な要因によるものだったとするさまざまな議論を検討し、それらがすべて疑わしいという結論に到達した。西ヨーロッパの人口・婚姻システムは、独特のものではあったが、優れた出生率の調節機能を果たしたわけでもなく、また、西ヨーロッパの人びとが他の地域の人びとより長生きしたわけでもない。西ヨーロッパの資本ストックが著しく大きかったともいえなければ、技術が全面的かつ決定的に優れていたとも考えられない。悪評高い中国の家族労働のパターンも、より綿密に検討してみると、北西ヨーロッパと同じように、市場機会や価格のシグナルに敏感に対応していたことがわかった。したがって、西ヨーロッパで最も発展していた地域も、ユニークであったわけではなく、重要な経済的特徴——商業化、モノ・土地・労働の商品化、市場志向の成長、家族による出生数と労働配分の経済趨勢への適応など——を、ユーラシア大陸の他の人口密集地域と共有していたのである。

さらにいえば、どの地域においても、こうした発展パターンが、「自然に」工業化へのブレイクスルーにつながったわけではない。それどころか、これらの中核地域では、市場の存在のみでは到底解決できない、基本的な技術的・資源的制約のなかで、主に分業の進展によって遅々とした成長を経験していた。第II部では、物理的な生存や再生産から離れた、必ずしも「必要でない」消費のパターンを詳細に検討し、要素市場を構成する一連の最後の制度、つまり、膨大な量の商業資本や金融資本を管理する法的・社会的体制の比較を行う。ここでもいくつかの違いが見いだされるはずであるが、ユニークなヨーロッパの勃興を説明するには十分ではない。第III部では、最初の二章で、共通する環境・資源面での制約を詳細に検討する。ついで、ここで論じたタイプの成長を持続できることと、新しく、はるかに劇的なタイプの成長を開始することの関係について論じ、さらには、その移行のなかで、複合状況が果たした役割について触れる。ここでいう複合状況には、東アジアの中核にとっては、その周辺地域が、市場向け生産の成長のための役割を旧来通りには担いつづけられなくなってきた時期に、ヨーロッパの中核は、新世界で、歴史上前例のない生態環境的資源の「思いがけない授かり物」を得た、ということが含まれている。

第 II 部

新たな経済は新たな精神から生まれるのか
――消費，投資，資本主義

はじめに

第1章と第2章では、西ヨーロッパ地域において工業的成長が早い時期から始まったことを説明するために、一八〇〇年以前の西ヨーロッパの制度に根拠を求めるという、広く受け入れられてきた一連の主張について考察を加えた。その結果、西ヨーロッパ以外の地域についての最近の研究と照らし合わせれば、そのような主張はいずれも説得力をもつものではないことが判明した。結局のところ、少なくとも一七五〇年以前においては、考え方によっては一八〇〇年までの時期についても、西ヨーロッパが旧世界において人口が集中していた他の地域よりも生産力が高かった、と考える理由はほとんど見いだせない。また、驚くべきことに、土地や労働力という生産要素市場に目を向けると、中国は、少なくとも一八〇〇年以前の西ヨーロッパと同様に、新古典派経済学の考えに沿った効率的な経済制度を備えていたことも判明した。

　とすれば、近世の中核諸地域では、その日常の経済活動にかんしては、ほとんど同じような水準にあり、発展の傾向にも大差がなかったことになる。つまり、資源や技術や経済活動のための制度などに大きな差異はなかったと言うべきである。一九世紀の工業化やヨーロッパ諸国の帝国主義の成功を十分に説明できるほど、それ以前の西ヨーロッパに優位性があったわけではないのである。むしろ、劇的な工業化、資源上の制約からの脱出、あるいは「世界の工場」としての役割などに、ごく「自然に」突き進んでいたといえるような地域は、［ヨーロッパを含めて］存在しなかったといえよう。

　そこで、社会的および経済的な階梯を一段上にあがって分析する必要が生じる。これまでは、全体としての経済における資本の蓄積、資源の配分および市場の需要について、さらには、大衆世帯の意思決定をする諸制度について論じてきた。こうした要因には、中核地域間に決定的な違いは明らかになかったのだが、少数派ながら決定的な意味をもつ豊かな世帯に影響を与える程度の差異はあったかもしれない。つまり、こうした少数派の世帯が、資本蓄積を進めたり、購入希望の商品を変えることで経済の変化を促進したりする能力や傾向には、影響したかもしれないのである。実際、そうした差異が実在したと主張する研究者は多い。しかも、そうした差異は、ヨーロッパ文化に特有の自己認識、世界観、その他の外的要因から派生すると考えられているのだ。ヨーロッパの発展過程の独自性を文化的な側面から説明しようとする考え方のうち、最も有名なものは、「プロテスタンティズムの倫理」と「禁欲的」資本主義にかんするマックス・ヴェーバーの議論である。しかし、近年は多くの研究者が、ヨーロッパ人は消費（とくに奢侈的消費）を志向したとする立場をとっている。それどころか、明らかに矛盾するこの二つの立場を両立させるために、特殊ヨーロッパ的「物質主義」などという議論をする向きさえある。[1] さらに、あまり文化的な説明に依存せず、ヨーロッパの政治経済体制が商業資本にきわめて親和的であったために、他の地域よりも、資金集めが容易で、資本蓄積をうまくやり、より生産的に利用することができたのだとする主張もある。

　こうした議論は、一見、多様に見えるが、そこには多くの共通項がある。たとえば、これらの議論はいずれも、生産者としての大衆の活動ではなく、いわば経済の「管制高地」に焦点を当てているといえる（もっとも、なかには、上流階級の考えや行動が、結果的に社会の大多数の者に拡散したことを強調する者もいるのだが）。また、いずれの議論も、商品の生産、消費および流通に焦点を当てるが、そこで扱われている商品は、基本的なものではなく、生物学的に生存に不可欠な必要性を満たすという意味で価値のあるものでもなかった。むろん、例外として、（一定の集団内で結婚や合法的出産の前提条件として、ある種の奢侈品が必要になるような）社会的な期待に応えるという意味を与えられることはあっただろうが。また、これらの商品は、多くの場合、「異国情緒豊か《エキゾティック》」であったからこそ、価値が認められたものであった。したがって、ここ（第II部）では、これまでの議論ではあまり重要視されなかった遠隔地貿易こそが、主役となる。

　蒸気船が登場する前の遠隔地貿易は、もうひとつ別の問題をも提起してくれる。すなわち、遠隔地貿易は、その起業から最終的に商品を売るまでにきわめて長い時間が必要で、金融的な調整手段が不可欠になった。そのため、（土地の所有、あるいは穀物その他の直接消費できる財ではなく、紙幣、貴金属、証券等）抽象的な形態の富の問題も、決定的に重要になった。人びとが、その種の富を（すぐに使うのではなく）蓄積しようとしはじめたことで、そうした資産を他の形態の資産に転換できるようになり、（土地などの資産とは程度の差は大きいとしても）法律や慣習による保護も受けられるようになった。抽象的な形態の富の問題に加え、しばしば遠隔地貿易と関係するさまざまな特権、たとえば、法的に認可された独占権その他についても検討する必要がある。

　遠隔地貿易はまた、通常であれば決して出会うことのない生産者と消費者を結びつけたので、戦略的な地位にある少数の者に、多様な商品を扱う対面販売を中心とした地域内市場ではとても望めないほどの、利潤率の確保を可能にした。したがって、フェルナン・ブローデルが強調するように、一五世紀から一八世紀にかけての大商人を中心とした「資本主義」は、完全な市場からはほど遠いものであった。しかし、ブローデルは、こうした遠隔地貿易がとくによく発達したシステムを「資本主義的」と称した。こうした社会では、信用と金融制度が大きな役割を果たし、資本はより多くの資本を蓄積するために利用され、さらに、資本蓄積を促すように社会が再編されたからである。したがって、「資本主義」における文化と政治経済は、日常生活の世界やこれまでに議論してきた市場経済とは別ものとして扱われる必要がある。資本主義についての「文化的」議論と「制度的」議論を一体化することは、文化と制度は不可分という事実があるにしても、第I部で取り上げた市場、必需品、一般の人びとについての議論とは関心が異なるものである。

さらにまた、これらの議論の多くは、ヨーロッパ、中国、日本の歴史的展開を世界の他地域のそれから区別することには成功していても、ヨーロッパのたどったコースを、中国や日本のそれから明確に弁別することには成功していない（インドは、複雑で中間的な例である）。多少の違いは明らかにしてくれるものの、その差異は小さすぎて、説明にはならない。ただし、一つだけ違いを説明できる方法がある。それは、奢侈品に対する需要と、（第4章で説明する、より広い意味での）資本主義の政治経済とが（ほかにも重要な複合状況《コンジョンクチュール》があったことは確かだが）、ヨーロッパが新世界の支配を確立するうえで重要な役割を果たしたということである。まもなく、新世界はヨーロッパに不可欠であることが判明した。資本蓄積については、一部の研究者が主張するほどの貢献はなかったが、ヨーロッパは、新世界の資源を利用することで、（中国や日本のように）基本的には労働集約的発展を強いてくる生態環境上の制約から解放され、莫大なエネルギーと土地を用いることでより大きな変化を可能とする方向へ向かうことができたからである。

第III部では、第5章において、生態環境上の制約についての検討を始めるとともに、再度一般の人びととの世界に言及する。第6章では、ヨーロッパがさまざまな制約を緩和しえた、制度、生態環境、その他の複雑に絡み合った要因を検証し、さらに、それらの産業革命にとっての意義を検証する。そのうえで、西ヨーロッパの運命と、西ヨーロッパが放棄した労働集約的で資源節約的な径路を引き続き進んだ他地域の運命とを比較検討することで、その後に生じた「東・西」の分岐を概観する。

第3章　奢侈的消費と資本主義の勃興

より一般的であった奢侈品とそれほど一般的でなかった奢侈品

おおよそ一四〇〇年以降の「奢侈品需要」や「消費社会」の勃興にかんする議論は、大きく二つに分けることができる。第一のグループは、金持ちのあいだで奢侈品の需要が伸びたことを強調するものである。この議論の多くは、たとえば、絹、鏡、豪華な家具等、高価で、多くの場合は耐久工業製品である商品を取りそろえることが、それまでの、多くの従者を抱えるといった、生産をあまり刺激しないかたちで地位を誇示する方法に取って代わったことを強調する。ヴェルナー・ゾンバルトが奢侈の「即物化」と呼んだものである。(1) こうした変化の一部として、奢侈品は、それをもつに相応しいとされる社会階層に限らず、お金をもつ者であれば誰でも入手できるようになっていった。

しかし、新たな奢侈品がステイタスの表示となりえたのは、それらの商品が、一定の嗜好の規範に基づいて取りそろえられた場合に限られた。嗜好は、従来よりもはるかに激しく変化するようになりつつあったので、こうした規範には、成り上がりの金持ちが消費を手段として簡単にステイタスを得ることのないように、旧来のエリートのための防壁としての役割もあった。こうした「ファッション」の勃興は、家具やクリスタルのような耐久性のあるものをすでに大量に保有している者にも、さらに新しいものを買い足さなければならないという心理的圧迫を感じさせた。そのため、こうした商品に対する需要は、社会的な必要こそあったとしても、生存のための必要性からは、ますます乖離してさえいった。

結局のところ、この種の議論では、こうした上流階級の消費パターンが、「より下層の」民衆に模倣されると主張する。この模倣は、都市化の進行により起こりやすくなったが、その都市化はまた集中的な市場を生み出すものでもあった。また、模倣は、新たに芽生えた自己の認識と社会構造の流動化によっても促進される。新興富裕層のみならず、「中流層」や貧困層の一部でさえもが、しかるべき消費を通して、カネの力で社会的上昇をねらおうとするにいたる、というのである。

もうひとつのグループの議論も、話は社会の最上層から始まるのだが、もともと上流階級の奢侈品であったものが、中産階級はもとより、最後には貧困層にとってさえ、日常生活の必需品になる点を強調するものである。近世から近代にかけてのヨーロッパにおける砂糖の消費を扱った、シドニー・ミンツのよく知られた議論も、このなかに入る。こうした議論では、頑丈な耐久消費財である奢侈品ではなく、より小さな単位で入手でき、簡単に消費できる商品に焦点が当たっていることは、とくに驚くべきことではない。銀製のヘア・ピンや額縁入りの絵画などもここに含まれるだろうが、その大部分は、ミンツが「薬のような食品」と呼んだものである。すなわち、いずれも、一六世紀の時点ではヨーロッパのどこにも存在しなかったが、一九世紀までには西ヨーロッパで一般的になった海外から来た奢侈品、具体的には、砂糖、ココア、タバコ、コーヒーおよび茶などである(2)。

これら二つの現象は重なり合うものではあるが、上流階級の奢侈品に焦点を当てた議論は、より下層の民衆および「薬のような食品」に焦点を当てる議論とは、工業化との関係について、異なった説明をしていることになる。大衆的な消費を重視する議論では、多くの場合、市場を通してしか入手できない一連の商品への需要が高まると、一般の人びともより現金を渇望するようになったと主張する。つまり、これらの商品が刺激となって、人びとは、生存するための基本的な欲求を満たすのに要する貨幣を得るためだけではなく、より多く、より熱心に、より市場を意識しながら働くようになっていったというのだ。言い換えれば、こうした商品の普及で、「生活必需品」の範囲が変わり、ますます購入するもの――家庭では生産できそうにないもの――がしだいに多くなっていったことが、前章で検討した「勤勉革命」の創出に貢献したというのである（たとえば、嫁入道具として、手作りのキルトが不可欠だという社会的慣習があるとすれば、その分、この世帯が娘の時間の使い方を市場原理に沿って決めることを受け入れるのは遅れるだろうし、反対に、客には茶やタバコを出すべきだという慣習ができると、より「市場化の」進んだ方向につくことになる。とはいえ、これらはどちらのケースも、「個人的な選択」というよりは、「社会的な制約」に近いものである）。また、こうした「社会的期待」の変化とは違って、目新しい食品のいくつかは、多少とも（多少ですまない場合もあるが）習慣性があり、ますます家庭外で行われるであろう、ますます労働規律が強く求められる退屈な反復作業には、好都合なものでもあった。これらはすべて、刺激性があり、包装も簡単になっていて、最低限の手間だけで、仕事中に休息と「刺激」を得ることができるためである。

それゆえ、この議論は、こうした商品の消費が総需要をいかに拡大させたのか、また［その需要が］民衆の生産者としての行動をいかに変えたのか、という点に焦点を当てる。さらに、「薬のような食品」の影響を受けたヨーロッパ人は、穀物、馬車、衣服といった他のさまざまな品目の生産者としての能力にも変化をきたした。しかし、彼らは、「薬のような食品」を自分たちで生産するわけではない。砂糖やタバコ等は、ヨーロッパの域外で、多くの場合は、奴隷やその他の非自由労働により栽培され、そのような労働者たちは、生産性の向上を志向させるような、多様な消費財を提供されるわけではなかった。こうして、ヨーロッパ以外の地域の労働システムは、ヨーロッパ史の文脈に影響を与えた。しかし、それは、「薬のような食品」の価格が下がり、より容易に入手可能になったという意味であり、ヨーロッパにおける生産を拡大させる新たな誘因を示すようなものではなかった(3)。

しかし、より耐久性のある高価な奢侈品に焦点を当てた議論は、まったく異なる結論を導くことになる。ある者は、奢侈品を購入するための現金が必要になったために、所有する資産は何でも合理的に動員して、穀物やその他の平凡な商品をより多く市場に送り出すことを、エリート層に促したと主張する。しかし、こうした議論は証明が困難で、安物の購入が資金調達を妨げ、すっかり散財してしまう場合もあるので、議論のバランスを考える必要がある。また、召使を抱えることを含めて、エリートの古い行動様式であっても、需要は創出したのである。

一方、こうしたぜいたくな耐久財の多くは、大半がヨーロッパにおいて生産された。また、こうした財への需要が集中する都市の勃興は、生産の拡大、規模の経済の実現、新しい技術の導入をもたらす重要な誘因となった。ただし、そこにある大きなチャンスをつかむことができたのは、十分な運転資金を備えた者に限られていた。高価な資材を購入すること、技能者に賃金を支払うこと、そして、往々にして権力はあるが現金はない顧客から最終的に回収できるまで待つことが必要なためである。したがって、奢侈品の生産者のなかには資本家として成功した者もある程度はいたが、その他の者はしだいに賃金労働者になっていったのである。エリートやぜいたくな耐久財の消費についての議論をしていくと、経済全体の総需要と無関係ではないが、結局は、別の問題に焦点を当てることになる。つまり、奢侈品市場の成長が、いかにして財の製造方法を変えたのか、いかにして新しい制度を生み出したのか、いかにして生産者間の格差が生じたのか、という問題に行き当たるのである。

そこで、本書の目的に従えば、「薬のような食品」や日常生活品のぜいたくにかんする議論は、前章で提起された問題に立ち返ることになる。すなわち、広範な人びとの市場への参加、労働力の配分および民衆の生活水準という問題である。一方、耐久性のある、より高価な奢侈品にかんする議論は、第4章で扱う資本主義の議論につながる。企業のあり方の変化、生産に対する資金供給者の支配の強化、再投資の強い意欲をもつ比較的少数の者への利益の蓄積という問題である。こうして、年代的にはエリートの消費拡大が最初に来るが、分析上意味のある変化は、日常生活に用いる奢侈品から始まることになる。

近世ヨーロッパとアジアにおける日常生活に用いる奢侈品と民衆の消費

一般に、観念的には、個々の商品の消費ではなく市場全体を比較することが多いし、また、文化間の消費の嗜好の違いは購買力の問題に起因し、これに差がなければ文化が異なっても嗜好はかなり似ていたと見る傾向もある。ところが、一八世紀のデータの現状からすると、そのような確信はもちにくい。したがって、以下の比較の意味は慎重に扱う必要がある。それでも、（第1章における）平均余命が同じくらいだという推計や（この章の後半で扱う）基礎的なカロリー摂取への出費が家計に占める割合は似ているという推計は、その他の種類の消費を比較することが、本書のより大きな試みにとって、いくばくかの意義があることを示唆している。

少なくとも一九世紀中葉以前には、「日常生活用の奢侈品」のブームには限界があったことを忘れてはならない。新しい食品、繊維、飲料等、一四〇〇年以降に登場した品目の一覧表は、目も眩まんばかりに魅力的だったし、その多くは習慣性もあった。しかし、それらの普及は、早くても一八世紀後半にいたるまで——全体としては一九世紀に入るまでは——、かなりゆっくりとしたものであった。また、見かけ上伸び率が急なのは、ヨーロッパの最も豊かな地域においても、当初の消費量がごく小さかったことの結果にすぎない。イングランドであっても、一八〇〇年頃の一人当たりの茶の年間消費量は一ポンド前後、一八四〇年でも一・四ポンドにすぎない。茶の価格が劇的に下落し、民衆が毎日茶を飲むようになったのはこの後のことで、一八八〇年までには、茶の消費は一人当たり年間五ポンドになった。[4] ヨーロッパの他の地域では、この数値ははるかに低い。一七八〇年代、ロシアを除くヨーロッパでは、茶の年間総消費量はおよそ二二〇〇万ポンドと報告されている。[5] しかし、これでも、ヨーロッパ全体で一人当たり二オンスにすぎず、イギリス以外ではこれよりもかなり低かっただろうと思われる。一八四〇年になってでさえ、ヨーロッパの茶の輸入量は八〇〇〇万ないし九〇〇〇万ポンド、住民一人当たりでは年間わずか四オンスにすぎないのである。[6]

これに対して、中国における茶の消費量はかなり多かった。呉承明は、一八四〇年の中国国内の茶の流通量を二億六〇〇〇万ポンドと推計している。他の商品の中国国内の取引についての呉承明の推計は、いずれも低めの評価になっているし、[7] 彼の推計は地方や地域内での茶の交易を無視しているようだが、それでも、当時の中国の人口を三億八〇〇〇万とすれば、一人当たりの消費量は一一オンス弱となる。[8]

もちろん、茶の消費を取り上げるのは公正さに欠ける。高い海上輸送費、関税、さらに貿易を独占する企業の存在が、ヨーロッパにおける茶の価格を、中国よりもはるかに高いものにした。また、ヨーロッパ人は、茶のほかにも、（コーヒー、ココア、ワイン等）中国人は飲まないさまざまな飲料を消費していた。それでも、ヨーロッパにおける茶という「日常生活用の奢侈品」の消費が、中国のそれを凌駕するまでにこれほどの時間がかかったことは、驚くべきことである。タバコについての数値はないが、一七九三年に使節として中国を訪れたストーントンとマッカートニーは、多くの中国人が喫煙することに衝撃を受けた。（全体としては豊かだが、タバコは主要作物ではない）浙江省においても、「身長が二フィートの子供でさえも」喫煙しているという中国からの手紙があって、彼らの主張を裏付けている。[9]

表3-1　1人当たりの砂糖消費量

（ポンド）

年	ヨーロッパ	イギリスを除くヨーロッパ	イギリス
1680	1.0	0.85	4
1750	2.2	1.90	10
1800	2.6	1.98	18

砂糖の例でさえも、ヨーロッパの優位がはっきりするのは、考えられているよりもずっと後のことである。たしかに、イギリスの消費量は一七〇〇年までにすでに一人当たり約四ポンド、一八〇〇年までに一八ポンドに達した。[10] しかし、ヨーロッパの他の地域では、これにはとても及ばなかった。一八〇〇年の大陸ヨーロッパについての優れた推計によれば、一人当たり二ポンド弱であり、これは、一七八八年のフランスでは一人当たり一キログラムであったというブローデルの推計とも、おおよそ整合する。[11] それ以上に、表3-1が示す通り、イギリス以外の地域では、砂糖の消費が増加する傾向を必ずしも読み取ることができない。[12]

砂糖消費の増加が、イギリスだけの現象だというのではない。「イギリスを除くヨーロッパ」というのは、あまりにも大ざっぱな分け方で、少なくともオランダのほか、パリ、ボルドー、ハンブルクの周辺は、他の地域よりも急速に消費が伸びたといえる（パリ市民の消費量は、一八四六年には、一人当たり八ポンド弱であった）。[13] 加えて、ナポレオン戦争の最中である一八〇〇年には、消費量の落ち込みもあった（実際、パリにおける砂糖の不足は、フランス革命の初期段階で、民衆の怒りを買った）。[14] しかし、これらの数値は、慎重に検討すべきである。

第一に、より安価な砂糖をつくるために奴隷労働を使ったとはいえ、消費はヨーロッパ全域で、確実に増加していったわけではなかった。ヨーロッパの一人当たりの砂糖消費量が、一八〇〇年のイングランドのそれを圧倒している今日からすれば、モノカルチャーに徹しコスト抑制を追求するプランテーションが成立して、いまや生まれ出ようとする「消費社会」のために、砂糖を生産するようになると、それだけで砂糖による「世界征服」[15] は不動のものとなったと思いがちである。しかし、砂糖は、ミンツが明らかにしたように、たんなる商品作物ではなかった。数世紀にわたって国王や教皇がこれを奪い合い、取引の対象としたもので、後から登場したタバコやココアの比ではない、神話と魅惑に満ちた存在であった。砂糖の取引は、その消費の拡大によって富や税を得ようとする強力な投資家と重商主義の政府によって販売が促進されたうえ、身体的にも習慣性があったかもしれない。[16] しかし、こうした事実があるにもかかわらず、ヨーロッパにおける消費の伸びには――ちょうど経済的には拡大期にあったにもかかわらず――、五〇年の中断があった。このことからすれば、一八五〇年以前に、不可逆的になる「消費社会の誕生」[17]があったと想定するのは、深刻な誤解につながるといえるだろう。したがって、他の地域で「奢侈品」消費の成長に中断があったことを強調しすぎる議論は、いわば当然のことを何か異常な事態であるかのように扱い、本来なら「自然に」持続したはずの過程が妨害されたかのように言うことになるだろう。

第二に、表3-1が示す通り、一八五〇年以前の段階では、消費革命はあくまでもイギリスのものであり、ヨーロッパ全体のものではなかった。イギリスと他のヨーロッパの大半の地域とのあいだでは、絶対的にも、相対的にも、差が縮小したのではなく拡大していた。シドニー・ポラードは、ヨーロッパの全体ではなく、それぞれに離れたいくつかの地域で、生産革命が起こったと指摘するが、このことは消費革命についても当てはまるようである。[18] ヨーロッパ以外の地域と観念としての「ヨーロッパ」の歴史とを比較するような際には、ヨーロッパ内の成長に地理的な不均衡があったこと、および消費の伸びはしばしば中断したことに留意する必要がある。

砂糖は、唐の時代には、中国の上流階級のあいだで、（主に仏教の）儀式で重用され、医療にも用いられていた。[19] その後の宋の時代（九六〇年から一二七九年まで）までには、砂糖は、富裕層のあいだでは、特別な用途に限らずに使われるようになった。「砂糖キビ製品は、富裕層の生活様式や食習慣に完全に統合されたのである」。[20] 一六、一七世紀には、多くのヨーロッパからの訪問者が、ヨーロッパの富裕層の場合と比べて、中国の富裕層のあいだでは砂糖がはるかに広い範囲に普及していると記述した。[21] 一方、特別な機会に砂糖を用いることは、庶民のあいだでもかなり普及していた。一六八〇年頃の広東からの報告から、砂糖が、ヒト、動物、建物の形に加工されていたこと、スモモの砂糖漬けが、「花嫁が金持ちだろうが、貧しかろうが」結婚式には欠かせなかったことが明らかになっている。金持ちは、これらを数千の壺に入れて祝宴のために用意した。甘いものがどれくらい提供されるかで、新妻の出産経験に影響を与えるとされた。また、「[スモモの宴に] 客を招待できなかった者は、「スモモ乞食」と皆から呼ばれたものである」。[22] ほぼ同じ頃の別の史料は、ごく貧しい者でも、正月には砂糖菓子を食べること、結婚式には大量の果物の砂糖漬けが必要になって、そのために破産する者もいることを記録している。[23] 砂糖が、医療用と儀礼用、および模倣的な消費に使われたということは、金持ちは砂糖を頻繁に消費し、貧しい者は特別な機会に砂糖を消費したということである。この状況は、シドニー・ミンツが指摘した近世ヨーロッパの状況、つまり一九世紀に砂糖が一般の人の重要なカロリー源になる前段階にかなり似ている。たしかに、中国では、それ以上の変化は起こらなかったが、だからといって、一八世紀の消費パターンによって、そのことが説明できるわけではない。

一八世紀半ばについて、中国全体の砂糖消費量にかんするデータはない。しかし、断片的なデータからでも、それがかなりのものであったと推計することはできる。中国の砂糖生産のほとんどは、広東、（台湾を含む）福建、四川で行われていた。幸い、一七二〇年頃の台湾から本土に向けた砂糖出荷量について、ある程度信頼できるデータがあり、それによれば約一億四〇〇万ポンドが出荷されていた。台湾の砂糖生産は、アヘン戦争の後まで劇的な成長はなかったが、それでもゆっくりと確実に伸びつづけていたようである。したがって、この一七二〇年の数値を一七五〇年のやや控えめな推計として援用しても問題はないであろう。

広東省全体の生産量についての推計はない。広東の砂糖キビ「農園《プランテーション》」の一エーカー当たりの生産量をかなり控えめに見積もると二四〇〇ポンドになるようだが、どのくらいの土地が砂糖生産に用いられていたかについての直接的な数値はない。[24] しかし、マズムダールは、九二ある広東省の県のうち、一八世紀半ばに砂糖を生産していた少なくとも一五の県について、状況を明らかにしている。[25] それによれば、三つの県では土地の四〇パーセントが砂糖生産に、一つの県では土地の六〇パーセントが砂糖生産に、それぞれ用いられていた。[26]

ロバート・マークスの最近の研究は、別の考え方を提示している。彼は、一七五三年頃、広東と広西の農地のうち少なくとも二四〇〇万畝（四〇〇万エーカー）が、最大では四一五〇万畝が、換金作物の栽培に用いられていたと推計している。広東は、広東と広西の二省を合わせた耕地の七〇パーセント以上を占め、穀物以外の作物だけとれば、広東の占める割合はそれ以上であった（広西の主要な換金作物は米であり、それは広東にも出荷されていた）。したがって、広東が穀物以外の農地の七〇パーセントを占めるという推計は、かなり控えめなものである。少なくとも一六八〇万畝（二八〇万エーカー）、多ければ二九〇五万畝（四八四万一六六六エーカー）と見てよいであろう。マークスは、広東の耕地の半分である二一五〇万畝で穀物以外の作物が栽培されたとするのが妥当としているので、[27] 一六八〇万畝という数字を用いることには慎重であるべきだろう。

おそらく、砂糖キビには、その他の非穀物作物よりも多くの土地が用いられていた。[28] 非穀物作物のうちで第一位ではないにしても、（桑につぐ）第二位か、最低でも第三位であった（広東は、必要な棉のほとんどを他の省から移入し、タバコもほとんど栽培していなかった。したがって、砂糖キビに対抗して第二位になりえたのは、茶と果物くらいしかない）。[29] しかし、一七五三年頃の広東の非穀物作物の作付け面積について、最も少なく見積もった推計の一〇分の一でも二八万エーカーである。とすると、広東の総耕地面積の三・九パーセントが砂糖にあてられていたことになる。これをマズムダールの一エーカー当たりの収量により乗ずると、広東では年間六億七二〇〇万ポンドの砂糖が収穫されたことになる。さらに、台湾の生産分を加えると一七五〇年には七億七六〇〇万ポンドになる。これでも、四川、福建の本土、その他各地での小規模な砂糖キビ生産は除いた数字である。[30]

一七世紀の史料からは、（台湾を含む）福建および広東は、中国全体の砂糖キビ生産の九〇パーセントを占めると推計される。とすると、中国全体の生産量は、さらに（福建と広東の生産の九分の一に相当する）八六〇〇万ポンド引き上げてもよいことになる。実際、一七五〇年までの砂糖キビ生産の地域的広がりを反映させるには、より大きな係数を用いて、この推計を引き上げてもよいであろう。砂糖キビの栽培は、福建人が移住した地域（つまり中国各地と東南アジア）に広がった。しかも、福建人の移住は、一六〇〇年代よりも一七〇〇年代の方がかなり多かった。[31] しかし、本書では、広東と台湾以外の生産はすべて除外するつもりである。結局、オランダが台湾を支配した時期を除き、中国の砂糖輸出は一八四〇年以前にはごく少なかった。[32] 一方で、一七三〇年代にはヴェトナムから年間八〇〇〇万ポンドの砂糖を輸入していた[33]（タイからも少量輸入していたが、[34] これは無視する）。こうした輸入をも考慮すると、一七世紀中葉、中国では年間八億五六〇〇万ポンドの砂糖が消費されていたと考えられる。

一七五〇年の中国の人口はおそらく一億七〇〇〇万人から二億二五〇〇万人だったことからすると、[35] 一人当たりの年間砂糖消費量は三・八ポンドから五・〇ポンドだと考えられる。これに、上記の推計から除いた分の砂糖生産を考慮すると、さらに〇・四ないし〇・五ポンド上積みできる。一方、アンダーソンが帝政後期の一エーカー当たりの収量について幅のある推計をしているが、その下限の数値を用いると、一・一ないし一・四ポンド差し引く必要がある。逆に、広東における砂糖キビ栽培の面積を少しでも引き上げれば、結果は急上昇するはずである。

これらの推計は、一七五〇年から一八〇〇年のあいだのヨーロッパの推計値をはるかに超えている。中国の砂糖は、スクロース（蔗糖）の含有率がヨーロッパのものよりも少なく、今日の基準では粗悪なものである。しかし、一九世紀までは、混合物がより多く、より香りのするものを好む人が多い傾向にあった。[36]

一八世紀後半の北京における砂糖価格は、砂糖がはるか南方から運ばれてくるため最高級品としてかなり高価で、白糖を買うには、兵士の三日から四日半の賃金が必要であった。[37] しかし、これも考えられないことではない。農業労働者であれば、ほぼ一カ月分の現金収入が必要となり、ひとつの商品にこれだけの金額は多すぎるようにも見えるが、現金所得は、農業労働者の収入全体の一部にすぎない。（かなり過大評価かもしれないが）第2章で検討した推計を使うと、一八世紀半ば、男性の農業労働者の現金収入と現物収入の総額は、年間に銅銭一万八〇〇枚に相当した。とすると、最上級の砂糖を五ポンド購入するには、年収の四パーセントが必要であったにすぎない。小さい数字だとはいえないが、農村の貧困者が収入の四分の一を穀物以外の食品にあてていたという方行の推計に照らし合わせれば、まったくありえない数字でもない[38]。しかも、土地をもたない労働者は中国でも最下層に位置するので、彼らの砂糖消費量は、平均よりは低いと考えるべきであろう。

中国全体の総計を見ることは、ヨーロッパの場合と同じように、重大な地域間格差を無視してしまうことになる。シェファードは、砂糖が最も安価な地域であったに違いない台湾では、一人当たり年間一〇ポンドを消費したとする[39]。また、砂糖交易船のルートや地方料理の好み（とくに南部と南東部では、砂糖漬けの果物やさまざまな甘いソースが好まれた）を見ると、南部と東部では北部よりはるかに多くの砂糖が消費されたことが想定される[40]。

こうして、一七五〇年の時点で中国は、大陸ヨーロッパよりも多くの砂糖を消費していたし、一八〇〇年でも同じ状況であったように思われる。たとえ、これまでの中国についての推計が実際の二倍になっていたとしても、中国とヨーロッパとの差は、ヨーロッパの大半の地域とイギリスとの差ほどは大きくなかったはずである。

しかし、ヨーロッパでは、砂糖消費が一八四〇年以降爆発的に伸びたのに対して、中国の一人当たりの砂糖消費は、どこかある時点で減少に転じた。一九三〇年代のジョン・L・バックの調査では、中国の砂糖消費量を一人当たり約二・二ポンド、つまり一七五〇年代の最も少ない推計の六〇パーセントであるとしている[41]。中国の砂糖生産は、悲惨だった一八五〇、六〇年代が過ぎると、もう一度増加した（増産分の大半は輸出されたが）と考えられるので、この減少は一七五〇年から一八七〇年のあいだに生じた可能性が高い。

茶の消費は落ち込みはしなかったが、停滞したようである。一九一二年のある推計では、一人当たり二・六ポンドという驚異的な伸びを示しているが、これは過大な数字のようである。というのは、この年代の都市を中心としたサンプリング調査でも一人当たり二ポンドを少し超える程度であるからだ。張仲礼(Chang, Chung-li)は、一・一ポンドから一・三ポンド（一八オンスから二一オンス）という一九三〇年代の全国推計を引用して、この方がよりありそうな推計だとしている[42]。これでも、一八四〇年代の一一オンスという推計をかなり上回っているが、すでに指摘したように、この一八四〇年代の数値は過小評価されていると思われる。中国がより豊かになった一九八七年の一人当たりの茶の消費量を持ってくるのは、ビールやソフトドリンクをはじめとするさまざまな飲料が競合する状況からすれば、公平な比較とはいえないが、それにしても、一八四〇年の数値を少々下回るのである[43]。全体を見ると、一人当たりの「薬のような食品」の消費量は、一九世紀と二〇世紀初頭には、減少はしていないものの、かなりゆっくりとした伸びになっている。また、一八世紀の中国において、ぜいたくな日用品に対する欲求が持続的に高まっていたとは必ずしもいえない。同様に、ヨーロッパの消費がたどりはじめた道も、必然的なものであったわけではない。ヨーロッパが中国と同じ道を歩んだかもしれない――たしかに一七五〇年から一八〇〇年のあいだのヨーロッパはそうしていた――ことに着目するだけでは十分とはいえない。最終的に分岐がなぜ生じたのかということこそが、説明されなければならない。

この分岐は、人口動態のせいでかなり誇張されて見られてきた。のちに詳細に検討するが、一七五〇年以降、中国の人口増加は、相対的には貧しい地域にかなり集中して生じた。したがって、たとえ各地域の消費が一七五〇年の水準を維持していたとしても、全国平均は低下する。このことは、とくに砂糖の場合には顕著である。理由は、一八世紀の砂糖消費は、砂糖の生産地と水運で結ばれ、かつ経済的にも豊かであった三つの地域、嶺南、東南沿海、長江下流域に圧倒的に集中していたためである。これらの三地域は、一七五〇年の時点で、中国全体の人口の四〇パーセントを占めていたが、砂糖の消費について は、（首都周辺の一部地域を除く）中国の消費量の大半を占めていた。[44]ところが、一八四三年（と一九五三年）には、同じくこれら三地域が、人口の二五パーセントを占めるだけであった。[45]これだけで、中国全体の砂糖消費量を三七・五パーセント減少させることになり、一七五〇年についての低いほうの推計とバックの二〇世紀初頭についての所見（精製糖二・二ポンドに、それ以外の製法でつくられた砂糖と生産地で砂糖キビをそのまま食べる量を加えた数値）の差は、おおかたこれで説明できる。また、人口要因は、生活水準の落ち込みに言及する史料が多くはないのに、実際には消費の落ち込みが生じた理由も説明できる。あちこちで消費が落ち込んだのでなければ、つまり消費の落ち込みが特定の貧しい地域に限定されていたのであれば、多くの者がこれに気づかなかったのももっともである。また、こうした人口増加の分布は、ヨーロッパの状況とは明らかに異なっている。というのは、ヨーロッパでは、少なくとも一七五〇年から一八五〇年のあいだは、大陸の相対的に繁栄していた地域（およびアイルランド）こそ、人口が急増したからである。

しかし、人口動態は、ヨーロッパと中国との消費動向の「分岐」を説明する多数の要因のなかのひとつであるにすぎない。たとえば、綿織物の消費は、砂糖の消費ほどには地域的な集中がなかったと考えられるが、中国北部における棉花の生産が絶対的に減少した証拠がある（とはいえ、中国北部では、地元での綿の消費量はほとんどあるいはまったく減っていないようで、それまで北部から長江下流域に輸出されていた量が減ったのである。このデータとその限界については、補論Fにおいてさらに議論する）。むろん、ヨーロッパにおける綿の消費量は、一七五〇年から一九〇〇年のあいだ、たんに減少をまぬがれたなどというものではなく、以前よりも急速に伸びたことは確かである。もっとも、その伸びの大半は、一八四〇年以降のものであったが。

第4章で見る通り、こうした新たな「日常生活用の奢侈品」の交易構造にも、おそらくは重要と思われる点で違いがあった。中国では、砂糖、タバコ、茶は、圧倒的に国産品であった。その交易は、多くの小規模・零細商人が参入するかなり競争的なもので、比較的利益率も低かった。[46]さらに、これらの交易は、国家に収入をもたらすものでもなかった。結局、こうした商品の消費を増やそうという強力な利害は存在せず、それどころか、役人のなかには、さかんにこれを妨害する者もいた[47]。ヨーロッパでも、一部の役人や道徳家がこうした新たな嗜好をよしとしなかった（日本、オスマン帝国、インドでも同様である）。しかし、ヨーロッパでは、消費を増やそうという強力な利益集団も存在した。それは、国家収入を渇望する官吏、加えて生産能力や独占的利権のために多大な投資をした商人や植民地のプランターたちである。それでも一九世紀半ばに価格が大幅に下がるまで、大陸ヨーロッパのほとんど全域、およびイギリスでも比較的貧しい者のあいだでは、消費の増加はゆっくりとしたものであった。

イギリス人が甘いもの好きなのは、料理がかなり簡単なものだからだといわれており、反対に、中国における砂糖消費がかなり少ないのは、たとえば、中国料理が複雑で、砂糖のほかにもいろいろな甘味料やスパイスを用いるためだともいえる[48]。しかし、一八世紀中国の砂糖消費が多いという推計を考えれば、こうした説明を重視することはできない。ヨーロッパと同じ時代に、中国では、砂糖は、医薬品から、大量に用いられる「スパイス」へと移行することに成功した。しかし、中国では、よく使われ、好まれた「スパイス」から、主要な炭水化物源への変化はなかった。こうした変化が起こるか否かについて、最も重要な違いは、嗜好や流通の問題ではなくて、生産、価格、植民地の問題に関係していたのである[49]。

好みだけでは、「庶民の奢侈品」の消費がいつまでも持続的に増えることはありえない。これらの作物は、土地の利用において、他の作物との競合が避けられないことが、理由のひとつである。中国の砂糖生産の成長の多くは、砂糖が他の食糧と競合しない地域で起きた。台湾は、一九世紀になっても人口が希薄な未開地で、砂糖と米がともに、その栽培を拡大した。したがって、中国本土側も砂糖を得るために、台湾に米を送る必要もなかった。広東では、一七、一八世紀に砂糖生産を拡大していた小作人の多くは、（それまでは農耕に適さないと考えられてきた丘陵地帯を開墾し）甘薯や落花生の栽培にも挑戦していた。こうして、彼らは、自身の食糧も生産したのである。他の例では、砂糖生産は、従来は棉花を栽培していた土地を利用した。こうした転作は、相対的な価格差およびベンガルや長江デルタとの交易拡大が要因であった[50]。しかし、中国は、しだいに砂糖、あるいは茶、タバコを栽培する土地が不足し、穀物の生産を減らさない限りは、こうした作物の生産を拡大できない状況になった。のちに検討するが、棉花の（おそらくはタバコも）生産は、一七五〇年から一九〇〇年のあいだに、中心地のひとつであった中国北部でかなり減少したといえる。それは、人口の急増により、より多くの土地を食糧生産に振り向ける必要が生じたためである。

少なくとも、一六世紀から一八世紀のような換金作物生産の急速な増加が無制限に続くことは、食糧生産用の土地の必要性から、困難になった。また、中国の人口は一七五〇年から一八五〇年までにおおよそ二倍になっているため、生産が増えつづけない限り、一人当たりの消費量は減ったはずである。対照的に、中国の穀物生産は、近代的な農業技術の投入が可能となる前から、人口増加に対応して増えていたように見える。[51] それゆえ、他の作物を生産していた土地の少なくとも一部は、食糧生産に転用されたといえる。とくに、人口の増加が急激だった中国北部は、一エーカー当たり収量の増加が他の地域よりも難しかった。

これに対して、ヨーロッパは、砂糖、タバコ、コーヒーなどのほとんどを植民地で生産した。それに、茶は、アメリカ大陸で採掘した銀で購入した。「薬のような食品」の消費の増加は、中国とは異なり、ヨーロッパの穀物供給を圧迫することはなかった。棉花のほとんども、植民地やかつての植民地で生産されたものであった。

それどころか、砂糖の消費の増加は、とりわけイギリスにとっては、都合のよいタイミングで起こった。第5章で検討するが、イギリスの農業は、一八世紀後半には際立った技術革新がない限りは、ほとんど収量を増やせないところにまで来ていた。しかし、採掘したリン酸肥料や輸入されたグアノといった化学肥料が大量に使用されるのは一九世紀半ばになってから、合成肥料の使用は二〇世紀に入ってからになる。一方、イングランドの人口は急増し、当初は地域内の穀物供給が不足する事態になった。長期的には北米の大量の穀物で不足を解消するが、それには数十年を要した。おおよそ産業革命の時期であった半世紀のあいだ、イングランドは「スコットランドやウェールズ、アイルランドなど」イギリス（連合王国）の他の地域からの穀物輸入を増やしたが、それでは完全な解決にはならなかった。[52] カロリーはひどく不足していた。加えて、貧困層の多くは、（仕事中に昼食を摂ることを含めて）新たな仕事のリズムに慣れようと苦闘していた。こうした状況は、イギリスの食事の中心に砂糖が浸透するには、申し分のない環境であった。東アジアでも、ヨーロッパと同じように、砂糖は重要な香辛料として地位を築いていた。しかし、穀物生産が人口増加に追いついていたため、砂糖は、ミンツがいう「炭水化物の中核」になる特段の理由はなかったのである。

植民地の生産構造も、たとえ出荷価格が下落していても、プランターたちが砂糖やタバコの生産を増やさざるをえない圧力となった。このような圧力は、砂糖以外にも生活必需品を自ら栽培していた中国の砂糖農家の場合、まず考えられないことであった。植民地のプランテーションは、しばしば特定の換金作物に特化していた。このことは、プランターは、奴隷が必要とする食糧から工業製品まで、すべて外部から購入することを意味する。そうなると、作物の価格が下落している年であっても、かなりの現金出費が必要となる（このことについては、第6章でさらに言及する）。

植民地のプランテーションの特異な性格は、海外で生産される「薬のような食品」は、中国における砂糖やタバコの生産の場合とは違い、ヨーロッパの希少な農地と競合しなかったという、前述の主張を覆すように見えるかもしれない。たしかに、(土地が不足していた割には労働力と資本に恵まれていたヨーロッパの）工業製品は、砂糖と交換しても、国内の食糧需要とは対立しない。工業製品（あるいはアジアで手に入れた品物）を新大陸での生産を支えるアフリカの奴隷と交換する場合も同様である。さらに、新世界の銀で中国の茶を購入する場合も同じである。しかし、新世界のプランテーションがヨーロッパから食糧を得る必要があったことは、まったく別の文脈となる。アベ・レナルが提起したように、「アメリカの植民地を食べさせるためには、ヨーロッパのひとつの州を耕す必要がある[53]」のだ。少なくともフランスのカリブ海植民地については、この主張が当てはまった。

　しかし、イギリスは、北アメリカに別の植民地をもっていた。そこでは、穀物、肉、木材、鱈等、砂糖植民地に販売するための物資を十分に生産できた。北アメリカ植民地は代わりにイギリスから工業製品を購入した。こうしてイギリスは、土地こそなかったが、この関係を通して豊富な労働力と資本を効果的に活用して、砂糖を生産することができた。アフリカの奴隷貿易やカリブ海に工業製品を直接輸出することも、同様の効果があった（ブラジルの砂糖プランテーションは、主にブラジル国内で生産された食糧を消費していた。よって、イギリスのように、ポルトガルもヨーロッパから大量の食糧を輸出する必要はなかった。しかし、ポルトガルは、イギリスとは異なり植民地貿易を独占できなかったため、イギリスと同じようにはいかなかった）。土地の不足と生態環境的圧力の問題は、第5章と第6章でさらに検討する。とりあえずここでは、一八世紀後半にイギリス以外のヨーロッパで砂糖の一人当たり消費量が停滞したことだけを指摘しておく。こうした大陸ヨーロッパの状況は、イギリスのそれよりも、中国の状況により近く、中国と同様の制約がある程度反映した結果といえそうだ。一方で、イギリスの砂糖消費の際立った成長を説明する根拠の一部は、北米の存在にあるといえよう。

耐久消費財と奢侈の「即物化」

ヨーロッパの優位性が内生的なものであるとする考え方は、一見、家具、銀製品、リネン等の耐久消費財にかんしては適合性があるように見える。しかし、ここでも、とくに中国や日本と比較する場合には、用心して検討すべき理由がある。

　これらの比較は、得られる史料に差があるため、とくに難しい。たとえば、ヨーロッパでは財産目録が残っているが、アジアでそれに相当するものはない。とはいえ、エリート層の消費の変化は、一四〇〇年と一八〇〇年というような時期については、いくつかの社会のあいだでおおまかには比較できそうだ。ヨーロッパ、中国、日本およびインドでは、備え付けの家具、手の込んだ衣服、食器、さらに今日では最上流の人びととの「（趣味としての）コレクション」と呼んでよい品々などの量が増え、多様にもなったことに気づく。所有するモノを見せびらかすことは、ステイタスを決するうえでより重要になってきたのである。同時に、最近稼いだ富などは認めない身分や階層に、消費を合わせようとする試みが繰り返されたものの、ほとんどは失敗に終わった。一方で、ステイタスの象徴として個人が従者を抱える重要性は低下し、多くの旧エリートは、消費を通じたステイタス競争を続ける余裕はないことに気づいていた。しかし、こうした一般的な共通性を超えて分析を進める必要がある。

奢侈品の消費の発展は、どのような二つの社会を比較しても、まったく同じではない。必ず違いはあった。また、本書は、それぞれの社会で異なる消費の意味づけをことごとく調べることもできない。ここでの問題は、さまざまな社会におけるステイタス競争のためにモノがどのように用いられたかという質的な変化は、量的な増加と同様に重要であるということである。

モノの所有と交換は、どのような社会においてもステイタスを示す重要な指標でありつづけてきた。モノをもっている者が増えたのは、以前はエリートが威張っていたり生産性が低かったりしたためにできなかったにすぎない、ごく普遍的な、モノを蓄積する衝動の表れと仮定することもできる。そのような議論の枠組みのなかでは、より多くの奢侈品を求める欲望は永遠のもので、説明は不要である。そこでは、ただ、生産と所得分配が変化しただけなのである。

これに代わるひとつの考えとして、もっと以前の社会においては、一握りの人びとが奢侈品を所有していたといっても、そんなことはあまりにも稀なことだから、問題にするほどではなかったが、必需品ではないものの消費が近世に激増したことは、根本的に新しい「物質主義」的な生活様式が成立したのだと主張することもできる。この考え方は、飽くなき消費需要の拡大という近代の現象が自然なものではなく、人為的につくり出されたものだと考えるうえでは、きわめて重要である。しかし、それでも問題が残る。本書の目的にとって最も深刻な問題は、それが容易に二項対立の図式に落ち込むということである。すなわち、一方では、「商品」と「市場」が社会関係を規定し、交換は個人的な利益追求の過程であるとされる社会と、社会関係が経済を規定し、ステイタスが消費を支配し、人びとは互酬性に縛られているとされる社会との二項対立である。[54] こうした二項対立が歴史に適用されると、生まれつきの「物質主義者」たるヨーロッパと、「商品」「物質主義」「経済人《ホモ・エコノミクス》」などの概念をすべて外部から導入しなければならなかった地球上の他の地域という、二分法に容易に陥ってしまう。

しかし、近年の研究は、こうした問題をより巧妙に扱っている。アルジュン・アパデュライが提起した枠組みはなかなか有効である。すなわちそれは、一方で「ファッション・システム」から派生し、他方では「クーポン」システムあるいは「ライセンス」システムにもつながるものである。ファッション・システムにおいては、財力さえあれば誰でも、膨大な種類の、ステイタスを賦与しうるモノを購入できる。この場合、財力とステイタスが完全に、しかも直接的に相互の読み替えが可能になってしまうのを制限する役割は、主として、ある種の消費行動を「下品」とし、別のそれを「洗練されたもの」とする社会的規則を絶えず変更することによって達成されている。一方、クーポン・システムでは、きわめて重要で、神聖性を帯びることも少なくないいくつかの品目は、社会的にその保有を「公認された」人びとにしか、それを合法的に所有したり、交換したりすることができない。いずれの場合でも、社会的ステイタスとモノの交換や所有が、相互に関連する構成要素になっているが、その方法は正反対なのである。

一方のシステムでは、モノの意味は変えないで、価値の同等性や交換を規制することで、ステイタス制度が護られ、再生産される。しかし、ファッション・システムにあっては、交換は完全に保障されていて、入手の機会が無限にあるという幻想が振りまかれており、モノの意味が絶えず変化する状況のなか、ステイタスの管理や規制は、好みが果たす。いわゆるぜいたく禁止法は、消費規制の方法として、両者の中間の形態になっている。つまり、モノが急増するなかでもステイタスのシステムに変化が起きないように配慮している社会、たとえば、インド、中国、近代より以前のヨーロッパに適合したものであった。(55)

この分析枠組みは、社会を二つの陣営に完全に分けてしまうことを回避している点で意味がある。実際、アパデュライは、現在の西洋社会においてさえ、「クーポン」の対象となっているモノをいくつか例示していて、いかなる社会にも、「経済」的側面と「文化」的側面があることを示している。(56)この枠組みにはまた、ときに見られたように、「個人主義」を西洋特有のものとみなし、消費行動をもこの概念に包含してしまって、強固なコミュニティーは必然的に消費需要の拡大を抑制すると考えてしまうのを避ける意味もある。

アパデュライの見取り図は、過度に単純な二分法を避ける一方で、なおかつ、ファッションとクーポンの違いを明確にし、それぞれのシステムでは、ステイタスと消費の相互作用のあり方がまったく違うことを描き出している。それに、両者の違いはきわめて明確に定義されているので、どちらか一方にシフトすれば、経済発展にとってはとてつもない影響があることもわかる。

より多くの人びとが高価なモノを購入できるようになったことで、「クーポン」システムは弱体化した。ステイタスを賦与する力をもつ新たな商品（おおかたは「エキゾティックな」ものということになるが）の導入もまた、同様の意味をもっていた。こうして、実際のシステムがファッション・システムに近づくほど、人びとはより短期間で所有物を買い換えるので、需要は増加する。そのうえ、クーポン・システムは、当然ながら、上位の階層の消費を下位階層の者が模倣することをよしとしない。ある程度ファッション・システムに近づけば、エリートは第一義的にこうした模倣を禁ずる、という対応はしなくなり、新たなモノ（や新たな見せ方）に乗り換える一方、古いものには「悪趣味」のレッテルを貼るのである。こうして、この種の社会システムでは、社会的な地位を維持すべく、あるいはすぐ上の階層に追いつき追い越すべく、あらゆる階層の人びとがモノを求めつづける。「好み」の明確な規範が生み出され、その規範自体が商品化される。その結果、人びとは、こぞって出版物に頼ったり、指導者を雇ったりしてでも、この競争を続けるのである。

この簡単な見取り図だけでも、いくつかの具体的な問題が見えてくる。社会的な意味をもったモノの種類が増加し、その変化の速度も加速される、それらのモノを所有してもよいとされる人びとが増え、それだけ、外部者からモノを獲得する可能性も広がる、模倣のための消費が激増し、さまざまな階層の人びとのために、さまざまな種類のステイタス・シンボルが拡散する、さまざまなモノを「適切」に「趣味良く」用いるための方法が話題になる機会も増える、というわけだ。

これらの現象すべてについて、最もよく史料が残っているのは、西ヨーロッパ各地の都市化された地域である。たとえば、ルネサンス期の（北）イタリア、黄金時代のスペイン、オランダ、フランスのいくつかの地域およびイングランドである。上流階層の住居やその目的の変化が好例である。農村では、要塞化した住まいとしての城は、軍事的な守りを固め、多くの家臣や家来との宴会を開くには最適であった（こうした住居には、たとえば、とても長いベンチを複数備えた大きな宴会場があった）。しかし、こうした城は、プライヴァシーを守るためにより多くの部屋（と廊下）のある、装飾性の高い建物に取って代わられた。より個人の快適さを追求した設計になったのである。[57] 複数の住まいをもつ家族も、しだいに多くなった。この変化は、ときとして、中央集権化の進んだ国家が、少なくとも一年のうちの一定期間を宮廷で仕えることを要求した結果であった。また、地方の貴族が都市でビジネスを展開するようになったために、別宅が必要になることもあったし、気分転換のためということもあっただろう。王家のための防衛の拠点として、それに適した場所や様式を採用するのではなく、自分自身が使い、楽しむために家を建てようとする（たいていは、最初に建てた家ではない）傾向が強くなった。[58] 都市の邸宅は、田舎のそれほどには外観は荘厳ではないが、内装は充実し、その数も増えていった。また、ますます、快適性、プライヴァシー、あるいは家主の富や趣味を示す品々を陳列する場所という、新たな「ニーズ」に応えるように設計されてもいた。[59] 王宮の建物がこうした傾向を牽引したのは確かだが、その傾向は、すぐに富裕な貴族、商人などにも広まったのである。

住居そのものと同じく――とくに都市部ではおそらくそれ以上に――重要なことは、その内部のいたるところにモノを置くことであった。鏡、時計、家具、額縁に入った絵画、磁器、銀製品、リネン、本、宝石、絹織物、その他いくつも挙げられる。これらはすべて、西ヨーロッパの富裕層にとってステイタスを示すモノとしてますます「必要」になっていた。それ以上に、これらのモノは、数が多くてよく細工されているだけでなく、「ファッショナブル」であることがますます重要になっていた。[60] 所有する奢侈品は、物理的に壊れたりする前に、文化的に価値を失っていった。現在何かをもっているからといって、それ以上、奢侈的な消費をしなくてよいということにはならなかった。こうした傾向が、社会の富を流出させ、高貴な家を破産させ、ステイタスや人間の価値を示すより重要な方法を貶めている、と多くの書物が批判をした。それに、政府や宗教団体は、少なくとも周期的に、こうした傾向を取り締まろうとも試みた。しかし、そうした試みは、ほとんど成功しなかった。人びとはますます飽くなき所有の積み重ねを通して、自らを規定するようになっていったのである。

しかし、「消費社会」の勃興は、ヨーロッパ特有のことではない。クレイグ・クルナスは、明代（一三六八年から一六四四年まで）の中国の上流階級の家屋も、しだいに、絵画、彫刻、豪華な家具などで溢れるようになったという。そのうえ、ヨーロッパと同じで、奢侈品をもつにしても、特定の場面、人柄、目的に合わせて、正しいタイプのモノをもつことが、ますます重要になっていったともいう。たとえば、中国で、男女を問わず、優雅な彫刻が施されたベッドが、上流人に相応しいモノとみなされるようなったのは、ヨーロッパで同じような意味づけがなされた時期よりも、よほど以前のことであった。[61] 最も裕福な者となると、季節によって違うベッドや椅子を用いるのが、適切ともされたようである。[62] また、最も箔のつく奢侈品——巨匠のものとして知られている芸術作品——も、つぎつぎと商品化された。つまり、仲間内だけで回されるのではなく、十分な資金をもっている者なら誰にでも入手可能になったのである。他方、富者なら、（官職や土地を買ったり、子供に高い教育をつけたりしなくても）消費を通して、ステイタスを手に入れることがますます容易になっていったので、そのようなモノの価値の評価や見せ方を指南するガイドブックが出版されるようになった。成り上がりの「俗物たち」が、カネにものをいわせて奢侈品を買いあさるとしても、「好み」のよさを示すことで、自分たちのステイタスが守れると、伝統的なエリートに教唆する書物もあったし、反対に、成り上がりを対象に、こうしたモノの入手方法やその見せ方を教示する出版物も出た。

中国では、この種の言説——『無用物考』などという自覚のある表題のものもある——は、ヨーロッパよりも多少早く出現し、新しいものが出版されつづけ、古いものも明代を通じて版を重ねた。[63] たしかに、明代初期には、多くのぜいたく禁止法が公布され、服装や食器をはじめとしてさまざまな社会階層が用いるモノを事細かに規制する試みも存在した。しかし、これらの法律は、ほとんど効果がなく、すぐにどうしようもなく時代遅れで、的外れなものになった。実際、新たな奢侈品や生活様式がつぎつぎに普及したが、一五〇〇年以降に追加された規制対象品はたったのひとつであった。[64] 一方、ぜいたく禁止法は、一七世紀のイタリアやスペインでも公布されつづけ、オランダやイングランドのような「ブルジョワ的」な地域でさえ、勢いを取り戻していた。[65]

同様の証拠は、室町時代や徳川時代の日本にもあり、道徳家の不平や実効のない種々のぜいたく禁止法は、「誤った」身分の者により「不適切」に用いられる可能性のあるものを片端からリストアップしている。一八世紀になると、農民の家庭にかんしてさえ「金や銀、象牙」の装飾品が使われているという非難が見られ、[66]富裕な平民の消費習慣に遅れをとるまいとして没落してしまった武士——ときには、大名でさえ——についての慨嘆が聞かれるようになった。[67]ヨーロッパの消費生活を専門にしていながら、中国や日本の発展は同時期の西ヨーロッパに驚くほど似ていると結論している研究者も、少なくとも一人は見られる。[68]

インドの例は、より複雑である。たしかに、ムガル帝国時代のインドでは、奢侈的な消費がかなり増加した。ヨーロッパ人——多くはロンドン、パリ、アムステルダムから来たばかりであった——が、インドの諸都市で目も眩まんばかりのぜいたくな品々が売られていることを記している。[69]また、一八世紀に入りムガル帝国が崩壊過程に入ると、地方の諸侯の宮廷がより重要になった。こうした地方の首府は、ヨーロッパの各王宮がそうであったように、エリート層が消費を模倣するための地域的な中心地になった。[70]実際、奢侈的消費の成長は、政府の官職者が正規の俸給以外に得る賄賂が商品化されることでも促進され（第4章を参照）、この時代におけるインド経済の原動力のひとつといえる。[71]

しかし、インドでは、中国、日本、ヨーロッパでまさに生まれいでつつあった、広範な階層の人びとが参加する「ファッション・システム」のようなものが存在したという史料、たとえば、モノの正しい、趣味のよい配置についての指南書などは、少なくともこれまでのところ見つかっていない。たしかに、一七、一八世紀のインドでは、商人や「宮廷派ジェントリ」がより重要な地位を占めるようになっていた[72]が、奢侈品への需要は貴族に偏っていた。[73]反対に、旧来の「クーポン」システムが存続したという史料は、インドのほうが、ヨーロッパや東アジアよりもはるかに多い。つまり、一連の特定のモノを入手する権利が割り当てられるに際して、相変わらずステイタスが決定的な役割を果たすという「クーポン」システムが影響をもちつづけたのである。[74]「消費主義」は、インドにもたしかに存在はしたが、東アジアや西ヨーロッパほどには進んでいなかったのである。

このことは、従者の数をもってステイタスの表示とするかたちから、「奢侈の即物化」が出現したと考えるのであれば、当然のことである。中国と西ヨーロッパでは、遅くとも一六世紀以降、年季奉公人や小作人は急激に減少した。また、エリート層の都市移住が進んだことも、多くの従者を抱えることを困難にした。日本でも、法的には変化の要因はなかったが、社会経済的圧力が同様の結果を生んだ。従者を抱えることが重要でなくなるにつれて、エリートたちがますます庶民の消費活動を批判するようになったことに注目すべきである。奉公人は主人の所帯の一員である場合には、奉公人に美しい服を着せることが、ある意味では、エリートの家が自分の富を誇示する手段ともなった。しかし、奉公人が身分は低いとはいえ主人から独立すると、奉公人たちが華美な服装をすることは、不適切、あるいは危険で傲慢と批判されることになった。(75) 中国、日本、ヨーロッパのいずれにおいても、庶民の消費を批判する史料はありあまるほどである。これらは、経済変動があったこと、さらには、この地域のエリートがどれくらいの従者を従えているかではなく、モノを通じての人間関係によって、ステイタスを示すようになったことを示している。

対照的に、インドでは、程度の差はいろいろあるにしても、非自由労働の意味が決定的に重要でありつづけた。(76) 官職を有している貴族や地方の大地主《ザミンダール》は、多くの従者を抱える法的な義務があった。(77) 実際、「貴族的」な奢侈品需要のかなりの部分は、お気に入りの従者に褒美を取らせる必要性からきていた。伝統的なシンボルとしての意味をもつ高価な進物により人的関係を維持することは、インドの社会経済的な競争のなかで中心的な役割を維持していたようである。(78) しかし、このことが、おそらくは、純粋に個人で用いるために奢侈品を購入する場合ほどには、「ファッション［・システム］」を促進しなかったのである。

インドのエリート層は、かなり都市的であった。西ヨーロッパほどではなかったし、日本ほどでもなさそうだが、中国よりはかなりそうだったといえよう。しかし、外国からの訪問者たちは、しばしばインドの大都市が巨大な宿営地のようであることに一驚している。従者たちは、自分が仕える主人のまわりに集まって住んでいたからである。(79) こうした人格的な服従や依存が西ヨーロッパや中国よりも強かったのだとすれば、実際面でも規範面でも、「ファッション」を通じた社会的競争への移行が生じるとは考えにくい。また、インドにおける都市の奢侈品市場が、中国、日本および西ヨーロッパのそれに匹敵するほど成長したとも考えられない。ベイリーが指摘するように、一七八〇年のベナレス［ワーナーラシー］やラクナウは奢侈品需要の大いなる集中ぶりを示してはいるが、この点では、本質的に一六八〇年のデリーやアグラと変わらない。そこでは、ムガルの権力も、貴族の住居も、もっと集中していたのだから。(80)

同じ議論は、東南アジアにより強く当てはまる。東南アジアにおいても一四五〇年から一六五〇年のあいだに、とくに都市において、「奢侈の即物化」の興味深い兆しを見ることができる。そして、ある種の奢侈品には、他の地域の場合と同じように、高価な素材がふんだんに使われていた。にもかかわらず、ヨーロッパや東アジアのような規模では、「奢侈の即物化」や「ファッション」に向けた持続的な変化は生じなかった。人格的な依存は依然として社会の基盤の中心的構成原理であった。(81) また、最大級の都市であっても、おおかたは野営地の集合体のようでしかなかった。人びとは自らのパトロンの周りに集住し、ひとつの都市のなかが多かれ少なかれいくつかの村に分断されていた。また、（インドとは異なり）ほとんどの非宗教的な建物は、かなり簡素であった。こうした構造のすべてが、東南アジアでは、名声を得るには、モノをもつことより、従者をもつことのほうに、重要な意味をもたせたのである。[82]

インドや東南アジアと比較すると、中国、日本、西ヨーロッパという三つの社会はかなり似ているようである。同様にこれら三つの社会の類似性は、東ヨーロッパ、中東、アフリカとの比較でも明確になるであろう。あるいは、より控えめな主張としては、少なくとも中国と日本のケースは、ヨーロッパにおける新興エリートによる消費主義が、本質的には特異なものでないことを示している。しかし、同時に、これらの地域のあいだには、ある程度無視できない違いがあることも考慮する必要がある。

住居の変容は、かなり様子が違った。ヨーロッパのほとんどでは、宮殿、城塞、タウンハウス、その他の富者のための住居については、（循環的な変動はありながらも）一八世紀の終わりまでずっと建設ブームが続いたようである。しかし、中国と日本では、宮殿建設の大ブームは、（中国では清朝、日本では徳川幕府の成立という）一七世紀の政治的変化に伴うもので、それに先立つものではなかったようである。[83] 少なくとも日本では、本格的に耐久性のある家屋の建設が普及したのは、一六世紀から一七世紀のことであった。[84] たしかに、住居の質は一六世紀から一八世紀を通じて向上したが、ヨーロッパほどに目覚ましいものではなかったし、住居が何のためにあるかという目的は、基本的に変化しなかった。[85] 中国でも、住居がもっていた意味づけには、清末に多少の変化があった程度である。たとえば、住居は、依然として、食事、睡眠、調理のためのほか、労働や宗教活動にとって重要な場所に立地していた。（少なくともエリート層のあいだでは）家屋は、現在住んでいる者の偉業や好みを表現するというよりも、（先祖の祭壇や銘板を含めて）先祖代々のものであるとの考え方が続いていた。住居についての概念があまり変わらなかったために、建築様式もまたヨーロッパほどには変わらなかったといえる。[86]

さらに、中国と日本では、建築用材には依然として木材が好まれた。そのため、最適な木材の枯渇が始まった一八世紀には、建築ブームは先細りになった[87]（家屋に石材を用いることが増えた兆しもあるが、[88] 依然として一般的ではなかった）。たとえば、日本でも繁栄した畿内地方では、一八世紀以降、建築労働者の賃金が、（農業労働者を含む）他の労働者との比較で下落した。この現象は、都市でも田舎でも起こっており、新しい住居に対する需要は、決して堅調ではなかったことを強く示唆している。[89] 建築ブームの消滅は、経済全体の低迷を示すものではないし、石材利用の技術がなかったわけでもない。少なくとも、日本では、建築用材として木を好む理由は、気候への適合性や地震に対する懸念によるところが大である。実際、日本の家屋の「通気性」の良さは、多湿に起因する呼吸器疾患を減少させ、日本の都市住民の平均余命を高めた。[90] また、フランチェスカ・

ブレイが指摘するように、中国人は、石材の利用技術をもっていたにもかかわらず、木材が高騰した明や清の時代であっても家を建てる際に石よりも木を好んだが、その理由は宇宙観や儀礼にあった。[91] 木造をよしとする考え方は、部分的には、日本でも広く見られた。こうした選好を生んだ理由が何であれ、東アジアにおいては、「お隣さんと張り合う」傾向が、個人の家屋への投資を引き起こしたとはいえない。東南アジアにおいては、さらにその傾向が強かった。[92] 住宅建設に巨費を投じる傾向（石材を用いる傾向も）は、インドのエリートの方が多かったようだが、その広がりの程度を知る方法はない。

その他の支出項目の違いを的確に言うのは無理である。なぜなら、こうした大きな単位では、そのなかにあまりにも多様性がありすぎる――どんなに少なくても、階級と宗教による違いはある――ことがひとつの理由である。したがって、ここでは、それぞれの問題を最後まで分析しきることはできないが、いくつかの考察の端緒を開くことは可能である。

少なくともヨーロッパの一部の地域では、かなり身分の低い者であっても「奢侈品」を購入していた。裕福な商人や地位を築いた親方職人だけでなく、しがない雇われ職人《ジャーニーマン》たちでさえも、ベルト、靴、銀や金ボタンのついたチョッキ、醸造酒や蒸留酒、コーヒー、茶、砂糖等々の「奢侈品」を買い求めた。実際、こうしたモノを共有し、見せびらかすことは、「庶民文化」の核心となっていた。[93] ハンス・メディックは、こうした職人たちは、他の社会階層の者よりも、上記のような「ちょっとした奢侈品」に収入のかなりの部分をつぎ込む、と主張している。[94] 彼は、ヨーロッパの農村の職人たちのあいだで似たような行動があったことを示す史料も集めている。しかも、ことはイングランドやオランダに限られてもいなかった。その証拠に、自らを農民から差異化するために都市のファッションを取り入れたザクセンのリボン職人の例も挙げられている。また、ある同時代人の言い方を借りれば、「ジャガイモ以外のものを食べる余裕もなかった」ビュルテンベルクの職人でも、「もし朝のコーヒーをあきらめなければならないなら、もはや人間ではない」と思ってしまうだろう、という。[95] こうした消費が実在したことを確認することも大切だが、そのなかには、（コーヒーや茶などのように）一六世紀から一八世紀いっぱいにかけて、新奇だったものがあったに違いないということも重要である。とはいえ、「奢侈的」な消費は、庶民のあいだではどの程度あったのか、あるいはどのくらい新しかったのかは依然として明確になっていない。エリート以外の「奢侈的」な消費は、茶や砂糖の場合に見たように、たとえ消費量がわずかでも、その「上位」の階層から均衡を失したという批判を招くことが多い。また、新たな消費習慣のすべてが、それまでの消費に付け加わるかたちで継続したわけではない。たとえば、一八世紀初頭におけるジンの消費のめざましい伸びは、同世紀後半にはほぼ同じくらいに劇的な減少をみせたのである。[96]

農民の需要を正確に説明するのはさらに難しいし、それは農村の職人の習慣ともまったく違うように思われる。[97] しかし、一五五〇年から一七五〇年のフリースラントについてのヤン・ド・フリースの研究は、少なくとも著しく繁栄したこの地域では、農村の小地主のみならず、農民でさえも、さまざまな必需品以外の商品を購入したことを立証している。また、彼は、高級家具をはじめとする木製品、食器、装飾およびその他の家財が、(変動はあったにしても)長期にわたって実質的に増えつづけたことを明らかにした[98](もちろん、きわめて耐久性の高い家財の場合、買い増しのスピードが遅くとも、家財の量は増えるはずともいえるが)。しかし、ものによって、あまり増えたとは思えない家財もあることには、重要な意味がある。とくに、この時期の最も大きな「工業」部門であり、その後に起きる産業革命を牽引することになる繊維製品には注目すべきである。一五五〇年から一七五〇年のあいだに多くの織物の価格が、他の商品に比べて相対的に下落していることを思えば、人びとがそれほど繊維製品を所有していないという事実は、とくに目立つことである[99]。そのうえ、消費財の資産目録は、資本財のそれほどには増えていかなかった[100]。とすれば、全体としては、ド・フリース自身が指摘しているように、これほど繁栄した地域においてさえ、農民の需要増加の規模やその重要な構成要素では、産業革命を説明するには十分とはいえない[101]。つまり、綿製品の需要は、おおかたヨーロッパ以外の地域から来たということである[102]。

そうだとしても、ヨーロッパにおける大衆消費者の需要は、他の地域における需要よりもかなり大きなものであり、ヨーロッパが、最終的に他の経済的「先進地域」から分岐していくのにある程度の役割を果たしたとはいえる。残念なことに、ヨーロッパ以外の地域については、財産を正確に比較できる史料がない。しかし、部分的には、ヨーロッパ以外の地域の非エリート層が、非必需品を買えなかったのかどうかを見ることで、その違いが非常に大きかったのかどうかを推測するくらいのことはできる。

それぞれの社会のあいだでの所得分配を比較できる史料は、悲惨なほどに断片的である。とはいうものの、いまのところ得られる限り史料は、所得——言い換えれば、「日常生活で用いる」奢侈品の有効需要——は、アジアの主要な経済圏よりもヨーロッパのほうがはるかに平等に分配されていたというジョーンズの主張とは逆方向を向いている[103]。一方でのインドと他方での中国、日本、西ヨーロッパのあいだには、実際上のギャップがありえたかもしれないが、後者の三地域には、利用できるわずかな史料で見る限り、大きな差があったとは思えない。

中国については、二〇世紀よりも前の所得分配にかんする数量的史料は、実質的には張仲礼のものが唯一である。張仲礼のいう一九世紀中国の「紳士」は、最富裕層の商人家族をも含む幅広い概念だが、中国の全人口の約二パーセントを占め、国民所得の二四パーセントを得ていた[104]。

ヨーロッパ全体について、これと比較できる史料はない。しかし、一六八八年、一七五九年、および一八〇一年から一八〇三年のイングランドとウェールズについては、同時代の［政治算術書のかたちでの］推計がある。これをピーター・リンダートとジェフリー・ウィリアムソンが修正したものによれば、一六八八年では（王室を除く）人口の上位二パーセントが国民所得の一九パーセントを得ていた。同様に、一七五九年には二二パーセント、一八〇一年から一八〇三年には二三パーセントを得ていた。[105] もちろん、「イングランドとウェールズ」は、全ヨーロッパからすればきわめて狭く、しかも、比較的繁栄した地域である。一方、中国の数値は、ヨーロッパでいえば、ロンドンからブルガリアまでを同時に含むようなものである。当時、中国でもユーラシアの反対側のヨーロッパでも、土地こそが最も重要な生産財であったが、中国では、全体としては、土地の分配はヨーロッパよりも平等であった。このことは、より適当な比較を行えば、中国における所得の分配がかなり平等であったという結論にいたることを示唆している。ヨーロッパでは借地市場が成立していたから、土地を利用する機会の不均衡は、見かけよりいささか小さく、土地で働く機会は、中国とほぼ同じくらいに幅広くかつ平等に配分されていたとはいえるとしても、土地所有の収益は、中国ではヨーロッパよりも、はるかに平等に分配されていたといえよう。人口の残り九八パーセントが有した所得の割合を考えれば、むろん、全体の所得分配のほんの一部を示すにすぎず、ましてや、購買力の分配の十分な指針などではありえないが、[106] しかし、利用できる数量的史料がこれしかないことからすれば、検討に値するものでもある。

また、一七九〇年代に、自ら遠く北京から広州まで旅行をしたジョージ・ストーントンのコメントも（スミスやマルサスのそれとは違って）印象的である。というのは、旅行中、彼は深刻な貧困の例をほとんど見なかったというのである。[107]（断片的な証拠によるものだが）長江下流域の農民の家計を再検討した近年の研究も、一七世紀には「典型的」な農家は、（現金とそれ以外を合わせた）収入全体の五五パーセントを穀物購入にあてていたことを示唆している。この割合は、二〇〇年後でも五四パーセントであった。[108] 一八世紀後半のイングランドでは、基本的なカロリー消費が農民や職人の所得に占める割合は、これとほぼ同じであった。[109] 中国についてのこの研究は、穀物以外の消費を過小評価しているので、この比較は中国に不利な方にバイアスがかかっているくらいである。[110]

ヨーロッパでも東アジアでも、農業以外で最も大きなセクターは、繊維部門であった。繊維の消費は、工業化の過程で決まって最初に増える消費項目のひとつである。ユーラシアの両端で、繊維の生産と消費の水準は似ていたことを示唆するデータ——均質なデータではないが——がある。

中国で第一の繊維製品生産地域であった長江下流域については、広東の砂糖生産高を推計したときと同じ方法で、原棉と絹の生産高を推計できる。実際、土地利用にかんするデータは、広東よりもこの地域のもののほうがよいので、より正確な推計が可能である。結論的にいえば、きわめて商業化が進んだ長江デルタ南岸の一一県では、一人当たり一六ポンドの繰綿、およびおよそ二・〇ポンドの高級生糸が生産されたようである。[111] 棉の一部は紡績の前に嶺南に出荷されたが、他方では、中国北部から原棉を仕入れてもいた。嶺南の需要は増えつづけたが中国北部からの輸入が減ったため、一八五〇年までに江南は原棉の純輸出地域になった。ただし、それがどの程度かを知るのは難しい。一七五〇年には、差し引き輸出超過があったにしても、わずかなものでしかなかった。[112] それゆえ、江南地方は、詰め物としての使用を除き、当地で生産した原棉のすべてを紡績・織布したと仮定しておく。詰め物としての使用量は、二〇世紀では一人当たり一・三ポンドであるが、[113] 一八世紀もこれと大差はなかっただろう。そうなると、長江デルタにおける織物生産は、(多少、高めの推計になろうが)、人口一人当たり一四・五ポンドの綿布と二ポンドの絹布と考えられる。

これに対して、イギリス(連合王国)の生産高は、繊維技術の転換が十分に進行していた一八〇〇年で、綿、羊毛およびリネンの繊維品を合算して、人口一人当たり一二・九ポンドであった[114](ただし、単位面積当たりの重量は、一般にリネンと羊毛の方が綿よりも軽いため、これら異なる繊維を合算して比較することは、中国との比較をゆがめていると思われる)。残念ながら、長江デルタでは、生産された織物のうちどのくらいが輸出されていたのかはわからない。イギリス(連合王国)では全体の約三分の一を輸出していたが、長江デルタでは輸出の割合はもっと高いであろう。[115] そうであれば、長江デルタにおける織物の消費量は、イギリス(連合王国)を下回ることになる。しかし、中国とヨーロッパの最も生産的な地域について、一人当たりの織物の消費量を大まかにでも比較できるということは、多くの示唆を与えてくれる。とくに、長江デルタ一一県の人口は、イギリス(連合王国)の人口のおおよそ二倍であったことを考えれば、その意味は大きい。さらに、中国の綿製の衣服は、少なくとも一九世紀から二〇世紀初頭においては、イギリス製のものよりもかなり長持ちしたようである。[116] 残念なことに、中国についても、ヨーロッパについても、得られるデータは断片的であり、かつ生産があまりにも地理的に拡散し、重点地域も絞れない。絹は例外で、中国の絹生産の大半、おそらくは四分の三以上が長江下流域で行われていた。[117] したがって、絹の人口一人当たりの生産高は一ポンド以下になり、綿ほどの重要性はないが、ぜいたくな繊維品としては無視はできないし、ヨーロッパの数値よりは、はるかに多い。

残念ながら、綿、砂糖、絹、および長江デルタの綿を対象とする推計に用いた方法は、比較的限られた、高度に商業化が進んだ地域については有効であるが、広大で商業化が進んでいない地域にはうまく使えない。棉花栽培に用いられた土地の面積の推計は、前提条件を少し変えると(たとえば、土地全体の三パーセントから九パーセントの幅があるので)、すぐに二倍にも三倍にもなってしまう。とすると、これに代わる最良の方法は、のちの時代のデータからさかのぼるやり方であろう。

捻軍や太平天国の乱が制圧されてまもなくの一八七〇年、中国全体の棉花生産は、約一八億五〇〇〇万ポンドに伸びていた。[118] 一九世紀半ばの戦乱の影響で人口推計は当てにならないが、おそらく一人当たり五ポンドを少し超えるくらいの量であった。この数字は一九〇〇年までに約一五億ポンドに落ち込むが、そのときは新たな、今日にまで続く成長が始まっていた。中国の主要な棉花地帯をひとつひとつ調べると、はじめのうちは驚くようなことがわかる。一七五〇年の中国の棉花生産量は、一九〇〇年よりそれほど低いわけではなく、したがって、一人当たりの生産量では、むしろはるかに多いのである。

第一に、一七五〇年以降に出現した、新たな有力棉花栽培地域は多くはなかったことが重要である。[119] 長江中流域の省は、一七五〇年以後棉花の栽培を増やしたものの、大規模な生産地にはならなかった。一方、四川と陝西には重要な栽培地があったが、そのうちのいくつかは、一九世紀には棉花栽培をやめて、別の換金作物――主としてアヘン――に転換した。[120] こうした転換は、ある地域では一八七〇年よりも前に、別の地域ではそれよりも後に生じた。また、小規模な産地が中国全土に点在していたが、一七五〇年でも一八七〇年から一九〇〇年まででも、最も重要な産地はやはり長江下流域と中国北部であった。

一九世紀に、長江下流域の棉花栽培が拡大したと考える理由はほとんどない。一七五〇年から一八五〇年のあいだ、長江下流域で最も商業化が進んでいた地域では、人口の増加はほとんどなく、耕地の拡大は皆無であった。それ以外の地域でも、人口や耕地の増加はそれほどのものではなかった。一九世紀半ばの大惨事のため、人口も耕地もかなり減ってしまったのである。一九〇〇年までには回復したようだが、以後、一九四九年以降までは大きな成長はなかったのである。[121] 一方、換金作物に用いられる土地の割合は、一七五〇年の時点で、すでにその後二世紀と同じくらい高い水準に達していた。実際、長江下流域への米の輸入は、一七五〇年代よりも一九三〇年代のほうが少ない。[122] このことは、土地の一部が、再度食糧生産に用いられるようになったことを示唆している。いずれにしても、一八七〇年以降は桑の栽培に向けられる土地も増え、棉花の栽培面積は一九〇〇年まで減少した。生産高のデータは断片的だが、一七五〇年から一九〇〇年のあいだに、長江流域で棉花栽培が増加したことを示す証拠はない。また、技術的にも大きな変化はなく、かつ（人口が増えていないため）労働投入にも大きな変化はなかったようだから、そのような可能性も考えにくいのである。

こうして、考察の対象を中国北部に移さざるをえなくなる。中国北部は、とくにデータが欠けている地域であり、作付け状況も、他の地域より流動的であった模様である。一方、リチャード・クローズによれば、一九〇〇年に棉花の栽培は山東と河北を合わせてわずか三〇〇万畝であったが、一九二〇年代までには（この地域が戦場になり深刻な打撃を受けたにもかかわらず）五〇〇万ないし六〇〇万畝に増加、一九三〇年代はさらに増加した[123]（山東と河北は、中国北部における三大棉花産地のうちの二つである）。すでに見たように、中国全体の棉花生産は一八七〇年から一九〇〇年のあいだに減少した。また、中国北部は、一九世紀の後半に大干ばつに見舞われた。このため、大量の水を必要とする棉花の栽培面積を減らしたのは、きわめて合理的な判断であった。かくして、クローズの一九二〇年代についての数値でさえ、棉花の栽培面積は、山東と河北の二省における耕地全体のわずか三パーセントにすぎない。

一方、趙岡（Chao, Kang）は、（当時は直隷として知られていた）河北の耕地面積の二〇ないし三〇パーセントが棉花栽培にあてられていたという、一八世紀半ばに作成された史料を引用している。それによれば、河北だけで、棉花栽培面積が一四〇〇万ないし二一〇〇万畝になる。[124] これはありそうにもないが、別の史料は、河北のうち保定の南部の耕地の二〇ないし三〇パーセントが棉花栽培にあてられていたとあり、この方が確からしい。[125] これは、直隷に七〇〇万ないし一五〇〇万エーカーの棉花栽培地があったということで、まさにこの史料が対象とした地域に正確に対応している。[126] もし、山東と直隷の農地の一〇パーセントが棉花を栽培していれば、一七〇〇万ないし二四〇〇万畝、つまり、一九〇〇年の数値の六倍から八倍になる。[127] もし、これまでに他の地域について用いた推計の方法をここでも採用し、耕地面積についての公式統計――非現実的といえるほど低い数値であるが――を受け入れ、一人当たりの年間食糧摂取量が二・二石と仮定すれば、この数字は、山東と河北で非食糧栽培に充当できる耕地面積に近い数字である。[128] もし、前提を変えて、一七五〇年代の耕地面積はすでにほぼ一九三〇年代の水準に達していたという黄宗智の主張を受け入れると、食糧消費を二・二石とするか二・五石にするかによるが、非食糧生産が可能な耕地面積は七〇〇〇万ないし九〇〇〇万畝に膨れ上がる。しかも、棉花は中国北部において最大の非食糧作物であった。[129] このように、中国北部では、一八七〇年から一九〇〇年のあいだよりも、一七五〇年のほうがかなり多くの棉花を栽培していたと判断できるさまざまな根拠が存在するのである。

他のデータもこうしたシナリオを示唆している。山東と直隷すなわち河北の人口は、一七五〇年から一八七〇年のあいだに四〇パーセント以上、一九一三年までにさらに八〇パーセント増加した。しかし、耕地面積の増加は、はるかに少ないものであった。事実、ドワイト・パーキンズは、耕地面積はまったく増えていないとしている。[130] これらの省が一九三〇年代に残っていたものに比べて、一八〇〇年頃にははるかに広い森林を有していたことを勘案すれば（第5章参照）、パーキンズの評価はあまりに極端なようである。しかし、信用されていないとはいえ、公式統計でも、一七五〇年代の耕地面積は一八七三年をわずか四パーセント下回る程度、同じく一九三〇年を四五パーセント下回る程度である。さらに、すでに長期にわたって耕作されていた土地が、徴税リストのために加えられたことが、ここでの「増加」には含まれている。[131] 中国の他の地域は土地と人口の比率の悪化を、単位面積当たりの収量を増やして補っていた。具体的には、（下肥や大豆粕といった）肥料の大量使用、複数の作物による輪作、単位当たりの労働投入を増やすこと（によるきめ細かな栽培など）が、その方法であった。しかし、中国北部には、追加的な労働投入をしても、米のように目立った成果の得られる作物がなかった。肥料も、大豆粕なら効果が高かったが、価格も高かったので、下肥の利用にとどまった。また、輪作をするには作物の生育期が短かった。さらに、一八五三年に黄河の流れが変わり、浸水と土壌塩化の問題が深刻化して、山東と河南東部の収量が減少した。[132] この結果、一七五〇年と一八七〇年のあいだはもとより、一九〇〇年まで、さらには一九三〇年までをとっても、中国北部で必要とされた食糧の量は、耕地面積の増加を上回ったのである。

このように、四川や陝西と同様に、中国北部の棉花生産も著しく減少したようである。一方、長江下流域の生産は、ほぼ同水準を維持した。また、いずれもそれほど重要な産地ではないが、長江中流域と（おそらくは）河南は、ともに生産量を増やした。とすれば、一七五〇年頃の中国の棉花生産量は、一八七〇年と比べれば少なくとも同程度であったし、一九〇〇年と比べれば、ほぼ間違いなく同じ程度であったという結論になる。

仮に、詰め物に使う分を別にして、（一九〇〇年の）棉花生産の最も低い推計値を、かなり少なかった一七五〇年の人口推計（一億七〇〇〇万人から二億二五〇〇万人）で割り算するとすれば、棉花の一人当たり平均消費量は、六・二ポンドになる。また、一八七〇年の人口推計を用いれば、一人当たり八・〇ポンドになる。この数値をどうすれば、ヨーロッパの推計と比較できるだろうか。一八〇〇年の（アイルランドを含む）イギリス（連合王国）の消費量は、綿、羊毛、リネンを合わせて、一人当たり約八・七ポンドのようである。[133] 一七八〇年代におけるフランスのリネン生産は、一人当たり約六・九ポンド、綿はわずか〇・三ポンドになるようだ。[134] 羊毛のデータは、［重さの］ポンドではなく、平方ヤードのかたちで残っているため、当然のことながら、これを正確にポンドに変換するには、織物の種類が問題になる。しかし、一人当たりの羊毛の消費量は、一八世紀の末、一人当たり一・二ポンドが妥当と見られる。[135] 革命直前のフランスの一人当たりの繊維生産量は、低めに見積もられた中国についての推計の、最も高い値を少し上回る程度で、最も低い値を三分の一ほど上回っていたことになる。ドイツの生産量は著しく少ない。羊毛の生産量は一八一六年に一人当たりわずか一・一ポンド、綿は一八三八年に同〇・六ポンドにすぎず、リネンは一八五〇年に同三・三ポンドであった。繊維の合計でも、一人当たり五ポンドである。[136] ドイツは、イングランドからの輸入により生産量以上に繊維を消費していた。一九世紀初頭のドイツは、ヨーロッパで最も貧しいわけではないが、毎年の布地の使用量はその七五年前の中国における使用量（清代の平均値）に及ばない。

このように、一八世紀半ばから末において、中国の繊維消費量は、ヨーロッパのそれに十分匹敵するまでに達していた。さらに、農民でも食糧品以外のモノを数多く購入し、その種類と量は、少なくとも一六世紀から一八世紀には増えていたと示唆する記述的な史料もある。たとえば、長江下流域から見つかったいくつかの文書は、養蚕のために女性たちの金や銀の髪飾りを質入れする小土地保有農や小作農に言及している[137]。民衆宗教の儀礼を批判した文書も、非常に貧しい農村の情報を含めて、小農の女性でさえも、その儀式の際には、あまりにもけばけばしすぎる服、化粧、宝石を身に着けている、と主張している[138]。巡礼に行くこともブームで、ビジネスとして成立していた。泰山だけでも、近くに大きな町がないにもかかわらず、一六〇〇年代初頭までに年間一〇〇万人近い巡礼客を呼び込んでいた。途中の費用がすべて一律に含まれているパッケージ・ツアーは、エリートのモラリストを大いに不快にさせたのだが、かなり「後進的」な農村地帯でも十分に市場が成立していた[139]。一方、宗教的な巡礼を軽蔑していた士大夫たちにしても、ビジネスのためだけでなく、娯楽や教養を目的に自分自身で旅行をすることが増えていた。ティモシー・ブルックが指摘するように、「旅行というものが、士大夫たちの文化的洗練のための必須項目に組み入れられた」のである[140]。

同時に、商業化された外食施設もブームとなり、長江デルタでは、少なくとも小さな市場町でも見られるようになった。一九世紀初頭の史料によれば、「世帯数にして数千戸」のある町には、四五軒の居酒屋と九〇軒以上の茶館（喫茶店）があった。さらに、近隣の三つの町には、茶館がそれぞれ四〇軒、六五軒、八〇軒あった。店の客筋は、その町の住民と周辺の農村からきた人びとで、商品価格の情報を入手し、芝居や賭け事など、商業化された娯楽や外食のため、ないしは、ただたんに、商売のためにやってきた人びとであった[141]。

一六世紀から一八世紀にかけては、簡単な言葉を用いた一般向けの宗教書や医学書、暦などの印刷物が流行した。一六〇〇年頃、宣教師のマテオ・リッチは、ヨーロッパよりも中国のほうが、書物が安価で入手も容易であると考えていた[142]。（アルファベットを可動活字で印刷するコスト的な有利性もあり）一七世紀から一八世紀のプロテスタントのヨーロッパの比較的繁栄した地域における聖書所有者の比率に比べれば、中国の書物の所有者はそれほどでもなかっただろう。とはいえ、中国でも、書物をもつ者の数はかなり多く、民衆の需要が高まっていたことを証明しているとはいえる。

住居は、ヨーロッパとの比較で、中国と日本がともに最も見劣りのする分野であっただろう。すでにみたように、エリック・ジョーンズは、住宅をヨーロッパのほうが繁栄していたことの決定的な象徴とみなしている。しかし、一八〇〇年以前であれば、家屋や家財についても、中国が必ずしもヨーロッパにひどく遅れていたわけではなかった。一六世紀から一八世紀にかけて、中国の都市を訪問したヨーロッパ人は、その先駆者たちと同様に、とくに北京と長江下流域の大都市では、巨大な公共建築や記念碑に大きな感銘を受けた。辺鄙な場所にまで行った人はごく稀であったが、そうした人びとも、やはり現地の富豪の家には驚かされた。ガレオッチ・ペレイラとガスパル・ダ・クルシュは、一五六〇年代に広東近くで起きた事件のために雲南の僻地に流されていたのだが、桂林にある皇帝の息子たちのぜいたくな邸宅に驚いている[143]。むろん、ぜいたくな家は、インド、近東、東ヨーロッパにもあったが、ダ・クルシュの、小貴族や小貴族兼学者以外の中国人の邸宅についての観察は、より興味深い。彼が、長江流域も首都も訪れたことがないだけに、なおさらである。

ダ・クルシュは、まず、より小規模なところを含む中国の他の都市と比較しても、広東（広州）は「建物がかなり粗末」だ、と述べている[144]。しかし、地方役人の家は「大変壮麗」だとも記述している[145]。さらに続けて、「［都市の］一般の人びとの家は、見たところではそれほどきれいではないが、内部に入ると驚嘆する」ともいう。彼は、石工の仕事、立派な木材、そこに使われる色合いを称賛し、とくに「家の壁は、きわめて精巧に加工された大きな食器棚が占めている」と述べている[146]。さらに興味深いのは、中国南部や南西部の農村における、明らかに地主でも商人でもない「裕福な農家」の家についての記述である。

城壁のない村々に、裕福な農家の家がいくつかある。それらの家は、青々とした木立のあいだにあるため、一見するとそこに家がないようにも見えるのだが、その木立のために、遠目からはまるでポルトガルの高潔な大邸宅を見ているように感じられるかもしれない。……こうした家屋は高く、三階建てや四階建てになっている。美しい仕上がりの壁が屋根よりも高く周りを囲んでいるために、瓦で葺いた屋根は見ることができない。汚水は、突き出した排水溝により外に流されている。建物には、しっかりとした支えがあり、大きくて上品な石造りの玄関がある。……最初の大きな一軒に入ると、巧みに加工され、彫刻が施された巨大な食器棚がいくつかある。しかも、見かけ以上に強度や耐久性に優れたものである。同様に、背もたれのついた椅子もあるが、すべてたいへん丈夫な木材を用いて、非常に巧妙に作られている。それらの家具は、耐久性に優れた、名声と信用のある品々であることがわかっており、子や孫へと引き継がれていくのだ[147]。

たしかに、こうした家の主は、揚州、スラト、大坂、アムステルダム等の豪商、北京、デリー、江戸やパリの貴族ほどには、派手なわけでも流行に敏感なわけでもない。また、社会的地位を上げた長江下流域の地主たちは、『家長のための助言集』や鑑識眼を磨くガイドブックを読んでいたが、彼らの場合は、そこまででなかったことも確かである。しかし、こうした「裕福な農家」は、真の上流階級というよりも、農村の「上流中産階級」[148]というべき人びとであったので、その存在は、人里離れた村や中国でもかなり遅れたマクロ・リージョンにおいてさえ、高品質な商品の市場が相当の規模であったことを示しているといえる。また、あまり多くのことはいえないにしても、中国の「裕福な農家」が、ド・フリースの研究におけるフリースラントの豊かな農民とは似ても似つかなかったというよりは、むしろそれに近かったとはいえるだろう。

残念なことに、中国の農民の生活水準や地域特性についての最初の実地調査は、ジョン・L・バックたちが一九二〇年代に行ったものが最初である。また、この調査には明らかな欠点がいくつかある。大規模な農場に偏り、[149] 品目の数量についてはよくわかるが、対照的に、それらの品質についてはほとんどわからない。ただ、それでも興味深いものではある。

調査は、中国全土の三万以上の農家の事例を含んでいる。また、調査の時期が遅いことは、とりあえずは大きな問題にならないであろう。中国の農村の生活水準は、一八〇〇年から一八五〇年のあいだに、おそらくはほとんど（もしかするとまったく）向上していないからである。さらに、その後の二五年間は、実に四度の大きな内乱、洪水、干ばつ、その他の惨禍で特徴づけられる時代であった。これらによる死者は、五〇〇〇万人にのぼると見られる。一九世紀の最後の四半世紀と二〇世紀の初頭には、一八五〇年の水準への回復が見られ、回復を多少なりとも超えた成長も始まっていたが、それほどのものではなかった。実際、当時の「典型的な」家計を再現してみると、一九二〇年代と一九三〇年代、中国北部と長江下流域の農民は、一七五〇年代の先祖よりも生活が悪化したように見える。[150] 繊維品、茶および砂糖の一人当たりの消費量も、少なくともかなり大きな人口集団おいて、生活水準が低下したことを示している。別の研究でも、長江下流域の地主たちが得た地代は、一八四〇年よりも一九三七年のほうがはるかに少なく、[151] 一八四〇年も一七〇〇年代後半よりは少なかったことが証明されている。したがって、一八世紀の農村住民が一九二〇年代の農村住民が所有したものの大半を、すでに所有していたと考えるとしても、あながち無謀というわけではない。

バックのデータの大半は、家具にかんするものである。家具は、一八世紀から二〇世紀のあいだに、木材不足が原因で、他の商品に比べてかなり高価になっていたことは間違いない。大まかな推測では、一九三七年の一人当たりの森林面積は、一七〇〇年のそれの六パーセントから八パーセントでしかなかった。[152] したがって、たとえ生活水準全体は多少なりとも向上したとしても、中国人が毎年購入する家具の量が、この期間において、一八〇〇年直後の時期にはなおさら、増えつづけたとは考えにくい。一方、一九世紀半ばにとてつもない破壊が進んだから、それまでに蓄積された家具のストックを一掃したはずである。

バックの数値は、気候の異なる八つの地域についてそれぞれ平均を出し、さらにこれらの地域を「麦作」地帯と「稲作」地帯の二つに大別している。これは、おおよそ淮河の北と南に相当する。表3-2は、この二つの地帯の数値を、ド・フリースが一七世紀のフリースラントの内陸のひとつの村と沿岸部の二つの村について明らかにした数値と並べたものである。バックとド・フリースがデータを提供しているすべてのカテゴリーを含んでいる。[153]

これらの数字を過信してはいけない。上記にリストアップされたオランダの家具の多くは、かなり手が込んだ精巧なものである。[154] 一方、中国の家具で塗装されたものは三六パーセントに

表 3-2　農村の1世帯当たりの家財所有数

	中国 麦作地帯	中国 稲作地帯	フリースラント 内陸部	フリースラント 沿岸部
テーブル	4.1	4.6	1.3	2.6
長椅子（ベンチ）	4.0	12.0	2.5	4.3
椅子	2.1	4.0	6.7	13.5
鏡	0.4	0.3	1.0	1.2
ベッド	3.4	4.1	3.3	5.2
収納箱（チェスト）	2.2	2.7	1.0	1.2

すぎず、その多くはかなり無骨なものだったようだ。[155] 比較を大きくは歪めないだろうが、所帯の大きさや複雑さも調整されていないようである。[156] また、むろん、これらのデータは、農村の家庭が有する家財のごく一部を扱ったにすぎない。しかし、それでも、厳格で質素な農村としての中国と新たなモノが詰まったヨーロッパの家庭というステレオタイプを覆すことになるはずだ。

日本では、明治初めの社会経済的変化が広範囲に及んだため、一九世紀後半の数値から過去を推測するという方法は使えない。しかし、徳川時代後期の二九の村についての研究がある。それによると、対象地域における農民の収入の少なくとも二〇パーセントは、貯蓄あるいは必需品ではなく完全に任意な支出にあてることが可能であった。ほかに、これよりも高い数値が示されている研究もある。[157] また、一八世紀後半までに、農村の人びとが家具、薬およびその他の特別な目的のための奢侈品を遠方から購入し、村の商店はさまざまな既製の香水、鬢付け油、香、紙を取りそろえていた。[158] 一八世紀のぜいたく禁止の触れは、小作人の食べ物が良すぎる、高価な銘木を使う、華美な服、傘、金や象牙や銀の装身具等をもっている、と不満を並べている。[159] 一九世紀初頭のある村の商店は、筆記具、食卓用の皿や調理器具、タバコ製品および「その他毎日必要な品々」をいろいろとそろえていた。[160]

インドの所得分配は、中国、日本、ヨーロッパよりもかなり不平等で、そのために庶民の消費が限定されたという証拠がある。一六四七年のムガル帝国の地税にかんする研究によれば、四四五家族が全所得の六一・五パーセントに相当する収入を得ており、これは総農業生産の約五〇パーセントに当たった。また、これらの家族に流れ込む所得フローのおおよそ四分の一が、個人の実質所得になっていた（残りは、役目に必要なさまざまな出費にあてられた）。[161] もしこの数字が正しければ、推定では全人口の〇・〇〇二パーセントにも満たないこれら四四五家族が、彼らの職務を通じて、全農業生産額の七・五パーセント、社会の総所得のおそらく六パーセントを得ていたことになる！[162] シャイリーン・ムースビーが一五九五年について解明したデータをもとに推計しても、同様の結果である。[163] 一六七一のムガル貴族が得た個人の純所得は、政府歳入に対する彼らの請求権によるものだけで、帝国全体の生産額の約七パーセントに相当した。ムースビーの使った史料には疑問が出されてきたし、彼女の計算は怪しいとしても、なおかつ、本論の全体像を確認するには十分であろう。少なくとも、中国を訪れたヨーロッパ人のなかには、深刻な貧困者がいないとコメントをしている人が何人かはいるが、しかし、インドでは、極端な富者と極端な貧民の存在に驚かされたようだ。[164] したがって、インドにおける奢侈品の需要についてのベイリーの議論が、ほとんど貴族的な需要に限定されているのも、驚くことではないのである。[165] ハビブの推計では、一七世紀半ばのムガル帝国では、三〇〇万ポンドから四〇〇万ポンドの絹が生産されたとする。[166] これは、本書における一八世紀半ばの中国の推計の一五分の一以下である。ムガル帝国は広大であったが、絹の取引はかなり限定されていたことを示唆している（このことは、中国の一六五〇年の生産量が一七五〇年よりかなり少なかったとしても、ありうることである）。

何かひとつのモノの比較や一部のエリートの収入についての比較に依存しすぎるのは、危険である。プラサナン・パラタサラティの最近の研究では、インドの労働者は貧困とはほど遠い状態にあり、イギリスの労働者よりも、効果的に労使の交渉をするのに障害となるものは少なかったという、刺激的な事例が提示されている。[167] おそらく、インドの所得分配は、上位層に非常に集中する一方で、下位層にも比較的十分であったという結論になるであろう。同時に、インドの中間層は、中国、日本、西ヨーロッパの中間層と比べて、所得と消費に占める地位が低かったことになる。しかし、新たな証拠もあるとはいえ、インドにおける大衆消費が、他の地域ほどに盛り上がったというのはいささか早計だといえよう。

インドの農村では、換金作物や工芸品の生産に当たる人口が増加した。しかし、これらの商品は、しばしば、市場を介さずに直接買い上げられることが多かった。したがって、商品生産の増加は、必ずしも、農民の市場への参入を促したわけではない。実際、農民にさまざまな賦課金を課し、生産物を強制的に徴収する権利を売買する活発な市場が成立しており、農民の市場への参加を促すどころか、結局は、農民に対する強制に依存していたのである。[168]

インドの下層民のなかには、彼らが有する技能に対する需要を利用して、自らの義務を逃れたり、内容を変えたりできる者がいた。実際、一八世紀においては、労働需要は全体としては堅調であった。国家は、インド人労働者の流動性を妨げるような介入は行わず、こうした状況から利益を得ることを否定もしなかった（ヨーロッパの一部を含む他の多くの地域では介入があった）。[169] とくに、乾燥地帯を耕す、あるいは（井戸掘りのような）乾燥地帯に適合した仕事のカーストの者は、かなり流動的であった。こうした土地は、複雑な灌漑施設を備えた土地とは異なり、広大で、独占が難しかったためである。また、乾燥した土地の耕作に慣れたカーストの人びとは、しばしば集団での移住を受け入れたので、程度の差はあるが自治的な単一カーストのコミュニティーを形成し、コミュニティー内で仕事を移ることも容易であった。しかし、別の場合には（とくに雨の多い土地では）、地理的な流動性や職業的な流動性に対する制約が堅持され、地主と小作人のあいだの経済力の不均衡は極端なものであった。[170] ラデンが南インドの一地域の例から主張した、乾燥地帯と湿潤地帯の様式の違いは、より一般的に通用する。そうであれば、インドで最も多くの余剰を生み出した地域は、同時に所得分配が最も不均衡な地域であって、そのために、必需品以外の商品市場への参加も、かなり限定されていたといえよう。移住を通して地位を上げた下層民でさえ、移動はしなくてもより容易に労使交渉ができた、他の地域の同種の集団に比べると、それほどモノをためることはできなかったのかもしれない。

たしかに、近年の研究成果からすれば、一五世紀から一八世紀にいたるインドの町や都市では、貴族に加えて、官吏、中小商人、その他非必需品を購入できる者が増えたといわれている。[171] そのため、遅くとも一八二〇年代までには、銀の装身具や貯蓄は小作人のあいだでさえも一般的になっていた。[172] しかし、日本、中国、西ヨーロッパに比べると、依然としてこうした市場に定期的に参加する者の数は、かなり少なかったようである。ベイリーによれば、一八五〇年頃でも、農民が町の市場から直接購入するものは、一般には、まだ塩や鉄製品に限られていた。[173] かくして、インドの「ぜいたく」あるいは「ファッション」が、本書で主張してきた程度よりは、日本、西ヨーロッパ、中国に近いところまで発展していたとしても、インドの社会関係や労働システムでは、それによる衝撃が及ぶ人びとの割合が、かなり小さかったことがわかる。同様の議論は、少なくともこの時代の東南アジアにも、十分当てはまる。東南アジアはインドよりは貧困層が少なかったが、強制労働は依然として重要な制度であった。[174]

これに対して、中国、日本および西ヨーロッパでは、消費者の需要は、階級を広く越えるようになった。消費者の需要が場所を越えて広がる過程の問題は、非常に複雑である。たとえば、すでに見たように、中国とヨーロッパにおける砂糖の使用法の違いは、どの程度のものだったのか。商業化が進んでいない地域の人びとは、消費量が少ないだけでなく、自身で消費するよりも多くを生産している。したがって、市場における需要の地域差は、生活水準の地域差よりも大きい。たとえば、ド・フリースは、フリースラントの最も豊かな地域と同じ州の内陸部では、家財道具の所有量に四倍の違いがあり、専門特化した職人の数にも大きな開きがあることを見いだした。しかも、こうした内陸地帯といえども、より広いヨーロッパの状況と比べれば、貧困というにはほど遠かったという事実もある。[175]「後進性」は、その地域の富裕層の需要にも影響を与えた。というのは、市場が小さいということは、特殊なモノの価格が高く、選択の余地もあまりないことを意味したからである。最も裕福な地域以外では、需要の落ち込みは強烈だったようである。ポン・サン・ピエールでは、豊かな農場経営者でも、一七五〇年以降までは時計をもつことはなかった。これは、フリースラントで多くの農民が、時計をもつようになった六〇年後のことである。しかし、ノルマンディーにあるポン・サン・ピエールは、フランスでは最も裕福な農村のひとつであり、川によってパリと海につながっていた。[176] 北西ヨーロッパの裕福な地域のなかでさえも、それだけ違いがあることを考えれば、内部格差のはるかに大きい「中国」、「日本」、「ヨーロッパ」を通して、需要の水準を体系的に比較できる可能性はほとんどない。

したがって、以下のパラグラフでは、もう少し控えめな視点をとり、豊かな地域と貧しい地域との格差が、ヨーロッパよりも、中国と日本のほうが大きいと考える理由はほとんどないことを示したい。

日本では、地理的な需要の不均衡は、ヨーロッパよりも小さかったと考えられる。日本は、中国やヨーロッパよりも面積が小さいのはもちろん、多くの地域が沿岸海運を利用できた。一七世紀半ばからは、各大名は多くの家族や従者とともに、人生の半分は将軍の居城のある江戸に住むことを強いられた。そのため、少なくともエリートのあいだでは、新しい嗜好の広がりが促進されたのである。また、各大名は自分の「城下町」に城を構えていた。この状況は、ほとんど自己の領地には居なかったフランスの貴族とは、まったく違っていた。日本の場合、城下町に住む地元の名士たちも、江戸から持ち帰られた生活習慣を見て、真似る機会が十分にあった。さらに、エリートたちが地元と江戸を行き来するために整備された交通網は、他の旅行者にも有益であった。そのため、さまざまな商品にかんして、初期段階であったとしても全国市場が、そして十分に発達した地方市場（局地的市場ではなく）が成立した。日本では「先進」地域と後進地域のあいだの賃金格差も、少なくとも一八世紀半ばからは縮小していったようである。[177]

中国の場合は、かなり複雑になる。（第6章で検討する予定だが）中国でも一七五〇年から一八五〇年までの期間には、多くの先進地域と成長途上の中間的な地域とのあいだで、おそらく格差が縮小した。しかし、最貧地域の経済は、さらに落ち込んだようである。ただし、その格差も、ヨーロッパにおいて北西部の中心とそれ以外の地域との差異ほど急速に拡大したわけではなかった。

それでも、「奢侈品」需要の分布は、所得の分布と対称性がないかもしれない。たとえば、クレイグ・クルナスは、「ぜいたく品」への関心の高まりは、主として、彼が分析したエリート層のための消費生活のガイドブックが上梓された長江下流域の出来事にすぎなかったかもしれない、としている。[178] また、王宮はヨーロッパの貧しい地域でさえも流行発信の前進基地であったが、中国では、明代には皇族の宮殿がいくつかあったとはいえ、その数はかなり少なかった。

他方、奢侈的消費の指南本はすべて長江下流域で書かれたという事実はあるが、そのことには、同様の集中がヨーロッパで見られた場合に比べて、あまり大きな意味はないかもしれない。というのは、中国は、全国的に同じ書き言葉を使っており、こうした指南本も、ほかに江南で出版された書物と同様に、ヨーロッパの場合より、かなり広範囲に流通しただろうからである。実際、中国の商人や役人はかなり遠くまで旅をしており、意欲のある者が出身地を離れることもふつうであった(179)。そのため、エリートの新しい「好み」は短期間のうちに広く普及したようである。ティモシー・ブルックは、一五六〇年代には江南流の「流行《ファッション》の回路」に乗り遅れた郷紳がいたことも想像できるが、一世紀後にはほとんどいなくなった、と主張している(180)。

さまざまな好みは、江南から北京へ、あるいはその逆にもすぐに広まった。一八世紀、東南沿海の福州のある官吏は、福州のエリート層の生活様式は、長江流域の最も裕福な諸都市と同じくらいぜいたくだと思っていた(181)。嶺南全体の中心都市である広東は、中国のなかで最も優れた家具産地のひとつであると幅広く認識され、数百マイルも離れたところでさえ、エリート層に属する顧客がいた(182)。一七世紀の小説『金瓶梅』は、非常に多彩で高価な、食事、家具、衣服、装飾、さらには性具までを、じつに詳細に記述しているが、その舞台は中国北部の中規模都市である臨青である（臨青は、一八四三年にはこの比較的農村的なマクロ・リージョンのなかで一〇番目の都市であったが、一七世紀にはおそらくもっと順位が上であった(183)）。また、この小説は、旧来のエリートが新たな消費社会のなかで自らの地位を守るための「好み」の規範を最も明確に示したもののひとつである。富豪の主人公は、まさにクルナスが指摘した指南本で悪趣味とされるような消費をすることで、自らの評価を落としていったのである。

『醒世姻縁伝』は、『金瓶梅』のようには知られていないが、中国北部の何の変哲もない県庁所在地である武城を舞台とした小説である。最初の短い四章だけで、（父親が突然金持ちになった）主人公は、絹の上掛けがあって紗のカーテンで覆われたベッドを数台、刺繍の付いた絹やダマスク織のさまざまな服、象牙の箸や銀の縁取りと彫刻がある漆のカップ、子羊の革紐がついた紋織りの靴、装飾がなされた剣やナイフ、手の込んだ掛け布、キルト、「けばけばしい装身具」、金の蒔絵が施されたテーブル、数々の本、金の扇子、ダマスク織の靴下、貴重な原料を使った膨大な薬や媚薬等を買いあさっている(184)。これはたしかに過剰な表現である。しかし、いずれもが、中国全土で上位五〇〇にも入らない、人口二〇〇〇人から三〇〇〇人くらいの町でも、比較的短期間で手に入れられるものだと想定されているのである(185)。住居をめぐる議論では、中国の九つのマクロ・リージョンのなかでは最も貧しい二つの地域の一つである西南部においてさえも、「中流のぜいたく」とでも呼べる兆候があったことを確認した。また、われわれが行った二〇世紀の家具の調査では、中国全体の平均値も明らかになった。

ヨーロッパについては、北フランスやオランダのように比較的豊かな地域においても、新たな耐久財の普及にかなりばらつきがあったことを、いくつかの事例から示した。同じことは、軽い奢侈品にも当てはまる。すでに見たように、大陸ヨーロッパにおける一人当たりの砂糖消費量は、一八三〇年以降に価格が急落するまでは、持続的な増加の趨勢は見られなかった。[186] フランスの農村地帯の多くでは、コーヒーは、二〇世紀になるまでは、特別な機会の贈り物にも使われるくらい十分に奢侈品であった。[187] イングランドでさえも、労働者によるタバコ、茶および砂糖の消費は、一八四〇年代より前は大きな意味をもたなかった。[188] イングランドの貧困層は、一九世紀初頭までには、アルコール飲料、服、読み物の消費をつねに一、二年前よりも増やしていたのは疑いなく、タバコも多少吸うようになっていた。しかし、新たな商品への欲求が旧い労働習慣を変えるほどに強かったと、十分に説明できるだろうか。あるいは、生産システムの変化で労働者にさまざまな強制がかかり、旧来のステイタス・シンボルやアイデンティティーを浸食して、牛肉のような古くからのステイタス・シンボルがあまり見られなくなっていくなかで、[189] こうした消費が新たなステイタス・シンボルになったのだといえるのだろうか。また、より貧しく、市場経済にも組み込まれていない、たとえば、イタリア、ポルトガル、アイルランドなどの下層階級——東ヨーロッパの数百万の農奴は論外として——は、新たな消費社会に組み込まれたというにはほど遠かったのだから、ヨーロッパよりも広い中国において、新しい商品の普及に偏りがあったとしても、これをあまり重視すべきではないのである。

エキゾティックな商品と流行の速さ——グローバルな複合状況と文化に基づく経済的差異の出現

実体としてのモノの蓄積が、西ヨーロッパ、中国、日本でたいへん似ていたとしても、興味深い差異もまた存在する。ヨーロッパの消費の成長と変容は、実質所得の増減した時期でも一貫して継続し、一八世紀半ばにはさらに速度を増したように見える。中国と日本における同様の傾向は、ヨーロッパのように加速を続けたわけではない。たとえば、クルナスは、中国の新しい王朝である清が（一六八三年頃までに）確固たる支配を確立すると、明代後期には官職を敬遠しがちであったエリート層が官職に引き戻されはじめ、ぜいたくにかんする出版物は急速に減少したと指摘する。さらに、地位やアイデンティティーを確立する旧来の方法が復活するに伴い、「モノについて語ることは余計事になってしまい」、「消費社会」の発展は「決定的に重要な大衆」を取り込む直前で止まってしまったと、主張している。[190]

小説にはさまざまな安っぽい商品が、これまで以上に取り上げられる一方、一八世紀の中国のさまざまな文献には、少なくとも一六、一七世紀と同じくらいに、ぜいたくに対する不平不満が溢れている。財産目録があったとすれば、一六、一七世紀よりも一八世紀のほうが平均してより多くのものが記載されたとはいえないかもしれない（すでに検討したように、ヨーロッパは必ずしもそうはなっていないのである）。しかし、新たな嗜好への指南本が減ったことは、それまでにはなかった新しい商品やスタイルが、社会的上昇をねらう野心家にとって、必須条件である可能性が減ったことを示していよう。沈従文による記念碑的な中国服飾史研究も、こうした可能性を示唆している。すなわち、たしかに、明代後期に生じた服装やアクセサリのスタイルの新傾向は、清代初期にも、社会の上層から下層へと普及しつづけ、新しい清王朝は、しばしば官吏の服装の変更を命じたものの(191)、清代における一般の人びとの服装は、明代よりも変化がなく(192)、また一八世紀後半のヨーロッパと比べても、変化が少なかった(193)。

一方、ヨーロッパでは、とりわけ衣服について、流行《ファッション》の変化は加速を続けた。実際、ヨーロッパ（および北アメリカ）の遺言検認財産目録にかんする研究はいずれも、全財産に占める消費財の割合がしだいに低下したと主張している。さらに、多くの研究が、消費財の絶対的な価値が下がったとも主張している。こうした研究結果を、一六世紀から一八世紀にいたるヨーロッパでは消費者の需要が伸びモノの多様性が増大したという圧倒的な証拠と両立させようとすれば、つぎのような結論しかありえない。すなわち、さまざまな消費財はさっさと捨てられるので、人生を通じてより多くのモノを買ったとしても、（たとえば遺言目録に書き込むような）ある一時点でのストックが多いことを意味するわけではない、という結論である。とすれば、モノの寿命はなぜ短くなったのであろうか。衣服のようなものは（相対的に）安くなり、買い替えが容易になった。別の例では、それまでのものよりも新しい商品が長持ちしにくくなったという事情もある（たとえば、しろめ、錫、木などに比べ、ガラス製のコップや磁器は、おそらくはより頻繁に壊れてしまっただろう）(194)。さらに、人びとが流行に敏感になったことも、一役買ったであろう。結局のところ、「木製のマドモワゼル」、つまり、来たるシーズンに流行するはずのパリの衣服をまとったマネキンが、サンクト・ペテルブルクからボストンまで無事に運ばれるようにと、戦争が中断されるようなことになったのは、一八世紀のヨーロッパにおいてのことであった(195)。しかし、こうした流行の大勝利をみると、本書では、奢侈品の財産目録（および奢侈品に対する人びとの態度）は、きわめてよく似た変化を遂げていったという暫定的な仮説を立てていたが、ヨーロッパにおける年間の奢侈品需要のほうが、中国や日本の需要よりも早く成長したというべきかもしれない。

このことは、ヨーロッパと東アジアを比較する際に、所有するモノ自体を比べるよりも、そのための支出を比べるほうが、格差が大きくなることを示唆している。一方で、どちらの比較を根拠にするかで、そこから引き出せる推論の内容が限定されることにもなる。われわれは、現時点では、ヨーロッパ人は、他の地域の人びとと比べて、毎年、より多くのモノを購入し、そのことが多少なりとも「勤勉革命」を推し進めた可能性を探ることを目指している。その目的には、購入する速さを基礎とした比較が妥当である。ただし、購入の速さが「より良い生活水準」を示すと主張するのは、かなり巧妙な工夫が必要である。なぜなら、そうではなくて、好みや入手可能なモノの違いを示すだけであるかもしれないからである。[196] ここで留意すべきは、砂糖や茶、織物について比較したのはよいとして、それによっては、ヨーロッパ人が必需品以外の商品に対して、毎年、より多く支出していたと確認できていないということである。しかし、中国や日本よりも豊かだとはいえないにもかかわらず、ヨーロッパ人がこうした購買行動をとったとすれば、この社会的に引き起こされた「商品価値の低下」とそれに伴う買い替えが、景気循環、相対価格、政治的安定およびその他の変化をものともせず、ヨーロッパにおける消費の成長を強固に継続させた原因なのかどうか、検討する価値がある。

第一に、まだ使えるモノを捨てる（あるいはクローゼットの肥やしにする）速さの違いはなぜ生じたのだろうか。この点については、比較社会史の研究がヒントになる。一七世紀の中国、日本、西ヨーロッパは、同じように、深刻な政治的・社会的不安定に直面していた。しかし、一八世紀に日本と中国でそれぞれ権力の座についた清朝と徳川幕府は、多くの西ヨーロッパ諸国が享受した以上に、安定した社会を構築したようである。むろん、ヨーロッパの主要部分、とりわけ新たな消費主義が最も顕著であったイギリスも、一八世紀は（国内では）かなり平和な時期であった。しかし、イギリスは、清朝や徳川幕府とは異なり、社会的役割や身分の伝統を保持し、復興することの両方、あるいはいずれか一方にも執心はしなかった。このことが、「日本や中国では」人びとが流行を通じて自己を規定し、他者と競うことを重視しなかった理由であるとも考えられる。したがって、「繁栄の時代」である一八世紀には、中国にも、日本にも、モノや富を蓄積する人はいたが、買い替えそのものを目的として所有物を買い替えるような興味は薄かったのである。

エリート間のステイタス競争と自己規定は、しだいに政府の官職や公式の身分との結びつきを弱めてきたが、これは中国では、とても時間がかかる、ゆっくりとした、そして決して直線的ではない過程をたどった。中国における流行の勃興について、この過程の一部として考えることは意味がある。こうした傾向におけるひとつの重要な時期は、一六世紀終わりから一七世紀初めである。エリート層は、官吏としてのキャリア・パスが不安定になり不満を募らせていた。彼らが力を注ぐようになったのは、ほかの仕事や活動を探すこと、あるいは（少なくとも暗黙のうちには）直接的には科挙に依存せず自分自身で地位を決めることであった。こうした欲求に加えて、個人が豊かになったこともあり、すでに見たような流行や衒示的消費が惹起されただけでなく、仏教寺院への寄進や私的に組織された考証学にエリートの関心を向かわせたのである。[197]

こうした観点からすれば、清朝は、一六四四年以降、秩序の再構築に成功したばかりか、公的奉仕の栄誉を復活させることにも成功した。公的奉仕は、官職に就くことによっても達成されるが、国家が実施するわけではないものの奨励している慈善活動に従事することでも達成され、いずれにせよ、ひとつの理想とみなされるようになり、ステイタス・シンボルそのものが、ちょうど、修道院のパトロンたちがそうであったように、流行の成長を停止させたのである。公的なキャリアの復活が、流行の成長を遅らせる幅広い心理的効果を有したという議論は、依然として実証されたものではない。しかし、少なくともかなり直接的なある種の関係を示唆しているともいえる。官吏の服装にかんする厳格な規則は、清朝で有効でありつづけた一種のぜいたく禁止令であった。[198] ボタン、帽子、その他さまざまな小物を服に付ける権限は、一方では官吏に限定されたものであった。しかし、同時に、救貧から道路建設まで、公的な事業で称賛に値する支援を行った商人、地主、知識人を国家が顕彰するための、可視的な方法でもあった。これらの品々を身に着けている者は、その品々が時代遅れになり、価値が低下することや、同様の奉仕の功績がない者でも入手できるかもしれないことを心配する必要はなかった。たしかに、清の復古主義は、かつて一部の研究者が考えたように、経済全体における「資本主義の芽吹き」を押しつぶしたわけではなかった。しかし、「ファッション」の成長を何らかのかたちで遅らせる「クーポン」システムの勢いを回復させるには十分であったといえよう。

清朝が秩序を保ちえたことは、エリート層の女性にも同じく重要な影響があった。彼女たちは政治からは排除されていたにもかかわらず、そういえた。詩のやり取りは、明代の、少なくとも長江下流域のエリート層の女性にとっては、きわめて重要な自己表現と社会的競争の手段であった。この習慣は、中国の「長い一八世紀」においては、より確立した習慣となった。背景には、経済的繁栄があったこと、世襲の貴族が少ない地域では、結婚相手とめぐり合うための競争が厳しいこと、(考証学の普及に伴い)文明化された人びとの必須条件として書くことへの圧力が従来になく強まったこと、がある。[199] この形態の競争と自己表現は、ヨーロッパのファッションよりも購入するものは少なくなる。だが、新たに征服した土地を含む後進地域出身の女性たちの作品をも集めたので、こうした女性たちも、清帝国の建設や満・漢文化による「文明化の使命」[200] に参加しているかのように感じた。辺境のエキゾティックな品々を消費するのとはまったく違う、辺境の征服方法だったのである。同時に、高度な清文化の道徳主義は、明の時代よりも、エリート層の女性の往来を制限し、都市の歓楽街の女性とは一線を画すように求めた。明代後期の長江下流域では、エリート層の女性と高級娼婦とのあいだで、社交の機会や手紙の交換を通じた付き合いがきわめてふつうであったが、こうした付き合いは、清代にはかなり少なくなった。[201] 両者の交わりが途絶えたことで、商業化されたファッション志向の歓楽街は、より財産があり、より重要で、より大きな集団であるエリートの既婚女性たちに対して、あまり影響を与えなくなったようだ。

政治的および社会的「秩序」が回復したことで、人びとは、消費財を絶えず急いで買っては捨てることによって自らの立場を示すことに関心が薄くなっていったといえるだろう。しかし、このような議論は、いずれも、はなはだ思弁的とみなされるにちがいない。議論を深めるためには、さまざまな機会にエリートがどのような服装をしていたか（家計がどうなっていたかはいうに及ばず）知る必要があるが、それについてはほとんどわかっていない。とりあえず手がかりとして、ヨーロッパの流行がなぜあれほど異常に加速したのかという問題を解明する必要がある。少なくとも、中国や日本には、そうした目も眩むほどの「好み」の変化が「なかった」のはなぜかということと同様に、その説明も必要である。

いかなる説明をするとしても、少なくとも部分的には、きわめて一般的な態度の変化に関連づけざるをえないことは、多くの著者が主張している通りである。一八世紀の西ヨーロッパでは、結婚相手から宗教上の信仰生活にいたるまで、人びとがステイタスや人格を規定する目印として、意識的に選択するものの幅が突出して広がったことが、消費者の選択[202]により重要な意味をもたせ、ヨーロッパの「ファッション・システム」の成長をさらに刺激したといえる。ほぼ同じ時代には、（たとえば、結婚の決断のように）中国のエリートたちのあいだでも、個人的な選択の比重が高まったと考えている研究者もいる。しかし、彼らは、賢明にも、こうした傾向がヨーロッパと同じくらい目立っていたとはいっていないし、選択者として「個人」が優越すべきだというような、ヨーロッパと同様のイデオロギーが成立したなどともいっていない。[203]

多少、視点を変えると、一六世紀から一八世紀のヨーロッパ諸国は、（たとえば、復讐を非合法化したり、標準的な法律を広く行き渡らせ）［有力貴族のような］拡大家族の勢力をそぐことで、成長を遂げてきた。[204]この過程で、人びとが自己のアイデンティティーを規定するうえで、拡張された親族関係の重要性を減じてきたことは間違いなく、また、（親族関係や譲渡できない世襲財産ではなく）購入したモノを用いるという新しい関係によって、自分が誰であるかを示す傾向を強めたことも確実である。対照的に、徳川幕府と清朝は、日常の行政の多くを委ねた地方制度との協調を通じて秩序を再構築した。とくに中国では、拡張された親族集団がこの制度のなかで突出した地位を占めた。また、国家は、多くの場合、こうした親族集団の権力やイデオロギー的重要性を減じようとするのではなく、促進したのである。おそらく、こうした制度やアイデンティティーがよりまさった地域では、人びとがモノの選択と顕示によって、絶えず自己規定しようという動機は強くなかった。[205]また、物理的に依然として使用できるモノであれば、それを買い替える必要性は低かったのである。

個人の選択のもつ価値や所属する集団のそれは、それぞれの社会によって、実にさまざまなやり方で影響を与え、局面によっては奨励されたのに、局面が違えば、禁止されたりもした。それゆえ、もっと特定の現象についての説明を求めようとするのなら、ことを、より特定のレヴェルで検討しなければならない。この場合、成長を加速したヨーロッパの「ファッション・システム」に取り込まれたのはどのような種類のモノだったのか、また、そうしたモノの生産やグローバルな流通に影響を与える要素は何だったのか、などという点にも着目しなければならないのである。

実際、ヨーロッパの嗜好は、中国や日本よりも短期間で変化した。この違いの一部は、エキゾティックな産物、とくにエキゾティックな「工業」製品が、どこまで箔のあるものになったかということに原因があるようだ。つまり、インドと中国の繊維製品や中国の磁器その他はいずれも、ヨーロッパでは、かなり貧しい階層にとっても流行の品として重要なものとなった。一方、東アジアにおいて同じくらい重用された西洋のモノはなかった。たしかに、一七世紀の中国の鑑定指南本は、多くの外国製品を格式の高いコレクションの対象として列挙した。[206] その他にもこの時代の中国や日本のさまざまな書物には、西洋の製品への関心がみてとれる。明代後期や清代初期には、西洋の眼鏡やその他の装身具が関心を集めた。また、明朝皇帝の隠居所にある塔の図案をイタリア人の旅行者が模した、非常に高価な服地を用いた「西洋ジャケット」は、長期にわたる名声を獲得した。一七世紀には中国の宮廷の女性たちが、一八世紀には長江下流域のファッショナブルな女性が、これを取り入れたのである。[207] また、一八世紀には、最初はロシア産、後にはアメリカ産と、異国の毛皮もたいへん人気があった。しかし、たとえば、アジアの繊維がヨーロッパに与えた影響ほどには、海外からのモノが中国や日本におけるスタイルや消費の型に影響を与えたことはなかった。なぜそうなのだろうか。

西洋の学界では、東アジア（とくに中国）の人びとは、自らの文化の優越性を確信しているため、外国の産品に関心がなかったという見解が、一般に流布している。また、こうした主張を裏付ける文書もある。おそらく、こうした姿勢を反映した最も有名な主張は、乾隆帝のものである。乾隆帝は、一七九三年のイギリスの使節たちに対して、中国は必要なものをすべて生産しており、西洋が提供するこざかしい玩具には関心がないと述べている。したがって、乾隆帝には、広範な貿易関係を築く理由がなかった。[208] 多くの歴史家は、この発言が、積年の「中国人の姿勢」、すなわち好奇心が強く、新しいものを手に入れようとする活動的な「西洋人の姿勢」とは正反対のそれを、端的に示すものと考えてきた。（中国の皇帝が世界の支配者であるという主張の表現として）異国の珍品を愛でた時代もあれば、逆に、（中国文化の優越性を主張すべく）それらを排除する時代もあって、中国人の態度には揺らぎがあったと指摘する、より慎重な研究者もいる。しかし、これらの研究でさえも、こうした中国の公的な姿勢を外国産品に対する「中国人」全体の姿勢として扱ってしまう傾向がある。[209] そのため、こうした見解からすれば、ヨーロッパが異国のファッションにより大きな関心を有したことは、偶然の産物ではないことになる。それによれば、ヨーロッパの進路が、アジアのコースとは分岐したのは、基本的な態度が違っていたからだということになる。すなわち、ヨーロッパではリスクを取り、新しいものを取り入れる意欲が強かったことによるのだ、と。

しかし、満洲人の皇帝が中国を代表するという考えをやめれば、中国が外国産品を輸入する意欲に乏しいことを説明するもっと単純な説明が思い浮かぶ。何はともあれ、（この時代の外国貿易規則の定義の上では）中国は輸出と同じだけは輸入していたのである。とくに東南アジアとの貿易は、エキゾティックな一次産品で溢れていた。美食のためのフカヒレやツバメの巣、（あまりにも量が多くてエキゾティックな雰囲気を失ってしまった）黒胡椒、宝飾用の真珠、中東や太平洋の島々が原産の――積み替え地である東南アジアを経由してきた――香、貴重な木材等々である。[210] こうした輸入品への需要は、一八世紀、さらに一九世紀初めにおいても急速に伸びていた。たしかに、こうした商品の多くをマレー諸島から広東に運んだイギリス商人も、市場が飽和状態になることよりも、供給の確保が問題であることを理解していた。[211]

これらの外国から中国に輸入された産品のなかで、イギリスに輸入されたタバコ、茶、砂糖に匹敵するようなブームをもたらしたものはない。その調達方法を知ることはなかなか難しいが、白檀その他中国で珍重された輸入品の需要は、多くの太平洋諸島の環境に深刻な打撃となった。きわめて皮肉なことだが、こうした環境が何とか救われたのは、中国行きの船がアヘンを満載するようになってからのことである。[212] それに、胡椒は別にして、こうした異国的な商品は、事実上そのすべてが、栽培されたものではなく、採集されたものだという単純な事実もあった。このことは、膨大な数の奴隷に、濃密で過酷な監視のもとで重労働をさせるといった、新世界のプランテーションに比肩するような集約的な生産形態（や単価の引き下げ）は不可能であったということである。砂糖のための土地を切り開く方法はあるが、誰もサメを養殖できないし、珍重された巣をかける鳥の生息地のためにジャングルをつくることもできない。採集に従事する者を増やす試みとして、とくに現在はフィリピンの南部になっているスールー王国などでは、かつて奴隷狩りも行われていたものの、[213] しかし、この仕事の分散的な性格ゆえに、カリブ海のプランテーションでは不可能と思えることだが、奴隷でさえも一定の交渉力を維持したのである。

中国でも砂糖とタバコの消費は伸びたが、（すでにみたように）その多くは中国国内で自由な農民によって栽培された。このことは、タバコや砂糖の栽培は、土地の使用において他の作物と競合しただけでなく、（余暇を含む）生産者の時間の使い方でも競合があったということである。こうしたパターンの差異に、中国人が外国の奢侈品に無関心であったという証拠を見いだすのは困難である。中国人が買っていた海外産品の多くは、容易には、安価な「日常生活用の」奢侈品に転換していけなかったという事実もある（むろん、ヨーロッパ人が東南アジアで買い付けていたクローヴやその他の高価な香辛料でも、事情は同じであり、むしろ、砂糖とタバコこそが、ヨーロッパの輸入品のなかでも例外的な存在であったことは確かである）。

　中国人が相対的には海外の産品に無関心であったといおうとするなら、どうあっても工業製品の輸入が少なかったことに言及すべきであろう。クルナスが指摘したように、中国人の骨董通は、秘蔵品のなかにさまざまな外国製品をもっていた[214]。乾隆帝はヨーロッパの工業製品にはほとんど関心をもたなかったが、沿岸部である広東や福建のエリートは同じではなく、時計やその他西洋の骨董品を集める者もいた[215]。中国の一人当たりの工業製品輸入額はきわめて少額で、適切とされる服装や家の装飾の観念にほとんど影響がなかったことは、疑う余地がないと思われる。さらに、ヨーロッパは工業製品のほかに輸出品がなかったため、中国の西洋からの輸入は、東南アジアからの輸入とは異なり、驚くほどに単調であった。アヘンが流行する前、ヨーロッパやヨーロッパの植民地からの輸入品の約九〇パーセントは、銀が占めていた。このことから、歴史家たちは、（宮廷のみならず）中国全体としても外国の産品への関心を欠いていたという印象をもった。しかし、西洋からの中国への積み荷が銀に支配されていた理由についてはより妥当な説明があることが、リチャード・フォン・グラン、デニス・フリンとアルトゥーロ・ヒラルデス、そしてアンドレ・グンダー・フランクの最近の研究により明らかになっている。

　おおよそ一四〇〇年以降、中国経済では、実質的には再度の貨幣経済化が進行した。元朝（一二七九年から一三六八年まで）のもとで、紙幣導入やひどく杜撰な管理しかなされていなかった銅銭鋳造の一連の試みが失敗し、幅広く受け入れられる交換手段としての貨幣がなくなった後のことである。この過程で、銀は、巨大で高度に商業化された経済において、価値の保存手段、大きな取引における価値の尺度（また、しばしば実際の交換手段）および国家の支払い手段になった。銀に対する強い需要のために、（金やその他の財に対する）銀の価値は、世界中のどこよりも中国において高くなった。しかも中国は、銀鉱山をほとんどもたなかった。その結果、中国は、西洋の船がアジアに到達する前の世紀から、すでに大量の銀を（主に日本から、さらに一部はインドや東南アジアから）輸入していたのである。

　西洋人は、すでに発見済みであった最も豊富な鉱山群（ラテンアメリカは、一五〇〇年から一八〇〇年のあいだ、世界の銀の約八五パーセントを生産していた[216]）から銀を運び、中国にやって来た。彼らは、（直接的でも間接的でも）この銀を中国に送れば、巨額で、きわめて確実な利鞘が生まれることに気づいた。この利益はあまりにも大きかったので、利潤の最大化を目指す商人としては、銀以外の商品を大量に輸出する理由はなかったのである（マーシャル・サーリンズが「中国人の姿勢」を理解しようとして分析した北京への朝貢使節団は、本質的に、管理価格で、君主同士が象徴的な交換をするためのものであったから、このことには影響されなかった。たしかに、使節団による貿易にも、利潤を追求する「私的」商業の面がつきまとったが、これらの取引では、利潤の追求はまったく副次的な役割しかもたなかった[217]）。

　西洋の知識人や政治家たちは、自ら（戦時への備えなどとして）かなりの銀を保有していたにもかかわらず、アジアには銀以外の何かを送るべきだ、と主張するのがつねであった。史料に残るこうした批判で目立つことは、「西洋」は、何よりも「アジア人」に銀以外の外国産品を買わせようと挑戦しているが、ただ、中国人はあまりにも中華思想が強く、西洋の職人もあまりにも未熟なので、うまくいかないと見ていたことである。しかし、こうした議論に焦点を当てることは、少数の政治的指導者の意見を、社会全体の選択と勘違いさせることになる。それは、ちょうど、朝貢貿易の適切な形態と範囲についての中国皇帝の見解に注目するのと同じく、ミスリーディングである。いずれの場合でも、何を取引するかという実際の判断を下したのは、市場に組み込まれている商人そのものであった。

銀を近代的な「貨幣」として扱うと、輸入についての中国の選択を、文化的保守主義の表れとして理解しがちになる。言い換えれば、抽象的な意味での剰余価値が、ヨーロッパの「貿易赤字」を埋めるために移転されたことになるのである。このような見方ではなく、銀自体をモノとして考える必要がある。銀鉱石から精錬された銀は、重要な目的に適していて、(ある時期の日本を除いて)アジアのどこよりも、ヨーロッパ人が圧倒的に安価に生産できるものであった。中国は、地質上の偶然から、まったくといってよいほど銀を生産できなかった。また、銀は、ヨーロッパが原材料供給の面はもとより、それ以上に加工技術の面でも優位性をもった数少ない工業製品のひとつであった。ヨーロッパの貨幣鋳造技術は、アジア産のものより良質で、偽造困難な硬貨を造り出せた。[218] ただ、中国人は銀を地金のかたちで用いたので、この優位性はあまり重要な意味をもたなかった。しかし、しばしばヨーロッパ銀の最初の購入者となりながら、その後、それぞれの貿易ネットワークを通じて大量の銀を中国に送った南アジアなどにとっては、その技術は非常に大きな意味があった。[219]

少し議論を進めると、銀を、中国人が貨幣素材として使ったというのではなく、東アジアに送ってモノと交換された近代的な意味での「貨幣」として扱うことが、恣意的であることが明白になる。結局、絹、胡椒、アヘン、カカオ豆など、箔のつく商品の多くは、さまざまな場所で貨幣としての機能も果たしたが、それでもやはりモノとして扱われている。さらに、多くの銀は、(たとえば宝飾品が質入れされたり溶解されたりするように)貨幣としての使用と装飾としての使用を行ったり来たりする。現代のドル紙幣と同じものではなく、ひとつのよほど特殊なモノとして見ると、中国に銀が流入したまさにその時代に、かなりの量の金が中国からヨーロッパとインドに流出したことが理解できるようになる。[220] 最後に、消費財購入の支払いのために中国に運ばれた剰余価値の蓄積として銀をみなす傾向は、西洋の研究者のあいだにある、西洋こそが活動的(で意欲的)な、世界を結びつけてきた主役だと見たがる宿弊により強化されてきた。しかし、(中国に朝貢をしていた、これも「銀使用になりつつあった」諸国を加えるなら)この時代の世界経済の四〇パーセントに相当するほどの通貨供給の性格を変化させることで生み出されたダイナミズムを考えると、銀に対する中国の需要は、ヨーロッパ側の磁器や茶などの需要と同じように、グローバル経済を生み出した「積極的な」力であるといわざるをえない。

　新世界の銀については、第6章でより詳細に扱うつもりである。ここで取り上げるのは、問題の一側面だけである。つまり、銀の輸出で圧倒的に優位に立った西洋が、新しい流行を創り出す力のある、ステイタス・シンボル的な商品をアジアから吸収したということのみを検討する。この優位こそは、これほど多くの外国産品がヨーロッパに流入した理由であった。ヨーロッパは、銀でそれらの代金を支払い、流行という糸車を他の地域よりも速く回したのである（この流入の、これ以外の理由については、第4章で議論する）。このユニークな流入は、これもヨーロッパ特有の「物質主義[21]」や「好奇心」が原因というよりも、むしろヨーロッパ、アジア、アメリカにまたがる経済上の複合状況《コンジョンクチュール》に根付いたものだったのである。また、ヨーロッパがアメリカの銀鉱山を獲得し、管理した方法を考えれば、ヨーロッパの経済的な強みを生み出した強制労働の意義はとてつもなく大きい（技術の進歩も重要ではあったが、鉱山の強奪と住民に対する労働義務の賦課がなければ、それらもなかった）。ほかならぬこの場合には、流行の変化を加速させ、ヨーロッパ内の合意に基づく市場取引をも加速させた点で、対外的強制の成果は重要であったかもしれない。しかし、説明の方向が、国内での市場経済の効率化や工業化から、海外の人間を強制労働に従わせる力へと向かっていくのではなく、海外における強制労働から、国内のスミス的力学（のちには輸入代替的な工業化）を棚ぼた式に強化したという方向に向かっていることが重要である。

　最後に、銀が誘引した奢侈品の輸入が、どんなに流行のメカニズムを強力に後押ししたとしても、「必需品以外の商品」に対するヨーロッパの需要が、中国や日本の需要よりもはるかに強力で、本質的な経済発展における差異を生み出すほどであったというのは、ゾンバルトやブローデルなどが考えたほどには確たることではなく、ひとつの仮説にすぎないことは肝に銘じておく必要がある。社会の最上層部で生じた奢侈品への需要はともかくとして、ヨーロッパでの民衆の「勤勉革命」やスミス的成長への参加が、中国（おそらくは日本も）のそれよりはるかに際立った現象であったと考えるべき絶対的な理由はない。ただし、なお、新しい奢侈的需要がもっていたとしばしば主張される、もうひとつの意義を検討しなければならない。つまり、奢侈的な需要は、成功した商人や職人のあいだに新たな資本の蓄積をもたらし、より規模の大きい経営者に新たな優位性を与え、プロレタリア化した労働者を雇用する資本主義的企業を勃興させた、とされる問題である。最後のセクションは、こうした議論にあてる。そのうえでつぎの章では、金融制度とより全般的な意味での「資本主義」に注目する。

奢侈品の需要、社会システム、資本主義的企業

奢侈とヨーロッパの資本主義の起源についてのゾンバルトの古典的研究は、奢侈品への需要が増大したことが、新しい種類の職人や商品を生み出したと主張するものであった。原材料の費用、優れた技能の修得に必要となる時間、往々にして権力はあるが現金が不足する顧客からの代金回収の問題などを勘案すれば、多くの職人は、独立しては奢侈品を生産することはできなかったという。

これ自体は新しい問題ではない。奢侈品生産の多くは、いつも職人が調達しうる範囲を超えた運転資金を伴った。この問題は、おそらくは最終的なオーナーがその仕事を依頼し資金を供給することで解決されていた。職人がパトロンの所領で仕事をするのはよくあることで、これは職人が姿をくらますことを事前に防止し、パトロンが作業の途上で構想や図案の選択に介入するためでもあった。しかし、奢侈品に対する需要量が増加し、需要が都市に集中すると、生産に要する資金の調達を自前でできる生産者（や問屋）は規模の経済性を享受し、従来のシステムで働く職人よりも製品をより安く生産できるようになった。

そこで、はじめに商品を生産し、その後にその商品を十分に資金のある者に販売する、こうした工房が一部に出現したと、ゾンバルトは主張する。圧倒的多数の職人は、十分な資本がなく、もはや独立した生産者ではなくなり、それどころかしだいにプロレタリア化していったが、成功を収めたごく少数の職人や商人は、より大規模に生産し、こうした職人たちを大量に雇用するようになったというのだ。[222]

こうした事例はたしかにあったが、その数を過大評価すべきではない。一八世紀後半になっても、主要な都市中心部からそんなに離れたところでなくても、委託生産という古いやり方がほとんどという状況が認められた。[223]また同様に、ゾンバルトがヨーロッパについて描いたものと同じ現象、つまり、奢侈品の既製品生産が委託生産と共存している姿は、中国や日本の主要都市でも見られた。[224]

一方、その他の地域では、職人による注文生産は、奢侈品需要の急増にも完璧に対応可能であった。インドの主要都市では、欲しいものは事実上何でも入手できると主張している当のヨーロッパ人たちが、これらの商品は、独立した店から買うのではなく、職人に命令して手に入れると記している。[225]ただし、こうした形態はインド亜大陸に共通していたわけではない。インドの農村地帯の織布工の多くは、バイヤーやパトロンからかなり独立していた。S・アラサラトナムによる一八世紀南インドについての研究は、その仕事のために、前払い金を受け取った（たいていの職人がそうしていた）織布工でも、製品の譲渡について相当の権限をもっていて、前貸し制度により原材料を与えられたヨーロッパの織布工とは、違う状況下にあった。した

がって、港湾その他の、潜在的な購入者が大勢いる地域に隣接した織布業の村では、このことは、かなりの自立性につながった[226]。

このことは、職人たちが少数の大金持ちのパトロンに仕え、直接的に支配されていた状況とは相当な違いがある。しかし、多くの場合、織布工と商人の取引は、直接ではなく、ほとんどが代々続く織布工頭を通じて（またときには他の者があいだに入って）行われていた。織布工頭たちは、「織布工の集団に対して家父長的支配を行ったが、労働の成果に対する経済的支配権はもっていなかった[227]」。こうして彼らは、かなり大規模な、またしばしば、きわめて高品質の生産を組織していたものの、生産過程を直接支配する資本家にはならなかったし、資金を供給し生産品を販売する人びとによって監督されるプロレタリアを生み出すこともなかった。

東南アジアの都市でも、依然として、貴族的な消費者が主導権を握っていた。熟練職人は、彼らの意志に反して、王宮に連行される危険につねにさらされていた。そのために彼らは、保護を求めて、しばしば特定の貴族や富裕な商人といった庇護者のもとで仕事をするようになった[228]。一七世紀のムラカ［マラッカ］といえば、人口二〇万人を数え、ごく一部の大都市を別にして、ほとんどのヨーロッパ諸都市よりも大きい都市であったし、あらゆる種類の奢侈品が入手可能であったにもかかわらず、「資本家的」な職人兼商人の成長はなかった。東南アジアでは職人が不足していて、かなりよい条件を認めさせることも可能であったのに、職人たちは（資本集約的な金細工師でさえも）、一九世紀末まで、パトロン制度や委託生産を捨てることはなかった。それが終わったのは、ヨーロッパの植民地政府が法的な個人的隷属をやめさせたときで、その後もパトロンと庇護民の関係の文化的な重要性は続いた[229]。

さらに、奢侈品ではないさまざまなモノの生産の論理も、資本主義組織へ移行すべき、もうひとつの、同じように無視できない理由となった。たとえば、中国の製材業はこうした方向に移行したが、それは、森に投資をして最終的に材木代金を回収するまでに長い時間が必要であり、しかもかなり大勢の木こりのチームが必要であったためである。一九世紀までに、製材会社は、小さな独立した業者から材木を購入するよりも、何千人という賃労働者を雇うようになった[230]。これ以上にはっきりとした事例は、徳川後期の漁業にもあった。

北海道の漁業は、商業的な経営になって久しかった。水揚げの大半は肥料の魚肥になり、より豊かであるが生態環境上は切迫した地域へ販売された。需要は、本州の多くの地域で商業的な農業が継続したことに伴い、徳川後期には大いに高まった。同時に、東北地方での大飢饉は、人口が希薄な北海道で賃金労働者を利用できる可能性を飛躍的に高めた。新しく効果的な漁網は、一五人から二〇人の労働者で操る必要があり費用がかかるものであったが、契約漁業労働者を多数確保できたので、この網の利用が広まった。これにより、契約漁業労働者は、地域の独立した漁家に対して競争上の優位に立ち、両者の関係を変えた。大きな魚問屋は、小規模な漁民に貸し付けを行い、水揚げを買い上げることを長く続けていたが、労働力が不足し需要が増加する世界では、魚問屋が、こうした漁民たちをプロレタリア化する動機も力もなかった。前の年に借金が返せなくなった漁民でさえも、これまで通り、独立した漁師として新たな融資の実行を受けることができたからである。しかし、このことは、再度、労働者を変え、新しい網も利用できるようになったので、抵当を流してより多くの網を購入し借金の払えなくなった漁民を賃金労働力にすることが、理にかなうようになった。要するに、資本は商業から生産そのものへと移転され、賃労働者が増加し、より多くの固定資本を用いて、集中的に管理する生産方法が、標準になった。すべてが、考えられる限りで最も簡素な生産ラインをもつ、ひとつの産業になったのである。[231] ここで、ヨーロッパ人による奢侈的消費が、中国、日本および東南アジアとは（ただし、おそらくインドに対しては違うであろう）、際立って異なっていた分野、つまり、住宅について、もう一度想い起こすとよい。住宅は、職人的な生産構造の解体がとりわけ遅かった分野のひとつであり、同じものを大量につくることによる規模の経済が、二〇世紀まで発生しなかった分野であったのだ。

こうして見ると、つぎのような結論が不可避のようだ。奢侈品需要の規模とその性格自体には、他の生産システムに比べて、低廉な既製品生産と多くの労働者を雇う経営者を生み出す力はなかった。むしろ、製品と生産要素の市場が全体としてはより重要になっていく社会において、需要が増えること（ときには規模の経済性が発揮されること）が重要だったのである。この文脈がなければ、パリの職人の顧客となった貴族たちの需要が拡大したとしても、古い生産関係を変容させたのと同じくらい簡単に、元に戻してしまうこともありえたはずである（貴族たちが請求書の支払いを、その権力を利用して免れようとしたことが、最も資金力のあった職人だけが生き残れた原因だというのが、ゾンバルトの意見だった）。一方、商人、「裕福な農家」、その他、貴族よりは政治力をもたない者からの需要は、既製品をつくるという新しい種類の作業場を育成するためにはより重要であった。しかし、すでに検討してきたように、「奢侈品の」需要は少なくとも中国と日本でも、ヨーロッパと同様にさまざまな階層に拡散していた、と考えるべき十分な理由がある。また、これも紙幅を割いて見てきたが、「自由労働」と経済全体の市場経済化を問題としたとき、ヨーロッパは、中国や日本と大きく違わなかった。実際、ヨーロッパは、少なくとも中国よりは遅れていたようだ。それ以上に、これら三つの社会が、この点では互いにかなり似ていたことは確かであり、一方で、インド、オスマン帝国、あるいは東南アジアとは、大幅に状況が異なっていた。

このように、少なくともここまでは、これら三つの社会には、われわれが一般に「資本主義的」と考える新しい種類の企業体が出現すべき条件が、ほぼ同じようにあったと思われる。とすれば、こうした企業、より一般的には「資本主義」というものが、ヨーロッパにだけ出現したとしばしばいわれるのはなぜか、いまやその理由をこそ考察すべきである。

第4章　見える手
――ヨーロッパとアジアにおける企業構造、社会・政治構造、「資本主義」

ヨーロッパ経済の頂点に位置する大規模な会社組織の存在から、ヨーロッパの独自性を説明する歴史家は数多い。そのほとんどは、フェルナン・ブローデルの影響を受けている。こうした歴史家たちの多岐にわたる議論は（消費についての議論と同じで）、ときとして本書の第I部で展開した議論――「完全な」市場についての露骨で、かなり単純なモデルと富の尺度、または、そのどちらか一方についての議論――ほどには、正確でないことがある。そうした歴史家たちは、本書の議論とは違って、集中的な資本蓄積――いわゆる「資本主義」――が発生するための理想的な条件は、所有権（金融資産を保障する権利も含む）と競争的な市場が広範に発展することだけでなく、競争的な交換を避け、責任を有限化し、独占や徴税請負いのような非市場的ないし反市場的な特権を保証することで、少数の人びとが利潤を手中にすることができるさまざまな制度も必要であったと主張する。

彼らの議論では、こうした相互に矛盾する要素の複雑な組み合わせこそが、資本蓄積にとって「格好の」条件であったことになるため、操作不能となり、互いの対話も難しくなっている。第2章では、アジア社会のひとつと照らし合わせるだけで、市場に関わる議論を論駁することができたが、もっぱらヨーロッパの「資本主義」のみを視野に入れた議論は、より幅広い事例と比較検討しなければならない。ここでは、ヨーロッパがいくつかの点で、組織上の明確な優位性をもっていたことがわかっている。しかし、一八〇〇年以前の世界でそういうことがいえたのは、戦争、軍事力を伴う遠隔地貿易、植民地化以外にはほとんどなかった。こうして、これらの問題を議論していくと、結局、ヨーロッパ外での貿易や植民地化についての政治経済学に行き着くことになる。のちに第III部で述べるように、ヨーロッパ人によるヨーロッパ外での活動は、決定的に重要であった。なぜなら、ヨーロッパ人がヨーロッパの外に出て活動することによって、資金の蓄積というよりは、物的資源の供給が激増したからである。

ブローデル自身、工業化前の旧世界では、どこでも大商人たちがいかに共通の特徴をもっていたかについて、多くの紙幅を割いている。そうした特徴のなかには、事実上、彼のいう「資本主義的」な行為がすべて含まれる。たとえば、「透明」で競争的な市場の外で活動すること、生産者と消費者の顔が相互に見えない取引に焦点を絞ること、信用を利用して、資金難に陥った人びと（飢えた職人から、手を広げすぎた君主にいたるまで）が、競合しそうな業者と取引できないようにすること、高い利潤を得られる活動のあいだの移動を繰り返すこと、などである。その結果、資本家は、特定の商品を扱うより、むしろ、「絶え間ない生産過程［おそらく流通も］に資本をつぎ込むこと」に専心したのである(1)。

資本家がこのように休む間もなく活動を続けた理由のひとつとして、工業化以前の世界では、最大級の成功を収めた大商人に十分な経済的可能性を提供できるほどの、単一の部門が存在しなかったという事情がある。「商人が特定の部門に特化しなかったのは、彼がやれる範囲の商業活動には、そのすべての精力を注ぎ込めるほど発展した部門がなかったからである。過去の資本主義が小規模だったのは、資本が不足していたからだと考えられることがあまりにも多すぎる。しかし、実際には、商人の通信文や商業会議所のメモを調べてみると、投資先が見つからない資本がかなりの額にのぼっていたことがわかる(2)」。資本がだぶつく状況が一変するのは、ようやく急速な技術革新が起きる一九世紀に入ってからであった。なぜなら、技術変化が起きると、多額の資金を投資して設備を購入し、生産過程で革新を起こすことで、利潤をあげられるようになるからだ。一九世紀になるまで、最大級の成功を収めた資本家たちがつねに直面したのは、利潤をどこに再投資するべきかという問題であった。すでに成功を収めた資本家のやり口を模倣しようとする人びとが、成功した資本家の既得権益に対して競争を挑み、資本家たちが手にしていた高い利益を減らしてしまう傾向があったため、この問題はさらに厄介なものになった（こうして、社会的な地位を向上させる意味はあるが、生産的ではない利潤の使い道が、それだけいっそう魅力的になったのである）。

ブローデルによれば、資本主義は、このようにゆっくりと発展したのであって、それが強力なものになるには、社会秩序が安定的に保たれ、財産権が不可侵とされることで、資本家の家系が何世代にもわたって財産を継承できることが不可欠であった。ブローデルの判断では、そうした条件は、ヨーロッパと日本でしか満たされていなかった(3)。中国およびイスラーム世界では、ともに国家権力が強すぎたため、富裕ではあるが支配者ではない人びとは、とうてい真の安全を享受することができなかった。インドでは、カースト制度によって職業の選択が制約されていたため、大商人はある程度の安定を得ることができたが、十分とはいえなかったし、そのうえ、同時に、新しい活動に乗り出すことを制限もされていた、というのである(4)。

K・N・チョードリは、ヨーロッパとアジアの財産権の扱い方の違いについて、同様の、しかし、多少狭い見方をしている。彼の初期の研究では、投資を促進することになった一五〇〇年以降のヨーロッパのビジネス・モデル――預金・引受を行う公共の銀行とジョイント・ストック・カンパニーの存在――を強調していた。[5]その際、チョードリが依拠したのは、マックス・ヴェーバーであった。ヴェーバーによれば、会社の資産、出資者、経営者を明確に区分し、真の利潤率を算出できるようにすることで、資本蓄積を極大化できるような概念と会計制度を発展させることができたのは、西ヨーロッパだけであった、という。

しかし、最近の研究では、これらの主張は揺らぎつつある。たとえば、中国の会計制度は、ヴェーバーが考えたよりもはるかに洗練されたものであった。そのうえ、西ヨーロッパの会計制度のなかでも最も「合理的」な形態のものを採用した企業は、一九世紀末に「経営者と出資者が明確に区別された」企業が前面に立ち現れるまでは、驚くほど少なかったことも明らかになった。[6]さらに、中国では、企業と家系の分離が不完全であり、しかも家系は栄枯盛衰を経験したにもかかわらず、何世紀にもわたって続いた企業が数多く存在した。その成功があまり喧伝されるものではなかったために、[7]豪商の家系の史料はとくに乏しいが、いくつか残っている事例もある。たとえば、多くの織物の店を経営していた瑞富祥商会は、三〇〇年以上存続したし、食品加工業者であった玉堂醤園は一七七六年から一九四九年より後まで続いた。[8]天津には、一八世紀（ないし、早ければ一七世紀後半）から二〇世紀まで繁栄した豪商がいくつも存在した。[9]商人に限らず、より一般的に名家を見れば、中国では、世襲の官職がほとんどなく、（上述の通り）譲渡不能な土地もほとんど存在しなかったにもかかわらず、一〇〇〇年以上も続いた家系も散見される。[10]

しかも、圧倒的に特定の家系と結びついていた企業でさえ、外部からいくばくかの資本を獲得し、プロの経営者を雇うケースさえよく見られた。[11]十分な資本を得て、地理的に広範囲にわたって事業を展開し、多様な分野の事業に参入し、相当な程度まで垂直統合を達成する企業さえ少なからず見られた。[12]たとえば、一九世紀初期の陝西の大製材会社は、三〇〇〇名から五〇〇〇名もの労働者を雇用していたという。[13]こうした事例から確実にわかることは、これらの会社は工業化前の世界では最大規模の会社というべきで、前工業化時代、および工業化初期の時期を生き抜くのに十分な資本をもっていたはずだ、ということである。一九世紀までに、漢口のような主要な集散地には、ジョイント・ストックの原理に基づき組織された企業が数多く存在しており、その出資者は広範囲にわたっていた。これと同じことが福建や四川の大塩田で塩を製造・販売していた企業についてもいえる。[14]血縁関係をもたない多くの投資者も含む、複雑な商業上のパートナーシップは、北インドなどのバンジャラスやバニヤ商人の集団にも共通して見られた。[15]これらの会社がヴェーバーの理念型に当てはまらないことは明白である。しかし、現実に存在した西ヨーロッパの企業が、これらの企業よりはるかにヴェーバーの理念型に近かったとも言い切れない。

その後のいくつかの研究でチョードリは、合理的な事業組織については、前ほど重視しなくなった[16]。それよりも、アジアでは商業資本の安定性が欠如していたとされることに、研究の焦点を当てるようになったのである[17]。ブローデルは、商業資本の安全性が欠けていたのは、アジアにおける統治システムが一般により専制的であったことの現れだと、ことあるごとに述べている。しかし、チョードリは、ブローデルの主張とは違って、人間と土地資産は、ヨーロッパよりもアジアにおけるほうが確かでなかったとは言い切れない、としている。しかし、ヨーロッパとは異なり、アジアでは貿易会社の資本が人びとから切り離されて扱われなかったために、貿易会社の資本は安全ではないままであった、というのである。その理由はつぎのようなものである。

> これらアジアの貿易国家では、商人や銀行家は、法によって保護され国家によって奨励された公共の利害に関わる領域には投資できなかった。ヴェネツィアやジェノヴァのような共和国の公債や、アムステルダム銀行の債券に投資した人びとは、金融上のリスクから解放されていたわけではないが、しかし、それらの公債や債券は法的に認められ、かつ抵当としての価値をもっていた。インド人や中国人の貿易商は、国を統治するエリートに資金を貸し付け、税を現金化することで彼らを支援していたのだが、保有する公信用を市場で取引可能な資産に転換する制度をつくり上げることはできなかった。
>
> 　土地に対する私的所有権という概念は、アジアでは、所有地の規模によっても、所有者のタイプによっても、制限されていなかった。……しかし、貿易資本にかんしては、そのようなことはありえなかった。商人とその運転資金とは、分かち難く結びついていた。商業活動としての資本主義は、インド洋では、どこにでも存在するものであったが、資本がその所有者と無関係に、生産的な役割を果たすなどということは、社会的にも、法的にも、まず認められないことであった[18]。

チョードリの主張では、このように資本と資本家が分離していないのは、ヨーロッパの都市国家とは異なり、アジアの大帝国の支配エリートたちが、政府の勘定によってであれ、自分自身の利益のためであれ、商業には従事しなかったという事実から生じたものである。

> ほかの生産要素、すなわち、土地と労働は、社会的に分離することができると考えられた。なぜなら、十分な購買力をもっていれば、誰もが土地を購入し、労働力を雇うことができたからである。しかし、商業や工業に用いられた資本は、商人集団にがっちりと握られたままであった。永続的な収入をもたらす商業投資への権利をもつほうが、商人への直接課税よりうまくいくかもしれないという考えは、アジアの支配

層には思い浮かばなかったらしいのである。仮に、彼らがこのことに気づいたとすれば、こうした権利を法のもとで明確に定義することが、不可欠の条件となったであろう。しかし、現実には、そうした権利の法的な定義は不明確で、社会的にも（高利貸し、買い占め、独占と結びつけられて）誤解もされてきた。このため、資本の社会的な所有、および、その特定の利用、運用、蓄積の領域もまた、制約されたままになっていた。[19]（傍点はポメランツ）

その結果、「恣意的な財産没収という亡霊は、決して遠くに去ったわけではなかったのである[20]」。

しかし、ヨーロッパの大商人以上に、アジアの大商人が実際に財産の没収という被害を受けたのかどうかは、明らかではない。ヨーロッパの君主たちが債務不履行に陥ったときに生じた、事実上の財産没収を含めて考えると、このような主張の雲行きはとりわけ怪しくなる。のちに言及するように、少なくとも東南アジアの貿易商のなかには、財産没収からは手厚い保護を受けた者がいるし、中国の国家は、ほとんど借り入れを行わなかったため、中国商人はほぼこうした問題を避けることができた。江戸時代の日本の商人は、ブローデルによってヨーロッパの商人と同じ利益を受けたと考えられているが、（貴族や大名の債務不履行や、将軍から出される借金を帳消しにする法によって）中国やインド商人以上に、事実上の財産没収の被害にあっていたと考えられる。ただし、時代が進むにつれ、その頻度は低くなっていったのであるが[21]。

さらに、市場が機能するためには、ある程度の財産権の安定性が必要であったことは明らかだが、財産権を増強するたびに、必ず自動的にリスク・プレミアムが下がり、資本が安価になって、経済成長率が上昇したのかどうかは、明らかではない。グレゴリー・クラークの研究によれば、一五四〇年から一八三七年までの長期間にわたり、公的債務の利子率は、政治的危機やその安定に対応していたが、民間の取引で要求された利率は、政治情勢には対応していなかった、という。さらに、政治体制に大きな変化が起こり、財産没収のおそれや課税のかたちで所有権が脅かされる可能性が減じても（たとえば、政府予算に対して議会による統制が確立したというような）、民間の取引における資本の価格には目立った影響は見られなかった。こうして、クラークは、制度的な環境が徐々に「完備」していくことが、イギリス産業革命の重要な序曲であるとする見方に疑問を投げかける。少なくともこの点で、イングランドの制度は、一五四〇年の段階ですでに十分に安定しており、したがって、その後、恣意的な介入がますます取り除かれ、より腐敗の少ない政治システムが発展しても、資本市場には重要な意味はなかったのである[22]。おおよそ一五四〇年から一六六〇年までのイングランドと、一六九〇年から一七六〇年までのそれとのあいだにあった程度の財産権の安定性の差異が、資本コストに大きな差をもたらさなかったのだとすれば、一八世紀のヨーロッパと東アジア（おそらく南アジアも同じ）のあいだの財産権の安定性の違いが、なぜ資本コストに決定的な差を生み出したといえるのか。

しかし、ヨーロッパと比較して、中国やインドで商業資本とその所有者との分離がより不完全であったことは、たとえ国家が商人を脅かすことがよほど減ったとしても、なおほかにも重要な問題を残したかもしれない。中国では、拡大家族が構成員のうちで豊かになった者に多くの要求をすることで、長期資本の蓄積が抑制され、利潤が土地資産の形態をとった「慈善信託」に流出し、それが寡婦、教育、官職の購入に費やされたと主張している研究者もいる。しかし、最近の研究によれば、成功した天津商人は、自分たちの資産を兄弟の家族からほとんど問題なく切り離しており、長期的にはなおさら問題は少なかったのである。[23]というより、「慈善信託」は、それ自体、長期の商業資本を蓄積するためのひとつの手段でさえありえた。理屈のうえでは譲渡不可能なこれらの信託財産が、企業家に貸し付けられたり、商工業企業によって所有されたりした事例が、つぎつぎと見つかっている。[24]「慈善信託」では、血縁や共同体の結びつきが、長期資本の蓄積に寄与し、一族の分家が事業からの収入の流れを受けとることを可能にしつつ、同時に、いかなる分家であっても、その元金を持ち出すことをきわめて困難にしたのである。経営者（血縁外から雇われることがあった）は大きな権限をもっており、企業の支出割合を決定し、必要とされる収益を留保し、あたかも近代企業の経営者のように行動することができたと思われる。[25]さらに、四五年前に何炳棣（Ho, Ping-ti）[26]によって研究された揚州の大商人――彼らの高度な生活水準と知識階級への貪欲な上昇志向は、近世中国の上層商人像を形成してきた――とは異なり、天津や福建の豪商の家系が、いずれも多大な努力を払ってでも子弟を官界へ送り出したのは、政治に関わる必要性が高まった二〇世紀になってからであった。[27]最後に、ヨーロッパ経済でも、すっかり工場の時代となった一九世紀後半までは、二、三の部門を除き、家族企業が優位を占めていたことを忘れてはならない。

西ヨーロッパと東アジアの商業組織は、ヨーロッパ人が最も重視していた部門、つまり、海外貿易においてこそ、大きな違いがあったのかもしれない。ヨーロッパ人が新しい形態のパートナーシップや、究極的にはジョイント・ストック・カンパニーをつくり出した主な目的は、遠隔地貿易と植民地形成にあった。これらの形態の企業は、資本と資本の所有者との分離を新たな水準にまで推し進め、制度化した。その結果、一人の投資者では大規模すぎて扱いきれない航海や積み荷を、結束して大勢で扱えるようになった。

対照的に、中国人が東南アジア海域で行ったジャンク船交易では、多くの異なる商人の積み荷を運搬しており、そうした商人や代理人を船員として船上で働かせるのが典型的な形態であった。商人や代理人は、賃金の代わりに自分たちの積み荷のための小さなスペースを提供してもらったのである。多くの区画に分けられた船倉をもつこうしたジャンク船のことを、「海上に浮かんだ広東郊外の市場のようなもの」とする研究者もいるが、他方、このような交易は「遅れた」「取るに足りない」「ちっぽけな」資本主義の断片でしかありえなかったとする研究者もいる。[28] しかし、後で見るように、ヨーロッパ人が武力行使をしない限りは、この方法で交易を進めた商人たちこそが、ほとんどの商業ルートでヨーロッパ人との競争に勝利したのである（むろん、中国人は利潤を低くすることよって、市場を獲得した可能性もあるが、そのような証拠は存在しない。それに、中国の高い資本コストを考えると、その可能性はありそうにない）。

実際には、このようなシステムが完全に意味をなすには、これらの交易ルート上を流れる季節風の存在を考えなければならない。風向きが逆になるまで帰ることができなかったため、港で費やす多くの時間を劇的に削減することは不可能であった。陸上に基盤を置き、積み荷のスペースを自分で使用するか、貸し賃を取って貸していた企業家集団であれば、海岸に長期間とどまっているあいだ、専業の船員のために莫大な賃金を支払うことになっただろう。短期日の寄港を多くし、それぞれの港で積み荷の売買に専心できる船員のほうが、合理的になったのである。

アジアとは対照的に、大西洋では、一八世紀のうちに、海運コストは劇的に低下した。ヨーロッパの海運業者の諸集団は、船員に賃金を支払っていたことも事実であるが、港での停泊期間を短縮する方法を発見したからである。たとえば、一七〇〇年頃のチェサピークでは、イギリス本国への返り荷を集めるのに一〇〇日以上かかっていたが、一七七〇年頃には五〇日以下に短縮されたのである。[29] ——その結果、一年に一往復しかできなかった航海で、二往復できるようになった。しかし、南アジア、東南アジア、東アジアでは、季節風のため、少なくとも帆船に頼っている限り、このような進歩は望みえなかった。したがって、こうした事例で見られるように、商人と資本が物理的にあまり分離していなかったことは、決して非合理的だったわけではなく、大西洋とは風の状態が異なる世界に適合的であったにすぎないのだ。

中国南部とロシアとのあいだで行われた茶の陸上交易——比較的均質な商品（チェサピークのタバコのように、船や隊商が到着する前にあらかじめ集荷しておきやすい）を扱い、風が問題にならないような交易——は、「ヨーロッパ型」の原理に沿って組織されることが多かった。ガーデラによれば、茶の貿易には、つぎのような諸制度が随伴していた。すなわち、大企業（小規模企業の方が多かったとしても）、複雑なパートナーシップ、前貸しによる融資、輸送スペースを売買する市場（これによって、投資家は自分の積み荷から物理的に離れていることができた）、直物ないし先物の卸売市場などである。茶貿易におけるパートナーシップは、近世ヨーロッパの遠隔地貿易会社（たとえばモスコー会社）と、多くの点でほぼ似ているように思われる。[30] こうしたパートナーシップは、一七世紀の「ヨーロッパの」諸会社のように洗練されていることもなく、とくに永続性をもつことはなかったが、しかし、永続性を必要とする条件もとくになかったのである。ヨーロッパの一七世紀以前の貿易会社と同じように、その商売に必要な限りでの非人格性は、これらのパートナーシップも備えていた。後で見るように、経営者と所有者の分離をさらに進めることが本当に有利になるのは、きわめて特殊な情況下においてのみであった。

ヨーロッパの資本家が、投資の選択肢をより多くもっていたという主張は、もう少し妥当性があると思われる。しかし、それも、比較の対象を中国と東南アジアに限定して初めて成り立つ話である。繊維業、醤油製造、木材業などとは違って、海外貿易に深く関係すると、とくにそのトップが、一度に一貿易シーズンを越えて海外に滞在したとなると、その中国企業は国家から監視されるという嫌な経験をすることになったはずである。したがって、このように限定的ではあるが、重要な側面では、アジアの商業的富が安全ではなかったという、すでに引用したチョードリの非難が当てはまるかもしれない[31]。政府が真剣に海外貿易を止めようと努力していた時期（一七世紀の政治的動揺期）はあったものの、中国人は相変わらず海外貿易に深く関与しつづけた。一七世紀のこの中断も、長期的には中国に基礎を置く貿易網の成長に、それほど影響を与えたとは思えない。しかし、中国の国家権力は、利潤率が異常に高かったらしい地域でも、武力を用いて貿易を促進しようとはしなかった。のちに見るように、清朝は、東南アジアを毎年訪れる「賓客貿易商（guest merchants）」には一定の関心を示した。しかし、海外に定住した中国人には関心をもたないか、敵視するかした。後者の集団は、交易場や植民地帝国にとっては、決定的に重要になったはずである。中国の政権は、中国を拠点とする武装私貿易の発展を許すことはなかった。一六八〇年から一七六〇年のあいだに、清朝は中国の領土をほぼ二倍に拡大した。しかし、その目は、主に中央アジアに注がれていたのに対して、沿海部の貿易商は、そんな地域にはまったく関心がなかった。したがって、中国の政治経済は、互いに競合した近世ヨーロッパの諸国に比べて、ひたすら資本主義の発展だけに精力を傾けるには、良い条件にあるとはいえなかった。

さらに、中国の国家は借り入れをほとんど行わず、商人を歳入の前貸しに関与させることはなく、一九世紀半ばまで、官職を売りに出すことも、ヨーロッパと比較してほとんどなかった（ただし、科挙による学位を売りに出すことは多かった[32]）。中国の国家が塩という国内独占をつくり出したのは事実であり、その勅許を手にして異常なほどの富を得た者も少数ながら存在し、小規模とはいえ独占も存在した。しかし、その程度は、ヨーロッパの国家に遠く及ぶところではなかった。中国では、砂糖、タバコ、アルコール、その他の人気上昇中の「小さな奢侈品」には、独占はなかった。こうした商品は、ヨーロッパの君主や、君主に気に入られた商人から見れば、打ち出の小槌であった。したがって、国家財政には――ヨーロッパの最大級の富裕な商人の多くに大きな利益を生み出しただけではなく、新たな金融制度の実験室としても有用であったのだが[33]――、中国の大商人がそれによって何かを得る機会は、ほとんどなかった。

したがって、少なくとも中国については、以下のようにいえそうである。すなわち、土地を基盤とする歳入で、当面、運営ができた［中国の］国家は、ヨーロッパ諸国の政府ほどには、商人に干渉しなかった代わりに、商人のために機会や特権を創り出すこともまた、ほとんどなかった、と。この可能性については、後で検討する。おそらく、ヨーロッパでは、最大規模の企業が国家に関与することによって得た利権は、そうした会社が受けた国家からの干渉を補って余りあるものであった。そのため、ヨーロッパの政治経済は、中国よりも資本主義的な蓄積に有利に作用したはずである。しかし、こう言うだけでは、この主張はなお、十分に証明されたとはいえない。

もうひとつの可能性は、ヨーロッパでは、国家財政上の必要性から制度の革新が起き、その結果、いっそう効率的な資本市場が全般的に発展したのではないか、ということである。いかにもありそうなことではあるが、より洗練された資本市場が重要になるのは、どのような経済活動なのかを、きわめて慎重に特定する必要がある。その作業に取り組む前に、公信用を貪欲に求めたヨーロッパの国家は、金融資産に他には見られない保障を与えたのだという、いささかおおざっぱな主張について、いま少し検討しておく必要がある。国家財政と民間市場とのあいだにきわめて多様な関係をもっていた、中国以外のアジア諸国の事例をいくつか検討してみると、国家が信用を必要とすることと、資本の安全性を保障すること、より一般的にいえば、安価で潤沢な信用が得られるということとを、単純に結びつけることに疑問が起こるであろう。

東南アジアでは、ヨーロッパや中国の基準から見ると、植民地化以前の国家はかなり弱体であった。大陸部の国家のなかには強力に成長している国家もあったものの、[34]商業化がより進んでいた島嶼部の世界では、そのように言うことはできなかった。東南アジアには、国境を越える交易に熱心に出資し、活発に商人を雇って政府の収入を前貸しさせ、徴税させ、管理させた国家が多数存在した。[35]それにもかかわらず、社会の余剰分における国家の取り分の割合は、少なかった。[36]その結果、これらの諸国が商人に、金融や商業上の特権を買い取ることで巨大な利益を得る機会を与える可能性は、近世ヨーロッパ諸国よりも小さかった。

しかし、国家による借り入れの発展が、中国や南アジアでは、西ヨーロッパよりも格段に遅かったことから、中国や南アジアの民間の負債と金融資産が、他の地域よりも安全ではなかったといえるわけではない。一方、南アジアや中東の大部分の地域では、力がほぼ拮抗する勢力間で激しい軍事抗争が日常的にあったために、近世ヨーロッパ国家の状況にも似た財政的必要が生じた。[37]かくして、南アジアや中東の一部では、ヨーロッパのそれにも匹敵するほど洗練された金融制度が発展した。

近年は、チョードリが強調した限界点で、南アジア資本主義が破綻してしまったとする研究が多い。たとえば、フランク・パーリンが示すところによると、一四世紀初めのインド各地では、村長職、徴税権、土地生産物に対する他の取り分などを、有力な家系に集中していた。これらの権利は、しばしば、国家やほかの名門家系への貸し付けの見返りとして得られたものであり、しだいに、農民自身に対する貸し付けも利用されるようになった。[38] その過程で、農民の生産物に対する取り分が制度として定義され、保護の度合いについても合意された。つまり、たとえ国王であっても、これらを覆すことはできず、[39] 所有者はこれらを売買することが可能であった。言い換えれば、こうした取り分は、「証券」としては、ブローデルやチョードリのいう、[40] 将来の歳入を担保とするヨーロッパの債券や担保権とほとんど同じようなものであった。実際、インドでは、国家財政の管理方式は、民間における革新から進化したのであって、その逆ではなかった。[41]

パーリンとアンドレ・ウィンクの議論がインド北部と中部に集中しているのに対して、サンジャイ・スブラフマニヤムは、南インドでも、資本蓄積を進める家系と商業化された国家財政が相互に浸透していたという、より有力ともいえる証拠を見いだした。スブラフマニヤムは、彼のいう「ポートフォリオ資本家」、つまり、以下のようなさまざまな活動への関心を併せもつ――ただし、比重のかけ方は絶えず変化する――人びとの経歴を調査している。すなわち、遠隔地貿易（たいていは、高利潤をもたらす奢侈品の交易）、貸付け・手形割引・その他の金融活動、徴税権や政府が認可した独占権（たとえば、ダイヤモンド鉱山）の買収やリース、資本集約的な土地開発（周辺地域の徴税権の購入、入植や灌漑資金の貸付け、さらには、信用や徴税権を利用して、その地域で生産される輸出商品を独占的に購入することが多かった）、イギリス人やオランダ人の代理人として買い付けを行うサーヴィス、廷臣や将軍、軍需物資調達を担当する官吏としてのサーヴィス、などである。[42] ここでもまた、将来の収入の流れに対する権利は、慣習に強力に護られていたばかりか、ときには、公式の保護さえ受けた。かくして、結局、そうした権利は、売買、相続、抵当権の設定が可能となり、ヨーロッパにおける利権とほとんど変わりないものになったのである。

さらに近年、スブラフマニヤムは、インド南部の状況を、彼のいう「近世アジア」の多くの地域に敷衍して、[43] インド洋およびインド洋沿岸の広大な地域には、とりわけ大規模で、重要な二つの「ポートフォリオ資本家」集団が広がっていたと論じた。そのひとつであるイラン人の集団は、貿易、歳入の徴収や前貸し、金融、高利潤が獲得できる生産活動（たとえば政府の鉱山）に身を投じており、東アフリカ沿岸部から中東、南アジア、（のちには）東南アジアの一部にまでわたって活躍した。もうひとつの中国人集団は、広東や福建の沿岸部から東南アジアにまで広がっていた。いずれの集団も、まず、民間で事業を発展させ、それから国家歳入の徴収という事業へ出資し、そのあいだに、国家との結びつきを利用して大きな利益が得られる特権を獲得したり、通常では得られない情報を特別に入手したり、そのほかパーリンが述べるような手練手管を多く用いて、商業上の利権をさらに獲得していったのである。[44]

「ポートフォリオ資本家」の活動と、彼らが食い込んだ国家が一般に重商主義的な姿勢を示したことについては、貿易の中継基地としての地位を維持しつつ、移動する商人たちに良好な活動環境を与える必要があった一連の都市国家（マラッカやホルムズなど）に、最もよく史料が残っている。[45] 近世ヨーロッパで資本家が享受できたものと比べうる幅広い活動の場と安全――チョードリが、ヴェネツィアやジェノヴァ、アムステルダムの債権者が明確な法的地位を享受したことには言及するが、フランス、スペイン、その他、ヨーロッパの大国に融資した者がはるかに不安定な立場にあったことには触れていない点に注目すべきである――をつくり上げることができたのは、こうした都市国家だけであっただろう（ヨーロッパの国民国家で最も商人に好意的であったイングランドでさえ、政府は内乱期に相当額の負債の債務不履行に陥り、王室の他の負債についても、それが本当に償却されるかどうかという不安が、何十年にもわたって解消されなかった）。[46]

さらに、スブラフマニヤムによれば、やがて、南アジアや東南アジアの大陸上帝国がこれらの都市国家に続くようになったのに対して、都市国家のなかには広大な後背地に支配を及ぼすものも出てきた。こうして、大農業国家と商人が支配するインド洋の都市国家とで、かつては違っていた国家財政のパターンがひとつに収斂していき、「ポートフォリオ資本家」が安全に活動し、利益を生むことができる領域が広範囲に拡大していった。[47]

これらのいくつかの陸上帝国で国家歳入の仲介役としての役割を果たした一八世紀の商人たちは、おおかたのヨーロッパ貴族以上に、その利害を法的に保護されていたように思われる。たとえば、ベンガルの事例を考えてみよう――ベンガルは、一七七〇年の大飢饉以前では二〇〇〇万人の人口をもち、[48] ロシアやフランスを除くと、ヨーロッパのどの国よりも人口が多かった。ジャガト・セスス家といえば、王朝に融資していた銀行であるが、つねにナワブ（支配者）に歳入を前貸しする代わりに、担保として押さえていた税の徴収権（それもまた請負いに出された）を獲得した。たとえ、支配者たちが内外からの敵によって転覆されたとしても、商人の権利がそのまま維持されたことは明らかである――あるナワブが、祖先たちが売り渡してきた諸特権を廃止しようとしたことが、商人たちが団結して彼に対抗しようとした重要な要因となった。[49] ヨーロッパの君主に融資をした同時代のヨーロッパ商人は、たとえ望んだとしても、こうした選択肢をもつことはまずなかった。

これらのポートフォリオ資本家がインドで繁栄していたことを目にするのは、印象的である。というのも、インドでは、一般の人びとはおそらく、中国や日本、西ヨーロッパほどには、市場に関わっていなかったからである。ポートフォリオ資本家が存在したことで明確になるのは、資本家が成長する条件と社会が全体として変容する条件とは、区別しなければならないということである。C・A・ベイリーは、スブラフマニヤムの研究よりも以前に、近世インドの資本主義がもっていた社会を変容させる潜在的な力の発現を抑えた条件が、少なくとも二つあったことを示している。[50]

ベイリーは、さまざまな租税徴収権・独占権・その他の特権の売買――彼のいう「国王権力の商業化」――は、多数の人びとを市場から排除することを前提としていたのだと強調する。こうした特権を購入しようとした人びとが、さまざまな財やサーヴィスのより競争的な市場の成長を先買いしつづけられると確信できない限り、このような特権は安定的ではなく、広く取引されることもなかったであろう。その意味で、ある種の資本主義は、市場経済の成長と歩調を合わせて進行するどころか、市場経済、さらにより一般的な経済の変容には、全面的に敵対するものでありえたのである。

しかし、ベイリーは、いわば「インド資本主義の精神」についても論じている。それは、ヴェーバーによる、信仰が経済活動と結びついていたという考え方を踏襲する試みではあるが、ヨーロッパ外世界の事例にかんしてヴェーバーがもっていた材料よりは、はるかにすぐれた証拠に基づくものである。ここで、ベイリーの主張が正しいかどうか、完全には判断できないが、その概略を示したうえで、こうした差異が経済上、どの程度重要であったのかは、考えてみる価値がある。

ベイリーの主張では、インド北部の商人の大半は、大ポートフォリオ資本家――(ほとんどが国家と結びついた)高利潤、高リスク、資本の急速な回転を必要とする事業に深く関係するか、土地の経営に密接に関わるようになっていくか、のいずれか――と同じ行動をとることを好まなかった。なぜなら、こうした活動には、ふつうのバザール商人の行動規範とぶつかる側面があったからである。とくに、ふつうのインド商人は、家族の「信用」――金銭的、社会的、精神的な――を守ることに関心をもっていたと、ベイリーはいう。危険な事業、ぜいたくな生活、あるいは(自分または子供の)ぜいたくな生活につながる可能性があると思われる財産を所有するだけで、そうした信用は危険にさらされた。こうしてふつうの商人は、相対的に遅い速度で資本を回転させ、相対的に禁欲的な生活を送る――これらはすべて、野心に満ちた宮廷商人の生活とは相容れない――という慎重な行動によって、自分たちの地位を築き上げた。そのうえ、商人のあいだでは戒めの寓話が数多く語られていた。そうした寓話が示しているのは、土地や土地からの歳入を直接扱うことは、とりわけ危ない。複雑なパトロネッジの義務や、収穫に左右されるという危険性の高い博打に巻き込まれるからだ、ということであった。人びとの購買力に限界がある経済では、国家の歳入、遠隔地貿易、その他、高い潜在的利益がありそうな分野に手を出そうとする誘惑がつねに存在したが、しかし、おおかたのインド商人は、このような活動を遠ざけるエートスをもっていた。ポートフォリオ資本家自体は、ときとして賞賛され、羨まれもしたが、しかし、より保守的な商人仲間からは、否定的なモデルとみなされることも、しばしばだったのである。[51]

商人文化についてのこうした記述に疑問を投げかけることは

難しい。しかも、それで、どの程度のことが説明できるのかと問うことも、同様に困難である。なにしろ、野心に満ちた仲間に眉をひそめる思慮深い商人は、インドに限った話ではない。そんな商人は、アムステルダムのような初期資本主義的なギャンブルの温床でも見つけることができる。サイモン・シャーマがいうように、株式取引所は多くのブルジョワにとってまったく不適切な投機の象徴であり、反対に、きわめて慎重な都市銀行は、尊敬すべき商業活動の象徴とされた[52]。さらに、ベイリー自身、バザールの近くの質素な家屋に住んでいた信心深い北インドの商人たちについての見事な実例を挙げている。彼らはもう一方で、町の郊外に豪華なペルシア風の邸宅をもっており、おそらくそこから、より冒険的な取引をしていたと思われるのである[53]。とすれば、信仰心のために、実際の行動以上のことを自慢することも、しばしばあったのかもしれない。こうしたことは、密かに相当の商業投資をしていた、中国の士大夫階級の家系についても当てはまる。

たとえ、大きな利益を得ることもできるが、高い危険性をも伴う事業を、本当に自分たちの感性から回避していた商人が多かったとしても、このことが、経済全体にどれほどの差異をもたらしたのか、明らかではない。ともかく、少数であっても、ハイリスク・ハイリターンの部門に参入する余地は存在した。大きな利益に魅力を感じる人びとも多かったので、こうした活動は資本にこと欠かなかったのである。このような対比が、より明白な経済的意味をもつのは、構造面である。つまり、少なくともいくつかのヨーロッパ諸国では、政府に資金を貸し付けることは、ついには思慮深い投資の典型とさえなったのに対して、混乱のさなかにあった一八世紀のインドでは、国家に関わりをもつことは、相変わらず一種のギャンブルでありつづけた(政府への融資と民間へのそれがもつリスクの相対的な評価の、これと同じような変化は、クラークが引用し、すでに本書で検討したイングランドの利子率の動きにも表れている)。実際、単刀直入にいえば、競争を繰り広げる東西インド会社によるある種の疑似国家的な活動——戦費負担も含む——によって、ヨーロッパでは、[短期的な利潤を求めない]忍耐強い資本を蓄積する新しい形態が現実に生み出されたが、他の地域では、暴力への投資は、比較的短期的で、また投機的な活動でありつづけた。しかし、こうした対照的な現象が起こった最も重要な理由は、文化的なものではなかったし、これらの新しい金融装置を植民地化や武装交易以外の活動に利用できる可能性は、限られていたように思われる。

西ヨーロッパの資本市場が一八世紀の世界で最も効率的であったことを示す史料もいくつか存在するものの、それについては慎重であるべき理由もまた存在する。オランダの利子率は、最良の借り手の場合、三パーセントであった。イギリスの利子率が一八世紀を通じて四ないし五パーセントに下落したことを考えても、オランダの利子率はおそらく一七、一八世紀の世界で最低であっただろう[54]。一七世紀後半のスラトの場合、最良の借り手への利子率は約七パーセントであり、一七世紀を通じてインドでは利子率が下落しつつあったと思われる。[55] 日本の利子率もまた下落したが、そもそも出発点の利子率が高かった。大名——債務不履行を起こしたため理想的な借り手とはいいがたいが——に対する貸付利率は、一七〇七年から一七四〇年の平均一二・四五パーセントから一八六〇年代の八・六八パーセントにまで下落した（後者の時期には、政治が大混乱を起こしていたにもかかわらず、そうなったのである）。[56] 中国では、断片的な史料しか得られないものの、一八世紀では名目利子率が日本とほぼ同じであったが、一九世紀になると日本より高くなった。天津の「銀行」［銀号：在来金融機関のひとつ］は、一八世紀後半に政府やごく堅実な少数の商人に対しては、年利一〇パーセントを課していたようである。[57] その一方で、質屋は国家への一二パーセントでの貸付けが魅力的なものであると考え、それと引き換えに国家からのさまざまな規制に従ったのであった。[58] このことは、「財政＝軍事国家主義」がより明確に読み取れ、公信用がより発展した場所（南アジアおよび、とりわけヨーロッパ）こそは、資本を経済全般に回すためのよりよい手段が発達した場所であることを示しているかもしれない。しかし、中国でさえ、信用のコストが高くて、その被害が及んだと即断すべきではない。

第一に、一八世紀における中国のインフレ率が不明であるから、実質利子率はわからない。第二に、利子率は借り手によって異なるので、社会による差異といっても、比較的危険性が高い貸付けに課される利子率の格差は、最良の借り手に対する利子率のそれと、必ずしも同じではなかったかもしれない。さらに、借り手が信用上の価値以外の基準で判断されることが多かったとすれば、利子率の低さは必ずしも信用の市場価格を反映していないかもしれない。たとえば、イングランドの法廷記録によれば、一七世紀の貸し手は、たとえ借り手に支払能力がないとわかっていても、自分たちよりも社会的に上位にいる者には貸付けを実行せざるをえない（しかも、抵当流れにはしない）相当な圧力に直面していたことがわかる。[59]

さらに重要なのは、利子率こそが、人びとが投資のために資金を借りようとする場合の最も重要な条件どころか、不可欠な条件であるとさえいえなかったことである。たとえば、中国では、副抵当とされた土地を差し押さえることは、きわめて困難であった。土地の所有者が債務不履行に陥った場合、その所有者を小作人にすることで地代を支払わせることはできたものの、所有者を追い立てて債権を取り戻すことや、所有者が債務を将来的に完済してその土地を取り戻すという選択肢をなくすことは、きわめて困難であった。ある見方からすれば、このような（慣習的な）規則は所有権の重大な不備であり、このために貸し手が要求する利子率が上昇したことは明白だ、ということになる。しかし、借り手側から見れば、このことの意味は違っていたといえる。何百万世帯もの借地農が、織機を買い入れ、養蚕用の桑の葉をもう一棚手に入れ、結婚（によって、もう一人分の労働力を獲得する）費用を負担したことを考慮するならば、利子率は低いものの、債務不履行に陥るとより厳格な罰を受けるかたちよりも、利子率は高いものの、土地を利用する機会が完全には失われないかたちのほうが、借り入れの意欲は増したと思われる。このことは、とりわけ養蚕業に従事する人びとに、当てはまるように思われる。というのも、養蚕業では、返済期間が一般的に短期で、しかも、豊作時の利益も非常に高かったが、不作時の危険性もまたきわめて高かったからである。

他方、ヨーロッパでは、農村工業の流動資本や固定資本は、一般的にいえば、生産者よりもむしろ前貸問屋商人によって提供された。一般的にいえば、これらの投資を行う人びとの支払能力が高ければ高いほど、おそらく、リスクを拒むことは少なくなったであろう。というのは、彼らが債務不履行に陥る可能性は比較的低かったため、債務不履行のペナルティがより厳しいとしても、より低い利子率での貸付けを好んだからである。しかし、中国の利子率が絶対的な資本不足を反映していたとか、ある種の重要な活動を実行する価値を失わせていたという証拠が出てこない限り、それが、プロト工業や農業の成長、機械化を阻害したとはいえない。以下に手短に見るように、これらのいずれの筋書きも、ありそうにはない。

本書でいう中核地域で、工業化のための資本の絶対的不足に苦しんだ場所は、どこにもなかった。一七九頁に引用した文章でブローデルが指摘しているように、初期「資本主義」の限界は、資本が過小であったことから起きたのではなかった[60]。むしろそれは、膨大な固定資本を工場や設備に投資することによって、技術を利用して製造過程を変革できる以前には、十分な資本の投資先がなかったことから起きたのである。もっと正確に言うと、富裕な人びとが投資をする際に、経済的には非生産的な（ただし、にもかかわらず、個人的には利益があがるものもあった）土地の所有権やその他の資産よりも、魅力的な投資先が存在しなかったことが、問題だったのである[61]。中国でさえ――ここで議論した地域のなかでは、利子率が最も高かったにもかかわらず――、生産性や生活水準がヨーロッパに匹敵していたからには、資本ストックが深刻なほど不足したり、資本を稼動する適切な制度が欠けていたりしたようには思えない。イギリスの初期的な企業はその多くが、金融機関には頼らず、事業を起こした人物かその近親者から調達した資金で営まれた。中国でも、人口の上位二パーセントの人びとが国民の総収入に占めていた比率は、イングランドとウェールズの支配者の場合と同じくらいであったのだから[62]、なぜ同じことが中国では起こらなかったのか、理解しがたい[63]。史料状況がより良好な、もっと新しい時代を調べてみると、投資のために潜在的に利用可能な余剰が相当あったことがわかる。日本では、利子率が中国よりもわずかに低く、インドの港湾に比しても、西ヨーロッパの都市と比べても、いずれよりも高かったが、一八四〇年代の二つの町と二九の村を調査した研究によれば、農民の貯蓄率はおよそ二〇パーセントほどであったことがわかっている[64]。

それでもやはり、利子率の差がある程度の影響を与えたかもしれない。最も可能性がある筋書きは、つぎのようなものである。すなわち、北西ヨーロッパには、安価な資本と比較的洗練された資本市場が存在したために、他の中核地域とは違ってこの地域をして、必要な一次産品の遠隔地からの供給を、より容易に、着実に増加させることができたのに対して、中国［の中核地域］では、利子率がより高かったのでそれができなかったのかもしれない（もっとも、こんなことは、よほど仮説的にしかいえないのだが）。しかし、この仮説を検討する前に、資本コストの差が中核諸地域の生産能力に直接的な影響を与えた可能性について考えてみよう。

　資本コストの差が、中核諸地域における農業やプロト工業化の発展に、決定的な違いをもたらしたとは考えにくい。潘敏徳の研究によれば、一七世紀と一八世紀の長江下流域の農民（また、中国北部の農民も）は、たとえ一般的な利子率が高くても――実際、必然的に無担保の信用に適用された最高利子率であっても――、借金して、養蚕、棉花栽培、家内労働を基礎とした綿布生産などに参入することで、収入を実質的に増加させた。重要なのは、信用の供給源に接近できるかどうかであって、それができることで、農民がただ一人のパトロン（債権者である地主であれ、買い手独占的な前貸し商人であれ）に依存する状況に追い込まれなくてすんだのである。その結果、生産者たらんとする者が競争市場で売買しようとするのを妨げられずにすんだ。こうして、大多数の農民が従属を回避できたことは、明らかである。[65] すでに述べたように、実際には、利子率は低いが債務不履行への罰則が恐ろしい場合よりも、利子率が高くても罰則がそうではない場合のほうが、農民はこれらの活動に取り組む意欲を、より掻き立てられたであろう。

　しかし、それにもかかわらず、以下のように予想する向きもあるかもしれない。ヨーロッパでは、もっと多くの織機や紡錘などが買い入れられたことであろう。なぜなら、中国の農民が同じ目的で利用した信用よりも、ヨーロッパでは、商人がもっと安価な信用を使って入手できたはずだから、と。しかし、このことで、より多くの人びとにとって糸を紡ぎ、機織りをすることが意味をもったと言うためには、商人が安価な信用によって得た利潤を手元に留保したり、価格の引き下げに利用したりせず、それを生産者に手渡した場合に限られた。近世ヨーロッパの繊維製品市場はまさに競争的であったが、農村におけるプロト工業の労働力市場はそれよりはるかに不完全で、どの地域でも、多くの労働者が独占的ないし寡占的な労働力の買い手と対面しなければならなかったことからすれば[66]、このような可能性はきわめて低かったように思われる。

　中国とヨーロッパのあいだにある資本コストや事業形態の差が、産業機械化の初期局面に決定的な意味をもったとすることは、さらに困難であろう。産業革命初期の技術は、安価であったものがほとんどである。初期の綿織物工場には固定資本がそれほど必要ではなく、家族企業のかたちで簡単に資金が調達された。工業化前に見られた制約の多くを乗り越えることを可能にしたイギリスの石炭産業は、一九世紀中葉から末になっても、資本の調達先はほぼ完全に家族か地域の縁故者からであった。[67] 工業化経済の初期におけるこれらの部門では、ほとんどの場合、会社という形態が用いられたためしはなかった。

さらに、初期の工業上の革新を成し遂げた人びとにとって、投資に対する利益は非常に大きくなったため、イギリスのそれ以上に利子率が上昇しても、［工業化を］抑制する要因とはなりえなかったであろう。それとは逆に、一七世紀から一八世紀にかけてのオランダ[68]――世界でおそらく最も利子率が低かった地域――では、エネルギー上のブレイクスルーは見られなかった。地表下に存在し、その地域で最も有望なエネルギー源であったピート［泥炭］は、実験やインフラに多額の投資をして船で安く運搬しようと試みられたにもかかわらず、質量ともにまったく不十分であることが明らかになった。[69] したがって、一九世紀後半の第二次産業革命以前では、資本市場の違いが生産にきわめて重大な意味をもったとは思えない。

地方的・地域的な商業では、ヨーロッパの信用が安価であったことが、ある程度の影響をもたらした可能性はある。しかし、それがどの程度であったかは、判然としない。ここで取り上げてきたすべての社会が、広範に市場化されていたとして、利子率が比較的高かったために貿易に多少の損失が生じたとしても、そのことが、中国や日本どころか、インドにとってさえ、決定的な「障害」でありえたなどというのは、とうてい無理であろう。さらに、軍事力を伴った大陸間貿易や植民という重要な例外はあるが、ユーラシア大陸のどの中核地域でも、通商で用いられるビジネスの形態にさほどの違いはなかった。[70] 一九世紀中頃以前の商人が、会社というかたちをほとんど利用しなかったのは確実である。

姿を現しはじめつつあった西ヨーロッパの資本主義的な企業に独特の利点があったとすれば、ヨーロッパ企業がアジア商人と競争を繰り広げるときにこそ際立ったと考えがちである。しかし、ヨーロッパが有利であったのは、地理的条件と地域の政治情勢から、（ほとんどが胡椒の）独占か独占に近い状態を生み出すのに、武力行使が好都合になったところだけであった。そうした例では、ヨーロッパ人がアジア人の競争相手を駆逐し、大きな利益を横取りした。重要な事例としては、モルッカ諸島（「胡椒諸島」）、スリランカ、（断続的に）マラッカ海峡、ホルムズ、紅海などがある。[71] 他方、コーヒー貿易では、ヨーロッパ人は、中東に基盤をおく競争的なこの貿易を支配できなかった。ヨーロッパ人が一七〇〇年代にやっと支配に成功したのは、ジャワ、サン・ドマング、レユニオンといったヨーロッパ人の植民地で、新たな生産の中心地をつくり出した結果であった。[72] 優れた商業組織よりも、むしろ、政治的・軍事的な力こそが、ヨーロッパ人の商人が、インドでは在地の商人から、フィリピンでは中国人商人から、（すべてではなく）いくつかの貿易の支配権を奪い取るうえでも、決定的な手段だったように思われる。[73] 一七世紀中頃には、ヨーロッパ人はさほどの武力に訴えずに、コロマンデル（東インド）海岸のいくつかの地域で行われていた重要な織物貿易の支配権を獲得したこともあった。しかし、これは地域内の戦争によって当地の商人が消耗し、戦争に敗れた人びとが外国人と組んで自分たちの立場を取り戻そうとするという、ほとんど絶望的なことを仕掛けたためであった。[74]武器が切り札にならない場所では、ヨーロッパ人は、中国人、グジャラート、その他のアジア商人に敗北する――さもなければ、彼らと手を組む――しかなかった。少なくとも、勝ったり負けたりの状態でしかなかった。[75]さらに、おそらくヨーロッパで最先端の資本主義的な会社であったと思われるオランダやイギリスの東インド会社は、[76]さまざまな特権という援助をもってしても、配当金が支払不能になり、破産からの救済措置が周期的に必要とされた。[77]

鉄道建設は、必要とする資本がはるかに大規模になり、利潤が出はじめるまでに、よほど長く待たなければならなかった。そのため、いままで述べてきた説明とは違う物語となった。というのは、鉄道建設には、会社という事業形態と安価な資本の入手手段がきわめて重要になったからである。しかし、鉄道は、イギリスの産業革命が十分に進行してから初めて建設された。陸上交通における決定的に重要なブレイクスルーは技術によるものであり、金融によるものではなかった。一九世紀半ばの鉄道熱は、すでに長いあいだ、可能でもあれば、利益もあがるとわかっていた事業に、企業家たちがようやく資金供給の方法を考え出した結果であったなどとは、とてもいえない。鉄道建設は、ひとたび開始されると、はるかに速いスピードで進行した。というのは、投資家の大群（その多くが紡績工場、炭鉱、その他、初期の産業的な事業によって大金を手にした人びとであった）が、大規模な利潤の安全な再投資先を探し求めており、（とくにラテンアメリカの新独立国の債務が焦げついた後には）ほどほどの利益でも受け入れたからである。[78]多額の資金が安全な投資先を求めているのに、さほど大きな固定資本を利用しない産業が多くを占めていたのだから、豊富な資本が適切な投資先を探し求めるという、ブローデルの時代が完全には終わっていなかったということである。ただし、時はまさに、新技術が巨額の資本を長期間投資することで利益をあげる方法を創り出そうとしていた時代でもあったのだが。[79]そうだとすれば、鉄道にとってさえ、西ヨーロッパ的な会社形態なり、より一般的にいって、西ヨーロッパ的な金融制度なりが、絶対に必要であったとはいえないかもしれない。[80]間違いなく必要であったのは、地理的な条件もあるのだが、イギリスが石炭業で独自の成功を収めるということであった。

少なくともイングランドでは、輸送業にとっては、安価な資本と洗練された金融制度が重要性を帯びていたかもしれない。イングランドでは、無数の有料道路と運河が民間の資金でつくられ、生産者、（石炭や穀物を含む）投入物、市場を結びつけた。これらの成果には鉄道建設ほどの規模の資本は必要ではなかったが、最初に投資をしてから収益が得られるまで比較的長い時間を要する点では、鉄道と同じであった。つまり実質的に、一八五〇年以前のどのような生産や大陸内貿易の資本よりも、資本の回転にはるかに長い時間を要したのである。その結果、これらのインフラの改善は、資本を集める手段の効率性に敏感に反応した。しかも、そうした手段のなかには、事業が収益をあげはじめる前に投資家が自由に株式を現金化できるようにしたものも含まれていた。一九世紀になって、イギリスが第一次産品を南北アメリカに大いに依存しはじめると、大陸内部が開発されはじめ、輸送業に関わるインフラの重要性が増していった。資金を負担したのが政府であれ、民間であれ、そうした事業に不可欠とされたのは、多数の第三者の投資をためる組織化された資本市場であった[81]。

しかし、(大西洋の両岸の)組織化された、効率のよい資本市場によって、イギリスが必要とした輸送基盤が作り出されたといっても、中国の資本市場がそれほどには発達していなかったため、江南と嶺南には、プロト工業化のいっそうの進展や機械化を伴う工業化に必要な輸送能力が整えられなかったのだろうということにはならない。長江と珠江の双方のデルタでは、河川と運河の優れたネットワークによって、誰もが水運による安価な地域間輸送を利用することができた。中国の河川の大部分が航行可能であること(黄河の大部分が大きな例外であるが)、それに加えて、一四〇〇マイルにも及ぶ政府が築造した大運河によって、アダム・スミスのいう通り、一般的にいって中国は、水運ではヨーロッパよりも相当に有利な立場にあった[82]。たしかに江南は、中国の人口の三分の一以上が居住する地域を流れる河川システムの頂点にあり(さらに大運河の終点と太平洋沿岸に位置し)、その役割を十二分に果たしていた。江南が水運によっては大量に得ることができなかった重要商品——石炭——の大部分は、上述の通り、何マイルも離れた、陸地で囲まれた山岳地帯にあった。そのため、近代的な建築設備と自動車がない限り、どんな資金調達の仕組みをもってしても、この問題は解決できないものであった。

しかし、妥当と思われる可能性がひとつ残されている。次章で見るように、一九世紀の江南はもはや、一八世紀中頃ほどには、大量の安価な米、木材、その他の第一次産品を長江上中流域から獲得できなかった。つまり、さらなる成長にも、製造業への専門特化にも深刻な限界があったのである。後で検討するように、こうした変化は、おおかた、後背地域における人口増加とプロト工業の発展によって生み出されたものであった。人口増加は、おそらくいずれ起こったのだとしても、たとえば、なぜ長江中流域が、これまで以上の米を輸出し、これまで以上に織物を輸入するのではなく、自ら手工業を発展させはじめたのか、その理由は、ただちに明らかというわけにはいかない。それには、多くの要素が関係していたが、なかでも輸送コストが重要であったように思われる。

遅れて定住地となった地域は、ほとんどが長江から遠くに位置していた。その結果、そうした新しい社会と河岸とのあいだの輸送費は高すぎ、以前より自給傾向が強まって、他地域との交易は減少した。仮に、地方政府か民間人のいずれかが、容易に安価な信用を利用できる状態ならば、輸送コストは削減されたかもしれない。道路建設に必要な知識は十分にあったにもかかわらず[83]、中国の道路は、その多くがまったく貧弱であったようで、［道路は］かさばる商品を輸送するよりも、個人の旅行（と郵逓）を目的としていた。よほど重要な町を結ぶ道路でさえも、なかには地方の道路よりもはるかに狭く、状態がよくないものがあった。[84]地域によっては、道路は、そもそも優れた水路システムとの競争に耐えられなかったのだが、この要因がなかったところでは、金融システムがある程度の原因となっていたと考えたい。中国北西部、長江上流域、中国南西部の木材業は、信用がもっと容易に利用できれば、輸出の成長停止をもう少し先送りできただろうと思われる。というのは、木材業は、工業化前の活動にしては異常なほど、多額の流動資本が必要であったからである。

しかし、米や木材の場合、このことは、かなり小さな要因でしかなかった可能性が濃厚である。木材は、何はともあれ、河岸までの長い距離（ヨーロッパで木材が陸上輸送されたよりもはるかに長い）を陸上輸送された。にもかかわらず、ごくわずかなものではあるが、私が発見した史料からすれば、江南の材木の最終価格は、バルト海域の木材がイングランドへ運搬される場合と比較して、伐採後の価格の上乗せ分が小さかったものと思われる。[85]木材交易の最大の要因として挙げるべきは、森林そのものの大きさか、前近代的な技術では、いかに潤沢に資金が融通されたとしても対処できないタイプの輸送上の障害（たとえば、きわめて急峻な山腹など）のいずれかであった。米の交易についても、その停滞に輸送問題が多少は関係していたとしても、第5章で見るように、そのほかの要因のほうがおそらく圧倒的に重要であったと思われる。

したがって、江南とその周辺地帯との関係を維持するうえで、中国の資本市場がいかに重要な問題であったのか、正確に指摘することはできないように思われる。しかし、遠隔地からの一次産品の必要な流れを維持するために、中国の信用制度がどのような貢献を果たしたかを研究すれば、ヨーロッパの金融制度――実際には、（ブローデル的な意味での）資本主義の政治経済学や財政＝軍事国家主義一般――が最も重要であったと思われる点、すなわち、西ヨーロッパの対周辺遠隔地貿易の組織化に焦点を当てるのに役立つはずである。

この章の残りでは、これらの関係に焦点を合わせる。最初に、新世界、奴隷貿易および海外に対する強制力の行使が、ヨーロッパの資本蓄積において決定的に重要であったとする議論について考察する。これらの主張は否定できないが、いずれも絶対というわけでもない。ついで、資本主義と海外での強制力の行使および工業化のあいだのより強固な結びつきがどんなものであったかを検討する。言い換えれば、ヨーロッパの資本主義と暴力的な国家間競争との政治経済的な制度が、いくつかの（ヨーロッパにとって）きわめて幸運なグローバルな複合状況《コンジョンクチュール》と結びついて、ヨーロッパ（とくにイギリス）の、大西洋世界の他の地域との関係を、中核＝周辺関係のなかでもとくにユニークたらしめたものが何かという点から、議論を始める。この中核＝周辺関係によって、イギリスはいくつかの土地集約的な生産物にアクセスできるという、他国には見られない有利な立場を確立することができた。ユーラシア大陸の主要な中核地域は、イギリスを除いてすべて、一八世紀の後半までに、十分な量のこうした土地集約的な生産物を確保することが、困難になっていた。この議論は本書の第III部につながっていく。そこでは、すべての中核地域に共通して見られた生態環境的な問題と、ヨーロッパのこうした生態環境的な問題からの脱出について、さらに詳しく検討する。

海外からの富の搾取と資本蓄積――ウィリアムズ・テーゼ再考

主としてヨーロッパの外に関心を示す研究者のなかには、奴隷貿易や私拿捕のような活動によって得られた資産が、イギリス産業革命の資金として決定的に重要であったと主張してきた人びとがいる。なかでも、エリック・ウィリアムズの主張は最も著名である。ヨーロッパを中心に考察する研究者でも、フェルナン・ブローデルに代表されるように、新世界の鉱山、プランテーション、奴隷貿易によって、ヨーロッパは、自らの生産によって得られた以上の生活と投資をする大きな能力を得た、と認める研究者がわずかではあるが存在する。[86] しかし、研究者の大多数は、これらの活動から得られる利潤は、つぎの三つの理由のうちの少なくともひとつによって、取るに足りないものであったと主張している。まず、軍事力を伴う強制的な手段によって異常な高利潤を獲得できた、という点を否定する研究者がいる。また、異常に高い利潤が存在した可能性はとりあえず認めるものの、これらの活動から得られる利潤は、ヨーロッパ内での経済活動による利潤と比較して、取るに足りないものであった、と主張する研究者もいる。すでに見たように、イギリス産業革命の初期には必要とされた資本は比較的少額であったことを指摘したうえで、異常に高い利潤が得られたのだとしても、こうした利潤と工業化は、ほぼ無関係であったようだという研究者もいる。

最後の主張――固定資本形成のために利用できる資本ストックなどというものは、産業革命を起こすのに、たいして意味がなかったという――の正否は、どんな議論を論駁するために議論をしていたのかによる。たとえば、奴隷貿易や新世界の鉱山からの利潤がなかったとしても、イギリスで紡績工場や醸造業を経営できる者は、何人かいただろう。ひとたび木綿革命による利潤が蓄積されれば、もっと巨額の資本が必要となる鉄道建設にさえ、資金を集めることができたであろう。しかし、それでもなお、もっと一般的な議論も成立しうる。すなわち、ヨーロッパの各地で一八世紀に増加しつつあった人口を養うことは、かなり困難になっていた事実に鑑みれば――しかも（第5章および第6章で多くの頁を割いて考察するように）、必要な増産が資本集約の強化ではなく、労働集約的な方法によってなされた場合、ヨーロッパが長期的に、どれほど違った径路をたどったかを想像すれば――、利用可能な金融資源が少ないということは、よほど深い意味をもちえたことが想像されよう。

海外への強制によって過剰な利潤を得たことは、ないわけではなかったかに思われる。明らかに、奴隷貿易、新世界の鉱山の開発、海賊行為などからめざましい利潤を獲得できることがあっただろう。失敗した試みもあって、平均の利益はかなり落ち込んだはずではあるが、継続することで、莫大な富を蓄積した例もある。たしかに、ヨーロッパ内の何の変哲もない活動でも、同じような利潤をあげることはあっただろうが、軍事力に頼った海外進出の機会がなかったとして、ヨーロッパの資産家たちが、爵位やチューリップやティツィアーノの作品を買い取るより、ひたすら湿地の干拓に徹したかどうかは、まったく明らかでない。実際、比較的「ブルジョワ的な」イングランドでさえ、発起書で私拿捕に触れている貿易計画のほうが、そうでない場合よりも、はるかにたやすく上流の人びとの投資を引きつけた[87]。「ヨーロッパ経済において資本の力が強くなっていった理由を解き明かそうとして、資本の秘密の起源をさぐるのは意味がない。むしろ、答えは、既存の資本ストックがいかに残され、生産的に使われたかという問題にある」ことは、明白である[88]。しかし、ヨーロッパ外部に強制力をかけることがあったからこそ、資本の「生産的な」使われ方が存在し、それによって資金が生み出されたという事実を、われわれは見過ごすことができない。文化変容や制度上の変化が複雑に絡み合って、全体として、ヨーロッパ人はしだいに自己の財産を、経済的な意味で「生産的な」事業に投資する傾向を強めていった。しかし、愛国心や異国趣味《エキゾティシズム》や神の代理としての征服の魅力に惹かれて、ジョイント・ストック・カンパニーなどの新制度によって生まれた受動的投資の機会を利用して利益を得ようとした人びとがいた事実も、まったく無視するわけにはいかない。つまり、軍事力による海外進出は、西ヨーロッパの資本蓄積にある程度の貢献をしたということである。もっとも、それは、問題になるほどの規模であったのだろうか。

どのような基準をとってみても、ヨーロッパ外部からもたらされる利潤は、ヨーロッパ内のさほど目立たない活動の利潤と比べれば、いかにも矮小であった。しかし、問題はそれで終わりではない。パトリック・オブライエンは、頻繁に引用される論文のなかで推計値を示している。すなわち、一八世紀末のイギリスが強制力によってヨーロッパ外から得たのは、総投資のたかだか七パーセントでしかなかった（ただし、のちの論文では、もう少し高い数値の可能性を示唆している）し、ヨーロッパ全体となると、その数値ははるかに低いものになる、と[89]。

しかし、工業化前の世界では、この数値の意味するものは、きわめて重要であったと思われる。生産における典型的な成長率は、今日の大部分の工業化経済よりもはるかに低いものであり、工業化前の資本財は、だいたい、今日の資本財（異なる複数の物質からできており、より頻繁に風雨にさらされる機会がある）と比較して、物理的耐久性ではるかに劣るといわれている（ただし、証明はされていない）。したがって、現在と比較して、消費されなかったその年の生産のうち純資本蓄積となった割合は、はるかに小さかったようである。つまり、資本ストックの減価率が高かったことによって、相殺される分が大部分を占めたのである。サイモン・クズネッツは、かつてつぎのような推計を提示した。すなわち、経済全体について比較的低い年間成長率（工業化経済の通常の成長率として、四パーセントではなく二・五パーセント）を使用し、資本ストックの耐用年数を四〇年から三〇年に縮め、これらの数値のずれと整合させるために当面の維持費を（生産高の一パーセントから二パーセントへ）あげると設定すると、その結果、クズネッツの「前工業化」の経済モデルでは、総貯蓄のうちわずか六パーセントが純資本蓄積となるにすぎないことになった。これに対して、近代経済にかんする彼自身のモデルでは、この数値は七六パーセントにもなっているのである。さらに、調整した結果、クズネッツが最終的にたどり着いた前近代の経済モデルは、総計では、近代経済モデル（二四・九パーセント）より貯蓄が大きくなっていた（二六パーセント）ものの、年生産額のわずかに一・三二パーセント（近代モデルでは一九パーセント）に等しい資本ストックの純増をもたらすにすぎないことになった[90]。

このような状況においては、「努力、支払いまたは義務なしに得られるもの」——つまり、消費を犠牲にしないで得られる、総貯蓄の増加分——は、比較的小規模なものであったとしても、純資本蓄積を大いに増加させたであろう。たとえば、前工業化経済についてのクズネッツの第二モデル（生産のうち二六パーセントが投資に回され、一・三二パーセントの資本ストックの純増をもたらす）通りの経済があったとしよう。この場合、オブライエンでさえ「超過利潤」によるものと認めている七パーセント分の総投資が増加したとすると、資本ストックの年純増分は倍以上になる。逆に、純資本蓄積のほとんど、あるいはすべてを帳消しにするほどには、総資本形成額を低く見る必要などない。つまり、いずれにせよ、この仮説上の七パーセントの増加分はきわめて重要でありえただろう。

たしかに、「あった」ではなくて、「ありえただろう」と言わなければならない。このことを主張するために、オブライエンは、周辺部との交易は「ふつう」の交易の二倍の利益をあげることができたと仮定する一方で、いまだに誰もこのようなことを証明していないと、正しくも指摘している[91]。さらに、軍事的強制力の費用は、その大部分が特許会社によって担われたが——オブライエンはすでにこれを計算に入れている——、そこに含まれていない費用もあり、思考実験を完成させるには、これも差し引く必要があるだろう（このような推計もまた、近世ヨーロッパにおける労働にかんする機会費用をいかに測定するかという問題にもう一度行き当たってしまう。言い換えれば、スカンディナヴィアからの移民やオランダの農村地域の失業者で、オランダ東インド会社によって雇用された人びとは、はたして本国でそれ以外に生産的な職業を見つけることができたであろうか、という問題である[92]。おおかたの人びとにとっては、不可能であっただろう）。しかし、ヨーロッパ人は軍事的強制力によって、ある程度の追加的利潤を生み出し——その可能性は高いようだ——、しかも、総投資のわずかな増加が、純投資の大きな変化を生み出したのだとすれば、ヨーロッパ外での軍事的な強制が、ヨーロッパの経済成長の資金調達に大きな役割を果たしたという考え方を否定してしまうのは、早計であろう。にもかかわらず、こうした異常な超過利潤が［工業化の］決定的要因であったとするのも、少なくとも、同様に危険なことであろう。ヨーロッパの外への軍事的強制が働いても、働かなくても、商業資本（出所は何であれ）の蓄積、保護、配置の長期的な径路を十分に説明できるというほどには、一八世紀後半のヨーロッパは優勢ではなかった、と言っておくのがより妥当なように思われる。

衒示的なものの重要性――奢侈需要、資本主義、そして新世界の植民地化

ヨーロッパの奢侈品需要、消費主義、資本主義の政治経済が大いに問題になったのは、それらが、新世界経済とアフリカ奴隷貿易の成長を刺激した点においてである。しかし、ここでも、新世界への植民を促進したのは、ヨーロッパの政治経済とヨーロッパとアジア――とくに中国――双方からの需要とが結びついたことであった。入植者のなかには、宗教心や政治的な目的で入植しようと決めた者もいただろうが、もし入植者がヨーロッパやアジアに売ることができる商品を見つけられなかったら、ヨーロッパの新世界の植民地が大規模に成長したとは、とても考えられない。ほとんどの場合、植民地化の資金は主に利潤を追求する個人によって賄われた。おおかたの入植者は、少しばかりの土地を得て自給的な生活ができればよいと思った人たちで、激しい変動を伴う輸出経済に身を投じるつもりなどなかったのかもしれない[93]。しかし一八〇〇年以前に入植した白人ですら、そのうち渡航費用を自弁できた者は三分の一に満たなかった。白人入植者の渡航費用を負担した人びとが関心をもったのは、移民労働力を輸出品の生産に利用することであって、安定した自給自足生活という入植者の夢の実現を手助けすることなどではなかった[94]。

それに、貧民の蓄えからすると、そもそも移民の費用はとてつもなく高かったが、南北アメリカがタバコや砂糖を生産しなければ、もっと高いものになっていただろう。というのも、タバコや砂糖を扱う海運業者はアメリカへの帰りの船が空船になってしまうので、激しく争って移民を乗せようとした[95]。実際、輸出品はきわめて重要であったので、北アメリカ植民地経済史の研究者のなかには、大西洋における海運費用の低下――このため、入植者がさらに内陸部に入り込んでも、なおヨーロッパ市場に商品を売り出すことが可能になった――こそが、白人定住者の増加と彼らの支配領域の拡大の原動力であった、と主張する者もいる[96]。かくして、とりわけアフリカ人の環カリブ海域（北アメリカ南部とブラジルを含む）への流入――一八〇〇年までは白人の移民より、はるかに大規模であったことは明白である――は、ヨーロッパからの奢侈品の需要によって促進

された。

スペイン帝国では、仕組みはもう少し複雑であった。輸出品として圧倒的に重要であったのは銀で、その最大の需要先は、ヨーロッパではなく中国であった。なぜなら、中国では、紙幣ときわめて粗悪な銅貨を流通させる一連の実験が、結局、失敗に終わった後、その世界最大規模の経済を、基本的に銀に基づく幣制に移行させていたからである（インドからの貨幣銀需要も高まっていたが、中国ほどではなかった。中国と比較して、インドは人口が少なく、貨幣経済も完全には浸透していなかったし、はるかに多様な貨幣手段――金を含めて――が用いられていたからである）。一三〇〇年代末には、日本銀が奔流のごとく中国に流入しはじめたが、それでも中国の金銀比価は一対四から一対五のあいだであった。新世界の銀が中国に到着しはじめても、中国の比価はなお一対六でしかなく、それに対してヨーロッパでは一対一一、ペルシアでは一対一〇、インドでは一対八であった。[97] 利鞘が大きかったので、新世界の銀のおよそ三分の一から二分の一が中国に流入するほどであった。デニス・フリンとアルトゥーロ・ヒラルデスが明らかにしたところによれば、中国によるこうした巨大な銀需要があったからこそ、スペイン国王は、法外な鉱山採掘権料を徴収しても、産出した銀が価格上昇で市場から締め出されることはなかったのである。実際、一六世紀から一七世紀初めにかけて、ヨーロッパではひどいインフレが発生したが、これは中国（さらに、程度は低いがインドおよび中近東）が大西洋世界から銀を大量に流失させた（ばかりか、ヨーロッパ人が追い求める商品を供給して、ヨーロッパに残っていた銀とさえ交換しようとした）事実があっても、銀の価値が急激に下落したことを示している。アジアからの需要がなかったとすれば、地代を支払うことでスペイン帝国を機能させつつ、新世界の鉱山の利潤を維持できたのは、おそらく数十年にすぎなかったであろう。[98]

これは本来、奢侈品への需要ではなかった。銀は中国経済の主要な富の保蔵手段であり、主たる納税手段であり、（唯一ではないものの）重要な流通手段であったため、ほぼ最下層の人びとが使用することも頻繁に見られた（一七〇〇年代には、銅貨の鋳造が再び安定化し、そのため二貨制がとられるようになって、これが二〇世紀まで続いた）。実際、ヨーロッパに留保された銀――一七世紀には、銅貨がますます日常生活で多く使われるようになっていった[99]――は、未曾有の規模にはなっていたものの、多くの場合、前近代的な奢侈品という性格を脱していなかった。これに対して、銀貿易は、何かしら新しいもの――本当に地球規模で、ふつうの人びとによって日常的に使われる商品の大規模な取引――を代表していた。しかも、中国からの銀の需要は、さまざまな通常見られない諸事情によって育まれ、質と量いずれにおいても経済発展のきっかけとなったのである。[100]

しかし、ヨーロッパにおける奢侈品の消費と「消費主義」が成長したことは、銀の物語において、依然として重要な役割を果たしている。アジアからの銀需要が効果的であるためには、そのほかの商品がアジアから大西洋世界に流れていかねばならなかった。たとえば、中国の絹、磁器、その他の品物や、インドや東南アジアの木棉や胡椒などである。実際、アンドレ・グンダー・フランクはつぎのように主張している。ヨーロッパがアジア商品の市場になったと考えれば（さもなければ、ヨーロッパは交換する商品をほとんどもたなかったであろう）、一五〇〇年から一八〇〇年までのあいだに起こったアジアの「プロト工業」の成長の多くを新世界の銀によって説明できるし、したがって、アジアで起こった人口成長の多くもまた、そこから説明できる、と。[101] しかし、少なくとも中国については、ヨーロッパの奢侈品需要が生産拡大の決定的な刺激になったという主張は疑わしい。というのも、絹でさえ、内需は輸出よりもはるかに大きく、したがって、おそらく内需こそが、中国における生産の拡大と労働力需要を呼び起こしたと思われるのである。とはいえ、銀の流入が、中国経済の推進力を円滑化することで、一定の刺激効果を与えたのは確実である。第3章で触れたように、もし外部からの需要がなければ、インドや東南アジアが実際に起こったような成長を遂げる可能性はあまりなかったかもしれない。

フランクは、すべての要因をヨーロッパ内に求める理論を批判することに格別の関心をもっているために、ヨーロッパ人のアジア物産に対する欲求を所与のものとして考える傾向がある。そのため彼はつぎの二点を強調している。すなわち、銀以外の手段を使わざるをえなかった場合に比べて、新世界銀のおかげでヨーロッパ人は、こうした欲求の大半を有効需要に変えることができたこと、および、アジア諸経済がダイナミックであったために、この需要を満たし、空前の量の貨幣素材の輸入を吸収したことである。これらの強調は有益である。しかし、ヨーロッパ中心的な視点を是正するという点では、これらの強調は有益である。ヨーロッパ中心的な視点を是正するという点では、これらの強調は有益である。しかし、ヨーロッパのアジア物産への需要の拡大を、たんに支払能力が向上したとか、欲求という非歴史的な問題に帰すことはできない。

たとえば、ヨーロッパ人がメキシコやペルーにたどり着いたものの、全ヨーロッパがルーマニアないし、さらにはプロイセンのような社会構造をもっていたような世界を想像してみれば、これほど大量の銀が中国へ輸送された可能性はありえないように思われる。それほど極端ではない仮説を設定するとして、ヨーロッパの主要国がぜいたく禁止法を実際に起こったよりも効率的に執行できたと仮定してみよう。いずれの場合でも、アジアの銀に対する需要が、新世界の供給に結びつくことは、はるかに困難であっただろう。そして、フリンとヒラルデスがいうように、もし新世界の銀がなければ、スペインが新世界においてプレゼンスを維持することは、著しく困難になったであろう。

本書が言いたいのは、ヨーロッパのファッションや奢侈品への需要が、ユニークな成長の原動力であったということではない。というのも、ヨーロッパのファッションや奢侈品への需要は、一人当たりの量でいえば、おそらく中国や日本よりも多かっただろうが、質的には、とくにユニークというわけでもなかったからである。むしろ、新世界の銀、アジアのプロト工業の生産能力、それらの経済において日常的に使用される一商品（銀）の膨大な、未曾有の輸入需要の存在などと併存したときに初めてこの需要が意味をもつのだということこそが、ここで強調したいことである。とはいえ、ヨーロッパの需要の拡大は――馴染みのものであるにしろ、ユニークなものであるにしろ――、物語の一部である必要がある。銀に依存していて、それだけに、中国に依存していたといえるヌエバ・エスパーニャ［メキシコ］にとってさえ、そうなのだ。

カリブ海沿岸地域や北アメリカについては、ヨーロッパの奢侈品需要が植民地の拡大の起動力になったという主張は、むろん、はるかにわかりやすい。何はともあれアジアは、砂糖と茶（コーヒーとチョコレートの市場を、先取りしていた）を自前で栽培し、まもなくタバコも栽培するにいたった。かくして、カリブ海域と北アメリカの成長を促進したフィードバックの仕組みは、環大西洋経済にあったのである。たとえ環大西洋経済がより大規模なグローバル経済内にあったとしても、である。ヨーロッパからの需要によって、新世界における生産の拡大が、利益を生み出すものになった。たとえば、生産および海運が成長すると、単位当たりの取引コストを引き下げ、これによって、本国の港からの移民への資金供与をさらに進めることや、さらに多くの人びと（奴隷、年季奉公人、自由移民）の導入や港湾施設の拡大を、民間人が実行できるようになるのである。

他方、これらの商品への課税は、植民地の拡大に必要な資金を政府に提供した。こうして、このことが、やがて始まる入植と輸出のはるかに急速な拡大の前提条件を整えた。そうした成長が急加速する時代に輸出の主役となったのは、定番の商品――つまり、棉花、価格がどんどん低下していった砂糖、（一九世紀半ば以降になると）小麦など――になった。しかし、ヨーロッパ人の新世界への渡航後の二〇〇年間には、新世界からの銀以外の輸出品のほとんどは、奢侈品――すなわち、ブラジルの金、北アメリカの毛皮や、タバコや、砂糖など――であった。こうして、ヨーロッパの奢侈品需要は、のちの大規模な資源の流れの呼び水として決定的に重要な意味をもっていたのであり、その資源の奔流こそが、一九世紀ヨーロッパで起こる工業と人口の急成長に不可欠の条件だったのである。

海外への進出、植民、貿易――プロト工業化や初期の工場はなく――こそが、その当時、最も資本を求めていた活動であった。しかも、ヨーロッパの新しい金融制度と、さまざまな形態をとった財政＝軍事国家主義は、軍事力を伴った植民と海外貿易を組織するのに、うまく適合していた。実際、これらの金融制度が最も重要な意味をもったのは、中核地域そのものの内部で行われる生産や貿易よりも、むしろこれらの活動においてであった。

近世の植民会社と現代の多国籍企業とを直接結びつけて考えるのは魅力的ではあるが、両者の違いもまた顕著である。おそらく最も重要な相違点は、前者の企業は、多くの地域にまたがって、特定の生産物群に特化するというよりは、地域的に特化していて、（国家と同じように）軍事力を備えて、自分たちの領域から、すべての他者を排除しようとしたことである。つまり、これらの企業は、多国籍企業の原初形態であったのと同じように、擬似政府と言うべきものでもあったし、経済的な目的と同様に、軍事ないし政治的な目的で、国王から特許状を受けることがしばしばであった。[102] 実際、ニールス・スターンスハルトは、つぎのように主張している。すなわち、オランダ東インド会社（連合東インド会社）が、それまで存在したいかなる企業よりも「近代的な」タイプの企業となりえたのはほかでもない、この会社が、アジアとの武装遠隔地貿易というユニークな挑戦——新世界を征服し、植民して、武装貿易を展開したのとほとんど同じ——を果たしたからであった、と。

つまり、スターンスハルトによれば、こうだ。アジアにおけるオランダの連合東インド会社の軍事的・商業的な帝国には、莫大な固定費用——別組織の、営利を目的としない政府に頼るよりもむしろ、会社内部で負担された費用——が必要であったために、前もって取り決められた期間が経過したのち、貿易のパートナーシップを完全に解散してすべての資産をパートナーたちに分配するという、それまでの方式を続けることができなくなった。その代わりに、会社の資本ストックの多くを恒久的なものとして取り扱い、できる限り多くの利潤を流動資本のために留保する必要がでてきたのである。このようにするだけで、巨大な固定費用を十分に多くの貿易活動に分散させることができ、出資金が精算されて戻ってくるということがなくなった出資者にも、十分に報いることができるようになった。最後に、すべての投資家は必ずしもこの種の事業に忍耐強くはなかったから、所有権と経営権は明確に区分される必要が生じたし、だんだん経営方針に発言ができなくなって不満を抱いた出資者が恒久的合意から離脱できるよう、株式市場が用意されなければならなかった。[103]

スターンスハルトは、さらに、この新しい種類の会社は、純粋に経済的な企業としては、競争相手のアジアの企業よりも効率的であったとしているが、これには疑問を抱かざるをえない。その理由はすでに見てきたところである。ただ、この組織形態は、東インドでも西インド諸島でも、商業帝国を創り出すのにおあつらえ向きであった。実際、本書の目的にとって、スターンスハルトの主張で最も興味を惹かれるのは、植民地貿易には武力による強制力を集約することが必要だったために、西ヨーロッパの会社形態が進化してきたと主張している点である。つまり、会社がヨーロッパの本国内の事業（鉄道建設）に必要となったのは、それよりもはるかに時代が下がってからにすぎなかったのだ。

一方、これらの会社が、「エキゾティックな」商品のヨーロッパへの輸入を増やさなければならなかったことは、さまざまな重大な影響を与えたかもしれない。ひとつには、きわめて強力な貿易業者や政治家のなかに、タバコや砂糖などの嗜好を促進することに重大な利害関係をもつようになった者がいたことを意味する。その関心がどれほどのものであったかは、後述する。新しい嗜好を促進しようとすることは、奢侈品の輸入が国家の富を枯渇させ、国民性を損なわせると危惧する声（貿易商にはなかったとしても、政治家のなかにはあった）とぶつかることがよくあったが、自国以外のヨーロッパへ再輸出するために商品を獲得することには、このような声はあがらなかった。貿易会社（や政府）のなかには、このようなことを試みたものもあり、国境を閉ざすことは難しかったから、新たな奢侈品には強力な後押しがあったのだ。

いくつかの商品にかんしては、こうした新しいタイプの貿易会社は、当初は意図してもいなかったものの、もうひとつ大きな影響を与えた。すなわち、相変わらず高価な新製品（一部は高関税のためであり、また一部は、独占や寡占による価格決定力が原因であった）の流行を積極的に促進することによって、東インド会社や西インド会社が、デルフト、ウェッジウッド、マイセンなどの「陶器《チャイナ》」から、一八世紀後半のインド産綿織物の模倣にいたるまで、新しい輸入代替産業の発展を促したことである。第5章で論じるように、さまざまな土地集約的な必需品の供給に制約があれば、こうした産業だけでは自己維持的な成長過程を開始することは不可能であっただろう。なぜなら、そのようなブレイクスルーのためには、西ヨーロッパは石炭と植民地によって、生態環境的な制約を取り除く必要があったからである。しかし、輸入代替産業がヨーロッパにおける消費の増大や専門特化、「勤勉革命」の過程などをさらに促進したことは確かである。その意味で、武装貿易のために十分に組織化されていたことと、会社の商品を模倣する国内の輸入代替業者と競争しない――彼らに武力を用いることはできなかったので――ことで、植民地貿易会社はヨーロッパの成長に貢献したかもしれない。

国家間競争、暴力、国家システム――いかに重要ではなかったか、いかに重要であったか

このことは、さらにつぎのような事実をも示唆している。すなわち、ヨーロッパの海外への商業的進出を際立たせる特徴として重要であったのは、起業の才能やエキゾティックなものへの好奇心よりも、近世ヨーロッパ特有の政治経済状況――とくに、高価についた、絶え間ない軍拡競争――であったかもしれない。それに、ヨーロッパにおける軍拡競争は、戦争や官僚制度の整備などが、ヨーロッパ内の経済環境（たとえば、戦争資金のために切羽詰まった支配者が、科学技術の変化を促進したり、新たな財産権を認めること）に影響を与えたことによってではなく、ヨーロッパの外にこの競争が拡大したことによって、おそらくヨーロッパの経済成長に最大の積極的貢献をしたであろう、と。しかも、その利益配分が最大になったのは、軍事力が最も意味をもった場所、つまり、急成長を遂げつつあった大西洋経済そのものにおいてであった。

しかし、ヨーロッパの国家形成や戦争が海外に拡大したこと

の意味を検討する前に、こうした活動のヨーロッパ内での影響にかんする議論を検討することには価値があろう。こうした議論では、戦争がヨーロッパの発展に対して、つぎの三つの点で利益をもたらした可能性があるとされる。すなわち、民間への技術転用、需要増による刺激、生産の拡大（国家の歳入増加につながる）を促進するように政府が制度変革をする誘因となること、の三点である。

技術変化の理由がよくわかっていないので、戦争が技術革新を促進したという主張を完全に否定してしまうことはできない。しかし、一九世紀以前では、軍事技術の革新が非軍事部門に応用された例は、驚くほど少ないのである。一九世紀のイギリス海軍における食糧保存技術は、このような波及効果の初期の例として、以後、期待されるようになった。しかし、戦争が工業を前提とするようになるまでは、このような例は比較的稀であった[104]。工業化前の戦争が、自然利用の新たな方法を求める努力を、全体として強化したという証拠も存在しない。特定課題についての研究費や研究開発予算というものはなかった。特定の問題の解決に賞金が出されることはあったが、それも、個々の発明家に新たな課題に取り組ませるだけで、新しい人間を技術実験に引き込むという目的はなかったように思われる。むろん、知識と実践の相乗効果もなかったわけではない。たとえば、大砲の製造のために正確に穿孔できるようになると、その技術は、蒸気エンジンの改良に必要な正確な穿孔に有用であることがわかった。しかし、他のタイプの熟練技術（たとえば時計製造）も、こうした技術を伝授しており、しかも戦争関連の業種が特別に優れた訓練を提供したといえるものはなんら存在しない。たとえあったとしても、戦争が技術革新に及ぼした正味の効果は、マイナスであるように思われる[105]。より広範な民間への応用過程から熟練技術者を引き抜いたり、情報の流れを寸断したり、潜在的な発明家を殺したりなどしたのである。

戦争が需要を拡大して、決定的な刺激を与えたとする主張に対しても、より確実に同じような議論ができる。軍需品、軍服などの納入契約が、特定の時点で、特定の産業に刺激となったことは事実である。しかし、このような需要は、そのすべてが、結局は課税によって賄われたわけなので、それだけ民間の需要を減少させた。すでに触れたように、西ヨーロッパでは（東アジアも同様に）、消費需要が（周期的な変動はあったものの）長期にわたって拡大しつづけ、中・上流階級の消費財への支払いが、それ自体、今度は製造業者からの需要を生み出すような制度的・文化的枠組みを発展させたように思われる。要するに、ユーラシア大陸の両端では、（食料価格が急騰して、人びとの購買力の大半を吸収してしまう）自然災害の時期を除けば、総需要が十分にないことが問題であったという証拠は何もない。この問題がないのだから、軍需は解答にはなりえない。

国家間の競争が、経済発展にとくに好都合な制度をもたらしたとする主張は、さらに複雑である。このような議論では、君主が、財産権――市場経済にとっての必須条件――のさらなる安全性を頻繁に保障する代わりに、軍事上の緊急事態に対応するのに必要な短期収入を求めたのだとするものが、ほとんどである。かくして、こうした議論では、財産権の安全性が高まったのは、絶え間ない軍拡競争の副産物であった、と結論するのである[106]。しかし、実際にこれがヨーロッパで財産権がより安全になった筋道だとしても、それが同じ結果につながる唯一の筋道であったわけではない。それでも、それが唯一の筋道であったと言いたい人びとは、国家がつねに軍事支出を増加させる圧力にそれほど直面しなかったところでは、国家は富裕な人びとと交渉する必要はあまりなく、そのため財産保有者に諸権利を認める理由はなかった、と主張する。中国の王朝は、規模や富で匹敵する隣国がなかったため、ときとして、その古典的な例だとされる[107]。チョードリの見解――M・N・ピアソンによって支持されている――では、アジアの大帝国は商業からの収入（軍拡競争がもっと激烈であれば、それを求める必要があったのだろうが）に依存しなかったため、商業上の財産権の安全性を保障する必要はなかった、という。この主張は、より狭い議論になっているが、その構成は同じである[108]。

　中国で市場――新古典派経済学的な原理に固執したという点では、一八世紀のヨーロッパのそれ以上であった――がどのように作用したかについては、これまで延々と議論してきたが、ここまで取り上げてきたタイプの「財産」、つまり、ほぼ自由に売ったり利用したりできる生産財に対する権利が問題なら、このような主張はほとんど維持できない。ヨーロッパがそうした方向に動くことに、国家間競争がどれほど重要であったとしても、ヨーロッパ以外の社会は、別の方法でヨーロッパと同じような位置に到達したからである。

　戦争の進行のおかげで安全性が確保されたのは、まったく別のタイプの財産権であった。すなわち、徴税請負や官職売買から、国家公認の独占やギルド特権の確認にいたるまで、要するに、特権というかたちでの財産が問題だったのである。このような特権は、軍事衝突を繰り広げていたヨーロッパと南アジアに共通しており、一般に、一八世紀にはきわめて安全ですみやかに譲渡できたことは、すでに見てきた通りである[109]。対照的に、中国は執拗で激しい軍事的挑戦には直面しなかったので、清代に国家が許可した重要な独占ないし寡占は、二つ（塩と広東貿易）だけであったし、一九世紀以前には、売官もほとんどなかった（ただし、名誉的な称号は多くが売られた）。公債は存在しなかったし、租税は徴税請負いに出すよりもむしろ直接徴収した。都市のギルドが農村部の競争相手を排除しようとしても、反対するか無視するかのいずれかであった[110]。

　とすれば、問題は、このタイプの財産権が広まり確認されたことが、経済発展にどのような貢献をしたのか、ということになる。生産総量の観点からすれば、それが積極的な役割を果たしたと言うことは難しい。徴税請負人や買官者は、生産を高めることはなかった。その一方で、ギルドは農村地域の低雇用状態の労働力を動員することに徹底的に抵抗した。独占権を有する者は、すべての種類の商品価格――砂糖からタバコ、塩のような必需品にいたるまで――を高値で維持した。そのため、そうした必需品は、一九世紀に市場に出回ったものに比べれば、市場のほんの一部分にしか到達していなかった[111]（これとは対照的に、中国の主な独占といえば、塩のそれであったが、塩は国内の多くの場所で製造が可能であり、密造や密輸によって独占のシステムが非常に抜け道の多いものになってしまっていた。こうして、独占が需要を抑制することはほとんどなかった）。パーリンがインドについてきわめて説得的に指摘している点――諸特権は、それらがさまざまな他者を平等な条件で市場に参加させないようにしている限りにおいて、まさに価値あるものとなるということ――は、（少なくとも、売られた権利に、強制労働の利用権が含まれることがあまりなかった）ヨーロッパについては、いささか適切さに欠ける。

議論をさらに一般化すれば、このことは「近代化」、「自由主義化」、「合理化」といった見出しで一括されることが多い、一部ヨーロッパ社会での変化――財産権の相対的強化、（少なくとも財産所有者にとっての）代議制の発展、ある種の市民的自由の拡大――を、別個に切り離して扱う必要性を示している。こうした許認可は、戦争資金を求める国家によってなされ、しかも許認可のすべてが国内での競争（市場、ないし「理念上の市場」における政治権力を目的とした）の承認になんらかのかたちで関係していたように見えるため、熾烈な国家間競争を勝ち抜いたのは、国内での自由競争を最大の特徴とする社会である――最先端の自由主義的な制度をもつイギリスの（一時的な）勝利によって確証されたと思われるような論理――と、当然のように考えがちである[112]。しかし、詳しく検討すると、そうではないらしい。

第一に、チャールズ・ティリーが注意を喚起している通り、このような議論が当てはまるのは、（彼のいう「強制力集約的」径路とは逆の）[113]、いわゆる「資本集約的」もしくは「強制力・資本集約的」な国家形成の径路に沿った国家に限られる。こうした国家は、近世の国家間の抗争における唯一の勝者ではなかった（ロシアは明らかな反例である）。その一方で、デンマークのように、「強制力・資本集約的」なカテゴリーに入る国家でありながら、政治権力をめぐる抗争でうまくいかなかった国家もあり、（オランダ共和国のように）純粋に資本集約的な集団は、まったくと言っていいほど、うまくことを運べなかった[114]。

第二に、これらの変化がすべて、等しく、戦争か国内の競争かという選択に関係していたわけではなかった。議会制度およびさまざまな財産権は、戦争のために必要になった歳入と交換に認められたり、確認されたりすることが多かったが、しかし、言論の自由は、軍事目的の資源の動員とはほとんど関係がない径路によって勝ち取られるのがふつうであった。さらに、イギリス――しばしば自由主義化が、国家間競争の費用を賄った完璧な例とみなされる――においてすら、年表を見れば、いかなる単純化にも疑問符がつくことを想起するのも意味があるだろう。一七九〇年から一八三〇年までの期間は、イギリス史上、おそらく最も権威主義的な時代であった。しかも、一八三二年までは、権威主義がますます高じていったように思われる。そしてアメリカ植民地独立の痛手から立ち直るや、イギリスは誰の目にも明らかな世界の指導的な強国となり、(当面)その他のヨーロッパから経済的に分岐した。[115]

しかも、問題になった財産権のすべてが、必ずしも経済的自由主義を導いたわけではなかった。上述のような反競争的な特権は、多くの人びとに確認されている。しかも、今日の基準ではさほど特別とは思われない特権ですら、全体的な効率性を損なうことがよくあった。たとえば、(国家間競争の主要な勝者のひとつであった)フランスでは、いつも資金不足に悩まされていた国家が、小規模地の統合や囲い込みに対する、また、共有地の転換や分合に対する少数者の拒否権を含む、地域的な「財産」権(および地域裁判所による裁量権)を認めてしまった。第2章で見たように、この結果、無数の改良計画が、法的には革命後まで、ほとんど実行できなくなってしまった[116](小規模なドイツ西部の諸国家では、主権の留保を考えずに、同じような政策を行い、国内の自由化と国家間競争での成功との必要な関係を弱めてしまった)。

特権は、中・短期的には生産を抑圧したとしても、資本蓄積を促進し、長期的には成長を進めたとも考えられる。この議論によほど限定を加えるとすれば、つぎのようになろう。すなわち、(徴税請負いなどからの)あらゆる種類の将来収入の流れを保証し、売り出したことが、ほかの種類の将来収入の流れの安全性確保に役立った。こうして、徴税請負いと公債が、民間の債券や会社などのために、道を拓いたのだ、と。

会社組織のひとつの先駆形態——複雑なパートナーシップ——は、世界中、どこでも認められた。しかし、永続性があって、独立の法人格をもち、企業となると、企業内部での資本蓄積にとくに適合的な構造をもつ企業となると、明らかに西ヨーロッパのそれの特徴であるように見える。しかし、すでに見たように、技術進歩のために、伝統的な(通常は血縁的な)ネットワークを通じては集められないほど大きな資金が必要になったのは、鉄道時代になってからのことでしかなかった。それまでは(石炭業と綿織物業という産業革命初期のきわめて重要な部門を含めて)、資金は、こうした(伝統的な)ネットワークによって獲得されていたのである。すでに見たように、それまでは、会社というものが最も重要な意味をもったのは、海外への植民活動と、軍事力を伴う貿易においてであった。この両者は、(戦争を行うこととインフラを整備することなど、主に、政府に類する行為のための経費として)最も多くの「忍耐強い資本」[長期資本]が必要となる活動であった。とくにイギリスでは、一九世紀を通じて家族企業がほとんどの分野の経済活動を支配しており、そのなかには世界帝国の貿易が含まれていた(興味深いことに、ひとつの例外はアフリカ貿易とアフリカの植民地化であった。アフリカでは、かなりの政府に類する活動が企図されており、そのためにジョイント・ストック・カンパニーが、再度、認可された。[117]植民地会社については、あらためて簡潔に触れるつもりである)。とすれば、こうした新しい金融システムがそれ自体として、ヨーロッパ内部の経済活動に何か重要な利益をもたらしたことを確認するためには、超長期の視点をもたなければならないのである。

もっと強力ともいえる意見もある。戦争で生み出された特権は、再投資して利益を極大化しようとする傾向のとりわけ強い人びとに資産を集中させるので、資本蓄積には好都合であった、というのである。ブローデルは、その著作で、同様の主張を数多くしており、（すでに見たように）名門の家系は、幅広いさまざまな投資先のあいだで動いていたことの重要性を強調している。しかし、たとえこのような名門の家系が重要であったとしても、こうした家系が見いだした手段のすべてが不可欠であったということにはならない。少なくとも、こうした国家と結びついた投資先のなかには、より生産的な活動から資本を逸脱させるものがあったはずである。ヤン・ド・フリースが主張するように、近世ヨーロッパの成長をもたらした資本の多くは、社会的名声は伴うものの経済的には生産的ではなかったさまざまな富の使い途から資金がそらされることによって、「発見」されたものであった。ヨーロッパ内のほとんどの国家が、より多くの官職、徴税権、称号を市場に売り出す原因となった軍拡競争は、この変容の障害とはなっても、助けとはならなかった。ジェフェリー・パーカーによれば、おそらくは一七、一八世紀のヨーロッパで最もブルジョワ的な地域であったオランダでさえ、きわめて多くの公債保有者が、安全で、利益が大きく、名誉のある（知性は要求されない）投資先が奪われるため、戦争が終結すると狼狽したのである。つまり、われわれが生産的な投資と呼びたくなるものは、少なくとも一部の人びとから見れば、ほかに代わるべき手段がないので利用しただけのものだったのである。[118] このような情況では、どのようにして財政＝軍事国家主義がヨーロッパ内部の経済発展に大きく寄与したと主張できるのか、明らかにできない。しかも、むろん、戦争そのものは、資産の減価率を高め、技術を失わせ、経営コストを上昇させた。

しかし、ことがヨーロッパの外部で展開すると、軍拡競争はそれなりの配当をもたらした。第一に、国家間競争の枠組みは、その推進力の多くが海外にあった。さらにそれは、たんにこの人口まばらな土地を自由移民と貿易に開いたというのではなく、ヨーロッパの資源面での行き詰まりをはるかによく解決できるようなかたちで、新世界の開発を加速し、形成していく役割を果たしたのである。

もちろん、海外の征服は、ある程度、ヨーロッパ内での激しい軍拡競争の結果であった。そうした競争によって軍事上の技術と手段がかなり進歩し、その結果、ヨーロッパ人にとって、海外では、供給ラインがひどく長いうえに、現地に配置している兵力の規模が限定されていたものの、それを埋め合わせることが可能になった。しかし、ヨーロッパ諸国の海外での成功のうち、あまりにも多くを「軍事革命」に求めることには、慎重になるべきであろう。ヨーロッパ人がアジアで獲得したものの多くは、そこで遭遇した敵の状況のおかげであった。すなわち、彼らは、[119]（捕虜とは対照的に）陸上での戦闘には慣れておらず、（東南アジア各地の例のように）領土を放棄してヨーロッパ人に譲ってしまったり、(ベンガルのように) 内部対立があって、少数でも武装完備の軍隊なら、大きな戦果を収めることができるような状況を生み出していたりしたのである[120]。しかも、たとえそうでも、一八世紀末までは、ヨーロッパ人が旧世界で獲得できたものは限られていた (逆に取り戻されることもよくあった)[121]。ヨーロッパ人の冒険心がその見返りを得ることができたのは、とりわけ新世界であった。新世界では、疾病が、少なくとも軍事上の技術や組織と同じほど重要であった[122]。

さらにいえば、つぎの点がいっそう重要であったかもしれない。すなわち、ヨーロッパは、新世界への侵入によって、ユニークな経済効果を得たのだが、その際、ブローデル流の「資本主義」の諸側面——独占特許、徴税請負いその他——が、歳入に飢え、特権をどんどん認可しつつ、他国と競争を繰り広げる国家権力に結びつくことが、いかなる点で必要不可欠な要因となったのか、という点である。ヨーロッパ人が新世界につくった諸帝国の経済的効果と、国家の後ろ盾がないままに東南アジアに定着した中国人貿易商がもたらした効果を比較すれば、多少は理解が進むであろう。ヨーロッパと接触した直後の新世界と同様、東南アジアのほとんどの地域は、人口がまばらで、需要があって「持ち帰る」のに適した土地集約的資源を、大量に供給しえた。東南アジアに出かけた中国人は相当な数にのぼったが、しかし、中国沿海部にとって東南アジアが、西ヨーロッパにとっての新世界のようになることは、決してなかったのである。

ヨーロッパによる新世界の植民には、(多くの地域で白人人口を圧倒していたアメリカ・インディアンや他のヨーロッパ人、アフリカ出身の黒人奴隷からの) 軍事的な保護と政治組織のための莫大な費用が必要とされた。この費用は、すべての輸出の上前をはねることができて「ただ乗り」を防ぐことができたどちらの側でも (つまり、国家でも、独占の認可を受けた側でも) 一方だけで、いとも簡単に負担できた (一六七〇年代にヴァージニアのタバコ地帯で働いていた男性労働者なら、自分の稼ぎのうち、自分自身や雇主の取り分よりも、国王に採られる分のほうが大きかった)[123]。このように、ヨーロッパ人としては、独占権を設定することで、新世界の生産者たちをもっとオープンな市場に引き入れることよりも、他者によるさらなる入植の費用を提供するほうが、より価値のある行動となったのである。

植民地会社は、植民地を立ち上げる費用を負担していたので、本国に持ち帰る生産物の嗜好を促進するためになら、できるかぎりのことをした[124]。役人の手でそのようなことが行われた例さえ、いくらかは見られる。「奢侈品」であればどんな輸入品をも嫌ったヨーロッパの重商主義者についてならば文献はいくらもあるが、イングランドやオランダ、フランスが自国の会社を強力に支援し、このような物産を獲得させ、自国以外のヨーロッパに再輸出させたことも忘れてはならない。しかも、人びとがエキゾティックな物産を消費しはじめると、最強硬派の重商主義信奉者である役人でさえ、自国の会社によって輸入されたものを利用すべきで、そうすれば、政府も輸入関税の分け前にあずかり、特許会社からの戦時融資を獲得しやすくなる、とあっさり信じたのである。[125]

理論上は、一九世紀の自由主義化が物価を引き下げたように、仮に独占がなければ、ヨーロッパ内の市場はずっと速く成長していたであろうと、いえるかもしれない。しかし、もし最初から自由貿易が普及していたとすれば、植民と開発の資金調達がどうしてなされたか、まったく明らかではない。供給先としてはるかに大きな市場を手にしていたとすれば、砂糖プランテーションの所有者は、実際よりもはるかに多くの奴隷を輸入したかもしれないが、しかし、新世界への奴隷供給に必要な流動資本のほとんどを供与したのは、ヨーロッパの貿易商であって、新世界のプランターではなかった。資金力に劣る新規参入者が入り込んでいく機会があった奢侈品――毛皮、議論の余地はあるが金や銀も（一七世紀後半までは個人所有の小規模な鉱山が稼動していた）――の輸出についても、より自由な貿易システムになっていたとして、その利益は、ほとんど新世界の生産者ではなく、ヨーロッパの消費者にもたらされたであろう。しかも、何百万人もの消費者に利益が拡散したとするならば、激増した移民の費用および、新世界開発のための社会的間接資本の費用は、どのようにして負担されたか、理解することは困難である。

もちろん最終的には、何百万人ものふつうの人びとが、自分たちや親族が大西洋を横断する移民のための費用を、自前で負担するようになった。しかし、それは、情報や取引、輸送の費用が大きく低下し、[126]さらに新世界の政府が新世界の住民に税を課して、民間の経済活動が繁栄するために必要な軍事力を保持し、政治秩序を維持し、基本的な社会基盤を整備できるようになった、一九世紀世界のことなのである。

ヨーロッパで「奢侈品」の消費が拡大したこと（東アジアと似ていた）と、諸国家が新しい領土の開発のために独占を認め、衝突を繰り返したこと（南アジアや東南アジアと似たパターン）とによって、ヨーロッパのみが最終的に重要な海外植民地を獲得した理由を「説明」できると主張するのは、愚かなことのように思われる。地理的偶然や疫学的状況、航海技術の進歩、その他の多くの要因を無視しているので、こうした説明は「行きすぎた解答」の典型となりそうである。それでもやはり、ヨーロッパと中国の政治経済学によって、それぞれの海外への拡大の背景がどのように異なったのか、考察する意味はあるだろう。

海外にいた中国人貿易商は主に福建や広東からやって来た。この二つの地方には、土地を探し求める莫大な数の人びとが充満しており、彼らの多くが台湾や中国内陸の辺境に移住した。労働者（ほとんどは鉱夫であったが、農夫もいた）もまた、一八〇〇年以前にかなりの数の人びとが、東南アジアの人口が希少な地域に赴いた。ときには、彼らは地元の有力者によって導入され、土地を開墾して換金作物の耕作に従事した。[127]彼らが定住した地域には、将来の砂糖、茶、タバコのプランテーションとなる地域（いわば、東南アジア版「カリブ海域」）と、イラワジ川、メコン川、チャオプラヤ川のデルタ（さらにルソンも）、つまり、一八五〇年以降、海外からの移民が生産する膨大な穀物の供給源となる東南アジア版「北アメリカ」という二つの地域が含まれていた。労働力に恵まれない東南アジアの多くの地域では賃金が高く、その結果、たとえすぐにはその地域で豊かな土地を取得できなくても、人びとは高賃金に誘われてやって来たのであった。[128]東南アジア大陸部の河川デルタを水田地帯に変えるには、途方もない労働力――そのほとんどは地ならしのため――が必要になったはずである。これにはフランスやイギリスの植民地体制の成立を待たねばならなかったが、その理由は技術的なものではなかったのである。

しかし、一八世紀には、農民の大量移動は、実現の可能性があまりなかった（王賡武（Wang, Gungwu）その他が指摘するように）。[129]中国の国家は、海外に進出する国民に、直接、軍事的・政治的支援を与えることには関心がなかった。そのため、オランダやスペインの植民地当局は、マニラやバタヴィアにあった大規模な中国人の社会が土地を購入できないようにしたり、怒れる「先住民」を周期的に扇動して、その不満を中国人虐殺のかたちで発散させたり、自らも虐殺に手を染めるほどになった（一七四〇年のバタヴィア事件、一六〇三年と一七六四年のマニラ事件がとくに有名な例である）。こうした状況では、中国人貿易商が自分たちの資産を流動的なままにしておいたのも、十分にうなずけることである――そのため、彼らは土地や土地改良に投資して、その資産を流動化できなくしてしまうよりも（いずれにせよ、彼らには土地を所有することはできなかった）、むしろ、簡単に逃亡するか、賄賂を払うか、そのどちらかを選ぶことができる方法をとったのである。あえて土地を望んだ者は、所有権がより安全で、親族が十分に信頼できる後見人になってくれる故郷で、それを求めた。

さらに、中国人貿易商と中国人農民のいずれもが一八五〇年以前に東南アジアにいたとしても、彼らの結びつきは脆弱であった。バタヴィアで起きた事件を見れば、このことは明らかになる。

一六九〇年以降、バタヴィアの市壁の外で発展した製糖業では、中国人の企業家が圧倒的な役割を果たしていた。たとえば、一七一〇年には、八四名の製糖工場所有者のうち七九名が中国人であり、さらに労働者も中国人が大きな割合を占めていた。しかし、製糖工場の所有者には、（迫害を受ければ、市そのものを壊滅させるほどの力を誇示していた）市壁内に住む裕福な中国人貿易商は含まれていない。他方、農村で製糖業に従事していた中国人社会は、極端に腐敗していたと思われるオランダ人役人の監督下に置かれており、都市部の中国人を監督していた中国人「カピタン」［訳注：中国人自治組織の長。ポルトガル語の capitão に由来する］のもとにはなかった。[130]オランダ東インド会社は、統制価格で砂糖を買い取り、ペルシアやインド、ヨーロッパで売りさばいていた。[131]

これらの市場が不振に陥ったとき、農村では不満が高まった。オランダ人は、中国人の農耕民を、さらに多くの労働力が必要とされたセイロンへ強制移住させようと試みた。しかし、都市の中国人がこれらの問題に関わるようになったのは、強制移住の宣告を受けた農村部の中国人が反乱を起こしたとしてオランダ人とジャワ人が彼らを非難し、虐殺したときに限られた。つまり、実際には、都市の中国人と農村の中国人のあいだには、つながりはほとんどなかったようなのだ。[132]

本国の市場と安定した関係——特権化とまでは言わないとしても——がなく、のちの東南アジアの諸政府なら保障してくれたはずの中国人の生命と財産の安全すらない状態では、成功を収めたバタヴィア内の中国人貿易商が、大勢の中国人を現地の農村に導入したり、農村の植民に必要な投資をする理由は何もなかった。したがって、本国政府の支援がない限り、海外における農村の中国人定住地は、短期的なブームから利益を搾り取るためにつくられた一時的なキャンプのようなものでありつづけたのである。それが、（新世界のプランテーションのように）土地集約的な生産物を輸出することで、本国の投資者たちがさらなる植民活動の資金を確保できるような集落発展の中核となるなどということはまったくなかった。

清朝は一七四〇年に懲罰的な措置をとろうと真剣に考慮した。このことからも、中国は、「世界帝国」であったために、国境の外の経済活動に関わっても利益は得られないと考えていたというのは、単純すぎる議論で、慎重でなければなるまい。[133]実際、中国人を虐殺したオランダ人への制裁として、貿易禁止を主張した主要な議論のひとつは、制裁が十分ではない場合、オランダ人は、以前から長期間滞在していた中国人を虐待したように、ついで交易にくる中国人集団をも虐待するだろうというものであった。逆に、貿易停止令に反対する主張の主な論拠は、そのようなことをすれば、中国南部沿岸部の何十万もの人びとに有害な影響を与えかねない、ということであった。決定的に重要な違いは、中国に拠点を置いたままの人びとは、東南アジアに貿易や旅行に出かけても、中国の王朝から保護を受ける権利を有したのに対して、外地に定住した人びとは、保護されなかったということである。たしかに、清朝もまた、領土を拡大したのだが、それは中央アジアでのことであった。商人が財政を握っていた東南アジアの植民帝国なら、江南や嶺南に一次産品を提供することができたが、中央アジアでは、そのようなわけにはいかなかったのである。

清朝が国家の安全について特有の考え方をもち、[134]税を低いままにしておくことを望み、（一八世紀の末までは）繰り返し黒字決算となっていたとすれば、中国人による武装海外貿易を、たとえ消極的なかたちであっても認可する（たとえば、輸入独占を保証する）つもりはなかった。その結果、巨大な中国市場と海外からの奢侈品とを結びつける独占権を得た民間人は（短命であったひとつの例外はあるが）ついに存在しなかったのである。

そのひとつの例外、すなわち鄭氏の海洋帝国は、一七世紀当時には著しく豊かで強力となった。この帝国が、オランダ人との商業抗争や海戦でいずれも勝利を収めた（オランダ人は台湾から駆逐され、東南アジア各地の利益があがる市場から追い払われた）ことは、「中国人」が、ヨーロッパ人式に武装貿易と植民地開発を結びつけることには、本質的に関心をもっておらず、適してもいなかったし、技術的にもその用意がなかったという主張に、重大な疑問を投げかけるものである。鄭氏はまた、植民地化をも企てた。[135] 彼らは台湾を奪取し、植民地を拡大しただけでなく、ルソンをもまた脅かしたのである。[136]

しかし、鄭氏の帝国が繁栄したのは、中国の王朝が危機に陥っていた時期に限られていた。母国から安全を保障されたわけでも、母国市場にアクセスする特権を与えられたわけでもなく、本土の諸港と交易ができたというにすぎない。つねに許されている本土の諸港を転々としながら、交易することくらいしかできなかったのである。さらに、鄭一族の指導者たちは、海外での活動をもっぱら、長期間にわたる事業として見るよりは、むしろ中国における軍事活動（明朝の再興という、望み薄の目的のための）の資金源として見ていた。つまり、鄭氏の帝国は、ヨーロッパの武装貿易と植民地化に匹敵する成功を収めたが、通常の中国国家機構の一部ではなかったのである。

たとえ中国人の海外貿易商や植民者が武装し、どうにか貿易の独占を確保したとしても、彼らは別の限界に直面したことであろう。たとえば、彼らが砂糖輸入の独占権を握ったとしても、中国の国内で同じ商品を大規模に生産していれば、商人にはほとんど利益がなかったであろう。それとは対照的に、ヨーロッパの貿易商は、砂糖、コーヒー、茶、絹といった輸入品から（きわめて長期間にわたるタバコからも）十分に高い利鞘を得て——これらの必需品が国内で生産されていなかったため——、海外における保護の費用を取り戻すことができた（他方、たとえば、北アメリカ産の小麦には、うまく原価に高額の上乗せをすることができなかった。[137] したがって、ペンシルヴェニアの穀物はヨーロッパ各地で売られたし、もう少し内陸に行けば、そのような豊かな土地がもっとあることは人びとに知られていたが、植民地時代を通じて小麦輸出用に広大な新しい土地が拓かれることはなかった。小麦のフロンティアが急速に拡大するためには、海運コストのより大幅な低下を待たなければならなかった。さらには、北アメリカ自体に大規模な都市市場が成長し、直ちに大きな歳入増加には結びつかないとしても、フロンティアを征服し、統治し、統合するために費用を負担する、統治の論理をもつ独立した政府の出現をも、待つ必要があった）。

したがって、中国の海外貿易は、国家と結びついたヨーロッパの会社による資本主義とは、まったく異なるかたちで発展したのである。比較的低い利鞘による競争的な貿易によって、台湾は一七三〇年代に、一七五〇年代の新世界全体の約三分の一に相当する砂糖をこの地域だけで輸出し、多数の小規模投資家や船主に十分な利益をもたらした。[138] しかし、だからといって、たとえばルソン島北部を占拠することが有意義になるほどの、利潤の集中は見られなかったのである。[139] スペインのこの地域への支配力が一八世紀には弱く、ルソンが台湾に近接し、マニラには重要な中国人貿易商の社会が存在していた（一六〇三年に

料金受取人払郵便

千種局承認

5102

差出有効期限
2023年 11月
30日まで

郵便はがき

464-8790

092

名古屋市千種区不老町名古屋大学構内

一般財団法人

名古屋大学出版会 行

読者カード

本書をお買い上げくださりまことにありがとうございます。
このはがきをお返しいただいた方には図書目録を無料でお送りいたします。

お名前《フリガナ》

〒

ご住所

電話番号

メールアドレス

メールアドレスをご記入いただいた方には、小会メールマガジンをお届けします（月1回）

購入された
本のタイトル

勤務先または
在学学校名　　年齢　　歳

関心のある分野　　所属学会等

ご購入のきっかけ（複数回答可）

A 店頭で
B 新聞・雑誌広告（　　）
C 図書目録
D 書評（　　）
E 人にすすめられた
F 教科書・参考書
G 小会ウェブサイト
H 小会メールマガジン
I SNS（　　）
J チラシ
K その他（　　）

購入された
書店名　　都道府県　　市区町村

本書ならびに小会の刊行図書に関するご意見・ご感想

小会の広告等で匿名にして紹介させていただく場合がございます。あらかじめご了承ください。

ご注文書

代金引換サービス便にてお届けしますので、お受け取りの際に代金をお支払いください。

定価（本体価格＋税）と手数料 300 円を別途頂戴します。手数料は何冊でも 300 円です。

書名	冊数

全国の書店、生協書籍部、ネット書店でもご注文いただけます

はすでに一七七〇年におけるニューヨークやフィラデルフィアよりも大きく、一七七〇年におけるボストンの二倍の規模であった）わけだから、[140] 福建商人が認可を得て武装し、ヨーロッパ人の貿易商と同じように、本国の市場で武力と特権を行使する（そうすることによって武力の費用を取り戻すことができる）状況を仮定することは、論理的には完全にありうることだったとしても。一七〇〇年代末までには、バタヴィアとその近辺は一〇万人もの中国人を擁していた可能性があると考えられる。その人口は一七七〇年のニューヨーク、ボストン、フィラデルフィアを合計した数よりも多かった。[141] しかし、輸入品の消費者がその支払手段をもちあわせていなければ、植民地は成立しない。その意味で、東南アジアの砂糖と東南アジアの米は、新世界のタバコや砂糖よりも、小麦に似ていた――したがって、東南アジア本土にある将来の大米作地帯は、南北アメリカの広大な小麦地帯と同じく、開発のための資本と労働が導入されるようになるまでに、なおかなりの歳月を要したのである。

そのうえ、中国の国家は、「日常生活用の奢侈品」から歳入を得ようという気は、いっこうになかった。中国では、砂糖の九〇パーセント、すべての絹とタバコは国境を越えることがなかったので、（一八五〇年代に国内貿易への釐金（通行税）が創設されるまでは）税収をもたらすこともなく、明朝の官僚にとっては、これらの交易を促進してみても、得るものは何もなかった。台湾からの砂糖の移入があまりにも大量すぎると懸念した中国の官僚はいたが、彼らとて、銀を輸出して絹を購入することに反対したヨーロッパの重商主義者ほどには「反市場的」であったわけではない。結局、彼らが台湾に望んだのは、福建の商業、手工業、茶栽培地域に対して米の供給を続けることであり、それらの土地を自給自足経済にすることではなかった。[142] 清朝の官僚は中国南部沿岸の多数の人びとが海外貿易に依存していることを知っており、海外貿易が安全保障上の懸念を悪化させた場合を除き、貿易が継続されることを望んでいた。しかし、安全保障上の懸念をもち、「奢侈的な」輸入品を削減することを望む官僚がいたとしても、強硬な銀重視派だったヨーロッパの重商主義者と同じように、正反対の強い利害をもつ財政官僚、軍人、植民地官僚らと真っ向から対峙することになったであろう。

大陸外への貿易、植民地の拡大、財政＝軍事国家主義のあいだの関係のみが、ヨーロッパの植民地主義をユニークなものにしたわけではない。たとえ、中国がもっと「ヨーロッパ／インド」式の重商主義をとり、あるいはインドにもっと「ヨーロッパ／中国」式のエキゾティックな輸入品に対する大衆需要があったとしても、ヨーロッパ人（とアフリカ人奴隷）がつくり上げた新世界のようには、中国人は東南アジアを利用することはおそらくなかったであろう。一例を挙げると、新世界と旧世界では、疾病への感染率に大きな差異があったか、中国人はそのような生物学的利点をまったく持っていなかった。とはいえ、ヨーロッパは、驚くほど多くの要因――流行病、ヨーロッパにおける戦争、財政＝軍事国家主義、奢侈品需要、中国の銀需要等々——から利益を得るのでなければ、新世界をあのように利用するとはできなかったであろう。アルフレッド・クロスビーが正しく指摘しているように、誰であれ、たくさんの病気をもって南北アメリカにやって来た旧世界人は、広範な地域で人口を激減させることになっただろうが、しかし、社会を一新したのは、むろん、病原菌だけの力ではなかった。このようにして破壊された社会は、輸出志向の経済とそのような輸出を期待して資金提供がなされた大規模な移民とによってこそ、一新されたのである。

さらに、すぐ後で触れるように、新世界の輸出品は、経済成長の維持、加速のための、十分ではないものの、決定的な要因——とくにイギリスにとっては——であった。こうして、ヨーロッパの資本主義と消費主義が、二つの新しい大陸での活動がなかったと仮定した場合に比べて、はるかに重要なものになった筋道とメカニズムが明らかになったのである。

第II部の結論　類似点の重要性——そして相違点の重要性も

したがって、一八世紀の中頃になっても、西ヨーロッパだけが生産的であり、経済的にも効率的であったということはなかったように思われる。しかし、旧世界の多くの他の地域が、西ヨーロッパと同じくらい繁栄し、「プロト工業的」、ないし「プロト資本主義的」であったという研究成果から、一部の研究者の主張するまったく事実に反する主張——満洲人とイギリス人の侵略によって「資本主義の芽」が摘み取られるまでは、いくつかのアジア社会が工業化のブレイクスルーに向かって先頭を走っていたのだ、という——に飛躍してしまうわけにはいかない。よりありそうなことは、世界中のいかなる地域も、必ずしもこのようなブレイクスルーには向かっていなかったということである。実際、ヨーロッパにおいてさえ、一八世紀末の主要な経済思想家たちは、そんなことが迫ってきているとは、まったく予想していなかったのである。[143]

むしろ、旧世界の最も「人口が満杯」で（すなわち、利用しうる科学技術を駆使すれば可能となる生態環境的な人口扶養能力からして、人口が稠密な）[144]、経済的に発展した地域は、すべて共通して「プロト工業」を目指しつつ、袋小路に入り込んでいるように見えた。労働力の投入量が着実に増加し、最先端の生産技術がひろまり、商業化の進展によってはるかに効率的な分業が可能になっても、生産はかろうじて人口成長を上回ったにすぎないのである。[145]無限に先頭を走りつづけられる——杉原薫のいう「東アジアの奇跡」、つまり労働集約的手法に基づく持続的成長のヨーロッパ版になる——か、まともに「マルサスの罠」にはまることになるのかは、知る由もなかった。しかし、この二つの結果はいずれも、資本集約的で、エネルギー集約的かつ土地をむさぼり食う、現実に起きた「ヨーロッパの奇跡」とは、まったく似ても似つかないものであった。繊維製品の生産および消費の拡大は、「工業化」の始まりとしてよく言及されるものの、それだけでは、根本的な難題——食糧、繊維品、燃料、建築資材の生産が、しだいに希少化していく土地を求めて競合するという問題——に何の回答も与えないため、経済発展の径路を変えることができなかった。実際、繊維作物（あるいは撚糸一ポンドの生産に、はるかに広い土地が必要であった羊）のために森林が消えていけばいくほど、より重要な輸送や重工業のブレイクスルーに必要なエネルギーは、ますます入手困難になっていった。

このように、一六世紀から一八世紀において、ヨーロッパ以外の地域で見られた先進的な経済を「出来そこないのヨーロッパ」の事例として見るのではなく、むしろ、この時期の西ヨーロッパを、他の経済とも特別な違いはなかったと見るほうが適切である。一八世紀末、とくに一九世紀になって、予想もしなかった大きな断絶が起こって、入手可能なエネルギーと資源の根本的な制約——すべての者の視野を限定してきた——が突破できたとき、西ヨーロッパ経済は初めて、幸運な変わり種となったのである。そして、新たなエネルギーが、主にイギリスにおける石炭の掘削と利用の高まりから出現する一方で、ヨーロッパが鉱物エネルギーという新たな世界を利用できるようになるには、新世界のさまざまな資源の流れが必要であったことを、以下の二つの章ではみていきたい。そうした資源の流れの前提条件をつくり出すことを通じてこそ、ヨーロッパの資本主義と財政＝軍事国家主義が、グローバルな複合状況の一部として、実際に意味をもつことになったのである。

第 III 部

スミスとマルサスを超えて

――生態環境の制約から工業の持続的な成長へ

第5章　共通の制約
——西ヨーロッパと東アジアにおける生態環境の重圧

本書では、工業化を、いかなる地域においても、近世の経済発展の「当然の」所産とは考えないことにしてきた。それゆえ本章では、特定の地域間の関係の展開によって、西ヨーロッパが工業化直前にいかにして優位に立ったかを示すことにしよう。こうした優位は、工業化というブレイクスルーを必然的に導くというものではなく、むしろ、このようなブレイクスルーを可能にし、またそれを維持しやすくするものであった。また、こうした利点は、旧世界の中核が共有した主要な問題——合成肥料や合成繊維、合成品を安くする廉価な鉱物性エネルギーが現れるまでは、労働や資本が土地の代替をするには限界があったという問題——に対する対応をしやすくした。この「土地の」限界によって、人口や一人当たり消費量の持続的な拡大が妨げられ、同時に、地域における産業特化の進展が困難になっていた。成長が加速された一九世紀には、なおさらそうであった。以下に見るように、貿易はこうした問題を改善はしたが、解決することはできなかった。労働集約型の土地経営によって、より多くの人びとが養われ、生活水準が少しずつ上昇しつづけることは可能だったが、おそらくそれ以上のことはなかった。さらに、農業以外の仕事に従事できる人口の割合は、増えるどころか、低下する傾向にあった。

ヨーロッパがこうした制約から逃れるのに有利であった点は、おおむね、生態環境にかんするものであった。ある種の利点は、ヨーロッパそのものにあった未活用の資源から生じた——皮肉なことに、これらの資源は障壁があってそれまで開発されることがなかった——が、この優位は、東アジアで土地や燃料の効率的な利用がなされたために、ほとんど相殺されていた。他方、すでに第1章で論じたが、炭田が都合のよい場所にあり、またそれを開発する技術があったことから派生した利点もあった。新世界という思いがけない恩恵と、新世界とヨーロッパとの関係の特殊な複合状況《コンジョンクチュール》に基づく優位も見られた。この部分については、第6章で詳しく述べることにする。このように、資源にかんして都合のよい衝撃がいくつか生じたことは、他のさまざまな革新——全体として、ヨーロッパ世界の経済的可能性を変えることになった——が出現するまでの時間を与えるものになった。とはいえ、むろん、息継ぎの間があったからといって、それで技術革新が説明できるというものではない。しかし、この二つの要素は、一方が他方の成果を高めることによって、ともに機能したのである。

本章では、まず西ヨーロッパの歴史的見通しを略述するが、その際、人口の稠密な他の地域との共通点に重点を置いて考察する。つぎに、一八世紀に、共通して試みられた生態環境問題への一連の挑戦について述べ、西ヨーロッパは、絶対的には中国や日本ほど人口が稠密でなかったにもかかわらず、同じ程度の深刻な生態環境問題に直面していたことを証明する。西ヨーロッパでも、東アジアでも、一八世紀末までには、重要な制度変革なり、新たな土地節約型の技術、土地集約型の商品の大幅な輸入拡大のすべて、またはそれらのいずれかがなければ、これ以上は大きく成長する余地がほとんどないところまできていた。日本にはまだ、周辺の領土が多少は残っていた。そこで制度上の変革を行い、それまで本格的には用いられてこなかった既存の最高の技術を投じれば、なお成長は見込めたかもしれないし、ヨーロッパ（とくに東ヨーロッパ）でも、この種の土地はもっと多く残っていたが、それに比べ、中国では、相対的に少なかった。これら三つの地域にはすべて中核と言うべき地域があった（長江デルタと珠江デルタ、イギリスとオランダ、畿内と関東）。こうした地域では、大規模な技術変革か、周辺地域との貿易の飛躍的拡大、あるいはその両方がなければ、人口と消費をそれ以上成長させることはできなかったのである。

理論上、ヨーロッパには東アジアに比べ、土地利用の労働集約度を高めることによって、さらに人口が増加しつづける余地はあった。しかし、ヨーロッパの農業の状態を見れば、こうした可能性が十分に活用されうるとは思えなかった。さらに、このような径路では、一人当たりの消費の大規模な増加は望めず、ましてや工業化は無理であった。多少なりともこうした方向で開発されていったヨーロッパの国のひとつ、デンマークに目を向けると、労働集約度の強化によって、脆弱な生態環境を安定させ、生活水準を維持できたことがわかる。しかし、人口と一人当たりの消費は伸び悩み、ブレイクスルーの基盤とはなりえなかった。

最後に、これらすべての中核地域について、こうした問題を、どこまで旧世界のなかでも比較的人口の少ない地域との貿易によって軽減しようとしたのかを考察する。どの中核地域にとっても、こうした貿易は部分的な解決にしかならなかった。というのも、（輸送費の高さなど）技術的な限界——最終的には克服される可能性があった——だけでなく、旧世界のなかでより「発展した」地域とそうでない地域とのあいだの合意に基づく貿易には、本質的に社会的・経済的限界があったからでもある。

比較的人口が多く、農業生産性が高く、商業規模が大きく、また複雑化し、手工業が発展したという条件を満たした地域だけが、まさに工業化が可能な地域であると考えるのは妥当であるように見える。しかし、この基準ではなお、中国、日本とインド、とくに北インドが、西ヨーロッパと同じカテゴリーに入ってしまうことになる。

しかし、議論をさらに一歩進めると、インドは他のどの地域とも異なって見えてくる。インドは広大で人口の絶対数も多かったが、それでも工業化以前の環境収容力の限界には、ほど遠かった。ムガル帝国期のインドでは、同時期の中国、日本や西ヨーロッパよりも人口成長がはるかに緩やかであったように見える。一六〇〇年から一八〇〇年までの概算は毎年〇・一パーセントから最大〇・三パーセントで、一八三〇年以降ようやく急激な伸びが始まった。[1] そのうえ、カースト制度があるところでは、結束のきわめて固い専門家集団が特定の資源を排他的に管理し、(少なくとも理論上では)これらの人びととその子孫がこうした資源を永続的に使えるようになっていた。これによって、中国や日本やヨーロッパで比較的共通して見られた急速な資源の枯渇が、インドでは抑止されていたといえよう。前者の地域では、資源の濫用への抑制を人びとに課すのがより困難であり、人びとは職業や住む場所を変えることによって、枯渇した資源への依存から逃れるほうが容易であっただろう。[2] カースト制度は、ヨーロッパ人がいかにその重要性を主張しようと、守るより破るほうが褒められるような制度ではあったのだが、それが経済成長や人口増加(賃金労働や職業の流動性があって、人びとが経済上の居場所《ニッチ》を親から相続しなくても、結婚ができた地域では、よりありそうなことであった)および、資源の枯渇に対するある種の抑制効果を発揮したかもしれない。

いかなる理由にせよ、つとに前工業化時代の人口としてはほぼピークに近づき、従来の周期変動のどのピークよりも多くなっていたほかの地域に比べると、インドの政治経済や生態環境は、よほど異なった相貌を呈していた。明らかに一八世紀末のインドでは依然として大規模な森林が残っていた。人口が密集していたベンガルでさえも、一七〇〇年代の中頃には、全土の約三分の一が未開拓の森林や沼沢であった。[3] 農民の自己防衛策として最も一般的だった個人あるいは集団での逃亡は、ずっと前から、中国や日本、西ヨーロッパのほとんどの地域で非現実的なものになっていた。たしかに、植民地化以前のインドの支配者層は生態環境の平衡を保つのに注意を払ってきたのに、イギリスによる木材や換金作物の需要、無条件相続財産権の導入、さらに一九世紀の人口増加がこのバランスを崩したのだという考え方は、最近の研究では疑問視されるようになっている。しかし、植民地化以前の生態環境のあり方についての、ロマンティックなイメージを破壊してきた証拠そのものが、たとえば、当局が税金のがれや反逆者、泥棒が逃げ込む場所をなくすために森を焼いたという記述によって、[4] インドの生態環境にはまだある程度の余剰があり、また、すでにユーラシア大陸の両端では廃れていた農民の反抗様式が、インドでは残っていたことも証明している。

休閑地が比較的豊富に残っていたため、インドのエリート層は、しばしば非自由労働に依存したが、一方で、自らの土地を入手できないために他人の土地で働く「自由な」農業プロレタリアートが多数存在した。[5] これまで見てきたように、インドの農産物や手工業品は大量に市場に流入したにもかかわらず、生産者は、ほとんど市場に参入しなかった。つまり、彼らはほとんど商品を買うこともなければ、「勤勉革命」の中心となる時間配分という問題に直面することもなかったということである。

こうした土地利用や階級関係のパターンは、庶民の日用品の国内市場を驚くほど制限するという結果をもたらした。実際、可能な限り過去にさかのぼると、インドは（貴金属を除いては）輸入よりもはるかに多くの品物を輸出してきたのである。[6] 輸出やエリート層の需要の変化が、経済変動の説明要因として、中国や日本、西ヨーロッパの場合よりもはるかに大きな影響力をもっていた。というのも、後者の地域では（少なくとも一五〇〇年頃から、中国では一〇〇〇年以降）、あらゆる生産の増加は、生産者への支払いを通して、それ自体の需要をつくり出しただろうと一般的に考えられるからである。[7] 非自由労働者を精一杯働かせるか、使われていなかった土地を耕すことによって、生産やエリート層の収入が増加しうるところでは、エリート層は新たな生産過程を発展させるような試みに投資することに消極的である。[8] また人口の規模が大きく、比較的良好な輸送手段があったにもかかわらず、日常品の生産を拡大しうる革新のための安定した市場はなかった。つまり、ほんのわずかな金しかもっていない人が多すぎたのである。さらに、賢いインドの職人は、革新によって自分だけが利益を得るだろうとは、信じていなかった。最後に、多くのパトロン＝クライアント関係に、階層間の互恵関係という物価安定装置が組み込まれていたとすれば、営利そのものの追求はたしかにあったとはいえ、中国や日本、西ヨーロッパに比べてはるかに弱いものであったと考えられる。

このように、インドでは、商業も、技術も、高度な発展を示していたにもかかわらず、工業のブレイクスルーはまず起こりそうになかった。いかにインドの情勢が変化に富んでいた――とくに政治的な流動性が高かった一八世紀――かを、もう一度思い起こすことが重要である。また社会制度が、「人口が極限まで稠密化した地域」と同じ方向へ動いてきたように見える地域もあった。徳川時代の日本では、理論上はきわめて高度で、制限的であった法規が、しだいに拘束力を失っていったので、「人口稠密地域」と類似しているともいえよう。おそらく、インドを中国や日本、西ヨーロッパとまったく異なる経済発展をした場所と捉えるべきではなく、私がこれまで後者の地域について述べてきた傾向が「あるにはあるのだが」、数量的に弱く、別の方向へ押しやろうとする力がかなり強かった地域と考えておくべきであろう。植民地支配がなければ、どちらの傾向が優勢になったかは、推論の域を出ない。遠隔地貿易の成長も、どちらの方向へも寄与する可能性があった。[9]

旧世界でも、ほかの地域では、人口は前工業化時代で最大になってからは、インドよりもはるかに安定していた。これに対して、インドの発展径路は、西ヨーロッパや東アジアのものとは、根本的に異なっていた。東南アジアから東ヨーロッパまで、人口密度の低いところでは、エリートが強制労働の採用を容易にやめられないことを意味し、彼らは自らの生産物の新たな市場には、むしろ強制労働を強化することによって対応しようとした。

これは、中国、日本および西ヨーロッパには当てはまらない。これらが「生物学上のアンシャン・レジームを破壊し[10]」、一八〇〇年以前に新たなレヴェルの人口密度に達した地域であったことは偶然ではない[11]。少なくとも中核地域では、稠密な人口とかなりの資本蓄積によって、支配層——彼らは、比較的自由に生産的資産を配置しえた——は、強制労働ではなくて、しかも利潤の余地を残す程度の賃金で、労働者を雇うことができた。同じように、こうした地域は、未利用地や不適当な労働配分その他の形態の、「未利用の生産要素」のほとんどない地域でもあった。

こうして、これら三つの地域は、工業化へのブレイクスルーと生産過程を変える誘因を極大化するような制度を最も必要としていたのだが、必要性だけでは結果を出すことはできなかった。言い換えれば、「人口の稠密な」これらの地域はすべて、共通の袋小路に入り込む可能性にも直面していたのである。

これらのどの地域にも、食物生産が直ちに不足するという問題が迫っていたわけではないが、それ以外の面で生物学的な圧力は明らかであった。中国や日本では、食物や繊維作物の生産高は人口の伸びについていった。しかし、(少なくとも一九世紀までには)深刻な森林破壊や丘陵地の浸食、それに伴う洪水の危険性の増大という犠牲を伴った。それに、(鉱物性あるいは人工の肥料のような)新しい重要な農業のツールがなかったため、このような生態環境の犠牲が大きく、労働集約的な成長すらも、限界に達しつつあった。全般的に、西ヨーロッパでも事情は同じであったが、重要な違いが二点あった。

一方で、これまで見てきたように、西ヨーロッパの農業を強化するためのさまざまな方策は、一八〇〇年になっても機能しなかった。その結果、東アジアに比べると、制度や価格の変化で利益が出るようになれば利用することができる「余剰」資源があった。実際、このことが、徐々に起こりはじめたのである。たとえば、ジョージ・グランサムは、フランスについての研究で、つぎのように指摘している。市場へのアクセスがしだいに容易になったことで、農民は作物の栽培比率を変え、以前は用いていなかった家族労働を使うようになり、さらに、彼ら自身の消費パターンを変えた結果、技術の変化はほとんどなかったものの、一八五〇年までには、一七五〇年当時よりもはるかに多くの穀物を売ることができるようになった。同じような傾向は、少し遅くなるが、ドイツにも見られる。一八〇〇年以後にアンシャン・レジーム的な土地利用への制限がなくなり、休閑地が大幅に減少し、新しい作物や、より市場向けの農業へ明らかに切り替わった[12]。こうした改良が先送りにされていたということは、一八世紀のヨーロッパの農業には、東アジアに比べて、マルサス的制約に突き当たるまで、なお発展を続ける余地が残っていたということである。

しかし、他方で、この「余剰」「資源」を、新たな人口やその他の一九世紀の圧力に対処するほど、迅速かつ容易に活用することはできなかった。グランサムのデータからは、比較的発展していたフランス北部でさえ、より生産性の高い農業への転換がきわめて不規則に起こっていたことがわかる。彼が多くの場で論じているように、経済全般では資本が不足していなかったにもかかわらず、フランスの農業には一八六〇年代になっても十分な資本が供給されていなかった。問題は、制度を変える準備がきわめて遅かったことにあり、これが農業技術の選択に影響を与えた[13]。フランスは自給を続けられてはいたとはいえ、人口、とくに都市人口は、イングランド、ドイツや一九世紀のヨーロッパ全域に比べてはるかに緩やかにしか増加しなかった。

それに対して、工業化と人口成長が最も急速であったイングランドでは、フランスよりもはるかに早く、市場で売買する機会が促進され、それに都合のよい制度も整備されていたため、一七五〇年ですら開発すべき余剰はほとんど残っていなかった。その結果、イングランドの農業生産性は、一七五〇年から一八五〇年のあいだにほとんど変化しなかったように思われる[14]。飼料作物が改良されたので、最も肥沃な［最上級の］土地はもっぱら穀作用として、中級の土地を牧草地に用いるようになった。しかし、その結果、穀物用と家畜用の土地の区分が以前より厳密になり、より多くの餌が与えられた家畜が創り出すとびきり上等な肥料は、改良された牧草地に放置されることになり、穀物用の土地は、以前よりも地力が低下した。こうして、エーカー当たりでも、合計でも、耕地からの収量は伸び悩み、下落するおそれもたびたび生じた[15]。この傾向は、イギリスが主に一八五〇年以降、肥料となる資源の採掘や輸入を始め、さらには合成肥料をつくるにいたるまで続いた。マウロ・アンブロソーリの著作は、つぎのように指摘している。すなわち、イングランド人は、たいへん熱心に大陸の技法や古典的な農業書、さらに自らの経験を研究したが、収量を増やしつつ、地力を維持するのに最上の方法として彼らが学んだことは、そのほとんどが、イングランドでは実際には採用されなかった。なぜなら、それには高度に労働集約的な方法が含まれていたが、イングランドの農業資本家は（アンブロソーリは大陸の農民とは区別している）、労働コストを最小化し、利潤を極大化することに熱心であったからである。その代わりに彼らがとった方法は、労働の生産性を上げることであった。それらは、多くの農書が最良の農法として推していた方法とは決定的に異なり、多くの場合、実際には、地力の保存に支障をきたすものであった。一九世紀になると、収量を維持するためだけにも、リン酸塩や硝酸カリなどの肥料がしだいに多く必要とされたのは、このことが一因となっていた[16]。言い換えれば、新たな生産要素が救いとならなければ、イングランドは、はるかに多くの労働力を土地に投入しない限り、収量を維持することすら困難な時を迎えたであろう、ということである。以下に検討することだが、他の多くの地域では、労働集約型の径路が選択されたが、そのどれもが工業化には結びつかなかった。

こうした新たな投入が可能になったときでさえも、消費が増大する限り、生産高を数十年間維持するのがやっとであった。F・M・L・トムソンは、つぎのように推計している。一八四〇年から一九一四年のあいだにイングランドの農業生産高は、農業労働者一人当たりにして五〇パーセント伸びたと考えられる。しかし、労働者の数が減少していたために、この七五年間の総生産高はおそらく一二パーセントの増加にしかならないだろう。実際、穀物の生産は一八六六年から一九一四年のあいだに低下した。さらに、機械と燃料、農場以外からの肥料が生産に寄与した部分は、一八四〇年にはごくわずかだったが、一九三八年から三九年までには四五パーセントにも達したとされているので、こうした生産性の増加は、おおかた一八〇〇年頃にはまったく手に入れられなかった技術のおかげだと考えられる。当時、イングランド自体のなかでできたのは、すでにきわめて市場志向型になっていた農業を、いっそう合理化してさらに市場誘導型にすることでしかなく、その成果はごく限られていた。[17] 実際には、(ほかの仕事のために労働力を解放することはあったとしても)農業の総生産高を低下させた場合もあり、地力を上げることなどまずなかった。

さらに、ヨーロッパ全体の人口が一七五〇年から一八五〇年までのあいだに約二倍になったため、[18] 大陸でいかに余剰が活用されるようになったといっても、それは地元のニーズを満たすだけのものであった。北西ヨーロッパは、全般に、一八三六年[19]——大陸で工業化がかろうじて始まったばかりの時点——にはすでにパン用の穀物が不足していた。ドイツでは、ナポレオンがアンシャン・レジームを打破しはじめてから五〇年のあいだに、耕地が八〇パーセント近く増加したにもかかわらず、生産高は人口増加についていくのがやっとの状態であった(人口増加もまた、アンシャン・レジーム終焉の結果のひとつであった。アンシャン・レジーム下では、結婚や、結婚を可能にするようなプロト工業やその他の賃金労働への移動が制限されていたのである)。実際、「飢餓の四〇年代」とその後の移民率の上昇を見れば、この地域では食糧の供給が人口増加に追いついていなかったことがわかる。[20] ヨーロッパ大陸には、イギリスへ売るほどの余剰が増えてはいなかったのである。

イギリス国内の穀物と食肉の生産高は、しだいに不十分なものになっていった。そのことは、まず小麦の価格が他の生産品に比べ急激に上昇(一七六〇年から一七九〇年までに四〇パーセント)するかたちで表れ、[21] ついで、ナポレオン戦争中に、問題がさらに深刻化したことでも露呈した。当初、イギリスは、救済策として、アイルランドから輸入を始め、一七八四年以降、アイルランド議会は価格の約一〇パーセントの「奨励」補助金をつけた。[22] この輸入は、一八二四年から二六年までの数値でいえば、イギリスの農・林・水産業全体の生産高の約一〇パーセントに匹敵するようになり（ドイツとポーランドからの輸入合計を上回った）、統計が得られなくなる一八三〇年代にはさらに増加したが[23]、それ以上には伸びることはなかった。というのも、まもなくアイルランド自身が突如、食糧自給ができなくなり、農産物の輸出が、（完全に止まったわけではないが）急落したからである。イギリスでは食糧事情が悪化しつづけたため、新世界に大いに依存するようになり、程度の差こそあれ、ロシアやオセアニアにも頼るようになったのである。

一方、一九世紀イギリスにおける食品消費は、人口と一人当たりの収入の増加から予想されるほど急激には伸びなかった。グレゴリー・クラークとマイケル・ヒューバーマンおよびピーター・H・リンダートによれば、入手可能なあらゆる史料からみて、一九世紀イギリスの一人当たりの食品消費量は停滞、ないし減少しており、すでに論じた輸入を含めても、また、第6章で検討する予定の砂糖輸入の急増を考慮しても、そうなのである[24]。

繁栄していたのに一人当たりのカロリー消費が増えなかった理由は、さまざまな点で工業化それ自体と関係があった。戸外で働く人が減ったことによって、食物の必要量が減ったのである。一八六三年、農業労働者の家族は、成人男性一人につき、都市の労働者の家族より約五〇パーセント多くカロリーを消費しており、同じ収入の都市労働者よりも食費が高かった[25]。機械を使わない重労働をする人が減り、この変化によって、必要カロリーが一時間当たり三分の一から半分程度減った[26]。綿布の価格が大幅に低下したこと――一七五〇年から一八五〇年のあいだに八五パーセント[27]――、さらに、家庭用暖房の経費が低下したことも[28]、必要カロリーを大幅に減少させた[29]。茶と砂糖は、一九世紀中に、他の食品に比べてきわめて安価になり、より広く普及したが[30]、食欲を抑制する働きもあった[31]。このように、茶や砂糖がイギリス人の穀物のニーズを減少させるのに果たした役割は、実際に砂糖がイギリス人のカロリーに占める割合から考えられるよりも、はるかに大きかったのである（この点については、第6章でさらに検討する）。重要なのは、こうした変化がすべて、石炭というブレイクスルーか、あるいは、ヨーロッパ以外の供給源から安価に輸入された（棉花、砂糖、茶といった）原料の急増と結びついていたことである。こうしたことから、イギリスは、食糧需要の高まりに、グランサムが大陸ヨーロッパについて示したのと同じ方法では対応しなかったことがはっきりする。こうして、石炭と植民地という二つの恩恵がなかったとすれば、イギリスは、国内での明確な解決策もなく生態環境上の難局に直面しただろうという感じがいっそう強くなる。

さらにいえば、都市における需要の増加が、より生産性の高い混作への転換を進め、供給を増やしたというグランサムの議論は、おおかた食用作物に限られるようである。繊維作物は、土地からの栄養分と労働力をより多く必要としたため、多くの地域でいっそう深刻な問題をもたらした。イングランドのほとんどの地域では、亜麻や麻はもともと園芸用作物であり、ごく小規模にしか栽培されなかった。政府はこれらの作物にさまざまな補助金を出したが、イギリスが自給自足できるほどには、その生産は増えなかった。しかも、こうした作物を自給自足したとしても、繊維の自給自足にはほど遠かった。というのも、一八世紀末にイギリスは棉花の輸入を開始し、その輸入量は増えつづけたからである[32]。フランスでは、繊維作物は土壌をあまりにも消耗させてしまうため、標準的な輪作に組み込んで栽培されることはほとんどなかった。麻の栽培は、一七五〇年から一八五〇年にかけて少し拡大したが、人間や家畜の堆肥が十分に手に入る都市近郊に限られていた。都市に隣接した土地の規模は、当然のことながら限定されていた。さらに、都市近郊では雇用機会が多かったために、こうした農場が労働集約型の繊維作物の栽培を大規模に拡大するのに必要な、新たな労働力を十分に集められることは稀であった[33]（これとは正反対に、ロシアでは亜麻の栽培が発展した。もっとも、収穫の合間に土地を休めることは容易であったが、労働力と輸送の問題は容易に解決できなかった）。つまり、ヨーロッパの農業は、それ以上の森林伐採、土壌の消耗や技術の劇的な革新がなくても食糧需要の増加を満たすことができたかもしれないが、繊維にかんしては、はるかに適応性を欠いていた。一九世紀、繊維品の生産が急激に伸びると、ヨーロッパ大陸は、中国や日本が必要とした輸入量ないし輸入できた量より、はるかに多くの繊維作物を輸入することになった。

繊維作物の供給が食品の供給に比べて価格弾力性が低かったのだとすれば、建築用材と燃料――マルサスのいう四つの必需品のうち、最後の二つ――の供給は、前の二つと比べてさらに価格弾力性が低かった。育林学を生かせば、エーカー当たりの木材産出高を、天然林よりも上げることはできる。しかし、こうした活動は、どこでもあまり発達しておらず、一八〇〇年の段階で日本が中国や西ヨーロッパより多少進んでいただろうという程度であった[34]。ヨーロッパ人の熱帯における経験と、東インド会社がインドの保留林を獲得したことで、造林技術の重要性と方法にかんしては有益な知識が得られていたが、この知識がヨーロッパで実践されたのは、一八四〇年代以降のことでしかない[35]。たしかに一八世紀末ないし一九世紀初頭の旧世界の中核地域では、いずこであれ、木材の生産量を大幅に増やすことができたことを示唆する材料は何もない。それどころか、これらの地域は、木材需要の増加がありながら、森林面積は縮小し、エーカー当たりの収量はほとんど変化しないという問題に直面した。このように、西ヨーロッパと東アジアの両方で、成長の加速を脅かす深刻な生態環境上の脅威が顕在化した。とすれば、このことは、さらに検証する価値がある。

ヨーロッパ、中国、日本の最も発展した地域では、森林が耕地に変えられるにつれ、燃料不足が主要な問題のひとつとなった。当然のことながら、木材不足は、ヨーロッパのなかでも集約農業の地域、すなわち、シチリアからデンマークまでが最も深刻であったが、大陸のほとんどどの地域で木材不足が報告されている。ナポレオン時代までには、木材不足が、ヨーロッパ規模の一大危機と認識されるようになっていた[36]。この認識は、たとえばスカンディナヴィアやロシアにはたしかに当てはまらなかったが、こうした認識があったこと自体が、いかに木材供給への不安が習慣化してきたかを示すものである。

ブローデルの概算を受け容れるとすれば、ヨーロッパ全体の燃料供給はまだ、石炭に換算して、年間一人につきおよそ〇・五トンを満たすに十分であった。(37) これは、つまり、ヨーロッパでは、平均して、同時代のアジアの農家が必要とした最低量（石炭換算で一人当たり〇・三三トン）を十分に上回る供給があったということである。(38) しかし、北欧の冬や、ヨーロッパの調理法がよりエネルギーを必要としたことや、暖炉が非効率的であったことを考慮に入れれば、ブローデルの数字によって、それが同時代のアジア農村部にとっての「最低限」をはるかに上回るものであったとはいえない。ケールゴールによれば、一八世紀末のデンマークにおける燃料使用量は、(39) 年間一人当たり〇・五五トンの石炭になり、それは、ブローデルがフランスとヨーロッパ全体について行った推計とだいたい一致する。燃料消費がこの水準であったために、一七四〇年から一八四〇年までは、デンマーク史上、屋内の気温が最も低く抑えられて、結核が最も蔓延した期間となった。(40)

平均値を見ていると、問題を過小に評価することになる。というのも、木材を陸上で長距離移動させることはできなかったため、局地的な燃料不足はよくあることだったからである。比較的森林の多かったフランスでさえ、一八世紀には「木材がもはや見つからなかった」あるいは「貧民は火を使わないでいた」地域があった。こうした状況は、人口が増加するにつれ、悪化していた。

一八世紀のヨーロッパでは、概して、燃料費の上昇が他の物価の上昇をはるかに上回ったと想定される。(41) フランスでは、燃料となる木材の価格が一七二六年から一七四一年までの時期から一七八五年から一七八九年までの期間のあいだに九一パーセント上昇した、とアーネスト・ラブルースが推計しているが、これは、彼の膨大な研究のなかのいかなる商品と比べても、最大の伸び率である。この上昇は、とくに一七六八年以降に急激になり、一九世紀初頭まで続き、その「勢いはめざましいもの」となった。(42) イギリスでは、燃料用木材の価格は、すでに一五〇〇年から一六三〇年のあいだに七〇〇パーセント上昇し、一五四〇年から一六三〇年のあいだには、物価全般の三倍の早さで上昇した。(43) この国のおおかたの地域にとって、一七世紀はエネルギー危機の時代であったといえよう。(44) 一七五〇年以降もずっと、イギリスでは、木材、木炭、［造船用材木、とくにマスト材、ピッチ、タール、帆布などの］海軍の軍需品や（木炭を使ってつくられた）棒鉄が不足していた。棒鉄の価格は、一七六三年から一七九五年にかけて二倍になり、スウェーデンとロシアからの［棒鉄の］輸入は、関税によって保護され、石炭を燃料とする［棒鉄の］生産がかなり伸びはじめたにもかかわらず、増大した。(45) 一七五〇年代にイギリスの港に運び込まれた積載量は、トン数で換算した場合、その半分以上が木材であった。加えて、一七五二年から一七九二年のあいだに樅材の輸入は、さらに七〇〇パーセント伸びた。[46]

調理用燃料をかき集められたとしても、工業目的には必ずしも十分ではなかった。一八世紀のヨーロッパ各地では、溶鉱炉が燃料不足のため、一年のうち数週間しか通常通りに操業できなかった。[47] 実際、おおまかな推計でいえば、一七八九年までにブローデル推計の燃料消費量を維持するだけで、フランスの森林の持続可能な産出量の九〇パーセント以上を必要とするようになったのである。[48] つまり、たとえ一本たりとも木が無駄に使われず、そのすべてが必要とされる場所に容易に輸送ができたとしても、窯や醸造所、溶鉱を拡大したり、より多くの紙や船や家をつくるために必要な貴重な木材は、ほとんど得られなかったはずなのである。石炭の使用が増えた――このことは、のちに触れる――ことで、イギリスの大部分やベルギー、リヨン周辺では、問題が軽減され、デンマークでも、(石炭の輸入によって) 状況は改善された。[49] しかし、それ以外の西ヨーロッパでは、一八五〇年まではそうならなかった。[50]

オランダは、興味深いことにその中間の事例であり、長いあいだ、半ば化石燃料とも言うべきピート［泥炭］を燃料にしてきた。ピートの採掘や、それを輸送するための運河の整備に多額の投資をしたおかげで、オランダは、一六世紀から一八世紀にかけて、きわめて安価で十分なエネルギーを供給できた。しかし、長い目で見れば、ピートは真に持続的とはいえず、また、大規模な工業の発展に適していたとはいえなかったのである。[51]

オランダ工業が直面した問題が、燃料供給をめぐる問題から生じたと言っているわけではない。ヤン・ド・フリースとファン・デァ・ワウデは以下のように説明する。エネルギー供給は、オランダ経済を制約する要素とは考えられない。というのも、工業が衰退する一方で、多くのピートはまだ開発されないまま残っていたからである (一九世紀にピートの生産高はかなり伸びた)。さらにいえば、オランダに輸入された石炭の価格は、ロンドンの価格と大差なかった。化石燃料の不足は、オランダの成長を制約する要素ではなかったのである。それどころか、ピートの生産が停滞したのは、需要が停滞したからこそである。つまり、オランダの工業不振にはさまざまな理由があるが、燃料不足ではなかったといえよう。[52]

こうした議論は、実に論理的である。また、ピートは当然のことながら、毎年成長するものではなく、掘り出すものである。しかし、オランダの人口、工業生産および一人当たりのエネルギー利用量が、一五〇〇年にわたって停滞したことで、オランダは特別な事例となっている。それは［オランダが］西ヨーロッパの大部分の地域に対して、商業、金融、保険サーヴィスを輸出するという珍しいニッチを占めていたことや、繊維や燃料は自給したが、穀物と木材については長いあいだ輸入に依存していたことにも関係していた。どんなに開発された経済でも、ほかの状況がどうであれ、ある種の原料の不足はありえたのだし、それが、経済を圧迫しがちであることは言うまでもない。また、オランダの例で明らかなように、燃料不足が制約となる前に、他の、停滞の制度的な原因が作用することもたしかにありえた。しかし、いかなる経済大国にとっても、人口と一人当たりの生産高の持続的成長を達成しようとすれば、化石燃料、または土地の制約を劇的に軽減する別の手段、あるいはその両方が必要であった。人口が停滞し、ピートが豊富にあったオランダでさえ、一七八〇年代にはすでにピート生産量の約三分の一に当たる石炭を輸入していた。[53] もしオランダで、イギリスと同様に、一八世紀初めから一九世紀初めのあいだに人口が二倍になっていたとすれば、一九世紀のピート生産の急増をもってしても、年間一人当たり二〇〇万キロカロリーのエネルギー供給を維持するのがやっとであっただろう。他方、イギリス経済は、蒸気機関のブームが始まる前の、一八一五年の段階で、すでに石炭ベースのエネルギーを一人当たり八〇〇万キロカロリー以上消費していた。[54] こうして、ピートの大規模な供給でさえ、新たな経済を刺激するのに不十分であり、ましてや樹木の年間成長は、それにははるかに及ばなかったことがわかる。

一方、船のマストに使われるような質の高い木材は、なお供給が足りなかった。こうした不足が原因で、イギリスはニューイングランド植民地で海軍用の木をすべて確保しておこうと試み、また、ケベックやマドラスのような森林に覆われた植民地で、多くの商船を造るようになった。アメリカ独立戦争の前夜、アメリカの植民地だけで、イギリス商船の三分の一が造られていた。[55]

イギリスの木材不足はフランス以上に深刻であったが、それは他のヨーロッパでも同様であった。フランスでは一六世紀半ばに森林は三三パーセント以上あったが、一七八九年の段階で、おそらく一六パーセントほどになっていた。[56] マイケル・ウィリアムズの推計では、「ヨーロッパの島嶼部・半島部」の残りの大部分、すなわち、イタリア、スペイン、低地地方およびイギリスでは、一八五〇年までに、森林は五ないし一〇パーセントにまで減少した。[57] デンマークの森林は、一五〇〇年には、国土の二〇パーセントから二五パーセントを占めていたのに、大規模な燃料保全政策にもかかわらず、一八〇〇年までにわずか四パーセントになった。[58] 中国におけるマクロ・リージョンとしての嶺南といえば、商業の発展と人口密度で長江下流域につぐ存在であったが、以下に見る通り、そこでは、一九三〇年代まで徐々に森林の比率を減らしていった結果、ようやくこれと同じくらいの比率に到達する。[59] スカンディナヴィアの大半、東ヨーロッパの一部とロシアの大部分は、依然として森林に覆われていたが、後述のように、それらがヨーロッパのより「発展した」地域の不足分をカヴァーする力は限られていた。のちにドイツとオーストリアになる地域には、まだ、フランスよりも多く、おそらく全体で二五パーセントもの森林があった。[60] とはいえ、ドイツの一部では、人口や耕地が急増する一九世紀以前ですら、地域的な不足が深刻な問題になっていた。さらに、一八世紀末には年間消費量がドイツ全体の森林成長を超えたと見られ、その結果、ドイツでは、木材の輸入と持続不可能な量の森林伐採の両方が起こったのである。[61]

他方で、食糧需要の増大もまた、ヨーロッパにおけるもうひとつのエネルギー供給、すなわち、土地の地力を脅かした。それまで牧草地であった土地が農地に変わるにつれ、羊や牛の群は減少しつつあったように思われる[62]（この点は、前述したように、食肉消費が長期的に低下したことでわかる）。森林がしだいに減少することによって、豚を飼うのに以前よりも費用がかかるようになり、豚の群も同様に減少したと考えられる。[63]デンマークでは、森林がとくに少なくなっており、一八世紀には家畜を森林で飼うことが禁止された。[64]こうして苗木は育ちやすくなったが、家畜を飼うコストは急激に増加し、そのため堆肥の供給が減少したのである。

こうして、一七世紀末から一八世紀にかけて、作付けがより集約的になった地域もあったが、ヨーロッパの多くの地域では、農地一エーカー当たりに使われる堆肥が、量も質も低下したように思われる。[65]少なくともフランスでは、一七五〇年以降、［土壌の］消耗が加速したようである。[66]デンマークでは、一七〇〇年から一七五九年のあいだに作物の価格はほとんど上がらなかったが、堆肥の価格は五〇〇パーセント上昇した。当初、クローヴァーは万能とみなされて、一八世紀末頃のデンマークの輪作では、四〇パーセントから七〇パーセントの土地に植えられたが、これはこれで土壌の「クローヴァー疲労」という問題を引き起こし、また、クローヴァーそのものの病気が急速に広がったため、生産量が減少し、さらなる変化が必要になった。[67]

イングランドは、非常に市場志向型の農業であり、識字率が高かったため、農業改良にかんする膨大な書物が出版され、ヨーロッパの他の国々とは反対に、家畜の数がおそらく増えていた。しかし、地力の未来は、「農業革命」に関わる文献で指摘されているほどには、明るいものではなかった。一七八七年のノーフォークについてのある報告書では、有名な「ノーフォーク農法」は、少なくとも軽質土の地帯では、土壌の悪化という問題を解決できておらず、クローヴァーはまばらになり、土地の地力は消耗の兆しを見せていたという。[68]各種のクローヴァー、その他の飼料作物が輸入され、その効果が大いに表れて、それほど肥沃でない土地を質の良い牧草地に転換することが可能になった結果、最良の土壌は穀物用に確保された。しかし、こうした新しい牧草地から得られた堆肥は、その土地を持続的に用いるためにその場で用いる必要があった。こうして、このシステムは、穀物用の土地を休ませることにも、穀物の供給を増やすことにもならなかった。農場の総生産高（穀物と畜産物）を増やしたが、作物の生産高を増やしたわけではなかったのである。[69]

こうして、全体として、土地経営の知識がしだいに向上したにもかかわらず、（イングランドを含め）ヨーロッパのなかでも最も集約的に耕作された土地のなかには、一九世紀初めまでにその土壌の消耗が深刻になったものがあった（しかし、のちに簡単に触れるように、ヨーロッパ大陸の一部では土壌浸食の問題が深刻化したが、イングランドは、この問題には直面しなかったようである。それは、おそらく穀草式農法のためであり、また再投資する資源が十分でないことから、多くの生産者が早い時期に離農したからであろう)[70]。一九世紀に肥料の輸入（とくにグアノ）や採掘したリン酸肥料のブームがなかったら、そしてもっとのちになっては、合成肥料がなかったとしたら、破滅的な状況になっていたと考えられる[71]。

最後に、森林伐採の後に過放牧が続くと、土壌自体が消失することがあった。漂砂や巨大な砂塵嵐（ときに三〇マイル以上も砂を運ぶ）は、一八世紀のハンガリー、プロイセン、スウェーデン、デンマーク、イングランド、オランダとフランス海岸部で森林が急速に消失した場所では、珍しいことではなかった[72]。また、以前は森林であった土地が浸水し（木ほど水を吸収し、表面から再蒸発させやすい植生は他にないため）、また、強い酸性になることもあった。これを相殺するためには、多大な労働力を使って泥灰土をまき、溝を掘る必要があった[73]。フランスやドイツの一部地域の考古学研究によると、一八世紀は、ヨーロッパ史上、一、二を争うほど土壌の浸食が深刻な時期であり、問題はそれまでで最悪のレヴェルにまで達していた[74]。しかも、深刻な浸食は、多くの場合、もっとほかにも土壌問題があったことを示唆していた[75]。このことは、一七五〇年以降、大陸ヨーロッパ西部の多くの地域について、収量の停滞や低下が認められていることで裏付けられるのである。

一九世紀に入ると、ヨーロッパのなかでも低い土地で起こった土壌浸食の流れは、大半が逆転した（しかし、高い土地の多くは、回復しなかった）[76]。（中国で長いあいだ、しかも、広く用いられてきたものとよく似た、改良型の鋤の導入で）土地の鋤き方が改善され、施肥技術も改良されたこと、また（新たな生態環境上の知識と、木材以外の燃料の使用や世紀後半、北アメリカからの木材の輸入が増加したことなどにも助けられて）再植林の努力がなされたこと、さらに、共有地が廃止されたこと（共有地は減少していくのに、人口は増えていったため、土地が酷使されていたなどの条件が重なった結果であった。一九世紀に、生活の困窮した限界農民（marginal farmers）が、都市部（やアメリカ）に流出したことも、おそらく役立ったのであろう。それに、海外からの輸入農作物や農場外でつくられる肥料（はじめは鉱物肥料、ついで合成肥料）がしだいに入手しやすくなったことは、一八〇〇年代のヨーロッパで、以前より多くの人びとがよりよい食生活を送るのに不可欠であったし、また、土壌の質の低下を抑えるためにもなくてはならない条件であった。こうして状況改善の要因は多様であったが、その多くに新世界が寄与していた。それがなければ、一九世紀は、中国の一部で起こったような生態環境上の悪循環に陥っていたであろう。もしくは、この結末から逃れるために、人口成長や生活水準をはるかに低下させ、また、農業人口の配分をはるかに大きくし、工業へ安価な労働力を供給するのではなく、きわめて労働集約型で、土地節約型の方法をとるという代償を払うしかなかったであろう。

西ヨーロッパの森林破壊が気候に悪影響を与えはじめたので

はないかと推測すべき——推測以上のことはできないので——理由がいくつかある。通常、ヨーロッパの降水量は、一年を通して比較的均等に分布していた。しかし、一八世紀末には、「ヨーロッパのモンスーン」というような、猛烈かつ集中的で、(しばしばひどい浸食を引き起こす) 短期間の降雨と、比較的長期間の干ばつが、交互に起こる現象が明らかになった。[77] なぜこうしたことが起きたのかはわからないが、森林が伐採された地域のほうが、はるかにこのような気象パターンになりやすいのである。実のところ、これまで見てきたように、ヨーロッパ人は、プランテーションをつくるか、海軍用の木材を供給するか、あるいはその両方のために、森林を伐採しすぎていた植民地のいくつかで起こった気象の変化から、この問題について学びはじめたばかりであった。[78] 温帯地域でこのような気候は数少ないが、今日そのうちのひとつは、森林破壊が深刻な中国北部である。これについては、のちに簡単に言及する。さらに、いまのところ森林破壊が気候に影響を与えるほど進行していないと思われる地域においてさえ、土壌には、気候がもっと極端な状態になっていた場合に起こったと思われるのと同程度の影響が及ぶ可能性がある。森林が耕地に変わると、地表レヴェルの最高気温は、急激に上昇することがある (ニューイングランドのいくつかの地域での実験では、一〇度から一一度)。他方、最低気温は低下する。さらに、木が少なくなった土地では雪も保たれないため、[雪で] 覆われずに、以前よりもはるかに深くまで凍る傾向がある。平均風速が強まり、深刻な浸食をもたらす可能性が出てくる。また、気象には何の変化もない場合でも、[降水の] 流出が急激になり、洪水と干ばつが顕著になり、地下水位が低下する。[79] すでに余剰農作物のほとんどなかったヨーロッパの一部地域は、こうした変化によって瀬戸際に立った。そうでなくても、こうした変化を回避するために、以前より多くの労働力を必要としたという点で、こうした地域の工業化を妨げる可能性がきわめて高い生態環境の危機に直面したといえる。

中国における森林破壊と土壌の消耗——ヨーロッパとの比較研究

中国の農村にかんするデータは少ないが、地方の資源枯渇がしばしば深刻であったことは明らかである。長江デルタでは、木材不足によって、大規模な建物や船の建造費が暴騰した。遠洋航海船用の木材の価格は、一五五〇年から一八二〇年のあいだに、(米価が一〇〇パーセント上昇したのに対し) 七〇〇パーセントも上昇したと考えられる。海外貿易用ジャンクの建造地は、おおかた長江デルタ、福建や広東から東南アジアへと移転した。[80] 中国各地で人びとは、貴重になった木材を燃料として使うことをできるだけ避け、作物の茎や草、牛馬の糞を使うようになった。[81] 一七五〇年頃までに、少なくとも三つのマクロ・リージョン、つまり、嶺南、東南沿海、そして何より長江下流域では、生態環境の影響を受けやすいさまざまなものの供給を外部に依存するようになった。これらの地域は大量の食糧を輸入した（長江下流域では総供給の一三パーセントから一八パーセント）ほか、木材も輸入した。さらに、少なくとも長江下流域では、土壌を消耗させる棉花の主な生産者は、満洲から大量の大豆粕を肥料として輸入した[82]（嶺南では棉花のほとんどを輸入し、さらに一九世紀になると一段と多くの大豆粕を輸入しはじめた。長江デルタとは違い、嶺南では人口が増加しつづけたからである）。

たしかに、中国の人口密度の高さから、生態環境の問題がヨーロッパよりもよほど深刻であったと想定しがちであるが、実際には、この点は明らかではない。中国では、ヨーロッパほどには建築業や燃料集約型の産業が発展する機会はなかったかもしれないが、もしアメリカがなければヨーロッパが直面したと思われる、生活水準の現状維持もできなくなるほどの脅威が、中国に迫っていたとはいえず、実際には、中国の方がましな状態であったようである。

水稲耕作――土壌よりもむしろ水が栄養の大部分を供給し、一年性の水草が、稲によって毎日消耗される窒素を回復させてくれる[83]――によって、中国南部の集約的な作付けは、完全に持続可能なものになっていた。さらに、（主な肥料源としての）豚の数も増えつづけていたようである[84]。灌漑の行き届いた嶺南の稲作では、大豆粕のおかげで一エーカー当たりの食糧生産高が増えつづけ、一七五〇年から一九〇〇年のあいだに二倍になったと考えられる。一八世紀にすでに大豆粕が多く使われていた長江下流域では、収量の増加が一八〇〇年以降、緩やかになったが、新しい技術をたいして使わなくても、一九三〇年代にいたるまで増加しつづけたところもあったようである（合成肥料や農薬は一九〇〇年以降になってようやく出てきはじめたが、一九六〇年代末まではあまり普及していなかった[85]）。

乾地農法の地域の生態環境はもっと不安定であったが、それでも西ヨーロッパのそれと比べれば、驚くほど良い状態であった。一八〇〇年頃の、小麦とコーリャンを主に栽培する中国北部の乾地農法地域について、前に行った推計は修正が必要だが、修正前の数値でいえば、そこでは、西ヨーロッパに比べて、作付け面積一エーカー当たりおそらく四〇パーセントから六〇パーセント多く堆肥が施されていた。この堆肥の質についてはほとんどわからないが、それが西ヨーロッパで用いられていたものより良いものであり、また、栄養がよりよく保たれる方法で使われていたと考えるに足る理由が、いくつかある[86]。それ以上に重要なこととして、混合農業の平均的輪作モデルでは、六年ごとに窒素を固定するためにクローヴァーを二回栽培すると仮定されているが、中国北部の典型的な農場では、実際には、平均六年くらいの輪作で、三回は大豆を用いたようである（輪作の実際のやり方は、中国でもヨーロッパでもきわめて多様であった）。補論Bでは、サンプル調査によって、中国北部とイングランドの小麦農場の窒素流出率を概算している。このモデルは、むろん正確とはとてもいえないが、中国北部では、おそらく棉花地帯を除いては、「発展した」ヨーロッパ農業の中心部よりも、土地の栄養分が保たれていたことを示している。[87]

さらに、中国北部の大部分を覆う黄土には、重要な利点があった。というのも、このような土壌は、毛細管現象がきわめて強く働き、地面からはるかに深いところから水やミネラル分を吸い上げることができたからである。ある地理学者の言葉を借りれば、この土壌は水分を保持する限り、事実上「自動的に養分補給する」ことができる。[88] 中国では一九世紀の大半において、肥料の輸入や人工肥料なしに一エーカー当たりの作物生産高が上昇しつづけたことが、あらゆる史料によって明確に証明されるため、いくつかの特殊な地域を除いて、土壌問題が深刻であったと考える根拠はほとんどない。逆に、イングランドなどの［ヨーロッパの］多くの農民は、グアノやその他鉱物性肥料を輸入せずには、もはや一八〇〇年頃の収量を維持することはできなかったのである。[89]

繊維材料の不足は、ユーラシア大陸の両端で、潜在的には、もっと深刻であった。これまで見てきたように、中国では一八世紀半ばから一九世紀末までに一人当たりの棉花生産量が急激に減少したと思われるが、総生産量は減らなかった。しかし、そうだとしても、少なくとも満洲から輸入した大豆粕を大量に投入しなかった地域では、土地が払った代償は大きかったであろう。もちろん、ヨーロッパとの大きな違いは、一八世紀末からヨーロッパが繊維材料の輸入を急増させた点にある。アメリカの棉花が中心であったが、インドやエジプトの棉花、後にはオーストラリアやニュージーランドの羊毛も輸入された。

中国にとって、森林の減少や燃料供給は、より深刻な問題であったが、おそらくわれわれが考えるほどにはひどくなかったであろう。驚くべきことに、西ヨーロッパよりも明らかに悪い状態ではなかった。凌大燮は、一七〇〇年頃の総森林面積を帝国の二六パーセントであったと見積もっている。[90] ただし、帝国のほかの地域との関係が薄い、チベット、新疆、青海、外モンゴルという四つの遠隔の過疎地域を除けば、三七・二パーセントになる。加えて、凌大燮の中国北部の平野部の大半にかんする推計は、低すぎるように見える。[91]

しかし、凌大燮の推計値は、清の人口増加が始まったばかりの一七〇〇年のものである。一八〇〇年には状況がどれほど悪くなっていただろうか。一八世紀のあいだに森林が大規模に農地化されたことは明らかであり、とくにトウモロコシ、サツマイモその他の、外部から導入された作物が普及すると、以前は耕作できなかった土地も農地化されるようになった。長期的に見れば、丘陵斜面の森林伐採は、生態環境に大きな損害を及ぼした。他方、湖や河床の干拓が増えつづけた結果、川の流れが緩やかになり、河床の沈泥率が高くなり、洪水が多発するようになった。しかし、こうした問題が深刻になるには長い年月を要したため、一八〇〇年には、それ以外の人口の稠密な地域と比べてひどい状態ではなかった可能性が高い。山地への移住が土壌浸食を引き起こし、洪水を増加させるというパターンは、たとえば日本の高度に発展した畿内、関東地域でも明らかに見られており、長江流域より少なくとも五〇年前には、洪水の危険性がつねにつきまとうという段階にまで達していたようである。[92]

ここで長江下流域、すなわち、豊かだが、生態環境の制約を受けていたという点で、ヨーロッパにおけるイングランドやオランダ、日本の関東、畿内地域に最も匹敵するマクロ・リージョンについて見ていこう。一八世紀半ばまでに、長江中・下流域では、行きすぎた低地の干拓に対する不満が広がっていた。しかし、これは概して森林ではなく、水を犠牲にしたものであったため、その影響（ほとんどは排水にかんする）は、まだ深刻ではなかった。[93] 一七八〇年代以前には、高地の森林伐採によって引き起こされたさまざまな生態環境問題についての不満は、ほとんど見られない[94]（社会問題にかんする不満は、また別の問題である。高地を開拓した人びとの多くは、他の地域から移住してきた者であり、「地元民」と「移民」とのあいだにはしばしば衝突があった）。長江デルタの大部分は、森林を伐採したというよりも、海や沼沢地を干拓してできたものであり、中国南部の大半と比べて木が少ないのがふつうであった。長江デルタの大部分を含む江蘇省は、南部の省のなかで唯一、紀元前二七〇〇年の段階で森林面積が五〇パーセント以下（四六パーセント）であったと思われる。[95] 凌大燮は、つぎのように推計する。一七〇〇年までに、江蘇――主に長江デルタの一部分と中国北部の平野部の南端によって構成される――では、森林がおよそ五パーセントになっていた。これは、中国北部のなかでも森林が最も残っていない地域や一八世紀のイングランドに匹敵するものであった。[96]

しかし、森林がなくなっていたわけではない。長江デルタの南半分のすぐ向かい側にある浙江の広大な丘陵地は、一八〇二年になってもなお森林に覆われていたが、一八四〇年代を通じて新たな伐採が続いた。[97] 実際、伐採は一八二〇年以降に加速された。また、丘陵地の伐採によって引き起こされた洪水の最初の事例というべきものが、一七八八年に記録されている。[98] 東南沿海の福建の一部――江蘇同様、人口がたいへん稠密な地域で、造船の中心地であった――は、一六世紀にはもう丘陵地の森林破壊、浸食の拡大や洪水といった深刻な問題を抱えていたようだが、その後、事態はどんどん悪化したわけではなく、落ち着いてきたと思われる。[99]

長江下流域の生態環境にとって深刻な問題となったのは建築であるが、この問題がヨーロッパや日本の中核地域よりも厳しくなったのは、おそらく一九世紀に入ってからであろう。これから見ていくように、そのときまでにヨーロッパの最先進地域は、地下および海外から、生態環境を救う重要なものを得ていた。それほどではなかったが、日本も同様に、遠洋漁業で得た食糧や肥料に依存するようになっていった。[100] しかし、こうして救いがあったにもかかわらず、日本の人口はだいたい一七二〇年から一八六〇年頃まで停滞した。さらに、日本の一人当たりの収入はきわめて高い水準にあったが、一八世紀半ばから停滞しはじめた、と主張する研究者もいる。[101]

森林伐採や燃料供給の圧力をより詳しく計測できるのは、中国第二の商業地域であり、人口稠密な嶺南地域であろう。この地域も、一八世紀末までにはたしかに生態環境の問題を抱えるようになったが、「ヨーロッパの島嶼部・半島部」のほとんどの地域よりは、なお多くの木材の供給を確保していた。実際、フランスよりも、よほど状態がよかったといえる。フランスは、発展はしたものの森林が枯渇したイギリスとは対照的に、しばしばヨーロッパのなかでも、際立ってよい状況にあった[102]（嶺南の一七五三年頃の人口は、一七五〇万人で、一八五三年までに三〇五〇万人に達した[103]。他方、嶺南よりも面積が四〇パーセント広いフランスでは、一七八九年の段階で人口は二六〇〇万人であった）。

凌大燮は、一七〇〇年頃、広東省海岸部では、面積の五四・五パーセントが森林で、隣接する広東のための米作地帯となりつつあった広西では三九パーセントであったと推計している[104]。中国の他の地域と同様に、人口増加は一七〇〇年に始まったばかりであり、それによって多くの森林が失われた。なかでも嶺南は、長江下流域とは異なり、人口増加は一九、二〇世紀を通じて続いた。一九三七年までに、広東の森林面積は約一〇パーセントに、広西では、たった五パーセントになったと見られる[105]。しかし、われわれにはその間のデータがないため、何らかの推計を行う必要がある。

簡単な方法のひとつは、人口のトレンドを利用することである。ロバート・マークスが集めたデータを用いて、人口増加と森林消失との平均的な関係を算出することができる。広東では、人が一人増えると、およそ〇・四ヘクタールの森林が消えたことになり、また、広西では、一人につき〇・六エーカーの減少であった[106]（広東では、森林伐採とともに海岸の干拓も行っており、きわめて集約的に耕作された水田が多く、さらに、広西と違い、米を輸入したため、この違いは理解できる）。そこで、マークスが作成した二〇年おきの人口推計と、この平均値を用いて、該当する時期までにどれだけの森林が失われてきたのかを算出することができる。この方法はなお未完成だが、おそらく実際よりも早い時期に、状況の悪化を措定することになっているだろう[107]。その結果は表5-1の通りである。

表5-1　嶺南における森林の面積（1753〜1853年）

年	森林面積（ヘクタール）			森林比率		
	広　東	広　西	嶺南計	広　東	広　西	嶺南計
1753	9,000,000	6,500,000	15,500,000	45	35	40
1773	8,200,000	6,020,000	14,220,000	41	32	37
1793	7,440,000	5,660,000	13,100,000	37	30	34
1813	6,560,000	5,240,000	11,800,000	33	28	30
1833	5,760,000	4,940,000	10,700,000	29	26	28
1853	4,880,000	4,700,000	9,580,000	24	25	24

徐々に下降する傾向は明白であるが、嶺南の森林面積は、一八五三年にはまだ全体の面積の二五パーセントあり、この時[の人口密度]は一平方キロ当たりおよそ七七人であった。こ

れに対して、フランスの森林面積は一七八九年にはすでに一六パーセントにまで落ちていたが、この時の人口密度は、一平方キロ当たりまだ五〇人以下であった(108)。

まさに嶺南は、フランスよりもはるかに人口密度が高かったのに、残っていた森林の面積比率が高かったために、木材の不足がより深刻であった事実がなかなか見えてこないのかもしれない。この点を分析するために、人為的だが、単純な二つの推計を行った。ひとつは、森林の標準的な成長以上には木を切らないとすれば毎年得られたはずの熱量の推計（石炭換算）をもとにした持続的燃料の一人当たり供給量の値である。二つめは、家庭用の基礎的な燃料供給のニーズは満たしているが、それを大きく上回ることはなかった──つまり、木材がいっさい無駄遣いされなかった──という仮定のもとでの、（製紙業、建設業から溶鉱炉にいたるまでの）産業用木材の一人当たり供給量の推計値である。

これらの推計値からすれば、フランスでは森林一ヘクタール当たりの依存人口がずっと少なかったのだから、嶺南よりもよい状態であったと推測されるかもしれない。しかし、少なくとも四つの要因があって、それとは逆の結果を示唆している。

第一に、中国南部の一人当たりの必要燃料は、おそらくフランスに比べて著しく少なかった。気候がフランスよりも暖かいため、暖房が少なくてすんだのである。また、中国の調理法は、ヨーロッパに比べてずっと短時間で、熱効率もよかった。さらに、中国のストーヴのデザインは、調理にも、屋内暖房についても、ヨーロッパに普及していたストーヴや（とくに）開放的な炉端よりも、はるかに効率的であった。（補論Cの）広東についての推計は、この点を考慮して、多少、修正しておいた。しかし、それでもおそらくこの差異の影響を過小評価していることになるだろう(109)。

第二に、中国では、木材の伐採や燃料木の収集の際、各家庭の裏庭やその近くにある小さな藪や、共同で使う森林から採ってくることが一般的であり、輸送コストは最小限に抑えられた。ヨーロッパでは、時間と労力をかけて、森林や荒蕪地に残された枯れ枝やその他燃料になるようなものを集めた。こうした違いがどれほど大きかったのか測る術がないので、計算からは除外することになるが、それは中国の農家で見られた一般的なパターン──資源を最大限に利用し、かつ、より人口密度の高いがゆえの生態環境上のコストを相殺するために、余剰労働力（女性や子供によるものであることが多い）をほとんど用いなかった──に適合的である(110)（また、大規模な森林が比較的少なかったことも、中国のエリートがユーラシアのたいていの支配階級ほど狩りや乗馬に関心を示さず、他の多くの定住社会の支配層ほど利用度の低い大規模な土地を残してはおかなかったという、もうひとつのパターンに適合的であった(111)。その結果、［中国では資源の利用が］より効率的であったが、のちにヨーロッパで「後進性による利点」となるような余剰資源はより少なかったのである）。

第三に、当然、亜熱帯の嶺南の方が、フランスよりも年間の樹木の成長が早かった。この差は推計可能なので計算に入れられるが、まだ実践していない。このことから、こうした比較が、どちらかといえばヨーロッパよりも中国に対して不利に偏っていることが、またひとつ明らかになる。

第四に、おそらく最も重要なこととして、中国の農家が燃料供給の多くを木材からではなく、作物の残余物や作物自体の茎や草などを燃やすことで得ていたという史実がある。そのため、フランスでは、個々の森林が農地化されるごとに、燃料供給にとっては損害となったが、中国では、農地化されてもなお、燃料を産出することができた。作物の残りや作物自体の茎や草などを燃やせば環境上負荷がかからないわけではないが、必ずしも大きな問題にもならない。それによって、必然的に、土に還るはずの有機物が失われたが（虫、バクテリアや菌類は、植物の成分を分解して別の植物に使われる養分に変えるため）、窒素流出にかんする推計をしてみても、このことは重大な問題とはなってこなかったようである。もうひとつ、数字には表せないが、おそらくもっと深刻な問題として、作物の残余物を取り除くことで、風食による土壌の流出が深刻化しやすいという事実があった。この問題は、嶺南よりも、後で考察する中国北部の方が、より深刻であったように思われる。というのも、全体的に北部の方が、より軽い土壌であり、作物を収穫したのち、次に大地にしっかり根ざす植物が生えてくるまでの期間が、ずっと長かったからである。ただ、いまのところは少なくとも嶺南にかんしては、これらのコストは無視することにして、この地域の燃料の必要を満たすのに、この慣習がどれほどの価値があるのかを測ることにする。

緑の革命以前、稲（や他の小粒穀物用植物）の食用部分は、重量にして半分足らずであった。したがって、作物の残余物の総量は、食用の米の生産量――こちらのほうは、当然、その量がよくわかっている――と同じだったと考えても、決して過大評価ではないだろう。とはいえ、これらの作物の粕には、家畜、とくに豚の餌として使われるものもあった。一九二〇年代以前は、中国のどの地域についても家畜の全数調査はないが、人に対する豚（主要な食肉源）の割合がそれほど変わらなかったと考えられる理由がいくつかある。それによって、二〇世紀から一八世紀へ逆算できる。主に使役用に使われたその他の家畜は、だいたい一人当たりにして、二〇世紀の中国北部における数と同じぐらいであったと推測しておく。しかし、これはほぼ間違いなく過大評価だろう。というのも、嶺南の農家の敷地は、北部よりもはるかに小さかったからである（史料、仮説、計算にかんするこれ以上の詳細については、補論Bを参照されたい）。

この手法を、（ロバート・マークスによって復元された）一七五三年の嶺南の食糧生産高に適用すると、作物の燃料用残余物は、少なくとも石炭換算で一人当たり〇・〇八トン、言い換えれば、アジア開発銀行推計で今日の最低必要量とされているものの約四分の一［のエネルギー］を生み出したという結論になる。一人当たり〇・一六トンというくらいの方が、はるかに現実的でもあろう（一八世紀の農民が今日必要だとされている以上の燃料を使ったとは考えられないため、彼らがそれだけ使ったから深刻な燃料危機に陥ったと考えるのは、矛盾があるだろう)。さらに、この推計は、まだ幾分上方へ偏っているおそれがあるため、穀物、砂糖キビや豆類以外の作物が作付けされた土地の作物の残余物は完全に無視した。しかし、こうした作物は広範につくられていたのである。マークスは、一七五三年の嶺南で消費された食糧作物の作付け地は、おそらく耕地面積の三〇パーセントしか占めていなかったと推計した。つまり、マークスによる収量推計を半減しなければならないというありえない場合を想定してさえも、嶺南全土で他の作物に割り当てられた土地面積は四〇パーセントを超えていたと考えられる。作物の残余物から得られるエネルギーの概算にあたって、こうした土地からの作物の残余物を無視することは、楽観的な推計に対する修正としても、行きすぎということになるだろう。

つぎに、一七五三年以降の燃料供給を検討しよう。嶺南について、二〇年ごとの人口増加とそれに見合った動物の数を合わせ、(誤りかもしれないが)仮に新たに耕地化された土地が、人口を養うのに必要不可欠な食糧をぎりぎり満たしたと仮定して、前述の森林消失について計算したデータを適用すると、表5-2と表5-3ができる。表5-2は、嶺南の一人当たりの潜在的燃料供給力がいかに変化したかを示している。表5-3は、森林から毎年持続的に木材が産出され、また、入手可能な作物の残余物と最低限の屋内暖房および調理用燃料との差を埋めるのに必要な［木材の］量が他の用途に優先して差し引かれるという前提で、どれだけの木材が燃料以外の用途に使用できたかを示している。

これらの数字は正確ではないが、きわめて重要な点を二つ示唆している。第一に、資源を効率的に使う経済にあってさえ、人口の成長がいかに速く木材供給を減少させたかがわかる。表5-3の「燃料以外の」木材が多くの建物、荷車、船やその他

表5-2　木材が燃料以外の用途に使用されない場合の1人当たり「燃料」供給量

（石炭換算トン）

1753	1.75	1813	.99
1773	1.45	1833	.83
1793	1.19	1853	.70

表5-3　国内燃料ニーズを超える木材供給量

年	森林面積（ヘクタール）	燃料として必要な森林（ヘクタール）	それ以外の森林（ヘクタール）	1人当たり「燃料以外の」木材（トン）
1753	15,500,000	1,650,000	13,850,000	2.85
1773	14,220,000	1,675,000	12,545,000	2.25
1793	13,100,000	2,260,000	10,840,000	1.73
1813	11,800,000	2,469,000	9,331,000	1.32
1833	10,700,000	2,956,000	7,744,000	1.00
1853	9,580,000	3,339,000	6,241,000	.74

の必需品に使われたことを想起すれば、あらゆる工業（漂白や染色の過程で燃料を用いる繊維産業も含まれる）の発展に必要なエネルギー供給が、急速に減少していたことは明らかである。このように、市場が拡大する限り手工業が人口を増大させたが、こうした同じ力が、「勤勉革命」が産業革命につながりうるような「生態環境にあいた窓」を、結局は閉ざす可能性があった。さもなければ、膨大な化石燃料と一次産品の大量輸入、少なくともその一方が必要となった。生態環境上の行き詰まりは、すぐそこまで来ており、いまから見れば（あくまでいまから見れば、ということなのだが）、それ以上の人口増加、一人当たりの収入の伸び、あるいは農業からの離脱に厳しい制約を課したと見られるのである。

その一方で、これらの数字は、一八五三年になっても、切迫したマルサス的危機を示すものではない。嶺南の状況は、ずっと早い時期にフランス（繰り返すが、西ヨーロッパのなかで最も森林破壊が進んでいたとはいいがたい部分）が直面した状況よりはましであったようである。一五五〇年頃のフランスでは、おそらく、住民一人当たり石炭換算で二・三トンの燃料供給能力、言い換えれば、一人当たり三・六トンの利用できる木材があり、これは標準的な燃料のニーズを超えていた。しかし一七八九年までに、この余剰はほとんど消えてしまっていた。すべての利用できる木が焼かれたとしても、燃料の供給は、石炭換算で一人当たり〇・六四トンであった。また、燃料消費が、ブローデルが推計したように一人当たり石炭換算で〇・五トンにとどまっていたとすれば、一人当たり約〇・二九トンの木材が燃料以外の用途に残されただろう。中国の比較的人口密度の高かった地域は、類を見ないほどに深刻な生態環境上の問題を抱えていたどころか、経済的にほぼ見合うヨーロッパの地域に比べると、よりよい状態であったように見える。

最後になったが、中国北部について考察する必要がある。この乾地農法の地域では水稲栽培のもつ優位性がなく、さらに中国の首都（つねに世界最大の都市のひとつ）を支えつづけるという重荷は、かなりのものであった。一九〇〇年までに、中国北部の大半の生態環境は、悲惨な状態になっていた。また、この地域は、もっと前からこのような状態であったと推測する傾向が広がっている。凌大燮が示した数字から、中国北部の二つの地域、山東と河南では、一七〇〇年にはすでに、森林破壊がきわめて深刻になっていたことがわかる（それぞれ、一・三パーセントと六・三パーセントの森林しか残っていなかった）。中国北部のマクロ・リージョンに位置する第三の地域、直隷［河北省旧称］の状態はずっと良く（一二・七パーセント）、一部中国北部に入る山西も同様であった（一八・八パーセント）。しかしながら、これでもはやはり、懸念すべき状況ではあった。

全体として、中国の北部や北西部のマクロ・リージョンでは、おそらく中国内で最も深刻な生態環境の問題を抱えていた。北西部は人口がまばらだったので、そこでも問題が深刻化していたことには、ここでは触れないで――ただし域内では、問題はきわめて深刻であった――、より人口稠密な地域に焦点を絞ろう。事実、第3章で見たように、中国北部は、一七五〇年から一九〇〇年のあいだに、食糧生産用の土地がますます必要になり、そのために、非食用作物の生産が総量でも、一人当たりでも、低下していったマクロ・リージョンのひとつであった。しかし、こうした中国北部でさえ、一八〇〇年頃の全体像は一様にひどいものというわけではなかった。生活水準が向上する見込みは限られていたが、生活水準の安定や幾分かの人口増加の継続は、生態環境上、可能に見えた。

一六九六年、［北京から南へ杭州まで通じる］大運河に沿って旅行中に、フランスの使節デュ・アルドは、中国北部で最も人口が稠密であり、かつ最も森林が枯渇している地域のひとつ、山東南部に、広大な森林があったと述べている。[112] その後、一八世紀を通じて、デュ・アルドが目にした森林の近く、揚州周辺地域では、臨清の皇帝直属のレンガ工場のために、運河で薪を輸送しつづけた。量的には少なかったが、このことからも、凌大燮の数字が示すほど山東に森林がなくなったとは考えにくい。[113] 一七九三年になっても、北京へのイギリス使節団のメンバーの一人ジョージ・ストーントンは、ばらばらな印象を語っている。すなわち、中国北部平原の大部分では、「樹木はまばら」だとする一方で、[114] たいていは共同墓地の近くであるが、大きな森がある場所も存在するという。[115] 概して彼は、自分が目にした中国北部の農村の大半は貧しいが、基本的な必需品を欠いていることはないと考えた。さらに、中国北部のコーリャンの根は、ふつう燃やしてその灰が肥料に用いられるが、「燃料が足りないときは」家庭の燃料として使われるとも記した。[116] 最後に、彼は、中国北部の大運河には、河岸を補強するために柳などの木が何マイルも何マイルも植えられていると書き残した。[117] こうした記述はそれほど重要というわけではないが、こうした樹木の存在によって、燃料不足がまだ深刻ではなかったことがわかるともいえる。二〇世紀になり、人びとが本当に困窮するようになると、こうした樹木の不法伐採を止めることは不可能であったからである。[118]

数量の推計というものは、どれも正確とはいいがたいかもしれないが、二〇世紀のデータから時代をさかのぼることによって、いくつかの妥当な推測は可能だろう。サンプルとなる地域として、山東南西部の二七の県を取り上げる。一八〇〇年当時の人口は、おそらく五〇〇万人程度であっただろう。この中国北部の地域は、一九三〇年代までに中国で最も燃料に窮していた地域のひとつであった。年間一人当たりの燃料供給は、石炭換算で〇・〇九トンであり、同時代のバングラデシュやサハラ砂漠南端の乾燥地帯［現セネガルからチャドまでの六カ国を横切る］の最悪の地域よりも、なおひどい状態であった。[119] したがって、こうした地域でさえ、ストーントンの記述が示すように、一八〇〇年頃にはかなり住みやすい場所であったらしいのは、驚くべきことである。

大まかではあるが、きわめて控えめな推計によると、当時この地域の燃料供給は、石炭換算で年間〇・六二トンであり、ブローデルが同時期のフランスの燃料使用について行った推計より二〇パーセント上で、さらに、今日、生存に必要な最低供給量として措定されているもののおよそ二倍である。おそらく燃料供給の四〇パーセント以上は、作物の残余物によるものと考えられるが、この地域には一八〇〇年には、まだ、少なくとも一三パーセントの森林が残っていたようである。[120] それでも、燃料以外に使われる木材は、多くはなかっただろうし――たとえば、農村の家の大半は、日干しレンガで作られていた――、工業の発展に用いられる木材は、はるかに少なかった。そして、作物の残余物を燃やすことは、長期的に見れば、（とくに森林破壊のいっそうの進行とのちに言及する地下水面の低下が重なって）土壌浸食の進行や地力の低下といった犠牲を払うことになっただろう。しかし、一八〇〇年当時、全般的な状況は西ヨーロッパの大部分の地域よりも、悪くなかったように見える。

それゆえ、人口が稠密であったにもかかわらず、一八〇〇年当時の中国では、ヨーロッパ（や日本）に比べて、土地に対する圧力がはるかに大きかった、ということはおそらくない。少なくとも森林や土壌の状況にかんしては、中国の悪化の進行具合は、一八世紀の西ヨーロッパで見られたよりは緩やかであったと思われる。

それ以外の点では、ヨーロッパのほうが生態環境上の緩衝装置に恵まれていたようである。一九世紀前半に、（たとえば、突然の太陽エネルギーの不足などで）北半球の気温が下がったとき、多毛作が普及していた東アジアのほうがより被害を受けやすかった。[121] もう少し実際的なことをいえば、ヨーロッパには大規模な草地や牧草地が残っており、そうした土地は水も豊富で、農地に転換することもできた。一七〇〇年から一八五〇年までのあいだに、ロシアを除くヨーロッパで、新たに農地に転換された土地の約三分の二は、もともとはそうした牧草地であり、人口変動から見ても、制度史から見ても、こうした農地化の大半は、一八〇〇年以降に起こったことがわかる。しかし、中国（より正確にいうなら、中国支配下の中央アジア）では、残っている草地のほとんどは半乾燥性気候にあったため、たいていの場合、森林を切り開くか、水面下にあった土地を干拓して農地を増やすほかなかった。[122] このように、（もともと比較的豊富な水に恵まれていたおかげで）ヨーロッパには、土地への圧力を処理する余裕があったのである。

土地と水の問題は、別のかたちでも、相互に関連していた。小枝や作物の残余物などを丹念に集めることによって、中国では燃料不足を解決し、森林の伐採を減らし、より多くの森林を残したが、別の面ではこれほどうまくはいかなかった。森林破壊は、最終的には、土壌浸食と洪水による被害を引き起こした。前者についてはすでに見たように、一八世紀の中国が、ヨーロッパの状態よりも悪かったとはいえないかもしれないが、後者については、おそらくその通りであった。（森林が枯渇した地域では雨が減少し、太陽にさらされる地面や下草からの水分蒸発率が高くなるため）森林破壊は乾燥化をも引き起こす。とくに、中国北部では、降雨量が季節によって大きく上下し、ヨーロッパ北部よりもむしろ地中海や熱帯地方に近い乾燥気候になっており、[123] このパターンは、森林が消えていくにつれ、ますます悪化したはずである。さらに、黄土がしだいに乾燥していくと、きわめて強力な毛細管作用を通じて地下から得られる特別な栄養を植物に供給することはできなくなる。なかでも最も深刻であったのは、森林伐採によって絶対不可欠な防風林がなくなると、黄土はきわめて軽いため、とくに浸食されやすかったという点である（一九三〇年代にダスト・ボウルでアメリカの大平原《グレート・プレーンズ》から大量の土壌が失われたが、それもおおかたが黄土であった）。

こうして見ると、ヨーロッパの燃料不足への取り組み方は（石炭ブーム以前であっても）、ほかの種類の環境保全にとっては、中国よりもよかったといえるかもしれない。これは、ヨーロッパ人が意識的に森林の維持によって乾燥化を防ごうとしたからではない、という点は強調しておくべきである。このような努力は、いくつかのヨーロッパの熱帯植民地では始まっていたが（そこでは、森林伐採が気候へ及ぼす影響がはるかに明白だったので）、こうした考え方は（部分的には、中国やインドから情報を得たものである）、ヨーロッパ自体では、もっと後になるまで影響力をもたなかった。一八世紀のヨーロッパにおいて、限られた範囲で実行された森林保全は、ただ建造用（とくに造船）や燃料用の木材の確保を目的としたものであった。[124]

史料が不十分なので確固たる結論は出せないが、中国北部では一八〇〇年までに（地域によっては、一八世紀末にはすでに）、水不足が深刻な問題になりつつあったと考えられる。一九、二〇世紀のうちに地下水面は大幅に低下し、危険なまでになった。実際、今日、中国北部の多くの都市は、水不足と沈下という深刻な問題に直面している。[125] しかし、一八世紀末には、こうした問題はおそらくまだ重大ではなかっただろう。事実、中国北部の農民は、とくに棉花を栽培する場合には、より深く、費用のかかる灌漑用井戸を掘らざるをえないことに気づきはじめた（もっとも、長期的には、当然、こんなことをすると、状況がいっそう悪化した）。[126] しかしながら、北京のすぐ南の地域についての調査では、一七七一年にはまだ、一一七の泉と五つの大きな湖があり、これは一四二〇年に発見されたときとほとんど変わらなかった。[127] 済南（山東省の省都）周辺と山東南西部で地表水が消えたのは、主に一九世紀末と（とくに）二〇世紀であったと見られる。一八三九年の地方志［伝統的な地誌］では、歴城県［現在の済南市の一部］には七つの湖、一五〇の泉、一一の井戸、一四の池と一八の入り江が記録されていた。ただし、この文献には、その県を有名にしてきた七二の泉のうち二つがなくなってしまい、また、かつては（ものによっては遠い昔に）記載されていた別の七つの泉と二つの湖が消えてしまっていることが、特筆されている（当該地域についてその前に編まれた地誌は、一七八五年のもの）。[128] これからみれば、地下水面が幾分低下したものの、それほど急激ではなかったことになる。しかし、一九二〇年代までに、歴城県の地誌は、あらゆる面で記述がはるかに詳細になったが、たった五つの湖と四〇の泉、五つの池、四つの小川しか挙げていない。とくに、有名な七二の泉のうち残っているのは半分以下になった（一八三九年にはまだ七〇あった）ことが記され、さらに、多くの水源が消えたり、かなり小さくなってしまったと記録されている。[129] このように、井戸や地下水面の低下にかんする一八世紀の問題は、いずれも、一八五〇年以降のどこかの時点で急激に深刻化するひとつの問題の、初期的な、比較的軽微な兆候であったというべきであろう。

結果論だが、それでも中国とヨーロッパでは、生態環境と経済との関係に、いくつかの重要な違いを見いだすことができる。ヨーロッパの内部では、衣服用の繊維や木材の供給を増やす機会はほとんどなかった。というのは、ヨーロッパでは、農業が比較的集約型でなく、（東アジアと比べて）労働供給が限られており（これにより亜麻の生産を拡大したり、より徹底して燃料収集をしたり、作物の残余物を利用したりすることが難しくなった）、さらにいえば、一九世紀の人口成長に見合う食糧供給の拡大の機会さえなくなったらしいのである。しかし、これらの欠点には、長距離貿易（当初は、棉花、グアノ、砂糖、木造船や海軍軍需品、のちには、穀物、食肉や材木などの）によって、対処できることがわかってきた。中国や日本では、労働集約的な方法や、（後述するように）国内交易によって、これらのニーズを国内で満たした。両国とも直ちに生態環境の危機に陥るという状況にはなかったため、そうしたのである。しかし、長期的に見れば、少なくとも中国では、水の供給や（おそらく）寒波に対する脆弱性は、交易では解決できなかったし、たとえ今日の技術をもってしても不可能であるため、安全性の限界を低下させるという代償を払わざるをえなかったのである。

中国の周辺地域は、生態環境上の余裕があまりなかったために、こうした問題への対処に役立っていた国家の効率が低下したり、関心がなくなったりすると――実際、一九世紀半ばに急激な低下が起こった――、被害を受けやすかった。長い間、その水量やその他の生態環境に関わる課題を、自然にほぼ制御できると思われてきた豊かな長江デルタは、この政府機能の低下によって影響を受けることはそれほどなかった。もっとも、この地域も、一九世紀の度重なる内乱とアヘン輸入の急増――そのために、国家は新たな問題を抱え込み、方向転換を余儀なくされた――には、大いに影響を受けた。[130]

最後に、人びとがいったんこうした、より集約型の農業と燃料収集に慣れ、それで生活ができてしまうと、それを撤回し、この径路がつくり出した問題をヨーロッパの径路で生じた問題に取り替えるなどということは、たとえ、後者の問題なら、植民地や技術、化学によって解決できるのだとわかったとしても、容易ではなかった。[131] 今日の状況においてさえ、（ヨーロッパがしたように）十分な規模で中国の人口を輸出産業に移し、その代わりに一次産品の輸入を増やすのは、困難であることは言うまでもない。というのは、関係者の数が膨大であるからだけでなく、多くのこうした「余剰」労働者が、プロト工業における「余剰」労働者とは違って、農業生産を低下させることなく、工場労働者に転身することは、事実上不可能だからである。

つまり、一九世紀の西ヨーロッパで生態環境の悪化を阻止した複合的な変化は、中国では、いずれも機能しなかったのである。共有地、三圃制、あるいは貴族所有の馬用の牧草地といったきわめて非効率的な土地利用のために生じた遊休地はなかったのである。鉄製の重い鍬（深く耕すことによって浸食を防ぐ）はすでに何世紀ものあいだ使われていたため、その普及によって利益を得ることもできなかった。また、植林のための技術や思想を導入し、さらに発展させることにより得たものもなかった。辺境の農民には、工業都市もなければ、アメリカのような代替物もなかった。さらに、第2章で述べたように、周辺地域では、より高い収入を求めてプロト工業化した長江デルタに移動することが、よほど限定的とはいえ、救済策になるはずであったが、その可能性すら慣習によってさらに狭められていたのである。木材に代わる石炭のブームもなければ、新世界から土地集約型の品物が大量に届くこともなかった。一八〇〇年から一八五〇年にかけて、中国の人口の伸びは、おそらくヨーロッパよりゆっくりしていたものの（一七五〇年から一八〇〇年にかけては同じ程度であった）、それは中国北部や長江上・中流域に集中しており、これらの地域は、長江下流域への一次産品の重要な輸出元であった。したがって、一八〇〇年頃の中国が、すでにヨーロッパよりも生態環境の上で脆弱になっており（部分的には、繊維の自給自足が残っていたせいで）、また、制度的な余剰もなく、土地経営において比較的実行しやすい改良もなく、さらに、人口の流出先と一次産品の供給源としてのアメリカに匹敵するものが何もなかったことを考え合わせれば、突然の「中国と西ヨーロッパの」「［大］分岐」もそれほど人を驚かせることにはならない。一八〇〇年頃のヨーロッパ――とくにその中核地域――に比べてそれほど悪いとはいえず、むしろ悪化がより緩やかに思われた中国のいくつかの地域の生態環境が、いかに急激に悪化したかがわかる。同時期、ヨーロッパの状況は安定していた。そのため、逆につぎのようなことを想定しうる。複合的な救済の出所がすべて（あるいは少なくともほとんど）なければ――あるものは新しい技術によって生じたものであり、またあるものは、遅れを取り戻すことによって得たものであり、さらにまた、新世界からの思いがけない恩恵によるものもあった――、ヨーロッパでもまた、結局は、経済を一変させることもなく、より多くの環境問題に苦しむことになっていたであろう、と。

この文脈で、もう一度デンマークを取り上げることは意義深い。デンマークの事例は、西ヨーロッパでありながら、いくつかの点で、イングランドよりもむしろ中国や日本の一部に似ている。一六世紀から一八世紀までに、（かなりの森林を犠牲にして）海軍と商船の双方を猛烈な勢いで拡大し、海外貿易会社に特許状を与え、イギリス＝オランダ・モデルの植民地化を行ったにもかかわらず、デンマークは、結局のところ海外への進出から得るものはあまりなかった。そのため、一八世紀には、土地、燃料や地力の問題が深刻になっていた。しかし、国内的な手段で生態環境を安定させるという点では、ヨーロッパの大部分よりもはるかによくやっていた。泥灰土［肥料］の大規模な投入、砂丘の干拓、排水溝の整備、体系的な森林管理、多量のクローヴァー導入による農地改良などが、そうであった。こうした手段はきわめて労働集約型であったので——ケールゴールのきわめて控えめな推計によると、農村の労働者の労働時間は、一人当たり五〇パーセント上昇した[132]——、多くの場合、農奴（一八世紀のデンマークではまだ一般的であった）の大規模な動員が必要とされた[133]。

こうした努力によってデンマークでは、新しく、生態環境上より安定した基盤のもとで農業が繁栄したが、一五〇〇年から一八〇〇年のあいだに都市人口の割合はいっこうに増えず、プロト工業も多少伸びただけであった[134]。ガラス製品を含めた燃料集約型の製造品は、輸送に問題があるにもかかわらず、実質的にはすべて輸入された[135]。こうしたパターンは、一九世紀に入っても続いた。デンマークにはかなりの量の資本と輸送の便があり、ヨーロッパ科学の一端を担い、文化的によく似た工業化のモデルは近隣にたくさんあったのに、そうだったのである。さらにいえば、こうした農法や燃料の保全、土地経営がきわめて労働集約的であったことによって、労働の物的生産性が長期的にかなり低下しても、労働力は圧倒的に農業に集中したままであった。ケールゴールは、一五〇〇年から一八〇〇年までに農業生産高が最大で一〇〇パーセント増加した（増加分は燃料などの輸入の支払いに使われた）が、一方で労働投入量は二〇〇パーセント以上増加したと見積もっている[136]（デンマークの労働報酬が増加しはじめたのは、一九世紀末になってからであった。はじめのうちは、物的生産性が向上したからというよりも、むしろ近隣諸国がしだいに工業化し、デンマーク人が売る農産物価格が上昇したことが、その原因となった）。

このように、農村の労働集約化によって、生態環境上、自給自足に近い径路をいったんとると、少なくとも二〇世紀に化学や機械によって農業がより根本的に変えられるまで、容易に放棄できなかった。その意味で、デンマークの径路は、イングランドやフランドルよりも、一八世紀から一九世紀初めに東アジアのさまざまな地域でとられたものに似ていた（それは、また、アンブロソーリがいう「農民の」径路でもあり、イングランドはそこから外れて賭けに出た。もしグアノなどの農場以外からの肥料が入手できなければ、生態環境的に破滅することもありえただろう）。このように大規模な労働力を土地経営に回しても、その結果は、生態環境がようやくほぼ均衡したにすぎず、石炭の輸入は一七四〇年以降確実に増加し、とくに一八二〇年以降急増した[137]。

しかし、ヨーロッパの問題が、中国のものよりも解決可能に見え、技術変化と制度的な「アジアのそれへの」キャッチ・アップ、および新世界の資源が合わされば解決可能だったというのは、あくまで後知恵にすぎない。一八世紀末の東アジアは、ヨーロッパと比べて、必ずしも「人口過多」であったとはいえない。というのも、東アジアでは人口がより多かったが、彼らはヨーロッパと同様に、またある意味では、ヨーロッパよりも生態環境を圧迫しないやり方で生活していたからである。

その後も中国では、一八〇〇年から一九三〇年代までに、少なくとも一億五〇〇〇万人、おそらく二億二五〇〇万人も増加したが、栄養レヴェルが明らかに低下したことを示す史料はない。二〇世紀初頭、社会的困窮がとくに深刻であり、マルサスの考え方が当てはまるとされた時代にすら、若年層の平均身長――（異論もあるものの）栄養状態全般を示す指標として、しばしば用いられる――はわずかながら上昇した。[138] 必需品以外の平均消費量はおそらく低下したが、これは第3章で見たように、人口の増加が後進地域に集中した結果であり、そのため、比較的生活水準の高かった江南、その他のいくつかの地域の人びとが、全国的な平均消費量に占める割合が減ってきたからである。おそらく中国北部や北西部以外で、一九世紀半ばの災害を除いては、特定の地域の生活水準が低下したということは、ほとんど考えられない。このように、一八〇〇年に、生存する見込みを脅かすような「人口過多」や切迫した「生態環境の危機」があったことを示す史料はほとんどない（一七五〇年には、なおさらである）。せいぜいいえるのは、生活水準をさらに急激に上昇させるには、生態環境上の「隘路」が制約となったということと、中国北部と北西部には、将来もっと深刻な問題が生じそうな徴候があったということくらいである。

つまり、全体として、ユーラシア大陸の両端はたいへん困難な状況にあった。問題が、どの程度深刻であったかは、（話を国内資源に限れば）おそらく大きな差はなかった。ヨーロッパが多少優位にあったとしても、その大半は、集約的な土地利用を制度が妨害してきたために、改善の余地が残されていたということであり、経済的な仕組みが優れていたことの成果がしだいに蓄積されてきたからというわけではまったくなかった。地域内の資源にかんする限り、最も重要な違いに思えるのは、人口増加やプロト工業化が、経済生活や一人当たりの資源利用を根本的に変えることができる「生態環境にあいた窓」を閉ざしていく、その速度にあった。産業革命が起こるためには、また、それが続いていくためにも、それどころか、プロト工業化の成長がより長いあいだ続いていくためにも、燃料、繊維ばかりか、食物についてさえ、どこかで、膨大な思いがけない授かり物を見つける必要があったのである。

しかし、こうした思いがけない授かり物の重要性を十分に理解するためには、最後に、全体的によく似たもうひとつの地域を見ておく必要がある。すでに述べたように、きわめて効率的で、（しばしば労働集約的であった）資源利用法のおかげで、中国と日本の中核地域は、土地集約型の資源の不足を地域的に緩和する術に長けていた。しかし、こうした解決法は、完璧というにはほど遠く（とくに木材にかんしては）、地域外からの資源の移入にも頼った（たとえば、満洲の大豆粕は、棉花を育てる土壌の負担を軽減した）。つまり、ヨーロッパでも、アジアでも、中核地域は、人口が比較的少ない遠隔地域との貿易によって、土地集約型の資源を得る必要があった。しかも、この遠隔地貿易は、旧世界の他の地域との合意のうえのものであるという点で、ユーラシア大陸の両端にある中核地域には、よく似た機会と限界があったといえる。しかし、中国の中核地域のほうが西ヨーロッパに比べ、この種の交易をより成功させていたと主張しても、間違いではないだろう。

旧世界における「周辺」との、資源のための貿易――疑似マルサス的問題に対するスミス的解決の共通パターンと限界

自由労働の「周辺」における輸入代替

中国、日本とヨーロッパの中核地域はすべて、土地集約型の商品（とくにエネルギー類）を人口がより少ない地域から輸入した。西ヨーロッパは、はじめバルト海諸国や東ヨーロッパから穀物や木材、飼料を輸入し、のちには新世界から大量の物産を輸入した。嶺南は東南アジアやインドからも多少輸入したが、江南は、主に長江上流やその支流からの米や木材に依存し、一六八〇年頃からは満洲の木材や大豆粕にも頼りはじめた。日本では、一六世紀から一七世紀初めにかけて外国貿易が盛んだったが、一六四〇年以降は国家によって厳しく制限され、一七〇〇年までに、銀や絹が多少取引される以外、外国貿易はほとんどなくなっていた。[139] しかし、中核地域（スーザン・ハンレーと山村耕造が「第一地域」と命名した）と、それ以外の地域（ハンレーと山村のいう「第二地域」）とのあいだで、国内貿易は発達した。第一地域では、一七二〇年までにそこで支えうる最大人口に達していたと見られ、くぎ類、瓦、道具類、雪駄、とりわけ繊維製品を輸出した。第二地域は工業品を輸入し、米、木材、馬やその他の土地集約型の産品を輸出した。とくに北の遠隔地域には豊かな漁業資源があった。一八世紀半ば以降、魚は中核地域の食糧としても、肥料としても、しだいに重要になっていき、漁場を求めてより遠くへ進出するようになった。[140]

これら中核地域はすべて、土地集約型産品の輸入代金を工業製品、とくに繊維製品を売ることで支払った。しかしこうした取引パターンは、少なくとも二つの限界に直面した。

第一に、原料の輸出地域が輸入代替を始め、その過程で、以前は輸入していた工業製品を域内で製造しはじめることが、たびたびあった。さらに、その地域での主要な輸出品の生産による利益が減るにつれ――たとえば、木材輸出が増えたことにより、必然的に丸太を川岸まで運ぶ距離がしだいに遠くなった場合――、人びとは他の仕事に向かった。二〇世紀には、第三世界の政府の多くが工業化への戦略として、意図的に輸入代替策をとったが、長期的に見れば失敗に終わったところが多かった。[141] その結果、経済学者は、輸入代替を関税、補助金など、萌芽期の工業の競争力を人為的に高めようとする手段でもって、「本来の」市場の動向に対抗しようとした試み、と捉えがちである。しかし、二〇〇年以上も前には、中核と周辺の技術的な

格差はかなり小さいことが多く、また、どんな格差があろうと、技術が国際的に承認された特許権によって保護されていることはなかった。さらに、生産を始める過程で、巨額の固定資本の投入はほとんど必要なかった。また、輸送コストが比較的高いと、（とくに質より量の日用品の場合）「自ずと」ある程度は保護されることになった。たしかに、生産過程が、たいへん複雑であった業種（たとえば蚕を飼い、絹織物をつくるなど）では、すでに確立した生産者との競争はきわめて難しかったが[142]、それ以外の多くの業種は簡単であった。このように、輸入代替は一八〇〇年以前の世界では、「強いられた」過程ではなかった。こうした周辺地域では、人びとは自由に新しい種類の生産に切り替え、また、どのような品物を自分たち用に生産し、自分たちが他の労働で得た現金を使って（すなわちド・フリースのいう「勤勉革命」に加わって）何を購入するかを決めることができたため、輸入代替が起こったのは当然であったと考えられる。この過程が妨げられたのは、ある特定の原料がないとか、とくに複雑な技術が必要だとか、あるいは、政府や専制君主が干渉したときだけであった。

事実、輸入代替は、最終的に長江下流域や嶺南が取引していた地域の大部分に普及した。プロト工業化の発展によって、長江中流域の米の余剰が減少したが（人口が増加したことと、土地の一部が地元の紡績工や織布工に向けた棉花栽培に切り替えられたことによる）、これはかつて長江下流域に輸出されていたものであった。また、その結果、この長江中流域では、江南から輸入する衣料品への依存が低くなってきた[143]。中国北部では、一七世紀から綿製品を地元でつくりはじめ、この過程は一八世紀になっても続き、江南へ輸出する棉花の量が減った[144]。

中国北部から棉花の輸出が減ったことは、長江上・中流域から米や木材の輸出が減ったことよりも、いっそう深刻であっただろう。というのも、本来備わっていた人口抑制装置が弱まり、その結果、以前よりも深刻な生態環境の問題が出てきたように見えるからである。長江上・中流域と同様に、一七五〇年から一八五〇年にかけての中国北部の人口増加は、帝国の平均を上回った。しかし、長江中流域の人口増加には、下流域のように、自己制御が働いていた。一九世紀半ばの内乱に先立つ数十年間には、土地や水がますます不足したため、人口増加はかなり緩やかになっていた。また、こうした内乱から回復するのにおそらく五〇年はかかった[145]。さらに、この地域の土地や水への圧力は深刻であったが、人口成長の低下によって生態環境および経済の大きな危機を回避するのに十分間に合うように見えた。中国で二番目に大きい洞庭湖の表面積は、長江中流域の人間による生態環境への圧迫を示す指標のひとつである。というのも、ほとんどの土地が湖の干拓によってできたものであり、洪水の危険が大いに高まっていたからである。一八二五年から一八五〇年のあいだに、約八〇〇平方マイル（湖のかつての規模の一三パーセント）の土地が沈下したと思われるが、その後、一九世紀を通じてほぼ安定していた[146]。

他方、中国北部では人口増加が絶え間なく続き、一九五〇年代にはさらに早まりはじめた。まさに生態環境の大惨事を何度も経験し、その影響が長引いたにもかかわらず、そうなったのである。一八五〇年以前も以後も、中国北部で最も急激に人口が増加したのは、このマクロ・リージョン内で全般的に最も貧しい省であった河南と見られている。[147]なぜこうしたことが起こったのか明らかではないが、中国の他の場所の地力の管理にかんする近年の研究によって、何らかの手がかりが得られるかもしれない。

李中清と王豊（Wang, Feng）による中国の人口統計システムにかんする先駆的な研究は、宗族や複合同居家族の家長の集まりを通じて機能した拡大家族集団の役割を強調している。このような集団は、結婚した者の出産制限を強化し、こうした制限を補償するために養子縁組を行い、さらに、もし夫婦が生物学上の男子後継者をもうけなかった場合には、老後の保障や慣例の継続を合理的に保証するうえで、必要不可欠であった。[148]より一般的にいわれてきたことは、結婚後も兄弟間で強いつながりをもちつづけるという社会的な取り決めによって、将来の危険を回避するために、子供をより多くもうけなくてもすむ、一種の保証ができたということである。[149]宗族組織は、とくに中国南部で強力であった（それを構成した世帯は、平均して北部のものほど複雑ではなかったが）。[150]複合世帯は李中清と王豊のもうひとつの主要なデータ・ソースである遼寧にとくに多かった。

しかし、宗族は、中国北部と北西部では概して弱く（もとになるデータがまばらであることは認めるが）、複合世帯は遼寧よりもはるかに少なく、基本的に独立した核家族のほうが、一般的であったようである。北部では、兄弟が家の財産を分配するとき（両親がまだ健在であろうとなかろうと）、南部のように家族を越える組織に財産を残したり、そうした財産を新たにつくったりする事例は、はるかに少なかったと考えられる。[151]家族の先祖の位牌や祭壇が置かれていた部屋でさえ、住居に変えられたり、分配されたりしたようである。その後は、たとえ兄弟の家がまだ同じ中庭に面していようと［訳注：四棟の建物がひとつの中庭を囲む伝統的な様式の家（四合院）を念頭に置いている］、それぞれが別々の祭壇をもった。[152]このような状況下では、江南や遼寧で見られたほどには、拡大家族が実体上あるいは観念上、核家族が出産するかどうかを決めるときに強い力を及ぼしたと想定することは難しい。つまり、異なる血族システムのせいで、北部や北西部では、中国のその他の地域で人口抑制に最も重要な役割を果たしていた世帯レヴェルのメカニズムが比較的弱かったといえるだろう。その結果、北部や北西部では、マルサスやハイナルらが誤って中国全土に適用してきた人口変動のモデルに近いかたちがみられた。

中国北部の人口増加の原因が何であろうと、その人口密度は、一八四〇年代には、おそらく長江中流域の人口密度を五〇パーセントは超えていた。中国北部は水が少なく、農耕期も短く、その他不利な条件がそろっていたにもかかわらず、そうなったのである。[153]一九五三年までに、中国北部の人口密度は、長江中流域のそれより七〇パーセントも高くなった。こうした状況下で中国北部では、長江上・中流域とは異なり、食品作物以外の一人当たりの生産量が一七五〇年から一九〇〇年のあいだのいずれかの時点で減少したことは、ほぼ確実である。さらに、生産量そのものも低下したと見られる。この地域で、棉花の生産量が減少したうえ、棉花がますます地元で紡績されるようになったとすれば、江南への輸出の減少はきわめて深刻であっただろう（詳細は、補論Fを参照されたい）。

周辺におけるこうしたプロセスは、長江上・中流域のように比較的ゆるやかに均衡に達した場合でも、中国北部、北西部のように対応に失敗しようと、結局は、より発展した地域が成長しつづけ工業にさらに特化する可能性を阻んだ。しかし、そうした結果に言及する前に、プロセスの原因をもう少し検討すべきであろう。

これまでは、この過程を「自然な」経緯、つまり、周辺に多かれ少なかれ自由労働があり、かつ、（たとえば植民地の独占システムのような）特別の制約がなければ、当然予想されるものだと主張してきた。しかし、実際は、もっと複雑である。というのは、この地域の生産物に対する外部からの需要や生計を立てる機会の増加が何らかの役割を果たしたことは確実であるとしても、こうした周辺地域における人口増加の原因は、なお十分わかっているとはいいがたいからである。

人口増加と原料輸出の低下との関係も単純なものではない。乾地農法を行う中国北部では、労働力の投入を増やしただけでは、生産力は劇的には上がらなかった。人口増加と環境の制約を併せて考えてこそ、この地域でこれほど多くの新たな労働力が手工業に流れ、棉花の輸出が低下した理由を説明できることになるだろう。[154] 木材生産地域については、輸出低下は、そのほとんどが人口増加だけで説明できるだろう。土地をめぐって農地と森林は競合したうえ、一エーカー当たりの木材産出量をあげるような知識はまだほとんどなかったからである。[155]

一方、新たに加わった労働力によって米の生産を増やすことが容易であった長江中流域で、労働力が増えるにつれ、なぜ余剰労働者が米の増産に専念して衣類と交換することをせず、むしろ自分たちで衣類を生産するほうをとったのかは、明らかではない。実際、散発的なものではあるが、パーキンズのデータによると、長江中流域の湖南省で最も輸出志向の強いいくつかの県は、人口が上限に近づくにつれて、一エーカー当たりの米の生産高が上昇し、一八世紀には長江下流域のレヴェルの約六〇パーセントに達し、一九世紀中には追いついた。[156] 耕地面積も、多くの未開発地域で大幅に増えた。[157] 湖南の人口は、一七七五年から一八五〇年のあいだにおよそ四〇パーセント伸びたが（年ごとでいえば、おそらく一七五〇年から一七七五年までのほうが急激に増加したようだが、データがほとんどない）、[158] この省では一人当たりの食糧生産量を維持できたと考えられ、そのため、輸出可能な余剰の絶対量は増えたと思われる。しかし、逆に輸出は低下したのだから、つぎのような結論が避けられない。すなわち、主要な輸出地域では生産量が増加したが、それ以外の多くの地域では、少なくとも一部の人びとが異なる労働に従事したため、全体として生産量は増加しなかった。多くの清朝の官吏も同じ印象をもっており、環境が適している地域でも、消極的な農民に二毛作を奨励して必要な労働力を投入させるという政策に失敗したことを批判している者がいた[159]。さらに、穀物以外の生産に労働力を向けた人びと──機を織る低地地方の女性であろうと、茶の栽培をする高地地方の男性、女性であろうと──は、やはり米を消費し、輸出用の余剰を減らした。このような労働の再配分は、必然というわけではなかった。

特定の輸出品の生産にあてられた労働の物的収穫は逓減した。しかし、一次産品の価格は、十分に上がりつづけていたので、多様化するよりも、なおその商品への特化を続けるほうが有利な状態が続いた。前近代的な輸送コストのために地域内での自給自足が有利になる一方、河川や沿岸航海の輸送費はわずかなものであることが多かった。中国の周辺地域では、(減少しつつあったが) 価格の割にかさばる商品を、船で大量に江南や嶺南に輸送しつづけてきたのだから、水運業者は返り荷を必要としたこともあって、江南からの輸出品に魅力的な運賃を提示したであろうと考えられる (江南へ下るよりも上流へ逆行する時の方が、積み荷が重くなることは大きな問題ではあったのだが)。そのため、長江中流域のプロト工業化が、輸出の拡大をそぐ力によってなされたのか、地域内での多様化を進める力によってなされたのかは、さらに解明する必要がある。

論理的な可能性のひとつとしては、──ほとんどデータがないのだが──地方の輸送コストがある。マクロ・リージョンの内部では、人口はまず最も豊かで利用しやすい場所、つまり主要な輸送幹線として機能した河川に最も近いところに集中した。ついで、こうした幹線から離れた場所で、人口が増加したが、そうした場所からかさばる商品を船で輸送するのは高くついた。さらに、中国では、一人当たりの大型家畜の数がヨーロッパやインドよりも少なかったため、(第1章で論じたように) 輸送力全体ではとくに劣位にはなかったが、河岸から離れるにつれ、輸送コストは異常に急上昇したものと思われる。しかし、これではせいぜい、周辺では、なぜ輸出が人口や耕地、総生産量に比例して伸びつづけなかったのかを説明できるだけである。すでに輸送の便のよいところに居住していた人びとが、なぜ一九世紀になって輸出を減らしたのか、その理由は説明できない。彼らが、一次産品を、後から発展した地域の生産物と交換しはじめたことを示せない限り、説明にはならないのである。

このことは、主要な河川の流域から離れた地域に居住していた人びと──一八世紀末から一九世紀初頭の中国で丘陵地を切り開き、耕地化する人びととは、急激に増加した──のうち、いくつかのグループについては正しい。こうした丘陵地への居住は、長いあいだ、中国の外来食品作物 (丘陵地や地力の劣った土地に栽培されたジャガイモや砂糖キビ類など) の導入と結びついてきた[160]。この丘陵地の開拓をマルサスの文脈でいえば、つぎのようになるだろう。すなわち、まず人口の伸びによって、人びとは劣った土地に追いやられたが、そこで新しい作物によっ

くなる一方で、多くのローカルな備蓄倉庫は、その後も機能しつづけた。このように、一九世紀の備蓄倉庫制度は、穀物に余剰のある地域の農民の一部が、生産の多様化を選んだために生じた危険を、相変わらず緩和していたのかもしれないが、地域間の特化で生じた危険性を同様に軽減することは、もはやできなかったのである。

中国のジェンダー規範は、もっと根深い要因であったかもしれない。女性にとっては、屋外で働くよりも屋内の労働（つまり、紡いだり織ったりする仕事）に従事するほうがはるかに「正しい」ことであった。もしこうした傾向（さらに妻に纏足を望むこと）がなければ、後背地の家族は耕地を拡大し、あるいはより集約型の農業を行い——その結果、売りに出す余剰が増え——、織物生産は減っていたはずである。

すでに（第2章で）、こうした規範が、どこまで経済的な選択を制約したかを判断しようとすると、どんな問題が生じるかを論じた。また、江南でさえ、女性が完全に屋外労働をやめたのは一八五〇年以降であったことも見てきた。さらに、少なくとも一八世紀半ばの物価からすると、当時の農村女性が農業よりも織物業に従事した理由を説明するのに、文化的選択という要因に頼る必要はない（長江中流域では米が安かったため、相対的価格は織物業のほうにはるかに有利だった）。しかし、最も簡潔な説明がいつも実際の動機についての最適の説明であるとは限らない。理想化された「男は耕し、女は織る」という家族労働の分業は——明代に以前より一般的になり、清代には、国家の奨励のもと、とくにそうなった——、内陸部の輸入代替を促進したと考えられる。[167]

「男は耕し、女は織る」という労働分業は理想であったが、実際には時として無視されることもあった。それだけに、むしろ、一八世紀後半に長江中流域がしだいに繁栄していくにつれて、より多くの家族が憧れるようになった生活様式、と見ることさえできるかもしれない（まったく同様に、西洋でも、男性の収入がそうするのに十分であったときには、女性を家事に専念させた国もあった）。さらに、文化的選択は自動的に成立するものではなく——湖南省の男性は棉花の育て方を身につけねばならず、女性は紡ぎ方、織り方を学ばねばならなかった——、清朝がしかるべき知識を普及させて、男は農業、女は織物業という世帯を推奨しようと努力したことが、おそらく何らかの影響を与えたともいえよう。

さらにいえば、こうしたジェンダー規範はまた、一九世紀半ばに、（満洲を除く）内陸のフロンティアに人口が密集するようになると、江南からの移民が地元へ戻るのを妨げるという意味で、問題となった。内陸部でまだ土地が手に入りやすく、また、ほとんどの人びとの技術（と自己イメージ）が農業に結びついている限り、やはり沿海地域への移民は、それほど多くはならなかったであろう。しかし、一九世紀を通じてさまざまな難局があったにもかかわらず、江南では依然として、一人当たりの収入が中国内で最も高かった。さらに、土地が各地で不足しはじめるにつれ、十分な土地をもたない人びとが長江デルタの手工業やサーヴィス業に流れ、その結果、人口の伸びが再び始まり、賃金が低くなり、輸出される綿布の価格が低下したのではないか、と思われる。つまり、もし女性が単身で（繊維産業へ）移動しても不名誉とされなかったとすれば、また、夫が（所有地であれ、長期貸借地であれ）農地に通うかたわらで、同じ世帯内で織物業に従事することが女性にとって理想的だとみなされなかったなら、こうした移動を想定することはできただろう。しかし、実際には、こうした傾向が存在したため――しかも江南では、借地契約にさえ、たいてい莫大な手付金が必要とされたので――、貧しい農村の世帯が中核地域へ移動することはほとんどなかった。このような動きをつくり出すためには、都市の工場を基盤とする産業の勃興や（その一部は独身女性労働者用の寮も備えていた）、一九〇〇年以後のヨーロッパのそれと同じ意味でのプロレタリアートが必要であった。その後、中華人民共和国が都市への移動を禁じたため、一九五〇年代半ば以降はこの動きは再び停止した。

清朝は、文化面での理想に不可欠な要素としてだけではなく、確実に納税できる程度の経済力をもったふつうの世帯数を極大化する方法としても、比較的開発の進んでいない地域での人口増加と手工業の発展を奨励した。また清朝は、こうした開発を進めるのに、ただ、市場のダイナミクスだけに期待していたわけではない。情報を提供し、インフラに投資し、ときには貸付金を出すなどの方法で、政府がいかに人口の少ない地域への移動を促進してきたかは、すでに見た通りである。さらに、地税政策は――江南などいくつかの豊かな地域には、法規の改正で、他の地域にはない重い地租査定をする一方、多くの新たな居住地や再定住地域は、地租台帳に載せないという事実上の政策を行った――、明らかに「周辺」の発展を促進したが、他方で、帝国最大の中核にとっては、発展の制約となった。

清朝国家はまた、農業と手工業の両面で、最高の技術の普及を進めるために、散発的ながら、かなりの努力を払った。たとえば、新種の作物を導入したり、江南の織布工を雇って、他の地域の人びとに教えさせたりした[168]（官吏は故郷に赴任することは決してなく、しばしば任地が変わったが、そのことで、こうした試みは促進された）。さらに、中国北部や北西部の、生態環境がきわめて厳しい地域での生存を保障するために、清朝は並々ならない努力をも見せた。なかでも最大の計画は、黄河の管理で（他の目的にも同様に役立ったが）、おそらく一九世紀初めの全歳出の一〇パーセント以上を費やした。これは、いくつかの政府が、戦費や負債の返済や官吏の給料に費やした総額を超えていた[169]。

清の政策のインパクトを正確に測ることはできないが、おそらくは、それが発展のダイナミクスを根本的に変えたことはないだろう。しかし、ある程度の効果があったことも確実である。たとえば、農業と手工業と商業の各分野で、市場経済を帝国全土に普及させた。しかしながら、その効果はずっと続くものではなかったと考えられるため、いつ、またなぜ変わったのかを考察する価値は十分にある。

王国斌が指摘してきたように、明朝末と清朝の官僚は、帝国全土の経済開発政策について、二つのモデルをもっていた。ひとつは、地域間の貿易と特化を強調するものであり、もうひとつは、ほぼ独立した、自給自足の「地区」を増やすというものであった。両方とも初期段階ではふつう何らかの国家の活動を必要としたが、後者については、国政における高位の官僚から持続的な関心を得る必要はほとんどなかった[170]（あるいは少なくともそうだと考えられた。もし地域や地方の経済的自給自足が長期にわたって生態環境に及ぼした影響を考えるとすれば、これは正しくないかもしれない。また、相互依存とか、自給自足とかいう場合、スキナーのマクロ・リージョン・モデルを用いて帝国規模で見ることから、地方の市場取引コミュニティーまで、どのレヴェルで言うかによって、ことはいささか複雑である）。すでに見たように、一七五〇年以降になると、実際には「独立した地区」の方向へ大きく転じ、（とくに一八〇〇年以降は）国家が大規模プロジェクトを動かすのに消極的になり、行ったとしても効果が小さくなったと思われる。どのアイディアが汎用されるかは、実現性の変化に対応して変わったのか、あるいはその逆だったのか、さらに、官僚のヴィジョンの変化や特定の政策および経済の広範なトレンドが、正確にどのように関連していたのかは、なべて、さらなる研究で補足する必要がある。

一方、日本では、中央政府がまったく異なったかたちで関与しながら、幾分似たような発展のパターンを示した。日本の主要な中核地域の人口の増加は、一七二〇年以後きわめて限定的であった——実際、関東でも畿内でも、人口は一八世紀末から一九世紀初めにかけて減少した——。他方、さまざまな周辺地域では、一七八〇年頃から、人口や手工業が発展しはじめた[171]。徳川幕府は、中核地域を犠牲にしてまで、周辺地域の開発を進めたわけではない。しかし、一七六〇年頃から、いくつかの周辺の藩の指導者が、以前よりも安定したやり方で経済を多様化させ、人口成長を支えるための新しい政策に着手しはじめると、少なくともこれを黙認した。

たとえば、比較的貧しく、木材輸出地域であった土佐藩では、一七世紀中の建築ブームで、大坂に木材を供給するために（さらに、土佐藩主が負った幕府への役負担や、江戸詰のためのとてつもなく高額の費用を賄うため）山が丸裸になり、森林破壊が深刻になった。その後、森林を伐採した土地を農地化する試みは、人口増加に追いつくことができず、はげ山から流れ落ちる大規模な洪水が繰り返された。土佐藩では、一七世紀よりも一八世紀のほうがいっそう苦しかった。人びとは、日々の食物にも事欠くようになり、さらに一七五〇年代には飢饉が続いた[172]。

しかし、一八世紀末になると、人口増加が再開し、深刻な状況は少し緩和された。これは、藩の専売廃止によるところが大きく、それによって、小規模生産による高級紙などの「藩外への」輸出が、急激に増加した。こうした独占の緩和は逆に、藩主が、高額な江戸屋敷の維持費と将軍家への役負担を大幅に縮小することができたから可能となった——とくにこの、周辺の藩については、幕府としても、こうした変革を認めざるをえず、その結果、藩の経済にかかる負担が軽減され、財政上の有害な圧迫から解放されたのである。[173]

有害な独占や賦役の廃止が財政的に可能になった結果、周辺地域で大規模な人口を養うことができるようになったため、人口の増加はそれ自体、自由化への傾向を強化する働きもした。新開地の人口増加には水稲の二毛作の拡大が伴った。こうしたきわめて労働集約的で管理しにくい作付けシステムが採用される例が増えたことにより、小規模な農地と小作農の自律性拡大の傾向が促進されたと思われる。土地制度における同様の変化は、畿内地方で人口の伸びと二毛作用の水稲の植え付けの増加が生じた二世紀前に、すでに起こっていた。[174]

徳川幕府は、清朝と同じで、人口を全国的に均一にしようとか、プロト工業化を全土で進めようとはしなかったが、結果的には、人口と手工業を中核に集中させてきたこれまでの政策を放棄した。他方、少なくとも一部のヨーロッパの国家は、逆に、特化した中核地域の特権的な地位を維持するために（つねに成功したわけではないが）、市場に対抗しようとした。いかなる理由にせよ、日本のプロト工業は、中国と同様に、プロト工業化したイングランドに比べて地域間分業がはるかに少なく、世帯内分業に向かう特徴を示すようになった。[175]

旧世界の後背地の発展によって、そこから一次産品を買っていた、比較的開発の進んだ地域で、直ちに不足が起こることはなかった。人口の稠密な長江下流域でさえ、その工業輸出品と原料を交換できる市場を見つけられないということはなかった。部分的には、これまでより遠くに行くことによって、あるいは、高級織物といった、他の地域がまだ太刀打ちできない特定のニッチに特化することによって、それができたのである。しかし、こうしたプロセスには限界があった。

一八〇〇年までに中国の材木商は帝国の隅々にまで入り込み、最終目的地まで一〇〇〇マイル以上も河川で輸送された木材もあった。賃金の低い陝西省では、川岸に着くまでに六五マイルも運搬されることがあった。これは、きわめて特殊な場合であったマドリッドへの供給を除き、ヨーロッパにおける木材の陸上輸送距離をはるかに超えていた。[176] しかも、このような仕事には、多くの自由労働が必要であるため、こうして運ばれた木材は、江南にとってさえ高価すぎるものとなった。ある一八世紀の史料には、つぎのように記されている。「木材そのものの価格が一〇〇両であれ、一〇〇〇両であれ、手に入れるにはさらに一〇〇〇両かかるだろう」[177]と。さらに、高い輸送コストは、輸入地域の利益にならないにもかかわらず森林枯渇を進めるという矛盾した結果を生むことになった。このパターンは、燃料が家の裏庭近くから集められた場合の効率のよさと、まったく逆であった。たとえば、一九二〇年代には、中国北西部の森林からの輸送コストが高かったために、樹木のなかでも最も価値のある部分だけしか輸送に値しないとみなされるようになった。その結果、伐採が減ったのではなく、切り株の量や、伐採業者が地面に残した「廃材」の量が増え、森林の再生を遅らせた。[178] 一八世紀末の森林伐採も、同様に、遠隔地域になればなるほど無駄の多いものになっていったであろう。このように、中国の遠距離生産物市場はかなり効率的であったにもかかわらず、成長しつつある沿海地域に原料をいつまでも供給することはできなかったのである。

日本の第一地域と第二地域のあいだの貿易も、一八世紀になると、中国ほど急激にではなかっただろうが、同様の問題を抱えはじめていた。第二地域では、輸入代替が活気づき、こうした藩の農民はしだいに貨幣経済に関与するようになっていった。もっとも、どちらのプロセスも、大名の独占が成立していたことによって、なお遅々としか進まなかった。[179] このように一九世紀までは、おおかたの第一地域の、なお競争相手のない輸出の余地は、相変わらず第二地域の、比較的少数のエリート層向けの奢侈品販売にあったといえる。他方、後背地の人口の伸び（第一地域で止まってからもずっと続いていた）によって、土地集約型の生産品の余剰は減っていった。たとえば、材木の産出は、一八世紀には停滞した。[180] 結局のところ、コンラッド・タットマンがいうように、「徳川時代の社会は、生態環境の基盤を拡大する上で、前代未聞の困難に遭遇した[181]」のである。これは、中核地域での人口のゼロ成長や、木材や米の取引の自由化、[182] さらに、国のほとんどで、何らかのかたちで水上輸送を利用できるという地理的条件があったにもかかわらず起こったのであった。

自由度と柔軟性の低い周辺地域

西ヨーロッパは、東ヨーロッパとの貿易に、中国とは異なる制約を抱えていた。東ヨーロッパでは、中国内陸部とは違い、程度の差こそあれ、強制労働による所領経営が広く行われていた。プロイセンの農民は、ときには彼らの権利の保護を訴えることができたが、ユンカーが法廷を牛耳っていたため、成功はおぼつかなかった。[183] メクレンブルク［ドイツ北東部］やポーランドやロシアの農民は、なおさら裁判に頼ることはできなかった。それでも逃亡という可能性は残されていたが、そうした者はどれほど些細な権利であれ、すべてを失い、[184] また、報復を受ける危険もあった。ロシアの農奴はいったん逃げても連れ戻されることがしばしばあった。領主は、逃亡を止めることはできなかったが、インドや東南アジアの、たんなる賦役義務の「所有者」に比べれば、よほど協調的な取り組みをしていたと考えられ、それがかなりの抑止力になっていた。ポーランドの農民の逃亡は、ある時期かなり成功したが、一八世紀になるとしだいに困難になってきた。[185] 最近の研究では、東ヨーロッパの領主支配でも、一方的な強制というより、むしろ「折衝」のもとに成り立っていたことが明らかにされているが、それでも自由労働の地域とはまったく異なるダイナミクスが働いていた。こうした違いによって、人口の伸びや輸入代替が、中国内陸部よりも遅れたのだが、さらに、以下に見るように、輸出が制約される要因もほかにいくつかあった。

強制労働に大いに依存していた領主たちは、自作農や賃金労働の雇用主に比べて、輸出用生産物の収穫逓減に行き当たるのが遅かった。少なくとも理論上は、領主は、農奴に追加労働をさせたとしても、その分、報酬を余計に支払うことはなかったので、入手しにくい［奥地の］木材でさえ、法外に高い値でなくても売ることができた。さらに、強制労働による生産は、自由労働（たとえ低賃金の自由労働でも）の世界では考えられない状況のもとでも、拡大しえた。たとえば、価格が低下すると、領主の収入を維持するために、かえって生産が拡大されるということすらありえた(186)。

実際には、労働力は、受動的な農民から簡単に引き出されたのではない。ウィリアム・ヘイゲンが論じたように、少なくともプロイセンでは、一六世紀の穀物ブームに際しては、強制労働の需要が激増したが、農民に課されていた現物地代や現金支払いの軽減によって、一部は相殺されていた。したがって、こうした労働は、領主にとっても多額のコストがかかったのである。さらに、農民が（しぶしぶ）このような労働強化を受け容れたのは、領内にとどまれば、自分の小さな土地を耕すのに十分な時間と馬の使用が許されたことが、ある程度の理由となっていた。こうして見ると、労働義務の強化で疲弊した農民という、かつてのイメージは誇張されていたかもしれない、といえよう。実際、農民は、自己の土地で、比較的労働集約型の園芸作物の栽培を増やしつつあったようである。これは、おそらく人口が増えて農民の保有地が縮小される一方、領主がさまざまな特権を使って貪欲に農地を増やしたために、不可避となったものと思われる。しかし、一方で、おそらく、現物地代（穀物）や現金支払いの減少をも反映しており、農民が穀物の収穫を減らしても、なんとかやっていけたからだったとも考えられる(187)。農民たちが、領主の輸出用作物の栽培のために、より長い時間働き、小さくなっていく自分の土地に、より労働集約的な農法を採用しつづけたとすれば、労働の総投入量はさらに増えつづけたであろう――おそらく、輸出の需要が農民の時間当たり所得を押し上げ、彼らが余暇を増やすか、消費を増やすか、あるいは両方を増やすかの選択ができたと仮定した場合以上に、増大しつづけた。つまり、この地域では、「折衝による領主支配」は、かつて想定された、一方的に押しつけられた「農奴制」というモデルから予測されるものと、結果的に大差のないものであったことにもなろう。さらに、メクレンブルク、ポーランドの大部分、リトアニア、ロシアやその他の多くの地域では、古い農奴制のイメージに近いものが、依然として生きていたともいえるかもしれない。

他方、東ヨーロッパで都市やプロト工業があまり発展しなかったことも、輸出志向を助長し、われわれが東アジアの周辺地域でみたような輸入代替の可能性を低下させた。東ヨーロッパにおける中世末期と近世の、都市の停滞や崩壊にかんする説明は、さまざまである。東ヨーロッパと西ヨーロッパとのあいだに新たな分業がもたらされた理由として、他の商業や工業中心地との競争を強調する者もいれば、数々の戦争によるインパクトを強調する者も、都市の規模を限定した農業の後進性をいう者もいる。また、どんな犠牲を払ってでもブルジョワジーの権力を打倒しようとした（さらには、農民が都市に逃げ込む可能性を断とうとした）貴族の努力や、穀物ブームそれ自体を原因だと主張する者もいる。[188]

いかなる理由にせよ、東ヨーロッパの繊維生産は、早くも一五世紀には相対的に衰退しはじめ、穀物輸出が増加するにつれて、絶対的にも衰退した。[189] ただし、繊維生産が急激に伸びた例外地域もいくつかあった。一八世紀のシュレジエン、ボヘミアの一部と、オーストリア・アルプス地域である。しかし、こうした成長は、たいてい領主権力の隙間に起こった。たとえば、地味の肥えた土地は少ないが、強制労働がほとんどない山岳地方である。[190] 東ヨーロッパの大平原の大部分では、西ヨーロッパに比べて、所領経営がはるかに優越していて、地場産業ははるかに遅れていた。[191] ハプスブルク帝国領ハンガリー——バルト海には面しておらず、ずっとのちまで西側への主要な穀物輸出地域でもなく、「長期の一六世紀」になって、家畜、ワインやその他の土地集約型の品物を輸出しはじめた——では、一八六〇年代あるいは一八七〇年代まで八〇パーセント以上の労働力が農業に向けられた。[192]

そのうえ、この地域では、輸出のブームも、プロト工業化の発展も、人口変動に対して、より自由度の高い地域で起こったのとそっくり同じ影響を与えたわけではない。後者では、賃金労働によって早婚と多産の傾向が強まった結果、人口が順調に増えたのであった。プロイセンの領主は、一七六三年以降、再び穀物価格が上昇したのに応じて、ようやく賃金労働の利用を増やした。これは、強制労働をさらに増やすと抵抗が強くなり、非効率的になることを懸念してのことであった。そうすることで、領主は新たに加えた人びとを独立した小屋住農として領地内に住まわせ、新世帯がより速く形成されるようにした。[193] しかし、わかっている限り、このパターンはエルベ川以東では一般的ではなかった。実際、強制労働が一八世紀に全般的に強化され、ときには一週間のうち六日に及んだ。また、プロイセンにおいてさえ、これらは、主に農奴解放前の半世紀のあいだに起こったにすぎない。[194] さらに、この場合においても、農奴解放以前の賃金労働への転換は、一貫した傾向というわけではなかった。それどころか、賃金労働者が増加するにつれ、彼らもまた、債務のある農民という古いタイプの労働力のようになっていった。一七六三年の史料では、こうした日雇い労働者は、住居費、菜園の賃貸料や放牧権として九・五ターレル（ターレルは銀貨、九・五ターレルは、農村の日雇い労働者の一週間の現金賃金にほぼ匹敵する）を支払っていた。脱穀には現物が、その他のさまざまな作業には現金が支払われ、年に六日間だけは無給で働かされた。一八〇八年までに、彼らの貨幣地代は五ターレルにまで下がったが、その分、年六五日間無給で働かなければならなかった（さらに、脱穀や鍬での耕作など、その他の重労働が加わった）。これは、もっと大きな土地を与えられた「完全小作農」の義務の約四〇パーセントに相当した。[195]

東ヨーロッパでは、西ヨーロッパほどには、プロト工業化の発展が結婚をしやすくして、人口増加を加速させるということはなかったようである。ユルゲン・シュルムボームの地域を限定した研究では、一八世紀から一九世紀にかけてリネン産業が大規模に発展したにもかかわらず、土地をもたない者が新たな機会を得ることは比較的少なく、この産業の労働の担い手のほとんどは、すでに家計を支えるのに十分な土地をもつ「完全土地保有」農と彼らに依存する小屋住農であった。大土地所有者は、こうした小屋住農が家族をつくる権利を管理しつづけ、そうした家族が増えすぎることを望まなかった。人口は増加したが、シュルムボームが、その初期の研究でプロト工業化と関連付けたほどには、急激な速度では増えなかった。[196]ヴェルナー・ロゼナーによれば、一八〇〇年頃の東ヨーロッパを全体的に見ると、農村人口の一〇ないし一五パーセントは大所領の家内奉公人で、一般的に所帯をもつことができなかった。[197]オーストリア＝ハンガリーで、農民が領主の介入なしに結婚することができるようになったのは、一七八一年以後のことであった。[198]

このような体制のもとでは、比較的人口の少なかった東部への移民は、低く抑えられた。植民計画はあった。とくにプロイセンでは、湿地を干拓し、占有するために、おそらく三〇万人もの人びとが入植させられたが、ガリシア、リトアニア、ロシアの一部でも同様だった。こうした新たな借地農を保護するために、支配層はたいてい彼らに個人の自由を保証し、彼らの農地に世襲権を与え、通常のさまざまな義務を免除せざるをえなかった。[199]しかし、こうした措置は例外的であり、また、これまで荒蕪地であった場所を含んでいた。最良の土地は移民を引きつけなかった。というのも、そういう土地は、西側からの移民がとうてい承諾しそうにない条件で契約がなされたからである。そのうえ、東ヨーロッパへの移民（大半はドイツから）の波は一二世紀にさかのぼり、一八世紀に入っても続いたとはいえ、地域の状況に与える影響はしだいに少なくなっていった。初期の移民は、新しい農業技術や耕作者の権利といった思想をもたらし、プロイセンやボヘミア、ポーランドの一部のスラヴ人に影響を及ぼしたが、一八世紀により東方（大半はブコヴィナ［もとルーマニア北部の一地区。北半分は一九四七年に旧ソ連に割譲され、現在はウクライナ領］やロシア）を目指した移民は、ほとんどインパクトを与えなかった。彼らは、周辺の人口に比べてあまりにも数が少なく、孤立しすぎていた。[200]このように、西ヨーロッパの人口統計上のトレンドからいえば、より多くの人びと（および、彼らとともに思考法も）が東方へ移動するはずであったまさにそのときに、実際には、逆にその流れがしだいに減っていったのである。

このように、東ヨーロッパでは、人口増加やプロト工業化、輸出経済からの転換などに向かうあらゆる趨勢を鈍らせる制度的な力が、日本の周辺地域よりもはるかに強く、中国の内陸部に比べればさらに強かったのである。こうして、西ヨーロッパは、永続的にその工業品を東ヨーロッパの一次産品と交換する可能性が高まった。バルト海沿岸の木材がイングランドの港に到着したとき、伐採したままで何の加工もしていなくても、約二〇倍の価格になったことを考えれば、購買力、資源や機会費用が、ヨーロッパ各地でどれほど違っていたかを感得できる。中国の場合、江南とその後背地となっていた遠隔地の木材価格にかんして、手元にあるデータは、きわめて限定的で正確ではないが、これによると、割合は一〇対一程度である。[201]

しかし、この種の貿易相手は西ヨーロッパに別の問題を課した。第一に、制度が硬直的であったために、東ヨーロッパは、生産高を向上させる力が制約されていた。第二に、東ヨーロッパは、商品市場としては十分でなかったために、西ヨーロッパは、輸入した一次産品の代価に見合うほどの製品を輸出できなかった。その結果、非自由労働はヨーロッパの東西間の交換のパターンを安定化させるのに役だったが、それをかなり小規模に抑える役割も果たしたので、土地集約型の物産に対する西ヨーロッパの欲求からすれば、しだいに不十分なものになっていった。以下、まず生産の拡大への障害を見ていき、つぎに、西ヨーロッパ商品に対する東ヨーロッパの需要が、比較的限られていたことから生じた諸問題について考察していこう。

強制労働は非生産的になる傾向があり、領主も農民も農地改良のためにほとんど投資をしなかった。ユンカーが自己の農場への投資を強化しはじめたとき、賃金労働をより多く用いるようになったことは、重要である。[202] また、東ヨーロッパの領主制は（西ヨーロッパの多くの地域にあった、はるかに緩やかなそれと同様に）、領主と個々の農民の世帯との関係だけではなく、領主と村落共同体との関係でもあったことを、念頭に置くべきである。したがって、彼らは森林、共有の牧草地や開放耕地など、多様な共有財産の再生産に寄与していたが、すでに見たように、これらの共有財産は、変革がきわめて困難であった。こうした「未利用の」「余剰」を残しておくことで、東ヨーロッパの制度は、将来、輸出可能な穀物の余剰を［生み出す余地を］残していたといえるかもしれない。しかし、短期的には、この制度下では、価格のインセンティヴには反応しないので、こうした土地を穀物生産に活用するのは、たいへん難しかった。[203]

第2章で論じたように、ドイツでは、共有地をなくすことで大幅な生産増が可能になったが、それはナポレオン以後のことである。ハプスブルク帝国の領土では農奴解放が遅れたため、［共有地の］減少は以下のようになった。一七五〇年頃には土地の約三三パーセントが共有地であったが、一八五〇年までにようやく二五パーセントに下がった。[204] ポーランドとハンガリーでは、休耕地制から新しい輪作制への転換が一九世紀半ばに始まったばかりであった。実際、こうした地域では、一九世紀半ばまで二圃制すら、完全には消えていなかった。他方、ロシアやルーマニア、ブルガリア、セルビアでは、鉄道の導入によって農業地帯と港が結ばれ、また、一八二九年にボスフォラスとロシアを結ぶ船が開通してからも［二圃制は］存続していた。ロシアの一部地域では、一八六〇年代に農奴解放が行われてからも、二圃制は続いた。[205] 概して、東方へ行くにつれ、新しい技術が普及するのが遅くなった。このように、農奴解放以前、東ヨーロッパからの穀物輸出が、生態環境の上では可能な状態をはるかに下回るレヴェルで停滞していたことは、供給側の原因があった。さらに、以下に見るように、需要側にも、同様に問題があった。

東（と極北）ヨーロッパは、西ヨーロッパの工業品をあまり多くは買わなかった。東ヨーロッパの農民の多くは、輸入品を買うことはほとんどなかったし、貨幣経済の外側にいた。都市住民はごくわずかで、一握りの富裕な領主層も、独自に巨大市場をつくることはなかった。プロイセンでは、少なくとも「完全土地保有」農は、かなりの量のリネンや他の工業品を買うことができる程度の穀物を売ってきたようである。しかし、プロイセンでさえも、こうした世帯の数は、もっと貧しい「半土地保有」農や農業労働者よりはるかに少なかった。ポーランドでは、庶民で工業製品をたくさん買えた者は、ごく少なかったと見られる[206]。スカンディナヴィアの大部分では、農民も森林の居住者も身分的には自由であったが、ただ、大きな市場になるには人数が少なすぎた。こうして、西ヨーロッパから品物を購入する機会は、一様に限られていたのである[207]。一方、西ヨーロッパは、自国やヨーロッパ外からの奢侈品（アジアの香辛料や絹製品、のちには新世界の砂糖）をなんとか上流階級に売ったが、東ヨーロッパからの輸入の約三分の一は、銀で支払わなければならなかった[208]。そして、（ロシアのように）貨幣経済化が限られていた地域や、（ノルウェーのように）貨幣経済化は起こったが、小規模であった地域の経済においては、銀ですら容易に供給過剰になりえた。

西ヨーロッパの対東南アジア貿易にも、同様に、需要側の問題がつきまとった。もちろん蒸気船以前には両者のあいだの距離が、かさばる商品の取引の制約となった[209]（さらにここには、第4章で見たように、のちには輸出品を供給するようになるものの、一八世紀には未開発であった土地がたくさんあった）。中国や日本の対東南アジア貿易は、さらに複雑な状況を示す。さまざまな貨幣媒体が別々の方向へ流れており、貿易収支の安定よりもむしろ、[市場間の価格差を利用して利益を得る] 鞘取りが主要な原動力であったことがわかる[210]。また、多くの中国商品が、さらに西へ再販することを目的に購入された。しかし、東南アジアへの輸出業者は、かなり小規模な市場しか見いだしておらず、いかなる商品でも大量の積み荷が持ち込まれると、その港の市場が簡単に供給過剰になった[211]。一方、南アジアや東南アジアから中国や日本に向けられた一次産品（ヴェトナムやタイの砂糖、インドネシアの胡椒など）は、はるかに大きな市場をもち、このような「供給過剰」問題を抱えることはなかった。実際、このルートの両端で当局による規制が課せられることがなければ、こうした商品のいくつかは、おそらくもっと売られただろう[212]。

あらためてインドを見ると、輸入面でも、輸出面でも、複雑で中間的な様相を呈していることがわかる。インドは中国との貿易で、主に棉花、インディゴ、のちにはアヘンといった農産物を輸出し、西から入ってきた銀製品の一部を再輸出した。中国からは、金やさまざまなぜいたくな織物（すべてではないが一部は再輸出した）を輸入した。問題の金製品は、明らかに通貨、あるいは準通貨として用いられた（たとえば、宝飾品は、必要なときに溶かすことがしばしばあった）が、国家の支払いや（とりわけ）日常的な売買の手段としては用いられず、貴重品として貯蓄された。実際、その多くはほとんど流通しなかった模様で、その需要は、概して取引よりもむしろ貯蔵のための需要とみなすことができた。このように、中国との貿易にかんするかぎりインドは、広い意味の東南アジアや東ヨーロッパに似ている。このことは、いかに多くのインド人が、依然として貨幣経済の外にあり、所得の分布がいかに明らかに不均等であったかについての、本書のこれまでの考察と合致するであろう。

しかし、一八世紀のインドと他の［中国以外の］地域との貿易は、まったく異なっていたように見える。ここでは、輸出品がはるかに多様であったが、なかでも断然多かったのは、布、つまり工業製品であった。イギリス人はインドの森林に関心を寄せはじめていたが、それは、なお、マドラスやボンベイ［ムンバイ］での造船のかたちであり、木材そのものの輸出はもっと先のことであった。同様に、棉花やインディゴ、さらには小麦の輸出も一九世紀まではなかった。[213] チャールズ・キンドルバーガーが明らかにしたように、一八世紀のインドは新世界の金属でつくられた硬貨以外に、ヨーロッパ商品を大量に買うことはなかったことは事実である。しかし、これは、経済不振というよりも、地元との競争や輸送の困難によるところが大きかった。[214] さらに、ヨーロッパから輸入された硬貨（とオセアニアから輸入された宝貝［子安貝］）は、富裕層の貴重品として退蔵されただけでなく、一般の人びとの日常の取引に広く用いられた。[215] インドの諸国家もまた、大量のヨーロッパ製の武器や、中央アジアやアラビア産の軍馬を輸入した。[216] これらは消費財ではないが、インドは「消費する」よりもむしろ「退蔵する」経済であるというステレオタイプが、きわめて誇張されたものであることを示す証拠は、まだほかにもある。このように、インドは、ヨーロッパの貿易相手国に対して、東ヨーロッパや東南アジアのように「小規模市場問題」を起こしたようには見えないが、取引された特定の商品からすれば、土地集約型の商品と工業製品を交換するという西ヨーロッパのニーズを満たすことは、ほとんどなかった。そのような貿易パターンは、ずっとのちになって現れるのである。

最後に、近世ヨーロッパとの貿易をしだいに拡大させたアフリカの一部は、いくつかの点で、一次産品の供給源としてはそれほど有望ではないものの、東南アジアと似た状況を示した。ここでも、人口密度は比較的低く（セネガンビアの一部地域はそうではなかったが）、また非自由労働が主要な役割を果たすという社会構造をもっていたことがわかる（そうはいっても、東南アジアの場合と同様に、アフリカの非自由労働者は、一般に、東ヨーロッパの農奴よりは自由であった）。他方、地場産業は、大多数の地元のニーズを完全に満たすことができ、輸入の大半は、奢侈品に限られていた。ジョン・ソーントンのつぎのような主張は、説得的である。彼によれば、ヨーロッパ人が一六世紀から一七世紀にかけてアフリカに売った鉄製品は、輸入していた沿海地域でさえ、鉄の消費の一〇ないし一五パーセント以上を占めることはできなかった。一方、布の輸入は、同地域の消費の二パーセントを超えたことはなかった。そこに輸入された物のほとんどは、おそらく支配層がエキゾティックなものとして飾ったのであろう。また、アフリカもかなりの量の布をヨーロッパに売った。[217]

さらに、アフリカにも（この点は東南アジアとは異なり）大量の金があったため、ぜいたくな工業製品以外には、ヨーロッパ人がここで商品を入手するために利用できるものは、あまりなかった。また、胡椒や金、象牙といったアフリカが輸出した主要な一次産品は、いずれもヨーロッパの土地の代替として役立つことは、ほとんどなかった。ヨーロッパ人が軍事力（と病気への抵抗力）を用いて、ヨーロッパが必要とする物をアフリカ人に栽培させるようになったのは、ずっと後になってからのことである。[218]

もちろん最終的には、アフリカの輸出品のひとつ、つまり奴隷は、膨大な量に達した。しかし、奴隷貿易の拡大は、今日の視点からは、この貿易が［ヨーロッパによる］完全な支配の関係だと見えるとしても、ヨーロッパ人が一方的に対アフリカ貿易を創出しえたことを意味するわけではない。対外奴隷貿易は、関係する［アフリカの］社会が、人間を一種の財産として所有することを認めていながら、土地私有権は認めていなかったという事実を利用して成立した。そのため、人間を所有することが蓄財の方法のひとつとなり、[219] 奴隷を買ったヨーロッパ人たちは、奴隷の所有者にこの財産［奴隷］を、生き物ではない（そのため、生産性は低くても、より安全である）権威付けのための商品と取り替えることを認めていったのである。奴隷貿易が拡大するにつれて、ヨーロッパ人たちは、こうした権威付け用の商品を十分な量だけ手に入れるために、争いつづけなければならなかった。[220]

要するに、一般に交易条件が原料輸出国よりも工業輸出国に有利で、「農業国」を「貧困国」とほぼ同義とするような二〇世紀のパターンを、それ以前の時代に投影することは避けるべきだということである。[221] というのは、このパターンは、一次産品の生産自体に、より多くの工業製品の投入が不可欠となりはじめ、また、貧しい人びとでさえ、工業製品を投入して生産された農産物や非農産物を買うようになったときに、初めて成立したものだからである。つまり、ここで言う「消費不足」とは、一九世紀末から二〇世紀を対象としている研究者（全員ではないが、ほとんどはマルクス主義者）によってしばしば提示されたものとは、非常に異なった現象なのである。そうした説明の多くは、需要不足を、機械化によって生産性が飛躍的に上昇し、低賃金の労働者たちの購買力をはるかに超えてしまうことから、中核地域に生じた問題だとみなしている。ここからさらに、市場の拡大が不可欠となったことが、一九世紀末に、新たな、特殊資本主義的な帝国主義の波が生じた原因だ、という者もあった。しかし、ここでは、消費不足を、工業化以前の周辺地域自体の社会構造や人口の状態によって生み出された問題（つまり、こうした地域が、なぜ輸入する以上に輸出したのかという問題）として捉える。また、それこそが、（消費者数の不足ではなく、特定の商品の供給不足が問題となる）工業化前の中核地域による、不可欠な土地集約型の物資を得るための努力を妨げてきたものとして捉えたい。

とくに、西ヨーロッパにとって、東ヨーロッパは生態環境的に、大量の穀物や木材、その他の土地集約型の産品を［西ヨーロッパへ］輸出できる「周辺」の貿易パートナーとなっていた。しかも、硬直した制度のせいで、東アジアの周辺地域ほど早急にこの輸出能力が、内部成長の方向に転換されるということはなかった。しかし、まさに、制度が硬直化していたということは、同時に、東ヨーロッパの対西ヨーロッパ貿易がかなり急速に天井につきあたったということであり、それもすでに見てきたように、中国の穀物、木材や肥料の長距離物流にはとても敵わない水準で頭打ちとなったのである。[222] 強い需要、価格の上昇、さらに一般的に海上交易の利便性が高かったという条件がありながら、バルト海地域の豊富な木材の伐採が比較的限定的だったことも印象的である。中国の木材貿易と比較しうるほどデータはそろっていないが、バルト海地域の木材伐採は、たとえば、工業製品のほとんどを輸入し、［木材の］ほかに輸出する物がほとんどなかった一八世紀のニューイングランドやカナダと比べてはるかに制限されていたようで、一九世紀に比べても、目立たないものであった。[223]

世界システム論者は、このように「封建的」な東ヨーロッパと「資本主義的」な西ヨーロッパ[224]とのあいだの取引を、一般に、地球規模の分業が展開していく過渡期として捉える。しかし、これまで見てきたことは、このような取引が質的にも規模的にも珍しいことではなく、その成長は決定的な限界を内包していたということである。この限界は、西ヨーロッパがこうした取引を通じて食糧、燃料、繊維や建築資材の蓄積を拡大しうる能力の限界でもあった。少なくとも長期的に見れば、たんに「あまり発展していない」貿易相手を見つけるだけでは、いかなる中核地域の問題も解決しなかったのである。

一九世紀末には、東ヨーロッパが（自然増加によってであれ、移民によってであれ）[225] 大規模な人口の成長というものを経験していなかったうえ、中国内陸部や日本の「第二地域」のように、早期に輸入代替産業を発展させなかったことが、西ヨーロッパにとって利点となったようである。これによって、生産が大規模に資本主義化された時代に、東ヨーロッパの土地集約型の産品をより多く輸出に向けることができ、産業革命による生産性の上昇によって、ハプスブルクやロシアを繊維品から鉄道の車両まで、何でも売れる場所にした。このように、ここでもまた、（全体として考えた）ヨーロッパは、究極的には、先行する時代に土地のより集約的な利用を妨げていた「制度的障害」から、「後進性による利点」とでもいうべきものが生まれ、その恩恵を受けたといえるのかもしれない。しかし、このような利点は、一八世紀から一九世紀初頭にかけての技術的・制度的な状況下では、まだ活用はできなかった。その当時、つまり農奴解放や共有地の分割が、中央や東ヨーロッパに広がりはじめたばかりの時代には、東ヨーロッパの多くの地域では、なお、庶民が工業製品を買うことはめったになく、高価な資本財もほとんど使われていなかった。その結果、一八〇〇年頃の東西ヨーロッパ間の貿易は、一七世紀半ば以降変わらず、西側のニーズに見合うにはほど遠い状態のままであった。このように、本章の前半で触れた、一八〇〇年頃の生態環境上の重圧は、西ヨーロッパでは、中国や日本と同様に、まだ解決されないままであった。このような重圧によって成長がすべて止まるか、劇的なブレイクスルーとはなりえないものの、より労働集約型の東アジア（あるいは、おそらくデンマークも）がとった径路に無理やり切り替えるしかないという事態はありえた。結局は、ここで論じた生態環境上の「後進性による利点」は大きな違いを生んだが、それが活用できるようになるまでには、時間がかかったのである。

そのあいだに、石炭の発見は、生態環境を救う重要なひとつのブレイクスルーとなった。しかし、さまざまな土地集約型の産品が必要であることを考慮すれば、それだけでは不十分であった。もし西ヨーロッパが、一八世紀半ばのレヴェル以上に、工業製品の生産や一次産品の消費をさらに大きく増加させようとすれば——総量の引き上げでもそうだが、一人当たり数値の増加についてはなおさら——、新たな種類の貿易相手が必要であっただろう。以下に見るように、それは新世界でのみ可能なことであった。

第6章　土地の制約を外す

——新しいかたちの周辺としての南北アメリカ

技術さえ確保できれば、プロト工業化が陥った袋小路から脱出し、手工業の労働者を近代的な諸工業に移動させることができた「中核」がひとつあった。西ヨーロッパである。それが可能になったのは、主として新世界の開発によってであった。というのは、もし新世界の開発がなくて、ヨーロッパ自体の土地を利用したとすれば、実際よりはるかに集約的で生態環境上、持続可能な方法をとらざるをえなかったはずである。しかも、仮にそうすることで、一九世紀の人口成長を維持するのに十分な一次産品を確保できたとしても、そのためには、膨大な規模の労働力を付加する必要が生じたはずだからである。つまり、新世界は、「実体的資源」と貴金属の両方を提供したわけである。この二つは、区別して扱う必要がある。まずは、実体的な資源から始めよう。カリブ海域のプランテーション生産物から始め、ブラジル北東部の物産、さらにのちには、アメリカ合衆国南部のそれを扱う。

新世界の輸出農産物は、おおむね奴隷制による生産物であった。そこでは、おおかたのプランテーションは、島嶼部や沿岸部にあった。したがって、カリブ海域のプランテーションからの輸出では、中国内陸部から江南や嶺南へのそれのように、自由な労働力が収益逓減状態に陥って手工業に転向してしまい、停滞するなどということは起こらなかった。旧世界の森林地帯では、川岸から少しでも内陸部に後退すると、輸送コストの急騰に悩まされたが、カリブ海域ではそんなことも起こらなかった。また、(東ヨーロッパの地主や東南アジアの胡椒畑の地主とは違って)新世界のプランターたちは労働力の大半を外部から購入し、しばしば食糧生産を節減したため、西ヨーロッパのこの地域との貿易は、東ヨーロッパからの原材料輸入につきまとった「小規模市場問題」に悩まされることもなかった。輸出価格は、奴隷の購入費とその食糧と衣服の費用をカヴァーするものでなければならなかった。

新世界の多くの植民地で、アフリカ人奴隷が労働力の中心となったのには、いくつもの理由があった。第一の、圧倒的な理由は、新世界の先住民たちの、ヨーロッパ人との接触以後の、主には病気による驚異的な死亡率の高さであった。すでに見た通り、一八〇〇年以前には、ヨーロッパの貧民でアメリカへの渡航費を自弁できた者はほとんどいなかったし、わざわざ渡航させる意味があったのは、強制的に輸出品の生産に従事させることができるような人間のみであった。ヨーロッパ人をストレートに奴隷にすることは受け入れられそうになかったから、年季明けには解放し、土地を与えるという約束付きの年季奉公人にするしかなかった。しかし、新世界におけるヨーロッパ人（およびアフリカ人）の生存率が高まるにつれて、このやり方はおおかたのプランターにとって、高価につきすぎることになった。このため彼らは、あらかじめ多くを支払ってでも、解放する義務のない奴隷を求めるようになった。[1] 生き残った新世界の先住民も奴隷にされることがあった（とくにブラジルでは）が、いくつかの理由でアフリカ人のほうが好まれた。ヨーロッパ人との接触によってあまりにも多くが死亡したため、先住民は脆弱だとみなされたし、また、わずかではあったが、人道的理由で彼らの奴隷化に反対するヨーロッパ人もいた（もっとも、そうした人びとでも、アフリカ人の奴隷化には反対しなかったのだが）。[2] それに、先住民、つまりアメリカ・インディアンの場合は、逃亡して近隣のいまだ征服されていない先住民たちと結束することもあった。アフリカ人でも、同じ行動をとる者がいなかったわけでないが、先住民のほうがはるかにそれが容易であったはずである。そのうえ、（天然痘が猛威をふるい、先住民が銃と馬を手に入れたことで）最初の半世紀を過ぎた頃からは、先住民の征服は遅々として進まなくなり、先住民の奴隷を確保することは容易ではなくなった。[3] これに対して、アフリカ内部では、大規模な奴隷取引があったため、奴隷所有者が欲しがるものを確保できさえすれば、ヨーロッパ人がそこで奴隷を獲得するのは、比較的簡単なことであった。またその一方で、スペインとポルトガルの国王たちは、監視しやすく、徴税も容易だというので、新世界での奴隷狩りよりは、大西洋奴隷貿易のほうを好んだ。[4] こういう筋道でもまた、国家間の競争と財政＝軍事国家主義によって、海外からの人口の補充が促進され、（たとえば、中国での辺境への入植者とは違って）新世界のヨーロッパ人入植者は、輸出向け生産への集中から脱することが困難になった。奴隷自身には選択の余地がなかったが、奴隷の所有者にとっても、選択の余地はあまりなかった。というのは、彼らには、（仮に現地で奴隷狩りをする集団を想定した場合には不要であったはずの）労働力の購入費を支払う必要が生じたからである。

一七六〇年から一八一〇年までの期間にイギリス領の西インド諸島が砂糖の輸出で得た収入の四分の一は、奴隷の購入費用にあてられた。ちなみに、およそ半額はイギリス本国からの輸入品に、残る四分の一が北アメリカのイギリス領からの食糧や材木の輸入（砂糖と直接交換する分に加えて）にあてられた。[5] フランス革命とハイチ独立の直前でいえば、フランス領カリブ海の砂糖輸出は、イギリス領のそれより約一五パーセント少なかったにもかかわらず、奴隷を輸入する経費は、一八世紀を通じてイギリス領のそれとほぼ同じであった。つまり、フランス領の場合、奴隷の購入費が、砂糖の収益のほぼ三〇パーセントに当たったのである。[6] さらに、世界最大の奴隷輸入地域となったブラジルでは、(管見の限り、数年連続して数値の得られる最初のケースである)一八二一年から二六年までのあいだに輸入奴隷の代価として支払われた金額は、同時期の輸出収益の総額と拮抗していた。[7] 一八二〇年代は、通常より比較的高価な奴隷が多く輸入された年代なので、この数字は典型的なものではない。一八世紀の終わり頃で言えば、おそらく英領および仏領の西インド諸島の場合とほぼ同じように、輸出総額の四分の一くらいというのが平均的であっただろう。[8] こうして、奴隷貿易があったために、ヨーロッパとアメリカのあいだの貿易は、旧世界の中核と周辺のあいだに見られた工業製品や銀と原材料との交易とは根本的に違う、発展性のあるものとなった。

そのうえ、旧世界では、換金作物の栽培にあたった非自由労働者たちは、たいてい自らの生活必需品をも栽培したが、新世界の奴隷のなかには、そうした自給のための農業の機会がほとんどないか、まったくない者が少なくなかった。それに、プランターたちは、長いあいだ、女性の奴隷をほとんど購入せず、しかも男性の奴隷に比べて女性奴隷は解放される可能性が高かったので、新世界の奴隷の多くは、家族をもつことができなかった。このため彼らは、旧世界で行われたように、家族に生活必需品をつくらせることができなかった。[9] こうして、奴隷たちは貧しかったとはいえ、彼らが日常生活で必要としたものは輸入に頼るしかなく、大きな市場を形成した。この点が、旧世界の周辺労働者との違いでもあった。英領カリブ海植民地の場合、工業製品の輸入が砂糖輸出額のほぼ五〇パーセントを占めたのだが、その大半は、こうした日用品、とくに奴隷の着る安価な綿織物であった。これらの工業製品のなかには、一貫してヨーロッパで生産されたものもあったが、当初はヨーロッパ経由でインドから持ち込まれていたのに、のちになって、イギリス製の模造品に取って代わられたものもあった。

カリブ海域の砂糖による収入の残り四分の一があてられたのは、北アメリカのイギリス領から輸入された穀物と木材であった(ただし、それよりはるかに多いと思われる、砂糖と直接に物々交換された分は不明である)。この貿易によって北アメリカのイギリス領植民地は、イギリスから輸入する工業製品の代金を支払うことができた。[10] したがって、この貿易は、イギリスがなお比較的豊富であったその資本と労働を、土地節約的な輸入品に投下する間接的なルートとなったのである。ブラジルと北アメリカのイギリス領における奴隷制プランテーションは、カリブ海のプランテーションに比べて、必需品の多くを現地で調達していたし、とくにブラジルでは、奴隷には粗末な衣食しか与えず、いっそうの節約を図っていたので、[11] 外部から購入する額は比較的少なかった。しかし、それでも、その額は取るに足りなかったわけではない。[12] それに、粗末な食べ物しか与えないことから男女の性比を不均衡にすることにいたるまでのブラジルににおける必需品を購入する経費を削減する策は、奴隷自体を新たにアフリカから補充する必要を高める結果ともなった。

こうして、奴隷制のためにヨーロッパとアメリカ大陸のあいだの貿易は、旧世界の中核と周辺のあいだのいかなる貿易とも、異なった相貌を呈することになった。中国南西部のような自由労働の行われた周辺であったら、たとえそれが生態環境的に豊かであったとしても、ヨーロッパにとって、このように役立ちはしなかったであろう。なお自給的な経済に関わっていた人たちが、一時的に輸出品生産に従事するよう強制された東ヨーロッパ（やのちのジャワ）の強制栽培のような形態であったとしても、同じであったはずである。ポトシ銀山からの銀の輸出が、先住民の人口を回復させ、より自給的な地域経済が復活すると、かえって落ち込んだという事実は、[13]ヨーロッパ側の需要があるというだけではヨーロッパへの商品の流れを持続させることができなかったことを示している。強大な暴力を用いるか、ヨーロッパ製品に対する現地の需要を再生産するのでなければ、困難だったのである。銀については、すぐ後で言及する。しかし、ここで強調すべきことは、環カリブ海域から大量の砂糖やタバコ、のちには棉花が輸出された事実は、生態環境的な観点だけでは説明できないということである。つまり、この地域が社会構造上も、政策的にも、こうした輸出品以外のほとんどすべてのものを「必要」と「し外部から輸入」せざるをえないように方向づけられていたことが重要である。フランスやオランダ、デンマークとくらべて、イギリスが有利だった点のひとつは、砂糖植民地にヨーロッパから食糧を送る必要がなく、代わりに、北アメリカの植民地からの供給に頼れたことであった。しかも、その結果、北アメリカは、イギリスの工業製品（土地より、労働力と資本を使った生産物）を買うことになった。

こうして、先住民人口の激減と奴隷輸入による人口補塡が重なって、環カリブ海域は異常に大きな輸入市場となり、また、土地集約的な輸出品の供給源ともなった。実際、この地域は、いまや「第三世界」としてよく知られた相貌を呈する最初の周辺となったのである。つまり、日常的に用いるために、大量の資本財（この場合は、生きたまま拉致された人間であるが）と工業製品とを輸入しながら、輸出品のほうは、生産が効率的になり、資本集約的になって、生産地の範囲が広がっていけばいくほど、その価格が低迷する状況に陥ったのである。対照的に、食糧を含めて、ヨーロッパで生産されるエネルギー源の大半は、一八世紀を通じて、賃金や他の商品にくらべて価格が上昇しつづけた。[14]こうして、新世界のプランテーション地帯は、周辺といっても、新しいタイプの周辺であった。いわば、中核との貿易収支がほぼ均衡するほどの大量の輸入を行う周辺だったのである。そのうえ、その輸入と輸出は互いに刺激し合っていた。たとえば、砂糖の輸出が増えると、必ず奴隷や食糧、衣類の輸入が増え、そのうえ（多くの場合）プランテーションの負債が増えた。そのため、翌年には、価格に関わりなく、砂糖の輸出が増えることになった。[15]

他方、大半のプランテーション地帯では、ひとつないし二つの輸出品に特化したことで、貿易そのものは決定的に改善された。一八世紀のあいだに、大西洋横断海運のコストは、あまり大きな技術革新がなかったにもかかわらず、およそ五〇パーセント低下した。その原因の一部は、政治的な変化にあった。たとえば、イギリス海軍がほぼ海賊を抑圧したことで、保険料が下がったうえ、より多くの貨物が非武装船で、より少ない乗組員によって運べるようになった。[16] しかし、（第4章でも若干触れたように）もうひとつの大きな要因は、集荷時間が大幅に短縮されたことである。このことは、運転資金の回転率の改善、つまり、船舶がより集約的に利用できるようになったことを意味した。船員の賃金は、船が母国を離れているあいだは、たとえ積み荷の集荷のために港に停泊しているとしても、毎日支払わなければならなかったはずだから、それもまた大幅に節約できるようになった。こうした停泊時間の短縮は、船がひとつひとつのプランテーションを回って価格交渉をするのではなく、代理人をおいて入港前に必要な荷物を倉庫に集めさせておく制度によって達成された。こうした委託制度は、たとえばインド洋の港のように、多様な輸出品の可能性がある場合より、一種類か二種類の商品を輸出する地域でのほうがはるかに容易であった。[17]

こうして、旧世界の多くの周辺地域では、より多くの第一次産品を得ようとすると、やがて最も手近な供給源は枯渇し、しだいに輸送コストが高くつくようになって、いずれは輸入代替の論理に直面することになってしまうのに対して、新世界の多くの地域では、それとは正反対の力が作用した。政策的および社会構造上の諸要因によって、輸入代替は抑制されていたため、輸出品のモノカルチャーは、大西洋貿易における輸送コストや取引コストを下げることができた。その結果、アメリカの人びとは域内での輸送コストをさらに負担できるようになった。言い換えれば、さらに内陸まで進出することが可能になり、それでもなお、工業製品の支払いと創業資金の返済分に相当するだけのものをヨーロッパで売ることが可能になった。この力学は、奴隷であれ、年季奉公人であれ、あるいは、創業資金の返済をしなければならない自由労働者であれ、どんな形態の労働を用いる場合にも、等しく作用した。[18] このことは、北アメリカの開発に決定的な役割を果たした。このことはまた、バルト海貿易や中国内の交易とは違って、工業製品の大西洋貿易（拉致した「資本財」の交易も含めて）が、拡大しつづけられた一因でもあった。

言い換えれば、おおかたの生産活動が、まだ、高価な資本財を用いておらず、自給的な経済活動に従う人が多かった時代に、人口の激減、植民地立法、奴隷制があいまって、原材料の供給を永続的に拡大できる新たな周辺が生まれたのである。実際、こうした状況は新世界の多くの地域においてさえ一時的なもので、たとえば、ペルーやメキシコでは人口が回復すると、再び自給的な経済が立ち現れ、輸出は減少した。[19] 環カリブ海域のような特殊事情がなく、ただ豊かな、自由な労働に基づく中核と、より貧しく、非自由労働が主体の周辺地域とのあいだに交易があったというだけでは、このような画期的な結果は生まれなかったであろう。たとえば、東西ヨーロッパ間の貿易は、長江下流域と、さまざまな形態の自由労働によったその周辺諸地域との交易と比べて、とくに重要でも、ダイナミックでもなかった。世界システム論者がいうように、周辺における労働形態は重要である。しかし、あらゆる種類の「換金作物生産のための強制労働」を十把一絡げに扱うとすれば、単純化しすぎることになるだろう。新世界の奴隷制と植民地主義は、いくつかのきわめて重要な点で特殊だったのである。

ヨーロッパ（とくにイギリス）の工業発展にとって奴隷制が重要な意味をもったという議論では、従来、新興産業の成長要因として輸出市場が重視されることが多かったために、国内市場も成長していたし、市場の基盤ははるかに広かったという「成長の内部要因重視派」からの反論に弱かった。この種の論争には、本質的に決着がつきにくい。一七四八年から一七七六年までの期間をとると、イギリスの工業生産における成長の一二パーセントはカリブ海域の需要によるものであったといって[20]も、この数字は大きいのか、小さいのか、判断がつかない。格言にあるように、半分水の入っているコップは、半分入っているると言うべきか、半分空と言うべきなのか、判然としないからである。それに対して、ここで強調したいのは、市場はどれも同じではなく、ある市場は他の市場より重要な意味をもったということである。というのは、新世界と奴隷貿易には、国内市場の拡大によっては得られない利点があったからである。つまり、イギリスの土地をあまり使わずにつくれる工業製品と交換に、土地集約的な食品や繊維原料（さらにのちには木材）を、手頃な（ときには低下していく）価格で、いくらでも獲得できたからである。

もうひとつの新世界、もうひとつの「思いがけない授かり物」——貴金属

他方、メキシコ、ペルー、さらにのちにはブラジルからは、膨大な量の貴金属がヨーロッパに送られた。その一部は、スペインおよびポルトガルの国王が自らの領地内のすべての鉱産物に対してもっていた取り分であり、植民地搾取の直接の結果であった。法的には、一六四〇年以前には、この取り分は最低でも二七・五パーセント、おそらくは四〇パーセントに達していた[21]。このような高率であったから、密輸が広範に広がり、国王の取り分は、実際にはそんなに高くはならなかったし、密輸を減らすべく、この比率もしだいに下げられた。それでも国王は、公式な産出量のうち一〇分の一ないし五分の一は受け取ったものと思われる[22]。

もうひとつの貴金属の大きな流れも、これに負けず劣らず強制的なものであった。すなわち、強制労働の割当制度は、先住民が自ら労働に従事するにしろ、免役地代を支払って、他の労

働者の賃金の足しにするにしろ、いずれにせよ採掘のコスト削減に役立った[23]。こうした割当制度の直接の受益者は、新世界在住の鉱山経営者であったが、彼らは価格が高かろうが安かろうが、生産を拡大することが可能になった。大規模ないし中規模の鉱山経営者から「分益」鉱夫にいたるまで、多くの人びとが手持ちの金銀を売ろうとしたので[24]、こうした手持ちをヨーロッパのバイヤーに、後者の言い値で売るしかなかった。他方、貴金属との交換のためにヨーロッパやアジアから持ち込まれる商品については、植民地立法によってほとんど競争が起こらないようになっていた。少なくとも、現地でこうした商品の輸入代替品が生産されないように制限しようとしていた。こうして、この貿易は規模の点でも、取引価格の点でも歪められ、正確な額はわからないものの、金・銀の輸出の一部には、ヨーロッパ人への「贈り物」に等しい部分があったことは確かである。

こうした「贈り物」の一部はヨーロッパに留まったが、おそらくヨーロッパ経済の発展には、ほとんど役に立たなかった。というのは、それらは、おおかた無数の戦争のために使われたからである。そうした戦争のなかには、北西ヨーロッパに出現しつつあった中核の諸経済に対するスペインの攻撃もあり、成功しそうにさえなった[25]。それでも、これらの貴金属は、ヨーロッパ商業の潤滑油として機能したと思われ、また、より効率的な軍隊の発展にある程度の役割を果たしたことも事実である。他方、新世界の財宝は、その多くがさらに東へ流れ、ヨーロッパに他の商品をもたらした。それはおおむね三つの流れに分けられる。

新世界の金や銀のひとつの大きな流れは、旧世界のうち、生態環境が豊かな小市場地域——東南アジアから中近東の一部、さらには東欧にいたる多様な地域——に向かったもので、その結果、ヨーロッパは、これらの地域からの実物資源の輸入を拡大することができた。こういう場合、銀ないし（頻度は低いが）金は、現代の外貨準備と同じように扱われた。すなわち、それらは、ヨーロッパ商品に対する需要が十分でない地域との貿易差額の埋め合わせに送られた。しかし、これらの貴金属は、通常、ヨーロッパから現送される前に通貨として鋳造されたのだから、それもひとつのヨーロッパ商品であったと見ることもできる。この商品には、現地でかなり大きな市場があって、しかも（適当な原材料の供給がないために）現地生産はきわめて限定されていたわけである[26]。この工業製品は、（たとえば、スカンディナヴィアの大半の地域のような）貨幣経済化の進んだところでは、少なくとも部分的には、庶民の必需品となっていたが、東ヨーロッパのような、ほとんど貨幣経済化していなかったところでは、本質的に奢侈品となっていた。いずれにせよ、それがなければ、西ヨーロッパは、これらの地域からこれほど多くの一次産品を入手することはできなかったはずである。

しかし、（繊維品や穀物とは違って）貴金属は使い古されることも、使い果たされることもなかったので、社会のごく一部の人にしか用いられないようだと、その市場を拡大することは（おろか、おそらく維持することも）難しかった。たしかに、富裕な人びとであれば、銀や宝石の手持ちを増やすことはできただろうが、そのうち、想定される限りのあらゆる目的に照らしても、十分ということになり、一種の衒示的消費の対象としての銀は、絹や陶磁器や絵画に比べて、価値を失っていった。こうして、新世界の銀のおかげで、西ヨーロッパは、一五世紀の「地金枯渇」が続いていたとすれば、とうてい考えられなかったほど多くの原材料を獲得できたのだが[27]、それだけでは、西ヨーロッパとあまり貨幣経済化の進んでいなかった旧世界の各地との貿易を、決定的に拡大することはできなかった。

これほど直接的なものではないが、ヨーロッパが土地集約的な商品を獲得するのに役立った、もうひとつの流れがあった。この流れは、さまざまなアジアの商品（おおかたはインド産品）との交換に使われたもので、これらの製品で、南北アメリカ向けの奴隷購入費がおおかた賄えた。インド産の繊維品だけで、価格にすると、一八世紀にイギリス人の奴隷商人がアフリカ人奴隷と交換した積み荷全体の約三分の一に達した。また、（フランスはインド産の織物の良質な模造品がなかなかつくれなかったので）フランス人奴隷貿易商の場合、奴隷購入に用いた商品のおおかた半分を占めていたものと思われる[28]。ポルトガルの帝国貿易は、アジアからアフリカに直行し、さらにブラジルに向かうのがふつうで、本国には、新世界の商品を届けるために立ち寄るだけであった[29]。言い換えれば、この貴金属の流れは、新世界の奴隷制地帯が、労働と資本は豊富だが土地の少ないヨーロッパに対する重要な補完地となっていく上述の過程を促進したのである。

すでに見たように、インドでは、こうした金銀の流れは、「貿易赤字」をカヴァーするために使われて退蔵されたというよりは、広範な基盤に基づく取引の必要に応じたものだったとみなすべき十分な理由がある。しかし、当時インドでは、貨幣経済化を志向していたことを裏付ける史料はあるが、だからといって、新世界の貴金属がなければ、インドが、代わりに他のヨーロッパやアメリカの商品を輸入しただろうと想定することはできない。なお住民の大半は、若干の必需品を購入したり、ときに儀礼用の買い物（たとえば結婚式のためのそれ）をしたりするためにしか市場には顔を出さなかったし、それ以外では、納税その他の貢納のために現金を必要とした程度であった。それ以外のものを買うことがあったとしても、その場合、ヨーロッパの工業製品に競争力があったかどうか定かではない。中国産の織物や陶磁器、東南アジア産の珍味食品、とくに中東からくるイスラーム商品などがあって、大いに珍重されていたから、ヨーロッパ産の奢侈品にとって、大きな市場となったとは思えない。したがって、インドに流れた貴金属を、数あるヨーロッパ製品のひとつにすぎないとみなすとしても、それはもうひとつ別の意味で、おそらく特殊なものであった。つまり、貴金属こそは、インドがこれほどの規模で購入することを想定できる唯一の商品であったという意味で、特殊だったといえるのである（唯一考えられる別の商品は武器であるが、ムガル帝国が衰退し、イギリスの支配が確立しつつあったこの時代に、すでにかなり大規模に展開されていた武器輸出がさらに拡大したら、どんな結果になったかは判然としない)。

最後に、貴金属の第三の流れとなったのは、何十年にもわたって、最大の規模となっていたものである。しかし、それはまた、ヨーロッパの土地にかかる圧力を軽減する役割はほとんど果たさなかった流れでもある。それは、アジアの人口稠密で高度に商業化の進んだ地域に向けられたもので、現地では、社会の全階層によって、取引の媒介手段として用いられた。代わりに、ヨーロッパや南北アメリカには、さまざまな消費財が流れた。このような説明は、上述の通り、インドとの貿易についても多少はいえる。しかし、それが断然当てはまるのは、何百万もの庶民が租税の支払いや通常の購入物の支払いに銀を用いた中国の場合であった。

中国では、銀は明らかに商品であって、決済のために準備しておく形態の富ではなかった。事実、一五〇〇年から一六四〇年までの期間には、銀が入ってくるのとは反対に、金や銅が中国から流失し、その多くがヨーロッパに到達している。[30] それに、中国の最も重要な「実物」の輸出品であった絹は、繊維品であって金属ではなかったにもかかわらず、場所によっては通貨として用いられさえしていた。したがって、この貿易における新世界産の銀は、他の多くの商品と同じように、鞘取りに使われたものであった。すなわち、他の地域より中国で比較的豊富であった商品(金、陶磁器、絹)が、中国で比較的少なかった銀と交換された。[31] 銀は、この世界最大の[中国]経済の金融・財政の基礎となりつつあったため、きわめて高い需要があったからである。[32] この貿易の結果、一六四〇年頃になると、中国とヨーロッパの金銀比価はほぼ同じになった。こうして、この貿易の存在理由が薄れ、急速に衰微して、一八世紀になるまで回復しなかった。[33] その結果、この貿易の初期局面では、ヨーロッパには土地集約的な商品が供給されることはほとんどなかった。しかし、同時に、この貿易からは、膨大な利潤が生み出されたし、(ますます多くの銀を使わなくても)代わりに交換できる多くの商品が得られた。

中国についてもインドと同様で、仮に銀が得られなかったとして、代わりに何か別の商品が同じくらい大量に輸入されたことを想像するのは、難しいだろう。こうして、この場合も、新世界の銀山は、ヨーロッパが旧世界の他の地域で商品を獲得する能力に、重要な影響を与えたといえる。しかし、輸入した側からいえば、銀の輸入がそれほど重要ではなかったなどとはとうていいえないという点で、中国のケースはインドのそれとは違っていた。したがって、この銀の流れがなかったら、他の貨幣素材の輸入が促進されるか、中国自体の生産資源の配置換えが起こり、その結果、ほかの輸入品への需要が膨らむかしたに違いない。他方、ヨーロッパ側から見ると、中国への銀の流れとインドへの銀の流れとの違いは、中国へのそれが、間接的にでさえ、土地にかかる圧力の軽減に役立たなかったということである。

新世界の財宝の使途をこのように区分するのは、後知恵であって、ひどく不完全なものでもある。個々の使途と銀の最終的な流出先とを結びつけるのも、ある種の傾向と考えておくべきで、必ず当てはまる通則ではない。東ヨーロッパといえば、おそらく庶民が貨幣経済に巻き込まれる度合いが最も少ない周辺であったが、その東ヨーロッパにおいてさえ、流入した銀がすべて、停滞した経済のなかでの観念的な「富」として、エリート層によって退蔵されたわけでもない。その一方では、対極的な状況にあった中国においてさえ、退蔵があったことも確かである。知っておくべきことは、このような行動は、どこでも、多少は見られたものだということであり、一部の研究者が主張する「消費する」ヨーロッパと、「退蔵する」アジアという厳密な二分法には、何の根拠もない。[34]それに、庶民が預金口座というものをもたず、宝石などの装身具が、婚姻――生産単位の再生産過程――を成立させるきわめて重要な道具立てとなっていた世界では、退蔵と取引手段との区別そのものが、曖昧なものであった。

しかし、この類型区分は、曖昧で流動的だとはいえ、そこに意味がないわけではない。新世界の貴金属は、旧世界各地にばらまかれて「現物」資源と交換する「貨幣」の役割を果たしただけではなかった。つまり、いつもヨーロッパの需要が原動力となっていたわけではないのである。ほかの地域の内部の論理によって、ヨーロッパのそれに劣らないくらい実質的な「需要」が生み出されることもありえた。中国がより便利な通貨を求めたり、東ヨーロッパのエリートたちが、自らのもつ余剰穀物を、より簡単に蓄えたり運んだりできて、戦地の軍隊に簡単に届けられる価値あるものに変えたいと思ったりしたのが、その例である。[35]こうした貴金属の流れの規模や性格を決めたのは、ヨーロッパおよびその他の地域のダイナミクスの相互作用であった。つまり、世界経済はなお、複数の中心をもっていたのであり、ヨーロッパからの影響ばかりでなく、他地域からのそれもまた、その決定に関わっていたのである。

実際、第４章で見たように、中国経済がこれほど活発ではなく、したがって、銀ベースへの転換で、驚異的な量の新世界銀を、何世紀にもわたって求めることがなかったとすれば、新世界の銀山は、数十年で採算がとれなくなったはずである。一五〇〇年から一六四〇年にかけて、ヨーロッパでは銀で表した物価の暴騰が見られたが、この事実は、流入した銀の大半がアジアに流れたにもかかわらず、[36]銀の価値が低下しつつあったことを示している。それに、旧世界の比較的貨幣経済化の進展していない地域でも、無限に貴金属を吸収しつづけることはなく、いずれ、貨幣価値の下落が生じたはずである。これこそ、近世の金銀と現代の「貨幣」との、もうひとつの相違点である。今日の周辺地域では、資本の需要が圧倒的に強いため、硬貨を所有する者が、それと資源との交換に苦労するということは、まずありえない。

とはいえ、西ヨーロッパは、新世界銀の再輸出があったために、それがなければとうてい考えられなかったほど、実物資源の輸入を拡大しえたことも事実である。旧世界の、貨幣経済化のあまり進んでいない周辺からの資源の流れを拡大しつづけるためには、新世界の銀の一部を衣料品、陶磁器、あるいは香料などに転換しておく必要があったのだが、中国が銀を大量に需要したおかげで、この選択肢も可能になった。しかも、すでに見たように、西ヨーロッパは、旧世界の他の地域からの輸入品の対価を、全面的にヨーロッパ内で生産した製品によって支払ったというよりは、むしろ新世界の銀そのものと、しばしばその銀と交換にヨーロッパに輸入されたアジア商品、および（砂糖やタバコのような）新世界自体のエキゾティックな産物とをもって、支払ったのである。

こうして、一部の研究者がいうような、強制労働によって採掘された銀地金と、「武装貿易とは違う」合意による貿易で得られた実物資源とを区別するのは、いかにも無理があるように思われる。[37] 新世界の輸出用資源の生産に関わったのは、土地でも、労働でも、ほとんどが市場原理以外の強制を伴っていただけでなく、カリブ海域のプランテーションと重商主義政策がユニークなかたちで結びつけられたことで、旧世界内だけであれば、中核＝周辺間の貿易を頭打ちにしてしまったはずのさまざまな作用を免れることができた。こうしたことがなければ、また、植民地支配を財政的に支え、アフリカや南北アメリカに再輸出されるアジア商品を調達するための銀がなかったとすれば、これほど大量の「思いがけない生態環境上の授かり物」がヨーロッパにもたらされることはなかったはずである。さらにいえば、ヨーロッパが旧世界内の他の地域から、これほどの生態環境上の救済を受けることもなかったはずである。

生態環境上の救済の方途——産業革命時代のイギリス

「西ヨーロッパが外部から獲得した生態環境上の救済の」量は膨大なものであったが、[38] 議論を進めるにあたって、いま少し細かく分類してみる必要がある。大きな制度変革をしなくても、旧世界に属する周辺からでも得られた商品（たとえば、新世界から供給されなければ、ロシアからの供給が増えたと思われる毛皮）や、旧世界が新世界に原生していた植物を移植してヨーロッパでつくるようになったジャガイモ（それがなければ、アイルランドもプロイセンもイングランドに穀物を輸出することができなかった）などから旧世界が得た利益は、除外しておきたい。また、新世界の大規模な漁業も、たしかに新大陸の発見でやりやすくはなったが、発見がなかったとしてもできたことだから、別にして考えるべきであろう。こうしたものも新世界がもたらした「思いがけない授かり物」には違いないのだが、議論を広げすぎると、ただ、大西洋を往来した船舶を数えるだけのことになって、そのような交換（いわんやその背後にある構造）の意味を明らかにすることはできないからである。したがって、以下、一八世紀と一九世紀初頭にかんしては、もっぱら砂糖と棉花のみについて論じ、一九世紀中葉と終わり頃については、南北アメリカから大量に流入した一次産品にも言及する。

シドニー・ミンツの推計によれば、一八〇〇年におけるイギリス人のカロリー摂取量のうち、砂糖からのものがおよそ二パーセントに達した。さらにそれは、一九〇〇年では、一四パーセントにも達したという。[39] しかし、実際には、この数値はもっと大きいように思われる。ミンツが用いたのと同じ一人当たりの砂糖消費量とカロリー換算を用いて計算すると、一八〇〇年にアイルランドを含むイギリス（連合王国）の一人一日当たり砂糖消費量は、九〇カロリー以上となる。一八〇〇年のイギリス人の一日平均カロリー摂取が、（多めに見積もったとして）二五〇〇カロリーであったとすれば、[40] 九〇カロリーというのは、早くも、全摂取量の四パーセントに相当する。一九〇一年の砂糖の平均摂取量は、一日当たりカロリー摂取量が二五〇〇カロリーであったとしても、一八パーセントに当たったたし、平均の摂取熱量がより現実的な二〇〇〇カロリーであったとすれば、二二パーセントに当たったことになる。今日では、砂糖は、しばしば高カロリーのいわゆる「ジャンク・フード」の材料として悪名高いが、貧弱な食生活にあっては、不足しがちなタンパク質が熱源として燃焼させられるのを防いでくれる価値ある食品であった。[41]

一八〇〇年の四パーセントという数値は、さほどでもないように見えるかもしれない。しかし、熱帯の一エーカーの砂糖キビ畑は、四エーカーのジャガイモ畑[42]（一八世紀のヨーロッパ人は、ジャガイモを馬鹿にしていたが）ないし小麦畑九ないし一二エーカーに相当するカロリーを生み出せたことは考慮に値する。[43]（ミンツの数値を使うとして）[44] イギリス（連合王国）が消費した砂糖から得たカロリーを、平均的な収量のイングランドの土地に換算すると、少なくとも一三〇万エーカー、多めに見れば一九〇万エーカー以上の土地が必要であったことになる。一八三一年のデータになると、一九〇万ないし二六〇万エーカーに相当する。しかも、この頃のヨーロッパ（とくにイギリス）に残っていた未耕作地は、ヨーロッパ最良の耕地などではありえなかったから、もっと大きい推計値をあてても、あながち間違いとはいえないだろう。

干肉に加えて船舶、木材からとる造船資材、さらには少量ながら木材や穀物もあって、新世界からの輸入のおかげでイギリスは、一八世紀末にはいくらかの土地を、一九世紀初めには多くの土地を節約することができた。たとえば、一八〇〇年以前には、北アメリカからイギリスへの木材の輸出は、（南欧向けのものに比べて）取るに足りないものでしかなかった。しかし、一八二五年までには、ヨーロッパの一〇〇万エーカー以上の森林に代わるほどのものとなり、その後も急増した。[45] イギリスのバルト海からの木材輸入の決済の多くは、新世界産の銀や再輸出品でなされたから、（一七八〇、九〇年代では、年間六五万エーカー分の）木材が間接的に節約されたことになる。イギリスの全耕地がおよそ一万七〇〇〇エーカーであったとして、[46] ここまでに新世界がもたらした三〇〇万ないし四〇〇万エーカーの「幻の耕地」は、イギリスの国土からすれば決して些少なものではなかった。しかも、これが、一九世紀中頃に生じるアメリカからの輸入の一大ブームの前の話なのである。

イギリスは、一八一五年には、新世界から一億重量ポンドの棉花を輸入した。一八三〇年になると、二億六三〇〇万重量ポンドに達した。[47] もし同じ重さの、別の「ヨーロッパで作れる」繊維である大麻や亜麻に置き換えるとすれば、それほど大したものではなく、一八一五年で二〇万エーカー、一八三〇年で五〇万エーカー程度の土地が必要であったにすぎない。しかし、大麻と亜麻、とくに大麻は、ほとんどの用途について質の劣る繊維品とされ、また、扱いにくいため、綿に比べて機械化が遅れた。[48] それに、より重要な点として大麻も亜麻も、きわめて労働集約的で、大量の肥料を必要としたため、園芸用作物としてつくられていることが多かったという事実がある。イングランドでも、北アメリカでも、政府が三世紀にわたって奨励計画を立てていたにもかかわらず、大規模な生産はついに成立しなかったのである。[49]

とすると、最後に残るのが、ヨーロッパの伝統的な主要衣料用繊維であった羊毛である。イギリスが新世界から輸入した棉花を羊毛の撚糸で置き換えるとすれば、途方もない広さの土地が必要になったはずである。模範的な農場の係数を利用するとして、一八一五年でほぼ九〇〇〇万エーカー、一八三〇年では二三〇〇〇万エーカー以上を要したはずだ。後者の数値の場合、イギリスの全耕地と牧草地を合わせた面積を越える。それはまた、一八一五年頃のイギリス石炭産業が生み出したエネルギーを、木材で置き換えた場合の例としてアンソニー・リグリが出した一五〇〇万エーカーという数字をも越える。[50] 一八三〇年頃の棉花と砂糖と木材の輸入を合わせると、「幻の耕地」は、二五〇〇万ないし三〇〇〇万エーカーとなり、十分に石炭による土地節約の量を上回っている。

第5章で説明したように、ヨーロッパ外世界からの輸入は、食習慣の変化をもたらし、一人当たりの食糧需要をも減らした。このことを計算に入れると、土地節約量の数字はこれよりかなり大きくなるはずだが、計測は難しい。たしかに、住居の暖房費が低下したのは、主としては石炭の増産の結果だっただろう。しかし、生態環境上の危機からの「嶺南型」や「デンマーク型」の生き残りの道をとることなく、きわめて多くの人びとが屋内労働に従事できるようになるには、安価な石炭エネルギーだけではなく、海外からの棉花、穀物、その他の土地集約的な物資の輸入もまた、決定的に重要であった。さらに、屋内労働者は、屋外労働者と比べると、一人当たり消費カロリーが三分の一ほど少なかったようである。[51] 保温性に富んでいて、必要なカロリーをさらに減らす役割をした安価な織物が、先例のない規模で供給されたという事態は、アメリカ産の棉花なしには考えられない。さらにいえば、必要なカロリーは、茶と砂糖の食欲抑制効果によっても低下したはずで、これもまた、海外での強制手段によって可能になった、隠れたもうひとつの土地節約の筋道であった。ほとんどの砂糖は新世界のプランテーションから来たものであったし、茶は、はじめのうちは新世界の銀と、のちにはインド産のアヘンと交換されたものであった。こうした要因を全部合わせると、一九世紀の初めでも、かなりの規模の「幻の耕地」を付け加えたことになるし、世紀中葉や世紀末になると、桁外れの規模に達した。

もちろん、合衆国南部が唯一の棉花供給地だったわけではない。しかし、この地域がなければマンチェスターは、早い段階で、大きな障害に直面したことであろう。この地域に特有の生態環境上の遺産や制度的な伝統がなければ、綿織物業のブームを維持することがいかに困難であったかは、少し後の、南北戦争期に起こったいわゆる棉花飢饉を見れば、ある程度の想像がつく。

（一八六一年にはまだ、北部による封鎖が完全ではなかったので）アメリカ棉花の輸出が止まったのは、一八六二年から一八六五年中頃までの期間にすぎなかったが、イギリスは、すでに一八五〇年には原棉供給を増やすべく、相当の努力を始めていた。こうした努力は、そもそもアメリカ合衆国からの原棉輸出がなかった場合に、イギリスがしたであろう努力より、はるかに熱心なものであった。この頃になるとイギリスの国力は、この世紀の初め頃よりはるかに強力になっており、利用できる海運その他の技術も、はるかに優れたものになっていた。おそらく、より重要だったのは、つぎのような問題であっただろう。すなわち、［アメリカがないという］仮定上の世界でこうした産業を起こすとすれば、はじめから棉花がないという問題に直面していて、それを解決せざるをえなかっただろうが、そんなことをやろうという意欲はあまり湧かなかっただろうと思われるのに対して、現実には、無数の工場があり、膨大な数の労働者がいて、製品を待ち受けている顧客もいたという事実があって、棉花の逼迫を何とかしようという誘因は、はるかに強かっただろうということである。しかし、こうした努力があったにもかかわらず、「原料の供給は……あくまで非硬直的であった」[52]ということなのだ。

イギリスが主に力を注いだのは、インドであった。一八五〇年代には、「棉花の獲得を目指して領土併合と鉄道建設という政策」を推進したが、最初の一〇年間はほとんど成果が得られなかった。ところが、一八六一年になると、棉花の獲得量は激増した。しかし、その大半は、生産の拡大によってというより、インド内での消費と中国への輸出を犠牲にして達成された。それでも、同年のインドからイギリスへの輸出は、アメリカ合衆国からイギリスへの輸出の半分にも満たなかった。それに、その後、北部による封鎖が効果的になり、棉花価格が高騰したにもかかわらず、インドからの輸出は八・六パーセントしか増えなかった[53]。

もうひとつ、比較的成功した例がエジプトである。しかも、ここでは、外部からの働きかけはほとんどなかったにもかかわらず、成功したのである。というのは、ムハンマド・アリの時代以来、エジプト政府は、自ら棉花生産の拡大に努めてきたのだが、いったんアリが命じて創設させた紡績工場が競争力をもたないことがわかると、輸出できる棉花の余剰が生じることになったからである。輸出は一八二一年に始まり、一八二四年には二七〇〇万ポンド、一八五〇年代にはおおかた五〇〇〇万ポンドに及んだ。[54] しかし、これでも、合衆国が一八一五年に行った輸出の半額にも満たない。エジプトからの輸出は、ピーク時には二億ポンドに達したものの（それでも一八三〇年の合衆国のそれには遠く及ばない数字でしかない）、その後は急落した。[55] この一時的なブームは、ランカシャーの成功例に刺激された政権が、四〇年に及び上から強い圧力をかけたことでもたらされたものであるにすぎなかった。したがって、南北戦争までは、エジプトの棉花栽培は、アリとその親族の領地以外にはあまり広がってはいなかった。こうした長期の準備期間があったにもかかわらず、棉花の生産水準は維持できず、いわんや拡大することなど思いもよらなかった。また価格の点でも、ランカシャーが長期的に存続できるような価格で供給を続けることはできなかった。

南北戦争中は、毎年、ナイル川のデルタ地帯の約四〇パーセントが棉花栽培にあてられており、しかも輪作が行われていたことからすると、一八六三年から一八六五年までのあいだに、このデルタのほぼすべての土地が棉花栽培に関わったものと推定される。[56] エジプトには十分灌漑の行き届いた土地は限られていたから、二〇世紀に巨大事業が実施されるまでは、これがほぼ耕作可能な土地の上限であったといえよう。こうした土地においてさえ、栽培のコストは急速に上がり、棉花の価格が断然最高に達した一八六四年くらいでないと利益が得られない状況となった。[57] しかも、この価格でも（実際、一八六二年のような低価格ではなおさら）、原棉のほうが安物の撚糸よりも高いという始末であった。[58]

イギリスは、インドやエジプトほどではなかったものの、ブラジル、西アフリカ、クイーンズランド、ビルマなどからの棉花輸入にも力を入れたが、価格が暴騰したにもかかわらず、ほとんど成果は得られなかった。[59] 一八六一年から六二年にかけてイギリスの棉花消費は五五パーセント低下したが、その間、（南北戦争で、すでに一八六一年には高騰していた）原棉価格は二倍に跳ね上がった。比較で言うと、一八六〇年には棉花は羊毛の三分の一の価格であったのに、一八六四年には羊毛より高くなってしまった。[60] 南北戦争の開戦時に、かなり大量の原棉の在庫があり、売れない綿製品の滞貨も大量にあって、紡績および織布に対する需要は停滞していたが、そういう事情がなければ、原棉価格はさらに高騰しただろう。[61] 一八六二年、ランカシャーの紡績工場での雇用はほぼ半減し、残った工場も一一月には、（一八六〇年から六一年は週六日あった）稼働日数が平均二日と三分の一に低下した。[62] 大量の工場（とくに、現金準備高や設備その他のリソースの点で、初期の工場に類似していた中小工場）が倒産した。

このように、原棉供給は不十分であったが、それでも、一九世紀の初めに合衆国が供給していたものよりはかなり多かったことも事実である。しかし、すでに見たように、一九世紀初めの頃には想像もできなかったような努力の結果として、そうなっていたにすぎない。それに、「新しいヨーロッパ」から大量の食糧となる作物が転がり込み、しかも後代になるほど膨らんでいったが、二〇世紀のような農機具もなしに、その肩代わりができるところは、なおさらありそうになかった。ヨーロッパの食糧作物にとって生態環境の上でヨーロッパそのもの以上に適合的で、しかも比較的人口がまばらで、都合のいい制度をもった地域などというものは、旧世界のどこにもなかった[63]。

比較と計算――数字の意味するもの

こういう計算に対しては、海外植民地の搾取とヨーロッパの資本蓄積とを関係づける主張に必ずつきまとう反論（それについては第4章で触れた）によく似た批判が予想される。たとえば、ヨーロッパ内部の資本蓄積や国内での食糧供給など、他にももっと大きな要素があるとすれば、何をもって決定的要因といえるのか、といった批判である。この問題は、ここでの議論にとっても重要だが、歴史の過程をより一般的な概念にする上でも、重要になってくる。

主として、単一のケースを説明するためにだけ成長に関心があるとすれば、なるほど、規模の小さな要因は、それだけ意味の小さい要素ということになる。とはいえ、この場合でも、分類の問題は生じる。「新世界の農産物のイギリスへの輸入」というのは、包括概念であるが、「（イギリス）国内の農産物」や「他のヨーロッパからの輸入」と比較すると小さい数字のように見える。しかし、これをさらに区分けして、（「ドイツからの食糧輸入」や「スカンディナヴィアからの木材輸入」などとして）長いリストをつくるとすれば、どうか。そうなれば、たとえば、新世界からの輸入品を細分化したもののなかには、「合衆国からの繊維品の輸入」など、長くなった全要素リストのなかでは巨大な項目に属するものも出てこよう。どのくらいの細かさで分類すべきかは、個々の生産物がほかのもので代替できるかどうかとか、その部門が全体の経済にとってどれくらい重要かとか、重要性についての複雑な判断（ときには、さらに反事実の仮定設定）などによって決まる（このことこそは、新世界がもたらした資源が、それが生んだ利潤より決定的に重要であったひとつの理由である。資産を生み出す投資先には代わりがありえたが、土地集約的な商品を大量に供給できる代替地はなかった）。したがって、何にでも*つねに*代替物はあるとか、われわれの行動なり、商品なりの相対的重要性は、市場が*つねに*正確に判断してくれる、などと主張する公式主義者でない限り、この結論は避けがたい（公式主義的な前提が成り立たないことを見るためには、火星人たちが、突然地球上のすべての化石燃料を奪い去ったと仮定してみるとよい。現在、世界の国内総生産に占める化石燃料生産の比率はわずかなものであろうが、その実際の衝撃は甚大なものになろう）。

一般論として、あるものの数量がほんの少し増えただけで、大きな違いが生じるということは、ありうることである。人間の遺伝子の九八・四パーセントは、チンパンジーのそれと同じだという[64]。にもかかわらず、(チンパンジーは、ほんの数ヵ所の僻地にしか棲んでいないのに) 人間は地球のほぼ全域に広がったのはなぜか。その理由を残りの一・六パーセントの遺伝子が可能にしてくれた行動のおかげだと主張しても、批判する人はまずいないだろう。

比較的小さな相違が、大きな歴史的分岐をもたらすことがあるという基本的な考え方は、(「アリの一穴」ともいうように) 昔からの格言にもあるが、(有名な「アフリカで蝶が羽ばたくと、グリーンランドの気候が変わる」という「カオス理論」もあるように) 現代的なものでもある。それは、小さな相違が大きな、継続性のある分岐をもたらすことなどないという、均衡追求型の理論モデルと真っ向から対立するものである。したがって、それをもって歴史学と経済学を融合させようとすれば、ぎこちないものとなるだろう。少なくとも、ひとつのシステムは特定の均衡に向かって進むと主張するような経済学派については、そのように言うことができる。小さい要因の重要性を認めるということは、また、知的混乱をも引き起こしかねない。解釈があまりにも分散して把握しきれないようになる可能性もあるし、誰もが自分の「重要だ」と思う要因を恣意的につかみ出してしまう危険性もある。とはいえ、歴史にかんする限りは、ときとして、小さな要因でも、その規模に似合わないほど大きな、しかも持続的な影響を与えることがあるのもまた、事実なのである。

比較を前提としてこうした要因を論じるとすれば、その正否はある程度まで、比較対象となるケースにかんして、他の条件がどこまで同じであるかにかかっている。歴史は、九八・四パーセントまでの遺伝子が同じだと確認されているヒトとチンパンジーの場合のようなわけにはいかない。せいぜい、だいたい似ているとか、一方に多少の優位があっても、それと同じくらいのマイナスもあってほぼ帳消しになっているなどということしかいえない。それも考えにくい場合には、より大きな分岐が出現する時期に、特定の要因の重要性を特別に高めるメカニズムがあった、と主張するくらいしかできない。

したがって、石炭と新世界がどれくらい重要であったかという議論になると、それぞれについてのすでに触れた個別の議論と同じように、他の地域にもよく似た状況があったという示唆を、読者諸賢がどう判断されるかにかかっている。石炭と新世界という二つの条件そのものについては、これをとくに重視すべき理由を、以下の通り四つ挙げてきた。

一　すでに行った計算からして、これらの条件は、何か合理的な基準 (たとえば、イギリスの国土) に照らして、決して小さくはない。

二　それらは、決定的な分岐を説明するのにぴったりのタイミング (大分岐の時期を一八〇〇年前後の一〇〇年間ほどに下げるとして) で現れた。

三　それらは、さもなければ、当時の知的水準や制度的限界からして、とても解消できなかったはずの制約、つまり、有限な土地の量という制約を解消して、経済発展を可能にした。

四　中国、日本、およびヨーロッパの一部（たとえば、デンマーク）における中核地域の例を見るとこうした条件がなければどうなるかがよくわかる。

もっとも、こういう状況があったからといって、こうした救いの道がなかったとすれば、ヨーロッパはマルサス的破局に陥った――「一匹の蝶が羽ばたくとハリケーンが起こる」式の発想に似た状況――であろうと想定する必要はない。また、生態環境的危機がもう少し長引けば、インドや中国や日本が産業革命を起こしただろうと想定するようなことも、必要ではない。ヨーロッパが生態環境的危機に陥った可能性はあるが、このような反事実の仮定には、もっとありそうな結果がいくつも考えられる。こうした地域のどこにも共通していることは、多少とも似た状況に置かれた人びとが、一連の労働集約的な対応には成功したものの、イギリスのようなブレイクスルーは経験しなかっただろうということである。実際、最後の節で見るように、こうして労働集約的な道をたどってしまうと、たとえ模倣すべき技術が目の前にあっても、現実には産業革命そのものを真似るのは、かえって困難になったともいえる。このように扱えば、ここで取り上げた要因も、最初それほど大きくはなかった差異が、結果的には、非常に大きな違いをもたらしうるという原理を強引に適用したことにはならず、明らかな根拠によって主張したことになろう。

数字では表せないもの

以上、均衡モデルや、より一般的な計量だけでは動態的な結果は把握できないという考え方をとり入れたので、ヨーロッパが旧世界の他の地域から大きく分岐していく過程に、新世界がどのように関わっていたか、若干の筋道をも示しておこう。タバコやコーヒーのような、新世界の物産の輸出が旧世界に与えたダイナミックな文化的影響については、（第3章で）簡単に触れた。とくに、それらが消費習慣に与えた影響や市場向け生産を促したことについて述べた。ここで行ってきた生態環境上の計算ではたいして重要でないとしても、こうした「不要な」商品は、新世界の銀を使ってアジアから得られたものを含めて、ヨーロッパ経済の動態化に決定的な意味をもった「勤勉革命」を加速させるうえで大いに意味があったことは間違いない。

ひとつには、砂糖やココア、コーヒー、茶などは、すべて多少の習慣性があり、用意するのも、消費するのも簡単で、一挙にエネルギーを出させる作用がある。したがって、これらの物資は、長時間労働を時間通り正確に行うのを助けた。とくに、家庭外での労働の場合に有効でもあった。こうした特徴は、職住分離が進行した工場制の時代には、ますます重要になった（とくにイギリスでは、中国産の茶をジンとビールに代位させたという意味で、新世界の銀もまた、迅速で、しばしば危険な仕事に適した労働者をつくり上げるのに貢献したといえる）。そのうえ、こうしたいわば「日常生活用の奢侈品」になった商品は、（タバコを別にすれば）どれもヨーロッパでは採れず、世帯内自給などありえないものばかりであった。したがって、それらはいずれも、市場向け生産によってしか得られなかったのである。同じことは、すばらしい綿や絹、あるいは人気の高い両者の混織布についてもいえたし、貧しい人びとのあいだでさえ、一種のステイタス・シンボルとなりつつあった銀のベルト用バックルなども、同様であった。

こうしたものは、購入するほかなかっただけでなく、多くの場合、特化をもたらす誘因ともなった。自らは大麻や亜麻の衣服で甘んじている世帯は、もっと高価な生地を浪費する危険は避けたがっただろう。とすれば、絹を扱う訓練を若者につける場合、駄目にされてしまうかもしれない生地をあえて買い与えるなどということは、それが家業ででもない限り、かなり裕福な人びとにしかありえなかっただろう。この時代にかなり多くの庶民にとって生活の一部となったエキゾティックな商品は、数字で示すことはできないが多くの重要な点で、かなりの労働時間を自給品の生産から市場向け生産に振り替える役割を果たしたともいえる。このことは、ヨーロッパ「内部での」分業の進展に伴う利益をもたらした大きな要因であった。また、ここでは触れられなかったが、ミンツが指摘しているように、プランテーションそのものが工場制度の実験室として果たした役割も大きかった。[65]

それに、新世界の財宝によってヨーロッパ人は、新世界の他の地域の物産を買い付けることができただけではない。植民地エリートの有力なパートナーとなり、ヨーロッパ人の軍事司令官や軍主計官の階層を生み出せたのも、この財宝のおかげであった。彼らのなかには、のちに植民地の支配者となる者さえ現れた。[66] プランテーション産の砂糖やタバコなどに課された消費税もまた、こうした軍事機能の構築に重要な役割を果たした。（物価変動分を除いて考えると）一六七〇年から一八〇〇年まで（ナポレオン戦争期をもっと取り込むつもりなら、一八一〇年までもよいが）のあいだの政府の財政収入の半分以上は、関税収入であった。しかも、少なくとも一七八八年から九二年までのあいだでは、関税収入の三分の二は、茶、砂糖、インド産繊維品、生糸、タバコ、および「外国産の酒類」（おおかたはカリブ海産の砂糖でつくられたラム酒で、ワインはこの分類に入っていない）からのものであった。[67] 全体として、この期間のイギリスの主要な租税からの収入の二二パーセント以上が、ここに特筆した商品からのものであった。[68] それに、ヨーロッパ人による初期のアジア征服の多くは、こうした交易に頼っていたいくつかの東インド会社によってなされたものでもあった。

一八世紀末から一九世紀初めにかけて、軍事力を増強したヨーロッパ人は、アジアの各地の政情不安に乗じることができたが、同時にヨーロッパ内部の混乱にも対処しなければならなかったことは注目に値する。[69] ジャック・ゴールドストーンは、一七世紀中葉と一八世紀末のヨーロッパの政情不安と、人口変動に起因する資源不足および物価騰貴とのあいだに関係があったことを、きわめて説得的に説明している。[70] こうして見ると、こういう問題がいっそう悪化するのを防止したものとして、海外から供給された資源の意味はいっそう大きく見える。同じことは、新世界で産出された銀から得られた国庫収入についてもいえる。というのは、こうした商品への関税は、国内の産物や資産に対する課税に比べると、それほど不評ではなかったからである。フランス革命時代を通じて、大陸諸国が大きな経済的後退を経験したのに、イギリスだけは比較的安泰に過ごすことができたうえ、この時代が終わってみると、巨大な帝国を形成し終えていたことを考えれば、このことは、さらに大きな意味をもってくる。

　こうして、新世界の開発とそこに労働力として連行されたアフリカ人の搾取とは、多くの点で「幻の耕地」の数値が示す以上の意味をもっていた。あらゆる指標を総合すると、こうした搾取が、西ヨーロッパを旧世界の他の中核地域より優位に立たせる上で、他のいかなる要素よりも大きな意味があったと思われる。この地域が他の地域より有利だったとされる諸条件――ヨーロッパに「のみ」あった市場制度、家族制度、その他の諸制度――以上に影響があったといえる。西ヨーロッパを、少なくとも東アジアから区別する上で、これに比肩しうる可能性のある強力な要因としては、三点しか考えられない。一見したところ矛盾しているようではあるが、ひとつは、ヨーロッパが生態環境上の「後進性による利点」をもっていたために、未利用の資源が残っており、それが一九世紀になると、生態環境的に息継ぎの余地を与えたという事実である。しかし、すでに見たように、こうした利点は、イギリスには（低地地方にも）見られなかったし、いくつかの重要な商品（とくに繊維品や木材）についても認められなかったうえ、生態環境的に不利な点もいくつかあって、相殺されてしまってもいた。第二の可能性は、イギリスがとくに石炭に恵まれていて、それか石炭と蒸気機関の複合体と好都合な関係にあったということである。第三の可能性は、工業上のイノヴェーションの波そのものであるが、これについては十分には研究が進んでいないし、すでに見たように、石炭が豊富にあり、他の資源の制約も、新世界の存在によって緩和することが可能になっていたからこそ、重要な意味をもちえたのである。

　以下、本書の最後の二つのセクションでは、運命的な大分岐という概念について、さらに二つの点から考察する。まず、ヨーロッパの発展にとって新世界が重要であったという考え方を、一九世紀にまで延長し、工業化の波がイギリスを越えて広がっていくときに、このメカニズムがどのように変化していくのか、あるいは継続していくのかを略述する。最後に、中国、日本、インドの動きを振り返り、これらの諸国が、程度の差はあれ、生態環境的圧力に抵抗するため、しだいに労働集約的なアプローチをとらざるをえなくなっていったこと、しかも、程度に違いはあるものの、こうして労働集約的な対応をしたことで、のちに、資本集約的・エネルギー集約的な工業化を、比較的困難にしていったことを論じたい。繰り返し強調してきたように、［新世界という］思いがけない授かり物がなければ、ヨーロッパもまた、もっと労働集約的な発展径路をたどらざるをえなかっただろうから、この最後の三つの例は、それでグローバルな歴史が完結するばかりか、一九世紀初頭こそが持続的な影響をもたらす大分岐の時期であったという議論を完全に証明することにもなる。一九世紀初頭こそは、上述のさまざまな要因のおかげで、イングランドが長江デルタのようにならずにすんだ時期であった。両者はいまやあまりにも相違していて、ほんの少し前までは同じような状況にあったとは、とても思えないようになってしまったのである。

工業化時代の世界へ

土地節約的な新世界商品の輸入は、一八三〇年以後にようやく重要な意味をもつようになった。その後数十年、この輸入は、化石燃料の驚異的な増産ぶりと肩を並べた。イギリスの石炭産出量は、一八一五年から一九〇〇年までのあいだに一四倍になった。[71] しかし、同じ期間に、砂糖の輸入は、ほぼ一一倍になり、[72] 棉の輸入は二〇倍にもなった。[73] イギリスは、アメリカ産の穀物、牛肉、その他の第一次産品をも消費しはじめた。木材の消費は激増した。最後に、新世界はまた、ヨーロッパの余剰人口の壮大なはけ口ともなった。

もちろん、一九世紀初めには、イギリスも北アメリカやカリブ海域に奴隷を売ることはやめた。アルゼンチンには、もともとそれほどの人数の奴隷は売っていなかった。それでも、一九世紀中頃までには、新しい技術によって、一八世紀全体で生じた以上の大西洋海運コストの削減がなされたし、他の諸改革（とくに鉄道の整備）で内陸部の輸送費も劇的に低下した。このことが、上述のプロセスを大いに促進した。つまり、輸送コストが低下したためヨーロッパ人の移民は、ますます広い範囲のアメリカ各地から第一次産品をヨーロッパに送り返し、海運費や自立資金、工業製品の購入費を賄うことができるようになったのである（それまでの収益性を重視する諸会社に比べれば、独立後のアメリカ合衆国政府は、費用の回収などあまり考えないで、フロンティアの確保とその治安維持につとめたことも、この過程を加速させた）。

この頃になると、新世界の生産者たちがヨーロッパから買いたいと思う資本財――奴隷などの人間ではなく、機械――が存在し、少なくとも多少の意匠権が出現していた。他方、輸送コストの低下や生産の機械化、ヨーロッパ人の移民が持ち込んだ嗜好によって、ヨーロッパは、新世界で大量の消費財を売ることができた。工業製品という間接的なかたちに加えて、移民と投資という直接的なかたちでも、資本と労働が大量に流入したために、土地が豊かで、市場経済志向型のアメリカ合衆国は、しだいに人口が稠密化し工業化していくヨーロッパにとって、またとない補完となった。

とはいえ、こうした変化がいろいろあったにしても、少なくともイギリスは、一九世紀に激増した新世界から輸入する資源の対価の支払いには、なお間接的ながら強制に頼らざるをえなかった。実際、「世界の工場」の名をほしいままにしていた時期でさえ、イギリスは大西洋貿易による輸入に見合うほどのものを、南北アメリカ向けに輸出したことはなかった。[74] ヨーロッパ大陸や北アメリカで輸入代替が進行し、ついには輸出市場においてさえ競争力をもつ工業が成立してしまうと、状況はどんどん悪化した。結局、ヨーロッパ人の植民地主義と海外に対する強制——いまや、旧世界に集中することになった——は、一八五〇年以前ほどではないにしても、なお数十年にわたって重要性を失わなかった。

実際、第一次世界大戦前の四〇年間、イギリスは、南北アメリカおよびヨーロッパ大陸に対する巨額の貿易赤字——海運、保険、金利収入などの「見えざる」貿易を含めた国際収支でも大きな赤字であった——を、主としては、アジア貿易の膨大な黒字によって補塡していた。イギリスにとって、圧倒的に黒字が大きかったのは、対インド貿易であった。インドでは、綿織物から機関車にいたるまで、ありとあらゆるものの市場が、立法措置によって人為的に拡大されていた。インドはその赤字を、中国へのアヘン輸出やきわめて強制的な環境で生産された茶、インディゴなどの農産物の大陸ヨーロッパ向け輸出によって補塡した。[75] 他方、イギリスがなお大量に資本輸出をしているあいだ、大西洋の対岸および大陸ヨーロッパの貿易パートナーに対する巨額の赤字を維持しえたことは、たんにイギリスの消費者にとってのみ重要だったのではない。その事実は、つぎに来る工業化の波に乗ろうとしている諸国、とくにアメリカ合衆国にとっても、きわめて重要なことであった。というのは、アメリカ合衆国などは、自国市場は保護しつつ、保護されていない［イギリスの］市場で商品を売り、巨額の資本流入を享受できたからである。

エリック・ジョーンズは、新世界に行き着いて、その人口を激減させるだけなら、どんな人間集団にも（旧世界の病原菌をもつ人間なら誰にでも）できたが、ヨーロッパ人のようにこの大陸を利用しえた人びとはいなかった、と主張している。たしかに、そうかもしれない。とはいえ、西ヨーロッパが地球上の他の人口稠密な地域より発展が著しかったことを説明する方程式において、彼が重視するヨーロッパ人の企業家精神が唯一[76]の変数であったわけでは毛頭ない。西ヨーロッパ人が組織だって探検を行い征服を継続していくためのイノヴェーションや、企業家精神と断固たる強制をかけるための制度をつくるイノヴェーション——さらには、アメリカの先住民が天然痘に抵抗力をもたなかったことから、膨大な新世界からの銀の供給や、それと同じくらい大規模な中国の再貨幣経済化の試みにいたるまでのさまざまな事情によってつくり出された、西ヨーロッパに有利なグローバルな複合状況《コンジョンクチュール》——が重なって初めて、西ヨーロッパは優位に立つことができたのである。こうして、西ヨーロッパ人だけが、生態環境問題が多発した「生態環境上のアンシャン・レジーム」の最後の世紀を生き抜き、土地の生産物を大量に必要とする諸工業（繊維産業から、醸造業、鉄工業にいたるまで）を拡大させつづけることさえできたのである。

最後の比較——労働集約度、資源、そして工業の「成熟」

こうして、石炭と蒸気と機械化によって新しい技術開発の可能性が大いに広がったが、西ヨーロッパ人（とくにイングランド人）は、この可能性をとくに利用しやすい立場に立っていた。なお手つかずのままの膨大な新世界の資源（および地下資源）が、彼らの前に出現して土地の制約を解消したからである。そのうえ、すでに新世界から得ていた利益のおかげで、彼らは従来よりはるかに高い生活水準と軍事能力をもって（これによって、ある場合には市場開放を、またある場合には独占を、他者に強要することができた）一九世紀に突入できたのだし、はるかに広範な手工業をも展開することができていたのである。しかも、初期の工場労働者の大半は、直接農民から転化したのではなく、こうしたプロト工業の労働者からリクルートされたものであった。

初期の工場労働者の大半が、こうしたプロト工業から徴集されたことは、ジョエル・モキアのヨーロッパの工業化にかんする「成熟（growing up）」モデルによって、きわめて明白に示されている。第一に、農業における「余剰労働力」——つまり、農業部門から引き抜いても、農業の生産には目立った影響を与えない労働力[77]——の存在を証明しようとする試みがいろいろなされたにもかかわらず、こうした状況は、今日の第三世界においてさえ稀であるように見える。[78] それでいて、一八〇〇年前後の中核地域においては、農業生産が激減した国はない。第二に、工場がプロト工業から労働者を雇うことには、はっきりとした利点があった。仮に工場労働者が農業部門から引き抜かれたとして、それでも労働者不足からする賃金上昇が生じなかった（つまり、農業部門に余剰労働力が存在した）のだとしても、賃金が下がるべき理由は何もなかった。しかも、大量生産の技術が普及して、工場で生産される製品の価格は低下していったから、工場経営の利潤が低下し、事業を拡大することは困難になっていったはずである（モキアによれば、初期の工業化に共通の現象として必要な固定資本はかなり少なくてすみ、生産過程のいかんに関わりなく、原材料のコストはほぼ一定であったから、原価計算上最も重要な変数は工場労働者の賃金であった）。しかし、新興の工業が、同じ製品をつくっていたプロト工業の労働者に頼ることができたのだとすれば、工場の製品価格を下げていった技術革新の圧力が、同様にプロト工業での労働者の収入減にもつながったはずである。こうして、工場は賃金を押し下げながら、なおかつこの部門から労働者を徴募することができた。このため、工場はより長期的に相対的に高い利潤を確保しえたことになる。[79]

このシナリオからすれば、近代工業は、プロト工業が「成熟」して生まれたことになり、農業に使われる国土の面積がほとんど一定のままで、膨大な人数の労働者を［近代工業のために］解放しつつ、産出量を維持ないし拡大できるような社会的・技術的変革が同時に起こることは、必要条件ではなくなる。しかも、プロト工業の労働者たちは、工場に移動するに際して、しばしば関連する技能や知識をもっていたが、それらは、いっそうのイノヴェーションに必要なものでもあった。総じて、機械化された工業が成長する以前の数十年およびそれと重なる時期のプロト工業の継続的な成長があったために、ヨーロッパは、農業や林業により多くの人口を抱えておくことを余儀なくされた場合に比べて、はるかに有利な位置に立てたということになる。

少し違った言い方をすれば、プロト工業と初期の機械化された工業の展開のために、ヨーロッパは、ますます多くの農産物を必要とした。イギリスが（あるいは、より一般的にヨーロッパ全体でさえ）、この問題を解決するために国内に十分な土地を見つけることができたかどうかは別問題としても、こうした農産物を直接供給できるように膨大な労働力の追加をしていれば、それはそれで後世に大きな問題を残したであろう。しかし、実際には、ヨーロッパは、ヨーロッパ外の地域につくらせるかたちで、これらの産物の多くを獲得し、自らの労働力は陸・海軍兵士、船員、商人、工業製品の生産者などに回すことができたのである。国内の工場がより多くの労働力を必要とするようになると、彼らはプロト工業の労働者に頼ったが、それには上述のような利点があったのである。

時間の経過とともに、（たとえば、銃砲や戦艦の性能を向上させるような）技術変化によって、陸海軍兵士は一人当たりの効率がよくなった。また、しだいに、植民地で徴収された税でもって雇われる「現地人」によって補完されたり、ついには取って代わられたりしていく。こうして、海外部門は、それ自体、一種の「成熟」を経験した。ということは、この方法で第一次産品を獲得すれば、ヨーロッパ人の労働力をどんどんつぎ込まなくてすむということを意味した。そうでなければ、国内農業を大規模に拡大する必要が生じただろうが、そんなことは生態環境上、困難であったばかりか、工業部門で労働力を大規模に拡大する話と両立させることは難しかったはずである。一八五〇年以後、イギリスの農業労働者数がいよいよ絶対的に減少しはじめたとき、それを可能にしたのは、この世紀の初めには導入することが不可能であった技術と、大量の農産物輸入とであった。投入される労働力が減少するなか、産出高は維持された。ただし、劇的に増加することはなかった。[80] 第5章で触れたように、（ヨーロッパでは）デンマークはまったく例外であり、対照的であった。デンマークでは、労働集約的な方法を採用したために、生態環境的にほぼ安定しており、何十年にもわたって工業化には背を向けることになった。たとえ大半の労働の限界収益——および都市労働者と農村労働者の実質賃金——が低くて、しかもさらに低落しつつあったとしても、である。[81]

中国と日本は、繊維品その他の土地集約的な原材料を供給してくれる新世界をもたなかったにもかかわらず、ヨーロッパ全域と同じように、長期にわたって、プロト工業部門を拡大しつづける方法を見いだした。こうした過程によっても、商業（や漁業）の多少の拡大がもたらされ、中核地域では地域内の土地にかかる圧力が軽減された。しかし、ヨーロッパが見いだした解決策に比べると、内部の農業部門のいっそうの強化と拡大を必要とした。とくに繊維原料の供給については、そのように言うことができた。したがって、一八世紀末までには、そのような過程は減速し、生態環境上のコストが上昇した。日本の人口は、一八五〇年までに停滞しはじめた。中国の人口は、なお一世紀ほどのあいだ、増加しつづけたが、プロト工業部門の人口比は停滞どころか、低下さえしはじめたように見える。中国でも、プロト工業が、実際に衰退していった地域などというものはまずない。実際に起こったことは、一七五〇年より一八五〇年のほうが、総人口に占める農業地域の割合が圧倒的に大きくなったということである。

一七五〇年には、長江デルタの最も先進的な諸県で、全中国の人口のおよそ一六ないし二一パーセントを占めていたが、一八五〇年までにこの比率はかろうじて帝国の九パーセントの水準となり、一九五〇年には六パーセントにまで落ちた。すぐ後で見るように、これらの諸県におけるプロト工業に従事した人口はほとんど減少していない。この事実があったにしろ、なかったにしろ、最もプロト工業化の進んだマクロ・リージョンは、中国全体のなかでその比重を維持しえなかったのである。プロト工業化の進展度が第二位の地域であった嶺南では、一七五〇年から一八五〇年までのあいだに人口が七五パーセント程度増加した。しかし、中国全体での人口増加は一〇〇パーセントであったし、嶺南の人口増加の大半は、ほとんど農・林業しかない広西省のものであった。

こうして、きわめて農業的なマクロ・リージョンのいくつかでプロト工業が展開したとしても、一七五〇年以後の人口増加ではこうした地域の比重が高かったので、中国全体としては、一八五〇年になっても同じように農業的なままであったし、一九五〇年になっても事情はあまり変わらなかった。それに、プロト工業の労働者は、内陸部一帯に散らばっていて、多くの場合、理想的な農家になくてはならない一部とみなされていたので、仮に工場があったと仮定しても、土地にまったくつながりのないプロレタリアほど容易には、リクルートすることができなかったであろう。こうして、一七五〇年以後の二世紀間に中国は、比較的容易な「成熟」によって工業化への道をたどるには不都合な立場になり、工場労働者のほとんどを農業部門から直接引き出すという、困難な道を選ばざるをえなくなった。

とはいえ、早期に工業化した諸国が、すべて巨大なプロト工業部門をもっていたわけではないことは、アメリカ合衆国が重要な例となっており、明白である。実際、ケネス・ソコロフとデイヴィド・ダラーは、一九世紀のアメリカ合衆国とイングランドとを比較して、イングランドでは農業労働の季節性が強かったために、工場制工業の発展の速度が遅くなったと主張している。一年のうち一部の期間しか得られないが、完全に土地から切り離された労働者に比べると賃金の安い労働者が多かったことが、手工業が工場制工業との競争に執拗に耐えられた理由であり、まとまった工場、設備、管理への投資も、農業労働者と工場労働者が明確に分かれている場合に比べると、あまり収益をあげられなかった、というのである。これに対してアメリカ合衆国では、土地と労働力の比率が絶妙であったので、農民は、穀物栽培以外の活動——たとえば、牧畜、材木伐採、果樹栽培、開墾など——で収入を補塡することができた。したがって、単位面積当たりの収入は少なくても、時間当たりのそれはよかったのである。こうして、農村の労働者は、手工業に頼らなくても、フルタイムの雇用を確保しえた。こうして、いったん工場がつくられると、それはイングランドより（とくに穀作地帯で、手工業の盛んだった南部イングランドより）早い速度で成長したのである。(82)

　このような議論は、イングランドとアメリカ合衆国という二つのケースについてはたしかに有効である。しかし、アメリカ合衆国のケースは、ユーラシアの中核とはあらゆる点で異なっていた。アメリカでは、労働力に比べて土地がきわめて豊富であったので、アメリカの農業は、（入移民によってであれ、急速な人口の自然増によってであれ、農村から都市への移住によってであれ）独立の工業労働力といえるものが成立すると、それを養うことは当初から簡単であった。しかも、こうした農民たちは十分に繁栄していたので、工業的な副業などなくても、また、たとえかなり高い労働コストを支払ってつくられたものであっても、工場の製品を買うことができた。他方、遠く離れていたのと関税のおかげで、たとえしばしばはるかに低廉な労働コストでつくられたものであっても、ヨーロッパの製品がアメリカ合衆国の市場全体を席巻することはありえなかった。

　こうした特殊な条件のもと、「成熟」モデルに反してアメリカでは、農民出身者を（マサチューセッツから来た者であれ、アイルランドから来た者であれ、ドイツ人であれ）労働力とせざるをえなかった工場でさえ、イングランドのそれ以上に急速に発展することができた。しかし、一八世紀の旧世界では、地域内の農業産出高を引き上げることも、輸出用の工業製品の生産を拡大して第一次産品の購入にあてることもないままに、膨大な人口増加を受け入れられた地域はまずなかった。それに、旧世界の中核にあってプロト工業のための農村人口が得られなかった地域というのは、一九世紀のアメリカ合衆国のように、農民が利益の多い土地集約的な副業をもっていたからではなく、（嶺南の一部のように）きわめて労働集約的な多毛作が行われていたからか、（デンマークのように施肥や排水溝によって）不安定な生態環境上の均衡を危うく維持していたから、そうなったのである。

こうして、旧世界の中核地域は、アメリカ合衆国のような方法では工場労働者を確保できなかった。そこでは、労働力は、フルタイムのプロト工業部門から引き出すか、パートタイムの農業部門から引き出すかしかなかった。そうだとすれば、旧世界では、プロト工業の労働者に頼れたということが、工業労働者を生み出す上で、なお有利な条件であった。このため、補完に利用できた周辺的な交易パートナーをもっていたイングランドは、それがなかった長江流域などよりはるかに有利になったのである。

このように主張することは、モキアのヨーロッパの工業化にかんする「成熟」モデルを、別の言葉で説明していることになる。モキア・モデルでは、農業労働の限界生産性がプロト工業のそれを下回るようになると、人びとはまずプロト工業化に向かった（農業の限界生産性は、もともとプロト工業のそれよりはるかに高かったが、主に土地の供給が制約されていたために、後者より激しく低下した）。こうして、一定以上の余剰労働力は、当該地域が食糧（繊維品と木材を加えてもよい）と引き換えに、プロト工業の製品を輸出しつづけられ、しかも、こうした交換が実施される「世界」市場での食糧と手工業製品の相対価格に影響が出ない限り、こぞってプロト工業に向かった。

一般に、「小国という仮定」として知られるこの前提は、モキアがそのモデル設定の対象としたオランダとベルギーには当てはまるし、ある程度は、長江下流域や嶺南、日本の関東および畿内についてもいえる。すでに見たように、長江流域の各県は、膨大な量の第一次産品を輸入していた――三六〇〇万人の人口がその食糧の一五パーセントから二二パーセントを輸入し、さらに、木材や肥料としての大豆粕なども輸入した――が、依存できる後背地や市場ネットワークがたいへん広かったので、「小国という仮定」は、一八世紀の中頃までは、この地域の交易の見方としてなお有効であった。しかし、長江の上・中流域や中国北部など、こうした後背地のいくつかでは、人口が増えて農業の収穫逓減が起こりはじめ、現地にプロト工業が発生したのち、交易条件［交換される商品の相対価格］がプロト工業に圧倒的に不利になっていった。

銀で表示した価格で見ると、綿織物の価格には年による同期的変動があったが、名目価格で見ると、一七五〇年から一八五〇年までのあいだ、一定の傾向はなかったように見える。[83] 比較的信頼できる史料のある広東の原棉価格にも、しばしば激しい短期変動はあったものの、明確な趨勢というべきものはなかった。[84] しかし、長江下流域では、米の銀表示価格が、この一世紀間に四〇パーセント上昇した。[85] この上昇分だけで、第2章で提示した女性の紡績・織布工のモデル上の所得を、一七五〇年の米七・二石から一八五〇年の五・〇石へ、およそ三〇パーセント減少させたことになる。

さらに、岸本美緒が集めた断片的な史料によれば、長江下流域自体において、一七五〇年から一八〇〇年までのあいだに、原棉価格がかなり上昇したようである。この知見は、広東周辺の原棉価格に一定の傾向がなかったということと矛盾はしない。というのは、一八世紀末、一九世紀初めにこの両地域間の輸送コストが大幅に下落したからである。さらにいえば、一七世紀の長江デルタで原棉価格がおおかた米価の後を負うように変動するというパターンが認められたこととも、矛盾はしないだろう。[86] 仮に岸本のデータが江南全体の状況をある程度示しているとすれば、紡績・織布工の収入は、一七五〇年から（彼女のデータがとぎれる）一七九四年までで、ほぼ五〇パーセント低下したことになる。もっとも、期首の一七五〇年は比較的高い数値であったので、低下幅が大きく出ているとはいえるが。また、長期にわたって原棉価格の趨勢が、米価のそれに連動していたのだとすれば、ここで用いているモデル上の紡績・織布工の所得がもつ米購買力は、一七五〇年から一八〇〇年までのあいだに二五パーセント、一八四〇年までだと三七パーセント低下したことになる。[87] これを米ではなく、塩や燃料に対する購買力として見ると、もっと大きく低下したことになるだろう。

　これほど収入が落ちたといっても、女性が一人で生きていくためには十分なものがあり、男性の農業労働者の賃金（実質賃金としては、これも低下しつつあったが）に近かったであろう。こうして、中国の「性別格差」は、相変わらず、ヨーロッパのそれほどにはひどくなかったのである。しかし、家内工業の場合に比べると、紡績・織布工の収入が低下したことは間違いないし、機械によって生産された綿織物との競争に直面する以前にさえ、低下が始まっていたことも事実である。最上級の綿織物を織る女性なら、こうした圧力を逃れることができたかもしれない。というのは、この一世紀の綿織物の価格は、この一世紀のあいだにほぼ二倍になったからである。[88] とはいえ、こうした女性は、特別の技術をもつあくまで例外の人たちで、その年間生産量も多くはなかったはずである。

　モキアのモデルでは、長江下流域では、プロト工業労働者の所得が低下したため、少なくとも一部の労働者は、従来なら受け入れられなかったくらいの低所得であっても、農業に回帰した可能性があり、農業のいっそうの集約化と多少の脱工業化を引き起こしたものと考えられる。[89] このような労働力移動は、実際にあったとしても、ごく小規模なものでしかなかったはずだが、そうした移動の証拠といえそうな材料が、ひとつはある。すなわち、広州（広東）では一九世紀初頭に、長江下流域から来る原棉価格が低下し、量的にも豊富になって、インド産の原棉を供給していた外国人商人を困惑させた。むろん、原棉価格の低下は、おおかたは輸送手段の改良のためであるかもしれないが、[90] 供給量が増えたのは、長江デルタでの紡績・織布活動が低下したことを示唆しているのかもしれない。反対に、この時期に、長江下流域の原棉生産量が大幅に増えた可能性はまずないし、華北からの輸入も、ほぼ確実に低下していった。

　とはいえ、長江デルタの大半の女性たちは、報酬が低下しても紡績・織布を続けた。実際、すでに見た通り、男性と一緒に農業作業をしている女性についての言及がまったくなくなるのは、まさに一九世紀のことである。[91] 妻や娘が農業に戻ること――そのほうが収益が多くなるとしても――を望まない家族があれば、状況は、ゴールドストーンのいうインヴォリューションに似たものになっただろう。つまり、女性たちは、超低賃金で世帯内での紡績・織布に「緊縛され」ており、工場をつくってみてもそれ以上の利益があがりそうにない状況に陥ったはずである。この時代には、こうした状況も生じたかもしれないが、それは一時的な複合状況の結果で、（黄宗智が示唆しているような）永久普遍の規範に基づく、中国の長期的な発展の根本的特徴などというものではない。また、ゴールドストーンが主張したように、中国に工場が発達しなかった根本理由だと言うには、その出現があまりにも遅すぎるといえよう。[92] しかし、ゴールドストーンがのちの論文で示唆したように、そのことが、技術が得られるようになった後でも、工場制生産による、繊維製品の家内生産の代位を遅らせたとはいえるかもしれない。いずれにせよ、これらの女性たちは世帯内に留まり、男性（ある程度までは子供たちも）は、農耕や燃料採集、土地管理など、ますます労働集約的になっていく分野に追いやられ、工業化への道につながりそうな気配はなかった。

同様の圧力に対する日本の反応も、基本的には中国のそれの枠組みのなかにあったが、多少の違いはあって、そこには長期的な意味があったかもしれない。まず第一に、日本では、中国にも、ヨーロッパにも先駆けて、人口が歴史的天井を突き破って増加し、二度と元には戻らなかった。すなわち、日本の人口は、ヨーロッパや中国が人口減少を経験していた一七世紀末に新たな高水準に達し、一七二〇年頃から高原状《プラトー》になって一八六〇年頃まで続いた。[93] この長い人口のゼロ成長状態は、成長率は鈍っているものの、なおプラスの人口増加がみられた一九世紀初頭の中国のケースよりも、生態環境上の制約への、より迅速で徹底した対応であったといえるかもしれないが、対応が徹底していたのは、状況がいっそう悪かったからだともいえる。実際、結局のところ、日本の全国的な人口密度は、一八六〇年頃でも、中国のそれよりなおはるかに高かった。[94] 日本では、海洋漁業が猛烈に発達したことが、（食糧と肥料の両方を提供したという意味で）中国にはない救いとなった。さらには、人工植林も重要な調整装置となっていたものの、[95] 日本もまた、その中核地域においては、プロト工業のいっそうの発展には深刻な障害があったことになる。

工業製品との対比で農産物の価格は一七三〇年代に急騰し、以後、はっきりした傾向は見られなかったが、一八二〇年代末以後、再び急上昇した。すなわち、一七三五年から一八二五年までの平均は、一七二〇年代中頃の最高値を約二〇パーセント上回り、一七三〇年に記録した最低値のほぼ五〇パーセント上のあたりで終始した。[96] こうした相対価格の変動に応じて工業の衰退があったという証拠は、関東にも畿内にも見られないが、両地域での人口減少は確認できる。すなわち、関東では、一七五一年から一八二一年までに一六パーセント、畿内ではおそらく五パーセントくらいの減少になったと思われるのに対して、人口増加が目立っている地域は一八七〇年になってもなお人口まばらな地域であり、農村工業について斎藤修が作成した指標でも、全国平均よりはるかに低い地域であった（対照的に、畿内は、人口密度でも、農村工業の指標でも、全国平均の二倍を超えていた）[97]。土佐のような貧しい藩では旧来の専売制が緩和されて、工業発展と人口増加がともに認められたことはすでに触れた。しかし、人口移動を妨げる障壁と同じで、こうした専売制の多くは執拗に残存した。成長へのこうした障壁の存在は、中国以上に広範な周辺地域に家族制限に向かう圧力を広めた（このような比較は、史料状況からしていずれも恣意的と言わざるをえないが）。言い換えれば、日本の場合、中国と同じく全国のなかで最先進地域の比重が下がったのだが、周辺の成長がゆっくりしていたので、その下がり方も穏やかなものだったのである。労働集約の程度は強まったが、それは人口増加によってではなく、いっそうの長時間労働によって成し遂げられた。「人口増加度の点で」都市は農村に負けていったが、この国はなお比較的高い都市化率を維持しており[98]、モキアのいう「疑似的な剰余」労働力が、中国の場合以上に、（農業ではなく）手工業に多く温存されることになった。

　当然のことながら、インドの経験はこれとは違っていたが、それでもなお、全体的な議論の枠組みのなかには収まるものであった。しかも、インドが中国とは違っていたのは、日本が中国と違っていたのとは正反対の意味においてであり、工業化に向かうには、より深刻な長期的障害があったことを想定させる。インドでは、すでに見たように、人口の増加は中国やヨーロッパより後から始まった。まして日本よりははるかに遅く、おそらく一八三〇年以後、せいぜい一八〇〇年以後にしか起こっていない[99]。しかも、一九世紀のインドでは耕地の膨大な開発が進んだため、食糧や燃料、繊維、建築資材などの全面的な不足が生じた証拠はほとんどない（配分の問題はむろん別の話である。たとえは、一九世紀末のインドは、大量の穀物を輸出していたが、他方では、国内には深刻な飢餓もあった）。しかし、イギリスによる支配の初期には、植民地化前からの商業化は続いていたが、インドの非農業人口の全人口に占める比率は、おそらく低下していったものと思われる。インド亜大陸は、かつての移動労働者や手工業職人が、しだいに定住的な農業に引き寄せられ——というより、押しやられ——たため、クリストファー・ベイリーのいう「小農化」を経験した。この過程は、植民地化の前から始まったようである。というのは、ひとつには、割拠したムガル帝国の継承国家が、移動労働者を土地に定着させれば、国家による管理や公安を強化して国庫収入を増加させられると期待したものと思われる。「小農化」は、イギリスの支配下で加速的に進行し、やがて都市の居住者にも及んだ[100]。

　一九世紀のインドで工業の衰退があったのかどうかをめぐっては、激論が戦わされてきた。十分な史料がないだけに、議論が決着するとは思えない[101]。とはいえ、専業の織布・紡績工（とくに都市に基盤をもつ者）の人数が、一八世紀末から大きく減りはじめたことだけは、はっきりしているように見える。このことが起こったのは、最初、東インド会社その他の商人が（とくにベンガルで）、織布工たちを次第に特定の潜在的バイヤーに緊縛しようとしたため、収入が落ちた多くの職人たちがこの職業から逃げ出したからであった[102]。のちになると、ランカシャーとの競争が起こって、収入はさらに逼迫した[103]。こうして、インドでは、都市人口の比率が長期的に大きく減少した。いまのところ、低下の厳密な時期を確定することは難しいが、一七世紀末には一三ないし一五パーセントであったものが、一八八一年には九・三パーセントにまで落ちたのである[104]。工業の衰退は、イルファン・ハビブによっても指摘されており、インドにおける砂糖、棉花、インディゴの生産が総額で見る限り、一五九五年から一八七〇年までのあいだに絶対的に減少したという（ただし、一人当たりの数値は示されていない）[105]。

農村で兼業の紡績・織布工が増加したために、インドの撚糸と綿織物の生産総額は維持されていたが、このことには、将来の工業化にとって、専業のプロト工業労働者がもっていたような意味はなかった。彼らは、のちに工場に移動したとすれば、農業生産に必ず悪影響が出たはずである[106]。それに、彼らの場合、収入のかなりの部分が農業に依存していたので、工場を経営しようという者にとって、製品の単価に応じてコストを引き下げられるような労働者でもなかった。

こうして一九世紀初めのインドは、中国や日本、西ヨーロッパに比べると、貨幣経済化が進んでいなかったとはいえ、それらの地域と同じ方向に向かっていたことは事実である。生態環境的に見て、人口増加の余地は他の地域より残っていたし、一人当たり消費を増やす余地も大きかったにもかかわらず、二〇世紀初めまでにはその優位は失われ、人口稠密な地域の不利な点と、プロト工業や域内市場が比較的発展していない地域の不利な点を併せもつことになってしまった。この二重苦は、中国を袋小路に追い込んだ（主に）市場指向型の地域開発によって生まれたのではなく、植民地（およびある程度は、現地の）当局が定住化政策や「慣習」法を好み、農林業の生産物の輸出を推進したうえ、本国の工業製品に市場を独占させたために生じたものであった。その結果、人口激増期においてさえ、第一次産品の輸出にますます重点がかかったということである。しかも、これらの第一次産品は、一八世紀のインドでも最も自由度の低かった地域と同じくらいか、さらに強制的とさえいえる形態の労働によって生産されることが多かった[107]。

こうして、農業と商業がかなり成長したものの、インドは、工業主導の成長径路には入りがたくなった。もし一八世紀の社会的傾向がさらにもう少し長く続いていたら、つまり、人口増加は続いていながら、機械生産による商品の競争はもう少し後まで起こらなかったとすれば、最低限、どういう結果が生じただろうか。それに比べると、植民地化以後のインドの「小農化」現象は、「低開発に向かう開発」の一例だと称してもあながち不当ではない。ナショナリストの歴史家がいうような、イギリス人がさもなければ当然起こったはずの工業化を阻止したなどということは、まずないが、一九世紀に起こったさまざまな変化が、ブレイクスルーをいっそう困難にしたとはいえそうだし、これによって、インドの工業化社会への移行は、西ヨーロッパや東アジア諸経済に比べても難しくなったとはいえるだろう。言い換えれば、日本やとくに中国の中核地域にとっては、それぞれの周辺地域がしだいに「中核」風になってくることがボトルネックとなったのに対して、インドの中核地域は、自ら「周辺」化してしまうという、不運に見舞われたのである。

とすれば、東アジアでは、その周辺部で人口増加とプロト工業化が進展したことで、その「世界」市場で得られる第一次産品がその需要を満たせなくなったことが主因となって、「小国という仮定」が、その中核地域には当てはまらなくなってきたのに対して、同じ時期のイギリスには、この「小国という仮定」が相変わらず適用できたことは奇跡的なことである。人口は激増し、一人当たりの需要も（最初はゆっくりと、しかし、一八四〇年前後からは劇的に）上昇したのだから、なおさらである。しかも、この仮説は、その後一世紀にわたってイギリスのみならず、ますます拡大していく「工業化されたヨーロッパ」全域で適用可能でありつづけた。この奇跡がなければ、はるかに多くの人口と、はるかに高い一人当たり消費量と、労働集約度のはるかに低い土地経営——すべて「ヨーロッパの奇跡」にとって中心的なもの——の組み合わせなどというものは、成立しえなかった。この奇跡なしには、ヨーロッパの前工業化時代の市場経済は、それがいかにめざましいものであったとしても、他の地域の市場経済——それも同様にめざましいものだったのだから——と同じ運命をたどったはずである。この奇跡がなければ、「産業革命」論の出発点であった技術革新の連鎖という、もうひとつの奇跡も、遅々として進まなかったはずである。

この奇跡は、第5章で論じたように、西ヨーロッパ自体がもっていた「後進性による利点」から説明することもできる。すなわち、制度的な制約が一九世紀まで解決されなかったために、域内の資源が未利用のままになっていて、当時、工業化しつつあった地域の輸入品需要の拡大を抑制できたのである。しかし、この議論は、イギリスにはあまり当てはまらないし、繊維や木材についても、あまり有効ではない。技術のキャッチ・アップ——たとえば、単位面積当たりの収穫量——にも意味はあっただろうが、それだけでヨーロッパが地球上の他の地域を出し抜いて飛躍できた事実を説明することはできない。ヨーロッパの木材不足問題は、むろん、石炭によってある程度は緩和されたが、そんな説明は、長いあいだ、イギリスとその他ごく少数の地域にしか当てはまらなかった。しかも、石炭が多用されるようになっても、木材にはほかにさまざまな用途があったから、全体としての木材需要は上昇しつづけた。こうして、木材の輸入は、一八世紀末にも上昇を続け、一九世紀には前例のない高率で上昇した（むろん、石炭も、蒸気機関、鉄道その他との関連で、多様な側面をもっていたのだが）。

こうして、ヨーロッパの中核地域で何が起こったかについて、より完全な説明をするとすれば、その周辺部の状況にも目を向け、そうした地域が「世界」市場への第一次産品の供給を増やすのではなく、減らしていったのはなぜかを理解する必要がある。その答えの一部は、東ヨーロッパとロシアにおける制度的制約にある。中国内陸部や日本の第二地域では、人口増加とプロト工業化が早くに起こったのに、こうした制約のため、東欧やロシアでは、これらの点が長期にわたって抑えられてきたのである。「後進性による利点」は大きくなったものの、一八六〇年以後にならないと摘み取れない性質のものでもあったわけだ。したがって、先の問いへの答えの大半——ということは、ヨーロッパを最初の一世紀にプロト工業から近代工業へと橋渡ししたもの——は、この章で論じた通り、新世界にあった。それも自然の賜物というばかりではなく、独特の制度や複合状況のために、新世界はヨーロッパに貢献したのである。それらのおかげで新世界は、純粋なスミス型交易が始まるよりはるか以前から、ヨーロッパにはるかに大きな恵みを与えたといえる。

　制度的要因としては、奴隷制度や鉱山の労働組織のように、市場原理からの乖離が明らかなので、しばしば「前近代的」な遺物として片づけられ、それらが現代世界の成立に果たした役割を忘れてしまいがちなものもある。他方では、ごく身近な、「近代的」で、明らかにヨーロッパ起源である会社組織などもある。このため、それらが大陸間交流の結果として生まれ、またそのために生まれたものであることを忘れがちである。こうした組織が、長年にわたって、とてつもない暴力というコストを負担する手法となってきたことも、忘れがちである。このような手法をとったために、これらの組織は、（もっぱら利潤幅にのみ注目したヴェネツィア人やポルトガル人とは違って）「エキゾティック」な商品の輸入量を拡大せざるをえなくなったのであり、それがヨーロッパ人の対外プレゼンスの拡大につながったのである。さらに、モノカルチャーの奴隷制プランテーションのように、かねてよく知られてはいるが、ヨーロッパにとっての新しい周辺をつくり出すのにそれらが果たした役割について、この章であらためて光を当てたケースもある。さらにいえば、こうした諸制度を越えて、風向きや罹病率からヨーロッパ諸国の競争や中国による銀の需要まで、さまざまなグローバルな複合状況があって、新世界におけるヨーロッパ人のプレゼンスの拡大に有利に作用した。

　こうして見ると、大西洋貿易を自立的に拡大しつづけるユニークなものたらしめた決定的な要因は、おおかたヨーロッパ外的な、非市場的な要因であったことがわかる。この貿易が利用できたからこそ、ヨーロッパ（とくにイギリス）は、強い圧力のかかった土地を救い出すことにその労働力と資本を投入し、（東アジアとは違って）農業の発展をはるかに上回る人口とプロト工業の拡大を、さらなる発展の基礎に転じることさえできた。こうした要因がなければ、人口増加とプロト工業の拡大は、結局は、のちの破滅の原因となったはずである。そうでなくても、一九世紀には第一次産品の価格が上昇して、こうした拡大が止まるか、あるいは、限られた土地を開発・保全するために、はるかに労働集約的な手法を採用する必要が生じて、拡大が制約されたはずである。

　こうして、市場外のさまざまな力とヨーロッパ外の諸々の複合状況こそは、ほかには何の変哲もない中核のひとつであった西ヨーロッパが、唯一、ブレイクスルーを達成し、人口を激増させながら前例のないほど高い生活水準をも実現して、一九世紀の新しい世界経済の特権的中心としての地位を固めえた最も重要な原因であった。本書は、長々と地域間比較を展開してきたが、その結果、冒頭に提起した方法論の問題に少なくともある程度の答えを出すことができた。すなわち、工業化前について完全に独立した諸経済を想定し、それらのあいだの差異を求めることをやめて、こうした差異を生み出すのに既存の諸関係がいかに重要であったかを認識することが大事なのだ、と。

補論A　一人当たり陸上輸送能力の推計
――一八〇〇年前後のドイツと北インドを事例として

　水上輸送の方がコスト面で相当有利な状況にもかかわらず、前近代の経済活動では、多くの物産が陸上を輸送された。この時期の水上輸送は、ときにほとんど利用できない状況になり、また水上輸送をしたとしても、離岸前、または着岸後に、そこから陸上輸送でかなりの距離を運ぶ必要があった。しかし、前工業化段階の経済のなかで、実際に陸上輸送された物産がどのくらいの量であったのかについても、また、輸送の潜在的可能性がどこまであったのかについても、推計は皆無に近い。

　数少ない推計としては、ヴェルナー・ゾンバルトが一八〇〇年前後のドイツについて計算したものがある（『近代資本主義』第二巻第一部三三九―四一頁）。この推計は、ドイツ関税同盟内で物産の輸送や人間の移動に用いられた馬の頭数を記載した一八四六年のセンサスに依拠したものである。ゾンバルトは一八〇〇年より、モノやヒトの移動に使用された馬の頭数は、わずかながら減少していたと推計した（鉄道建設が開始されたことで、馬を所有することで生じる便益が、おそらく減少しはじめたためと思われる）。また一頭の馬が運べる積み荷量と一日で移動できる距離の妥当と思われる数値を掛け合わせ、年間で一頭の馬が働く日数を二五〇日と仮定してみる（この日数自体は明示されておらず、説明はなおさらないが、彼の数字と一致させる必要がある）と、年間で馬を用いて輸送できる能力は五億トン・キロメートルあるいは三億二五〇〇万トン・マイルという結果となった。

　一方、一九九〇年に発表した論文において、イルファン・ハビブは北インドで活躍したバンジャラス（荷物の運搬を生業とし、場合に応じて自らも取引を行っていた、牛を引き連れて移動していたカースト）が一年間で輸送できる能力を八億二一〇〇万メトリックトン・マイルと計算した［一メトリックトンは一〇〇〇キログラム］[1]。そのハビブの推計には、バンジャラスが保有する牛の頭数という重要な変数を、センサスではなく非公式な観察者から得た雑駁な推計値に依拠しており、数値が大きすぎる可能性も、小さすぎる可能性も同じくらいにある。

さらに、ハビブの推計では、実働日数を年間およそ一一五日としており、その数字はゾンバルトの半分以下である。バンジャラスは定住地をもたず、牛は食糧を得るために移動しつづける必要があった。牛は道端の草を食み、稀に安い餌を購入して与えられるだけだったので、大変安価な輸送手段であったが、同じ理由から一日で六マイルから七マイルしか移動できなかったと推測している。したがって、実働日数にかんするハビブの推計値は、考えられる限り最小のものが採用されており、本書での比較には、極度に低すぎるものとなっているといえよう。本書では、輸送能力を計算するためには、実働日数の計算をやめ、一日当たりの輸送能力を比較することもできたはずである。しかし、本書は別の方法をとった。この方法には、わずかながら（本当にわずかだが）ドイツに有利なバイアスがかかる。すなわち、ゾンバルトの数字を妥当なものとして、ハビブの推計値を二倍にし、（ドイツの年間二五〇日に対して）年間およそ二三〇日間従事したと仮定して計算した。その結果、ハビブの数字は年間一六億四二〇〇万メトリックトン・マイルとなり、ゾンバルトの数値の五倍強になった。なお、輸送能力を比較する上で最後まで残っている不確実な点として、ゾンバルト自身がトンとメトリックトンを明確に使い分けていない点が挙げられるが、仮に前者として計算した場合、北インドの数字はさらに一〇パーセント以上上方に修正する必要があり、その結果、ドイツの五・五倍の規模に達することになる。

最後に、人口で割り算をする必要がある。ここでもまた、数値は大ざっぱなものだが、ある程度、納得できる範囲は特定できるだろう。マッキヴィディとジョーンズは、のちにドイツ帝国となった地域（ゾンバルトが依拠した、関税同盟の馬にかんするセンサスが調査対象とした地域とほぼ一致している）の、一八〇〇年段階での人口を、二四〇〇万とした。[2] もっとも、ニッパーダイは、同時期の同地域について、三〇〇〇万としている。[3] インドの人口の推計値にかんしては、研究者によって数値の違いが大きく、『ケンブリッジ版　インド経済史』によれば、一八〇〇年前後のインド亜大陸の人口は一億三九〇〇万から二億一四〇〇万の範囲と推計されている。しかし、多くの数値は、一億七〇〇〇万から一億九〇〇〇万の範囲に収まっている。[4] 仮に南インドの人口から、バンジャラスの行動範囲の外にあったと思われる約二〇〇〇万を差し引くと、[5] 問題の地域の人口は、一億五〇〇〇万から一億七〇〇〇万となり、ドイツの人口の五倍から七倍の規模となる。この人口から、陸上輸送能力は五倍から五・五倍の規模と考えられる。

この数値からすると、ドイツの一人当たりの陸上輸送能力は、北インドよりも高い水準であったといえるかもしれないが、その差は大きなものではなかったと思われる。しかしながら、ここで用いているデータのなかには、インドに不利な方向にバイアスがかかっていると考えられるものもある。なぜなら、バンジャラスは、長距離輸送に特化しており、そのことは動物を用いて地元の市場へ物資を運んだり、短い距離を移動したりした際のデータは含まれていないことを意味しており、おそらくこのような近距離の移動が前近代の経済における陸上輸送の大部分を占めていたはずだからである。これに対して、ゾンバルトの数値では、輸送に用いられた牛はすべて計算に含まれており、主として、物資より人を運ぶことに使役された馬も含まれている。データのこうした曖昧さが払拭できないために、ドイツと北インドの断定的な比較は困難である。しかし、陸上輸送能力について、やや雑なところはあるものの、それなりに比較はできたと思われる。ここで明らかになったのは、両地域で輸送能力はほぼ拮抗しており、どちらの地域でも、能力がありながら生かされていない部分がかなりあったということである。

補論B　一八世紀末の中国北部とヨーロッパにおける施肥推計
——および その結果としての窒素流出量の比較

満鉄［南満州鉄道］調査部による二〇世紀のデータ（他の事項では正確とされている）によると、中国北部の比較的貧しい農村については、耕地一畝当たり一八〇〇斤から二〇〇〇斤の範囲で肥料が投下されていたという。そこで、本書では一九〇〇斤の肥料が投下されたとする。同じ中国北部の比較的開発の進んでいた農村では、この数字は三〇〇〇斤であった[1]。キログラムに換算すると、作付面積一エーカー当たり六六〇〇キログラムから一万六〇〇〇キログラムである。

これらの数字を一八世紀後半までさかのぼって推計するために、耕作に利用する動物が皆無に近い状況の経済では[2]、豚や人間の排泄物が最も重要な肥料であったと仮定してみる。ここでは、家畜の豚の数の変動が中国における人口動態とほぼ一致しているとしたパーキンズの推計値に依拠した[3]。一七九〇年と一九三三年の河北と山東における人口から推計された黄宗智の数字を用いると[4]、一八世紀後半の肥料の供給量は、一九三〇年の水準の約六〇パーセントとなる。

しかし、一八世紀の施肥の推計値が二〇世紀より少ないのは、本格的には耕作されていない土地に適用されたからでもあるので、一七五三年と一八一二年の黄宗智の数値（いずれにせよ、かなり近い数値である）の中間値をとり、一九三三年の数値と比較してみると、一・四の乗数を得ることができる[5]。

この計算の結果、耕地一エーカー当たり五六〇〇キログラムから八九〇〇キログラムの範囲の数字となり、スリヒャー・ヴァン・バートが算出した一八世紀後半のヨーロッパについての数値、四〇〇〇から五六〇〇をおおむね上回っている[6]。ここでいう「ヨーロッパ」の範囲はごく限られた地域であり、オランダ、ラインラント、イングランド、フランスである。また、証明されてはいないが、中国北部で使われた肥料の質は、ヨーロッパのものと比較して、同水準あるいはそれ以上であったと思われる。

作物の生産高と施肥の水準をもって、その土地の地味の傾向を推測するのは、きわめて不正確なやり方である。一定量の施肥が土地の養分をどの程度高めるか——あるいは、さらに重要な点として、豆科の牧草のような空中窒素を固定する作用のある作物の役割もある——は、多くの要因によって規定されており、よくわかっていない。あまりにも多くの現地の状況が影響するため、今日においてさえ、せいぜい具体的な数値というよりは、ある程度の幅でしか推計値が示せないくらいである。大豆を植え付けると、一ヘクタール当たり一五キログラムから三三一キログラムの範囲で窒素を固定できるという、極論もある。(7) にもかかわらず、特定の作物一トンによって固定される窒素量を決定的なパラメーターとして、既知の数値の平均値を用いることにより、西ヨーロッパと中国における窒素流出量を農学的に比較することには、多少の有用性も認められる。窒素は、論理的に見ても焦点を当てざるをえない元素であり、三大「主要栄養素」のひとつだからである。他の二つのうちのひとつであるリンの水準は、窒素のそれときわめて緊密に相関する傾向が見受けられる。また、カリウムの場合は、分析がいっそう難しく、大量に地中に存在しているものの、植物が吸収できないことがある。しかし、その理由はまだ十分にはわかっていない。(8) それに、窒素固定作物を育成していく場合を除き、多くの植物にとって使用に適したかたちで窒素を長期間地中に蓄積しておくことは難しいので、前近代においては、窒素の流出こそは、土地の生産性にとってきわめて大きな制約条件となっていた。(9)

　これらの問題点を考慮して、ここではピーター・バウデンがさまざまなパラメーターを用いて算出した推計値を用いて再構成した中国北部の「典型的」な農場と、近代イングランドのそれを比較してみた。(10) 多くの点でイングランドは、長江下流域と嶺南地方など、中国でも経済的に進んだ地域と酷似しているが、小麦と水稲のあいだの生態環境上の違いは解決しがたいからである。少なくとも、中国北部の事例を用いることで、類似作物を比較していることになり、大量の小麦の栽培で失われる地中窒素の量にかんしては、特定の推計値を選んだとしても、比較の妥当性を歪めることはない。ここで考える中国北部の事例では、二年間で三種類の作物を輪作すると想定しており、その三種類の作物は二種類の穀物と大豆から成る典型的な組み合わせである。イングランドの農場の場合、年間一作物であり、二年間小麦を生産すると、一年間は窒素を固定するためにクローヴァーを栽培するものと仮定した。

　小麦を作付けする際、一キログラムの小麦とその茎が育ったために、地中から〇・二三四キログラムの窒素が吸収されると考えられる。(11) 仮に茎の部分が地中に戻されたとしても、多くの場合、茎のなかにある窒素の半分は、その過程で失われてしまう。(12) したがって、ヨーロッパ型の農業の場合、一キログラム当たり〇・一二四キログラムの窒素が失われる。中国北部にかんしては、すべての「小麦以外の」残余物は失われると仮定したので、幾分誇張した数値になるが、ここでは小麦一キログラム当たり、地中から吸収された窒素量は〇・二三四キログラムとなる。

一七七〇年代のイギリスの小麦生産は、一エーカー当たり平均して二三ブッシェルであった。[13]八ブッシェルを一クウォーター[14]、五クウォーターを一トンとして換算すると[15]、上記の数値は、一エーカー当たり五二三キログラムとなる。一八世紀後半の中国北部については、数値をそのまま用いるのはきわめて困難である。しかし、一九三〇年代についての適切な推計値は、一畝当たり一〇〇斤となっており[16]、この時期の中国北部における小麦生産地域での残余物の量（『山東の畜牛』[17]によると一四〇斤）と組み合わせると、きわめて現実的な小麦と麦わらの比率がわかる。ここで仮にパーキンズの、一人当たり食糧の生産量は変化していないという主張を採用し、一畝当たりの生産量を、既知の（ほぼ）妥当とされている耕地面積や人口のトレンドと調整した上で、一八〇〇年まで遡及させた場合、一八〇〇年の数値は、一エーカー当たり三〇六キログラムになる。[18]その結果、六年間をとると、ここで採用しているイングランドの農場のモデルでは、四回小麦を生産する機会があり、合計で一エーカー当たり二〇九二キログラムの小麦を生産できる。他方、中国北部の農場は、六回小麦を生産する機会があり、合計生産量は一エーカー当たり一八一六キログラムとなる（中国北部の農場については、三回の大豆生産を加えれば、イングランドの農場よりはるかに優れた農業生産地であったことになる点に留意すべきである。もっとも、中国北部は、中国の尺度で見れば、比較的貧弱な食糧生産地域でしかなかったのだが）。

イングランドの小麦生産では、六年間で一エーカー当たり四四・七七キログラムの窒素が地中から吸収されたのに対して、中国北部では一エーカー当たり四二・九七キログラムの窒素が吸収されたことになる。［土地からの窒素の吸収の話をここで終わり。］補給の推計に移る。

現代の例では、まず、有機質肥料の問題から始める。家畜類の排泄物等から地中に供給される窒素量は、新たに地中に供給される窒素量全体の約〇・九％であり、半分あるいはそれ以上の窒素は、地中に供給された後、気化などによって失われてしまう。[19]こうした数値を一八世紀末にも当てはめると、イングランドおよび中国北部の農場はどちらも、空中窒素を固定する豆科植物に頼らなくても、容易に、失った窒素の量を補塡することができたことになってしまう。しかし、そんなことはありえなかったはずである。どちらの地域でも（実際は、たいていの地域において）、農民たちは、高い水準で土地の生産性を維持するためには、輪作が不可欠であることを知っていた。それに、二〇世紀後半の数値が、一八世紀後半のそれと比較して、きわめて高いものになっていることを示す、少なくとも二つの理由がある。第一の点は、二〇世紀後半の市場向けに飼育された家畜は、以前の家畜に比べて、栄養価のきわめて高い飼料を与えられていることである。二点目は、上記の数値は、新鮮な肥料にかんするものだということである。肥料は素早く施さないと、その効果が急速に減じる。[20]ところが、労働節約の観点から、中国でも、ヨーロッパでも、肥料はかなりの期間、蓄積されてから施肥されるのがふつうであった。実際、イングランドの農場では、一年に一回以下の頻度で、大量の肥料が投入された事例もある。[21]

結果として、施肥によって得られた生産高は、二〇世紀のそれに比べて、きわめて少なかったに違いない。だが、それがどの程度少なかったのかはわからない。しかし、中国北部の農場は、たとえ絶対水準がどうであったにしろ、この地域では比較的優位な地域であったとはいえる。すでに見たように、この地域では、重量にして一エーカー当たり六〇パーセント以上も多くの肥料を施していたし、施肥の回数もはるかに多かったので、貯蔵による肥料成分の流失は、おそらく少なかったはずである。最後に、中国では、動物の糞尿といえば、おおかたは豚のそれであったが、イングランドの場合は、乳牛か肉牛のものであった。少なくとも今日のデータでは、豚の方が、牛より著しく栄養価の高い肥料を供給することがわかっている。豚の場合、(施された直後の段階で) 二・〇ないし七・五パーセントの窒素が含まれており、それに対して肉牛は〇・六ないし四・九パーセント、乳牛は一・五ないし三・九パーセントである。[22] より短い期間に、より高品質の肥料を、より多く施せたのだから、中国の施肥は、イギリスのそれよりも土地にはよかったはずである。

最後に窒素固定作物について一言。中国北部では一般的に大豆がこれに該当する。イングランドでは、エンドウ豆、さや豆類、クローヴァーである。クローヴァーは、エンドウ豆やさや豆類より、窒素を固定する能力が圧倒的に高い。現在の状況下では、大抵の種類のクローヴァーの根に付着しているバクテリアは、一エーカー当たり二四キログラムから九四キログラムの窒素を固定し、平均ほぼ六〇キログラム前後となる。この数値は、大豆の四八キログラムをわずかに上回っている。[23] しかし、ここで想定している中国の農場では、六年間で三回大豆の生産が行われるのに対して、イングランドでは、二回クローヴァーを育てることになるので、それぞれの成果の中間値を比較すれば、そこでも中国の農場の方が優位という結果になる（中国の農場では六年間で一エーカー当たり一四四キログラムの窒素量であるのに対し、イングランドのそれは一二二キログラムとなる）。

このような比較には、つねに多くの不確定要素が残るが、再度、強調しておきたいのは、少なくとも、中国のほうが成果の点で劣ったと想定する理由は見当たらないということである。小麦の休耕地に、クローヴァーよりエンドウ豆ないしさや豆類を栽培してきたイングランドの農場は、おそらく中国の農場よりもパフォーマンスがかなり劣ったと思われる。おおかたのさや豆類は、現代の数値によれば、一二種類の平均で一エーカー当たり四キログラムから一二キログラム［の窒素固定量］であり、エンドウ豆は二二種類の平均で、七キログラムから三一キログラムとなっている（レンズ豆はほかのものより多少とも高めの数値を示し、そら豆はかなり高い数値となる）。[24] 一方、さや豆類にかんするスミルの推計は、一エーカー当たり〇・五六トンという、平均生産高を想定している――生産高もまた、変動幅がむやみに大きい――が、[25] イングランドの農場での実際のさや豆類の生産高についてのバウデンのデータでは、二年間で一ヘクタール当たり一三・四ないし一五ブッシェルとなっている[26]（バウデンは三年分のデータを示しているが、ここでは一七三七年と一七三八年の数値を用いた。もう一つの一六七一年の数値は、すべての作物について不自然に生産高が高い）。ともあれ、ここから導き出される数値は、一エーカー当たりおよそ〇・一四四トン、現在の平均産出高の四分の一を越えるか越えないかである。仮にこれら推計値を反映させて、窒素固定量を一エーカー当たり三キログラムに減じてみた場合、それだけでは窒素の量が少なすぎて、二年間小麦をつくれば、すべて失われてしまうことになる（ついでながら、エンドウ豆、さや豆類、クローヴァー――この最後の作物、つまりクローヴァーは、「改良後の」農場に、急速に普及した――を比較すると、近年は否定的に見られがちな囲い込みが、従来いわれてきたのとはまったく異なった径路で、大きな意味をもっていたことになるかもしれない）。

結局、イングランドと中国北部における窒素固定量の正確な数値を示すことは難しい。しかし、すべての証拠から見て、中国北部がイングランドより劣るという結論はありえず、むしろ多くの点で、イングランドより中国北部のほうが、うまくやっていたということになるだろう。

補論C　フランス、嶺南、そして一部の中国北部の森林と燃料供給の推計
——一七〇〇年から一八五〇年まで

中国北部おける燃料供給の推計値には、華北平原で最も人口が密集している地域のひとつであった山東の南西部の数値を用いている。私自身、かなり信頼できるデータによって、一九三〇年のこの地域における燃料供給の推計値を計算したことがある（基本的な史料と分析手法は、一九八八年刊行の拙著の補論Fで説明してある）。

この推計値を一八世紀後半に遡及させるため、もう一度、この時期の中国北部について、人口と耕地面積の比率の変化にかんする、上述の黄宗智の推計値を採用する。とくにこの地域の郡ごとの変化の推計が可能になるような詳細な統計は持ち合わせていない。したがって、ここでもまた、中国における豚の頭数の変化は、人口の変化におおむね従い、耕作用の家畜の数の変化は、耕地面積の変化におおむね従うという、パーキンズの議論を受け入れることにした。

省全体の数値に従って、耕地をおよそ三〇パーセントほど少なく推計するとして、つぎには、この耕地が耕地になる前は何に用いられていたのか推論する必要が生じる。燃料生産に関係のない用途に用いられる可能性がほんの少しでもありそうな土地は、そちらに分類することで、燃料供給にかんする自分の推計値を、下方修正しようと試みた。

たとえば一九三〇年代についての私の推計では、この地域の土地の一八・九パーセントが、建物と道路にあてられていた。したがって、その部分は、生物燃料《バイオマス》をもたらさなかった。この推計値は、当初の想定としては高すぎる。建物と道路に用いられる土地の規模は、おおむね人口と商業化に依存するので、一八〇〇年前後であれば、この用途に供されたのは、［上記の推計値の］六〇パーセント程度にすぎないと仮定するのが、最も妥当である。しかし、ここでは、一九三〇年代の数値（一五・一パーセント）の八〇パーセントをこのカテゴリーにあてた。

作付けがなされず、建物や道路にも使用されていないが、（岩で覆われた崖や、何も育たない砂で覆われた土地のように）

まったく役に立たないわけでもない土地は、つぎの三つのカテゴリーのどれかに分類された。すなわち、草地、未成熟の森林、完全な森林のいずれかである（一エーカー当たりエネルギー産出量の小さい方から大きい方へ、順に並べた）。中国北部には、数世紀のあいだ、草原はほとんどなく、耕作に不可欠な動物とは別に大きな動物を飼うこともほとんどなかった。また、一九四〇年の調査によれば、この地域の家畜は、飼料の七・五パーセントを草原から得ていた。自分自身の推計値を控えめなものにするため、一八〇〇年前後に農場で飼われていた動物は、餌の少なくとも半分を、草原から得ていたと仮定した。この数値は、伝聞証拠が示唆するより、はるかに高いものになっており、この地域の土地全体の二七パーセントは、このカテゴリーに当てはまっていたはずだということになる（一九三〇年代には、三・八パーセントになった）。さて、こうなると、すべての土地の一三パーセントが残ることになるが、これこそ森林のカテゴリーに入るもので、うち三分の二が未成熟の森林のカテゴリーだとした。この比率は一九四九年以降の調査に依拠した大ざっぱな数値であるが、樹林の割合はおそらく一五〇〇年前より確実に高くなっている。

　最後に、再びパーキンズの仮定に従い、利用可能な作物の残り物の量を、ここで下方修正してみた。一九三〇年代に比べて、約七〇パーセントの土地が、約六〇パーセントの人と動物に食糧を供給していて、一人当たりの余剰物には大差がなかったと仮定すれば、一エーカー当たりの作物の生産高は一九三〇年代の約八五パーセントの水準であったことになる。利用可能な作物の残り物については、いずれの土地においても、その生産高の八五パーセントと仮定する。さらに、農場の家畜は、一八〇〇年にも一九三〇年と同程度の餌を食べ、また農村の家族が薪類を燃やす際の技術は、一九三〇年代と比べて一八〇〇年でもほぼ同じ程度の効率であったとも、仮定する。結果は、年間一人当たり〇・六二tce［石炭換算トン］となり、化石燃料以前の基準でいえば、十分な燃料供給となる。それに、この計算は、土地利用の推計値にきわめて敏感なので、ここで採用した土地利用にかんするきわめて控えめな推計値がちょっとでも変われば、燃料供給量の推計値も、たちまち上昇することになる。

　フランスの場合は、他の地域より比較的簡単である。作物の残り物や草を燃料に用いることはめったになかったので、土地の利用のパターンとしては、森林以外には、考慮する必要がなかった。一人当たりの燃料供給の大ざっぱな推計値を得るために、ここではクーパーが引用した一五五〇年と一七八九年の森林地域のおおよその数――前者が約一八〇〇万ヘクタールに対して、後者は、約九〇〇万ヘクタール――をそのまま用いる。一ヘクタール当たりの持続的な燃料の産出高を得るため、ここでは一ヘクタール当たり三・六トンの木材（一・八tce）というグローバルな平均値を用いており、中国北部でも同じ数値を用いた[1]。また人口については、一五五〇年が一四〇〇万、そして一七八九年が二五〇〇万という、マッキヴィディとジョーンズの

推計値を用いる。(2)

その結果、一人当たりの燃料供給は、一五五〇年が二・三一tce、一七八九年が〇・六四tceと推計される。おそらく一五五〇年には、一人当たり〇・五tce以上は消費されなかっただろうから、この水準を達成するために必要な量以上に木材があり、他の用途に利用可能であったと考えられる。しかも、その量はかなりのもので、大ざっぱに見て年間一人当たり三・六トンほどもあった。しかし、一七八九年までには、森林が一年間で育む木材のほぼすべてが、燃料消費についてのブローデルの推計値(〇・五tce)を満たすのに必要となった。他の用途のためには、わずか〇・二九トンしか残されなくなった。この数字は、中国本土で森林破壊が最も深刻を極めた二つの地域のうちのひとつ、一八〇〇年頃の中国北部で、理論上、燃料以外の用途に利用可能であった一人当たり木材消費量〇・二四トンを、かろうじて上回る程度のものであった。アジア開発銀行によれば、一人当たり〇・三三tceというのが、持続可能な燃料消費の最低限度だという。しかし、フランスについても、中国北部についても、ここでは一人当たり〇・五tceとした。というのは、今日のアジアで最も貧しい人びとは、おおかた、フランスや中国北部よりは温暖な気候のもとで生活しており、一八世紀より熱効率の良いストーヴや住居をもっているからである。また、中国北部との比較はともかく、フランスよりは、はるかに燃料効率の良い調理方法を用いている。仮に〇・五tceというのが、実際にフランスや中国北部にかんして妥当なレヴェルの最低水準であったとすれば、一八〇〇年までには、一部に深刻な燃料危機をもたらすこともなしに、燃料以外の用途に木材を提供しつづけることは難しくなったであろう。

しかし、嶺南は、一七五三年で人口密度がすでに一七八九年のフランスと同程度であり、一八五三年までには、その約二倍の水準に達していたにもかかわらず、フランスより幾分状況は良かった。この優位は、おおかた二つの要因で説明できる。ひとつには、嶺南では、中国北部と同様に、作物の残り物が一般に燃料として利用されていた。いまひとつには、嶺南の亜熱帯の気候と中国の調理方法を考えると、生活に最低限必要な燃料の消費レヴェルとしては、上述したフランスや中国北部で想定された〇・五tceより、むしろアジア開発銀行の〇・三三tceのほうが合理的だと思われる点である。スミルによれば、今日の熱帯に住む最貧困層が燃やす燃料は、温帯に住む貧困層の約五分の一であるという。(3) 嶺南は亜熱帯ではあるにもかかわらず、一人当たり燃料は、フランスの三分の二を必要としたと仮定した――とくに、ヨーロッパ人と比べて嶺南の人びとがより経済的な調理方法を採用していたことを理由として――ことから、嶺南の優位を実際より低く見積もっていたことになる。そのうえ、こうした気候条件の違いを過大評価したくないと思って、一ヘクタール当たりの木材産出量を、フランスおよび中国北部のそれと同じにしていた。温暖な気候であれば、それだけ年間の樹木の成長が早くなるにもかかわらず、そうしていたのである。

まず、時期による森林面積の変化の推計から始めるが、ここでは、凌大燮が示した一七〇〇年頃の嶺南における森林面積の推計を出発点とする。[4] ロバート・マークスによれば、森林面積にかんするこのデータは、一般に、他の指標と合致している。[5] 凌大燮の推計によれば、面積二〇二〇万ヘクタールの広東の五四・五パーセントは、森林に覆われており、全体が一八七〇万ヘクタールであった広西の場合も、その三九パーセントが森林であった。より精度の高いデータの得られる一九三七年までに、広東で約二五〇〇万人、広西では約一〇〇〇万人、それぞれ人口が増加したが、[6] 森林面積の減少は広東で一〇パーセント、広西では五パーセントであった。[7] 人口増加は、森林の減少を促す初期的な誘因であることから、失われた森林面積を増えた人口で割ってみると、広東では、増加した人口一人当たり平均約〇・四ヘクタールの森林が失われ、広西では、約〇・六ヘクタールが失われた（広東では、高収量の水田耕作にきわめて多くの土地が利用されていたことからすれば、この違いも理解できる）。いささか粗いが、ここで採用したアプローチは、当該期間の初期における森林の減少を、過小評価しているというよりは、過大評価する傾向にある。当該期間の初期には、燃料はもとより、おそらくは建築資材としての木材さえ、森林の持続可能なラインを越えない範囲での伐採でこと足りた。しかし、その時期の終わり頃になると、最も基本的な家庭内需要を満たすためだけにでも、森林の過剰伐採が避けられなくなった。こうして、残った森林を破壊する誘因をさらに強化することになった。その結果は表C-1に表れている。

ついで、生存維持のために不可欠な燃料消費（〇・三三 tce）のどれくらいまでが、作物の残り物から得られていたのかを算出してみる必要があるだろう。利用可能な燃料の供給を過大評価しないために、ここでは二つの極端に非現実的な仮定を設けた。まず、伐採されたのに耕地にもならなかった森林は、燃料を供給することもなく、動物のための餌を供給することもまずなかった、と仮定する。このこと自体、非常に多くの土地を見過ごすことになる。というのは、マークスの推計によれば、一七〇〇年と一九三七年のあいだに、広東で失われた森林面積のうち耕地化されたのは、わずか六分の一であり、広西にかんしては三分の一であった。残りの大半は草原となっていて、食糧生産を支える土地にはならなかった（主として、丘陵地域ではそうだった）が、[8] そこで獲得された草の多くは、動物たちの餌その他の用途に供されていた。

表 C-1　広東と広西における維持された森林の面積（1753〜1853年）

（ヘクタール）

年	広　東	広　西	総　計
1753	9,000,000	6,500,000	15,500,000
1773	8,200,000	6,020,000	14,220,000
1793	7,440,000	5,660,000	13,100,000
1813	6,560,000	5,240,000	11,800,000
1833	5,760,000	4,940,000	10,700,000
1853	4,880,000	4,700,000	9,580,000

第二に、作物の残り物を計算するにあたって、ここでは食用作物のことしか考えなかった。二〇世紀以前の嶺南では、時期

によって、どんな作物が、どの程度の農地に栽培されていたのかわからないが、一七五三年頃の嶺南の史料で、六〇〇〇万石、つまり、ほぼ九三億斤という、食糧消費の相当信頼するに足る推計値が得られている。(9) 米（および多くの作物）は、重量で見た場合、食用に供される部分よりほんの少し多い残り物が出るので、正確な作付面積はわからなくても、食用作物から得られる残り物について、最低限の数値が得られたことになる。しかし、この推計方法がどれほど控えめなものであるかは、広東だけでも四三〇〇万畝の土地が耕されていたのに、一七五三年の嶺南では、食糧需要を満たすのにたった一六八〇万畝でこと足りたとする、(10) マークスの著作の（第九章の）推計を見ればよくわかる。したがって、大きくて拡大しつつある農地でもなく、森林でもない土地をあらかじめ除外してしまうことで、当該地域の食用作物の残り物の多く――おそらく大部分――を、推計から外してしまっていることになる。

一七五三年に燃料として利用可能であった食用作物の残り物にかんする推計値を得る作業として、最後に取り組むべきは、動物の餌のためにどの程度の量の食用作物の残り物が必要だったかの推計である。そのため、一八世紀の嶺南と二〇世紀の中国北部で、人口一人当たりの家畜頭数は同じであったと仮定した。ほぼ人間六人に対して、家畜一頭という比率がそれである。この推計自体は、豚の頭数をわずかながら過小に評価しているかもしれない。なぜならパーキンズが、この時期を通じて、中国では全体として人口一人当たりの豚の頭数は大きくは変わらなかったとしている一方で、嶺南は、中国北部より繁栄を謳歌していたからである。(11) 他方、この推計値は、おそらく役畜の数を相当過大に評価していると思われる。なぜなら、こうした役畜の数は、人口よりむしろ耕地面積と並行して変化するはずだが、中国北部と比較すると、嶺南は、一人当たりの耕地面積がきわめて小規模だったからである。また、家畜の餌の消費量については、二〇世紀と一八世紀で差異がないと仮定されている。最後に、家畜の餌の必要量のほぼ半分は、食用作物の残り物以外、たとえば、草、森林地域で動物が食むもの、人間の出した残飯等であったと仮定する（草の供給量だけで、この必要量の半分をはるかに超えていたはずである）。こうした前提に基づき、すべての計算を行うと、一七五三年に燃料として利用可能であった一人当たりの余剰は六三六ポンド（〇・三一六トン）、熱量換算で〇・一六 tce となり、生活に必要となる最低限の熱量のおよそ半分の規模となった。嶺南における残りの燃料需要は、一五五〇万ヘクタールの森林のうち、たった一六五万ヘクタールの森林が生み出す持続可能な範囲での生産物を消費するだけで、十分まかなえた計算である。

ついで、以後の年の、作物の残り物からの燃料供給を推計するに当たっても同様の控えめな方法を採用した。つまり、残り物の増加分を出すのに、二〇年ごとの人口増加についてのマークスの推計を利用し、一人当たりの食糧消費にかんする彼の推計値を乗じて（ここでもまた、この食糧増加分を生産するのに必要な土地よりはるかに広大な土地が、開発されたことは無視した）、

表 C-2　嶺南における燃料以外の用途に利用可能な木材（1753〜1853 年）

（ヘクタール）

年	嶺南の森林面積	燃料供給面積	他の用途へ利用可能面積
1753	15,500,000	1,650,000	13,850,000
1773	14,200,000	1,675,000	12,525,000
1793	13,100,000	2,260,000	10,840,000
1813	11,800,000	2,469,000	9,331,000
1833	10,700,000	2,956,000	7,744,000
1853	9,580,000	3,339,000	6,241,000

表 C-3　嶺南における 1 人当たり利用可能な木材量（1753〜1853 年）

（トン）

1753	2.8
1773	2.2
1793	1.6
1813	1.3
1833	1.0
1853	0.7

それに、家畜の飼料の需要――人口増加率と同じペースで増加するとする――を加え、一人当たりの燃料必要量は不変と仮定し、残り物では賄えない燃料需要を持続的に満たすには、どれだけの森林が必要であったかを推計した。結果は表C-2の通りである。

最後に、「余った」森林の持続可能な木材産出量を計算し、その数値を人口で除してみた（表C-3を参照）。生態環境的にも、経済的にも、概してかなりつつましいシステムのもとにあっても、人口増加は、木材資源の「余剰」供給力にきわめて強い圧力を与えるものであったことがわかる。一世紀間で人口が約七五パーセント増加したのに、森林面積はわずかに四〇パーセントしか減少しなかったが、しかし、木材供給の「余剰」は五五パーセントも低下し、一人当たりのそれは七五パーセントも減少した。とはいえ、現状からしても、傾向としても、これらの数値は、同じく前近代のフランスに比べると、いずれも優れた数値である。一五五〇年でも、フランスの余剰森林資源の量は一人当たり三・六トンで、それ自体は、一七五三年の嶺南のそれより優位にあったが、予想されたほどの大差ではなかった。フランスでは、作物を生産する土地は、燃料供給に何ら貢献しなかったのだから、人口増加によって、森林資源の「余剰」分にかかる負担は、嶺南の比ではなかった。フランスでは、一七八九年段階で一五五〇年と比べて八〇パーセント弱の人口増が見られた――一七五三年から一八五三年までの嶺南とほぼ同じ――が、一人当たりの余剰森林資源の供給量は、九二パーセントの減少となっており、嶺南のちょうど四〇パーセントの水準となっていた。新しい燃料となる資源がないと両地域ともに深刻な問題を生じることになるはずであったが、直観に反して、より厳しい苦境に直面していたのは、フランスのほうであった。

補論D　イギリスへの商品輸入がもたらした「幻の耕地」の推計

——一八世紀末と一九世紀初め

砂糖

関税率が下がることで砂糖の購入額が激増する以前、一九世紀初めのイギリス（連合王国）における消費量はほぼ一五万トンであった。[1] 五・六トンの砂糖で、一四〇人が年間、毎日四二〇カロリーを得ることができるので、[2] 一五万トンの砂糖は、年間六一万四〇〇〇人に、一日当たり二五〇〇カロリーを提供したといえる（日々のカロリー摂取量は変動が激しいが、フランス革命前夜のパリの民衆についての推計値は、これより低い。[3] 一九世紀のイングランドの労働者にかんする数値も同様であった）。[4]

「砂糖の供給がなければ、」これだけ多くの人びとに食糧を提供するには、どれほどの土地が必要だったであろうか。一五万トンの砂糖をシドニー・ミンツの換算式を用いてカロリーで表すと、五七一八億一二四六万六〇〇〇キロカロリーとなる。同じく補論Bにあるイングランドの小麦にかんする数値を用い、収穫量の一〇パーセントを翌年の種子として取り置くと仮定した場合、播種地一エーカー当たり四七一キログラムの小麦を得ることとなる。製粉過程でおよそ五〇パーセントとなり、[5] 結果として重量は、二三五キログラムになる。小麦粉一キログラム当たり三四〇〇キロカロリーなので、[6] 全体では、播種地一エーカー当たりで七九万九〇〇〇キロカロリーとなる。このことは、播種のためおよそ七一万五〇〇〇エーカーの優良な農地が必要だということを意味している。そのうえで、バウデンがとりまとめたイングランドの農場にかんする報告書によると、[7] その種の農場では、耕作のために年間四頭の雄牛が飼われており、干し草づくりに一頭当たり一エーカーほどの土地が必要であった（五〇パーセントの干し草は、共有地から得ていたとし、しかも、畜舎で飼われるのは一年のうちわずかな期間にすぎなかったと仮定しても、そうなのである）。したがって、二〇エーカーの小麦畑を耕作するには、実際には少なくとも二四エーカーの土地が必要であった。ここから計算すると、輸入された砂糖のカロリーを小麦で置き換える場合、八五万八〇〇〇エーカーの土地が必要となる。もし耕作するために飼われていた家畜に与える十分な量の干し草を、共有地を利用しないで、しかも年中必要としたと仮定すれば、その数字は一〇〇万一〇〇〇エーカーまで上昇する。あるいは二〇エーカーの小麦栽培と動物に牧草を与えるための一〇エーカーの土地、それに伴って一〇エーカーの休耕地（もしくは、より近代的な事例としてはクローヴァーの栽培もある）を必要とする三圃式の場合、数字は一〇七万二〇〇〇エーカーとなる。最後に、一〇エーカーの完全休耕地と、別に牧草のためにのみ使う四エーカーがあったとすれば（一八世紀末までに、イングランドでは、もはや一般的でなくなったが）、数字は一二一万五五〇〇エーカーとなる。

別の考え方をするとして、イギリス（連合王国）全体がひとつの食糧市場であったとしよう。そこでは、一七七〇年から一八六〇年までのあいだイングランドは、「スコットランド、ウェールズ、アイルランドという」「ケルト辺境」からの食糧供給に大きく依存していた。[8] このことは、これらの地域が、ほかにカロリー源をもっていたからこそ可能になったことであった。実際、一九世紀初め、スコットランド、ウェールズ、アイルランドは、あわせてほぼイングランドと同程度の人口を抱えており、砂糖も同じくらいに消費していた。[9] ディアーの挙げているイギリス（連合王国）の平均消費量[10]（一人当たり約一八ポンド）とミッチェルの挙げている人口推計値を掛け合わせると、以下の結論が得られる。

一八〇一年：三億一一〇〇万ポンド
一八一一年：三億三三〇〇万ポンド
一八三一年：四億三二〇〇万ポンド

上述の方法を用いて、一八〇一年の数字で計算した場合、「幻の耕地」は八九万二〇〇〇ないし一二六万四〇〇〇エーカーに達したことになる。一八一一年の数字を使うと、九五万ないし一三四万六〇〇〇エーカーとなり、一八三一年の数字は、一二三万七〇〇〇ないし一七五万二〇〇〇エーカーとなる。仮にブローデルが挙げた典型的な大陸ヨーロッパの産出量（イングランドは他のヨーロッパ地域から追加的に食糧を輸入しなければならなかったはずだと仮定する）で置き換えるとすると、[11] これらすべての数字は、おおかた倍増する。逆に、ジャガイモ食がますます広汎に普及したとすれば、数字は低下する。

木材

木材の例は、最も計算しやすい。ここでは、一ヘクタールの、まずまずの生産性をもつ「自然林」（つまり、植林された森林ではなく）が、どれほどの伐採を可能にするかについてのヴァクラヴ・スミルの推計値[12]と、アメリカ大陸とバルト海沿岸からイギリスに輸入された木材の量を、ボード＝フィートから立方フィートに換算したアーサー・ロウワーの推計値[13]を用いた。その結果、一八世紀末のバルト海沿岸からの木材輸入は、年間で六四万六八七五エーカー分（年間一五〇〇万ボード＝フィートという輸入量に依拠している）、一九世紀初頭の北アメリカ大陸からのそれは、年間で、一〇〇万エーカーをわずかながら上回る土地（木材量にして年間二五〇〇万ボード＝フィートという数値に依拠）に相当する。

棉花

一八一五年のイギリスは、新大陸から、年間一億ポンドの棉花を輸入しており、一八三〇年には二億六三〇〇万ポンドに達していた[14]。亜麻は、うまくやれば、一エーカー当たり約五〇〇ポンドの収穫ができたので[15]、一八一五年の棉花輸入を十分な亜麻で置き換えようとすれば、約二〇万エーカーの土地が必要であったことになる。一八三〇年の場合は、約五〇万エーカーであった。しかし、亜麻の生産は、本文にも書いたような困難を伴うため、実際には、この水準まで生産を拡大することは、きわめて困難である。事実、一八世紀末におけるイングランドでは、全体でも一万六〇〇〇エーカーの土地を使って、八〇〇万ポンド分が生産されていたにすぎないのではないかと思われる[16]。また大麻も、一エーカー当たりの産出量はほぼ同じで、作物そのものとして亜麻と同じ問題を多く抱えており、比較的良質の織物の素材としては役に立たない[17]。

ついで羊毛について見てみる。バウデンが、一七世紀イングランドで条件のよい場所にある五〇〇エーカーの牧羊場の事例を再現しているので[18]、この数値を用いることにする。そうした農場では、全体で一〇〇〇頭の去勢された雄羊（年間四・五［重量］ポンドの羊毛がとれる）と一一八一頭の他のタイプの羊（一頭当たり三・五ポンドの羊毛がとれる）を育てることができた、とバウデンは仮定している。この農場全体としては、年間八四四五ポンドの羊毛が得られた。一八一五年に輸入された棉花（重量ベース）を、羊毛に切り替えるとすれば、バウデンの推計に従うなら、このような農場が一万一八四一、面積にして五九二万五〇〇エーカーの土地が必要ということになる。一八三〇年では、一五三九万三三〇〇エーカーの土地が必要であった。一ポンドの羊毛から、「標準となるタイプ」である六四番手の優良紡糸は、三万五八四〇ヤード（五六〇の六四倍）生産された[19]。他方、一ポンドの棉花からは、八四〇の六四倍である五万三七六〇ヤードの六四番手紡糸が生産されており、羊毛と比較して一・五倍の数値となる（一九世紀には、紡績機でも、高番手の綿糸が生産できたが、一八世紀に紡がれた綿糸の多くは、四〇番手から八〇番手のあいだであった[20]）。こうした事実から、輸入棉花と同規模の紡糸を羊毛から生産するものと考えてみると、一八一五年の段階でおよそ九〇〇万エーカーの土地が必要となり、一八三〇年段階では、二三〇〇万エーカー以上の土地が必要となる。

補論E　中国長江下流域農村における織物労働者の稼得能力推計

――一七五〇年から一八四〇年まで

女性が棉花の糸紡ぎないし織布で稼いだ額の推計は、いずれの数値も大ざっぱなものである。というのは、棉花や綿織物の価格情報はひどく散発的で、短期変動の幅もきわめて大きいことが多かったからである。頂点の棉花価格と底値の綿織物価格を組み合わせる――あるいは、その逆――と、とんでもなく間違った結果を導くことになる。そのうえ、「綿織物」というものは、画一的な商品からはほど遠く、価格データがあっても、どの品種のものかはっきりしないことが多い。江南で生産された綿織物の平均的な品質は、この期間に改善されたが[1]、比較的低賃金であったマクロ・リージョンが、比較的品質の低い綿織物に対する自分たちの需要には、自ら対応するようになったことが、その一因である。

また、岸本美緒[2]が収集した棉花の価格データと張忠民[3]が収集した綿織物のそれは、両方で意味のある一幅の絵となっているように思われ、しかも、そこで描き出された絵は、最も典型的な例を示しているようにも思われる。しかし、方行[4]が引用している棉花価格は、岸本の推計より高い数値を示しており、張忠民の引用する完成した綿製品の価格と同じになっている。一方、広く引用されてきた一八世紀の史料である『木棉譜』は、こうした高めの棉花価格に見合った綿製品価格を挙げているものの、これと岸本の棉花価格のデータを組み合わせると、織布工が空前の所得を得ていたことになってしまう（方行の棉花価格は中国北部と辺境の市場の数値であるが、中国北部は江南に棉花を輸出していたので、この棉花価格には問題が残る）。さらに――米価は既知として――、ともに比較的高い棉花価格と綿製品価格を用いた場合、ともに低い価格を用いた場合に比べて、米に換算した所得は高くなる。このようにして生じる差も問題である。

したがって、ここでは二つの計算方法を採用した。ひとつは綿製品価格と棉花価格ともに高い数値を用いるシナリオであり、いまひとつは、ともに低い数値を用いるものである。織物と紡糸を兼業している個人（あるいは世帯）のケースの場合、この二つのシナリオは相当似通った結果になる――高い数値を用いたシナリオのほうが、高い所得が導き出されるはずなのだが。これに対して、紡糸のみを行っている人びとの場合、低い価格でのシナリオでは、成人女性一人を支えるほどの賃金も支払えない状況が確認できる。もっとも、それは、すべてのパラメーターについて最も悲観的な仮説をとった場合のことでしかない。そうでなければ、この種の仕事でも、成人女性を支えることはできたが、あまり余裕はなかったという結論になる。驚くことではない。少なくとも長江デルタでは、織布を行わないで紡糸のみを行っていた女性の大半は少女であったと思われるからである。逆に、高い価格のシナリオの場合、紡糸のみを営む成人女性でさえ、自らの生活を支えて、なお多少の余裕があったことになる――このシナリオは幾分疑わしいものの、まったくありえないわけでもない。織布のみを営んでいた女性については、低い価格のシナリオの場合、彼女たちの所得は相当高いものの、なおあり得る推計値になる。一方で高価格のシナリオで見ると、その所得は、ほとんどの農村世帯の支出必要額を越えていることになる。

したがって、低い価格のシナリオの方が、高い価格のシナリオより適切であるように思われ、本書の仮説にはあまり適合的とはいえないが、利用可能な価格データの多くと合致している。したがって、本書の本文では、低い価格データのみを用いているが、この補論では、両方のシナリオの数値をともに提示しておく。

一八世紀中葉の紡・織兼業

高い価格を用いたシナリオ

〈データの選択について〉

一八世紀中葉において、「最高級品」の綿製品（他と比較してどの程度の品質なのか明確ではない）は、一尺（広さの単位）当たり五〇文（広く使われていた銅銭で、一銭が銀ほぼ一〇〇〇分の一オンスに相当）を「上回ることはない」と『木棉譜』のなかでは指摘されている。[5]また、盧漢超は、一六七七年の史料を引用して、棉花の段階から始めて、女性が二〇尺の綿織物の紡績と織布に要する日数を約七日間としている。綿織物の物理的な生産性では、この推計値は黄宗智の推計値とそれほど違っていない。したがって、この綿織物一反の価格は、一七五〇年の銀と銅銭の交換レートを用いると、およそ一〇〇〇文あるいは一・一両となる。

しかし、綿織物の価格構成要素としては、女性の労賃よりも、棉花価格の方が大きいし、棉花の価格は大きく変動していた。岸本のデータによると、一八世紀中葉の江南では、種子を取り除く前の原棉一斤で二〇文から四〇文しており、通常は二〇文から三〇文のあいだであったが、干ばつのときには、四〇文を上回ることもあった。[6]これらの数値は、後述のように、方行が中国北部について引用した棉花価格よりはるかに低い。にもかかわらず、岸本の綿製品価格と棉花価格を組み合わせると、綿製品価格に占める織布工の賃金と棉花そのものの価格は、方行が導き出した数値にかなり近いものとなった。[7]この棉花および綿製品ともに低価格推計をとった「低価格のシナリオ」は、以下の三二七頁と三三〇頁で展開する。

しかし、岸本の相対的に低い棉花価格と『木棉譜』の高い綿製品価格を組み合わせると、なお問題が残る。原棉一斤からは、［種子を取り除いた］繰綿を漂白した棉花は〇・三三斤しかとれないので、岸本の原棉の価格からすると、繰綿一斤当たり六〇文から一二〇文になると思われる。この割合で考えると、一反の綿製品は、ほぼ一・三三斤の棉花からできるので、[8]平年で一三〇文程度のコストとなる。この数値と『木棉譜』の綿製品価格を勘案すると、労働者に還元される賃金は、綿製品の価値の約九〇パーセントとなってしまう。この数値はあまりにも高すぎるように思われ、ここでは繊維産業の労働者について、むしろ低めの所得推計を行いたいので、『木棉譜』の価格は、棉花がとくに高かったとき（実際にどうだったかは明らかでないが）にのみ生じたものと仮定しておく。それゆえ、ここでは、はるかに高いほうの方行の推計値を用いた。つまり、一八世紀末の中国北部における繰綿の価格を、一斤当たり一四〇文から四〇〇文とした。[9]この時期、中国北部はなお長江下流域に原棉を輸出していたのだから、長江下流域の棉花価格が中国北部のそれより低くなることはありえないと考え、ここでは、（労働者の所得が低めに出るように）方行の最高値である四〇〇文を選んだ。この「高い価格」のシナリオについては、三二九頁から三三〇頁でさらに議論を深める。

〈高い価格のシナリオの結果〉

一反の綿織物には一・三三斤の繰綿が使われるが、ここで用いる価格データでは、それは五三三文となり、綿織物価格の半分以上を占めることになる（ただし、自家栽培の棉花を紡ぎ、織っていた世帯には、こうした価格変動は無関係であるが）。方行はまた、（求められる技術の熟練度がきわめて低く、織布と比較して低い報酬しか得られない仕事である）紡糸だけを行う女性は、通常、原綿のうち三〇パーセントから五〇パーセントにあたる金額を稼いでいた――黄宗智もこの推計に依拠――としているので、[10]紡・織兼業の女性は、原棉価格の九〇パーセントをわずかに下回る程度の付加価値を生んだことを示唆する本書の推計は、これらの価格からすれば、きわめて控えめなものになっている。それは、綿製品の価格が、一般に棉花の四倍であるとする、方行が引用している同時代の推計と比べても、はるかに低い。[11]

仮に紡・織兼業の女性が七日間で四六七文の賃金を得たとすれば、年間二一〇日働いた場合、年所得は一万四〇一〇文となる（この年間労働時間の数値は、二〇世紀初頭、江南の農村部で調査された紡糸や織布に従事していた人びとの年間労働日数、三〇〇日以上という数字に比べてひどく少ない。[12]補論Fでも明らかにするように、仮にすべての江南の女性が綿布を織っていれば、当該地域における綿製品の総生産高についての控えめな推計値とほぼ一致することとなる。しかし、当然、織布を行わない女性もいたわけだから、従事者の年間労働日数は二一〇日よりかなり長かったはずで、この点でも、所得推計は、下向きにバイアスがかかっているというべきであろう）。一八世紀中葉の銭と銀両の交換レートで見た場合、年間所得は、一五・五銀両となる。王業鍵（Wang, Yeh-Chien）が作成した、一七五〇年を中心とする三一年間の米価の移動平均（一・六七両）を用いると、九・三石の米を買える金額である。

低い価格を用いた場合の紡糸と織布

先に引用した『木棉譜』の数値は、当時の典型的なデータではないかもしれず、特別の品質の綿製品の価格や、通常ではない年の動向を反映しているかもしれない。張忠民は、一六尺の長さ（『木棉譜』に記載されたそれの八〇パーセント）の綿布の価格を銀〇・三両から〇・四両とするデータを引用しているが[13]、重量については記載がなく、「清朝中期」という以上には、年代も特定していない[14]。方行は、乾隆帝の時代（一七三六年から九五年まで）の綿製品価格の平均値を示しており、その平均価格は〇・四両であるが、〇・七両ないし〇・八両という年もあったようだ。方行はまた、原棉三斤を用いた綿布の重量についても述べている。つまり、『木棉譜』に記載されたものや、盧漢超および黄宗智の計算で示された標準的な綿布一反に必要な棉花量の四分の三だとしている。ここでは〇・四両とする方行の数値を採用して、議論を進めよう。一八世紀中葉の長江下流域における銀両と銅銭の交換レートでいえば、銀〇・四両は、ほぼ銭三六〇文であった。もし岸本の棉花価格の数値が、繰綿されていない原棉の価格であったとすれば（もしそうでないとすれば、棉花価格は信じられないほど低くなり、低い綿製品価格を想定しても、異様な高収入だったことになってしまう）、ここでの綿布一反当たりに棉花の占めるコストは約九〇文となる。これらの数値は、方行によって引用された史料と完璧に整合的で[15]、それらの史料によれば、綿製品の価格は、それに相当する量の原棉価格の四倍であったという。したがって、この綿布に投じられた労働による付加価値は、二七〇文となる。もしこの数値を盧漢超、黄宗智、『木棉譜』が想定していた、より大きな綿布一反に当てはめると、労働によって加えられた付加価値は三六〇文となる。仮に、紡・織兼業で女性が七日間働いた場合の所得がこれだとすれば、彼女が年間で二一〇日働いた場合、その額は一万八〇〇〇文、つまり一二両となり、高い価格を用いた推計値より約二二パーセント低くなる。それでも一七五〇年の米価でいえば、七・二石の米を購入するのに十分であった。これでわかるように、彼女たちの所得は、男性の農業労働者と十分に張り合えるほどのものであった。

男性の所得および食費との比較

年間一人当たりの平均的な米消費量の推計値は、一・七四石から二・六二石のあいだにあり、マークスが二・一七石としているのは、平均値として妥当だといえる。[16] 管見の限りで、最も高い数値は五・五石であり、それは屋外で肉体労働に従事する成人男性の米消費量の推計値であった。また潘敏徳は、成人女性にかんしては二・五斤、子供についてはかなり低い値を使っている。[17] これらのデータは、本書の女性の所得についての仮説を、全体の文脈に位置づける助けとなる。

この時期の江南では、土地をもたない男性の農業労働者は、一般に年間二両から五両の現金を稼いでおり、[18] 高いほうの数値は、年収ではなく、月間所得に一二を乗じて得られたものである。したがって、そのような労働者は一二カ月間を通じて、隙間なく仕事を見つけられたものと仮定していることになる（いささかありえない話のようだが、不可能な話でもない）。農業労働者はまた、就労中は、少なくとも何回かの食事を提供されていた。仮に議論を進めるため、彼らが摂取した食事のすべてが無料で提供されたものだとし、年中仕事があり、（彼らの食事が得られる限り最大の数値より少し低い）年間五斤の米で構成されていたとすれば、彼ら年間所得は、現金と米を併せて、一〇・四両から一三・四両（米に換算すると、それぞれ六・一斤から七・八斤）であったことになる。

したがって、たとえ農場で男性が年中働き、紡・織兼業の女性が二一〇日「しか」働いていなかったと仮定しても、高い価格で設定した場合の後者の賃金は、男性農業労働者の賃金の一一六パーセントから一四九パーセントとなる。所得から自らの食事の費用を差し引いた残額を見るとして、女性が男性（とくに農地で働く男性）より、食べる量が慣習的にかなり少ないことをも考えると、その差はよほど大きくなる。すなわち、女性は食費を控除した後に六・八斤の米が残ることになるのに対して、男性は一・二斤から三・〇斤となる。

より現実に近そうな、低い価格のシナリオでは、紡・織兼業の女性も、これほどうまくはやれなかったことになるが、それでも、男性の農業労働者と十分比肩できる状態にあったことになる。一二・〇両というこの［モデル上の］女性の所得は、一〇・四両から一三・四両という男性農業労働者の賃金の中間点の少々上に当たり、成人女性は男性より食事量が少ないので、彼女たちは、この点でもまた、男性の農業労働者より、自らの消費分を差し引いた残りが大きくなったものと思われる。

別の言い方をすれば、高い価格のシナリオにおける女性は、その労働で成人男性一・九人分の食費を賄うことができたことになる。つまり、（仮に、寡婦であったとすれば）彼女は、自分自身と老親、義理の親、三人ないしそれ以上の子供たち（年齢的に扶養されざるをえないが、もちろん高齢の祖父母が子供の世話と他の家事を十分に行うことで、当該女性が織物の仕事をしっかりできるという前提である）を養えた。低い価格のシナリオの場合は一・四人の成人男性と同じ水準となり、それでも、彼女自身、高齢者一人、おそらく二人の子供と同じ程度の人を養うことができた。このような生活は困難なものではあっただろうが、妻を亡くした男性農業労働者——たとえその男性が他の点で運が良かったとしても——を大黒柱とする世帯より悪いということはなく、むしろ、いくらかはましだったといえよう。明らかなことは、この時期の女性の所得は「インヴォリューション」論でいうような、自らの生存に必要な最低限の水準より低いものなどではなかったということである。

一八世紀中葉における織布なしの紡糸について

高い価格のシナリオを用いる場合

紡糸のみに携わった女性の場合、兼業の場合と比較して、状況は、はるかに暗いものとなる。しかし、それでも、黄宗智がいうほど惨めなものではない。仮に、その女性が足踏みペダルのついた紡糸車（動かすには大人が必要）を使っていたとすれば、一日で重さ八両（〇・五斤）の紡糸を生産することができた。もし彼女がそのような器機を用いないとすれば（そもそも、おおかたの糸つむぎをする女性はごく幼い少女で、そのような紡糸車を使うことはできなかった）、最も妥当な一日当たりの生産量は、五両（〇・三一斤）くらいと推定される。彼女の稼ぎは、金額にして、彼女自身が加工する前の棉花のおよそ三〇パーセントから五〇パーセント相当であった[19]。彼女自身の一日当たりの生産量や価格変動には影響されるが、繰綿して漂白した棉花に換算すれば、この金額は〇・〇九斤から〇・二五斤の棉花に当たる。ここでの議論には、中間値より若干低い〇・一六斤を用いることにしよう。仮に、棉花の価格が一斤当たり一四〇文から四〇〇文のあいだで変動するとし、再度その範囲の中間値をここで採用すると（ここでは、紡・織兼業の場合とは異なり、原材料について最高値を採用したとしても、より控えめな結果になることはない）、彼女は、一日で四三文を稼いだことになる。二〇〇日の労働では、八六〇〇文（銀九・五両）、つまり、五・七石の米を入手するのに十分な額であった。それゆえ、引き続いて棉花の価格についても、紡糸価格に占める紡糸工の取り分の比を、ともにそれぞれの中間値を用いることにしながら、紡糸に携わる女性が足踏みペダル付きの紡糸車を用いることができなかったと考えて、生産量の数字を最低値である一日当たり重さ五両としよう。この場合、この紡糸工女の稼ぎは、年間六四〇〇文、つまり、ほぼ銀七両、米に換算すれば四・二石に相当した。仮に、男性の農業労働者の賃金について、上述のような楽観的な仮定を置きつづけるとして、中間値をとったシナリオでの女性の賃金は、男性農業労働者よりかなり低かったということになる。女性紡糸工の最高値と男性の農業労働者の最低値を対比した場合は、［前者の賃金は後者の］八七パーセントとなり、反対に女性の紡糸工の最低値をとり、男性の農業労働者の最高値をとると、前者は、かろうじて五〇パーセントにしかならない。しかし、その場合でも、女性の紡糸工の賃金で、成人女性一人と少なくとも子供一人の食費を賄うには十分であったし、また、江南で紡糸のみを営んでいた人びとというのは、大半が少女であったらしいこと、さらに、このシナリオが、年間二〇〇日労働を想定したものであることなどを、肝に銘じておく必要がある。

価格帯の最低値をとり、生産性についても最低値を採用して、年間二〇〇日労働という仮定も置くとすれば、彼女たちの収入の推定値（三・七両、二・二石）は、一日当たりおよそ一八七〇カロリーの米を購入できる程度となるから、成人女性一人の生存を維持するのに必要な水準を下回ることもあったかもしれない――実際には、おそらくそうならないだろうが。すべての変数（棉花価格、一日当たりの生産性、紡糸工の取り分）において、ありうる限り最低の値を用いた場合にのみ、年間二〇〇日の労働日で、二・八両あるいは一・七石という、生存維持水準を下回る賃金となるにすぎない。

低い価格のシナリオを用いた場合

しかし、もし低価格の数値を採用し、なお、紡糸工の賃金を、使われた原棉コストの四〇パーセントとするとすれば、きわめて低い所得の推計値を創り出すことになる。仮に、繰綿が一斤当たり約九〇文であり、紡糸に携わる女性は一日当たり〇・三二斤だけしか、それを加工できないとすれば、彼女は一日当たり二八文、つまり、年間およそ一・三石の所得となる。この数値は、成人女性が生存を維持できる水準をかなり下回るものではあるが、おそらく江南でこの仕事の大半をこなしていた一二歳以下の少女たちなら、これでも食べていくには十分であったはずである。本書が採用した紡糸工の賃金推計（黄宗智の推計も同じ）は、棉花価格に占める比率を基礎にしており、推計の前提になった史料――方行のデータ――もまた、原棉にかんして高いほうの価格のものであったことに留意すべきである[20]。しかし、このような比率が、より低い棉花価格の水準にも当てはまると仮定する特別な理由はない。反対に、原棉がもっと安い場所、あるいはそうした時期には、紡糸工の賃金が紡糸のコストに占める比率は、多少とも高くなっていた可能性がある。さらに、方行の提示した、労働者の賃金が綿糸コストに占める率が低いのは、繊維製品市場がきわめて競争的な経済、しかも、純粋にローカルな市場を相手にしている人でさえ原料コストの上昇分をすべて転嫁するのが困難なほど物価が上昇したとき、繊維製品の購入を控えることのできる消費者が十分に存在する経済においては、高価な棉花を使う女性たちに圧力がかかったことの反映であった可能性も高い。

一八世紀中葉の織布のみに従事した場合について

綿製品の価格に占める紡糸に携わった人の賃金のシェアが低いということは、反面では、織布に従事した人の賃金シェアが相当高いということである。農村の織布工で紡糸をすべて購入していた人はほとんどおらず、多くは自分自身で紡ぐか、あるいはこの作業を娘にさせていた（このような家族では、おそらく、製品価格の何パーセントが自分の作業の対価であるかなどということを、厳密に計算することなどない)。しかし、議論を深めるために、ここでは織布に専念している女性を想定し、個人としての彼女の所得を計算しよう。

仮に、一反の綿織物のために、紡糸と織布の両方をするのに七日間かかるとして、この一反の綿織物には二一オンスの棉花が必要で、当該女性が一日に五オンスの綿糸しか紡げない簡単な紡糸車しか使えないとすれば、七日間のうちの四日間は紡糸に費やさなければならず、紡糸を綿布に織り上げるのには、三日を使うことになる。もし彼女が、一日で八オンスの棉花を紡げる足踏みペダル付きの紡糸車を利用できたとすれば、紡糸の作業には二・五日しか要しない。したがって、織布には四・五日かかったことになる。より低めの推計値を出すために、ここでは、後者の仮定を採用しよう。それに、このモデルに登場するような成人女性が、比較的優れた技術を用いていなかったと考える理由もない。そのうえで、(より典型的なものになると思われる) 上記の低い価格のシナリオを用いると、およそ一六八文の紡糸 (一二〇文ほどの繰綿から四〇パーセント以上の付加価値が付いている) を四八〇文の綿布に仕上げるために、四・五日を要することとなる。したがって、このシナリオでは、織布に専念している女性は、四・五日の労働で三一二文、すなわち、年間二一〇日間の労働で一万四五六〇文――およそ一六・二両――を稼いでいたことになる。この数値は、高い価格のシナリオにおける紡・織兼業の労働者の収入以上にさえなっており、低い価格のシナリオにおける紡・織兼業の人ないし男性の農業労働者のいずれと比べても、その賃金より三五パーセントも高い水準に達していたことになる。同じやり方で、高い価格のシナリオを用いる――つまり、綿糸は三六〇文、綿布は一〇〇〇文――とすると、フルタイムで働く織布工は、四・五日間ごとに六四〇文を稼いだことになる。つまり、低い価格のシナリオの場合の倍以上となり、他の人びとの所得についての知見とかけ離れていて、ありそうにもないことになる。

後代の紡・織兼業

手元にある価格データは散発的なので、一七五〇年以降の一世紀間に紡糸工と織布工の収入がどう変化したのか、確かなことはいえない。なぜなら、米価 (たいへんしっかりと記録されたデータに基づく) が著しく上昇している一方、最上級の手の込んだ装飾のある商品を除き、綿布の価格はきわめて固定的なものになっていたので、本書のモデル上の紡・織兼業の労働者の実質購買力が低下したことは確かであるが、低下の程度を推計するには、いくつかの仮定が必要となるからである。以下、四つの考えられるシナリオを描いてみるが、それらによれば、低下の幅は、二五パーセントから五〇パーセントとなる。

A

これが最もシンプルなアプローチであり、最も楽観的な結果となる。[21] このアプローチは、高い価格のシナリオを出発点として、広東地区の原棉の価格変動のトレンドを用いるものである。おおかたは、外国人が在留した（その多くは、インドから綿を輸入していた）おかげで、この地域について比較的整ったデータがある。この原棉価格は、一七五〇年から一八五〇年までのあいだ、長期的にはあまり変動しておらず、[22] 綿布の価格にも特別な傾向は見いだせないことから、このモデルからすれば、織物生産者の名目収益にもまた、変化を見いだしえないことになる。しかし、米価が一七五〇年から一八〇〇年のあいだにおよそ二二パーセント、一八四〇年までに三二パーセントも上昇したのだから、[23] 生産者は、実質的には窮乏化したはずである。

B

しかしながら、長江流域の棉花価格については、広東地域と同様に長期の趨勢がないということはありえない。実際、広東で長期の価格趨勢がないということは、そのこと自体、長江流域では上昇傾向があっただろうということを示唆している。嶺南は、長いあいだ、長江下流域から棉花の大部分を輸入していたが、一八世紀中葉からは、より安価なインド棉花を輸入しはじめた。広東で、再び長江下流域から輸入される棉花がインド棉花を駆逐したのは、長江下流域と嶺南のあいだで輸送コストが急激に低下したことが、おおかたの原因であった。[24] 輸送コストは低減したのに、広東における価格は一定であったのだとすれば、嶺南での棉花を入手するコストは上昇したことになるだろう。しかし、その程度は、どれくらいだったのであろうか。

最初に、一七五〇年の状況を表す事例として、ここでは高い価格のシナリオを用いることとする。その場合、一八世紀中葉の出発点として、黄宗智の最高値を採用する必要がある。しかし、彼自身は、その時期全体の趨勢を示すデータを提示していないので、次の一世紀間を通じて棉花価格がどの程度上昇したかを示す、何らかの代替値が必要となる。多少とも意味があるきわめてシンプルなアプローチとしては、長期にわたり棉花の価格は米価に追随していたと仮定するやり方があるだろう。このことは、一七世紀を通じて棉花と米の価格が一緒に変動していた（棉花価格のほうが数年遅れではあったが）ように見える事実からも、多少とも証明される。[25] 価格上昇について貨幣面から説明するにせよ、本書の分析にとってより重要だが、土地労働比率が変化し、嶺南の交易相手の地域でプロト工業化が勃興したために、棉花や米を安価に輸入することが難しくなったという仮説をとるにしろ、どちらの観点からみても、その妥当性が認められる。実際には、棉花のほうが穀物より激しく暴騰する傾向にあったと考えるべき理由がある。長江下流域への主な棉花供給地であった中国北部は、一七五〇年以降の一世紀のあいだに、とくに激しい人口増加を経験しており、おそらく紡糸や織布が発達したのに対して、棉花の耕作面積は減少した（第3章と補論Fを参照）。したがって、中国北部の棉花輸出量は大幅に、しかも急激に低下したはずである。それに、大運河が荒廃したことにより、中国北部と長江下流域のあいだの船舶による輸送コストは、おそらく上昇したであろうし、嶺南の原棉輸入のさらなる障害となったはずである。一方で、嶺南と長江下流域のあいだの輸送コストが低下し、嶺南が長江下流域に棉花を輸出するルートができたことは、おそらく嶺南市場でバイヤーたちが許容しうると考えられる棉花価格の限界を上昇させたであろう。長江下流域への（多くは長江中流域からの）米の輸入も、中国北部からの棉花輸入と同じ理由――比較的後進的な地域における人口増加とプロト工業化の進展――で低下したものの、低下の幅はそれほどでもなかったし、長江下流域と中国東北部との取引が増加し、少なくとも雑穀の輸入の増加があって、多少は救われたはずである。ここでいう雑穀の中心は、主に農地に肥料として投入される大豆であるが、小麦や食用の大豆もいくらかは含まれていた。したがって、原棉価格が一七五〇年以降、米価と同じ割合で高くなったというのは推論にすぎないが、おそらく控えめな推論になっているといえる。

仮に米の価格動向を棉花の場合にも投影できるとすれば、一〇〇〇文の綿布に用いられる原棉価格は、［一七五〇年の］五三三文（上述した方行の研究に基づく）から、一八〇〇年までにおよそ六五四文に上昇したことになる。そのため、価格全体に占める繊維労働者の賃金となる部分は、四六七文から三四六文へ、およそ二五パーセントの低下となる。同じく一七五〇年から一八〇〇年の五〇年間には、米価も二〇パーセントをわずかに上回る程度上昇しており[26]、このことを考慮に入れると、実質所得の減少はほぼ四〇パーセントになる。同じ推計を一八四〇年についても行ってみると、一〇〇〇文の綿布に占める棉花のコストは七〇二文に上昇し、繊維労働者が得る額も二九八文に減少する。さらに、米の価格が一石当たり二・二〇両に上昇したことも考慮すると、この九〇年間を通じて、実質所得は約五二パーセント減少したこととなる。

しかし、すでに見たように、低い価格のシナリオのほうが、比較的典型的なシナリオだといえるだろう。こうして、ここでは、二つの可能性が生まれる。まずは、岸本の一八世紀における棉花についての散発的な数字を、額面通りに使う方法であり、いまひとつは、一七世紀の棉花価格はおおむね米価格に代置することが可能だという彼女の発見を、一八世紀と一九世紀初頭にも適用してみることである。得られるデータが限られているので、どちらの手法も、大ざっぱな推計の域を出ないものではあるが。

C

岸本は、一八世紀の江南の棉花価格について多数のデータを集めたが、彼女によると、棉花の価格は、一七五〇年と一八〇〇年のあいだに二倍以上になったようである（ここでも、長期の実質的な趨勢を、短期変動と区別することが難しいのだが）[27]。それに、すでに見たように、張忠民と方行が提示した一八世紀中葉の綿布価格をも併せて考えると、これらの価格データから導き出される［繊維労働者の］所得推計は、ほぼ納得できるものとなる（ただし、『木棉譜』のデータを用いると、異常な所得となるが）。そこで、一七五〇年について、岸本の棉花価格と張忠民と方行の綿布価格を用いることにして、低い価格のシナリオを展開してみよう。そうすると、そこから、原棉価格は二倍になり、四八〇文の綿布一反に占める原材料費は一二〇文から二四〇文へと上昇し、紡・織兼業の労働者の取り分は、一反あたり三六〇文から二四〇文へ、つまり、名目で三三パーセント低下したことになる。しかも、一八〇〇年までの米価の上昇分を差し引くと（岸本の棉花価格のデータは一七九四年で止まっている）、実質所得の減少は四五パーセントとなる。（データは存在しないが）もし一八四〇年まで棉花価格の上昇がなかったと仮定すると、米価のいっそうの上昇により、実質所得は、間違いなくほぼ五〇パーセント低下したことになるだろう。そのうえ、もし棉花価格が一八〇〇年以降も続けて上昇していたとすれば、実質所得の低下はさらに大きくさえなったであろう。

D

最後に、原棉価格は米価に従って動くという仮定のもとに、一八世紀中葉における低い価格のシナリオを用いてみよう。そのように考えれば、四八〇文の綿布一反に占める棉花のコストは一七五〇年から一八〇〇年のあいだに一二〇文から一五八文に上昇し、紡・織兼業の労働者が得る賃金も、一反当たりで三六〇文から三〇二文に、つまり、三三パーセント弱低下したことになる。呉承明と徐新吾は、一八二一年に原棉が一担（一〇〇斤）当たり三二〇〇（おそらく銅銭）で販売されたとする史料を引用しており、[28] 岸本が挙げている七〇年前の繰綿されていない棉花の価格ときわめて近い。しかし、同じ史料でも、一〇年ないし二〇年後には、四五〇〇ないし五〇〇〇（文）というのが通常の価格だと伝えている（他の史料と同様、短期変動はきわめて激しいともいう）。こうして、このデータは、一世紀全体にかんしては、原棉価格は、おおむね米価で置き換えられるという推測から出た結論とほぼ同じ価格上昇があったという結論をもたらすことになる。もっとも、この価格騰貴を、一八世紀の最後の二〇年間に集中したものだとする点では、大きく異なるのだが。

米価を指数として用い、綿布価格に占める原材料費の想定値を一二〇文から一五八文へと引き上げると、綿布価格に占める紡・織兼業の労働者の賃金は、三六〇文から三〇二文になり、名目所得では一六パーセントという、比較的軽微な減少でしかなかったことになる。しかし、このシナリオでさえ、米価の上昇を考慮に入れた実質所得では、一八四〇年までに三七パーセントの減少となる（一八〇〇年の数値で言えば、棉花価格が一四七文であり、労賃が三三三文であった。したがって、所得の減少は、名目で七パーセント、実質では二五パーセントとなる）。

補論F　一七五〇年とそれ以降における、長江下流域および中国全体としての棉花生産と生糸生産の推計

——イギリス（連合王国）、フランス、ドイツとの比較とともに

広東における生糸生産

ここでは、中国でも主要な二大生糸産地である広東（主に珠江デルタ）と長江デルタのみについて、生産の推計を試みる。広東にかんしては、基本的には、（第3章で取り上げた）砂糖生産と同じ手法を採用する。ロバート・マークスが用いた、耕地と食糧作物に必要とされる土地の規模にかんするデータから始め、そこから一七五三年で、少なくとも一六八〇万畝が穀物以外の作物に利用されていたという推計に到達する（マークス自身は、これよりおよそ二〇パーセント高い数値を提示している）。ついで、この推計値の一〇分の一に当たる一六八万畝の土地は、砂糖と同様、蚕を育てるための桑畑にあてられたものとする。この推計値はほぼ間違いなく過小評価となっているはずである。というのは、桑と砂糖は、広東において、穀物以外の作物のうち最も一般的なものであり、また、この数値は、省全域の桑畑の平均値を出していることになるが、一九二〇年代の広東で生糸生産の中心となっていた三つの郡の桑畑の比率より少ないはずで、デルタ地域全体の数値よりははるかに低くなっているはずである。二〇畝の桑畑で一ピクル（一三三ポンド）の上質の生糸を紡ぎ出しうるだけの蚕の餌を確保できるとする蘇輝昌（So, Alvin）の推計値を用いるとすれば、[1]一六八万畝の土地からは、年間およそ一一〇〇万ポンドの生糸が生産されたことになる。

同じ頃、広東は、中国の［海外への］輸出生糸の約四分の一を生産していた。[2]広東は、中国において海外に開かれた唯一の港であり、他の主要な生糸の生産地域（長江デルタそのもの）と比べて、高品質の生糸を取り扱う国内の主要マーケット（長江下流域と首都圏）から数百マイル離れていたのだから、広東の生糸生産が、長江デルタに比べて、［海外への］輸出志向が弱かったとは考えられない。したがって、長江デルタの生糸生

産が、広東のそれの三倍（三三〇〇万ポンド）以下だったとは考えがたく、むしろそれよりはかなり多かったと考えられる。この点は、この地域の生産量を推計する際のガイドラインとして、記憶にとどめておくべきである。

江南における生糸生産

長江デルタにかんしては、生糸生産に比べ、作付けのパターンについて相当多くのことがわかっている。王業鍵は、デルタ地域の一四の府・州について、食糧消費量と輸入量を注意深く推計しており、(3) それを利用すれば、食糧供給量のうち、現地で調達されるべき食糧作物の栽培にどれだけの土地が必要であったかが想定できる。ここでは、平均的な白米の生産量である一畝当たり一・九石というパーキンズの推計値、(4) 王業鍵の各府・州の人口推計（実際には一七七八年のものであるが、一七五〇年以降、この地域で人口は増加していない）、(5) およびパーキンズと梁方仲の研究にある公的な租税台帳に基づく畝単位で示された耕地面積（この数値が高すぎるということはまずあるまい）の数値を用いる(6)（これらのデータは一七三五年のものと一八二〇年のものとからなっているが、多くの県において二つの時期に大差はない）。

王業鍵の研究については、二つの点でのみ、彼とはやり方を変えたが、いずれも生産量の推計値を押し下げる傾向をもったはずである。ひとつは、長江北岸に位置する三つの府を外したことである。この地域は、生糸や棉花をともに生産はしているものの、塩の主要な生産地でもあり、その点で穀物以外の用途の土地を、穀物以外の作物に振り分けるという作業が複雑になる。この三府を完全に除くことで、総生産量の推計値が小さくなっているはずである。二つめは、王業鍵が示した二・〇石より、むしろ二・二石の米あるいはそれと同水準の穀物を、平均的な一人当たり消費量として用いている点である。これによって、本書の推計値はマークスが広東について計算した数値と整合し、王業鍵が提示したよりは多くの土地が、穀物生産にあてられていたことになった。

表F-1にみるように、この手続きによって、デルタ地域の各府・州で穀物以外の作物にあてられていた土地の総面積が得られる。ここで挙げられている数値は、（一例を挙げれば）特定の府・州の土地の半分が棉花栽培に用いられていたというような、王業鍵が引用している同時代史料から導いてきた簡単な推計に比べると、一般に、同じかあるいは低めになっている。

こうして穀物以外の作物に用いられた土地の推計値が得られると、その地域で栽培可能な、穀物以外の作物のあいだで、どの作物が、どの程度の広さの土地で栽培されていたかを分析する必要がある。この地域では、そうした土地は、広東のようにきわめて広汎にさまざまな換金作物にあてられていたというより、むしろ圧倒的に棉花と桑の栽培に使われてきた。そのため、広東のように、穀物以外の耕地の一〇分の一が砂糖と生糸に使われたなどという細かいことを気にしなくてよい。それよ

表F-1　1750年頃の長江デルタ各府・州における，穀物以外の作物が生産された面積の推計値

（エーカー）

府・州	耕地面積	穀物の耕地面積	穀物以外の耕地面積
蘇州	6,254,000	3,471,209	2,782,791
松江	4,048,871	1,877,230	2,171,641
太倉	3,962,671	1,263,409	2,699,262
常州	5,579,264	3,222,943	2,356,321
鎮江	5,200,023	1,815,028	3,384,995
江寧	5,233,949	1,798,866	3,435,083
杭州	4,284,327	1,733,000	2,551,027
嘉興	4,356,442	1,538,385	2,818,057
湖州	6,136,678	1,406,438	4,730,240
寧波	4,066,059	1,290,984	2,775,075
紹興*	3,492,271	2,955,317	536,954

＊紹興は1735年と1820年の耕地面積の総計が大きく異なる唯一のケースである。1820年の6,765,514という数値は，この表の数値と比較した場合，ほぼ倍になる。この数値を受け入れた場合，紹興における，穀物以外の作物に供する耕地面積は全体の60%弱になり，他の長江デルタの府・州と合致する。つまり，1820年の数値を採用することで，穀物以外の作物に供された耕地面積の割合は，ここで採用されている15%という数値よりかなり高いものとなる。それにもかかわらず，筆者は生糸や棉花の生産量を過大評価するリスクを避けるため低いほう（そしていくらか正確性に欠ける）の数値を用いることにした。

り、主に棉花生産をしているとか、主としては生糸の生産をしているとか、あるいは混合的だとかいう、王業鍵による各府の特徴づけに依拠するだけですむ。しかし、ここでの推計を控えめなものにするために、ここでもまた、適切に耕作面積の推計を下げる（県によっては五〇パーセントまで）ことにする。

杭州、湖州、嘉興はすべて、主として生糸生産によって発展した府であり、棉花はほとんど見られない。三府全体では一〇九万八七二四畝の換金作物を栽培しており、この土地を利用すれば、六六六五万一五七八ポンドの高品質の生糸を生産することができた。議論を進めるために、ちょうど四分の三の土地が桑畑であったとすれば、この分の土地で、約五〇〇〇万ポンドの生糸が生産されていたことになる。また蘇州、寧波、紹興については、棉花と生糸が入り交じって生産されている府であった。以前に計算したところでは、この三府で六〇九万四八二〇畝の換金作物用の土地があった。清帝国のなかで最も高度に商業化が進んだ府だという、おおかたの研究者が認める見解からすれば、蘇州の数値はいささか低いし、紹興の数値は確実に低くなっているが（表F-1を参照せよ）、よりいっそう慎重を期すため、この作付面積をさらに五〇パーセント減じる。このことで棉花と生糸に均等に分けるべき三九四万七四一〇畝の土地が導き出され、その結果、これまでの数字に加えて、一〇〇五万六四五三ポンドの高品質の生糸が生産されていたことになる。したがって、こうした条件をすべて容認し、このデルタ地域の残りの地域でまったく生糸を生産していなかったとしても（そのようなことはありえないが）、この地域では、ほぼ六〇〇〇万ポンドの生糸が毎年生産されていたと推計される。これは、同地域の人口一人当たりで見ると、約二ポンドの水準となる。むろん、この推計値を二倍に引き上げることも、決して難しくはない。

全国推計を行うことは、とても難しい作業である。なぜなら、以上の作業の過程で、多くの産地を検討対象から外し、取り上げた広東や江南でさえ数値を低く見積もってきたからである。にもかかわら

ず、仮に、上述した数値が中国全体の生糸生産量を示したものだったとしても、一年間で約七一〇〇万ポンド、すなわち一人当たり五・一オンスから六・五オンスの生糸が、一億七五〇〇万人から二億二五〇〇万人によって生産されたことになり、それは、多いとはいえないにしても、奢侈品の生産としては、取るに足りないなどとはとうていいえない規模であった。

江南における棉花

特段の根拠もないままに、穀物以外の作物にあてられた面積を五〇パーセントも減じた後でさえ、上記の計算に従えば、棉花と生糸の生産をともに行っていた府で、一五二万三七〇五畝の土地が棉花に割り当てられていたことになる。この時代、一畝当たり約三九ポンドの繰綿がとれるというのが平均的であったので、これだけの土地があると、五九四二万四四九五ポンドの生産があったことになる。デルタ地域の府では、基本的には棉花の栽培を行っていたとして、同じ生産量の推計値を乗じた場合、五億四七七六万四七七八ポンドの棉花が生産されていたことになる。この数値に先の数値を加えると、六億ポンド以上の生産量となる。ここでも控えめな結果を導くために、独断的ではあるが、この数値を五億ポンドにまで減じる。そうしたとしても、江南の棉花生産の総計は、一人当たり一六ポンドをわずかに上回ることになる。

江南では、どのくらいの棉花が綿布に加工されたのかを推計するためには、さらに二つの作業が必要となる。まず、綿織物以外の用途（主にジャケットやキルトに詰めるため）に棉花がどの程度使われたかを計算する必要がある。一八世紀については、綿織物以外の用途に用いられた棉花の量の推計値はないが、二〇世紀初頭にかんしては、中国全体で一人当たり約一・三ポンドの棉花が用いられていた。[7] これが、一八世紀にも当てはまるとすれば、江南では一人当たり約一四・七ポンドの棉花が、紡糸や織布作業に用いることができたこととなる。ここではこの一四・七ポンドを一四・五ポンドに切り下げて検討する。

二つめのポイントは、江南が中国北部から輸入した棉花を計算に入れる必要があることで、その棉花は、江南から（おおかたは砂糖と交換に）東南沿海地域と嶺南にも輸出されていた。残念ながら、これら輸出入のフローの量を示す確かなデータは存在しない。しかし、いくつかの記述史料によれば、一八世紀の江南では、輸入のほうが輸出よりいくらか多かったようではある。したがって、単純にこの流れを無視したとしても、この地域の綿織物生産を過大評価することにはならないであろう。それゆえ、ここでは、仮の戦略として、上のパラグラフ中の綿織物生産の数値を用いる方法を採用した。ただし、記述史料には反するものの、一七五〇年代でも、江南は原棉について正味で輸出超過であったと考えるべき理由がいくつかあり、そこから一世紀のあいだに、嶺南の棉花需要は伸びたのに、中国北部からの輸入は減少したのだから、一八五〇年までは、間違いなく輸出超過であっただろう。得られる限りのデータでは、このフローの量を直接測定する方法がないのは、残念なことである（しかし、このことが、全国の生産量を計測するのに障害とならないことは、幸運というべきである）。ここでは、それらが本書の地域別推計に、どの程度の影響を与えているかも、およそのことしかいえない。

江南が原棉を輸出していたと考える理由のひとつに、江南の労働者にとっては、原棉を綿布に転換することが、不可能ではないにしても、困難なことであった点が挙げられる。補論Eで検討した綿布一反当たりの棉花の量や、女性一人当たりの生産性を厳密に適用すれば、四億五〇〇〇万ポンドの棉花（詰め物に用いられた棉花を除いた後の数値）によって、三〇〇〇万反の綿布が生産され、そのためには年間二一〇日労働として、約一〇〇〇万人の成人女性の労働力が必要であった。一七五〇年には、江南にはおよそ一六〇〇万人の女性が居住していたので、仮に人口構成が二〇世紀初頭と変化していなかったとすれば、一〇代から五〇代の女性がほぼ一〇〇〇万人いたことになる[8]。綿の紡糸や織布の傍ら、蚕糸業やその他さまざまな仕事をしていた女性たちも、かなりの数にのぼったことがわかっているので、綿織物業に、十分な数の成人女性が従事していたと考えることは難しい。

しかし、この問題には、いくつかの解決の道がある。ひとつは九歳——あるいは八歳でも——の女児であっても、（織布は無理でも、紡糸については）労働力として機能しえたことである。ただ、こうした女児は、三〇万人を大きく越えることはなかった。五〇代以上の女性のほうがもっと多く（おそらく二五〇万人はいた）、そのなかには、紡・織兼業で従事した人がいたことも疑いないが、その数を知る術はない。男性のなかにも織布作業を行っていた人がいたが、その人数はわからない。綿の紡糸と織布を兼業する女性の労働者が、年間で二一〇日働いていたとする本書のいささか独断的な推計は低すぎる——実際、すでに見たように、二〇世紀初頭には、彼女たちは年間三〇〇日以上働いていた——のだ、と考えることもできる。しかし、そのように年間労働日数を増やして考えた場合、女性（あるいは世帯）の所得は、とうてい信じられないほど高いものになってしまう。これらさまざまな要因をもって、本書の労働生産性推計と、江南は輸出と同程度の原棉を輸入していたとする仮定を矛盾なく説明することは不可能ではない。しかし、にもかかわらず、なお輸出によって説明されるべき問題点が残ることも事実のように思われる。だが、この問題の一部は、おそらくごく近い地域、つまり、具体的には江南に（北側で）直接隣接していて、比較的繁栄していた三府のことを考えれば、解決できる。この三府は、王業鍵が定義した「長江デルタ」に含まれており、そこにはおそらく一五〇万人の一〇歳から四九歳までの女性がいた。

残りの輸出超過分は、南東部や嶺南へ輸出されたものであろう。江南からの輸出が大きかったことは、これら二地域において繊維生産が急成長したことを示す史料からも、推察される(これら二地域は、棉花をほとんど自給しておらず、ある程度輸入していたが、その大半はインド産であった)。そのことはまた、これら地域から江南への砂糖輸入量の規模からも推測できる。すなわち、一ポンド当たりの(白糖の)価格が繰綿と同じと考えた場合、その額は三億ポンド前後である。[9] 同時代の文献では、嶺南と江南の交易は、基本的にこの二つの商品の交換として描かれている。したがって、江南は三億ポンドの繰綿を輸出していた、とあっさり言ってしまいたくもなろうというものである。しかし、両地域間の商品交易が帳尻のとれたものであったなどとは証明できないし、(さまざまな高価な奢侈品を含む)その他の商品についての史料もない。さらに、中国北部からの輸入の規模は、いっそう推計が困難である(後述の三四三頁から三四五頁を参照)ので、江南の綿布生産の推計値をどれだけ削ればよいかを推測しようとしても意味がないように思われる。つまり、より多くの史料が見つかるまでは、一人当たり一四・五ポンドという数値は、おそらく若干高いものではあるだろうが、(この推計値を低く抑えるべく、これまでさまざまな試みをしてきたことを想起すれば)それほど高すぎるものでもない、と簡単に述べておくのが最も妥当だと思われる。

しかし、一九九八年に刊行されたその重要な研究で、李伯重は、江南における綿布生産量を本書の推計よりかなり低いとしている(李伯重は帝国規模の推計は試みていない)。興味深いことに、李伯重は、労働者一人当たり生産量の推計値では、本書のそれと同じものを採用しているのだが、[10] 江南で紡糸や織布に従事していた人口の割合を、相当低く仮定している。

李伯重は、徐新吾が江南のひとつの府である松江にかんして行った一人当たり綿布消費量の推計値を江南全体の数値として用いており、その際に、呉承明と徐新吾による「輸出」の推計値を加えることで、江南の総産出量を導き出している。[11] しかし、松江の綿布が特別に重いものでなかったとすれば、徐新吾の推計値(反単位)は、一人当たり綿布消費量に換算すると、国内でも最も豊かな府であったはずの松江のそれを、呉承明と徐新吾による帝国全域平均の、ごく控えめな推計値よりも相当低い数値にしてしまうこととなる(三四五頁から三四六頁を参照)。そのうえで、李伯重は、織物生産に従事していた女性の数を、この一人当たり綿布消費量の推計値から逆算し、[12] 農村で農業以外の活動に従事していた世帯数についての彼の推計値と、この推計値が相当近いことで、この推計値が信じるに足るものであることの確証としている。しかし、李伯重の農村世帯における非農業活動の推計値は、農業と繊維業を兼業していた膨大な数の世帯が存在したことからして、きわめて危ないものである。以下、ここでは、反対に、繊維関係の労働力を基礎とする推計値は、本書の高いほうの推計値に近いことを示したい。

李伯重は、江南の特定の地域について、繊維業に従事する母と娘がいる約一四〇万世帯で、自ら算出した江南全体の綿布生産の推計値の約六〇パーセントを生産しえた、という。仮に残りの部分も、同様の世帯で、同様の能率で生産されたのだとすれば、繊維関係の労働力は、約二三〇万のこうした母と娘のペアでよかった――農村世帯全体の半分にも満たない――ことになる。成人労働力に換算すると、合計でほぼ三五〇万人分ということになり、江南の全労働力の約一九パーセントとなる。この数値は、あまりにも低すぎると思われる。

李伯重は、清朝初期あるいは中期には、同時代の観察者たちが、江南における非農業労働力を五〇パーセントから七〇パーセントと推計していたと記しているが、彼自身は、これらの数値は高すぎると信じている。(13) その代わりに、農村では、農業にまったく従事していなかった世帯は、全体の一〇パーセントをわずかに上回る程度であったという、一九三〇年代から四〇年代に調査された推計値を、低めの推計だとはしながらも、採用している。さらに彼は、江南の人口の約一五パーセントが都市部に住んでいたと指摘している。(14)

非農業世帯が一〇パーセントしかなかったというのは、一八、一九世紀としては、あまりにも低すぎる、というより、おそらくかなり低い、という李伯重の感想はほぼ正しい（とはいえ、李伯重は、自らの推計を控えめなものにするために、結局、この数値を採用しているのだが）。なぜならば、ひとつには、農村における紡糸は、一九三〇年代までに都市部の機械化された紡績業との競争によって衰退していた。第二には、すでに第5章や第6章でも議論してきたように、江南においては、一九三〇年代までに、綿布生産量（したがって織布の規模）が低下していたと考えるべき強い理由があり、一部生き残った綿布生産も、都市部に移動してしまっていた。そのうえ、一九三〇年代の他地域から江南への穀物輸送は、都市がかなり発展したにもかかわらず、二〇〇年前と比べて減少していたように思われる。このことは、主に労働投入量が増加したことで、域内の穀物生産が増えていたことを示す他の証拠を、あらためて裏付けるものである。労働投入量が増加した要因の一部は、個々の労働者がより多くの時間働いたためであることは間違いないが、農業労働力そのものの増加があったのではないかと考えるべき十分な理由もある。これらあらゆる理由からして、二〇〇年前の江南の農村部における非農業世帯の割合は、一〇パーセントをはるかに越えていたことは、ほぼ確実である。しかも、こうした世帯のなかには、男女ともに綿布生産に従事する世帯もあったので、綿織物生産に従事する労働力の人数を、かなり引き上げることになる。それに、全農家の半数を十分に超える世帯の女性たちによる生産（清代は、結局、江南において「男は耕し、女は織る」という理想がほとんど完全に近い勝利をおさめた時代であった、という李伯重自身が他の場所で示した観察を想起されたい）(15) に加えて、都市で生産されたものをも考え合わせると、江南の綿布生産量ははるかに高かったと推計することも、難しいことではない。話を単純にするために、江南の原棉の輸出入が均衡していたという想定をしたが、そうなると多少高すぎる数字が出てくるだろう。しかし、それ以外のあらゆる警戒すべき要因を計算に組み入れたから、ここではなお、一七五〇年の江南における一人当たり生産量が一四ポンド以上であったとする推計値は、合理的な可能性の範囲内にあると考える。

イギリス（連合王国）との比較

この数値を大まかな推計値として受け入れるとすれば、繊維産業の技術のブレイクスルーが十分に普及した後の一八〇〇年で、イギリス（連合王国）の棉花、羊毛、生糸、リネンを合わせた生産額が一人当たり一二・九ポンドであったことは示唆的である[16]（リネンや羊毛の一ポンドは、ふつう棉花の一ポンドほどの広さの布は作れないので、これら、種類の異なる織物を重量で合算すると、比較はしやすくなるものの、中国にはいささか不利な結果になる）。残念ながら、長江デルタの綿織物輸出額についてはデータがないが、全体に占める輸出の割合は、（およそ三分の一であったとされる）[17]イギリス（連合王国）のそれより高かった可能性がある。そうなると、この地域の綿布消費量はイギリス（連合王国）より低かったということになる。しかし、中国とヨーロッパの最も生産的であった地域において、この重要物産の生産およびおそらくは消費についても、ほぼ似たような状況にあったということは、示唆に富んでいる。とくに、一七五三年の段階で長江デルタの各県には、イギリス（連合王国）の人口のほぼ二倍に当たる三一〇〇万人が居住していた事実を想起すれば、なおさらである。

中国全体の棉花生産とヨーロッパの他地域との比較

中国全体とヨーロッパ全体とを比較しようとすると、史料状況はいっそう悪くなる。中国についても、ヨーロッパについても、データは散発的で、また生産が地理的にあまりにも分散しているため、分析対象を少数の、鍵となる地域に集中することもできない。こうした問題点の例外は、上述した通り、生糸である。なぜなら長江下流域は、中国の生糸生産の大部分（おそらく中国全体の四分の三）を占めていたからである。しかし、生糸自体は繊維生産のなかでのシェアが小さく、棉花生産のほうは広く散在していた。

残念ながら、砂糖や生糸、江南の棉花の推計に用いられた手法は、はっきり定義され、高度に商業化が進んでいた地域の分析にはうまく機能したが、広大ではあるものの商業化が進んでいない地域に適用しようとしても、うまくいかない。後者のケースでは、たとえば、一人当たりの食糧消費量にかんする仮定が、ほんの少し変わるだけでも、棉花生産のために得られる耕地の推計値は、――たとえば、広大な土地の三パーセントから九パーセントまで――簡単に二倍にも三倍にもなってしまうからである。したがって、何かほかのことを試みる必要がある。とすれば、より新しい時代の統計から逆算する手法をとらざるをえない。

捻軍と太平天国の乱が鎮圧されたばかりの一八七〇年、中国の棉花生産はおよそ一八億五〇〇〇万ポンドに達した。(18) この数値は、その後、一九〇〇年までに約一五億ポンドにまで低下したが、しかし、それ以後には新たな棉花生産が始まり、現代まで拡大しつづけている。一七五〇年の生産高は、それよりかなり低いわけではなく、それゆえ、一人当たりで見ると、それよりかなり高い数値であったということになりそうである。こうした主張は、驚くべきもののようにも見えようが、中国の棉花生産の主要地域をひとつひとつ分析していくと、実証されることでもある。

何よりもまず、地域を広く見た場合においても、清朝の時代になって初めて棉花生産に手を染めた地域はほとんどないという事実が、重要である。(19) 長江中流域の諸省は、一七五〇年以降、棉花の栽培面積を増やしたが、それらの地域がきわめて大規模な生産地になったということはない。他方、四川省や陝西省といった西部の省のいくつかの重要な棉花生産地では、一九世紀に棉花生産を犠牲にして、他の換金作物——アヘンの原料となるケシ——の栽培に転向した。このことは、一八七〇年以前から行われていたものもあれば、一八七〇年以降のものもあった。(20) 一方で、小規模な棉花栽培地は、中国全域に分散して存在していたのに対して、一七五〇年と一八七〇年から一九〇〇年のあいだの時期で最も重要な棉花生産地は、長江下流域と中国北部であった。長江下流域にかんしては、一九世紀に棉花の生産量が飛躍的に伸びたと信じるべき理由はまずない。この地域で最も商業化が進んでいた地域では、一七五〇年から一八五〇年のあいだに、人口も作付面積もまったく増加しておらず、この地域の比較的商業化の遅れた部分でも、大きな成長は見られない。一九世紀中葉の大災害で巨大な損失を被った後、人口と作付面積は一九〇〇年までに回復したかもしれないが、一九四九年以後までは、それ以上の成長は見られなかった。(21) 本書が検討したあらゆる兆候から見て、この地域で換金作物栽培にあてられた土地の比率は、一七五〇年にすでに極大化していて、以後二世紀間、これを越えることはなかったものと思われる——実際、一九三〇年代のこの地域への米の輸入は、一七五〇年代より少なくなっており、食糧生産に逆戻りした土地さえあったことを示唆している。したがって、換金作物の栽培地は、全期間を通じて、ほとんど変わらなかったのではないかと思われる。それどころか、一八七〇年以降、きわめて多くの土地が桑畑に転換されたのだから、棉花の作付面積は、少なくとも一九〇〇年までには減少しはじめたであろう。本書の生産量にかんする統計は散発的なものでしかないが、一七五〇年から一九〇〇年までのあいだに、長江流域の棉花生産には増加の兆候を示すものはない。技術上の重要な変化もなく、(人口も増加していないことで) おそらく労働投入量も大きく変化していなかっただろうことからすれば、生産の増加を期待するのも無理というべきであろう。

こうして、結局、関心は否応なく中国北部に向かうことになる。中国北部のデータはとくに少なく、しかも、棉花栽培にあてられた土地の規模は、他の地域よりはるかに激しく変動したものと思われる。一方では、クラウスによれば、山東省と河北省では合わせても、一九〇〇年には、棉花栽培にわずか三〇〇万畝の土地しか使用されておらず、その後（地域の軍閥によってかなりの打撃を受けたものの）一九二〇年代までに五〇〇万ないし六〇〇万畝に拡大、一九三〇年代にはさらに拡大した(22)（山東省と河北省は中国北部における三大棉花生産省のうちの二省である。なお、第三の省である河南省については、利用可能なデータを見つけられていない）が、こうした拡大は、以前の水準への回復を意味しただけかもしれない。なぜなら、すでに見たように、中国全体の棉花の生産量は一八七〇年から一九〇〇年までのあいだに減少したからである。一九世紀に恐ろしい干ばつがあり、棉花のような乾燥に弱い作物はとくに危険だと思われるようになった中国北部が、棉花生産減少の中心地となったとしても、論理的に理解しやすいことであろう。一九二〇年のこの二つの省について、クラウスが挙げている棉花栽培地は、かろうじて耕地面積の三パーセントにすぎない。

他方では、趙岡が、一八世紀中葉の史料を引用して、直隷（清代における河北省の名称）では、耕地の二〇パーセントから三〇パーセントが棉花に利用されており、直隷のみで一四〇〇万畝から二一〇〇万畝であった、と主張している。(23)一八世紀の史料『棉花図』にも、保定の南に当たる直隷の土地の二〇パーセントから三〇パーセントが棉花に利用されていた、という記録がある。(24)まさに、この主張をどのように解釈するかで、一八二〇年について三五〇〇万畝から五〇〇〇万畝ということになり（繰り返しになるが、おそらくは実際より、よほど過小評価になっているはず）、それに、二〇パーセントから三〇パーセントという数字を乗じてみると、直隷というたったひとつの省だけで、七〇〇万畝から一五〇〇万畝の耕地が棉花に利用されていたと推計される。山東省や河北省で土地の一〇パーセントでも棉花に利用されていたとすれば、それだけで一七〇〇万畝から二四〇〇万畝となる。つまり、一九〇〇年の数値の六倍から八倍の規模ということになる。(25)仮に、先に他の地域について用いた推計方法を採用することとし、さらに、耕地についての非現実的なほど低い公式推計をあえて受け入れ、さらに、年間一人当たり二・二石の食糧を消費すると仮定すれば、これはまた、ほぼ山東省と河北省における、食糧以外の作物に利用可能な土地の面積ということになる。(26)あるいは、こうした仮定の代わりに、一七五〇年代の耕地面積は、すでに一九三〇年代の水準に近づいていたと考えれば、食糧以外の作物に利用できた耕地面積は、――一人当たりの食糧消費量を二・二石とするか二・五石とするかに応じて――七〇〇〇万畝から九〇〇〇万畝という、驚くほど高い水準に急上昇することとなる。しかし、いずれのケースにおいても、棉花は食糧以外の作物のなかで、最も一般的に栽培されていたものであったことになる。こうして、一七五〇年の中国北部は、一八七〇年や一九〇〇年よりも、かなり多くの棉花を栽培していただろうと信じるべき十分な理由がある。

他のデータも間接的に同じことを明示している。山東省と河北省の人口は、一七五〇年から一八七〇年のあいだに四〇パーセント以上増加し、一九一三年までには約八〇パーセントの増加となったが、耕地面積の増加は微々たるものであった。実際、パーキンズは山東省と河北省の耕地面積はまったく増えなかったと主張している。[27] しかし、これは極論にすぎると思う。というのは、第5章でも述べたように、山東省と河北省では、一八〇〇年でさえ、一九三〇年と比較すれば、相当多くの森林を有していたと考えられるからである。とはいえ、いささか疑わしい一七五〇年代の公式統計に基づいてさえ、一八七三年までにわずか四パーセントしか増加しておらず、一九三〇年代まででも約四五パーセントの増加でしかない。「増加（increases）」という言葉は、かねて耕作されてきた土地に、重要な新たな役割が追加されたことをも意味しているといえる。[28] 中国の他の地域では、人口対土地比率の悪化は、主として、単位面積当たりの収穫量の大幅な増加でカヴァーされていた。収穫量の増加は、肥料（堆肥と大豆粕）のより集約的な利用、作物のいっそうの多様化、さらには、一畝当たりの追加労働力（たとえば、極端に注意深い除草）などによって可能となった。しかし、中国北部では、米ほどに、追加労働力に目に見えて反応する作物はなかった。また肥料は、主として堆肥に限られていた。というのは、大豆粕は、より効果的ではあったが、より高価であったからである。また、栽培期間が短くなっても、多毛作が激増することはなかった。そのうえ、一八五三年に黄河の流れが変わると、水害や土地の塩化が深刻化し、山東省で数千万畝という耕地で、生産性低下を引き起こした。その結果、一七五〇年と一八七〇年のあいだには、開拓も行われたが、中国北部がその食糧自給のために必要とした土地の量の増加には追いつかなかった。一九〇〇年までをとっても、あるいは一九三〇年まででも、事情は同じである。かくして、山東省における棉花の総生産量は、この時期を通じて相当縮小したはずだといえる。

こうして、四川省と山西省の棉花生産が低下したように、中国北部の棉花生産も相当減少したと思われる。一方、長江下流域では、ほぼ生産水準が維持されていたし、長江中流域と（おそらく）河南省——棉花栽培ではそれほど重要ではない二つの地域——では、生産が増加していた。これら地域的な結果からして、一七五〇年頃の中国全体の棉花生産量は、少なくとも一八七〇年と同程度に高い水準であり、一九〇〇年と比較すれば、疑いなくそうだったと思われる。

さらに慎重を期して、一九〇〇年の数値を用い、そこから詰め物や綿糸以外の用途に用いられる棉花を除き、きわめて小規模な一七五〇年の人口（一億七五〇〇万人から二億二五〇〇万人）で割ってみると、一人当たり約六・二ポンドという平均消費量が導き出される。一八七〇年の数値を用いると、一人当たりはほぼ八・〇ポンドとなる。これらの推計値は、二〇世紀から逆算した徐新吾と呉承明の一八四〇年にかんする推計値（一八四〇年以降の騒然とした一世紀間に、生産量や生活水準が上昇したのか下がったのかということについてさえ見解は一致していないので、きわめて怪しげな議論である）と比較すると、相当高い値となっている。[29] 本書の低いほうの推計値をとっても、［徐新吾と呉承明の］一人当たり三・五ポンド（詰め物用を含む）対［本書の］七・五ポンド（詰め物用を含む）ということになる。しかし、実際のところ、このこと自体は、それほど厄介な問題ではない。一七五〇年と一八四〇年のあいだに、中国全体の人口は倍増した（徐新吾と呉承明は、一八四〇年の人口を四億人としている）のに、棉花生産量は大きく変化していないという本書の主張が正しいとすると、一八四〇年にかんする彼らの一人当たり推計値は、一七五〇年についての本書の推計値のほぼ半分になって当然である。したがって、筆者の一七五〇年における推計値の幅は妥当なものと思われ、どちらかといえば、最高値より最低値のほうがより現実的だと思われる。

この数値を、ヨーロッパのものと比較すればどうだろう。一八〇〇年におけるイギリス（連合王国）の消費量（アイルランドを含む）は、棉花、羊毛、生糸、リネンをあわせて一人当たり約八・七ポンドであった。[30] 一七八〇年代のフランスでは、リネンの生産が一人当たり約六・九ポンドであり、棉花にかんしては、わずか〇・三ポンドであった。[31] 羊毛については、重量単位ではなく立方ヤード単位のデータしかなく、つくられた布のタイプがわからないと正確な換算はできない。しかし、相当安全と思われる換算率を用いれば、一八〇〇年前後の生産量は、一年間で一人当たり一・一八ポンドに達していたことになる。[32] したがって、革命前夜のフランスにおける一人当たりの織物生産量は、中国における高い方の推計値と近く、最も低い推計値より三分の一ほど高いものであったと考えるのが適当と思われる。ドイツについては、管見の限り、最も古い時期の数値を使うとして、中国より織物生産量は相当低かったことになる。一八一六年における羊毛の生産量は、一人当たりわずか一・一ポンド、棉花の一人当たり生産量は、一八三八年でもなお〇・六ポンド、リネンにかんしては、一八五〇年で一人当たり約三・三ポンドであり、ドイツの一人当たり織物生産量は、全体でも五ポンドであった。[33] イングランドから綿布が輸入されていたから、ドイツにおける綿布消費量は、これらの生産統計よりは高いものであったことは疑いないが、一九世紀初頭のドイツ人は、七五年も前の平均的な中国人より年間の綿布消費量が少なかったと考えるべきだと思われる。それにしても、ドイツは、むろんヨーロッパの最貧地域などでは毛頭なかった――一九世紀後半までは、東ヨーロッパと南ヨーロッパにかんしては使えそうなデータを知らないが――のに対して、中国についての推計値は、帝国内で最も僻遠にして、最も困窮していた地域をも含んでいる。こうして、一八世紀中頃から末期にかけて、中国の繊維品消費量は、ヨーロッパのそれと十分に太刀打ちできる規模であった、と思われるのである。

訳者あとがき

本書の翻訳の話が、大阪大学の同僚であった杉原薫さん（当時大学院経済学研究科教授）からあったのは、もはや十数年前のことである。文学研究科の東洋史および西洋史の院生諸君と杉原ゼミの院生の共同作業とすることになったが、私自身が図書館長と総長補佐を兼任することになって国立大学法人化の荒波に翻弄されたため、全体を見る手続きができず、院生諸君には申し訳なかったことだが、ほとんど断念していた。今回、ぎりぎりのタイミングになって、ようやく陽の目を見ることになり、多少の申し訳になればと思っている。刊行が遅くなったが、原著へのさまざまな評価とそれらに対する著者自身のレスポンスを序文として掲載できたのは、怪我の功名と言うべきかもしれない。私自身、最後の訳業と思いつつ老骨に鞭打ってみたが、思うにまかせないことも多く、思いがけない瑕疵もあろうと懸念するが、ご容赦いただきたい。

下訳から長い年月を要したので、担当者の立場にもこの間に大きな変化があった。すでに多くの方々がしかるべきポストに就いておられるので、いまさら監訳でもないとも思ったが、いきさつ上、このようなかたちにさせていただいた。ただ、もともと参加していただくはずであった宮崎章さんは、今回、固辞されたため、お名前を外したが、その訳業は抜群の出来で、ほとんど手直しは要さない状態であった。

このタイプの翻訳で最もやっかいな、中国の固有名詞、とくに研究者名の漢字への復元については、全編にわたって石川さんと西村さんを煩わせた。

訳語については、おおかたは慣用に従ってあまり問題はなかったが、Britain をイギリス、England をイングランドとした。いささか煩雑だが、統計の範囲などがしばしば問題になるので、正確を期した。

辛抱強く待っていただいた原著者および原著の出版社、名古屋大学出版会、さらには杉原さんには、この場を借りてお礼申し上げる。

二〇一五年一月

川北　稔

〈付記〉
日本語版の索引と参考文献の作成にあたっては、長澤勢理香さん（同志社大学経済学部助教）、宗村敦子さん（関西大学経済学研究科博士後期課程）、島郁絵さん（同経済学部）に手伝っていただいた。感謝申し上げる。

注

日本語版への序文

（1）Allen 2009b：532-34, 544-48.

（2）Li and Van Zanden 2012.

（3）Allen 2000：20.

（4）たとえば、Bremner 1985：10-63, 213-327；Overton 1996.「農業＝基底主義」という用語については、Allen 1992：2-3 を見よ。

（5）Broadberry, Guan, and Li 2014. かつて管漢暉・李稲葵 2010 は、一五世紀までに中国ははるか後塵を拝するようになっており、その後数世紀でさらに遅れたと主張していた。

（6）Maddison 2001：42 は、一三〇〇年頃には、西ヨーロッパが中国に追いついたとしている。

（7）たとえば、Lal 1998；Jones 1987；Wallerstein 1976.

（8）Landes 1998：33-35, 59, and passim.

（9）たとえば、Li and Van Zanden 2012.

（10）Allen et al. 2011. この論文での中国農民の賃金推計は、著者たちも指摘している通り、私のそれにごく近い。Allen 2009b は、長江下流域の賃金は一七世紀中葉のイングランドのそれとほぼ同じであったという（544）。しかも、長江デルタの農民は、同時代のイングランドの農業労働者よりはるかに繁栄していたともいう（546）。

（11）Tilly 1984：36 は、もう少し緩い定義を用いて、より高い推計値を出している。

（12）Pomeranz 2006 における計算。

（13）しかし、高度な科学とイギリス産業革命の関係は限定されていたという最近の再論としては、Ashworth 2014 を見よ。

（14）Mokyr 2004, 2010 を見よ。また、Landes 1969；Matthias 1972：148-67 も見よ。

（15）Allen 2009a：135-237.

（16）Allen 2004：6, 17 のデータから計算。

（17）Allen 2009a：45.

（18）たとえば、Braudel 1981；Ladurie 1981.

（19）Voth 1998：37-40. 消費については、Voth 2001：192-210.

（20）De Vries 1994, 2008, 2013；速水 1977, 1989；Hayami 1986, 1992. また、日本については、Saito 2013；Francks 2013 を見よ。私自身も本書で、中国の中核地域について同様の議論を展開している。一部は第2章で、しかし、大半は第3章で扱っている。また、Pomeranz 2013 でも。

（21）Wrigley 1988：54-55；Pomeranz 2000：276 n. 50.

（22）Pomeranz, 2000：313-15.

（23）O'Rourke and Williamson 2005. この問題をほかの文脈で扱ったものとしては、Pomeranz 2009a：335-73 を見よ。

（24）O'Rourke and Williamson 2005：18-22.

（25）Ibid., 10.

（26）Ibid., 22.

（27）中国とヨーロッパの市場統合については、Keller and Shiue 2007 を見よ。

（28）とくに Rosenthal and Wong 2011 を見よ。

（29）こうしたつながりについては、第4章でより詳しく論じる。

（30）かつては、中国の「失敗」については外的な条件から説明することが流行ったが、それがマルクス主義の厳密な発展段階論を金科玉条とした中国本土の大学に関係する者には好都合であったし、中国が被った帝国主義の被害を強調したい民族主義者にも都合がよかったことには、注目しておくべきである。

（31）呉承明 1985 と呉承明・許滌新 1985 は、この著作の優れた要約となっている。

（32）Li 2005；李伯重 2000, 2002.

（33）呉承明 2003. 年長の研究者で本書に全体としてよい評価を与えているのは、（本書の大陸中国における翻訳者である）史建云 2003 と張芝聯 2004 である。王家範 2004 は、もう少し辛口である。杜恂誠・李晋 2009 は、私の仕事や「カリフォルニア学派」（後述）に属する他の研究者の著作を酷評している。中国の生産関係は分析せず、労働生産性にばかり焦点を当てすぎているというのである。

（34）Brenner 1985；Brenner and Isett 2002. ブレナーに対する私の全面的な反論はまだ出版されていない（出版が遅れているが、カリフォルニア大学ロサンゼルス校で開かれた討論会の報告書として出るはずである）。しかし、一部のコメントは、つぎの文献にも見られる。Pomeranz 2009b：77–110.

（35）Huang 1990.

（36）Huang 2002, 2003；黄宗智 2002；Pomeranz 2002, 2003；彭慕蘭 2003；黄宗智 2009. また、Wong 2003；Goldstone 2003；Lee, Campbell and Wang, 2002；曹樹基・陳意新 2002；Wolf 2001 その他の論考を見よ。

（37）Luo 2007：346–47 は、中国におけるカリフォルニア学派に対する賛辞にも、批判にも、民族主義的な動機から出たものがあるとしている。

（38）Wong 1997；Pomeranz 2000.

（39）Smith and Von Glahn 2003.

（40）Maddison 1995：Table 1-4 における一九一三年の数値を、Penn World Data tables (https://pwt.sas.upenn.edu/) で得られる現代のそれと比較せよ。

（41）Smil 2015.

（42）Kriedte, Medick, and Schlumbohm 1981；Mendels 1972；Levine 1977；斎藤 1985；Pomeranz 2005.

（43）Sugihara 2013；Tanimoto 2013.

（44）たとえば、Brandt, Ma, and Rawski, 2014：57–58 にある要約を見よ。

（45）Suigihara 2003, 2013.

（46）Braudel 1977.

（47）Hamashita 2008：12–26. また、濱下・川勝 2001 所収の諸論考をも見よ。これもまた、過去の研究者が何らかの成長への障害と見たものを取り上げ、そうであったとしても、どんな成長なら可能であったのか——たとえ理論的には最適とはいえないにしても——を見ようとしている例だという点に注目せよ。川勝平太も同様の動きをしていて、徳川時代の日本が大半の貿易を停止したことは、陶磁器、茶、砂糖、絹などの輸入代替産業を育成する好影響があったと主張している。さらにこの主張を、濱下の議論と組み合わせて、慎重ではあるが、興味深い仮説を立てている。すなわち、長期的に見れば、東アジアの一部が朝貢貿易体制の内部にあり、一部がその外にあったことは、このシステム自体が存在しなかった場合や海域東アジア全体を覆っていた場合に比べて、よかったのではないか、というものがそれである。

（48）Grove 2006：28. また、Hamashaita 2008：167–78 も見よ。

（49）Arrighi 2009.

（50）Sugihara 2005：6–11；Sugihara 2013：31–38.

（51）Akamatsu 1962.

（52）Wong 1997；Pomeranz 2008, 2013 を見よ。

序　章

（1）「西ヨーロッパ（western Europe）」が大半の論者にとって社会的、経済的、政治的構築物であって、何らかの地理的実体ではないことにここで注意しておきたい。たとえばアイルランド、南イタリア、イベリア半島の大半は、通常ヨーロッパあるいは西ヨーロッパに特徴的だとみなされている経済的発展を共有するところがあまりなかった。本書は「西ヨーロッパ」という語を地理的な意味で一般的に用いることにするが、しばしば比較において「ヨーロッパ」を代表するとみなされている諸地域（たとえばネーデルラント南部やイングランド北部）は、サイズや経済的諸特徴からも中国やインドといった亜大陸全体とではなく中国の江蘇（省）のような単位の地域と比較されるほうが望ましいことを指摘しておきたい。

（2）たとえば、Williams 1944；Frank 1969；Amin 1974 等の議論に対する、現在の主流派の概して否定的な意見を想起せよ。海外搾取テーゼに対する一般的な批判としては、De Vries 1976：139-46, 213-14 がよい。

（3）完全に分割されているのではなく、システマティックに連関していると仮定される実体間の比較（「包括的比較」と呼ばれる）にかんする議論については、Tilly 1984 を見よ。

（4）たとえば、Blaut 1993：186-206.

（5）その好例としては、Britnell 1993 を見よ。

（6）法制的変化と民間の慣習の重要性を低く見積もる傾向の好例としては、イギリスの開放耕地制の消滅を再検討した膨大な数の文献を見よ。この開放耕地は、初期資本主義に反感を抱く集合倫理を示すものであったが、議会で、より個人主義的で非家父長主義的な思考法が主流になるにつれて、政府がこれを抑圧した、とかつては考えられた。しかし、いまでは、開放耕地は、作柄の変動の激しい世界で生きていくために、個人としては合理的な戦略であったこと、また、それが消滅したのは、もっぱら、利子率がしだいに低下して、もうひとつの凶作への保険——穀物を貯蔵しておくこと——がより安価になったこと、それに、土壌や気候条件が微妙に異なる小さな土地をあちこちに維持するよりも、「まとまった土地のほうが」効率的になったためだというのが、共通の理解となっている（たとえば、McCloskey 1975a, 1975b, 1989）。こうした見方からは、さらに、イギリスとは違ってフランスでは、伝統的な開放耕地への政府の攻撃が成功しなかったことが、フランスの経済発展にとって重大な障害であったという、かつての歴史家たちの共通理解は成立しないという結論も導き出される。このことについては九三—九六頁で議論する（異論を唱える）。

（7）イギリス中心史観の、まったく相異なるが古典的な二例として、Landes 1969 と Hobsbawm 1975 を見よ。この歴史観に対する最も明示的かつ辛辣な批判のひとつに、O'Brien and Keydar 1978 がある。

（8）たとえば、Snooks 1994a；Wrigley 1990：101-2 を見よ。

（9）O'Brien 1982：12.

（10）Ibid. イギリスとフランスについてのケイダーとの共著においてオブライエンは、ヨーロッパの工業化が、イギリスの革新の大陸へのたんなる波及というわけではなかったことを、少し違った方向からではあるが、より説得的に主張している。たとえば、フランスは、しばしばイギリスの半製品の仕上げ部門を含む、イギリスとはタイプの違う工業に集中していた。しかし、工業化にはさまざまな道がありえたことを示している、こうした英仏両国の補完性こそは、まさに、イギリスの工業化を簡単に無視し、それが起きなければ起きないで、大陸は何らかのかたちで工業化していったはずだ、と主張することなどできないことをも示唆していよう。そしてイギリスについてのストーリーは、後述のように、二つの決定的な断絶——石炭による断絶と植民地による断絶——を抜きにしては、とうてい想像することもできない。

（11）Wong 1997.

（12）単位としての「(諸) 文明」の有用性が限られていることについては、Fletcher, 1995：3-7 および Hodgson 1993：17 を見よ。諸大陸については、Wigen and Lewis 1997 を見よ。

（13）たとえば、本書では王国斌よりもグローバルな複合状況と相互影響を強調し、ヨーロッパと中国以外の場所をより議論に入れる。また、王国斌の話題としたもののうち、たとえば国家形成などについて言及することはあまりなく、逆に、環境変化のように彼が明示的に扱わなかったものにいっそう言及することもある。

（14）Tilly 1984.

（15）Jones 1981, 1988.

（16）Hajnal 1965, 1982.

（17）Jones 1988；Elvin 1973；Powelson 1994.

（18）Abu-Lughod 1989；Frank 1998.

（19）たとえば、Jones 1981：70-74を見よ。

（20）Crosby 1986；2-5, 294-308.

（21）Frank 1998：283における、ガーシェンクロンのもじり。

（22）Sugihara 1996.

（23）しかし近年、多くの西洋の研究者のあいだでも、たとえ所有権の保証における国家の大幅な介入がなくても、契約を強制的なものにし、したがって、効率的な市場の存立を許すような、制度的アレンジメントがありえたことを実証する試みに関心が高まっていることには、注目すべきである。有益なサマリーとしては、Greif 1998：597-633がある。

（24）たとえば、Ambrosoli 1997；Levine 1977；Kjaergaard 1994を見よ。

（25）Wittfogel 1957；Jones 1981：66-67, 118, 125；Jones 1988：130-46；Mokyr 1990：233-34, 256-60；Powelson 1994.

（26）杉原と速水1989は「産業」革命と「勤勉」革命はすでに一七世紀に分岐したと見ているし、アリギはこれを一八世紀とする。このようにより古い時期にも、分岐の兆候はたしかにあるが、本書では、一九世紀への転換期に新世界と石炭とによって、長期にわたってそうした土地利用・資源集約的な径路が持続的であることが明らかになるまでは、これはなお固定的なものではなかったと論じるつもりである。

（27）P. Huang 1990：11-17. 関連する議論としては、Goldstone 1996も見よ。

（28）De Vries 1994b.

（29）Braudel 1977：60；De Vries 1976：210-14.

（30）Flymn 1984；Hamilton 1934.

（31）Braudel 1977：60-75.

（32）Mokyr 1976：132-64. Lewis 1954：139-91と比較せよ。

（33）ヨーロッパ内部の資本蓄積か「外来の供給源（エキゾティック・ソース）」かの論争については、De Vries 1976：139-46, 213-14を見よ。需要については、ibid., 176-92；Mokyr 1985b：21-23. また Mokyr 1985aは産業革命における需要の重要性により一般的な疑問をなげかけたもの。

（34）この点において留意すべきは、「特化」は「分業」とも、まして「複雑化」とも同義ではないということである。たとえば、きわめて複雑な交換ルールをもった社会を考えてみよう。そこでは毎週パンを焼く人を決定し、誰も専業のパン職人ではないとする。こうした社会はたしかに何にもまして複雑であろうし、民衆も非常にこみいった一連のスキルの持ち主になりうるが、しかし、まさにそれゆえに、この社会は、人びとが、とくに市場を見いだせそうなごく少数のスキルに集中するように、たえず駆り立てられている社会に匹敵するような経済的ダイナミクスとは無縁であった。

（35）これらのダイナミクスを半マルサス的と呼びたい。しかし、それは、中核地域のどこにおいても、人口が稠密であったことが、必然的に生活水準の低下を招いたわけではないと言いたいからである。産業革命前の技術条件においては、たんなる土地／労働比率の悪化も、さらなる成長の大きな障害になったし、それに初期の工業技術がこの制約を軽減したとしても、それだけで十分ではなかったと思われる。

（36）Blaut 1993：42, 124, 152.

（37）オスマン帝国の人口は、帝国の大半において比較的希薄であったと同時に一八世紀を通じて減少傾向にもあったようであるが、これについては、McGowan 1994：646-57を見よ。

第I部

第1章

（1）ジョーンズによる「ヨーロッパ」の範囲は一定ではない。時にはヨーロッパ大陸のすべてを含めているが、西ヨーロッパ、さらには北西ヨーロッパしか含めていない場合もある。

（2）Jones 1981：4-5.

（3）Ibid., 14.

（4）Ibid., 22-35, 40-41.

（5）Van Schendel 1991：42；Marshall 1987：7, 23.

（6）P. Huang 1985：145.

（7）計算方法については補論Bを見よ。

（8）たとえば、一七五〇年頃の山東省の人口は一平方マイル当たり四〇〇人であったが、食糧の純流入は見られなかった（P. Huang 1985：322）。一方、ヨーロッパのそれは、オランダでも一六〇人で、しかも相当量の食糧輸入に依存していた（McEvedy and Jones 1978：62–63 に基づいて算出）。

（9）ヨーロッパとの比較についてはBray 1984：48, 198–200 を、製粉についてはPalat 1995：60 を参照。

（10）Smith 1937：637–38.

（11）Habib 1990：376–77.

（12）補論Aを見よ。

（13）たとえば、Gardella 1992b：101–2 を見よ。

（14）呉承明 1985：277. 一石は約一〇三リットルで、米一石は一六〇ポンド相当である。

（15）Perkins 1969：297–300；Marks 1991：77–78.

（16）Braudel 1981：127.

（17）Jones 1981：81；De Vries 1974：170.

（18）P. Huang 1985：322.

（19）許 1995：86.

（20）Smith 1958：68.

（21）Reid 1989：57.

（22）Bray 1984：53；Palat 1995：60.

（23）Braudel 1981：196.

（24）Jones 1981：7.

（25）Hanley 1997：104, 110–11, 117, 119–20；Reid 1988a：36–38, 41.

（26）Bairoch 1975：7, 13, 14.

（27）Stone 1979：58.

（28）Knodel 1988：68–69.

（29）Wrigley and Schofield 1981：230, 708–13.

（30）Razzell 1993：757–58.

（31）Ibid., 759–63. ただし、修正後の平均余命は私の計算による。

（32）Blayo 1975：138–39.

（33）Nipperdey 1996：89.

（34）Hanley and Yamamura 1977：221–22.

（35）スミスらが作成した図表によれば、出生時平均余命は、四六・一歳と五〇・八歳であった（Smith, Eng, and Lundy 1977：51）。ここで注意しておきたいのは、近年の中国での研究が示しているように、（深刻な飢饉のためではなく）頻繁な乳児殺しのせいで、出生時と一歳時の平均余命には大きなギャップが存在しており、後者のほうが、全体の状況をよりよく反映しているということである。乳児殺しが必ずしも極端な手段ではなかったということを信じられない向きもあるだろうが、中国や日本では豊かな人びとのあいだでも乳児殺しはしばしば見られた。またヨーロッパでも、豊かな都市住民が乳児を農村の乳母に預けるという習慣が存在し、それが乳児の死亡率を引き上げることが知られるようになってからも、根強く行われたのである。

（36）Telford 1990：133.

（37）Lee and Campbell 1997：60, 76–81.

（38）Lavely and Wong 1998, とくに 721–24 を参照。

（39）皇族の成員は満洲人であったが、中国に住み、多くの面で［漢民族との］同化が進んでいた。

（40）李中清 1994：7.

（41）Ibid., 9.

（42）Braudel 1981：129–30.

（43）Clark, Huberman, and Lindert 1995：223–26.

（44）Pan 1994：10.

（45）Marks 1991：77–78.

（46）Perkins 1969：300 に引用。

（47）イギリスについては、Clark, Huberman, and Lindert 1995：226 n. 25 を見よ。Pan 1994：327 とその部分についての注では、［中国の］成人男性の消費量を成人女性の二倍と推計している。これを受け入れれば、中国の成人男性一人当たりの消費量は、穀物だけで三一八一カロリーとなり、より強い印象を与える数値となる。男女間のカロリー分配がこのように偏っていたとすれば、「成人男性一人当たり」の数値を「イギリスとの」比較基準に用いるのは危険かもしれない。しかし一九三〇年代の上海のデータによれば、成人女性の穀物消費量は、平均的な成人男性の七七パーセントであったといい（上海市社会局 1935：183）、これならば、クラークらがイギリスについて用いた比率〇・七三にかなり近い。

（48）Ng 1979：56（Reid 1988a：48-49 に引用）.

（49）Reid 1988a：45-50.

（50）Visaria and Visaria 1983：472-73.

（51）Parthasarathi 1998：79-109.

（52）Hajnal 1965, 1982, とくに後者の 476-81 を参照。

（53）Cornell 1996：43-44；速水融（Goldstone 1991：405 に引用）.

（54）Smith, Eng, and Lundy 1977：107-32.

（55）Skinner（Goldston 1991：407 に引用）.

（56）Reid 1988a：16, 160-62.

（57）李中清・郭松義 1994：1-38；李伯重 1994：41-42, 46-52.

（58）Lee and Wang 1999：20-21；Lee and Campbell 1997：90-95.

（59）李中清 1994：3.

（60）李伯重 1994：57-58.

（61）Abu-Lughod 1989：193-97.

（62）Will 1980；Perdue 1987：211-19.

（63）Bernhardt 1992：129-34.

（64）Reid 1988a：121-28.

（65）Jones 1988：130-46, とくに 145-46 を参照。

（66）Hao 1986：28；Morse 1966：II：61, 180, 256, 266, 322 では，とくにアメリカ市場が重要であったこと，また，布の価格が相対的に安価であったことが指摘されている。

（67）とくに Jacob 1988：27-30, 58-59, 64, 77, 81-82, 89, 110, 123, 150-51, 158, 209, 223 を見よ。

（68）たとえば，Henderson 1984；河田 1979.

（69）Widmer 1996：95-99, 103-4, 107-8, 113-15.

（70）Bayly 1989：80-81.

（71）先に注（7）で触れたように，山東省の人口密度はオランダに比べてはるかに高かったが，これは灌漑が山東の農業で重要な要素になっていなかったことを考えると，「灌漑以外の農業技術においても，中国のほうが先進的であったことを示す」きわめて興味深い事例となる。中国の農業技術一般については，Bayly 1984 を見よ。（灌漑を含め）中国以外の事例としては，南インドのカヴェリ川デルタにおいて，耕作者がその収穫高のうち九四パーセントを手放しても，なお生活できたという例がある（Van Schendel 1991：44）。このことからわかるのは，一人の農民が一六人を（十分とはいえないまでも）養うことができたということ，つまり，アジアのある部分においては，たんに耕地当たりではなく労働者一人当たりの生産性が，ヨーロッパのどこよりも高かった可能性があるということである。

（72）鉄については，Dharampal 1971：243-44, 246-47, 260 を見よ。イングランドの鉄価格（および銑鉄から棒鉄への転換）については，Deane and Cole 1962：222 n. 5, 223 n. 1 を見よ。織布・染色については，Mitra 1978：13 を見よ。

（73）Thornton 1992：45-48.

（74）Hanley 1997：104-5, 110-11, 119-20；Reid 1988a：38.

（75）インドについては，Dharampal 1971：141-64 を，中国については，杜家驥 1994：154-69 を参照。

（76）産婦人科の医療については，熊秉真 1995 を，医学的知識の印刷・普及については，Unschuld 1986：183-97；Widmer 1996：95-115；Bray 1997：311 を参照。

（77）Smil 1994：234.

（78）たとえば，Anderson 1988：154.

（79）Mokyr 1990：13, 57, 83.

（80）Greenberg 1951：87.

（81）Bray 1997：217-20.

(82) Elman 1990 : 79–85.
(83) Smil 1994 : 107.
(84) Elvin 1973 ; Frank 1998 ; Habakkuk 1962 ; Washbrook 1988.
(85) Reid 1989 : 61, 69–71 ; Reid 1988a : 135.
(86) Mitra 1978 : 37–41 ; Hossain 1979 : 324–38 ; Arasaratnam 1980 : 259–60, 263, 265, 268, 272, 278.
(87) たとえば、Staunton 1799 : II : 138 を見よ。
(88)「相対的に少ない」というのは、もちろん、比較の上でのことである。ド・フリースとアレンは、オランダとイングランドの事例について、ヨーロッパの他の地域や、より早い時代の例と比較してみて、プロト工業と農業のあいだを季節的に移動する労働者がきわめて少数であったことに衝撃を受けた。一方で Sokoloff and Dollar 1997 は、イングランドとアメリカ合衆国を比較したところ、一九世紀末になっても、きわめて多くのイングランド人が農業と工業を掛け持ちしていたことを発見した。アメリカ合衆国の事例とその含意については、第6章であらためて議論したい。
(89) De Vries 1994a : 57–62 ; Allen（Postel-Vinay 1994 : 72 に引用）.
(90) Parthasarathi 1998 : 101–2.
(91) Mokyr 1991 : 177–81.
(92) MacLeod 1988 : 158–81.
(93) Jacob 1988 : 92–93.
(94) Mokyr 1990 : 166.
(95) Lazonick 1981 : 491–516. 一八〇〇年頃の国民所得の違いと、それが今日までに大きく拡大したことについて、Bairoch 1975 : 3–17.
(96) Braudel 1982 : 522, 575 ; Frank 1998 : 289–91.
(97) Chapman（Mokyr 1990 : 98–99 に引用）.
(98) Li, Bozhong 1998 : 108.
(99) H. Klein 1990 : 291–93.
(100) Mitra 1978 : 46–47, 51, 63–66, 75–92, 113–15, 126–27, 14–15 ; 賃金の比較については、Chaudhuri 1978 : 157, 273 を見よ。
(101) たとえば、Mokyr 1990 : 221 を見よ。
(102) たとえば、Hobsbawm 1975 : 38.
(103) たとえば、Bruchey 1967 : table 2–A（頁付なし）を見よ。
(104) W. Parker 1984 : 38 ; Mokyr 1985a : 107–8.
(105) Gunst 1989 : 73–74.
(106) Parthasarathi 1998 : 107.
(107) Goldstone 1991 : 186 ; Labrousse 1984 : 343, 346–47.
(108) Blaikie and Brookfield 1987 : 129–40, とくに 138 ; Kjaergaard 1994 : 18–22. より詳しくは本書第5章を見よ。
(109) Blaikie and Brookfield 1987 : 139.
(110) Ibid., 133.
(111) Chao 1977 : 22–25, 30–31.
(112) M. Williams 1990 : 181. 特定のいくつかの国については、Darby 1956 : 203–4 を見よ。また、フランスについては、Cooper 1985 : 139 n. 2 を、ドイツについては、M. Williams 1990 : 181 を比較参照。
(113) Blaikie and Brookfield 1987 : 132–33.
(114) Wrigley 1988 : 80–81.
(115) Braudel 1981 : 170.
(116) Grove 1995 : 408.
(117) 第5章で見るように、西ヨーロッパの大陸部は、多くの地域でイギリスよりも森林に恵まれていたにもかかわらず、一八世紀においては、イギリスで使用が増加していた石炭に当たる代替燃料が多くの地域で産出しなかったため、より深刻な燃料不足と木材価格の上昇に苦しんだ。
(118) グローヴによれば、ヨーロッパ人が、インド人の考え方や慣行から学んだことは、少なくとも一八五七年以前において、「インド以外の地域から取り入れた、どんな考え方に比べても……ずっと重要」であった(382)。これについては、Grove 1995 : 387–88, 406, 440, 471–72. また、中国の影響については 187 を、さらに早い時期の例については 77–80 を見よ。中国の生態環境にかんする官僚たちの洞察とその限界については、Dunstan 1998 を見よ。日本の市民文化については、Totman 1989 を見よ。
（119）Grove 1995：435, 463–64, 471–72, 480.
（120）Morton 1981：118–21.
（121）Wrigley 1988：54–55. 燃料の転換についての問題は、その第六章（276 n. 50）でさらに詳しく論じられている。
（122）Hammersley 1973：602–7. また、Flinn 1978：139–64も参照。
（123）M. Williams 1990：181.
（124）Harris 1988：25, 26. フリンはまた、もし石炭が存在しなければ、一七五〇年以後、イングランドの製鉄業の発展は、木炭の不足によって妨げられただろう、という（Flinn 1978：145）。彼が強調しているのは、それより早い時期の水準でなら、製鉄業は［石炭なしでも］持続可能だったということであり、また、木炭の不足が深刻になったことが原因となって、製鉄業における石炭使用が増加したというのは間違いだ、ということである。
（125）Harris 1988：26；Flinn 1958：150.
（126）Harris 1988：26.
（127）これについてハマースリは、つぎのように指摘している（Hammersley 1973：608–10）。木材の運搬コストは大きく、そのため、木材の価格は場所によって大きく変動した。また、特定の売り手や買い手が、ある地域の市場を独占する場合もしばしばあったため、価格は、必ずしも希少性を表す指標とならない。さらに、木炭価格のかなりの部分は賃金によって占められており、木材価格との関係は小さかった。
（128）Flinn 1978：143–45, 147–48；Hammersley 1973：608–10.
（129）Flinn 1984：114.
（130）Ibid., 26, 121–28.
（131）中国については、Needham 1965：255.
（132）Needham 1965：135–36, 225–26, 369–70, 387.
（133）Hartwell 1967：102–59.
（134）Needham 1965：497.
（135）P. Huang 1985：114–15；Ho 1959：136–37.
（136）黄啓臣 1989：1–2, 46, 84.
（137）Ibid., 2, 70–72.
（138）Ibid., 2.
（139）Sun 1988：93.
（140）たとえば、黄啓臣 1989：70–72に掲載された、一七世紀についてのリストを見よ。
（141）黄啓臣 1989：109–40.
（142）Needham 1965：513–15, 522, 525–28, 531（たいへん精巧な技術を要する直径一インチの時計が紹介されている。その時計を作った職人は、ヨーロッパからの優れた輸入品を模倣した可能性がある）. また、285, 296では、早くも一一世紀に作られた、差動歯車を備える走行距離計が紹介されている。
（143）輸送費用については、Skinner 1977a：217を見よ。また、T. Wright 1984：9によれば、西北部の炭鉱と、そこから五〇キロメートル離れた川岸とのあいだでは、石炭の価格が五倍も違ったという。なお、De Vries and Van der Woude 1997：37によれば、ヨーロッパにおいて、「歴史的に、埋蔵エネルギー開発の成否は、資源自体の採掘にかかる費用ではなく、その輸送費に係っていた」という。
（144）余明侠 1991：27.
（145）Ibid., 19, 21.
（146）宋応星『天工開物』一一巻、一六三七年（余明侠 1991：23に引用）。西北部に比べればずっと湿潤な徐州の炭鉱でさえ、排水の問題は小さかったように思われる（27）。
（147）詳しくは第5章を見よ。また、Nef 1964：174, 263–64.
（148）Nef 1932：156–58；Wrigley 1988：77–78.
（149）Nef 1964：158, 183, 203；Nef 1932：215–24.
（150）Harris 1992：18–33, とくに21–23, 27, 30–31.
（151）［航海術について］イギリスのものがヨーロッパでも最も優れており、ヨーロッパのものが世界的にも優れていたということは、あらためて言っておきたい。アジアでも海上輸送は高度に発達しており、ある面ではヨーロッパよりも先進的ですらあった。しかし、アジアでは、海岸に沿って航海することが多く、外洋で長時間航海することは少なかったから、出発時点での小さなミスが大きな海難につながる危険は比較的小さかった。一方で、大西洋の横断航海に挑む［ヨーロッパの］船乗りたちには、アジアでの長距離航海とは比較にならないほど、高い技術が必要とされた。大砲の照準器に対する、陸軍・海軍の要求についても、同じことがいえる。

(152) E. Thompson 1967：66–70.

(153) Mokyr 1990：85, 103–4.

(154) 一八七〇年代の蒸気機関をワットのものと比べると、燃費はさらに四倍も向上していた。Mokyr 1990：90 を見よ。

(155) Ibid., 88.

(156) Von Tunzelmann 1978：224, 289.

(157) Mokyr 1990：88, 90.

(158) Von Tunzelmann 1978：62–63.

第2章

（1）たとえば、North and Thomas 1973, とくに 157–58；North 1991：35 を見よ。

（2）たとえば、Senghaas 1985：28–30, 65 を見よ。

（3）P. Huang 1990：108.

（4）Ibid., 114.

（5）Levi 1988：79–99 のピードモンテーゼ村の土地市場にかんする議論を見よ。

（6）R. Huang 1974：99.

（7）P. Huang 1985：87.

（8）Pomeranz 1993：240.

（9）Chen 1936：34–35.

（10）Buck 1937：192.

（11）羅崙・景甦 1986：34–35；P. Huang 1985：103.

（12）P. Huang 1990：103 では四五パーセントが貸し出されていたことが示されている。

（13）Marks 1984：44 はいくつかの地域では借地農の集中が見られたものの、大部分の土地が自由に保有されていたことを示しており、Chen 1936：19 は非常に例外的な村で六八パーセントの土地が貸し出されていたと述べている。

（14）Naquin and Rawski 1987：100–1.

（15）Watson 1990：247.

（16）P. Huang 1990：107.

（17）Osborne 1994：11–13, 15, 19.

（18）P. Huang 1985：79–81；P. Huang 1990：58–75.

（19）Myers 1982：290–91；Rawski 1985：6, これには有益な文献の要約が付随している。さらに、Bernhardt 1992：24–26.

（20）Zelin 1986：510–14.

（21）Buoye 1993：54–57.

（22）P. Huang 1985：139–45

（23）F. Thompson 1963：68.

（24）Carr 1967：51.

（25）Forster 1960：120, 162–63.

（26）オランダについては、De Vries 1974：33, 38, 44–78, 54 を、ロンバルディアについては、J. M. Roberts 1967：68–69 を、スウェーデンについては、M. Roberts 1967：142, 146 を見よ。

（27）Bloch 1966；127–28；Brenner 1985a：47–48.

（28）De Vries 1974：27–28, 31–32.

（29）De Vries 1974：152, 243；De Vries 1976：36.

（30）Bloch 1966：128–92.

（31）生産性上昇率については、De Vries 1976：39–40 を見よ。

（32）Ambrosoli 1997：393–94.

（33）Parker and Croot 1985：80–81.

（34）Bloch 1966：221–22.

(35) Ibid., 233.
(36) Ibid., 179–80.
(37) De Vries 1974：152；De Vries 1976：64–67. 北部イタリアで広範に行き渡っていた休閑の禁止については、Zangheri 1969：33–37を見よ。
(38) J. Elliott 1961：62–64；J. Klein 1920.
(39) Nipperdey 1996：123, 131, 134.
(40) Slicher Van Bath 1977：71；F. Thompson 1968：63–73.
(41) なぜ「農業個人主義」が、イングランドよりフランスではるかに遅れて生じたのか、またさまざまな農業の改革のパターンと「資本主義的な」階級構造・政治体制および精神構造との関係については、白熱した議論があるが、ここで紙幅を割くには及ばない。要点は、改革のタイミングのずれ自体と、この移行の相対的な遅れと、新技術の導入の相対的な遅さとの本質的なつながりである（Bloch 1966：197–98）。もし、一八世紀の農業において、イギリスがフランスより優位にあったという主張に疑問符を付すことができれば、つまり、新技術の利用の自由度にどれほどの違いがあったのかということを疑問視できれば、より深刻な問題が提起されることになろう。この種の疑問は、主にO'Brien 1977：174やF. Thompson 1968：71等によって提起されてきた。しかし、彼らの議論は、イギリスにおいてさえも、かつてわれわれが思っていたほど早くは新技術が導入されなかったということを指摘するのみで、イギリスの優位性は否定していない。しかも、イギリスの人口規模にかんする新学説は、イギリスの農業の成長についての本書の推論を、あらためて支持するものである（Cooper 1985：141–42に引用されている）。オブライエンが、農業上の差異がイギリスにより早いブレイクスルー（工業化）をもたらしたことを説明するのに十分なほど大きかった、という本書の主張に警告しているのは正しい。しかし、だからといって、フランスが二世紀ものあいだ、慣習的権利のせいでより生産的な農業体制への移行を妨げられ、頻発する生存の危機に脅かされながら（Ladurie 1974, 1976）、明らかな人口の天井——イングランド、ネーデルラント、ドイツ西部、イタリア北部よりも低い人口密度のレヴェル（Cooper 1985：138–39）であるにもかかわらず——にぶちあたって「停滞」の状態にあったという事実を無視できるものではない。
(42) Allen 1982；McCloskey 1975a, 1975b, 1989；Clark 1998.
(43) Clark 1998：77, 87–94.
(44) Ibid., 94–97. また、McCloskey 1989：159も見よ。
(45) しかし、McCloskey 1975b：155–56等にとっては、市場はまったく失敗してはいなかった。開放耕地制は、（いくつかの小さな土地を「ポートフォリオ」として保有することで）リスク削減の方法として合理的であった。利子が高すぎて、おおかたの人びとが、ふつうなら売るか在庫となったはずの余剰穀物を保存して飢饉に備えるということができないときがあったからである。ひとたびこの条件が変化すると、開放耕地の非効率性は、もはやこのような保険機能によって帳消しにはならず、人びとはそれを消滅させようとするのである。
(46) McCloskey 1975b：155–56は、これを可能性の問題として扱っているが、他の生産要素に対する支払いは、間違いなくその本当の機会費用に等しかったという。
(47) この見解の古典はマックス・ヴェーバーの『プロテスタンティズムの倫理と資本主義の精神』である。数多くの他の説明——一部は変化していく考えにいっそう重点を置き、他のものは物質の力に力点を置く——がこれに続くが、その現象の重要性にかんしては幅広い合意がある。後者の主張のうち最も重要な議論はフェルナン・ブローデルとヤン・ド・フリースのものであり、以下で取り上げられる。
(48) たとえば、De Vries 1976：219–26, 232–35を見よ。
(49) Wrigley 1990：107–11を見よ。
(50) たとえば、Phelps Brown and Hopkins 1956：306；1957：289–99, とくに296では、農業が労働力の増加分をすべて吸収することができず、結果として人びとはパートタイムの仕事や賃金水準の不当に低い仕事を兼業するようになったという。一八世紀のほとんどの期間において、一五歳から四〇歳までヨーロッパ男性の五パーセント近くが軍に所属していたが何の労働力不足をも引き起こさなかった（De Vries 1976：204）ことに留意しなければならない。

（51）Lewis 1954：139-91.

（52）De Vries 1994a：61.

（53）Mokyr 1985a：107-8.

（54）Schultz 1964：60-70.

（55）Rosenthal 1992：xii, 43, 48-50, 60, 70, 93, 120, 165.

（56）Chen and Myers 1976；Marks 1997：105-10；Perdue 1987：165-74, 181-96（問題は、ローゼンタールがフランスについて指摘したような灌漑設備の不足ではなく、過剰な建設にあったという）；Kelly 1982：89-103, 118-95（とくに 192-95), 204-19；Ludden 1985：87-89；Stein 1982a：109-16；Fukazawa 1982a：200.

（57）たとえば、Grantham 1989c：43-72 を見よ。

（58）Tilly 1975：392-93, 397-400, 409-14.

（59）Kaplan 1976：252-99；Tilly 1975：424-28；Meuvret 1977：vols. 4-6 passim.

（60）Goldsmith 1984：186-87.

（61）地主（領主）にとって、そうした労働者が何かに費やす追加的な時間の機会費用は、依然としてゼロではない――［それをしていなければ］労働者が無理にさせられたかもしれない他の何らかの仕事の価値分がその機会費用である。しかし、ほかにほとんど選択肢がない農場で――たとえば、資本が不足しているために、または地主のこだわりその他のために――工業的な生産活動がなんら行われないか、そのために必要な労働がすでに他の仕事に割り振られているとき、この費用はまたたいへん低い可能性もある。ともあれ、それをさせなければ遊ばせておくほかないというのであれば、労働者に何かさせても、そのコストは領主にとって、事実上ゼロである。この状況は、雇用者が自由な労働者を有閑状態から引き離さなければならないケースとはまったく違う。このことについては、とくに東ヨーロッパの文脈で第5章で詳しく論じる。

（62）Lewis 1954；Chayanov 1966：53-117；P. Huang 1990；Geertz 1963.

（63）Elvin 1973：235-67.

（64）羅崙と景甦が集めた三三一名の「自作農」のサンプルによると、彼らの所有地のたった二〇パーセントが小作人でない労働者によって耕されていた（羅崙・景甦 1986：appendixes 1 and 2)。そして、そうした地主は全耕地の二〇パーセント以上の土地を保有してはいないようだった（P. Huang 1985：104 を見よ）。つまり、すべての土地の四パーセントが、地主でもなく借地人でもない人によって耕されていたことを示している。

（65）P. Huang 1985：85-105.

（66）葉顕恩 1983：232-33, 239-40, 291.

（67）M. Elliott 1993：346, 383（満洲人の奴隷の大半が家内使用人であったことについて)。より一般的には、韋慶遠・呉奇衍・魯素 1982：77-91.

（68）Slisher Van Bath 1977：113-14.

（69）Soboul 1966：159-61.

（70）De Vries 1976：58-59；Kjaergaard 1994：148-49, 154-55；167, 221-23.

（71）Soboul 1966：168-79；Behrens 1977：606-7；Mooser 1984：99-103.

（72）Brundage 1973：2-5.

（73）Kulikoff 1992：185-86.

（74）Ibid., 191.

（75）たとえば、Morgan 1975：215-34.

（76）Greven 1970：26-27, 109, 193 はさらに、一七世紀後半において、二〇歳時点での余命が男性は四四・二年で女性は四一・六年であったとしている（のちのコーホートでは四〇歳をわずかに下回るようになる)。二〇歳以下の人口の死亡率が異常に低かったともいわれている。Razzell 1993：765 は、さまざまな（だいたいがエリート層ではあったが）イングランド人について、一七世紀には二五歳まで生きることができれば、あと二五年から三〇年は生きることができたし、一八世紀中葉以降には、この数字は三五年に近づいていた（つまり、マサチューセッツとほぼ同等であった）という。

（77）Galenson 1989：52-96；Morgan 1975：295-315 を見よ。また、本書の

第4章と第6章で，このことについてさらに論じる。

（78）J. Lee 1982：284, 293. 四川省については，孫 1997：30–34 を，広東省から南西部については，Marks 1997：291 を見よ。

（79）Lee and Wong 1991：52–55.

（80）Zelin 1986：518.

（81）たとえば，Judd 1994 を見よ。

（82）Y. C. Wang 1989：427.

（83）Perdue 1987：25, 40 より算出。

（84）イングランドについては，Everitt 1967：とくに 543–63, 568–73. フランスについては，Kaplan 1976：69–70 に，穀物が多数の買い手が存在する市場でのみ流通するようにしようとした試み，およびその廃止（90–91），さらには，「買い上げ制度」の成立過程について（289–90）論じられている。また，Usher 1913：306 も見よ。

（85）Braudel 1977：53.

（86）Mann 1987：42, 45.

（87）Pan 1994：130–201, とくに 173–87. Lu 1992：488–90 も見よ。

（88）呉承明・許滌新 1985：112–15.

（89）Ibid., 116–18.

（90）これらについて，とくに明快な議論が Mann 1992 に見られる。

（91）Li, Bozhong 1998：107–8；Lu 1992：480–81；P. Huang 1985：118–20；Marks 1997：171–73.

（92）フランスについては，Sewell 1980：117–21 を，ドイツについては，Walker 1971 を見よ。

（93）Wong 1997 はこの点をとくに強調し，ヨーロッパにおけるその種の経済的歪みが中国のそれとどのように対応し，対応していなかったのかについてその含意を詳細に論じている。

（94）Kellenblenz 1974：59.

（95）Walker 1971：88–107.

（96）Levine 1977：19–20.

（97）Ogilvie 1996：128–29.

（98）Kriedte, Medick, and Schlumbohm 1981：143, 182, 197–98.

（99）Ogilvie 1996：136.

（100）Phelps Brown and Hopkins 1981：3.

（101）De Vries 1994a：40–42 に引用。

（102）Allen（Postel-Vinay 1994：72 に引用）.

（103）Williamson 1990：183.

（104）De Vries 1994a：45, 53, 56.

（105）Ibid., 61–62.

（106）Ibid., 57–60, 62.

（107）Williamson 1994：162, 166；Williamson 1990：182–83. イングランドにかんする数字は，格差のはるかに大きな南部と，きわめて小さい北部の数値の加重平均である。一七九七年と一八五一年の数字のパーセンテージへの変換は，私自身が行った。

（108）Postel-Vinay 1994：65–66, 72–74.

（109）Ibid., 78–79.

（110）Williamson 1990：193 は，生活費や都市の暮らしにくさ，農村部のほうが圧倒的に救貧を受けやすかったことなど，さまざまな違いを挙げて，これらが賃金水準の差異の半分以上を説明していると推測したが，彼はそれでもなお，労働市場の機能不全で説明できる部分がかなり残されていると結論づけている。

（111）Saito 1978：92.

（112）Nishikawa 1978：81–82.

（113）P. Huang, 1990：91, 110.

（114）De Vries 1994b：249–70.

（115）Braudel 1981：132.

（116）Ibid., 134–35.

（117）Abel 1980：136, 161, 191 の数値に基づいて計算。

（118）Clark 1991：446.

（119）Braudel 1981：131–33.

（120）Kriedte, Medick, and Schlumbohm 1981：28–29.

(121) Levine 1977：58-87. また Kriedte, Medick and Schlumbohm 1981：57, 77-86 も見よ。
(122) Ogilvie and Cerman 1996：1-11 の要約を見よ。
(123) Kriedte, Medick, and Schlumbohm 1981：100-1.
(124) Ibid., 77-88, 139.
(125) Nipperdey 1996：91-93.
(126) Ibid., 121, 144, 150, 183, 192, 197.
(127) De Vries 1994b：249（強調はポメランツ）.
(128) De Vries 1993：107-21.
(129) De Vries 1994b：257.
(130) Kriedte, Medick, and Schlumbohm 1981：64-65, 68-69；Medick 1982：90-92.
(131) 砂糖については、Mintz 1985：132.
(132) De Vries 1976：178-80；De Vries 1993：passim and 107-14.
(133) Perkins 1969：71.
(134) 趙岡 1983：55-57.
(135) Ho 1955 によると、新世界の産物が一般的に普及していくなか、限界地域において、その作物が最も重要な産品になった事例はない。
(136) 中国については、Teiser 1993, および Johnson, Nathan and Rawski 1985 に所収の論文を見よ。イングランドについては、Plumb 1973 を見よ。
(137) 付け加えておけば、このような「消費選好の」相違があることは、また、中国人（およびその他の非ヨーロッパ人）がより「来世志向的」であることを意味しないし、「非生産的な」儀礼のために資源を「浪費」する傾向がより強かったともいえない。田舎芝居であれ葬式行列であれ、人びとの時間や食料品、衣料など、一定の資源を消費するという点においては、それが職業的に行われると否とにかかわらず、変わりがない。また、「儀礼的な」支出が他の支出に比べ、つねに経済的に非生産的だとも言い切れない。タバコを吸うのが経済的需要を生むのと同じように、墓石を彫ることからでも需要は生まれる。どちらの行為も、物質的に消費者をよりよき生産者たらしめる役割は果たさない。しかし、一定の文脈においては、どちらの行為も心理的には、誰かを社会の有益な構成員たらしめる役には立つのである。
(138) P. Huang 1990：44. 亜麻（638-39）や麻（48-49）から紡糸する際の問題点について描いているWarden 1967 も見よ。
(139) Bray 1997：256, 260, 263, 265.
(140) Pan 1994：36-38, 110-13（足立 1978 も見よ）によると、一定の重さの大豆粕はどこでも、適当な濃度の肥料の三〇倍から四〇倍分の代わりになるので、施肥の労働がそれだけ節約できた。しかも、堆肥を集めるために必要な、膨大な労働力をも節約できる。ある家族が、五畝の水田に投じるための追加的な肥料として十分な量の大豆粕を、三両で購入したとすれば、長期契約で雇用した労働者の年間現金収入の六〇パーセントを費やすことになり、これは、現金収入と現物収入を合わせたものの二五パーセントに近い。大豆粕のコストと肥料を購入するコストの差は、労働者一人のほぼ一カ月分の賃金（高い賃金のほうで稼ぐ場合）に相当するが、農地に投入する肥料を四八〇〇ポンドから六二〇〇ポンドくらいも減らすことになる。耕地の分散の具合によっては、これで一カ月の労働のかなりの部分が節約されたかもしれない。足立は、富農によって購入された大豆粕に焦点を当てているが、大豆粕は、おおかた賃金支出を節約するために購入されたのかもしれない、と特筆している。同様の論理は、小規模な農民にも当てはまるように見える（五畝の水田はおそらく一八世紀の長江下流の「平均的な」農地としては、小規模な部類に入る——Pan 1994：521-24 を見よ。妥当な「平均的な」水田の規模についてすばらしい議論をしている）。日雇い労働者の平均的な賃金との比較からは、あまり好都合な情報は得られなかったが、仕事を見つけられなかった日も多かったからには、日雇い労働者の賃金は生存を維持する水準よりある程度高いものであったに違いない。
(141) Pan 1994：41-43.
(142) Perkins 1969：21.
(143) Bernhardt 1992：28.
(144) フランスやオーストリアの皇帝たちは中華帝国の皇帝たちが行ってき

た農耕祭事を模倣していた（Ledderose 1991：245-46を見よ）。蚕にかんする神事における清朝の皇后の役割は、当時の「帝国において公の人間として女性が主宰する唯一の機能」であった（Mann 1992：79-81を見よ）。

(145) 中国の思想家たちは、子供たちが母親の仕事を観察することで、勤勉さや倹約の精神、規律正しさを学ぶことができるとしばしば主張した。したがって、ヨーロッパの女性が、もし金銭的な余裕があるならば、金銭を支払うことで労働を回避する方向に行動するのに対して、中国の女性の場合、いかなる現金収入をも獲得する必要のない程度に余裕のある場合でさえ、ときとして仕事をすることを求めた（Mann 1992：86-69を見よ）。

(146) 田中 1984：90-92；Nishijima 1984：61-62；Lu 1992：490.

(147) Kriedte, Medick, and Schlumbohm 1981：50-51, 102-4.

(148) P. Huang 1990：65（李文治ほか 1983：407, 413-17を引用）．夫と妻の夫婦の労働者が結ぶ契約には、しばしば両親とともに子供の食費も含まれていたかもしれない。もしくは、夫のみの契約の場合、一食以上の食費が含まれていたかもしれない（彼の妻が夫のために幾分か準備していたと想定される）。これらの可能性はいずれも黄宗智が言及してきたことの説得力を弱める。

(149) Pan 1994：97-101のデータを基にして私がさらに計算を加えた。

(150) 趙岡 1983：55-56.

(151) Pan 1994：348.

(152) Lu 1992：482-83.

(153) 張忠民 1980：207.

(154) Ibid., 207-8.

(155) 徐新吾 1992：469.

(156) 補論Eを見よ。ここで言う低価格のシナリオが悲観的すぎるかもしれないという理由については、とくに三三〇頁を見よ。

(157) ここで取り上げた一七三〇年代と一七四〇年代の織工の賃金にかんする数値は、趙岡 1983：57を見よ。ここでの賃金は、実際のところ、彼が引用した四つのケースのうち三つのケースにおいて一六両より低くなっていた。しかし、その数字は現金収入しか含んでいないように見える。一方、労働者は食事を提供されたことが確実で、おそらく宿やその他にもいくつか便益を得ていた。

(158) Li, Bozhong 1998：150-51.

(159) Goldstone 1996：1-21.

(160) 李伯重 1996：102-6.

(161) Ibid., 105. ブレイによると（Bray 1997：206-72）、清朝後期に、男性は実際には織物業のなかでより重要な役割を担うようになったという。この事実は、性別分業が古くからの規範によって過度に制約されていたのではないという本書の主張を、さらにさまざまな角度から補強するものである。しかし、彼女の議論はおおむね、繊維業における模範的な技術と市場でも最高の位置にある織布工を代表しているにすぎない（たとえば 239-41, 257を見よ）。いわば、西洋で男性の一流シェフがいるからといって、家庭の食事のほとんどが女性によって準備されたという事実が変わることはないのと多少とも似た状況である。

(162) 李伯重 1996：105. この差異は、太平天国後、江南における農業に従事する女性にかんする史料が最終的に消滅する事実を説明するのに役に立つかもしれない。というのは、この時期に江南では、綿業から蚕糸業への大規模な転換があったからである（P. Huang 1990：120-22）。

(163) Gardella 1994：172；Bray 1997：221-22.

(164) C. K. Lee 1995：385.

(165) ゴールドストーンなら、親族構造には、その価値がすでに証明されている技術を採用するに十分な柔軟性があったが、既存のジェンダー規範の限界を拡げることを必要とする新しい機械を想像し実際に導入するのを促すほど十分に柔軟ではなかった、というかもしれない。このこと自体は、ありえないことではない。しかし、そうなると、本質的に数量化できないひとつの要因について、非常に厳密な影響の水準を特定しなければならなくなって、議論は反証不能となる。

(166) 趙岡はこの史料を退けている（Chao 1977：30-31）。ロバート・マークスがより最近になって広東の織物業に取り組んでいるが、あまり信頼できない。

(167) P. Huang 1990：95.

(168) Horrell and Humphries 1995：102–3.

(169) たとえば、North 1981：164–66 を見よ。

第II部

（1）たとえば、Mukerji 1983.

第3章

（1）Sombart 1967：95.

（2）Mintz 1985：108.

（3）Mintz 1985：57–60 は、新世界のプランテーションが、操業の規模、労働の強度、および濃密な監督と調整という点において、ヨーロッパの工場のあり方を予兆していたかもしれないとしている。しかし、彼は、新世界における労働の強化に用いられた直接的な強制は、これらの新しい奢侈品がヨーロッパの生産における真に革命的な側面を成す消費主義的な動機づけとは区別されると、明言している。さらに、彼は、プランテーションが生産の方法としては工場と似ているとしたにもかかわらず、何らかの直接的な「学習」が起きたことやその特徴を受容しそうな制度がほかにも多数存在したことなどは示してはいない。

（4）Braudel 1982：252 (Staunton を引用)；Gardella 1994：38.

（5）Braudel 1982：251.

（6）輸出については、Gardella 1994：6 の、人口については、McEvedy and Jones 1978：28 の計算に拠る。

（7）呉承明 1985：99.

（8）一九世紀半ばの大規模な災害の直前、中国の人口は、一般に、四億二五〇〇万ないし四億五〇〇〇万人の間であったと推計されている。しかし、G・W・スキナーの最近の研究は、三億八〇〇〇万人程度のほうが確かであろうとしている（Skinner 1987：72–76)。

（9）Staunton 1799：II：48；Cranmer-Byng (Macartney) 1962：225. 手紙は Dermigny 1964：III：1253 に引用。

(10) Mintz 1985：67.

(11) ヨーロッパ全体の数値（Mintz 1985：73）からイギリスの分（Mintz 1985：67）を差し引いた。フランスの推計は、Braudel 1982：226 を見よ。

(12) 生産量は、ポルトガルとスペインの植民地については、Phillipps 1990：58–61 の、フランス、オランダ、イギリスの植民地については、Steensgaard 1990a：140 の計算にそれぞれ拠る。ヨーロッパの人口は、McEvedy and Jones 1978：26–29 の計算に拠る。イギリスの消費量については、Mintz 1985：67, 73 に拠る一七〇〇年の値を一六八〇年に流用した。

(13) Braudel 1982：226.

(14) Ibid., 227.

(15) Ibid., 224.

(16) Mintz 1985：16–18, 138–39, 164.

(17) McKendrick, Brewer, and Plumb 1982：1–6, とくに 4–5.

(18) Pollard 1981：84–106, 111–23.

(19) Daniels 1996：55, 59, 62–63, 70–71.

(20) Mazumdar 1984：62.

(21) Ibid., 64.

(22) 屈大均 1700：14：20b–22a.

(23) Daniels 1996：73, 75, 80–81.

(24) Mazumdar 1984：297. マズムダールは、アジアの他の地域よりも中国の砂糖生産高がはるかに低かったということはありそうにないとする、説得的な説明をしている。一八世紀後半に、東インドと西インド諸島でプランターを経験したヘンリー・ボザムも同様の意見である。すなわち、アジアやアメリカにおけるヨーロッパの植民地で使われた非自由労働よりも、中国の自由労働のほうが効率的に砂糖の生産を増加させられたと、彼は証言している（Daniels 1996：93 に引用)。ほかにも、一八四〇年代になっても、中国の伝統的な砂糖栽培方法の優越性を主張した者もいた。Shepherd 1993：159 は、台湾における一エーカー当たりの砂糖生産量をかなり低く見積もっている。しかし、台湾のように人口が希薄な辺境地域では、単位収量を最大化しようとする圧力が、中国本土よりもかなり弱かったようである。さらに、広東や福建では、より収量をあげられるように、灌漑施設を用いて栽培されていたが、台湾の砂糖栽培地は、すべて乾地農法によるものであった（Daniels 1996：105, 236）。Anderson 1988：80-81 は、帝政後期における砂糖の生産量は、どこでも一エーカー当たり一六〇〇ないし三二〇〇ポンドの範囲であったとしている。二四〇〇ポンドというマズムダールの値は、まさにその範囲の中間に位置する。

（25）Mazumdar 1984：280-81.

（26）Ibid., 272 に引用。

（27）マークスとの私信（一九九六年八月）。

（28）Ibid.

（29）Mazumdar 1984：271, 372.

（30）Daniels 1996：90 の地図を見よ。これは、砂糖以外のものを含めたきび類を生産している、他の六省にある府を含んでいる。

（31）Daniels 1996：97, 105.

（32）Mazumdar 1984：357, 374, 376 は、一七九二年について、六万五〇〇〇ピクルあるいはおおよそ八六〇万ポンドが広東から輸出され、これとは別に二六〇万ポンドかもう少し多くの量が日本に輸出されたとしている。そして、一八三三年でさえも、広東からの輸出は、三四〇万ポンドになったにすぎない。

（33）Nguyen (Reid 1988a：31 に引用).

（34）Cushman 1975：105.

（35）一七四一年の公式な合計量は、一億四一〇〇万である。しかし、Ho 1959：36-46 は、この数値は、少なくとも二〇パーセントは過少評価されていると主張している。その他の研究も、これよりかなり多い数値を示している。

（36）Daniels 1996：276.

（37）これらの数値は、Mazumdar 1984：64 に引用された価格をもとに算出した。ここで引用されている「斤」の量が、約一・一ポンドに相当する「税関で用いられる斤」であるか、約一・三ポンドに相当する「市場で用いられる斤」であるかが不確かであるため、さらに誤差が生じることがある。しかし、本書の目的には、大きな違いを生むほどの幅ではない。

（38）Daniels 1996：93, 97.

（39）Shepherd 1993：482 n. 78.

（40）Ng 1983：134-35；Ng 1990：306.

（41）Daniels 1996：85 に引用。

（42）Chang 1955：303.

（43）この数値は、Gardella 1994：8 による総生産量から輸出量を差し引き、人口を一二億として除したものである。

（44）この極端な集中は、地域における調理法の性格、砂糖の搬送ルート、および砂糖の使用量が多い地域と比較的少ない地域があったことに言及した逸話からも示唆される。このように使用量の集中していた地域は、一八世紀半ばの中国における砂糖のすべてを消費しており、一人当たり年間一〇・七ポンドの砂糖を使用していたことになる。たしかに、この値は、かなり大きなものではあるが、砂糖生産地である台湾の人びとが年間一〇ポンドの砂糖を摂取していたという推計（Shepherd 1993：482n. 78）を勘案すれば、まったくありえないものではない。一方で、全国的な消費量は上述した推計範囲の下限くらいであったに違いない。

（45）Skinner 1977a：213 に基づき、Skinner 1987 の結果に合致するように調整した。

（46）Ng 1983：99, 157；Ng 1990：305-6.

（47）Ng 1983：184-86, 190.

（48）Daniels 1996：87；Mintz 1985：190.

（49）もちろん、こうしたニーズは、あらゆる地域に該当するものではなかった。たとえば、インドのある地域では食物の交換が社会的に規範化されていたが、こうしたまったく異なった道筋が、人口の大部分における砂糖の使用（または、不使用）を生み出すうえで、きわめて重要だったかもしれないことは、すぐに想像できるであろう。しかし、このように砂糖の存在そのものの受容を深く規定するような文化的ファクターは、中国とヨーロッパにおいては、明らかにこれに相当するものはなかったのである。

（50）Mazumdar 1984 : 80, 284–85, 287, 372.

（51）この論題についての古典的な論述は、Perkins 1969.

（52）Thomas 1985a : 142–47.

（53）Braudel 1982 : 226 に引用。

（54）たとえば、Polanyi 1957.

（55）Appadurai 1986 : 25（強調は原文）.

（56）Sahlins 1976 も見よ。

（57）Hoskins 1953 : 41–59 ; Stone 1979 : 169–70, 245–46.

（58）Sombart 1967 : 97, 100–5.

（59）Schama 1987 : 311.

（60）Braudel 1982 : 311–33.

（61）Clunas 1991 : 54–55.

（62）『金瓶梅』［英訳］692.

（63）Clunas 1991 : 8–39.

（64）Ibid., 151.

（65）Ibid.

（66）Hanley and Yamamura 1977 : 89.

（67）Yamamura 1974 : 41–47.

（68）Burke 1993 : 148–61, とくに 158.

（69）たとえば、Tavernier 1925 : I : 52 ; Raychaudhuri 1982a : 180–81 ; Raychaudhuri 1982b : 266–67 ; Bayly 1983 : 206, 266.

（70）Bayly 1983 : 201–4 ; Bayly 1989 : 51.

（71）Bayly 1983 : 201–2, 204–6, 266.

（72）Ibid., 466–67.

（73）Ibid., 206, 268.

（74）たとえば、Dumont 1970.

（75）たとえば、Stansell 1986 : 164–65 を見よ。若干異なった解釈として、Adshead 1997 : 25–26 も見よ。ただし、これも実質的には同様の意味を含んでいる。

（76）Perlin 1979, 1985 ; Washbrook 1988.

（77）Moosvi 1987 : 175–76 ; Bayly 1983 : 199, 266. 膨大な数の召使については、Raychaudhuri 1982b : 181.

（78）Bayly 1983 : 266.

（79）Tavernier 1925 : I : 105 ; Hambly 1982 : 438–42.

（80）Bayly 1983 : 199.

（81）Reid 1989 : 60, 64, 69, 71.

（82）Reid 1993 : 87.

（83）Menzies 1992a : 64 ; Osako 1983 ; Totman 1992 : 22.

（84）Hanley 1997 : 25–35.

（85）Ibid., 36.

（86）Bray 1997 : 59–172, とくに 71.

（87）Totman 1992 : 23 ; Totman 1995 : 84 ; Osako 1983 : 132–35 ; Menzies 1992a : 64, 69.

（88）たとえば、Perdue 1987 : 109–10 を見よ。

（89）Saito 1978 : 98.

（90）Hanley 1983 : 188–89.

（91）Bray 1997 : 77.

（92）Reid 1988a : 62–73.

（93）Medick 1982 : 86, 90–95.

（94）Kriedte, Medick, and Schlumbohm, 1981 : 64–65, 69 ; Medick 1982 : 90.

（95）Medick 1982 : 94–95.

（96）たとえば、Medick 1982 : 103–4 を見よ。

（97）メディックの取り上げた、ザクセンのリボン製造業者は、自らよりも暮し向きの良い農民のように見えることではなく、農民とは違うように見えることを望んだことに注意せよ。また、田舎の職人は、農村社会のその他の者にとっては決定的であった土地の所有が欠如しているという状況のもとで、さまざまな新しい種類の消費を、ステイタスを表示するための手段として受け入れたというメディックの主張は、農民にはあまり関係のないものであったことにも注意せよ。

（98）De Vries 1975：220–24.

（99）Ibid., 218–20.

（100）Ibid., 234–35.

（101）Ibid., 236.

（102）Braudel 1984：575.

（103）Jones 1981：110. この点についてジョーンズが用いた史料は、実質的にはインドのものである。そして、本書がここまでに示したように、インドについては彼の主張はまったく正しい。しかし、議論の対象を「アジア」と「ヨーロッパ」にすると、彼の主張の根拠は弱まるのである。

（104）Chang 1962：326. より一般的には 296–331 を見よ。

（105）Lindert and Williamson 1982：393, 396–97, 400–1 から算出した。

（106）非必需品の購入にあてることが可能な所得の分配は、必然的に、総所得の分配よりもよほど不均衡なものとなる。さらに、毎年の収入の一部を負債の埋め合わせに用いる農民がいたりすれば、資産の不均衡をみても、真の状況はさらに見えがたい。それに、資産の分配が中国とヨーロッパでどうなっていたかについては、ほとんどわからない。

（107）Staunton 1799：II：134, 141.

（108）方行 1996：93, 97.

（109）Phelps Brown and Hopkins 1981：14. 一七九〇年代のイングランドにおける貧しい家庭では、支出の五三パーセントが穀物の購入にあてられていた。

（110）方行 1996. 農村の労働者の収入そのものを示す推計は不足しているが、方行の研究は、農村労働者が必要としたものについて言及した農業の手引き書に基づき、穀物、その他の食糧、燃料、住居、および衣服という五つの基本的なカテゴリーの消費財と、家族単位の生産コストを計算している。ただし、彼が用いた史料は、ライフサイクル上の儀式、宝石（貧しい女性であっても多少はもっていたようである）、娯楽、および偶発的に要する食品（市場に行く道中で買う軽食）や、妻が織布で稼いだもので、いわば農業労働者の雇い入れ、監視、賃金支払いにあたった者たちの目をかすめたあらゆるものに、頻繁ではないもののかなりの額が用いられたことを考慮に入れていない。

（111）計算とその方法の詳細については、補論Fを見よ。

（112）これらの仮定が成り立つ理由については、補論Fでさらに説明する。

（113）Chao 1977：233.

（114）Deane and Cote 1962：51, 185, 196, 202. 人口推計は、Mitchell 1988：8–10 に拠る。

（115）Deane and Cole 1962：196, 202.

（116）P. Huang 1990：137.

（117）So 1986：81 n. 2 は、一八四〇年以前の広東は、中国の絹輸出の四分の一を担っていたとしている。輸出量を総生産量の代わりとして用いることは、決して望ましいものではないが、広東は、唯一外国貿易に開かれた港をもち、（その地域自体が絹の最大の国内市場でもあった）長江下流域に比べて、中国国内における最大の奢侈品市場からは数百マイルも遠かったので、江南より輸出志向が低かったとは思えない。このようにいえるとすれば、輸出に占める広東のシェアの天井が、生産量のシェアの天井にあたると考えても、大まかには間違いではないだろう。

（118）Kraus 1968：158–59, 162–64, 167.

（119）Chao 1977：23.

（120）Ibid.

（121）Skinner 1977a：213；Ho 1959：244–47.

（122）Skinner 1977a：234–35, 713 nn. 30–32.

（123）Kraus 1968（P. Huang 1985：128 に引用）.

（124）Chao 1977：23.

（125）方観承『棉花図』（張崗 1985：99 に引用）.

（126）詳しくは、補論Fを見よ。

（127）耕地面積の公称値はかなり低い値なので、適当な修正が必要である。

P. Huang 1985：325を見よ。
(128) Marks 1991：77は、中国北部よりも豊かであった嶺南については、一人当たり一・七四石から二・六二石という推計範囲ではなく、二・一七石という数値を用いている。
(129) より詳しくは、補論Fを見よ。
(130) Perkins 1969：233-34.
(131) P. Huang 1985：326-27.
(132) P. Huang 1985：53-69は、土壌を分析することでさまざまな問題を調べている。
(133) Deane and Cole 1962：51, 185, 196, 202に基づいて算出した。
(134) Mitchell 1980：30, 449, 478.
(135) 数値は、Markovitch 1976：459に拠る。計算方法は497を参照した。ポンドへの換算には、Chao 1977：234の原綿の重さについての推計と、毛糸の重量は長さと細さが同じ綿糸の一・五倍であるというJenkins and Ponting 1982：11-12の観察結果を用いた。
(136) Mitchell 1980：30, 449, 478.
(137) Pan 1994：85に引用。
(138) 陳宏謀 1826：68：5a-6a.
(139) Dudbridge 1991：226-52；Pomeranz 1997a：188-91；Wu 1992：39-64.
(140) Brook 1998：181.
(141) 樊樹志 1990：279-81.
(142) Rawski 1985：17に引用。
(143) Galeote Pereira 1953：40；Da Cruz 1953：109.
(144) Da Cruz 1953：92.
(145) Ibid., 96-97.
(146) Ibid., 99.
(147) Ibid., 106.
(148) これらの家は、一六世紀までに、中国で最も商業化が進んだ地域の地主たちが集まって来ていた、市場をもつ町や、城壁で囲まれた県庁所在地ではなく、村にあったことに注意せよ。さらに、ダ・クルシュは、こうした家があるところを山賊の被害が目立っていた地域、つまり一般的には経済的な発展が遅れた地方と関連づけている。
(149) Esherick 1981とStross 1985は、バックのデータの限界について、互いに相反するものの、二つの有効な視点を提示している。
(150) たとえば、Pan 1994：325-26, 382-83, 394-97を見よ。
(151) Bernhardt 1992：50-52, 135-36, 219-23.
(152) 森林面積は凌 1983：34-35に拠り、人口は、一七〇〇年を一億ないし一億二〇〇〇万人、一九三七年を四億五〇〇〇万ないし五億人とした。森林減少および一人当たりが年間伐採可能な木の量の推移については、第5章でより詳しく議論する。
(153) De Vries 1975：table 6-16；Buck 1937：456.
(154) De Vries 1975：220-24；Schama 1987：311, 316-20.
(155) Buck 1937：457.
(156) 中国における家族数の平均は、小麦地帯では五・五人、米地帯では五・二人である（Buck 1937：370）。ド・フリースは、家族の規模についてのデータを提示していない。しかし、全般的な人口推計によれば、フリースラントにおける平均的な家族数は、中国と同じかそれよりも多かったようである。一方で、北ヨーロッパの家族構成は、中国ほど複雑ではなかった。つまり、家族の構成員のうち、夫婦とその子供以外の者の数が、中国の場合よりも少なかったのである。世帯主夫婦とその子供以外に別の同居人がいるということは、ベッドその他、彼らのために必要となるものがあったということである。そのため、家族の規模が大きくなっても、一人当たりの家具の量はあまり減らないことになるのである。
(157) Hanley and Yamamura 1977：357-58の要約を見よ。実質賃金の全般的な上昇と地域間あるいは技量の程度による格差の縮小については、Nishikawa 1978：76-79とSaito 1978：85, 93, 99を見よ。
(158) Hanley 1983：190.
(159) すべてHanley and Yamamura 1977：88-89に引用。
(160) Crawcour 1965：41.

(161) Raychaudhuri 1982c：266.

(162) Moosvi 1987：303-4は、一五九六年頃のムガル帝国における総付加価値生産のうち、一七パーセントは都市部が占めていたと主張している。彼女の手法は、大まかなものではあるが、こうした目的には役立つようである。

(163) Moosvi 1987：108, 129, 131, 221, 278.

(164) Hambly 1982：440.

(165) Bayly 1983：201-6.

(166) Habib 1982b：224.

(167) Parthasarathi 1998：82-101.

(168) Perlin 1978：183-84, 188；Perlin 1985：440-43, 448 n. 83, 452；Bayly 1983：195.

(169) Parthasarathi 1998：92-96, 99-101.

(170) Ludden 1985：46-52, 59-67, 81-96.

(171) Bayly 1983：194, 370-71, 466-67；Perlin 1978：191.

(172) Bayly 1983：242.

(173) Ibid., 347. これに対立する見解としては、Perlin 1985：468-70を見よ。

(174) Reid 1988a：129-36；Reid 1989：64-71.

(175) De Vries 1975：231 and table 6-16.

(176) Dewald 1987：72；De Vries 1975：tables 6-8 to 6-10.

(177) Saito 1978：99.

(178) Clunas 1991：173.

(179) より完全な説明は、Skinner 1971, 1976を見よ。

(180) Brook 1998：221-22.

(181) 郭起元 1826：36：21a.

(182) Clunas 1988：66-68.

(183) Skinner 1977a：238.

(184) Nyren 1995：8, 11, 17, 18, 23-24, 46-47.

(185) 一八四三年の時点で、中国には人口二〇〇〇人以上の町が一六五三あった（Skinner 1977a：229）。それまでに、中国の人口はかなり増加していたが、都市に住む人びとの割合は増えなかった。

(186) 全ヨーロッパを包含する消費量のデータを見いだすことはできなかったが、世紀半ばにおける増加は、生産量のデータから推測することができる。Mitchell 1993は、ヨーロッパ中部のほとんどの地域で、一八五〇年代から一八七〇年代に甜菜の栽培が始まったこととあわせて（255-312）、ブラジルにおける生産量の変動を提示している（511）。

(187) E. Weber 1976：143.

(188) Mokyr 1988：71-75, 79-90.

(189) たとえば、この時代の「庶民文化」の基本的研究のひとつでさえも、違いを強調している。Kriedte, Medick, and Schlumbohm 1981 対 Medick 1982.

(190) Brook 1993とPeterson 1979も見よ。Clunas 1991：169, 173.

(191) 沈 1992：489.

(192) Ibid., 488.

(193) Staunton 1799：II：180.

(194) De Vries 1993：101-4.

(195) Jones 1981：113-14.

(196) 物理的には耐久期間が最も短いもの（食物と飲み物）から潜在的には最も耐久期間の長いもの（住宅など）まで、商品を連続的に並べてみると、問題がはっきりしてくる。食物は、完全に「減価」しなければ［食べてしまわなければ］人に益がないので、食糧事情を把握する適切な手段は、明らかに、人びとが獲得する食物の毎年のフローを把握することである。つまり、ある時点における食糧の手元ストックを量ることは、意味がないのである。しかし、住宅に着目すれば、人びとは資産を毎日使用するが、価値の減少幅は非常にわずかなので、ストックが満足度の計測方法になりうる。つまり、もし、日本の木造住宅が石造のものよりも頻繁に補修や交換が必要だったという理由から、だれかが日本人は平均的な都市でも、イギリス人より住宅により多くの支出をすると主張したとしても、それで日本人が必然的により良好な住環境にあったと結論するのはおかしなことである。しかし、もし、それらの陳腐化が、実際に着用したり、ほころびたりするばかりではなく、流行でも決まるのであれば、耐久性の点で、住宅とパンの中間に並ぶさまざまな商品、具体的には、衣服から家具までの商品については、どうすればよいのだろうか。一般に、われわれは、これらのモノが本来的に短命であるという現代的な感覚を受け入れ、したがって、それらの「減価」分を国民所得からわざわざ除かずに、単純に年間の生産（そして獲得）のフローを計測してきた。しかし、多くのより貧しい経済では、そのようなモノの減価率の差異は、人びとの福利に対して重要な意味をもつ。人びとの福利は彼らの支出の水準とは逆相関になっており、減価を無視すれば、彼らの見かけの福利とも逆相関の結果になるだろう。社会的地位を維持するためにしなければならない出費は、借金の利子であれ、物理的な減価を埋め合わせるためのものであれ、物理的にはまだ使えるのだが社会的な誘因が働いて買い換えざるをえなくなったものであれ、結果は同じである。さらに、住宅のように、ヨーロッパではアジアなどより耐久性が高い商品群の減価分を差し引きながら、ヨーロッパでは他の地域より減価の速度が速い商品群については、これを無視するということになると、ヨーロッパを実際より豊かに、アジアをより貧しく見せてしまうことになるだろう。

(197) Brook 1993；Peterson 1979.
(198) 沈従文 1992：516.
(199) Mann 1997：16–18, 76–120.
(200) Ibid., 212–16, 219.
(201) Ko 1994：266–78；Mann 1997：121–28.
(202) 実際に、少なくともイングランド社会の一部で、こうした選択がどの程度なされ、それがどの程度、ステイタスを決める目印になったのかについての慎重な研究としては、Handler and Segal 1990，とくに 43–63 を見よ。
(203) たとえば、Rowe 1992：2–3, 5–6, 32–34.
(204) たとえば、Stone 1979：93–107，とくに 99–100 を見よ。
(205) Sahlins 1976：216 参照。「西洋以外では血縁によることが、西洋では金による」。
(206) Clunas 1991：58–60, 110, 137.
(207) 沈従文 1992：491.
(208) Teng and Fairbank 1954：19–21.
(209) たとえば、Sahlins 1994（1989）.
(210) タイからだけでも、きわめて広範な種類の奢侈品が輸入されていたが、これらの品目については、Cushman 1975：105–6, 200–4 を、東南アジア沿岸の熱帯雨林からの輸入については、Warren 1982：419–20 を見よ。
(211) Warren 1982；McNeill 1994：319–25.
(212) McNeil 1994：325–36.
(213) Warren 1982：419–34.
(214) Clunas 1991：58–60.
(215) Idema 1990：467–69（文学作品における事例）；Waley-Cohen 2000.
(216) Barrett 1990：224.
(217) Wills 1995（未公刊。許可を得て引用）；Hamashita 1988：16–18；Sahlins 1994（1989）.
(218) Perlin 1991 は、ヨーロッパが技術的に決定的な優位性をもったとはいっていない（活字と刻印では優位性があったが、そう考えられるようだ）。しかし、ヨーロッパではとりわけ、結局のところアジアにおける国内通貨のように使うため、多くのコインを生産させるだけの市場の圧力があったのだと強調している。
(219) Flynn 1995：429–48.
(220) これについてのより詳しい説明については、Flynn and Giráldez 1996；Von Glahn 1996：83–142, 224–37；Perlin 1991：315–48 を見よ。
(221) Mukerji 1983.
(222) Sombart 1967：134–35.
(223) たとえば、Dewald 1987：195.
(224) Clunas 1988：65–72；Clunas 1991：155–56. 日本については、一七、

一八世紀には、中規模な港である新潟でさえも、さまざまな既製品が店で売られていた。Takekoshi 1967：3：11.

(225) Raychaudhuri 1982b：266.

(226) Arasaratnam 1980：259-60.

(227) Ibid., 265.

(228) Reid 1988a：135-36.

(229) Reid 1989：64-71.

(230) 許・呉 1985：437-39.

(231) Howell 1992：271-78を見よ。

第4章

（1）Braudel 1977：47.

（2）Ibid., 60.

（3）Ibid., 69-71.

（4）Ibid., 72-74.

（5）Chaudhuri 1981：40, 45；Chaudhuri 1985：212.

（6）Chandler 1977；Gardella 1992a：317, 331, とくに321.

（7）Mann 1987：91-98は、中国の伝統的な史料で、名門の血筋にとっての商業の重要性が控えめに記述されたやり方と、商業の成功を叙述するために使われた婉曲的な言葉との、すぐれた例を提示している。商業での成功は、そのような言葉によって、商業とは異なる、より名声を博すような業績として表されたのである。Pomeranz 1997b：19も見よ。

（8）瑞富祥については、Chan 1982：218-35を見よ。玉堂醬園については、海汕 1983：48-78, 90-106およびPomeranz 1997bを見よ。

（9）Kwan 1990：260-72, 290-94；Zhang 1995：67-72.

（10）Beattie 1979：1-23, 127-32；Dennerline 1986：173-79, 194-207；Rowe 1990：51-59, 63-65；Watson 1990：247.

（11）Chan 1982：219-22.

（12）たとえば、Pomeranz 1997b（Yutangについて）を見よ。

（13）呉承明・許滌新 1985：439.

（14）Rowe 1984：72-73；Zelin 1988：79-80, 86-90, 96-101；Zelin 1990：87-88, 91-95, 106.

（15）Habib 1990：389.

（16）以前の見解については、Chaudhuri 1978, 1981を見よ。

（17）Chaudhuri 1985：210-15, 226-28；Chaudhuri 1990：386.

（18）Chaudhuri 1985：210, 214.

（19）Ibid., 228.

（20）Ibid., 213.

（21）Totman 1993：333（強制的な借款）, 519（一八三一年まで継続していたいくつかの債務不履行）.

（22）Clark 1996：587-88.

（23）Kwan 1990；Zhang 1995.

（24）Zelin 1988：87-95, 97-109；Zelin 1990：86-88, 92, 95, 98；Kwan 1990：271-72, 290-300；Pomeranz 1997b.

（25）Kwan 1990：272 n. 2が記しているように、このような［西洋との］類似性の例外は、［中国では］個々の投資家が流動性を必要とすることと、資本金が全額払い込まれる必要があるという企業側の事情とを調整する株式市場が存在しなかったことである——しかし、玉堂醬園はそれを巧妙に処理する手法もまた発見していたようである（Pomeranz 1997b）。

（26）Ho 1954.

（27）Zelin 1990：99-100, 105；Zhang 1995：88-91；Kwan 1990：175-87, 262-76.

（28）Ng 1990：315. 古典的な叙述については、Van Leur 1955を見よ。

（29）Shepherd and Walton 1972：87.

（30）Gardella 1994：34-35；Gardella 1992b：101-7.

（31）Wills 1995；Godley 1981：60-61.

（32）明朝の政府財政については、R. Huang 1974：5, 24, 49-50, 80, 104, 112, 114, 119, 148, 150, 203を見よ。商人による歳入の前貸しへの関与については、Zhang 1995：94-98を見よ。売官については、Ho 1962：

33, 47-50 を見よ。一般的に，政府財政における商人の関与が小さかったことと，近世ヨーロッパとの比較については，Wong 1997 を見よ。

（33）Van der Wee 1977 : 345, 352, 368, 373.

（34）Liberman 1990 : 79-80.

（35）Subrahmanyam 1993 : 18-25 ; Reid 1993 : 116, 120.

（36）Reid 1988a : 120-21, 126-29, 145.

（37）ムガル帝国，サファヴィー帝国，オスマン帝国における「財政＝軍事国家主義」についての一般的な説明は，Bayly 1989 : 52-55 を見よ。

（38）Perlin 1985，とくに 22, 431-32, 442-46 ; Perlin 1979 : 179, 187-92.

（39）Perlin 1985 : 448 n. 83, 452.

（40）Ibid., 442-48 ; Wink 1983 : 606-8 も見よ。

（41）Perlin 1985 : 431-32.

（42）Subrahmanyam 1990 : 298-342.

（43）Subrahmanyam 1993 : chap. 1.

（44）Ibid., 20-26 ; Subrahmanyam 1990 : 298-342 ; Perlin 1979 : 172-237.

（45）Subrahmanyam 1993 : 16.

（46）C. Hill 1980 : 188-89.

（47）Subrahmanyam 1993 : 18-27 ; Subrahmanyam 1986 : 357-77.

（48）Van Schendel 1991 : 38.

（49）Marshall 1987 : 40, 51, 59, 71, 75-79.

（50）Bayly 1983.

（51）Ibid., 383-87.

（52）Schama 1987 : 347.

（53）Bayly 1983 : 387-88.

（54）De Vries 1976 : 211 ; Clark 1996 : 567.

（55）Habib 1982d : 376-77 ; Chaudhuri 1981 : 45 ; Perlin 1990 : 269.

（56）Hanley and Yamamura 1977 : 345.

（57）Zhang 1995 : 97.

（58）潘敏徳 1985 : 40-45 ; Pan 1994 : 103-30.

（59）L. Hill unpublished.

（60）Braudel 1977 : 60.

（61）De Vries 1976 : 213-31.

（62）第3章での議論を見よ。

（63）Riskin 1975 : 65-80，とくに 75.

（64）Hanley and Yamamura 1977 : 357 に引用。

（65）Pan 1994 : chap. 3.

（66）第2章，一〇三一一〇五頁を見よ。

（67）Griffin 1977 : 43-59 ; Morris and Williams 1958 : 137-49.

（68）De Vries 1976 : 211.

（69）Ibid., 165-67, 252 ; de Zeeuw 1978.

（70）Braudel 1982 : 585 を見よ。ただし，ブローデルはこれらの活動が，ヨーロッパよりもアジアであまり見られないという。Gardella 1992a : 319-21 ; Perlin 1990 : 258-301.

（71）Subrahmanyam 1993 : 62-74, 136 ; Bayly 1989 : 67-74 も見よ。

（72）Ukers 1935 : 1-5 ; Chaudhuri 1985 : 92, 198-99.

（73）Habib 1990 : 398 ; Wang, Gungwu 1990 : 421.

（74）Brenning 1977 : 326-38, 331-32.

（75）Subrahmanyam 1993 : 186 ; Subrahmanyam 1990 : 193-218 ; Blussé 1986 : 97-99, 116, 120, 123-29, 154, 165 ; Ng 1990 : 311-12 ; Bayly 1989 : 69 ; Lombard 1981 : 179-80 ; Pearson 1991 : 108.

（76）Chaudhuri 1978, 1981 ; Steensgaard 1982.

（77）一七六〇年以前の東インド会社については，Chaudhuri 1978 : 444-52. 一七六〇年以降については，Bayly 1989 : 98, 120. オランダ東インド会社については，Glamann 1981 : 249-50, 264-65 ; Gaastra 1981 : 69. さらに一般的には，Lombard 1981 : 179 を見よ。

（78）Hobsbawm 1975 : 109-15.

（79）Braudel 1977 : 60. その状況は，シュルツが一九六〇年代までの多くの「低開発」地域に共通の基準として挙げたものと酷似しているように思われる。たとえば，彼の主張では，新たな農業技術への投資を制約したのは，貯蓄不足ではなく，ほかにも示唆する人がいるように，新しい技術や、他の投資機会——地主や他の形態の資産保有者が選択肢を考えていたような環境においても、価値のあることが判明していた投資機会——が不十分なためであった。Schultz 1964：88–90, 96–101 を見よ。

（80）Roy 1997：78–114 は、つぎのような刺激的な主張をしている。すなわち、会社という形式は、圧倒的に大規模なアメリカの鉄道網の成長にとっても、機能的には必ずしも必要ではなかった——しかし、鉄道からの金融業者の利益を極大化するために、ひとたび会社形態が利用されると、それは制度的な規範となってしまい、たとえ会社という形態が、その仕事の実践には、本質的にきわめて効率的な方法というわけではなかったとしても、ほかの企業も従うべきものとなったのである。

（81）北アメリカの例について、民間の金融と会社形態（配当を支払うことなどまずない事業についてさえ）の重要性については、Majewski 1994：47–105, とくに 50–51, 93–94, 109ff. を見よ。鉄道の発展と並行して、銀行の重要性が増したことについては、D. Klein and Majewski 1991：12–18 を見よ。鉄道時代の到来前においてさえ、政府補助金（したがって、公債市場）が決定的に重要な役割を果たしたことについては、Goodrich 1960：51–65 を見よ。

（82）Smith 1937：637–38.

（83）一九世紀の初期になっても、マカダムは、今日その名がつけられている工程を中国から持ち帰ることによって、ヨーロッパの道路建設技術に多大な貢献をすることができた。Heske 1938：24 を見よ。

（84）Schran 1978：30–31.

（85）Albion 1965：103（伐採価格の二〇倍の最終価格を引用）対 李伯重 1994：93. ここで李が引用する史料は、かなりあいまいで印象に基づくものであるものの、しかし、その史料では、伐採価格の一〇倍近くという価格のほうが、よりふつうに見られたことを示しているようである。もちろん、何倍になるかは、史料の分野によっても異なるし、木材の種類によっても異なっていたかもしれない。しかし、少なくともこの証拠は、輸送インフラの欠如が中国の林業にとって特別な問題であったと主張する者に、その証拠を提出する義務を負わせているように思われる。

（86）Braudel 1982：196–205.

（87）Rabb 1967：35–48；Andrews 1984：18–19.

（88）De Vries 1976：213.

（89）O'Brien 1982：17. その後の論文（O'Brien 1990：171, 176–77）で、オブライエンは、大陸間貿易からの利潤によって、総資本形成の五分の一から六分の一の資金が賄われたであろうとしている。しかし、オブライエンは、そのうちの何パーセントがさまざまな種類の強制力によるものであったか、推計することを拒否している。したがって、彼の元の数値について議論するほうが賢明であると思われる。

（90）Kuznets 1968：47–50.

（91）O'Brien 1982：17.

（92）De Vries 1994a：58–60.

（93）タバコ経済の激しい変動については、Morgan 1975：185–86, 197 を見よ。市場の安全と市場への参入者の制限を求める声については、Kulikoff 1992：17–18, 27–28, 35, 39 を見よ。

（94）Galenson 1989：56–64 は、年季奉公人として到着した人数を推計し、渡航費用はほとんどの未熟練な労働者——とくに若年労働者——の生計手段をはるかに越えるものであったことを示している。おそらくこのことは、ドイツやヨーロッパのほかの地域からの移民についても、さらに強く当てはまったであろう。なぜなら、この両地域は一般的に、イングランドよりも賃金が低かったからである。

（95）Galenson 1989：57.

（96）北米植民地——少なくとも、新世界における輸出主導型経済の地域——においてさえ、その経済発展を推進する際に、ヨーロッパからの需要が重要であった事実一般については、McCusker and Menard 1985, とくにこの問題の一般的な記述については、17–34 を見よ。Shepherd and Walton 1972 も。

（97）Von Glahn 1996：214.

（98）Flynn and Giráldez 1996：321–29.

（99）Flynn 1984：47 における、多数のヨーロッパ諸国についての引用を見よ。

（100）これをグローバルな貿易の「切っ先」と称したからといって、他の同じような規模の交換を、それに準じる部門であったなどと言うつもりはない。当時の鉱山掘削、印刷その他の関連技術の分布も、鉱脈分布もそのままだとすれば、中国にとって、貨幣銀は、実質的に類似の代替物がないモノであったことになる。これは、きわめて特異な状況であって、そこでは、大衆消費市場向けの商品のなかで、銀が高い利潤と国際的な輸送コストを吸収することができる、事実上、唯一の商品だったのである（同僚である王国斌は、次のように示唆している。一八五〇年まででいえば、よく似た代替品がほとんどなく、中国できわめてよく売れそうな潜在力をもっていたおそらく唯一の潜在的な輸出品は、先進的な武器以外になかった）。この筋の、証明なき思弁が認められるのであれば、ヨーロッパの勃興における偶然性と複合状況が果たした役割は、いっそう大きくなるかもしれない。

（101）Frank 1998：158–64.

（102）たとえば、Arrighi 1994：73 を見よ。

（103）Steensgaard 1982：235–58. すぐに会社の解散を望む株主から、オランダ連合東インド会社の重役が防御できた状況については、Gaastra 1981：75 も見よ。「離脱」および「発言」という用語は、Hirschmann 1970 からとった。

（104）Mokyr 1990：140, 184–86.

（105）Ibid., 183–86.

（106）North 1994：263.

（107）影響力のある例については、Braudel 1977：68 を見よ。

（108）Chaudhuri 1985：210–14；Chaudhuri 1990：384–86. Pearson 1991：97–103 は同じような主張をしているが、しかし、変化の可能性があり決定的であった財政の圧迫度を決めるのにカギとなった変数は、帝国が直面した軍事的圧力ではなく、帝国が課税できる農民の規模であった、としている。

（109）インドでの証拠については、Perlin 1979 passim；Bayly 1983：217 を見よ。

（110）Kwan 1990：146–47；Mann 1987：42（商人への特許の目的は、市場を規制することであって、歳入を徴収することではなかった）；Mann 1992：76–79；Zhang 1995：94–98.

（111）一九世紀前半の茶と砂糖の消費の増加によって、収入を増加させるよりむしろ、価格を下落させる効果をもたらしたという証拠については、Clark, Huberman, and Lindert 1995：233–35 を見よ。Mokyr 1988：74–75, 79–86 も。

（112）North 1994：262–63 は、歳入を増やす必要性から、所有権の安全性を高める実験とともに、（スペインとポルトガルのように）所有権を制限しようという動きも生まれたことを認識していた。しかし、にもかかわらず、結局は、所有権の安全性を高める方法が最終的に勝利を収め、それが国家歳入の必要性によって、不可欠な制度となっていった。

（113）国家が自国民から資源を徴発するためには、資本集約的な戦略と強制力集約的な戦略との選択（たとえば、賦役と賃金で買い取る労働との選択や、傭兵か徴兵かの選択）があったことについては、ティリーが言及している。彼は、他国やヨーロッパ外の国民に対処するためには、誰しも強制力集約的戦略を用いたことを否定していない。

（114）Tilly 1990：134–37, 150–51. デンマークはおそらく「強制力集約」型と「資本集約」型の両方のグループに入る。同国は一八世紀のヨーロッパで最も税率の高い国のひとつだったからであり——その大部分は、一人当たりにすればヨーロッパ最大規模となった陸・海軍のために使われた——、同時に、デンマークもまた、ヨーロッパ外で大規模な商業を行い、特許会社による貿易を完全に支えていたのである。しかし、これらの多大な努力にもかかわらず、デンマークは今日でいう南スウェーデンを一六五八年に失い、ノルウェーを一八一四年に失い、シュレスヴィヒ＝ホルシュタインおよびアイスランドを一九世紀後半に失っており、国家はかつての領域および影響力の多くを失った状態になった。Kjaergaard 1994：4-5, 14–15 を見よ。

（115）Bayly 1989：8, 116, 161, 195–213, 235–36；E. Thompson 1966.

(116) フランスの国家形成と囲い込みや土地統合などに対する障害との結びつきについては、Brenner 1985a, b を見よ。地域的な裁決や、土地改良を行う際の障害については、Rosenthal 1992 を見よ。この政策は、農民を保護することによって課税と徴収の基盤を確保する政策と実質的に同じであるという、ブレナーの主張に対して、たとえば、共有地の分割計画に抵抗したのは、実際には、裕福で特権をもつ人びとであることが多かったと指摘する人びとによって（クーパー、ローゼンタールなどを参照）批判が加えられていることを、ここで述べておく値打ちはある。その指摘が真実を反映している限り、それは、ここで述べている点、つまり、競争的な国家間システムがより「競争的な」経済制度をそれぞれの社会のなかでなんらかのかたちで選択しているとは必ずしも言えないという点をもっぱら補強している。

(117) Arrighi 1994 : 282–84.

(118) G. Parker 1988 : 63–64.

(119) Reid 1988a : 122–23 を見よ。

(120) Bayly 1989 : 52–53, 67–70 ; Marshall 1987 : 70–82.

(121) たとえば、Marshall 1980 : 15–17, 21–23, 27 ; Bayly 1989 : 98 を見よ。

(122) Crosby 1986 : 71–103, 196–216.

(123) Morgan 1975 : 198.

(124) たとえば、Mintz 1985 : 163–64, 170 を見よ。

(125) 新世界からの輸入品の財政上の重要性にかんする数値については、O'Brien 1988 : 11, 15, および本書第6章を見よ。

(126) Galenson 1989 : 67–68.

(127) たとえば、Heidhues 1996 : 164–82 に引用された諸例を見よ。

(128) バタヴィア近辺の地域での好例については、Blussé 1986 : 26–27 を見よ。労働者の高賃金一般については Reid 1988a : 129–31 を見よ。

(129) Wang, Gungwu 1990 : 400–21.

(130) Blussé 1981 : 174.

(131) Ibid., 175.

(132) Blussé 1986 : 94–97. この件で何が起きたかについての清朝の理解は、Fu 1966 : 173–74 を見よ。

(133) 「帝国は建前として、すべてであることになっている。帝国は経済体としても唯一の存在であり、したがって、他の経済体から富を吸収して富裕化するなどということはありえないのである（中国人のイデオロギーはまさにこういうものであり、それはおそらく確固とした信念の域にまで達していた）」という見解については、Wallerstein 1974 : 45 を見よ。清朝による報復については、Cushman 1978 および Fu 1966 : 173–74 を見よ。

(134) （外国人自身とは違って）中国人があまりに海外との結びつきを多くもつことに対する危惧や、商業と海軍力とが同じ人間の手中に収められて、どのような形にせよ結びつくことに清朝が疑念をもっていたことについては、Wills 1979 および Wills 1995 を見よ。清朝の安全保障上の主な関心は国内の反乱であった——最終的には故郷へ帰ってしまうような人びとに暴力を行使する許可を与えたとしても、［すでにある］脅威が増すだけのことである——という考え方については、Wong 1997 : 83–89 を見よ。

(135) さらに詳しくは、Wills 1994 : 223–28 を見よ。

(136) Santamaria 1966 : 78–79.

(137) McCusker and Menard 1985 : 199.

(138) 海運コストについては、Ng 1983 : 157 を見よ。砂糖の量については、ibid., 163 および Shepherd 1993 : 156–66 対 Deerr 1949 : 193–203, 235–42, Phillips 1990 : 59, 61 および Steensgaard 1990a : 140.

(139) たとえば、スペインによる支配がこの地域ではいかに弱かったかについての事例研究は、deJesus 1982 : 21–37 を見よ。しかも、マニラ近辺では、スペインによる支配はより強力であったが、中国人の人口は、スペイン人よりかなり多かった。

(140) 一六〇三年の虐殺事件直前のマニラ島にはおそらく三万人ほどの中国人がいただろう（Bernal 1966 : 51）。それに対し、一七〇〇年に、フィラデルフィアの人口は三万、ニューヨークは二万五〇〇〇、ボストンでは一万六〇〇〇であった（McCusker and Menard 1985 : 131）。

(141) Blussé 1986：97 は、一八〇〇年までに、バタヴィアおよびその近隣の後背地に一〇万人もの中国人がいたと主張する。

(142) こうした関心については、Shepherd 1993：162–68 を見よ。

(143) この指摘は Wrigley 1988 によってなされ、Wong 1997 によって綿密に研究された。

(144) ここで使用したように、「人口が満杯」の地域とは、人口が稠密な地域と同義ではない点に注意せよ。たとえば、インド北部は西ヨーロッパよりも一平方マイル当たりの人口が多いが、北インドの生態環境からすれば、さらに相当多くの人びとを養うことも可能であった［したがって人口稠密ではあっても人口満杯ではなかった］。相対的に「人口が満杯」の地域とは、技術上のブレイクスルーがなくてもおそらく扶養可能であったと思われるのと同じ程度の人口を養っている地域である。このような諸地域は、深刻な生態環境上の危機に直面する可能性があり、相対的に稀少な生産要素を管理するエリートが、（豊富な）労働力をエリート自身の手元に緊縛する可能性がより低そうな地域である。したがって、労働市場、さらに一般的には要素市場が出現するには、比較的条件のよい地域なのである。これらの条件を備えていたことで、一八世紀後半の中国、日本、西ヨーロッパは、ほかの地域とは異なる特徴があったように思われる。これらの三地域は、一八世紀後半までに、それまで経験しなかったほどの人口水準に達しており、産業革命が始まり（西ヨーロッパではまもなく始まり、日本ではさらに二世代が必要であり、中国では一世紀以上待たねばならなかった）、人口増加率が急上昇するまでは、この水準を超えることはなかった。

対照的に、インド、ジャワ、ヴェトナムなど、現在、同じような人口圧に直面している地域では、この頃までは人口増加率がはるかに低かったようで、一九世紀の初期か中期になって、急速な成長が始まるように見える。東ヨーロッパでは、急速な人口増加はずっと後になって始まる。

(145) Levine 1977 および Kriedte, Medick, and Schlumbohm 1981 と、Elvin 1973 もしくは P. Huang 1990 とを比較せよ。この類似点は、Wong 1997 でも指摘されている。

第III部

第5章

(1) Moosvi 1987：402, 405；Subrahmanyam 1990：358–60；Habib 1982a：166–67；Visaria and Visaria 1983：463–65.

(2) Gadgil and Guha 1993：91–110.

(3) Van Schendel 1991：38.

(4) たとえば、Rangarajan 1994：149–52 を見よ。

(5) Raychaudhuri 1982a：180–81；Habib 1982a：168；Habib 1982c：249；Fukazawa 1982b：251–52；Raychaudhuri 1982b：284, 304；Raychaudhuri 1982c：335；Arasaratnam 1980：259–60.

(6) Chaudhuri 1978：155–56；Latham 1978a：50.

(7) たとえば、中国、日本、西ヨーロッパにかんする一般的な説明と Raychaudhuri 1982b：306；Bayly 1983：204–6, 251, 266, 272, 290；Prakash 1981：196–97 とを比較せよ。

(8) デイヴィド・ウォシュブルックは、この点について大まかに指摘し、一八世紀のインドは「資本主義的」であったが、工業化につながるようなものではなかったと論じる（Washbrook 1988）。彼は、非自由労働が多かったという事実よりも、低賃金労働であったことに焦点を当てており（私は少なくとも同程度には重要だったと考えているが）、安価なのに、活用されていない生産力のことは議論していない。シナリオのこのもうひとつの部分は、対外貿易にかんする「余剰のはけ口」モデルによって説明されてきており、主に一九世紀末から二〇世紀になお未所有地が多く残った国々に適用されてきた（Myint 1958；Lewis 1954）。こうした経済学者の指摘のなかでも、とくに重要な点は、このような状況下では、経済成長には、少なくとも当面はごくわずかな資本しか必要としないということである。この洞察をわれわれの目的に合わせて再定式化できよう。つまり、こうした条件のもとでは、エリートは、比較的少ない投資で輸出し、決定的な移行をもたらす技術には投資しないでも、確かに利益を得ることができるといえる。

（9）この点はパーリンによってとくに強調されている。Perlin 1994：83–85；Perlin 1985：468–73.

（10）この表現は Braudel 1981：70 のものである。

（11）中国については、Ho 1959 を見よ。日本については、斎藤 1985：185–88 を、ヨーロッパについては、McEvedy and Jones 1978：26–30 を参照。

（12）Nipperdey 1996：126–27, 130–31.

（13）Grantham 1989b：147, 151.

（14）たとえば、Clark 1991：454–55.

（15）Ambrosoli 1997：367, 374, 392–95, 412.

（16）Ibid., 412.

（17）F. Thompson 1989：189, 193；Ambrosoli 1997：395, 412.

（18）McEvedy and Jones 1978：28–29；Grantham 1989a：43.

（19）Thomas 1985a：149.

（20）Nipperdey 1996：92–93, 97.

（21）Thomas 1985a：141.

（22）Ibid.

（23）Ibid., 145–46. 大陸からの輸入との比較については 141 を見よ。

（24）Clark, Huberman, and Lindert 1995：215.

（25）Ibid., 226–28.

（26）Ibid., 225.

（27）Mokyr 1990：111.

（28）Clark, Huberman, and Lindert 1995：233.

（29）Ibid., 235.

（30）Ibid., 233.

（31）Ibid., 234.

（32）輸入については、Bruchey 1967：Table 2-A を見よ。亜麻に対する［奨励］補助金とその限定的な効果については、Warden 1967：362–64 を見よ。

（33）Grantham 1989a：49–71. 大陸［ヨーロッパ］における亜麻の生産高が増加する見通しがなかったことについては、Warden 1967：724 を見よ。

（34）Totman 1995：104；Totman 1989：116–70；Li Bozhong 1994b：88；Osako 1983：132, 135, 142；Menzies 1996：651–54.

（35）Grove 1995：187, 199, 261, 264–66, 299–300, 332–36, 365, 382, 387–406, 409, 427, 435, 440, 463–64, 471–72.

（36）Kjaergaard 1994：18–19, 89–91.

（37）Braudel 1981：367.

（38）この概算については、たとえば Asian Development Bank 1982：114, 360 を見よ。こうした最低値は、用いられた調理法を考えると、おそらくヨーロッパのほうがやや高かったであろう。ヨーロッパ北部の寒冷地域では、当然さらに高かっただろう（逆に、同時代の中国北部を除くアジアの多くの貧民は、比較的温暖な気候のもとに暮らしていた）。

（39）Kjaergaard 1994：123.

（40）Ibid., 97.

（41）Goldstone 1991：186.

（42）Labrousse 1984：343, 346–47.

（43）Nef 1932：I：174, 263.

（44）Nef 1964：262–64.

（45）ただし、スウェーデンとロシアの鉄における比較優位には、豊富な燃料ばかりでなく、低い労働コストや高品質な鉱石も影響を与えていたことに注意すべきである（Flinn 1958：151）。

（46）Thomas 1985a：140；Thomas 1985b：729.

（47）Braudel 1981：367.

（48）補論Dを見よ。

（49）Kjaergaard 1994：120.

（50）Nef 1932：I：169.

（51）De Zeeuw 1978：23–25.

（52）De Vries and Van der Woude 1997：709–10, 719–20.

（53）Ibid., 709 n. 18.

（54）オランダにかんする計算については、ibid. を参照。（石炭輸入分を差し引くと）一九世紀のピート生産高は一七、一八世紀を合わせた分に匹敵するという叙述が719にある。イギリスの石炭生産高の計算はMitchell 1988：247による。エネルギーについては、軟炭と無煙炭を半分ずつ混ぜたと仮定してSmil 1985：36に基づく。

（55）ケベックについては、Lower 1973：36を、ニューイングランドについては、Cronon 1983：109-10；Gadgil and Guha 1993：119；Albion 1965：161；Thomas 1985a：140を参照。

（56）Cooper 1985：139 n. 2を見よ。

（57）M. Williams 1990：181.

（58）Kjaergaard 1994：15.

（59）森林の概算については、凌大燮 1983：35を見よ。

（60）M. Williams 1990：181.

（61）Ibid.；Heske 1938：5, 25-26.

（62）Slicher Van Bath 1977：90.

（63）Ibid., 89.

（64）Kjaergaard 1994：107.

（65）Slicher Van Bath 1977：95.

（66）Blaikie and Brookfield 1987：131-32.

（67）Kjaergaard 1994：60, 85-86.

（68）Ambrosoli 1997：374.

（69）Ibid., 392-94.

（70）Blaikie and Brookfield 1987：140.

（71）Hobsbawm 1975：106；F. Thompson 1968：62-77.

（72）Kjaergaard 1994：20-21.

（73）Ibid., 21, 40-41, 50-56.

（74）Blaikie and Brookfield 1987：129-31, 138, 140.

（75）Ibid., 137.

（76）Ibid., 136.

（77）Ibid., 133. また、Lamb 1982：235-36も見よ。

（78）Grove 1995.

（79）こうした関係についての有益な概説は、Cronon 1983：122-23を見よ。

（80）Li, Bozhong 1994b：86-89, 94；Viraphol 1977：180.

（81）Marks 1997：320. 李伯重は、江南の肥料不足や農地でつくられない［化学］肥料への転換を記している。しかしながら、彼は、牛馬の糞を他の目的に利用するよりも新たな化学肥料として使う利点を強調する（Li, Bozhong 1998：48, 200 n. 23）。

（82）Y. C. Wang 1986：90-95；Y. C. Wang 1989：427；足立 1978；Marks 1991：76-79.

（83）水稲の生態学にかんする古典的叙述については、Geertz 1963：29-37を見よ。田に施された乾燥藻が窒素消耗を回復させる力については、Smil 1985：140を見よ。

（84）Perkins 1969：71-72.

（85）マークスとの嶺南にかんする私信。長江下流域については、Perkins 1969：21.

（86）補論Bの計算の説明を見よ。

（87）補論Bを見よ。

（88）Chi 1963：14-15.

（89）Rossiter 1975：149-53, 172；Ambrosoli 1997：395；Hobsbawm 1975：106；F. Thompson 1968：65-70. 補論Bも見よ。

（90）凌大燮 1983：34.

（91）以下、二四四―四五頁と補論Cを見よ。

（92）Totman 1992：22とSchoppa 1989：147-67；Perdue 1987：227, 230；Will 1980；Osborne 1994：30-31とを比較せよ。

（93）Schoppa 1989：120-39と147-63とを比較せよ。さらに、Perdue 1987：196, 202, 219-33も見よ。

（94）Osborne 1994：30.

（95）凌大燮 1983：33.

（96）Ibid., 34.

（97）Osborne 1994：36.

(98) Ibid., 30–31.
(99) Vermeer 1990：141–47, 156, 161.
(100) Totman 1992：23.
(101) Hanley and Yamamura 1977：16–28は、この見方を精査し、批判している。L. Roberts 1991：89–95は、さらに複雑な分類の必要性を示唆するとともに、古い見方があてはまる時代や地域もあるだろうと論じている。
(102) たとえば、M. Williams 1990：181–82を見よ。
(103) Marks 1997：280.
(104) 凌大燮 1983：34. 嶺南の生態環境史にかんする初めての包括的研究の著者であるロバート・マークスは、これらの計算を全般的に妥当と見ている。
(105) 凌大燮 1983：34.
(106) Marks 1997：280に基づく。
(107) 実際、人間が一人増加するにつれて消失する森林は、該当する時代の前半のほうが少なく、後半のほうが多かったと予想される。より良い土地に最初に定住するものであるため、前半の人口増加には、おそらく後半ほど多くの土地を必要としない（土地生産性の上昇がこれを相殺する可能性はあるが）。さらに、前半には新たに増加した人口に必要な燃料を毎年の木の成長分で補いえたが、人口が非常に稠密になるにつれて燃料用の伐採が持続的産出を超え、少なくともいくつかの地域では悪循環が引き起こされただろう。
(108) フランスの人口統計については、McEvedy and Jones 1978：59を参照。
(109) ストーヴのデザイン、炒め方など調理の燃料効率に影響することがらについては、Anderson 1988：149–51, 154を見よ。また、補論C、三一六―七頁も見よ。
(110) このような木材伐採パターンと、ヨーロッパのそれとの違いについては、Menzies 1996：663, 667を見よ。
(111) このような一般化については、漢人の郷紳、商人や地主のほうが、清朝を築いた満洲人の征服者よりもっと当てはまる。しかし、後者は北京と満洲以外では決して多くなかった。さらに、多くの満洲人が武勇を重んじなくなり、狩猟や騎馬の文化を捨てる一方で、狩猟や乗馬を始める漢人はほとんどいなかった。
(112) Pomeranz 1993：134.
(113) 許 1986：138.
(114) Staunton 1799：I：279；II：46.
(115) Ibid., I：266；II：46, 169.
(116) Ibid., II：138, 141.
(117) Ibid., II：142.
(118) 二〇世紀の燃料不足と違法な木材伐採については、Pomeranz 1993：124–25, 143–45を見よ。
(119) Pomeranz 1993：125；Pomeranz 1988：appendix F.
(120) 補論Cを見よ。森林の数値は、［山東］省全体について出した凌大燮 1983よりかなり高いが、もし高すぎるとしたらそれは次の二つの理由しか考えられない。一つは、エーカー当たりの作物の収量をあまりに過大評価した場合だが、そうなると、自然災害が多く、目立った技術発展もなかった一九世紀のあいだに、急増する人口よりも収量が早く伸びたという、ありえない結論が導かれただろう。もう一つは、小麦とコーリャンの割合が高く、タバコや棉花の量は比較的少なかったと思われるこの地域で（二〇世紀もそうであったが）、食品以外の作物が栽培された土地の面積をあまりに過小評価した場合である。これは一つめよりも可能性がある――第3章で中国北部全体では、一八世紀末のほうが、一〇〇年後よりもおそらく多くの棉花を栽培していたであろうとした――が、しかし、もしこの理由で本書の森林の数値が間違っているとすれば、ふつう考えられるよりもずっと多くの燃料用の作物の粕が手に入り、一八〇〇年頃の中国は、ここで示してきたよりもはるかに繁栄していたということになる。
(121) Marks 1997：224.
(122) ヨーロッパの計算については、Richards 1990：164を見よ。

(123) たとえば、Hsieh 1973 の地図I-17とI-23によれば、年間平均降雨量は中国北部の大半で約五〇〇ミリであり、うち七、八月だけで二五〇ミリ、一〇月から四月にかけては多くても一五〇ミリとなっている。ヨーロッパ北部との比較については、Wallen 1970：63, 114, 162–92, 227–39 を見よ。

(124) Grove 1995：56–59, 155, 199, and passim.

(125) Smil 1994：38–49；*China News Digest*, May 21, 1998.

(126) Pan 1994：57–59.

(127) Zuo and Zhang 1990：476. しかしながら、この地域は、その大部分が帝国の直轄地であったため、典型的ではない。

(128) 済南府志 1839：巻6. 消失した水源にかんする詳細については、巻6：24a–b, 6：32a, 6：33b, 6：35a, 6：36a–b, 6：40b, 6：42b を見よ。

(129) 続修歴城県志：巻10–12. 72 の泉にかんする記述は巻10：44a 参照。

(130) Pomeranz 1993：chap. 3–5.

(131) Sugihara 1997 は、これと同じ現象をより楽観的に解釈し、次のように論じる。西洋の技術を採用し、のちの東アジアの「奇跡」が生み出した大規模な人口に適合させてきたのは、今のところ一つの国（日本）だけであり、その生活水準は西洋の最も豊かな国々に匹敵する。同時に、他の非ヨーロッパ世界の国々とは比べられないほどの利益を多くの人びとに与えており、二〇世紀世界の国民総生産の総成長に西洋自身の成長以上に大きく寄与してきた。

(132) Kjaergaard 1994：151. 実際、彼は週の労働時間がおそらく五〇パーセント増加したと見ているため、年間で働く週が増えれば、増加分はおそらく五〇パーセント以上になるだろう。また、55–56 の泥灰土にかんする議論も見よ。そこでは *tonde*（〇·五五ヘクタール）当たり労働日数一一〇日を妥当として計算するが、その後 *tonde* 当たり五〇日で計算している。

(133) Kjaergaard 1994：37–38.

(134) Ibid., 151–54.

(135) Ibid., 123.

(136) Ibid., 158.

(137) Ibid., 127–28.

(138) Lee and Wang 1999：6, 10.

(139) Sugihara 1996：38.

(140) Hanley and Yamamura 1977：19–28, 132–36, 163–71；Howell 1992：271–75.

(141) 当然、開放経済策をとってうまくいかなかった国もほかにたくさんある。

(142) Borah 1943：85–101；Schurz 1939：44–45, 364–66.

(143) Li, Bozhong 1998：108.

(144) Lu 1992：482–83.

(145) Perdue 1987：219–33；Skinner 1987：67–77.

(146) Perdue 1987：204.

(147) 一八五〇年以前については、梁 1980：396–97, 400–4 を、一七七四年および一八五〇年以後については、Lin and Chen 1981：39 を参照。ただし一八四二年の数値は、彼らのリストアップしたすべての省について高すぎるため、除外した。また一七一一年の湖南の数値も、ありえないぐらい低い（それだけ、以後の成長率について過大な印象を与えてしまう）ため、除いた。

(148) Lee and Wang 1999、とくにその第7章、第8章を見よ。とくに養子の問題については、Waltner 1990；Dennerline 1986 も見よ。

(149) Cain 1982：173.

(150) Buck 1964：367.

(151) Wakefield 1992：224–29, 254.

(152) Ibid., 201, 227–28.

(153) Skinner 1977a：213, 226. Skinner 1987 によって調整。

(154) さらなる議論については補論Fを見よ。

(155) Menzies 1996：619–22, 644–65, 659–63.

(156) Perkins 1969：21, 315, 318–19, 321.

(157) Ibid., 234.

(158) Perdue 1987：56–57.

(159) Ibid., 129, 132.

(160) 古典的な記述としてはHo 1955：192, 196–97を見よ。

(161) 方行 1996：97.

(162) Perdue 1987：113–35；Perkins 1969：21.

(163) Mazumdar 1984：269–70；Gardella 1994：32.

(164) Perdue 1987：134.

(165) 南北を結ぶ大運河の衰退については、星斌夫 1971：223–27；Pomeranz 1993：154–64を、いくつかの地域で棉花をアヘンが代替したことについては、Chao 1977：23を見よ。

(166) Will and Wong 1991：496–97.

(167) Mann 1992：75–96；李伯重 1996：99–107.

(168) Mann 1992：86；Wong 1997.

(169) 生態環境的に脆弱な中国北部に対する補助としてのこの制度について、Pomeranz 1993に長い説明があるが、補助は一九世紀末が近づくと打ち切られたことが強調されている（その結果、二〇世紀にも人口が急激に伸びつづけたことを説明できない）。

(170) Wong 1997：139, 224–29.

(171) 中核地域における人口の停滞については、斎藤 1985：211を見よ。岩橋 1981：440と比較されたい。一八世紀半ばの深刻な飢饉にもかかわらず周辺地域で人口が増加しつづけたことについては、L. Roberts 1991：87–91.

(172) L. Roberts 1991：88–100, 115–21.

(173) Ibid., 271–99.

(174) Smith 1959 (Palat 1995：62に引用).

(175) Saito 1983：40–43.

(176) 呉承明・許滌新 1985：435–46；李伯重 1986：93；Braudel 1981：365–67. マドリッドについては、Ringrose 1970：27を見よ。マドリッドがきわめて高価な資源を買うことができたのは（そうして、直近の後背地が［資源を］供給できないほど、大きくなったのは）、収税と新世界の銀の中継地という役割を果たしていたからであり、一次産品と交換する何らかの商品を生産していたからでも、近辺からの地代や税金のおかげでもなかった。

(177) 李伯重 1986：93に引用。

(178) Menzies 1996：634.

(179) Hanley and Yamamura 1977：19–23, 131–46. 第二地域で大名の管理がはるかに強力だったのは、ある程度は為政者［の性格］の違いの問題であったように思われる。第一地域のほとんどは天領であり、多くの外様大名よりも緩やかな統治を行う傾向にあった。また、第二地域では都市や商業の発展や、農業以外の雇用機会が少なかったことも関係があるだろう。

(180) Totman 1995：104.

(181) Ibid., 102.

(182) Ibid., 105–7.

(183) Hagen 1985：114；Hagen 1986a：71–72.

(184) Hagen 1985：114；Hagen 1996：308；Hagen 1998：38–39.

(185) Blum 1961：309–10, 552–54；Hagen 1996：307. 以下の文献と比較せよ。Reid 1988a：129–30；Fukazawa 1982b：251；Habib 1982c：248；Ludden 1985：42–50, 80–84.

(186) Kochanowicz 1989：100–2.

(187) Hagen 1985：104, 107, 111；Hagen 1986b：154；Hagen 1998：38–39, 43.

(188) 史学史の概要については、Hagen 1988；Hagen 1998を見よ。

(189) Pach 1990：183, 186–88, 190；Kisch Kriedte, Medick, and Schlumbohm 1981：178–99.

(190) Kriedte, Medick, and Schlumbohm 1981：14, 19. またGood 1984：22は同じ点をオーストリア＝ハンガリーについて論じており、そこでは、土壌が痩せていることと所領農業が存在しなかったことを、プロト工業化と結びつけている。

(191) Gunst 1989：64, 69. ボヘミアには大所領と高度に発展したプロト工業の両方があった。しかし、所領は少なくとも二つの点で異例であった。第一に、農民が東ヨーロッパの基準からすると非常に強い権利をもっていた。第二に、ほとんどの所領が形成される以前から強力な鉱山セクターが存在しており、比較的大規模な都市人口や著しく貨幣化された経済をもたらしていた。そのため、所領の余剰の多くは西側に輸出されるよりも（食用穀物というよりもほとんどは醸造用のライ麦やホップという形で）地方市場に向けられた。

(192) Good 1984：23.

(193) Hagen 1986a：73-90.

(194) Rösener 1994：113.

(195) Hagen 1986a：88.

(196) Hagen 1996b.

(197) Rösener 1994：154.

(198) Good 1984：34.

(199) Rösener 1994：130-32.

(200) Gunst 1989：63-64.

(201) Albion 1965：103 対 Li, Bozhong 1994b：93. ただし、後者の引用する物価データが、「数両」「数十両」という形の表現をしており、明確さを欠く点には注意が必要である。

(202) Hagen 1986a：86-92.

(203) Rösener 1994：172-84.

(204) Good 1984：70.

(205) Gunst 1989：76-77.

(206) Hagen 1998.

(207) Blum 1961：132-34 はロシアにおける貨幣経済の限界について論じている。同様に Jeannin 1969：94 はスカンディナヴィアの、Kindleberger 1990：58-59 はノルウェーの場合を論じている。

(208) Glamann 1977：262-63.

(209) Barrett 1990：250-51.

(210) Von Glahn 1996：132.

(211) Van Leur 1955：67, 135-36, 162, 197-200.

(212) Cushman 1975：105-6, 124, 200-11；Viraphol 1977：107-21, 181-209.

(213) 船については、Wadia 1955 を、森林については、Rangarajan 1994 を、棉花の栽培面積と森林破壊については、McAlpin and Richards 1983 を、小麦については、Lantham and Neal 1983：271-73 を見よ。

(214) Kindleberger 1990：68-69. インドに売られたヨーロッパの品物のリストについては、Chaudhuri 1978：475-76 を見よ。

(215) Perlin 1987：248-314.

(216) Chaudhuri 1990：278-83.

(217) Thornton 1992：45-54.

(218) Ibid., 112-25；Crosby 1986：136-42.

(219) Thornton 1992：85-90.

(220) （イングランドの綿織物業ブームを加速させた）この貿易のために、インド産の織物を十分に確保することが難しかったことについては、Hobsbawm 1975：57-58；Chaudhuri 1978：273-75 を見よ。

(221) こうした仮説は、従属理論および世界システム論において、最も完全に研究されている。そうした議論では、世界経済の周辺となった諸国で中核諸国との格差を埋められた例が、いかに少なかったかが強調される。しかし、こうした仮説が前提としているさまざまな開発計画や見通しは、同時に、できるだけ迅速に、農業から資源を引き出して工業基盤を確立する必要があると強調している——世界システム論は、従属理論とは違って、グローバルな市場への参入を、原則として評価しているにもかかわらず——のである。

(222) 本書四九—五〇、二三七頁を見よ。

(223) 一八世紀末のバルト海、ニューイングランド、カナダにかんしては、Lower 1973：22, 31-32 と McCusker and Menard 1985 を見よ。一九世紀については、Lower 1973：59-134；Tucker and Richards 1983：xii-xvii を見よ。

(224) Wallerstein 1974：71-89.

(225) 移民の事例については、さまざまな社会システムをもつさまざまな国家の存在が、ヨーロッパにとって問題になるもうひとつの道筋があった。つまり、レースを前に押し進めるのではなく、ここでも、むしろ短期的に効率を引き下げる道である。何代かのツァーリ［帝政ロシア皇帝］は、時折、特別契約によりドイツ人を自国に呼び寄せたかもしれない。しかし、彼らに与えられたロシアの土地や耕作者の法的地位は、たとえ黒土地帯であろうと、人口過密なヴェストファーレンやイースト・アングリアの人びとを引きつけるものではなかった。これは、四川や江西の高地が福建の人びとを引き寄せ、満洲が山東の人びとを引きつけたのとは異なっていた。こうした移民は、新世界が魅力のあるうちは、現地にとどまったのである。彼らが、仮に一七世紀か一八世紀の移民であったとすれば、［年季奉公人として］一時的な自由の喪失と引き換えにはなっただろうが、それでもそうしただろう。しかし、一九世紀や二〇世紀初めの移民にとっては、三等船室にもぐりこんで移民するコストは、はるかに小さく、しかも急激に下がっていったはずである。

第6章

（1）Galenson 1989：52, 76；Morgan 1975：215-16, 296-99.
（2）Thornton 1992：135-36.
（3）Ibid., 138-41.
（4）Ibid., 136-37.
（5）Miller 1986：70 の奴隷価格に基づく計算。Mitchell 1988：462-64 に基づくイギリスの輸入データおよび Deerr 1949-50：I．また補論Dをも見よ。
（6）輸出量は、英領カリブ海については、Deerr 1949-50：I：193-203 を、フランス領については、I：235-42 を、奴隷輸入については、Curtin 1969：216 を見よ。
（7）一八二一年から二六年の数値は、Miller 1986：70；Ludwig 1985：107, 314 から。奴隷一人当たり二五万レイ（ミラーの下限に近い）というおおまかな価格を用いている。計算方法は西インド諸島についてと同じ。
（8）奴隷の購入と価格については、Miller 1986：70；Ludwig 1985：107, 314；Curtin 1969：216 を見よ。ブラジルの一七九六年と一八〇六年の輸出の数値は、Morineau 1985：177-78 から。
（9）ブラジルの男女比と婚姻率については、たとえば、Schwartz 1985：354-58, 385 を見よ。
（10）Shepherd and Walton 1972：43-44；Richardson 1987：765-66 を見よ。
（11）ブラジルについては、Schwartz 1985：136-38, 296, 436, 441-42 を見よ。
（12）奴隷用衣服として、最下級品が輸出されたことについては、たとえば、Subrahmanyam 1993：182-85 を見よ。
（13）Lang 1975：61, 65-66. また、スペイン領新世界で、多少とも内部の結束が固められ、自治が強化されたことについては、Stern 1988 を見よ。
（14）たとえば、Goldstone 1991：186 のチャートを見よ。また、Thomas 1985a：140-41 をも見よ。
（15）Richardson 1987：745-46 は、英領西インド諸島では、各年の砂糖輸出とその地域の翌年の奴隷の需要——以後の砂糖の増産をもたらす——との相関性を指摘している。
（16）Shepherd and Walton 1972：81-84.
（17）Ibid., 52-53, 87. インド洋では、一隻の船がじつに多様な商品を運んでいたことについては、Van Leur 1955：132, 253；Chaudhuri 1978：204-8 を見よ。
（18）Shepherd and Walton 1972. とくに McCusker and Menard 1985：18, 23, 28-30 を見よ。
（19）Lang 1975：61, 65-66.
（20）Richardson 1987：768.
（21）Hamilton 1934；Flynn and Giráldez 1996：321-29.
（22）Morineau 1985：102, 121, 289.
（23）Stern 1988：849-52；Tandeter 1993：15-85.
（24）Stern 1988：852-54.
（25）Flynn 1984：43.
（26）Perlin 1994：113-18, 147-74 は、この当時はコインがモノに対するおカネというよりは、工業製品と見なされていた点を強調しているが、その見方のほうが有効だったのである。Perlin 1991：239-373，とくに 248-49, 268-80 は、コインの鋳造を、遠隔地市場目当てに生産される商品として検討している。

（27）Day 1978：3-54.

（28）H. Klein 1990：291.

（29）Subrahmanyam 1993：183-85.

（30）Flynn and Giráldez 1997：xxvii；Von Glahn 1996：129-33, 224-29.

（31）各地の金銀比価については、Von Glahn 1996：127 を見よ。

（32）Flynn and Giráldez 1997：xix.

（33）Von Glahn 1996：128, 232.

（34）こうした差異とその長期的影響を指摘する意見への近年の批判については、Kindleberger 1990 を見よ。

（35）Blum 1961：201-4.

（36）Hamilton 1934；Flynn and Giráldez 1996：323-29.

（37）たとえば、Jones 1981：83-84 を見よ。

（38）このセクションで用いる数字の計算方法については、補論Dを見よ。

（39）Mintz 1985：133.

（40）Clark, Huberman, and Lindert 1995：223 は、労働者世帯における一人当たり消費量について多数の調査結果を集め、「成人男性一人当たり」の最低を一五〇〇［キロ］カロリー相当（一八七八年から九六年にかけての農村貧民の例）、最高を二四〇〇カロリー相当（一八六三年および一八八九年から九〇年にかけての都市労働者のもの）としている。さらに一件のみ、一八六〇年代の農村労働者について、三二〇〇カロリーという推計も提示されている。しかし、後者の数字でさえ、一人当たりにすると、二五〇〇カロリー以下とも解釈できる。

（41）Daniels 1996：277.

（42）Braudel 1981：170；Salaman 1949：479-84.

（43）Mintz 1985：191.

（44）ミンツは、ここで「ブリテン」と表記しているが、彼の挙げている数値は、ディアとミッチェルがイギリス（連合王国）について挙げている数値と同じである。ミンツの目的からすると、どちらでもよいことなので、たぶん、彼もイギリス（連合王国）の数値を使ったとみられる。それに、すでに見たように、一七七〇年以後、イングランドはウェールズ、スコットランド、アイルランドから大量の食糧供給――これらの地域が必要最低限のカロリーを何か別の方法で満たせない限りは、減少したはずである――を得たのだから、カリブ海域がイングランドの食糧供給にどれだけ寄与したかを知りたいわれわれとしては、イギリス（連合王国）の数値こそが必要である。

（45）計算の方法については、補論Dを見よ。輸出の数値は、Lower 1973：259 からとった。

（46）Mitchell 1988：186. この数値は、実際には少し後（一八六七年）のものであるが、これが得られる限り最も早い数値であるし、当時は、だいたい安定していたと思われる。

（47）Mann 1860：112.

（48）Mokyr 1990：103.

（49）イングランドとその植民地については、Warden 1967：32-40 を見よ。

（50）Wrigley 1988：54-55. リグリは明らかに、「ジョージ三世の亡くなった年（一八二〇年）」をもって切っているが、Mitchell 1988：247 の石炭生産統計によれば、生産が、実際に求められている一五〇〇万トンに達したのは、一八一五年であろうと思われる。さらに重要なことに、森林一エーカー当たり毎年二トンの枯れ木が得られるというリグリの推計は、彼自身が注記しているように、おそらく大きすぎる推計であり、石炭の影響を低く見せている。仮にリグリが、Smil 1983：36 や私が他の箇所でしているように、現代の世界平均値を利用したとすれば、石炭がもたらした「幻の耕地」は、二一〇〇万エーカー強と推計されたはずである。

（51）Clark, Huberman, and Lindert 1995：223 対 226.

（52）Farnie 1979：136.

（53）Ibid., 137, 142, 145-46, 151.

（54）Issawi 1966：362, 416–17. 換算は 518 から。
（55）Ibid., 417.
（56）Owen 1966：424.
（57）Ibid.
（58）Farnie 1979：145.
（59）Ibid., 150.
（60）Ibid., 147, 162.
（61）Ibid., 138–39, 144–45.
（62）Ibid., 145–46
（63）全体に、Crosby 1986 を見よ。
（64）Diamond 1992：23.
（65）Mintz 1985：46–47.
（66）Bayly 1989：74；Washbrook 1988.
（67）O'Brien 1988：15 のデータから計算。
（68）Ibid., 11 から計算。
（69）Bayly 1989 は、北アフリカからジャワにいたるまでのムスリム諸帝国を揺るがせ、ヨーロッパ諸国の新たな帝国主義の波に道を開くことになった商業発展に起因する政治危機の重要性を喝破したうえで、こうした危機と、ヨーロッパ人がより本国に近いあたりで目にした「諸国の全面的破滅」との全体的な相似性にも注意を喚起している。
（70）Goldstone 1991 passim.
（71）Mitchell 1988：247.
（72）Ibid., 709–11 から計算。
（73）Farnie 1979：7 と比較せよ。また、砂糖の消費については、Mitchell 1988：709–12 を見よ。196–201 によれば、一九二〇年代まで、国内生産は取り立てていうほどにはなかったことがわかる。さらに、Bruchey 1967：table 2–A.
（74）貿易収支については、Latham 1978b：69；Hobsbawm 1975：138, 144–45 を見よ。ラテンアメリカにおるイギリスの市場の限界については、Platt 1972：4–5 を見よ。
（75）Latham 1978b：69–70, 80, 89；Farnie 1979：325；Hobsbawm 1975：149.
（76）Jones 1981：84.
（77）Lewis 1954：139–91. のちの文献については、Myint 1958：317–37.
（78）Schultz 1964：61–70.
（79）Mokyr 1976：132–64.
（80）F. Thompson 1989：189 は、農業労働者一人当たりの食糧生産量が、一八四〇年から一九〇〇年代の初頭までに、およそ五〇パーセント増加したとしている。しかし、農業労働者の数がおよそ二五パーセント減ったので、差し引きの増加は一二・五パーセントということになる。しかも、この増加には、化学肥料など、農業のための生産物を大量に必要とした（193–99）。
（81）賃金の動向については、Kjaergaard 1994：160 を見よ。
（82）Sokoloff and Dollar 1997：1–20.
（83）張忠民 1980：208.
（84）Dermigny 1964：IV：table 19.
（85）Y. C. Wang 1992：42, 45.
（86）岸本 1997：19, 141；Greenberg 1951：92；Dermigny 1964：IV：table 19. さらに詳しくは、補論Eを見よ。
（87）詳しくは、補論Eを見よ。
（88）張忠民 1980：194.
（89）その関係は、図示するとすれば、およそ次頁の図のようである。
（90）Greenberg 1951：91–92.
（91）李伯重 1996 および本書一一八—一二〇を見よ。
（92）第2章その他で論じてきたように、この特定の発展欠如が、さらなる説明を要するのかは、はっきりしない。中国などには多くの障害があったので、プロト工業化は消耗してしまうというのが、より「自然な」道であったようにも思われる。むしろ説明を要するのは、なぜヨーロッパがこの道をたどらなかったのかということである。世界全体が「出来そこないのイングランド」だったのではなく、ヨーロッパこそが

「出来そこないの中国」だったのであり、いわば、イングランドは「出来そこないのフランドル」だったのである。
(93) 斎藤 1985 : 185.
(94) McEvedy and Jones 1978 : 166–71, 179–81. 日本では、可耕地の割合が低いことに、とくに注意せよ。
(95) Totman 1989 : 81–170 ; Howell 1992 : 271–75.
(96) 斎藤・新保 1989 : 91.
(97) 斎藤 1985 : 211 を見よ。また、岩橋 1981 : 440 と比較せよ。
(98) Sugihara 1997 : 153.
(99) Moosvi 1987 : 402, 405 ; Subrahmanyam 1990 : 358–60 ; Habib 1982a : 166–67 ; Visaria and Visaria 1983 : 463–65.
(100) Bayly 1983 : 219–26, 290–92 ; Bayly 1989 : 188–89.
(101) たとえば、Bagchi 1976 ; Vicziany 1979 : 105–43 ; Bagchi 1979 : 147–61 ; Perlin 1983 : 89–95 ; Harnetty 1991 : 455–510 を見よ。
(102) Hossain 1979 : 326–35 ; Mitra 1978 : 23, 25, 29, 32, 37–38, 48–49, 56, 79–80, 84, 87–92, 132, 144, 164, 172–73.
(103) Harnetty 1991 : 436–66, 505–7 ; Mitra 1978 : 188, 194–95.
(104) Habib 1982a : 168–69.
(105) Ibid.
(106) インドの農業では、二〇世紀になっても、「余剰労働力」がなかったことについては、Schultz 1964 : 61–70 を見よ。
(107) 茶のプランテーションについては、たとえば、Bayly 1989 を見よ。

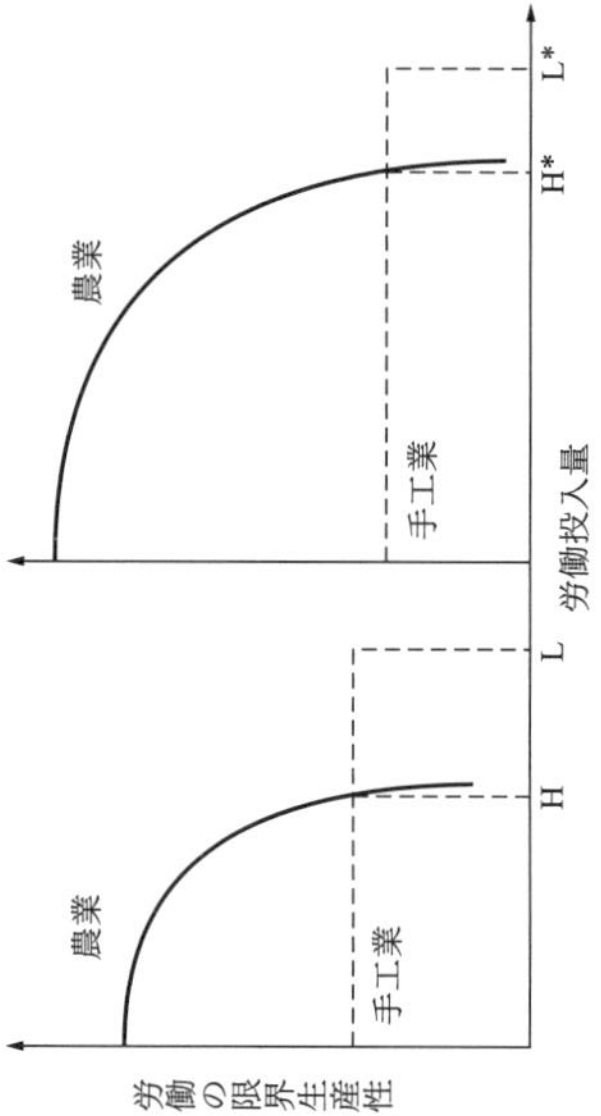

第1期
第一次産品の相対価格上昇前

第2期
第一次産品の相対価格上昇後

H，H*＝労働が手工業にスイッチされるポイント
L，L*＝総労働投入量
L－H，L*－H*＝手工業に投じられる労働

補論A

(1) Habib 1990.
(2) McEvedy and Jones 1978 : 71.
(3) Nipperdey 1996 : 85.
(4) Visaria and Visaria 1983 : 466.
(5) Subrahmanyam 1990 : 360.

補論B

(1) すべての数値は、P. Huang 1985 : 147–48 に引用。
(2) P. Huang 1985 : 138–54 を見よ。
(3) Perkins 1969 : 71.
(4) P. Huang 1985 : 322.
(5) Ibid., 327.
(6) Slicher Van Bath 1977 : 94.
(7) Smil 1985 : 140.
(8) Smil 1990 : 429.
(9) Kjaergaard 1994 : 22, 58, 87.

（10）Bowden 1990.
（11）一ヘクタール当たりの数値は、Smil 1985：174 に依拠している。また Smil 1983：203 の幾分異なった情報に基づいた推計によれば、〇・〇二〇九 kg N/kg の小麦とおおむね近似的な数値が得られた。
（12）Smil 1985：218.
（13）Bowden 1990：197.
（14）Ibid., 373 table 48, note a.
（15）Ibid., 32.
（16）たとえば、Perkins 1969：267, 270 を見よ。
（17）南満洲鉄道株式会社 1936：33.
（18）パーキンズの一九三〇年代の農業にかんする諸変数の推計値を、一八〇〇年頃にさかのぼって当てはめる方法については、補論 C と Pomeranz 1995 を見よ。
（19）Smil 1983：333–34, 336.
（20）Ibid., 335–36.
（21）Slicher Van Bath 1977：94–95.
（22）Smil 1985：153.
（23）Ibid., 142.
（24）Ibid.
（25）Ibid., 145.
（26）Bowden 1990：374–75.

補論C

（1）Cooper 1985：139 n. 2；Smil 1983：100–1.
（2）McEvedy and Jones 1978：59.
（3）Smil and Knowland 1980：119.
（4）凌大燮 1983：34.
（5）マークスからの私信（一九九六年八月）。
（6）Marks 1997：280.
（7）凌大燮 1983：35.
（8）Ibid., 280, 319–27 を見よ。
（9）Marks 1997：251.
（10）Ibid., 250.
（11）Perkins 1969：71.

補論D

（1）Mintz 1985：143. なおミンツの「ブリテン」の使用には誤りがある。Mitchell 1988 は、実際の数値を用いている。
（2）Mintz 1985：191.
（3）Braudel 1981：130.
（4）Clark, Huberman, and Lindert 1995：223–26.
（5）Aykroyd and Doughty 1970：86–88.
（6）Ibid., 89.
（7）Bowden 1990：73, 75, 294.
（8）Thomas 1985a を見よ。
（9）Deerr 1950：II：532.
（10）Mitchell 1988：9–10.
（11）Braudel 1981：121.
（12）Smil 1983：36.
（13）Lower 1973：25, 29, 259.
（14）Mann 1860：112.
（15）Warden 1967：11.
（16）Rimmer 1960：5.
（17）Warden 1967：49.
（18）Bowden 1990：86.
（19）Jenkins and Ponting 1982：11–12.
（20）Mann 1860：26–27.

補論E

（1）方行 1987：89.

（2）岸本 1997.
（3）張忠民 1980.
（4）方行 1987.
（5）Lu 1992：481.
（6）岸本 1997：139.
（7）方行 1987：92.
（8）P. Huang 1990：84.
（9）方行 1987：84.
（10）Ibid., 88.
（11）Ibid., 92.
（12）徐新吾 1992：469.
（13）張忠民 1980：207.
（14）方行 1987：92.
（15）Ibid.
（16）Marks 1991：77–78.
（17）Pan 1994：327.
（18）張崗 1983：57.
（19）方行 1987：88.
（20）方行 1987.
（21）張忠民 1980：207–8.
（22）Dermigny 1964：IV：table 19.
（23）Y. C. Wang 1992：41–44.
（24）たとえば，Greenberg 1951：91–92 を見よ。
（25）岸本 1997：141.
（26）Y. C. Wang 1992：41–44.
（27）岸本 1997：139.
（28）呉承明・徐新吾 1985：323.

補論F

（1）So 1986：80.
（2）Ibid., 81 n. 2.
（3）Y. C. Wang 1989.
（4）Perkins 1969：21.
（5）Y. C. Wang 1989：427.
（6）Perkins 1969：230；梁方仲 1980：401–13.
（7）Chao 1977：233.
（8）Buck 1964：377.
（9）砂糖価格については，Mazumdar 1984：64 を，棉花価格については，補論Eを見よ。
（10）Li, Bozhong 1998：150–51, 219 n. 28.
（11）Ibid., 109.
（12）Ibid., 185 n. 10.
（13）Ibid., 22–23.
（14）Ibid., 20–22.
（15）李伯重 1996：99–107.
（16）Deane and Cole 1962：51, 185, 202. 人口にかんしては，Mitchell 1988：9–10 を見よ。おそらくアイルランドは一人当たりの数値を下げるので，長江デルタとイギリスを比較することは好ましいものであり，また長江デルタには比較的大きな貧困地域はなかった。しかし，連合王国の数値を集められないわけでもない。
（17）Deane and Cole 1962：185, 196, 202.
（18）Chao 1977：233；Kraus 1968：162 に基づいて計算。
（19）Chao 1977：23.
（20）Ibid., 23.
（21）李伯重 1994：34；Skinner 1977a：213. Skinner 1987 によって調整。
（22）Kraus 1968（P. Huang 1985：126, 128 に引用）.
（23）Chao 1977：23.
（24）張崗 1985：99 に引用。正定，順徳，広平，大名，冀州，趙州，深州，定州の耕地面積の数値に，おそらく梁方仲 1980：401 から得られた河間と保定自体の数値を加えたものである。

（25）耕地面積についての公式統計は、それらがあまりにも低いので、妥当な数値に修正している。P. Huang 1985：325を見よ。

（26）Marks 1991：77. 一人当たり一・七四石から二・六二石の範囲という数値ではなく、二・一七石という数値を用いて、中国北部より繁栄していた嶺南の姿を描いている。

（27）Perkins 1969：219.

（28）P. Huang 1985：322.

（29）Ibid., 322.

（30）Deane and Cole 1962：51, 185, 196, 202に基づいて計算。

（31）Mitchell 1980：30, 448, 478のデータを参照。

（32）Markovitch 1976：459のデータを参照。尺度にかんする情報は同書の497を参照。ポンドへ換算するために、趙岡 1977：234の粗悪な綿布の重量にかんする推計と、同じ長さと細さの場合、羊毛糸は綿糸より一・五倍重いというJenkins and Ponting 1982：11-12の観察をここでは用いた。

（33）Mitchell 1980の30, 448, 464, 478のデータを参照。

《監訳者紹介》

川北《かわきた》　稔《みのる》

1940年大阪市生まれ。京都大学文学部卒業，京都大学大学院文学研究科博士課程中退。大阪大学大学院文学研究科教授，名古屋外国語大学教授，京都産業大学教授などを経て，現在，大阪大学名誉教授。著書に『工業化の歴史的前提』（岩波書店），『洒落者たちのイギリス史』（平凡社），『民衆の大英帝国』（岩波書店），『砂糖の世界史』（岩波書店），『世界の歴史25　アジアと欧米世界』（共著，中央公論新社），『イギリス近代史講義』（講談社），訳書にウォーラーステイン著『近代世界システムI〜IV』（名古屋大学出版会），同『史的システムとしての資本主義』（岩波書店），ウィリアムズ著『コロンブスからカストロまで』（岩波書店），ミンツ著『甘さと権力』（平凡社），コリー著『イギリス国民の誕生』（監訳，名古屋大学出版会）他多数。

大分岐

―中国，ヨーロッパ，そして近代世界経済の形成―

2015年5月31日　初版第1刷発行
2023年5月31日　初版第4刷発行

定価はカバーに
表示しています

監訳者　川　北　　稔

発行者　西　澤　泰　彦

発行所　一般財団法人　名古屋大学出版会

〒464-0814　名古屋市千種区不老町1名古屋大学構内
電話 (052) 781-5027/FAX (052) 781-0697

印刷・製本 ㈱クイックス　ISBN978-4-8158-0808-2

乱丁・落丁はお取替えいたします。

訳者一覧

川北《かわきた》　稔《みのる》（奥付参照，監訳および日本語版への序文・第 6 章）

鴋澤《ばんざわ》　歩《あゆむ》（大阪大学大学院経済学研究科教授，序章）

石川《いしかわ》 亮《りょう》 太《た》（立命館大学経営学部教授，第 1 章）

西村《にしむら》雄志《たけし》（関西大学経済学部教授，第 2 章・補論）

岩名《いわな》　葵《あおい》（大阪大学大学院経済学研究科博士前期課程修了，第 2 章）

松中《まつなか》優子《ゆうこ》（大阪大学大学院経済学研究科博士前期課程修了，第 2 章）

浅野《あさの》敬一《けいいち》（大阪経済大学経済学部教授，第 3 章）

坂本《さかもと》優一郎《ゆういちろう》（関西学院大学文学部教授，第 4 章）

水野《みずの》 祥《しょう》 子《こ》（駒澤大学経済学部教授，第 5 章）

索　引

人　名

ア　行

足立啓二　361
アパデュライ，A（Appadurai, A.）　142–143
アラサラトナム，S（Arasaratnam, S.）　174
アレン，R（Allen, R.）　4, 355
アンブロソーリ，M（Ambrosoli, M.）　227, 250
ウィリアムズ，E（Williams, E.）　198, 351
ウィリアムズ，M（Williams, M.）　233, 355
ウィリアムソン，J（Williamson, J.）　6–7, 151, 360
ウィル，P・E（Will, P. E.）　257
ウィンク，A（Wink, A.）　187
ヴェーバー，マックス（Weber, Max）　126, 180, 189, 358
ウォシュブルック，D（Washbrook, D.）　64, 375
ウォーラーステイン，I（Wallerstein, I.）　28, 30, 374
エルヴィン，M（Elvin, M.）　64, 68
エルマン，B（Elman, B.）　63
王業鍵（Wang Ywh-Chen）　327, 337, 339
王国斌（Wong, R. Bin）　11, 21–22, 24, 52–53, 257, 259, 360, 373–374
王豊（Wang Feng）　254
オジルヴィー，S（Ogilvie, S.）　104
オブライエン，P（O'Brien, P.）　20, 199–200, 351, 358
オン，R（Eng, R.）　52

カ　行

何炳棣（Ho Ping-ti）　183, 361
郝延平（Hao Yen-p'ing）　354
ガーデラ，R（Gardella, R.）　184
関文斌（Kwan Man-bun）　370
岸本美緒　298–299, 324, 326, 333–334
キャンベル，C（Campbell, C.）　52
キンドルバーガー，C（Kindleberger, C.）　268
クズネッツ，S（Kuznets, S.）　200
クラウス，R（Kraus, R.）　153–154, 344
クラーク，G（Clark, G.）　54, 93, 182, 229, 383
グランサム，G（Grantham, G.）　226–227, 229
クリーテ，P（Kriedte, P.）　110
クルナス，C（Clunas, C.）　145, 162, 164, 171
グローヴ，R（Grove, R.）　73–74
クロスビー，A（Crosby, A.）　218
景甦（Jing Su）　359
ケイダー，C（Keydar, C.）　351
ケールゴール，T（Kjaergaard, T.）　231, 250
呉承明（Wu Chengming）　49, 132, 340, 345–346
黄啓臣（Huang Qichen）　79
黄宗智（Huang, P.）　9–10, 87, 107, 110, 113, 116–117, 119, 121, 154, 300, 310, 315, 327, 332, 352
ゴールドストーン，J（Goldstone, J.）　11, 118–122, 291, 300, 352
ゴールドスミス，J（Goldsmith, J.）　96

サ　行

斎藤修　107, 300
サーリンズ，M（Sahlins, M.）　171
ジェイコブ，M（Jacob, M.）　59
シェファード，J・Z（Shepherd, J. Z.）　137, 364
シャーマ，S（Schama, S.）　190
シュルツ，T（Schultz, T.）　371–372
シュルムボーム，J（Schlumbohm, J.）　110, 265
ジョーンズ，E・L（Jones, E. L.）　25, 46, 56–57, 150, 156, 293, 353
スキナー，G・W（Skinner, G. W.）　37, 260, 356, 363
杉原薫　15, 27, 218, 352, 379
スコーフィールド，R（Schofield, R.）　51
スターンスハルト，N（Steensgaard, N.）　205
ストーン，L（Stone, L.）　51
ストーントン，G（Staunton, G.）　151, 245
スブラフマニヤム，S（Subrahmanyam, S.）　187–188
スミス，アダム（Smith, Adam）　32, 41–42, 49
スミス，T（Smith, T.）　52
スミル，V（Smil, V.）　12, 61, 317, 322
ソコロフ，K（Sokoloff, K.）　297, 355
ソーントン，J（Thornton, J.）　268
ゾンバルト，W（Sombart, W.）　49, 129, 173–

174

タ　行

ダ・クルシュ，ガスパル（Da Cruz, Gaspar）　156–157
タットマン，C（Totman, C.）　262, 355
ダラー，D（Dollar, D.）　297, 355
趙岡（Chao Kang）　154, 344, 362
張仲礼（Chang Chung-li）　137, 150
チョードリ，K・N（Chaudhuri, K. N.）　28, 33, 179–181, 185–186, 188, 208
陳翰笙（Chen Han-seng）　357
沈従文（Shen Congwen）　165
鄭氏（Zheng）　215–216
ティリー，C（Tilly, C.）　24, 209, 351
テルフォード，T（Telford, T.）　52
ド・フリース，J（De Vries, J.）　4, 32, 108, 110–111, 150, 157–158, 161, 211, 232, 253, 351–352, 355–356, 358, 367, 372
トムソン，F・M・L（Thompson, F. M. L.）　228, 358, 384

ナ　行

西川俊作　107
ノース，D（North, D.）　28–29, 33, 373
ノーデル，J（Knodel, J.）　51

ハ　行

ハイナル，J（Hajnal, J.）　25, 55, 64, 254
パーカー，G（Parker, G.）　211
パーキンズ，D（Perkins, D.）　154, 255, 312, 316, 319, 336, 345
バック，J・L（Buck, J. L.）　54, 137–138, 158
ハートウェル，R（Hartwell, R.）　78–79
ハバカク，J・B（Habbakuk, J. B.）　64
ハビブ，I（Habib, I.）　160, 302, 307–308
濱下武志　14
ハマースリ，G（Hammersley, G.）　76, 356
速水融　352
パラタサラティ，P（Parthasarathi, P.）　71, 160
ハリス，J（Harris, J.）　82
パーリン，F（Perlin, F.）　186–187, 209, 369
潘敏徳（Pan Ming-te）　54, 116, 193, 328, 361
ハンレー，S（Hanley, S.）　52, 252, 378
ピアソン，M・N（Pearson, M. N.）　208
ピット，ウィリアム（Pitt, William）　104
ヒューバーマン，M（Huberman, M.）　54, 229, 383
ヒラルデス，A（Giraldez, A.）　171, 202–203
フェルプス・ブラウン，E・H（Phelps Brown, E. H.）　104
フォン・グラン，R（Von Glahn, R.）　171
フォン・タンゼルマン，G・N（Von Tunzelmann, G. N.）　84
ブラウト，J（Blaut, J.）　42
ブラヨ，Y（Blayo, Y.）　55
フランク，A・G（Frank, A. G.）　64, 68, 171, 203, 351–352
フリン，D（Flynn, D.）　171, 202–203
フリン，M・W（Flinn, M. W.）　77, 356
ブルック，T（Brook, T.）　156, 163
ブレイ，F（Bray, F.）　148–149, 353–354, 362
ブレナー，R（Brenner, R.）　9–10, 29, 64, 374
ブロック，M（Bloch, M.）　87, 358
ブローデル，F（Braudel, F.）　28, 30, 33–34, 53, 68, 102, 127, 133, 173, 178–179, 181–182, 187, 192, 195, 197–198, 211–212, 231–232, 244–245, 358
ヘイゲン，W（Hagen, W.）　263
ベイリー，C・A（Bayly, C. A.）　147, 160–161, 188–190, 301, 384
ペレイラ，ガレオッチ（Pereira, Galeota）　156
ベーロック，P（Bairoch, P.）　51, 355
方行（Fang Xing）　257, 324, 326, 333, 366
ボズラップ，E（Boserup, E.）　73
ホプキンズ，S（Hopkins, S.）　104
ポラード，S（Pollard, S.）　134

マ　行

マークス，R（Marks, R.）　11, 135, 240, 242–243, 319, 335–336, 357, 362–363, 378
マズムダール，S（Mazumdar, S.）　135, 363
マッキヴィディ，C（McEvedy, C.）　308, 316, 353
ミンツ，S（Mintz, S.）　130, 133–134, 140, 283, 290, 321
ムースビー，S（Moosvi, S.）　159
メディック，H（Medick, H.）　110, 149
モキア，J（Mokyr, J.）　4, 36, 62, 66, 83, 95, 294, 298–299, 301, 352

ヤ・ラ・ワ行

山村耕造　52, 252, 378
羅崙（Luo Lun）　359
ラゼル，P（Razzell, P.）　52, 359
ラデン，D（Ludden, D.）　161
ラブルース，E（Labrousse, E.）　231
ランディ，R（Lundy, R.）　52
李中清（Lee, J.）　11, 52–53, 254
李伯重（Li Bozhong）　9, 11, 118, 120, 340–341,

372, 377
リグリ，E・A（Wrigley, E. A.）　6, 51-52, 73, 75, 284
リッチ，マテオ（Ricci, Matteo）　156
凌大燮（Ling Daxie）　238, 240, 244, 318
リンダート，P（Lindert, P.）　54, 151, 229, 383
ルイス，A （Lewis, A.）　95, 351, 352
レイヴリー，W（Lavely, W.）　52
レヴィン，D（Levine, D.）　109-110, 119
レナル，アベ（Raynal, Abbe）　141
盧漢超（Lu Hanchao）　117, 325, 327
ロゼナー，W（Rosener, W.）　265
ローゼンタール，J・L（Rosenthal, J. L.）　96, 374
ワウデ，ファン・デァ，A・D（Van der Woude, A. D.）　232, 356

地　名

ア　行

アフリカ
——の研究が限られていることについて　40-41
——の対ヨーロッパ貿易　268-269
奴隷の供給源として　272-273
アメリカ合衆国
——の工業化　296-297
イギリス
——の解放耕地　351
——の砂糖消費　133, 140
——の資源　26-27
——の自由主義化　209-210
——の初期工業化　20-21
——の所得分配　150-151
——の新世界商品の輸入　282-287, 292-293
——の生態環境　282-287, 295
——の石炭消費量　195, 355
——の農業生産性　227-229
奴隷貿易による受益者として　198-199
イギリス（連合王国）
——の織物消費　155
——の棉花生産　152
イングランド
——の失業　105
——の奢侈品の消費　163-164
——の人口増加　140
——の農業停滞　140
——の農業と革新　29
——の平均余命　51-52
——の労働　29-30
長江デルタと比べて　26-27, 78
インド
——の階層　224-225
——の工業化　301-303
——の消費とステイタス　146-148
——の人口密度　224-226
——の生態環境問題　224-225
——の対イギリス貿易　238, 293
——の対ヨーロッパ貿易　267-268, 279-280
——の脱工業化　301-302
——の農民の消費　159-160
——の平均余命　54-55
——のポートフォリオ資本家　187-189
イギリスへの棉花供給者として　285
オランダ
——のエネルギー供給　194
——の経済停滞　232-233
——の燃料消費　232-233
——の労働市場　105
中国の競争相手として　214-215

カ　行

河南
——の脱森林化　244
——の賃金　116
広東
——からの移民　213
——の絹生産　366
——の砂糖生産　135-136, 139
——の脱森林化　240
広西
——の脱森林化　240
江蘇
——の脱森林化　239
——の炭鉱業　81
江南　→長江デルタ
湖南
——の食糧生産　255-257

サ　行

山東
——の脱森林化　244-245

——の農業　49-50
——の水不足　247
——の棉花生産　153-154
四川
——の棉花生産　155
新世界
——からの奢侈品輸出　204
——の植民地化費用　212-213
——の数字で表した重要性　287-289
——への移民　99-100
貴金属の供給源として　173, 277-282
技術への刺激として　60
国庫の歳入として　290
産業化への刺激として　40, 352
棉花供給者として　70
ヨーロッパにとっての生態環境危機の救済として　26, 38, 128, 235-236
ヨーロッパの周辺として　272-305
スペイン
——帝国　19, 202
浙江
——の森林率　239
陝西
——の初期資本主義　180
——の棉花生産　155

タ　行

台湾
——の砂糖生産　135, 139, 216-217
中国北部
——の家畜　48
——の気候と脱森林化　72
——の災難　79-80
——の食糧生産　254-255
——の人口成長　253-254
——の森林率　315-320
——の生産性　90
——の生態環境上の問題　244-246, 253, 255, 259
——の土壌問題　237-238
——の燃料供給　315-320
——の非自由労働者　98
——の水不足　247-248
——の棉花生産　153-154
——の輸入代替　253
中国北西部
——の災難　79-80
——の石炭生産　80-81
——の棉花生産　257
長江下流域
——の貸付け　193
——の交易　80
——の女性労働　121
——の所得分配　151
——の人口成長　253
——の生活水準　158, 257
——の繊維生産　152-153, 335-336
——の賃金　117, 324-334
——の土地改良　239
——のプロト工業化　299
——の木材輸入　236-237
——の輸入代替　253
長江中流域　153, 253-257
——の食糧生産　255
——の人口成長　253-254
——の土地改良　293
——の輸入代替　253
長江デルタ
——の織物生産　120
——の産業　81
——の資源　26-27
——の手工業　103
——の人口　101-102, 296
——の人口成長　254
——の生活水準　37, 258-259
——の生態環境　248
——の土地市場　87
——の農業生産量　115
——の棉花生産　151-152
——の輸送　196-197
——の輸入　257, 298
——への移民　258-259
イングランドと比較して　26-27, 78
長江流域
——の土地所有　88-89
——の非自由労働　97-98
——の輸送　196-197
直隷
——の棉花生産　154
デンマーク
——の軍事　373
——の生態環境　233, 249-250, 295
——の脱森林化　233
——の労働集約度　28, 223
農業輸出国として　250
ドイツ
——のギルド　104
——の木材不足　233
東南アジア
——の研究が限られていることについて

40-41
——の建築　149
——の奢侈品の消費　147
——の出生率　56
——の対ヨーロッパ貿易　267

ハ　行

バタヴィア
——の中国人貿易商　214-215
東ヨーロッパ
——の研究が限られていることについて　40-41
福建
——からの移民　213
——の砂糖生産　136
——の脱森林化　239
フランス
——の織物生産　155
——の解放耕地　351
——の財産権　210
——の食糧供給　96
——の燃料需要　240-241, 315-320
——の農業と革新　29
——の労働市場　105-106
土地保有　91-92, 96

マ・ラ行

モンゴル
——の中国技術への影響　79
遼寧　254
嶺南
——の人口　297
——の脱森林化と燃料不足　239-244, 315-320
——の土壌消耗　242
——の輸入代替　253

事　項

ア　行

医学（中国の）　59, 61, 63
イギリス東インド会社　69, 301　→貿易（武装）
移民　382
——（インドの）　160
——（中国の）　213-214, 249
——（東ヨーロッパの）　265
——（ヨーロッパ人の）　99
——の政策的促進（中国の）　100
——の費用　201, 213
——とジェンダー　101, 258-259
——労働　99-102
資本豊富な地域への——　100
新大陸への——　292
インヴォリューション（経済における）　108-110, 114-116
——（中国の）　112, 118-119
エネルギー　→石炭，燃料，木材
——の供給源としての新世界　39
——のヨーロッパにおける利用　61
オランダ東インド会社　105, 205-206, 214　→貿易（武装）
織物　→繊維（業）

カ　行

会社組織
——の起源　193-194, 210
家屋
——（アジアの）　56-58, 148
——（東南アジアの）　149
——（ヨーロッパの）　46, 56-58
ステイタスの証として　144, 148-149
科学（中国の）　59
科学文化（ヨーロッパの）　58-59, 63, 84
家具
——と生活水準　158-159
書くこと
——とステイタス競争　167
囲い込み　→共有地，土地の利用
——と産出高　91-93
——と生産性　93-95
規制　91-93
貸付
——の抑制　190-191
国家への——　185-187
過少雇用　95, 97
家畜　→食事
——（アジアとヨーロッパの）　48-51
貨幣経済化　→銀
——（中国の）　171-173, 202

——(東ヨーロッパの)　267
灌漑　60　→土地の利用，水
——の制約条件　95-96
——の未整備（ヨーロッパの）　72
関税　204, 206
管理（資源の）→土地の利用
生糸　→絹
機会費用（労働の）→インヴォリューション，労働
——(ヨーロッパの)　200
——とジェンダー　119
貴金属輸出（新大陸の）　277-282　→銀
危険性の評価　189-191
技術
——(ヨーロッパの)　30-31, 47
——と工業化の促進　58-85, 291
——と資本調達　193-194
——と新大陸資源　60
——と生産性　59
——と生態環境　62, 222
——と制度　63
——と繊維業　68
——と戦争　207, 211
——と土地利用の制約　93
——と輸送コスト　276
——の普及　62-63
中核と周辺の——　252
農業——　60
労働集約的な——　62
労働節約的な——　64, 67
絹　→繊維（業）
——と銀貿易　217, 280
——と土地の利用　153
——の生産（インドの）　160
——の生産（中国の）　151-152, 335-338
救貧法　99
強制　→財政＝軍事国家，戦争
——と遠隔地貿易　35, 39-40, 185, 194, 205-218, 282, 292-293
——と国家の形成　209
——と資本蓄積（ヨーロッパの）　197-201
強制労働　32, 36, 64-65, 96-98, 100, 226　→農業，土地，農奴，奴隷，特化，賃金
——(アフリカの)　268
——(インドの)　147-148, 224-225, 302-303
——(新世界の)　100, 272-277, 382
——(中国の)　98, 103
——(デンマークの)　250
——(東ヨーロッパの)　262
——と銀貿易　172-173
——と鉱山業　277-278
——と奢侈品の生産　130-131
共有地　→囲い込み，土地の利用
——(イギリスの)　351
——(ドイツの)　266
ギルド　104
——と女性労働　115
——と農村の競合相手を排除　208-209
市場の機能を損なう影響　103
銀　→貴金属
——需要（中国の）　279-282
——と奢侈品消費　202-203
——の退蔵　281
——輸出（新大陸の）　19, 171-173
——輸入（中国の）　171-173
外貨準備として　278
モノとして　172-173
勤勉革命　32, 108, 110, 114, 130, 206, 225, 253, 289　→手工業品，プロト工業化
——と奢侈的需要　173
——と生活水準　165-166
金融制度　→利子率，ジョイント・ストック・カンパニー，独占，国家財政
——(アジアの)　186-190
——(インドの)　189-190
——(西洋の)　179-180
——(中国の)　179-180
——(ヨーロッパの)　204
「クーポン」システム　→ファッション
——と消費　142-145
結婚
——と出生率　55-56
——とステイタス競争　167
——と労働供給　264
——の規制　110
減価
——と消費　368-369
——とファッション　166
航海　→輸送
——の優位（ヨーロッパの）　356
鉱業
——(イギリスの)　76-77, 83
——(新世界の)　198
——(中国の)　78-79
工場
——(アメリカ合衆国の)　296-298
——と労働供給　294-296
——の抑制された発展　119-120
後進性による利点　270-271, 291, 295
交通　→輸送

効率性
——と市場　87-88
——と総要素生産性　93-95
穀物
——の価格　108
——の市場　117
——の生産（中国の）　139
——の貿易　49-50
国家間の競争　207-209, 273　→市場
——と植民地化　211-212
国家財政　→金融制度，独占
——(インドの)　186-189
——(中国の)　185
好み　→嗜好
米
——と砂糖　139
——と土地利用　139, 153
——の加工　50
——の輸出　217
——を基準とする賃金推計　118

サ　行

財産権　27, 29, 33, 74, 178, 207, 209-210, 352
——(アジアの)　181-183
——(アフリカの)　269
——と資本主義　179
財政＝軍事国家主義　191, 197, 204, 211, 273, 290　→強制，戦争
——(デンマークの)　249-250
作物の残余物　→肥料
——の使用　242-243, 245-246
砂糖
——の価格　136
——の儀礼的用途（中国の）　134
——の消費（イギリスの）　229, 283, 321-322
——の消費（中国の）　111, 134
——の消費拡大　111, 133-137
——の輸出（カリブ海地域）　273-274
作用　→強制
ジェンダー（規範）　→文化
——と移住　101, 258-259
——と繊維（業）　103
——と賃金　298-300
——と労働　32, 107-122, 258
工場の建設を抑制するものとして　119-120
嗜好　→ファッション
——と消費　143-144
——とステイタス　129
資産　→富
市場
——(中国の)　31, 37, 122, 208
——(ヨーロッパの)　31, 86, 123
——と契約　352
——と国家の影響（中国の）　257, 259-260
——と国家の影響（日本の）　260-261
——と資本主義　178
——と人口密度　41
——の効率性　87-88
——の発展　19, 27, 30, 39-40
——の優位（アジアの）　87
——の歪み　28, 86-87, 102, 104, 189, 212, 252
資本——　33
成長要因として　19-21, 29
土地——　87-96
農産物——　102
慈善信託
——と資本蓄積　183
失業　66
——(イングランドの)　105
——と賃金水準　95
疾病
——と新世界の植民地化　19, 39-40, 212, 217, 272-274
資本
——(アジアの)　48-51
——(ヨーロッパの)　46-48
——が移民を促進　100-101
——と国家の形成　209
——と市場　33
——と土地　34
——と輸送　195-196
——の移動（新世界へ）　292-293
——の分離（所有者から）　181-184
——のコストと財産権　182
——の有用性の拡大　192
——を集める　18
土地の代替として　73
忍耐強い——　190, 210
資本主義
——(ヨーロッパの)　178-219
——と奢侈品の需要　129-177
——の政治経済　128
——の成長に与える，市場が変容することの影響　127
——の発展　19, 30-31, 39-40, 93-94, 127
資本ストック
——(アジアの)　56-58
——(ヨーロッパの)　56-58, 123
資本蓄積　17, 19, 24-25, 31, 34, 39, 128, 178, 226
——(アジアとヨーロッパの)　56-58

――(ヨーロッパの)　86-87
――と社会制度　122-123
――と自由主義化　210
――と出生率　56
――と独占　212-213
――と奴隷　198
強制された取引による――　198-201
社会的地位　→ステイタス
ジャガイモ
――と生態環境　73-74
借地農
――の権利（中国の）　89-90
――の権利（ヨーロッパの）　94-95
奢侈　→ぜいたく
奢侈品　→消費，ファッション，砂糖，茶
――が工業化を促進　289-290
――と銀貿易　202-203
――と国家歳入　138-139, 217
――と住居　176
――と植民地化　213
――と土地の利用　139-140
――とファッション　169
――の需要（ヨーロッパの）　202-204
――の需要と資本主義　129-177
――の消費　142, 149-150, 176, 202-203, 212-213, 217
――の消費（農民の）　149-150
――の職人の消費　149-150
――の生産　130-131
耐久性のある――　129, 131, 149
非耐久性の――　130, 132-141
住居　→家屋，生活水準
――(中国の)　156-157
――と奢侈品の消費　175
自由主義化
――(日本の)　261
――(ヨーロッパの)　208-210, 213
――と需要　213
周辺　→中核地域
――(新世界の)　272-305
――(日本の)　260, 301
――と中核　20-21, 30, 36
――との貿易　197
――と輸入代替化　252-262
――の開発（清朝による）　259
――の需要　36
――の脆弱な生態環境（中国の）　248
――の利用（ヨーロッパ人の）　303-304
手工業品　→職人，勤勉革命，プロト工業（化），繊維（業）
――(中国の)　103
――(ヨーロッパの)　293
――と人口の増加　244
――の市場　117
工場制度を導入することの障害として　118-119
世帯内で生産される市場向けの――　115-116
出生　→人口再生産
出生数　→人口再生産
出生率　→肥料，人口
――(日本と東南アジアの)　55-56
――と（資本）蓄積　55-56
需要　→消費，ファッション
――(インドの)　225
――(新世界の)　275
――(中核地域の)　269
――(東ヨーロッパの)　266-267
――と制度　33
――とファッション　165
――の限界　71-72
――の地域による多様性　161-164
――への戦争の影響　207-208
アジア商品の――(ヨーロッパの)　202-204
工業化の動因として　38-39, 150
市場を媒介とする商品の――　110
食糧以外の――　155-159
繊維製品の――　71-72
耐久奢侈品の――　131
ジョイント・ストック・カンパニー　34, 180, 183, 199, 210　→金融制度
蒸気機関　76-77, 83
――(中国の)　78
――と炭鉱業　83-84
商業化　20, 30-31
土地の――　90-91
農業の――　106, 175-176
余暇の――　112
商業組織（アジアの）　182-185
小国という仮定　298, 303
消費　→需要，ファッション，奢侈品
――(アジアとヨーロッパの)　33
――(インドの)　159-160
――(日本の)　146, 159, 162
――が低下することの影響　368-369
――とアイデンティティー　168-169
――と家屋　144
――と好み　144
――と社会関係　142
――とステイタス　141-148

——の地域的な集中　138
——へのファッションの効果　143, 164–177
イギリスにおける食糧の——　228–229
国家によって促進された——　138–139
砂糖の——　133–137
奢侈的——　142
食糧以外の——　155–159
繊維製品の——　151–156
大衆的な——　130, 132–141
タバコの——　133
茶の——　132–133, 137–138
農民間の——　155–156
ヨーロッパにおける——　126–127, 206–207
消費材　→商品，奢侈品
消費者運動　→消費
消費不足
——と社会構造　269
商品
——と遠隔地貿易　140–141
——と銀貿易　172–173
——と余暇　112
奢侈——　127–177
障壁　→ボトルネック
工業化の——　17, 22–24, 119–120
食事　→肉の消費
——(アジアとヨーロッパの)　53–55
——(中国の)　256–257
——(日本の)　260
——と家畜　50–51
——と死亡率　53–54
——の変化　108–109
イギリスの——　282–283
職人　→手工業品，プロト工業（化），繊維（業）
——(東南アジアの)　65, 175
——と知識の伝達　80–83
——の技術に対する貢献　80–81, 83–84
——の自治（インドと東南アジアの）　174–175
——の消費パターン　110–111, 149
——のプロレタリア化　174
織布　→繊維（業）
植民地化　18, 39–40
——(中国の)　215–216
——と会社組織　210
——と金融　34
——と財産権　74–75
——と資本主義の発展　178–179
——と資本蓄積　17
——と奢侈的消費　139–141, 213
——と需要　35
——の需要（ヨーロッパの）　201
——と新世界　26
——と貿易　205–206
輸入品の供給先として　35
食糧（食品）
——と工業化　289–290
——と奢侈品　130
——の価格　66
——の輸入　170
女性　→ジェンダー（規範）
所得
——(インドの)　159–161
——(日本の)　162
——の分配　64–66, 150–151
書物
——の出版　59, 156
所有権　→財産権
人口
成長制約としての——　218–219
人口（都市の）　50　→出生率，肥料，マルサス的制約
人口再生産　→出生率，人口
——(ヨーロッパの)　31, 123
——の抑制　25, 55–56
人口増加　25–26, 53, 225
——(アジアの)　27
——(イングランドの)　140
——(中国の)　27, 138, 251, 253, 296
——(長江流域の)　255
——(日本の)　27, 260, 296, 300
——(ヨーロッパの)　46, 228
——と家族構造　254
——と手工業　244
——と森林消失　240–241
——と土地利用　37
——とプロト工業化　37, 109–110
——の制度的要因　264–265
人口密度
——と工業化　222–225
——と市場　41
——と生態環境　41–42, 237
——と特化　41
浸食　234–236　→生態環境
——(アジアの)　226
——(中国の)　238–239
——(ヨーロッパの)　72
清朝　164–167, 185, 214–215, 217, 258–259
森林　→森林消失，生態環境，土地
——(中国の)　233–234
——の生産性　230

森林事業　→土地の利用
——の発展　75
森林消失　60, 235　→生態環境，土地の利用
——(アジアの)　226
——(中国の)　236-242, 261-262
——(長江流域の)　79
——(ヨーロッパの)　72, 247
——と乾燥化　246-247
——と気候　72-73, 236
——と人口拡大　240-241
——と石炭　76
ステイタス　→ファッション
——(清代の)　166-167
——競争と資本蓄積　166-167, 179, 192
——と嗜好　129
——と消費　141-148
——とモノの所有　142
生活水準　58, 110　→出生率，食事，平均余命，人口密度
——(アジアの)　25-26, 48, 51, 66
——(江南の)　258
——(中国の)　26-27, 158, 237, 251
——(長江流域の)　257
——(日本の)　27
——(北部中国の)　244-246
——(ヨーロッパの)　51, 72-73, 108, 294
——と勤勉革命　165-166
——の地域別の多様性　161-162
——の低下　138-139
生産
——と資本蓄積　211
——と奢侈品　130
生産性
——(アジアとヨーロッパの)　58
——と囲い込み　93-95
——と家族労働　107, 118
——と技術　59
——と土地利用　90
——と余暇　95
——の成長　30
——の優位（ヨーロッパの）　123
繊維業の——　71
総要素——　93-95
生産（高）
——(イギリスの)　227-228
——(中国の)　154, 236-238
——(ヨーロッパの)　61
——と囲い込み　91-93
——と新作物の影響　73-74
農業——　48, 71
成熟
さまざまな産業の——　294-305
生態環境　→農業，森林消失，浸食，労働，強制労働，土地
——(アジアの)　26-27
——(インドの)　224-225
——(デンマークの)　249-250
——(西ヨーロッパの)　47, 72-73, 303-304
——(東ヨーロッパの)　270-271
——と科学技術　62, 222-223
——と人口密度　41-42
——にかんする圧力　26, 72
——の危機　35
——の災害　26
——の制約する効果　222-271
ぜいたく
——に対する姿勢（中国の）　163-164, 169-170
——の即物化　129, 146-147
——の描写（中国の）　163-164
成長
——と工業化　19
——の持続可能性（ヨーロッパの）　73-74
——の制度的起源　19-20, 28-30
市場志向の——　19-20
持続的——　28
一人当たり——　23-24
労働集約と——　18
制度　→金融制度
——(インドの)　225
——が成長を促進　19-20, 23-24, 27-30, 86-87
——と科学技術　63
——と資本蓄積　123
——と需要　33
——と土地経営　38
——と利潤　30
——と労働制約　99-102
石炭
——(イギリスの)　82, 195
——(中国の)　79-80, 196
——が工業化を促進　35, 45, 61, 75-78, 291-292, 352
——とエネルギー・コスト（燃料費）の削減　67
——と土地供給　73, 77
——の採鉱　79-81, 83-84
——の数字のうえでの重要性　287-289
——の生態環境上の影響　284
——の輸送　196-197, 232

——の輸入（オランダの）　233
繊維　→綿，繊維（業）
——の生態環境上の影響　229–230
——の不足（中国の）　238
——の輸入（イギリスの）　284
繊維（業）　→綿，繊維
——と移民　100–101
——とジェンダー　103
——の技術（中国の）　70
——の技術革新　62, 68
——の技術革新（イングランドの）　69
——の消費　152–155, 218
——の生産（イギリスの）　285
——の生産（インドの）　302
——の生産（長江流域の）　299, 324–334, 336–338
——の生産（東ヨーロッパの）　264
——の生産性　71
——の地域間競争　69
——の優位（アジアの）　60
農村の——　103–104
戦争　→強制，軍事＝財政国家主義
——と技術　207, 211
——と財産権　209
——と資本蓄積　211
——と資本の破壊　57
——と需要　207

タ　行

耐久性
消費材の——　165, 168
堆肥　→肥料
——（中国の）　237
——と生産性　92
——の供給　234–235
タバコ
——の消費増加　133
知識
——の普及　75, 79, 82, 162–163
茶
——の消費　132, 137, 229
——の貿易　184
中核地域　→周辺
——（日本の）　252
——との貿易　223
——の資本蓄積　192–193
——の需要　269
——の人口密度　226
——の生産過程　252–253
——の成長　30, 123
——の定義　20–21, 36
——への移住　100–102
——への輸入品　252–262
資源の消費者として　27–28
ヨーロッパに対する新世界という「周辺」　272–287
利潤の蓄積　30
地理
——に伴う優位性（ヨーロッパの）　83–85
賃金　→労働（力），強制労働
——が技術革新を阻害　66–67
——が技術革新を促進　64–66
——と移民の促進（中国）　214
——とジェンダー　116, 120
——の硬直性（ヨーロッパ）　104
——の購買力　108, 117–118, 324–334
——の都市農村較差　105–106
農業——　95, 109
帝国　→植民地化
——に対する中国の姿勢　214–215
鉄生産
——（中国の）　78–79
——と石炭　76–77
鉄道建設　195
投資機会
——と資本主義の発展　179, 185, 191–192, 195–196
徳川時代
——の経済政策　260–262
独占　34　→金融制度，貿易（武装）
——（中国の）　208
——（日本の）　260–261
——と資本主義　189
——と植民地化　212
歳入源として　185
土壌
——の消失　234–236
——の消失（中国の）　236–238
——の消失（中国北部の）　242
特化　96, 255–256　→労働
——（西ヨーロッパの）　38, 206
——と奢侈品輸入　290
——と人口密度　41
特許と工業化　21, 122
特権　→独占
——と資本蓄積　211–212
財産として　201, 208
土地　→農業，森林消失，生態環境，労働，強制労働
——が中国人移民を促進　213–214

——の開拓　95-96, 238-240
——の需要（ヨーロッパの）　73
——の節約　64
——の代替　222
——の代替としての新世界　38-39
——の貸借　89-92
——への影響（資本と労働の）　29, 34
——への影響（石炭の）　77
土地の利用　18, 31-32, 36, 73, 222, 234-235　→農業，森林消失，生態環境，労働，強制労働
——(アジアの)　74-75
——(インドの)　224-225
——(中国の)　88-90
——(デンマークの)　249-250
——(日本の)　261
——(東ヨーロッパの)　264-267
——(ヨーロッパの)　71, 90-94, 249
——と血族　89
——と社会関係　87-88
——と奢侈品の消費　139-141
——と人口成長　37
——と生産性　90
——と制度　38-39, 250-251
——への規制　87-96, 226-227, 250-251
農業の——　246
富　→資本蓄積，消費
——の不均衡　366
——の用途　94, 129
抽象的な——　127
奴隷（制）　→労働（力），強制労働，農奴
——と織物業　68-69
——と貴金属貿易　279
——と工業化　35
——と資本蓄積　17, 198
——と新大陸農業　272-277
——と中核・周辺　38
——と輸出　36
——と輸入　35-36, 170, 274
——と労働力配置　71
——貿易　269, 272-273
問屋制（前貸し）　116

ナ　行

肉の消費　50, 108, 234　→食事
乳児殺し　53, 55, 353　→出生率，人口再生産，人口
年季契約労働者　100　→強制労働，移民
燃料　→石炭，ピート，木材
——(フランス，嶺南，中国北部の)　315-320
——と工業化　30-31
——のコスト　76-78
——の不足（中国の）　238-245
——の不足（ヨーロッパの）　230-234
化石——　25-26, 39, 61-62, 64
作物の残余物　242, 245-246
農業　→労働（力），強制労働，土地
——(アジアの)　60, 296
——(イギリスの)　60
——(インドの)　301-303
——(新世界の)　272-277
——(日本の)　175-176, 300-301
——の市場コントロール　87-96
——の需要（工業化に伴う）　295
——の商業化　175-176
——の生産性（ヨーロッパの）　226-228
——の賃金　108-109
——の余剰労働力　294
——への労働力の再配分　71
——への労働力の集約　225, 227
農業個人主義　87, 358
農奴（制）　→労働（力），強制労働，奴隷
——(東ヨーロッパの)　262-264
——と土地利用　38
——の廃止　99
農民
——(東ヨーロッパの)　262-271
——の消費　149-150, 155, 161

ハ　行

比較する方法
——の価値　18, 22-24, 39-40
非自由労働　→強制労働
ピート（オランダの）　232-233
肥料
——と燃料　80-81
——の購入　114
——の使用（アジアとヨーロッパの）　310-314
——の使用（イングランドの）　237-238
——の使用（中国の）　154-155, 237-238
——の使用（ヨーロッパの）　234-235, 237-238
ファッション　→消費，需要，ステイタス
——(中国の)　162-176
——(ヨーロッパの)　164-176
——とエキゾティックな商品の有用性　169
——と消費　142-145, 162-164
——と商品価値の低下　165-166
——と耐久性　168

——の起源　129, 142-144, 146
複合状況（グローバルな）
——とヨーロッパの成功　18, 23, 47, 294
プランテーション（新世界の）　272-277　→農業，奴隷
武力　→強制
プロト工業（化）　31, 109　→手工業，繊維（業）
——(周辺の)　36
——(長江流域の)　256
——(西ヨーロッパの)　251
——(東ヨーロッパの)　263-265
——と工業化　36-38
——と工場制　294, 297-298
——と自由労働　36
——と人口増加　37, 109-110
——と発展の袋小路　218
——の欠如（米国の）　296-297
文化
——奢侈的需要　168-169
——と資本主義の発展　189-191
——と消費　142-143
——と労働力配分　113-115
工場制度を導入することの障害として　119-120
ヨーロッパにおける工業化の動因として　126-127
平均余命
——(アジアの)　51-55
——(ヨーロッパの)　51-55, 122-123
——と栄養　53-54
貿易
——(インドの)　187-189, 375-376
——(中国の)　213-217
——と経済成長　223
——と資本主義　178, 183
——と人口密度　35
——と生態環境　222, 248
遠隔地——　18, 30, 34-35, 49, 127, 178, 183-184, 187, 189, 197, 205, 225, 304
武装——　34-35, 40, 178, 205-218, 282, 293
没収　→財産権
アジアにおける財産の——　182
ポートフォリオ資本家
——(インドの)　187-189
ボトルネック
——と科学技術によるブレイクスルー　70
生態環境上の——　34, 37, 40, 222-271

マ　行

マルサス的制約（圧力）　31, 48, 226-227, 256-257
満洲帝国　98
水　→生態環境，燃料，灌漑
——の不足（中国）　246-247
——力　76-77, 84
明朝　145, 164-165, 167
棉花　→綿
綿糸　→綿
綿製品　→綿
綿布　→綿
木材　→森林消失，燃料
——の不足　82, 230-233, 236-238, 315-320
——の輸出（バルト海地域）　270
——の輸送　197
——の輸入（イギリス）　323
建築用材として　148

ヤ　行

輸出　→輸入，貿易
——が植民地化を促進　201
——と政府財政　204
——と輸送コスト　256-257
強制労働による限界　262-264
原材料の——　253-256
商品の——（東ヨーロッパの）　266-267
新世界　204, 217-218, 272-273
輸送
——(アジアの)　49
——コスト　35, 64, 184, 201, 256, 276
——と家畜　48-49
——と資本　195-196
——と燃料供給（中国）　241
——能力　307-309
——の発達　38
——の優位（中国の）　196-197
海上——　83
石炭——(イギリスの)　82
石炭——(中国の)　80-81
輸入　→輸出，貿易
——(長江デルタの)　298-299
——と特化　289-292
——と奴隷　35, 170, 274-275
——の代替化　205-206, 252-262, 276
——の不足（長江デルタの）　257
イギリスへの繊維製品の——　284-286
オランダへの石炭の——　232-233
資源の——(新世界の)　282-287, 292-294

食糧（食品）の―― 170-171
中核地域への―― 252-262
中国への銀―― 171-173
中国への工業製品の―― 169-171
木材の――(長江流域の) 236-237
余暇
――と関連商品 112
――と生産性 95
――と世帯内労働力 113
――の商業化 112
――の評価 115
ヨーロッパ中心主義
社会科学 22, 24-32

ラ・ワ行

利子率
――と資本蓄積 33, 191-194
――における優位性（ヨーロッパの） 190-191
リスク →危険性の評価
労働（力） →農業，土地，農奴，奴隷，特化，賃金，強制労働
――(インドの) 160-161
――(周辺の) 254-262
――(日本の) 261, 300-301
――市場の統合 105-106
――と技術 62, 64-65, 295-296
――とジェンダー 32, 97, 107-122, 258
――と生産性 96-97
――と世帯 33, 107-122
――と繊維作物 229-230
――と土地 29, 34
――の機会費用 33, 200
――のコスト 28-30, 64-65, 68
――のコントロール（周辺の） 276-277
――の再配分 71
――の集約 18, 24, 38
――の制約 65, 99-102, 160-161
――のニーズ（植民地の） 214-215
――の分業 119-120, 218-219, 255-256, 258, 261, 270, 352
家族内の―― 97, 107-122
季節―― 66, 122, 297
工場制の―― 294
自由―― 30, 36, 96-97, 254-262
燃料不足を緩和する―― 241
農業―― 71, 94-95, 223, 255-256
余剰―― 36, 118-119, 248, 294
綿 →繊維，繊維（業）
――とイギリスの工業化 20-21
――のイギリスの生産量 68-69, 335-346
――のイギリスの輸入 284-286, 323
――の価格 117
――の供給 70-71
――の中国の生産量 151-155, 335-346

図表一覧

表 3-1 1人当たりの砂糖消費量 …… 133
表 3-2 農村の1世帯当たりの家財所有数 …… 159
表 5-1 嶺南における森林の面積（1753〜1853年） …… 240
表 5-2 木材が燃料以外の用途に使用されない場合の1人当たり「燃料」供給量 …… 243
表 5-3 国内燃料ニーズを超える木材供給量 …… 243
表 C-1 広東と広西における維持された森林の面積（1753〜1853年） …… 318
表 C-2 嶺南における燃料以外の用途に利用可能な木材（1753〜1853年） …… 320
表 C-3 嶺南における1人当たり利用可能な木材量（1753〜1853年） …… 320
表 F-1 1750年頃の長江デルタ各府・州における，穀物以外の作物が生産された面積の推計値 …… 337

参考文献

【日本語版への序文】

〈欧語文献〉

Akamatsu, Kaname, 1962, "A Historical Pattern of Economic Growth in Developing Countries," *Developing Countries*, 1, 3–25

Allen, Robert, 1992, *Enclosure and the Yeoman : The Agricultural Development of the South Midlands*, New York : Oxford University Press, 1992

———, 2000, "Economic Structure and Agricultural Productivity in Europe, 1300–1800," *European Review of Economic History*, 4 : 1 (April), 1–25

———, 2004, "Mr. Lockyer Meets the Index Number Problem : The Standard of Living in Canton and London in 1704," July 2004 (Available at http://www.iisg.nl/hpw/papers/allen.pdf, Accessed December 7, 2008)

———, 2009a, *The British Industrial Revolution in Global Perspective*, Cambridge : Cambridge University Press

———, 2009b, "Agricultural Productivity and Rural Incomes in England and the Yangzi Delta, ca. 1620–1820," *Economic History Review*, 62 : 3 (August), 525–50

——— et al., 2011, Robert Allen, Jean-Pascal Bassino, Debin Ma, Christine Moll-Murata, and Jan Luiten Van Zanden, "Wages, Prices and Living Standards in China, 1738–1925 : In Comparison with Europe, Japan, and India," *Economic History Review*, 64 : 1 (February), 8–38

Arrighi, Giovanni, 2009, *Adam Smith in Beijing : Lineages of the Twenty-First Century*, London : Verso (中山智香子監訳『北京のアダム・スミス――21 世紀の諸系譜』東京・作品社, 2011 年)

Ashworth, William, 2014, "The British Industrial Revolution and the Ideological Revolution : Science, Neoliberalism, and History," *History of Science*, 52 : 2 (April), 178–99

Brandt, Loren, Debin Ma and Thomas Rawski, 2014, "From Divergence to Convergence : Reevaluating the History Behind China's Economic Boom," *Journal of Economic Literature*, 52 : 1, 45–123

Braudel, Fernand, 1977, *Afterthoughts on Material Civilization and Capitalism* (trans. P. M. Ranum), Baltimore : Johns Hopkins University Press (金塚貞文訳『歴史入門』東京・太田出版, 1995 年 ; 金塚貞文訳『歴史入門』東京・中央公論新社, 2009 年)

———, 1981, *The Structures of Everyday Life : The Limits of the Possible* (trans. Sian Reynolds), New York : Harper and Row (村上光彦訳『日常性の構造』(『物質文明・経済・資本主義　15–18 世紀』Vol. 1–1, 1–2) 東京・みすず書房, 1985 年)

Brenner, Robert, 1985, "Agrarian Class Structure and Economic Development in Pre-Industrial Europe," and "The Agrarian Roots of European Capitalism," in T. H. Aston and C. H. E. Philpin, eds., *The Brenner Debate : Agrarian Class Structure and Economic Development in Pre-Industrial Europe*, Cambridge : Cambridge University Press, 10–63, 213–327 (訳書にはブレナーの論考 2 本のみ収録されている。長原豊監訳, 山家歩・田崎愼吾・沖公祐訳『所有と進歩――ブレナー論争』東京・日本経済評論社, 2013 年)

——— and Christopher Isett, 2002, "England's Divergence from the Yangzi Delta : Property Relations, Microeconomics, and Patterns of Development," *Journal of Asian Studies*, 61 : 2 (May), 609-62

Broadberry, Stephen, Hanhui Guan and David Daokui Li, 2014, "China, Europe, and the Great Divergence : A Study in Historical National Accounting, 980-1850," http://eh.net/eha/wp-content/uploads/2014/05/Broadberry.pdf

De Vries, Jan, 1994, "The Industrious Revolution and the Industrial Revolution," *Journal of Economic History*, 54 : 2 (June), 249-70

———, 2008, *The Industrious Revolution : Consumer Behavior and the Household Economy, 1650 to the Present*, Cambridge : Cambridge University Press

———, 2013, "The Industrious Revolution in East and West," in Gareth Austin and Kaoru Sugihara, eds., *Labour-Intensive Industrialization in Global History*, London : Routledge, 65-84

Francks, Penelope, 2013, "Simple Pleasures : Food Consumption in Japan and the Global Comparison of Living Standards," *Journal of Global History*, 8 : 1 (March), 95-116

Goldstone, Jack, 2003, "Europe vs. Asia : Missing Data and Misconceptions," *Science and Society*, 67 : 2, 184-94

Grove, Linda, 2006, *A Chinese Economic Revolution : Rural Entrepreneurship in the Twentieth Century*, Lanham, MD : Rowman and Littlefield

Hamashita, Takeshi（濱下武志）(edited and translated by Linda Grove and Mark Selden), 2008, *China, East Asia, and the Global Economy : Regional and Historical Perspectives*, London : Routledge

Hayami, Akira（速水融）, 1986, "A Great Transformation : Social and Economic Change in Sixteenth and Seventeenth Century Japan," *Bonner Zeitschrift fur Japanologie*, 8, 3-13

———, 1992, "The Industrious Revolution," *Look Japan*, 38 (436), 8-10

Huang, Philip（黄宗智）, 1990, *The Peasant Family and Rural Development in the Lower Yangzi Region, 1350-1988*, Stanford : Stanford University Press

———, 2002, "Development or Involution in Eighteenth Century Britain and China ? A Review of Kenneth Pomeranz's *The Great Divergence : China, Europe and the Making of the Modern World Economy*," *Journal of Asian Studies*, 61 : 2 (May), 501-38

———, 2003, "Further Thoughts on Eighteenth-Century Britain and China : Rejoinder to Pomeranz's Response to My Critique," *Journal of Asian Studies*, 62 : 1 (February), 157-67

Jones, Eric L., 1987, *The European Miracle*, 2nd edition, Cambridge : Cambridge University Press（安元稔・脇村孝平訳『ヨーロッパの奇跡——環境・経済・地政の比較史』名古屋・名古屋大学出版会，2000 年）

Keller, Wolfgang and Carol Shiue, 2007, "Markets in China and Europe on the Eve of the Industrial Revolution," *American Economic Review*, 97 : 4, 1189-216

Kriedte Peter, Hans Medick, and Jurgen Schlumbohm, 1981, *Industrialization Before Industrialization*, Cambridge : Cambridge University Press

Ladurie, Emmanuel Le Roy, 1981, "History that Stands Still," in E. Le Roy Ladurie, *The Mind and Method of the Historian*, Brighton : Harvester, 1-27

Lal, Deepak, 1998, *Unintended Consequences : The Impact of Factor Endowments, Culture, and Politics on Long-Run Economic Performance*, Cambridge, Mass. : MIT Press

Landes, David, 1969, *The Unbound Prometheus : Technological Change and Industrial Development in*

Western Europe from 1750 to the Present, Cambridge, Mass. : Harvard University Press（石坂昭雄・冨岡庄一訳『西ヨーロッパ工業史——産業革命とその後　1750-1968』東京・みすず書房，1980 年・1982 年）

———, 1998, *The Wealth and Poverty of Nations*, New York : Norton（竹中平蔵訳『「強国」論』東京・三笠書房，2000 年）

Lee, James（李中清）, Cameron Campbell and Wang Feng, 2002, "Positive Check or Chinese Checks ?" *Journal of Asian Studies*, 61 : 2（May）, 591-607

Levine, David, 1977, *Family Formation in an Age of Nascent Capitalism*, New York : Academic Press

Li, Bozhong（李伯重）, 2005, "Farm Labour Productivity in Jiangnan," in Robert Allen, Tommy Bengtsson and Martin Dribe, eds., *Living Standards in the Past : New Perspectives on Well-Being in Asia and Europe*, Oxford : Oxford University Press, 55-76

——— and Jan Luiten Van Zanden, 2012, "Before the Great Divergence ? Comparing the Yangzi Delta and the Netherlands at the Beginning of the Nineteenth Century," *Journal of Economic History*, 72 : 4（December）, 956-89

Luo, Xu, 2007, "Reconstructing world History in the People's Republic of China Since the 1980s," *Journal of World History*, 18 : 3, 325-50

Ma, Debin, 2004, "Modern Economic Growth in the Lower Yangzi in 1911-1937 : a Quantitative, Historical, and Institutional Analysis"（*Discussion paper* 2004-06-002, Foundation for Advanced Studies on International Development, Tokyo）

Maddison, Angus, 1995, *Monitoring the World Economy, 1820-1992*, Washington, D. C. : OECD（Organization for Economic Cooperation and Development）, Publications and Information Center, 1995（金森久雄監訳『世界経済の成長史　1820～1992 年—— 199 カ国を対象とする分析と推計』東京・東洋経済新報社，2000 年）

———, 2001, *The World Economy : A Millennial Perspective*, Paris : OECD（金森久雄監訳『経済統計で見る世界経済 2000 年史』東京・柏書房，2004 年）

———, 2003, *The World Economy : Historical Statistics*, Paris : OECD.

Matthias, Peter, 1972, "Who Unbound Prometheus ? Science and Technological Change, 1600-1800," in A. E. Musson, ed., *Science, Technology and Economic Growth in the Eighteenth Century*, London : Metheun, 148-67

Mendels, Frederick, 1972, "Proto-industrialization : The First Phase of the Industrialization Process," *The Journal of Economic History*, 32 : 1, 241-61

Mokyr, Joel, 2004, *The Gifts of Athena : Historical Origins of the Knowledge Economy*, Princeton : Princeton University Press

———, 2010, *The Enlightened Economy : An Economic History of Britain, 1700-1850*, New Haven : Yale University Press

O'Rourke, Kevin, and Jeffrey Williamson, 2005, "From Malthus to Ohlin : Trade, Industrialisation, and Distribution since 1500," *Journal of Economic Growth*, 10 : 1（March）, 5-34

Overton, Mark, 1996, *Agricultural Revolution in England : The Transformation of the Agrarian Economy 1500-1800*, Cambridge : Cambridge University Press

Pomeranz, Kenneth, 2000, *The Great Divergence : China, Europe, and the Making of the Modern World Economy*, Princeton : Princeton University Press（川北稔監訳『大分岐——中国，ヨーロッパ，

そして近代世界経済の形成』名古屋・名古屋大学出版会，2015 年）

———, 2002, “Beyond the East-West Binary : Resituating Development Paths in the Eighteenth Century World,” *Journal of Asian Studies*, 61 : 2 (May), 539-90

———, 2003, “Facts Are Stubborn Things : A Response to Philip Huang,” *Journal of Asian Studies*, 62 : 1 (February), 167-81

———, 2005, “Women’s Work and the Economics of Respectability,” in Bryna Goodman and Wendy Larson, eds., *Gender in Motion*, Lanham, MD : Rowman and Littlefield

———, 2006, “Standards of Living in Rural and Urban China : Preliminary Estimates for the Mid-18th and Early 20th Centuries,” Paper for Panel 77, World Economic History Congress, Helsinki

———, 2008, “Chinese Development in Long-run Perspective,” *Proceedings of the American Philosophical Society*, 152 : 1 (March), 83-100

———, 2009a, “Le machinisme induit-il une discontinuité historique ? Industrialisation, modernité précoce et formes du changement économique dans l’histoire globale,” in Beaujard P., Berger L. and Norel P., eds., *Histoire globale, mondialisations, capitalism*, Paris : La découverte, 335-73

———, 2009b, *La Force de L’Empire : Révolution industrielle et écologie, ou pourquoi l’angleterre a fait mieux que la Chine*, Edited, with an introduction, by Philippe Minard, Alfortville : Éditions ère

———, 2013, “Labour-Intensive Industrialization in the Rural Yangzi Delta : Late Imperial Patterns and their Modern Fates,” in Gareth Austin and Kaoru Sugihara, eds., *Labour-Intensive Industrialization in Global History*, London : Routledge, 122-43

Rosenthal, Jean Laurent and R. Bin Wong（王国斌）, 2011, *Before and Beyond Divergence : The Politics of Economic Change in China and Europe*, Cambridge : Harvard University Press

Saito, Osamu（斎藤修）, 2013, “Proto-Industrialization and Labour-Intensive Industrialization : Reflections on Smithian growth and the role of Skill Intensity,” in Gareth Austin and Kaoru Sugihara, eds., *Labour-Intensive Industrialization in Global History*, London : Routledge, 85-106

Smil, Vaclav, 2015, “A New World of Energy,” in John McNeill and Kenneth Pomeranz, eds., *The Cambridge World History volume 7A : Production, Destruction, and Connection, 1750- Present*, Cambridge : Cambridge University Press

Smith, Paul, and Richard Von Glahn, eds., 2003, *The Song Yuan Ming Transition in Chinese History*, Cambridge, Mass. : Harvard University Press

Sugihara, Kaoru（杉原薫）, 2003, “The East Asian Path of Economic Development : A Long-Term Perspective,” in Giovanni Arrighi, Hamshita Takeshi, and Mark Selden, eds., *The Resurgence of East Asia : 500, 150 and 50 Year Perspectives*, London : Routledge, 78-123

———, 2005, “Introduction,” in Kaoru Sugihara, ed., *Japan, China, and the Growth of the International Asian Economy*, Oxford : Oxford University Press, 1-19

———, 2013, “Labour-Intensive Industrialization in Global History : An Interpretation of East Asian Experiences,” in Gareth Austin and Kaoru Sugihara, eds., *Labour-Intensive Industrialization in Global History*, London : Routledge, 20-64

Tanimoto, Masayuki（谷本雅之）, 2013, “From Peasant Economy to Urban Agglomeration : The Transformation of ‘Labour-Intensive Industrialization’ in Modern Japan,” in Gareth Austin and Kaoru Sugihara, eds., *Labour-Intensive Industrialization in Global History*, London : Routledge, 144-75

Tilly, Charles, 1984, “Demographic Origins of the European Proletariat,” in David Levine, ed., *Proletar-*

ianization and Family History, Orlando : Academic Press, 1–85

Van Zanden, Jan Luiten, 2004, “Estimating Early Modern Economic Growth” (Working Paper, International Institute of Social History, University of Utrecht. Available at http://www.iisg.nl/research/jvz-estimating.pdf, Accessed December 17, 2007)

Voth, Hans-Joachim, 1998, “Time and Work in Eighteenth-Century London,” *Journal of Economic History*, 58 : 1, 29–58

———, 2001, *Time and Work in England 1750–1830*, Oxford : Clarendon Press

Wallerstein, Immanuel, 1976, *The Modern World-System, Volume I*, New York : Academic Press, 1976（川北稔訳『近代世界システムⅠ——農業資本主義と「ヨーロッパ世界経済」の成立』名古屋・名古屋大学出版会，2013 年）

Wolf, Arthur, 2001, “Is There Evidence of Birth Control in Late Imperial China ?” *Population and Development Review*, 27 : 1, 133–54

Wong, R. Bin（王国斌), 1997, *China Transformed : Historical Change and the Limits of European Experience*, Ithaca, NY : Cornell University Press

———, 2003, “Integrating China into world history,” *Journal of Asian Studies,* posted at www.aasianst.org/catalog/wong.pdf

Wrigley, E. A., 1988, *Continuity, Chance, and Change : The Character of the Industrial Revolution in England*, Cambridge : Cambridge University Press（近藤正臣訳『エネルギーと産業革命——連続性・偶然・変化』東京・同文館，1991 年）

〈中国語文献〉

王家範，2004，「“西学東漸” 還是 “西学東変” ——彭慕蘭的『大分流』打破 “欧州中心主義” 了嗎？」『文滙報』2004 年 5 月 16 日，p. 8

何愛国・孟凡東，2009，「“大分流” 研究綜述」（2009 年 1 月 16 日，http://www.douban.com/group/topic/5162396/, Accessed November 28, 2014）

関永強，2009，「従欧州中心史観看美国中国史研究変遷」『史学理論研究』2009 年 1 期，pp, 74–85

管漢暉・李稲葵，2010，「明代 GDP 及結構試探」『経済学（季刊）』2010 年 3 期，pp, 787–829（http://en.cnki.com.cn/Article_en/CJFDTotal-JJXU201003003.htm, Accessed November 28, 2014）

———・許滌新（編），1985，『中国資本主義的萌芽』北京・人民出版社

呉承明，1985，『中国資本主義与国内市場』北京・中国社会科学出版社

———，2003，「『大分流』対比較研究発達的貢献」『中国学術』1

高翔飛，2008，「加州学派的研究方法及我的一点疑惑」（「清華大学研究生討論 “加州学派”」発表論文，北京：清華大学，2008 年 12 月 8 日）

黄宗智，2002，「発展還是内巻？十八世紀英国与中国——評彭慕蘭『大分流・欧州・中国及現代世界経済的発展』」『歴史研究』4 期，pp. 149–176

———，2009，「続論十八世紀英国与中国——対彭慕蘭的反駁的回答」（『中国共存研究』原載，史学研究網（http://www.shresearch.com/ShowArticle.asp?ArticleID=1700）転載（2009 年 6 月 17 日），Accessed January 4, 2010）

史建云，2003，「重新審視中西比較史——『大分流・欧州，中国及現代世界経済的発展』述評」『近代史研究』2003 年 3 期，pp. 198–223

周琳，2008a，「主持人的話」（「清華大学研究生討論 “加州学派”」発表論文，北京：清華大学，

2008 年 12 月 12 日）
———，2008b，「“加州学派” 的学術宗旨，代表論著和内部分野」（「清華大学研究生討論 “加州学派”」発表論文，北京：清華大学，2008 年 12 月 3 日）
———，2009，「書写什麼様的中国歴史？——「加州学派」中国社会経済史研究述評」『清華大学学報（哲学社会科学版）』2009 年 1 期，pp. 50-58
曹樹基・陳意新，2002，「馬爾薩斯理論和清代以来的中国人口・評美国学者近年来的相関研究」『歴史研究』2002 年 1 期，pp. 41-54
張学謙，2008，「加州学派学術史意義之回顧与展望」（「清華大学研究生討論 “加州学派”」発表論文，北京：清華大学，2008 年 12 月 11 日）
張芝聯，2004，「彭慕蘭・王国斌対中・欧発展道路的看法」『清史譯叢』1 期
陳暁曦，2008，「加州学派的研究方法及目前存在的問題」（「清華大学研究生討論 “加州学派”」発表論文，北京：清華大学，2008 年 12 月 5 日）
杜恂誠・李晋，2009，「“加州学派” 与 18 世紀中欧経済史比較研究」『史林』2009 年 5 期，pp. 167-91（http: //en. cnki. com. cn/Article_en/CJFDTotal-LWBI200905020. htm, Accessed November 28, 2014）
彭慕蘭，2003，「世界経済史中的近世江南・比較与綜合観察」『歴史研究』2003 年 4 期，pp. 3-48
頼鈺匀，2008，「加州学派的貢献与不足」（「清華大学研究生討論 “加州学派”」発表論文，北京：清華大学，2008 年 12 月 7 日）
李伯重，2000，『江南的早期工業化　1550-1850 年』北京・社会科学文献出版社
———，2002，『発展与制約・明清江南生産力研究』台北・聯経出版事業
〈日本語文献〉
川勝平太，1991，『日本文明と近代西洋——「鎖国」再考』東京・日本放送出版協会
斎藤修，1985，『プロト工業化の時代——西欧と日本の比較史』東京・日本評論社
濱下武志・川勝平太（編），2001，『新版　アジア交易圏と日本工業化　1500-1900』東京・藤原書店
速水融，1977，「経済社会の成立とその特質」社会経済史学会（編）『新しい江戸時代史像を求めて——その社会経済史的接近』東京・東洋経済新報社，pp. 3-18
———，1989，「近世日本の経済発展と Industrious Revolution」速水融・斎藤修・杉山伸也（編）『徳川社会からの展望——発展構造，国際関係』東京・同文館，pp. 19-32（同じ論文が，新保博・安場安吉（編）『数量経済史 2　近代移行期の日本経済』東京・日本経済新聞社，1979 年と速水融『近世日本の経済社会』東京・麗澤大学出版会，2003 年にも収録）

【欧語文献】

Abel, Wilhelm ; translated by Olive Ordish ; with a foreword and bibliography by Joan Thirsk, 1980, *Agricultural Fluctuations in Europe from the Thirteenth to the Twentieth Centuries*, New York : St. Martin's Press
Abu-Lughod, Janet, 1989, *Before European Hegemony : The World System A.D. 1250-1350*, New York : Oxford University Press（佐藤次高（他）訳『ヨーロッパ覇権以前——もうひとつの世界システム　上・下巻』東京・岩波書店，2001 年）
Adshead, S. A. M., 1997, *Material Culture in Europe and China, 1400-1800 : The Rise of Consumerism*,

New York : St. Martin's Press ; London : Macmillan

Albion, Robert Greenhalgh, 1965, *Forests and Sea Power : The Timber Problem of the Royal Navy, 1652–1862*, Hamden, Conn. : Archon (Original published by Harvard University Press in 1926)

Alexander, Paul, Peter Boomgaard, and Ben White, eds., 1991, *In the Shadow of Agriculture : Non-Farm Activities in the Javanese Economy, Past and Present*, Amsterdam : Royal Tropical Institute

Allen, Robert, 1982, "The Efficiency and Distributional Consequences of Eighteenth Century Enclosures," *Economic Journal*, 92 : 4, 937–53

Ambrosoli, Mauro ; translated by Mary McCann Salvatorelli, 1997, *The Wild and the Sown : Botany and Agriculture in Western Europe, 1350–1850*, Cambridge : Cambridge University Press

Amin, Samir ; translated by Brian Pearce, 1974, *Accumulation on a World Scale : A Critique of the Theory of Underdevelopment*, New York : Monthly Review Press

Anderson, Eugene, 1988, *The Food of China*, New Haven : Yale University Press

———, and Marja Anderson, 1977, "Modern China South," in K. C. Chang, ed., *Food in Chinese Culture : Anthropological and Historical Perspectives*, New Haven : Yale University Press, 317–82

Andrews, Kenneth R., 1984, *Trade, Plunder and Settlement : Maritime Enterprise and the Genesis of the British Empire, 1480–1630*, Cambridge : Cambridge University Press

Appadurai, Arjun, 1986, "Introduction : Commodities and Politics of Value," in Arjun Appadurai, ed., *The Social Life of Things : Commodities in Cultural Perspective*, Cambridge : Cambridge University Press, 3–63

Arasaratnam, S., 1980, "Weavers, Merchants and Company : The Handloom Industry in Southeastern India, 1750–1790," *Indian Economic and Social History Review*, 17 : 3, 257–81

Arrighi, Giovanni, 1994, *The Long Twentieth Century : Money, Power, and the Origins of Our Times*, New York : Verso (土佐弘之監訳，柄谷利恵子・境井孝行・永田尚見訳『長い 20 世紀——資本，権力，そして現代の系譜』東京・作品社，2009 年)

Asian Development Bank, 1982, *Asian Energy Problems : An Asian Development Bank Survey*, New York : Frederick A. Praeger

Aykroyd, W. R. and Joyce Doughty, 1970, *Wheat in Human Nutrition*, Rome : Food and Agriculture Organization of the United Nations

Bagchi, A. K., 1976, "De-industrialization in India in the Nineteenth Century : Some Theoretical Implications," *Journal of Development Studies*, 12 : 2 (January), 135–64

———, 1979, "A Reply [to Marika Vicziany]," *Indian Economic and Social History Review*, 16 : 2, 147–61

Bairoch, Paul, 1975, "The Main Trends in National Economic Disparities since the Industrial Revolution," in Paul Bairoch and Maurice Levy-Leboyer, eds., *Disparities in Economic Development since the Industrial Revolution*, New York : St. Martin's Press, 3–17

Bakewell, Peter, 1988, *Silver and Entrepreneurship in Seventeenth-Century Potosí : The Life and Times of Antonio López de Quiroga*, first edition, Santa Fe : University of New Mexico Press

Barrett, Ward, 1990, "World Bullion Flows, 1450–1800," in James Tracy, ed., *The Rise of Merchant Empires : Long-Distance Trade in the Early Modern World, 1350–1750*, New York : Cambridge University Press, 224–54

Bayly, C. A., 1983, *Rulers, Townsmen, and Bazaars : North Indian Society in the Age of British Expan-*

sion, 1770–1870, first edition, Cambridge : Cambridge University Press

———, 1989, *Imperial Meridian : The British Empire and the World, 1780-1830*, London : Longman's

Beattie, Hilary J., 1979, *Land and Lineage in China : A Study of T'ung-ch'eng County, Anhwei, in the Ming and Ch'ing Dynasties*, Cambridge : Cambridge University Press

Behrens, Betty, 1977, "Government and Society," in E. E. Rich and C. H. Wilson, eds., *The Cambridge Economic History of Europe, Vol. 5*, Cambridge : Cambridge University Press, 549–620

Bellah, Robert N., 1957, *Tokugawa Religion : The Values of Pre-Industrial Japan*, New York : Free Press（堀一郎・池田昭訳『日本近代化と宗教倫理——日本近世宗教論』東京・未来社, 1966 年）

Bernal, Rafael, 1966, "The Chinese Colony in Manila, 1570–1770," in Alfonso Felix, ed., *The Chinese in the Philippines, 1570–1770*, Manila : Solidaridad Publishing, 40–66

Bernhardt, Kathryn, 1992, *Rents, Taxes and Peasant Resistance : The Lower Yangzi Region, 1840–1950*, Stanford : Stanford University Press

Bhagave, Meena, 1993, "Perception and Classification of the Rights of the Social Classes : Gorakhpur and the East India Company in the Late 18th and Early 19th Centuries," *Indian Economic and Social History Review*, 30 : 2, 215–37

Blaikie, Piers and Harold Brookfield, 1987, *Land Degradation and Society*, London : Methuen

Blaut, J. M., 1993, *The Colonizer's Model of the World : Geographical Diffusionism and Eurocentric History*, New York : Guilford Press

Blayo, Yves, "La mortalité en France de 1740 à 1829 (Mortality in France, 1740 to 1829)," *Population*, November–December, 138–39

Bloch, Marc ; translated from the French by Janet Sondheimer ; foreword by Bryce Lyon, 1966, *French Rural History : An Essay on its Basic Characteristics*, Berkeley : University of California Press（1931 年刊行のフランス語版を翻訳。河野健二・飯沼二郎訳『フランス農村史の基本性格』東京・創文社, 1959 年）

Blum, Jerome, 1961, *Lord and Peasant in Russia : From the Ninth to the Nineteenth Century*, Princeton : Princeton University Press

———, 1971, "The Internal Structure and Policy of the European Village Community from the Fifteenth to the Nineteenth Century," *Journal of Modern History*, 43 : 4 (December), 541–76

Blussé, Leonard, 1981, "Batavia 1619–1740 : The Rise and Fall of a Chinese Colonial Town," *Journal of Southeast Asian Studies*, 12 : 1 (March), 159–78

———, 1986, *Strange Company : Chinese Settlers, Mestizo Women and the Dutch in VOC Batavia* (Verhandelingen van het Koninklijk Instituut voor Taal-, Land- en Volkenkunde, 122), Holland : Foris Publications

Borah, Woodrow, 1943, *Silk Raising in Colonial Mexico*, Berkeley : University of California Press

Borgstrom, Georg, 1972, *The Hungry Planet : The Modern World at the Edge of Famine*, Second revised edition, New York : Collier-Macmillan

Bowden, Peter J., 1990, *Economic Change : Prices, Wages, Profits and Rents, 1500–1750* (vol. 1 of Joan Thirsk, gen. ed., *Chapters from the Agrarian History of England and Wales, 1500–1750*), Cambridge : Cambridge University Press

Boxer, C. R., 1953, *South China in the Sixteenth Century, being the Narratives of Galeote Pereira, Fr.*

Gaspar da Cruz, O. P., Fr. Martín de Rada, O. E. S. A. (*1550–1575*), London : Hakluyt Society

Braudel, Fernand ; translated by Patricia M, Ranum, 1977, *Afterthoughts on Material Civilization and Capitalism*, Baltimore : Johns Hopkins University Press（金塚貞文訳『歴史入門』東京・太田出版，1995 年；金塚貞文訳『歴史入門』東京・中央公論新社，2009 年）

———; translation from the French revised by Siân Reynolds, 1981, *The Structures of Everyday Life : The Limits of the Possible*（Civilization and capitalism, 15th–18th century/Fernand Braudel, vol. 1), first U.S. edition, New York : Harper & Row（村上光彦訳『日常性の構造』(『物質文明・経済・資本主義　15–18 世紀』Vol. 1-1, 1-2）東京・みすず書房，1985 年）

———; translation from the French by Siân Reynolds, 1982, *The Wheels of Commerce*（Civilization and capitalism, 15th–18th century/Fernand Braudel, vol. 2), first U.S. edition, New York : Harper & Row（山本淳一訳『交換のはたらき』(『物質文明・経済・資本主義　15–18 世紀』vol. 2–1, 2–2）東京・みすず書房，1986，1988 年）

———; translation from the French by Siân Reynolds, 1984, *The Perspective of the World*（Civilization and capitalism, 15th–18th century/Fernand Braudel, vol. 3), first U.S. edition, New York : Harper & Row（村上光彦訳『世界時間』(『物質文明・経済・資本主義　15–18 世紀』vol. 3–1, 3–2）東京・みすず書房，1996，1999 年）

Bray, Francesca, 1984, *Agriculture*（Science and civilisation in China/by Joseph Needham ; with the research assistance of Wang Ling, Vol. 6, Biology and biological technology ; pt. 2, Vol. 41 overall）Cambridge : Cambridge University Press（古川久雄訳・解説『中国農業史』京都・京都大学学術出版会，2007 年）

———, 1986, *The Rice Economies : Technology and Development in Asian Societies*, London : Blackwell

———, 1997, *Technology and Gender : Fabrics of Power in Late Imperial China*, Berkeley : University of California Press

Brenner, Robert, 1985a, "Agrarian Class Structure and Economic Development in Pre-Industrial Europe," in T. H. Aston and C. H. E. Philpin, eds., *The Brenner Debate : Agrarian Class Structure and Economic Development in Pre-Industrial Europe*, Cambridge : Cambridge University Press, 10–63（長原豊監訳，山家歩・田崎愼吾・沖公祐訳『所有と進歩――ブレナー論争』東京・日本経済評論社，2013 年，pp. 1–66）

———, 1985b, "The Agrarian Roots of European Capitalism," in T. H. Aston and C. H. E. Philpin, eds., *The Brenner Debate : Agrarian Class Structure and Economic Development in Pre-Industrial Europe*, Cambridge : Cambridge University Press, 213–327（長原豊監訳，山家歩・田崎愼吾・沖公祐訳『所有と進歩――ブレナー論争』東京・日本経済評論社，2013 年，pp. 67–200）

Brennig, Joseph, 1977, "Chief Merchants and the European Enclaves of 17th Century Coromandel," *Modern Asian Studies*, 11 : 3, 321–40

———, 1986, "Textile Producers and Production in Late 17th Century Coromandel," *Indian Economic and Social History Review*, 23 : 4, 333–53

Britnell, R. H., 1993, *The Commercialization of English Society, 1000–1500*, Cambridge : Cambridge University Press

Brook, Timothy, 1993, *Praying for Power : Buddhism and the Formation of Gentry Society in Late-Ming China*, Cambridge, Mass. : Harvard University Press

———, 1998, *The Confusions of Pleasure : Commerce and Culture in Ming China*, Berkeley : University of California Press

Bruchey, Stuart (complied and edited), 1967, *Cotton and the Growth of the American Economy, 1790–1860 : Sources and Readings*, New York : Harcourt, Brace & World

Brundage, Anthony, 1978, *The Making of the New Poor Law : The Politics of Inquiry, Enactment, and Implementation, 1832–1839*, New Brunswick, N. J. : Rutgers University Press

Buck, John Lossing, 1964, *Land Utilization in China : A Study of 16,786 Farms in 168 Localities, and 38,256 Farm Families in Twenty-Two Provinces in China, 1929-1933*, New York : Paragon Book Reprint Corp (Original published by University of Nanking, Sole Agents in China, Commercial Press in 1937)（三輪孝・加藤健訳『支那農業論——支那に於ける土地利用』東京・生活社，1938年；岩田孝三訳『支那土地利用地圖集成』東京・東学社，1938年；塩谷安夫（他）訳『支那の農業—— 1929–1933年　支那22省　168地方　16,786農場　38,256農家家族の研究』東京・改造社，1938年）

Buoye, Thomas, 1993, "From Patrimony to Commodity : Changing Concepts of Land and Social Conflict in Guangdong Province during the Qianlong Reign (1736–1795)," *Late Imperial China*, 14 : 2 (December), 33–59

Burke, Peter, 1993, "*Res et Verba* : Conspicuous Consumption in the Early Modern World," in John Brewer and Roy Porter, eds., *Consumption and the World of Goods*, New York : Routledge, 148–61

Butel, Paul, 1990, "France, the Antilles, and Europe, 1700–1900," in James Tracy, ed., *The Rise of Merchant Empires : Long-Distance Trade in the Early Modern World, 1350–1750*, New York : Cambridge University Press, 153–73

Cain, M., 1982, "Perspectives on Family and Fertility in Developing Countries," *Population Studies*, 36 : 2 (July), 159–75

Carr, Raymond, 1967, "Spain," in Albert Goodwin, ed., *The European Nobility in the Eighteenth Century*, New York : Harper and Row, 43–59

Chan, Wellington K. K., 1977, *Merchants, Mandarins, and Modern Enterprise in Late Ch'ing China*, Cambridge, Mass. : East Asian Research Center, Harvard University Press

———, 1982, "The Organizational Structure of the Traditional Chinese Firm and Its Modern Reform," *Business History Review*, 56 : 2 (Summer), 218–35

Chandler Jr., Alfred D., 1977, *The Visible Hand : The Managerial Revolution in American Business*, Cambridge, Mass. : Harvard University Press（鳥羽欽一郎・小林袈裟治訳『経営者の時代——アメリカ産業における近代企業の成立　上・下巻』東京・東洋経済新報社，1979年）

Chang, Chung-li ; introduction by Franz Michael, 1955, *The Chinese Gentry : Studies on Their Role in Nineteenth-Century Chinese Society*, Seattle : University of Washington Press

——— ; introduction by Franz Michael, 1962, *The Income of the Chinese Gentry*, Seattle : University of Washington Press

Chao, Kang（趙岡）, 1975, "The Growth of a Modern Cotton Textile Industry and the Competition with Handicrafts," in Dwight Perkins et al., *China's Modern Economy in Historical Perspective*, Stanford : Stanford University Press, 167–201

——— ; with the assistance of Jessica C. Y. Chao, 1977, *The Development of Cotton Textile Production in China*, Cambridge, Mass. : East Asian Research Center, Harvard University Press

———, 1986, *Man and Land in Chinese History : An Economic Analysis*, Stanford : Stanford University Press

Chaudhuri, K. N., 1978, *The Trading World of Asia and the English East India Company, 1660–1760*, Cambridge : Cambridge University Press

———, 1981, "The English East India Company in the 17th and 18th Centuries : A Pre-Modern Multinational Organization," in Leonard Blussé and Femme Gaastra, eds., *Companies and Trade*, Leiden : Leiden University Press, 29–46

———, 1985, *Trade and Civilization in the Indian Ocean : An Economic History from the Rise of Islam to 1750*, Cambridge : Cambridge University Press

———, 1990, *Asia before Europe : Economy and Civilization of the Indian Ocean from the Rise of Islam to 1750*, Cambridge : Cambridge University Press

Chaussinand-Nogaret, Guy, 1985, *The French Nobility in the Eighteenth Century : From Feudalism to Enlightenment*, Cambridge : Cambridge University Press.

Chayanov, A. U., 1966 (1925), *The Theory of Peasant Economy*, Homewood, Ill. : Irwin（磯辺秀俊・杉野忠夫訳『小農経済の原理』東京・刀江書院，1927 年）

Chen, Han-seng, 1936, *Landlord and Peasant in China : A Study of the Agrarian Crisis in South China*, New York : International Publishers

Chen, Fu-mei and Ramon Myers, 1976, "Customary Law and the Economic Growth of China during the Ch'ing Period," *Ch'ing-shi wen-t'i*, 3 : 1, 4–12

Chi, Ch'ao-ting, 1963, *Key Economic Area in Chinese History as Revealed in the Development of Public Works for Water-Control*, New York : Paragon (Original published by Allen and Unwin in 1936)（佐渡愛三訳『支那社會經濟史分析』東京・白揚社，1938 年；佐渡愛三訳『支那基本經濟と灌漑』東京・白揚社，1939 年；田中穣二訳『中国史における治水と基本経済地帯』出版地不明，1996 年）

China News Digest, May 21, 1998

Clark, Gregory, 1991, "Yields Per Acre in English Agriculture, 1250–1860 : Evidence from Labour Inputs," *Economic History Review*, 44 : 3, 445–60

———, 1996, "The Political Foundations of Modern Economic Growth : England 1540–1800," *Journal of Interdisciplinary History*, 26 : 4 (Spring), 563–88

———, 1998, "Common Sense : Common Property Rights, Efficiency and Institutional Change," *Journal of Economic History*, 58 : 1 (March), 73–102

———, Michael Huberman and Peter H. Lindert, 1995, "A British Food Puzzle, 1770–1850," *Economic History Review*, 48 : 1, 215–37

Clunas, Craig ; photography by Ian Thomas, 1988, *Chinese Furniture*, London : Bamboo Publishers

———, 1991, *Superfluous Things : Material Culture and Social Status in Early Modern China*, Cambridge : Polity Press

Cooper, J. P., 1985, "In Search of Agrarian Capitalism," in T. H. Aston and C. H. Philpin, eds., *The Brenner Debate : Agrarian Class Structure and Economic Development in Pre-Industrial Europe*, Cambridge : Cambridge University Press, 138–91

Cornell, Laurel, 1996, "Infanticide in Early Modern Japan ? Demography, Culture and Population Growth," *Journal of Asian Studies*, 55 : 1 (February), 22–50

Cranmer-Byng, J. L., 1962, *An Embassy to China : Being the Journal Kept by Lord Macartney during His Embassy to the Emperor Ch'ien-lung, 1793–1794*, London : Longman's

Crawcour, E. S., 1965, "The Tokugawa Heritage," in William W. Lockwood, ed., *The State and Economic Enterprise in Japan : Essays in the Political Economy of Growth*, Princeton : Princeton University Press, 17–44（大来佐武郎監訳『日本経済近代化の百年――国家と企業を中心に』東京・日本経済新聞社，1966 年。この論文は翻訳の段階で割愛されており，訳書には収録されていない。訳書の 17 ページを参照。）

———, 1968, "Change in Japanese Commerce in the Tokugawa Period," in John W. Hall, ed., *Studies in the Institutional History of Early Modern Japan*, Princeton : Princeton University Press, 189–202（宮本又次・新保博監訳『徳川社会と近代化』京都・ミネルヴァ書房，1973 年，pp. 247–70）

Cronon, William, 1983, *Changes in the Land : Indians, Colonists and the Ecology of New England*, New York : Hill and Wang（佐野敏行・藤田真理子訳『変貌する大地――インディアンと植民者の環境史』京都・勁草書房，1995 年）

Crosby, Alfred W., 1986, *Ecological Imperialism : The Biological Expansion of Europe, 900–1900*, Cambridge : Cambridge University Press（佐々木昭夫訳『ヨーロッパ帝国主義の謎――エコロジーから見た 10〜20 世紀』東京・岩波書店，1998 年）

Curtin, Philip, 1969, *The Atlantic Slave Trade : A Census*, Madison : University of Wisconsin Press

———, 1984, *Cross-Cultural Trade in World History*, Cambridge : Cambridge University Press（田村愛理・中堂幸政・山影進訳『異文化間交易の世界史』東京・NTT 出版，2002 年）

———, 1990, *The Rise and Fall of the Plantation Complex : Essays in Atlantic History*, New York : Cambridge University Press

Cushman, Jennifer, 1975, "Fields from the Sea : Chinese Junk Trade with Siam during the Late Eighteenth and Early Nineteenth Centuries", Ph. D. diss., Cornell University

———, 1978, "Duke Ch'ing-fu Deliberates : A Mid-Eighteenth Century Reassessment of Sino-Nanyang Commercial Relations", *Papers on Far Eastern History*, 17 (March), 137–56

Da Cruz, Gasper, 1953 (1570), "The Treatise of Fr. Gasper da Cruz, O. P." in Charles R, Boxer (edited and translated), *South China in the Sixteenth Century*, London : Hakluyt Society, 45–239

Daniels, Christian, 1996, "Agro-Industries : Sugarcane Technology," Volume 6, Part III of Joseph Needham, ed., *Science and Civilisation in China*, New York : Cambridge University Press, Section 42a : 5–539

Darby, H. C., 1956, "The Clearing of the Woodland in Europe," in B. L. Thomas, ed., *Man's Role in Changing the Face of the Earth*, Chicago : University of Chicago Press, 187–216

Day, John, 1978, "The Great Bullion Famine of the Fifteenth Century," *Past and Present*, 79 (May), 3–54

Deane, Phyllis and W. A. Cole, 1962, *British Economic Growth, 1688–1959*, New York : Cambridge University Press

Deerr, Noel, 1949–50, *The History of Sugar*, vols. 1 & 2, New York : Chapman and Hall

deJesus, Eduard C., 1982, "Control and Compromise in the Cagayan Valley," in Eduard C. deJesus and Alfred W. McCoy, eds., *Philippine Social History : Global Trade and Local Transformation*, Quezon City : Ateneo de Manila University Press, 21–38

Dennerline, Jerry, 1986, "Marriage, Adoption and Charity in the Development of Lineages in Wu-Hsi

from Sung to Ch'ing," in Patricia Ebrey and James Watson, eds., *Kinship Organization in Late Imperial China, 1000–1940*, Berkeley : University of California Press, 170–209

Dermigny, Louis, 1964, *La Chine et l'Occident : Le Commerce à Canton au XVIIIe siècle 1719–1833* (China and the West : The Canton trade in the eighteenth century, 1719–1833), 4 vols., Paris : S. E. V. P. E. N.

De Vries, Jan, 1974, *The Dutch Rural Economy in the Golden Age, 1500–1700*, New Haven : Yale University Press

———, 1975, "Peasant Demand and Economic Development : Friesland 1550–1750," in William Parker and E. L. Jones, eds., *European Peasants and Their Markets*, Princeton : Princeton University Press, 205–65

———, 1976, *The Economy of Europe in an Age of Crisis, 1600–1750*, New York : Cambridge University Press

———, 1993, "Between Consumption and the World of Goods," in John Brewer and Roy Porter, eds., *Consumption and the World of Goods*, London : Routledge, 85–132

———, 1994a, "How Did Pre-Industrial Labour Markets Function ?" in George Grantham and Mary MacKinnon, eds., *Labour Market Evolution : The Economic History of Market Integration, Wage Flexibility and the Employment Relation*, London : Routledge, 39–63

———, 1994b, "The Industrious Revolution and the Industrial Revolution," *Journal of Economic History*, 54 : 2 (June), 249–70

——— and Ad. Van der Woude, 1997, *The First Modern Economy : Success, Failure, and Perseverance of the Dutch Economy, 1500–1815*, Cambridge : Cambridge University Press（大西吉之・杉浦未樹訳『最初の近代経済——オランダ経済の成功・失敗と持続力　1500-1815』名古屋・名古屋大学出版会，2009 年）

Dewald, Jonathan, 1987, *Pont St. Pierre, 1398–1789 : Lordship, Community, and Capitalism in Early Modern France*, Berkeley : University of California Press

de Zeeuw, J. W., 1978, "Peat and the Dutch Golden Age : The Historical Meaning of Energy Attainability," *Afdeling Agrarische Geschiedenis Bijdragen*, 21, 3–31

Dharampal, ed., 1971, *Indian Science and Technology in the Eighteenth Century : Some Contemporary European Accounts*, Delhi : Impex India

Diamond, Jared, 1992, *The Third Chimpanzee : The Evolution and Future of the Human Animal*, New York : Harper Collins（長谷川真理子・長谷川寿一訳『人間はどこまでチンパンジーか？——人類進化の栄光と翳り』東京・新曜社，1993 年）

Dudbridge, Glen, 1991, "A Pilgrimage in Seventeenth Century Fiction : T'ai-shan and the *Hsing-shih yin-yüan chuan*," *T'oung Pao*, 77 : 4–5, 226–52

Dumont, Louis, 1970, *Homo Hierarchicus : An Essay on the Caste System*, Chicago : University of Chicago Press（田中雅一・渡辺公三訳『ホモ・ヒエラルキクス——カースト体系とその意味』東京・みすず書房，2001 年）

Dunstan, Helen, 1998, "Official Thinking on Environmental Issues and the State's Environmental Roles in Eighteenth Century China," in Mark Elvin and Liu Ts'ui-jung, eds., *Sediments of Time : Environment and Society in Chinese History*, Cambridge : Cambridge University Press, 585–614

Earle, Peter, 1989, *The Making of the English Middle Class : Business, Society, and Family Life in*

London, 1660–1730, Berkeley : University of California Press

Elliott, J. H., 1961, “The Decline of Spain,” *Past and Present*, 20 (November), 52–75

———, 1990, “The Seizure of Overseas Territories by the European Powers,” in Hans Pohl, ed., *The European Discovery of the World and Its Economic Effects on Pre-Industrial Society, 1500–1800*, Stuttgart : Franz Steiner Verlag, 43–61

Elliott, Mark, 1993, “Resident Aliens : The Manchu Experience in China, 1644–1800,” Ph. D. diss., University of California, Berkeley

Elman, Benjamin, 1990, *From Philosophy to Philology : Intellectual and Social Aspects of Change in Late Imperial China*, Cambridge, Mass. : Harvard University Press

Elvin, Mark, 1973, *The Pattern of the Chinese Past*, Stanford : Stanford University Press

Engerman, Stanley, 1994, “The Industrial Revolution Revisited,” in Graeme Snooks, ed., *Was the Industrial Revolution Necessary ?* London : Routledge, 112–23

Esherick, Joseph, 1981, “Number Games : A Note on Land Distribution in Pre-Revolutionary China,” *Modern China*, 7 : 4, 387–412

Everitt, Alan, 1967, “The Marketing of Agricultural Produce,” in John Thirsk, ed., *The Agrarian History of England and Wales*, Vol. 4, Cambridge : Cambridge University Press, 466–592

Fairbank, John K., 1968, “A Preliminary Framework,” and “The Early Treaty System in the Chinese World Order,” in John K. Fairbank, ed., *The Chinese World Order : Traditional China's Foreign Relations*, Cambridge, Mass. : Harvard University Press, 1–20, 257–75

Farnie, D. A., 1979, *The English Cotton Industry and the World Market, 1815–1896*, Oxford : Clarendon Press

Ferguson, James, 1988, “Cultural Exchange : New Developments in the Anthropology of Commodities,” *Cultural Anthropology*, 3 : 4, 488–513

Fletcher, Joseph (edited by Beatrice Forbes Manz), 1995, *Studies on Chinese and Islamic Inner Asia*, Brookfield, Vt. : Variorum

Flinn, M. W., 1958, “The Growth of the English Iron Industry, 1660–1760,” *Economic History Review*, 2nd series, 11 : 2, 144–53

———, 1978, “Technical Change as an Escape from Resource Scarcity : England in the 17th and 18th Centuries,” in William Parker and Antoni Maczak, eds., *Natural Resources in European History*, Washington, D.C. : Resources for the Future, 139–59

——— ; with the assistance of David Stoker, 1984, *The History of the British Coal Industry, Volume 2, 1700–1830 : The Industrial Revolution*, Oxford : Clarendon Press

Flynn, Dennis, 1984, “Early Capitalism Despite New World Bullion : An Anti-Wallerstinian Interpretation of Imperial Spain,” translation of “El desarrollo del primer capitalismo a pesar de los metales preciosos del Nuevo Mondo : Una interpretacion anti-Wallerstein de la España Imperial,” *Revista de Historia Económica*, 2 : 2 (Spring), 29–57

———, 1995, “Arbitrage, China, and World Trade in the Early Modern Period,” *Journal of the Economic and Social History of the Orient*, 38 : 4, 429–48

———, and Arturo Giráldez, 1996, “China and the Spanish Empire,” *Revista de Historia Económica*, 14 : 2 (Spring), 309–38

———, 1997, “Introduction,” in Dennis Flynn and Arturo Giráldez, eds., *Metals and Monies in an*

Emerging Global Economy, Aldershot, U.K. : Variorum, xv–xl

Forster, Robert, 1960, *The Nobility of Toulouse in the Eighteenth Century : A Social and Economic Study*, Baltimore : Johns Hopkins University Press

Frank, Andre Gunder, 1969, *Capitalism and Underdevelopment in Latin America : Historical Studies of Chile and Brazil*, New York : Monthly Review Press

———, 1998, *ReOrient : Global Economy in the Asian Age*, Berkeley : University of California Press （山下範久訳『リオリエント――アジア時代のグローバル・エコノミー』東京・藤原書店，2000 年）

Fu, Lo-shu, 1966, *A Documentary Chronicle of Sino-Western Relations, 1644–1820*, Tucson : University of Arizona Press and Association for Asian Studies

Fukazawa, H., 1982a, "The State and the Economy : Maharashtra and the Deccan," in Tapan Raychaudhuri and Irfan Habib, eds., *The Cambridge Economic History of India, Volume 1 c.1200–c.1750*, Cambridge : Cambridge University Press, 193–203

———, 1982b, "Agrarian Relations and Land Revenue : The Medieval Deccan and Maharashtra," in Tapan Raychaudhuri and Irfan Habib, eds., *The Cambridge Economic History of India, Volume 1 c.1200–c.1750*, Cambridge : Cambridge University Press, 249–60

———, 1982c, "Non-Agricultural Production : Maharashtra and the Deccan," in Tapan Raychaudhuri and Irfan Habib, eds., *The Cambridge Economic History of India, Volume 1 c.1200–c.1750*, Cambridge : Cambridge University Press, 308–14

Gaastra, Femme, 1981, "The Shifting Balance of Trade of the Dutch East India Company," in Leonard Blussé and Femme Gaastra, eds., *Companies and Trade : Essays on Overseas Trading Companies during the Ancien Régime*, Leiden : Leiden University Press, 47–70

Gadgil, Madhav, and Ramachandra Guha, 1993, *This Fissured Land : An Ecological History of India*, Berkeley : University of California Press

Galenson, David, 1989, "Labor Market Behavior in Colonial America : Servitude, Slavery, and Free Labor," in David Galenson, ed., *Markets in History : Economic Studies of the Past*, New York : Cambridge University Press, 52–96

Galeote Pereira, 1953, "The Report of Galeote Pereira," in Charles Boxer, ed. and trans., *South China in the Sixteenth Century*, London : Hakluyt Society, 3–45 (Original published in 1555)

Ganesh, K. N., 1991, "Ownership and Control of Land in Medieval Kerala : Janmam-Kanam Relations during the 16th–18th Centuries," *Indian Economic and Social History Review*, 28 : 3, 300–23

Gardella, Robert, 1990, "The Min-Pei Tea Trade during the Late Ch'ien-lung and Chia-ch'ing Eras : Foreign Commerce and the Mid-Ch'ing Fukien Highlands," in Edward Vermeer, ed., *Development and Decline of Fukien Province in the 17th and 18th Centuries*, Leiden : E. J. Brill, 317–47

———, 1992a, "Squaring Accounts : Commercial Bookkeeping Methods and Capitalist Rationalism in Late Qing and Republican China," *Journal of Asian Studies*, 51 : 2 (May), 317–39

———, 1992b, "Qing Administration of the Tea Trade : Four Facets over Three Centuries," in Jane Kate Leonard and John Watt, eds., *To Achieve Security and Wealth : The Qing Imperial State and the Economy 1644–1912*, Ithaca : Cornell East Asia Series, 97–118

———, 1994, *Harvesting Mountains : Fujian and the China Tea Trade, 1757–1937*, Berkeley : University of California Press

Geertz, Clifford, 1963, *Agricultural Involution : The Process of Ecological Change in Indonesia*, Berkeley : University of California Press（池本幸生訳『インボリューション――内に向かう発展』東京・NTT 出版，2001 年）

Glamann, Kristof, 1977, "The Changing Patterns of Trade," in E. E. Rich and C. H. Wilson, eds., *The Cambridge Economic History of Europe vol. V*, New York : Cambridge University Press, 185–285

———, 1981, *Dutch-Asiatic Trade, 1620–1740*, 's-Gravenhage : Martinus Nijhoff

Godley, Michael, 1981, *The Mandarin-Capitalists from Nanyang : Overseas Chinese Enterprise in the Modernization of China, 1893–1911*, Cambridge : Cambridge University Press

Goldsmith, James, 1984, "The Agrarian History of Preindustrial France : Where Do We Go from Here ?" *Journal of European Economic History*, 13 : 1（Spring）, 175–99

Goldstone, Jack, 1991, *Revolution and Rebellion in the Early Modern World*, Berkeley : University of California Press

———, 1996, "Gender, Work and Culture : Why the Industrial Revolution Came Early to England but Late to China," *Sociological Perspectives*, 39 : 1, 1–21

Good, David, 1984, *The Economic Rise of the Habsburg Empire, 1750–1914*, Berkeley : University of California Press

Goodrich, Carter, 1960, *Government Promotion of American Canals and Railroads, 1800–1890*, New York : Columbia University Press

Grantham, George, 1989a, "Agrarian Organization in the Century of Industrialization : Europe, Russia, and North America," in George Grantham and Carol Leonard, eds., *Agrarian Organization in the Century of Industrialization : Europe, Russia and North America*, Greenwich, Conn. : JAI Press, 1–24

———, 1989b, "Capital and Agrarian Structure in Early Nineteenth Century France," in George Grantham and Carol Leonard, eds., *Agrarian Organization in the Century of Industrialization : Europe, Russia and North America*, Greenwich, Conn. : JAI Press, 137–61

———, 1989c, "Agricultural Supply during the Industrial Revolution : French Evidence and European Implications," *Journal of Economic History*, 49 : 1（March）, 43–72

Greenberg, Michael, 1951, *British Trade and the Opening of China 1800–42*, New York : Oxford University Press

Greif, Avner, 1998, "Théorie des jeux et analyse historique des institutions : Les institutions économiques du Moyen Age"（Game theory and the historical analysis of institutions）, *Annales HSS*, 3（May–June）, 597–633

Greven, Philip, 1970, *Four Generations : Population, Land, and Family in Colonial Andover, Massachusetts*, Ithaca : Cornell University Press

Griffin, Alan R., 1977, *The British Coalmining Industry : Retrospect and Prospect*, Buxton, Derbys, England : Moorland Publishing

Grove, Richard, 1995, *Green Imperialism : Colonial Expansion, Tropical Island Edens, and the Origins of Environmentalism, 1600–1800*, Cambridge : Cambridge University Press

Guerrero, Milagros, 1966, in Alfonso Felix, ed., *The Chinese in the Philippines, 1570–1770*, Manila : Solidaridad Publishing, 15–39

Gunst, Péter, 1989, "Agrarian Systems of Central and Eastern Europe," in Daniel Chirot, ed., *The Origins*

of Backwardness in Eastern Europe : Economics and Politics from the Middle Ages until the Early Twentieth Century, Berkeley : University of California Press, 53–91

Habakkuk, John, 1962, *American and British Technology in the Nineteenth Century : The Search for Labour-Saving Inventions*, Cambridge : Cambridge University Press

Habib, Irfan, 1982a, "Population," in Tapan Raychaudhuri and Irfan Habib, eds., *The Cambridge Economy History of India, Volume 1 c.1200–c.1750*, Cambridge : Cambridge University Press, 163–71

———, 1982b, "Systems of Agricultural Production : Mughal India," in Tapan Raychaudhuri and Irfan Habib, eds., *The Cambridge Economy History of India, Volume 1 c. 1200–c. 1750*, Cambridge : Cambridge University Press, 214–25

———, 1982c, "Agrarian Relations and Land Revenue : North India," in Tapan Raychaudhuri and Irfan Habib, eds., *The Cambridge Economy History of India, Volume 1 c. 1200–c. 1750*, Cambridge : Cambridge University Press, 235–49

———, 1982d, "Monetary System and Prices," in Tapan Raychaudhuri and Irfan Habib, eds., *The Cambridge Economy History of India, Volume 1 c.1200–c.1750*, Cambridge : Cambridge University Press, 360–81

———, 1990, "Merchant Communities in Pre-Colonial India," in James Tracy, ed., *The Rise of Merchant Empires : Long-Distance Trade in the Early Modern World, 1350–1750*, Cambridge : Cambridge University Press, 371–99

Hagen, William, 1985, "How Mighty the Junker ? Peasant Rents and Seigneurial Profits in Sixteenth-Century Brandenburg," *Past and Present*, 108 : 1, 80–116

———, 1986a, "The Junkers' Faithless Servants : Peasant Insubordination and the Breakdown of Serfdom in Brandenburg-Prussia, 1763–1811," in Richard Evans and W. R. Lee, eds., *The German Peasantry : Conflict and Community from the Eighteenth to the Twentieth Centuries*, London : Croom Helm, 71–101

———, 1986b, "Working for the Junker : The Standard of Living of Manorial Laborers in Brandenburg, 1584–1810," *Journal of Modern History*, 58 : 1 (March), 143–58

———, 1988, "Capitalism and the Countryside in Early Modern Europe : Interpretations, Models, Debates," *Agricultural History*, 62 : 1, 13–47

———, 1991, Review of Daniel Chirot, ed., *The Origins of Backwardness in Eastern Europe : Economics and Politics from the Middle Ages until the Early Twentieth Century, Journal of Social History*, 24 : 4 (Summer), 889–92

———, 1996a, "Subject Farmers in Brandenburg-Prussia and Poland : Village Life and Fortunes under Manorialism in Early Modern Central Europe," in M. L. Bush, ed., *Serfdom and Slavery : Studies in Legal Bondage*, London : Longman, 296–310

———, 1996b, Review of Jürgen Schlumbohm, *Lebenslaufe, Familien, Höfe, Die Bauern und Heuerleute des Osnabriickischen Kirchspiels Belm in proto-industrieller Zeit, 1650–1860, Central European History*, 29 : 3, 416–19

———, 1998, "Village Life in East-Elbian Germany and Poland, 1400–1800 : Subjection, Self-Defence, Survival," in Tom Scott, ed., *The Peasantries of Europe, 1400–1800*, London : Longman

Hajnal, John, 1965, "European Marriage Patterns in Perspective," in D. V. Glass and D. E. C. Eversley, eds., *Population in History : Essays in Historical Demography*, Chicago : Aldine Publishing, 101–

43

———, 1982, “Two Kinds of Preindustrial Household Formation System,” *Population and Development Review*, 8 : 3 (September), 449–94

Hamashita, Takeshi（濱下武志）, 1988, “The Tribute Trade System and Modern Asia,” *Memoirs of the Research Department of the Tôyô Bunko*, 46, 7–25

Hambly, Gavin R. G., 1982, “Towns and Cities : Mughal India,” in Tapan Raychaudhuri and Irfan Habib, eds., *The Cambridge Economic History of India, Volume 1 c.1200–c.1750*, Cambridge : Cambridge University Press, 434–51

Hamilton, Earl, 1934, *American Treasure and the Price Revolution in Spain, 1501–1650*, Cambridge, Mass. : Harvard University Press

Hammersley, G., 1973, “The Charcoal Iron Industry and Its Fuel, 1540–1750,” *Economic History Review*, 2nd series, 26 : 4, 593–613

Handler, Richard, and Daniel Segal, 1990, *Jane Austen and the Fiction of Culture : An Essay on Narration of Social Realities*, Tucson : University of Arizona Press

Hanley, Susan, 1983, “A High Standard of Living in Nineteenth-Century Tokugawa Japan : Fact or Fantasy,” *Journal of Economic History*, 43 : 1, 183–92

———, 1997, *Everyday Things in Premodern Japan : The Hidden Legacy of Material Culture*, Berkeley : University of California Press

———, and Kozo Yamamura, 1977, *Economic and Demographic Change in Preindustrial Japan, 1600–1868*, Princeton : Princeton University Press（速水融・穐本洋哉訳『前工業化期日本の経済と人口』京都・ミネルヴァ書房，1982 年）

Hao, Yen-p'ing, 1986, *The Commercial Revolution in Nineteenth Century China : The Rise of Sino-Western Capitalism*, Berkeley : University of California Press

Harnetty, Peter, 1991, “‘Deindustrialization’ Revisited : The Handloom Weavers of the Central Provinces of India, c.1800–1947,” *Modern Asian Studies*, 25 : 3, 455–510

Harris, John R., 1988, *The British Iron Industry, 1700–1850*, London and New York : Macmillan（武内達子訳『イギリスの製鉄業―― 1700–1850 年』東京・早稲田大学出版部，1998 年）

———, 1992, *Essays in Industry and Technology in the 18th Century : England and France*, New York : Variorum

Hartwell, Robert, 1962, “A Revolution in the Chinese Iron and Coal Industries during the Northern Sung, 960–1126 A. D.” *Journal of Asian Studies*, 21 : 2 (February), 153–62

———, 1967, “A Cycle of Economic Change in Imperial China : Coal and Iron in Northeast China, 750–1350,” *Journal of the Economic and Social History of the Orient*, 10 : 1 (July), 102–59

———, 1982, “Demographic, Social and Political Transformations of China, 750–1550,” *Harvard Journal of Asiatic Studies*, 42 : 2 (December), 365–442

Heidhues, Mary Somers, 1996, “Chinese Settlements in Rural Southeast Asia : Unwritten Histories,” in Anthony Reid, ed., *Sojourners and Settlers : Histories of Southeast Asia and the Chinese in Honour of Jennifer Cushman*, St. Leonards, New South Wales : Association for Asian Studies of Australia with Allen and Unwin, 164–82

Henderson, John, 1984, *The Development and Decline of Chinese Cosmology*, New York : Columbia University Press

Heske, Franz, 1938, *German Forestry*, New Haven : Yale University Press

Hill, Christopher, 1980, *The Century of Revolution : 1603–1714*, Walton-on-Thames : Nelson

Hill, Lamar, unpublished, "Extreme Detriment : Failed Credit and the Narration of Indebtedness in the Jacobean Court of Requests," unpublished paper, cited with permission of the author

Hirschman, Albert, 1970, *Exit, Voice and Loyalty : Responses to Decline in Firms, Organizations, and States*, Cambridge, Mass. : Harvard University Press（矢野修一訳『離脱・発言・忠誠――企業・組織・国家における衰退への反応』京都・ミネルヴァ書房，2005 年）

Ho, Ping-ti（何炳棣）, 1954, "The Salt Merchants of Yang-chou : A Study of Commercial Capitalism in Eighteenth-Century China," *Harvard Journal of Asiatic Studies*, 17, 130–68

———, 1955, "The Introduction of American Food Plants into China," *American Anthropologist*, 57 : 2, 191–201

———, 1959, *Studies on the Population of China, 1368–1953*, Cambridge, Mass. : Harvard University Press

———, 1962, *The Ladder of Success in Imperial China : Aspects of Social Mobility, 1368–1911*, New York : Columbia University Press（寺田隆信・千種真一訳『科挙と近世中国社会――立身出世の階梯』東京・平凡社，1993 年）

Hobsbawm, Eric, 1975, *Industry and Empire : The Birth of the Industrial Revolution*, London : Penguin（浜林正夫・神武庸四郎・和田一夫訳『新装版　産業と帝国』東京・未来社，1996 年）

Hodgson, Marshall ; with an introduction and conclusion by Edmund Burke III, 1993, in Edmund Burke III, ed., *Rethinking World History : Essays on Europe, Islam, and World History*, Cambridge : Cambridge University Press

Horrell, Sara, and Jane Humphries, 1995, "Women's Labour Force Participation and the Transition to the Male-Breadwinner Family, 1790–1865," *Economic History Review*, 48 : 1, 89–117

Hoskins, W. G., 1953, "The Rebuilding of Rural England, 1570–1640," *Past and Present*, 4, 44–59

Hossain, Hameeda, 1979, "The Alienation of Weavers : Impact of the Conflict between the Revenue and Commercial Interests of the East India Company, 1750–1800," *Indian Economic and Social History Review*, 16 : 3, 323–45

Howell, David, 1992, "Proto-Industrial Origins of Japanese Capitalism," *Journal of Asian Studies*, 51 : 2 (May), 269–80

Hsieh, Chiao-min ; edited by Salter, Christopher L., 1973, *Atlas of China*, New York : McGraw-Hill

Huang, Philip, 1985, *The Peasant Economy and Social Change in North China*, Stanford : Stanford University Press

———, 1990, *The Peasant Family and Rural Development in the Yangzi Delta, 1350–1988*, Stanford : Stanford University Press

Huang, Ray, 1974, *Taxation and Governmental Finance in Sixteenth Century Ming China*, Cambridge : Cambridge University Press

Idema, Wilt, 1990, "Cannon, Clocks and Clever Monkeys : Europeana, Europeans, and Europe in Some Early Ch'ing Novels," in Eduard Vermeer, ed., *Development and Decline of Fukien Province in the 17th and 18th Centuries*, Leiden : E. J. Brill, 459–88

Issawi, Charles, edited and with introduction by, 1966, *The Economic History of the Middle East, 1800–1914 : A Book of Readings*, Chicago : University of Chicago Press

Jacob, Margaret, 1988, *The Cultural Meaning of the Scientific Revolution*, New York : Alfred A. Knopf

Jeannin, Pierre, 1969, *L'Europe du Nord-Ouest et du Nord aux XVIIe et XVIIIe siècles* (North and northwest Europe in the seventeenth and eighteenth centuries), Paris : Presses Universitaires de France

Jenkins, D. T., and K. G. Ponting, 1982, *The British Wool Textile Industry, 1770–1914*, London : Heinemann Educational Books

Johnson, David, Andrew Nathan, and Evelyn Rawski, 1985, *Popular Culture in Late Imperial China*, Berkeley : University of California Press

Jones, Eric L., 1981, *The European Miracle : Environments, Economies, and Geopolitics in the History of Europe and Asia*, Cambridge : Cambridge University Press（安元稔・脇村孝平訳『ヨーロッパの奇跡——環境・経済・地政の比較史』名古屋・名古屋大学出版会，2000 年）

———, 1988, *Growth Recurring : Economic Change in World History*, New York : Oxford University Press（天野雅敏・重富公生・小瀬一・北原聡訳『経済成長の世界史』名古屋・名古屋大学出版会，2007 年）

Judd, Ellen, 1994, *Gender and Power in Rural North China*, Stanford : Stanford University Press

Kaplan, Steven, 1976, *Bread, Politics, and Political Economy in the Reign of Louis XV*, The Hague : Martinus Nijhoff

Kellenbenz, Hermann, 1974, "Rural Industries in the West from the End of the Middle Ages to the Eighteenth Century," in Peter Earle, ed., *Essays in European Economic History, 1500–1800*, Oxford : Clarendon, 45–88

Kelly, William, 1982, *Water Control in Tokugawa Japan : Irrigation Organization in a Japanese River Basin, 1600–1870*, Ithaca : Cornell University East Asia Papers #3

Kindleberger, Charles, 1990, "Spenders and Hoarders : The World Distribution of Spanish American Silver, 1550–1750," in Charles Kindleberger, ed., *Historical Economics : Art or Science ?* Berkeley : University of California Press, 35–85

Kjaergaard, Thorkild, 1994, *The Danish Revolution, 1500–1800 : An Ecohistorical Interpretation*, Cambridge : Cambridge University Press

Klein, Daniel, and John Majewski, 1991, "Promoters and Investors in Antebellum America : The Spread of Plank Road Fever," Irvine : University of California Irvine Institute for Transportation Studies Working Paper 91–1

Klein, Herbert, 1990, "Economic Aspects of the Eighteenth-Century Atlantic Slave Trade," in James Tracy, ed., *The Rise of Merchant Empires : Long-Distance Trade in the Early Modern World, 1350–1750*, Cambridge : Cambridge University Press, 287–310

Klein, Julius, 1920, *The Mesta : A Study in Spanish Economic History, 1273–1836*, Port Washington, N. Y. : Kennikat Press

Knaap, Gerrit, 1995, "The Demography of Ambon in the Seventeenth Century : Evidence from Proto-Censuses," *Journal of Southeast Asian Studies*, 26 : 2 (September) : 227–41

Knodel, John, 1988, *Demographic Behavior in the Past : A Study of Fourteen German Village Population in the Eighteenth and Nineteenth Centuries*, New York : Cambridge University Press

Ko, Dorothy, 1994, *Teachers of the Inner Chambers : Women and Culture in Seventeenth-Century China*, Stanford : Stanford University Press

Kochanowicz, Jacek, 1989, "The Polish Economy and the Evolution of Dependency," in Daniel Chirot, ed., *The Origins of Backwardness in Eastern Europe : Economics and Politics from the Middle Ages until the Early Twentieth Century*, Berkeley : University of California Press, 92–130

Kraus, Richard, 1968, "Cotton and Cotton Goods in China, 1918–1936 : The Impact of Modernization on the Traditional Sector," Ph. D. diss., Harvard University

Kriedte, Peter, Hans Medick, and Jürgen Schlumbohm, 1981, *Industrialization before Industrialization : Rural Industry in the Genesis of Capitalism*, Cambridge : Cambridge University Press

Kulikoff, Allan, 1992, *The Agrarian Origins of American Capitalism*, Charlottesville : University Press of Virginia

Kuznets, Simon, 1968, "Capital Formation in Modern Economic Growth (and Some Implications for the Past)," *Third International Conference of Economic History : Munich 1965*, Paris : Mouton 1968, 1 : 15–53

Kwan, Man-bun, 1990, "The Merchant World of Tianjin : Society and Economy of a Chinese City," Ph. D. diss. Stanford University

Labrousse, Ernest, 1984, *Esquisse du mouvement des prix et des revenus en France au XVIIe siècle* (Outline of the movements of prices and incomes in eighteenth-century France), Paris : Éditions des archives contemporaines (Original published by Librarie Dalloz in 1933)

Ladurie, Emmanuel Le Roy, 1974, "A Long Agrarian Cycle : Languedoc, 1500–1700," in Peter Earle, ed., *Essays in European Economic History, 1500–1800*, Oxford : Oxford University Press, 143–64

———, 1976, "De la crise ultime à la vraie croissance, 1660–1789" (From the final crisis to true growth), in Georges Duby and A. Walton, *Histoire de la France Rurale*, Volume 2, Paris : Seuil, 359–575

Lamb, H. H., 1982, *Climate, History and the Modern World*, London and New York : Methuen

Lamoreaux, Naomi, 1994, *Insider Lending : Banks, Personal Connections and Economic Development in Industrial New England*, Cambridge : Cambridge University Press and National Bureau of Economic Research

Landes, David, 1969, *The Unbound Prometheus : Technological Change and Industrial Development in Western Europe from 1750 to the Present*, Cambridge : Cambridge University Press（石坂昭雄・冨岡庄一訳『西ヨーロッパ工業史——産業革命とその後 1750–1968』東京・みすず書房, 1980 年・1982 年）

Lang, James, 1975, *Conquest and Commerce : Spain and England in the Americas*, New York : Academic Press

Latham, A. J. H., 1978a, "Merchandise Trade Imbalances and Uneven Economic Development in India and China," *Journal of European Economic History*, 7 : 1 (Spring), 33–60

———, 1978b, *The International Economy and the Undeveloped World, 1865–1914*, Totowa, N. J. : Rowman and Littlefield（川勝平太・菊池紘一訳『アジア・アフリカと国際経済 1865–1914 年』東京・日本評論社, 1987 年）

——— and Larry Neal, 1983, "The International Market in Rice and Wheat, 1868–1914," *Economic History Review*, 2nd series, 36 : 2, 260–80

Lavely, William, and R. Bin Wong, 1998, "Revising the Malthusian Narrative : The Comparative Study of Population Dynamics in Late Imperial China," *Journal of Asian Studies*, 57 : 3 (August), 714–48

Lazonick, William, 1981, "Production Relations, Labor Productivity and Choice of Technique : British and U. S. Spinning," *Journal of Economic History*, 41 : 3 (September), 491-516

Ledderose, Lothar, 1991, "Chinese Influence on European Art, Sixteenth to Eighteenth Centuries," in Thomas Lee, ed., *China and Europe : Images and Influences in Sixteenth to Eighteenth Centuries*, Hong Kong : Chinese University Press, 221-50

Lee, Ching Kwan, 1995, "Engendering the Worlds of Labor : Women Workers, Labor Markets and Production Politics in the South China Economic Miracle," *American Sociological Review*, 60 : 3 (June), 378-97

Lee, James (李中清), 1982, "The Legacy of Immigration in Southwest China, 1250-1850," *Annales de Demographie Historique*, 279-304

——— and Cameron Campbell, 1997, *Fate and Fortune in Rural China : Social Organization and Population Behavior in Liaoning, 1774-1873*, Cambridge : Cambridge University Press

——— and Wang Feng (王豊), 1999, *One Quarter of Humanity : Malthusian Mythology and Chinese Realities*, Cambridge, Mass. : Harvard University Press

——— and R. Bin Wong (王国斌), 1991, "Population Movements in Qing China and Their Linguistic Legacy," in William S-Y. Wang, ed., *Languages and Dialects of China*, Berkeley : Journal of Chinese Linguistics Monograph Series, 52-77

Lee, Robert H. G., 1970, *The Manchurian Frontier in Ch'ing History*, Cambridge, Mass. : Harvard University Press

Levi, Giovanni, 1988, *Inheriting Power : The Story of an Exorcist*, Chicago : University of Chicago Press

Levine, David, 1977, *Family Formation in an Age of Nascent Capitalism*, New York : Academic Press

Lewis, Arthur, 1954, "Economic Development with Unlimited Supplies of Labor," *Manchester School of Economics and Social Studies*, 22 : 2 (May) : 139-91

Li, Bozhong (李伯重) ; forewords by Wu Chengming and Shiba Yoshinobu, 1998, *Agricultural Development in Jiangnan, 1620-1850*, New York : St. Martin's Press

Li, Dangrui and Chen Daiguang, 1981, *Henan renkou dili zhi* (Population geography of Henan), Henan sheng kexueyuan dili yanjiusuo

Lieberman, Victor, 1990, "Wallerstein's System and the International Context of Early Modern Southeast Asian History," *Journal of Asian History*, 24 : 1, 70-90

———, 1993, "Abu-Lughod's Egalitarian World Order, A Review Article," *Comparative Studies in Society and History*, 544-50

Lin, Man-houng, 1990, "From Sweet Potato to Silver : The New World and 18th Century China as Reflected in Wang Hui-tsu's Passage about the Grain Prices," in Hans Pohl, ed., *The European Discovery of the World and Its Economic Effects on Pre-Industrial Society, 1500-1800*, Stuttgart : Franz Steiner Verlag, 304-27

Lindert, Peter, and Jeffrey Williamson, 1982, "Revising England's Social Tables 1688-1812," *Explorations in Economic History*, 19 : 4 (October), 385-408

Lombard, Denys, 1981, "Questions on the Contact between European Companies and Asian Societies," in Leonard Blussé and Femme Gaastra, eds., *Companies and Trade : Essays on Overseas Trading Companies during the Ancien Régime*, The Hague : Martinus Nijhoff, 179-87

Lombard-Salmon, Claudine, 1972, *Un exemple d'Acculturation Chinoise : La province du Gui Zhou au*

XVIIIe siècle, Paris : École Française d'Extreme Orient
Lower, Arthur R. M., 1973, *Great Britain's Woodyard : British America and the Timber Trade, 1763-1867*, Montreal : McGill University Press
Lu, Hanchao (盧漢超), 1992, "Arrested Development : Cotton and Cotton Markets in Shanghai, 1350-1843," *Modern China*, 18 : 4 (October), 468-99
Ludden, David, 1985, *Peasant History in South India*, Princeton : Princeton University Press
———, 1988, "Agrarian Commercialism in Eighteenth-Century South India : Evidence from the 1823 Tirunelveli Census," *Indian Economic and Social History Review*, 25 : 4, 493-517
Ludwig, Armin K., 1985, *Brazil : A Handbook of Historical Statistics*, Boston : G. K. Hall and Co.
MacLeod, Christine, 1988, *Inventing the Industrial Revolution : The English Patent System, 1660-1800*, New York : Cambridge University Press
Majewski, John, 1994, "Commerce and Community : Economic Culture and Internal Improvements in Pennsylvania and Virginia, 1790-1860," Ph. D. diss. UCLA
Mann, James A., 1860, *The Cotton Trade of Great Britain : Its Rise, Progress, and Present Extent, based upon the most Carefully Digested Statistics, Furnished by the Several Government Departments, and Most Eminent Commercial Firms*, London : Simpkin and Marshall
Mann, Susan, 1987, *Local Merchants and the Chinese Bureaucracy, 1750-1950*, Stanford : Stanford University Press
———, 1992, "Household Handicrafts and State Policy in Qing Times," in Jane Kate Leonard and John Watt, eds., *To Achieve Security and Wealth : The Qing State and the Economy*, Ithaca : Cornell University Press, 75-96
———, 1997, *Precious Records : Women in China's Long Eighteenth Century*, Stanford : Stanford University Press
Markovitch, T. J., 1976, *Les industries lainières de Colbert à la Révolution* (The woollen industries from Colbert to the Revolution), Geneva : Librairie Droz
Marks, Robert, 1984, *Rural Revolution in South China : Peasants and the Making of History in Haifeng County, 1570-1930*, Madison : University of Wisconsin Press
———, 1991, "Rice Prices, Food Supply, and Market Structure in 18th Century China," *Late Imperial China*, 12 : 2 (December), 64-116
———, 1997, *Tigers, Rice, Silk, and Silt : Environment and Economy in Late Imperial South China*, Cambridge : Cambridge University Press
Marshall, P. J., 1980, "Western Arms in Maritime Asia in the Early Phases of Expansion," *Modern Asian Studies*, 14 : 1, 13-28
———, 1987, *Bengal : The British Bridgehead : Eastern India, 1740-1828*, Cambridge : Cambridge University Press
Mazumdar, Sucheta, 1984, "A History of the Sugar Industry in China : The Political Economy of a Cash Crop in Guangdong, 1644-1834," Ph. D. diss. UCLA
McAlpin, Michele, and John Richards, 1983, "Cotton Cultivation and Land Clearing in the Bombay Deccan and Karnatak, 1818-1920," in John Richards and Richard Tucker, eds., *Global Deforestation and the Nineteenth-Century World Economy*, Durham : Duke Press Policy Studies, 68-94
McCloskey, Donald, 1975a, "The Persistence of English Common Fields," in E. L. Jones and William

Parker, eds., *European Peasants and Their Markets : Essays in Agrarian Economic History*, Princeton : Princeton University Press, 73–119

———, 1975b, "The Economics of Enclosure : A Market Analysis," in E. L. Jones and William Parker, eds., *European Peasants and Their Markets : Essays in Agrarian Economic History*, Princeton : Princeton University Press, 123–60

———, 1989, "The Open Fields of England : Rent, Risk and the Rate of Interest, 1300–1815," in David Galenson, ed., *Markets in History : Economic Studies of the Past*, Cambridge : Cambridge University Press, 5–51

———, 1991, "History, Differential Equations, and the Problem of Narration," *History and Theory*, 30 : 1, 21–36

McCusker, John, and Russell Menard, 1985, *The Economy of British America, 1607–1789*, Chapel Hill : University of North Carolina Press

McEvedy, Colin, and Richard Jones, 1978, *Atlas of World Population History*, New York : Penguin

McGowan, Bruce, 1994, "The Age of the Ayans, 1699–1812," in Halil Inalcik and Donald Quatert, eds., *An Economic and Social History of the Ottoman Empire*, 2 vols., New York : Cambridge University Press, 637–758

McKendrick, Neil, John Brewer, and J. H. Plumb, 1982, *The Birth of a Consumer Society : The Commercialization of Eighteenth-Century England*, Bloomington : Indiana University Press

McNeill, John R., 1994, "Of Rats and Men : A Synoptic Environmental History of the Island Pacific," *Journal of World History*, 5 : 2, 299–349

Medick, Hans, 1982, "Plebeian Culture in the Transition to Capitalism," in Raphael Samuel and Gareth Stedman-Jones, eds., *Culture, Ideology, and Politics : Essays for Eric Hobsbawm*, Cambridge : Cambridge University Press, 84–112

Menzies, Nicholas, 1992a, "Sources of Demand and Cycles of Logging in Pre-Modern China," in John Dargavel and Richard Tucker, eds., *Changing Pacific Forests : Historical Perspectives on the Forest Economy of the Pacific Basin*, Durham, N. C. : Forest History Society, 64–76

———, 1992b, "Strategic Space : Exclusion and Inclusion in Wildland Policies in Late Imperial China," *Modern Asian Studies*, 26 : 4 (October), 719–33

———, 1996, "Forestry," in Joseph Needham, ed., *Science and Civilization in China*, Vol. 27, Cambridge : Cambridge University Press, 541–690

Metzger, Thomas, 1973, *The Internal Organization of Ch'ing Bureaucracy : Legal, Normative, and Communications Aspects*, Cambridge, Mass. : Harvard University Press

———, 1977, *Escape from Predicament : Neo-Confucianism and China's Evolving Political Culture*, New York : Columbia University Press

Meuvret, Jean, 1977–88, *Le problème des subsistances à l'époque Louis XIV* (The subsistence problem in the age of Louis the Fourteenth), 6 vols., Paris : Mouton

Miller, Joseph, 1986, "Slave Prices in the Portuguese Southern Atlantic, 1600–1830," in Paul Lovejoy, ed., *Africans in Bondage : Studies in Slavery and the Slave Trade : essays in honor of Philip D. Curtin on the occasion of the twenty-fifth anniversary of African Studies at the University of Wisconsin*, Madison : University of Wisconsin Press, 43–77

Mintz, Sidney, 1985, *Sweetness and Power : The Place of Sugar in Modern History*, New York : Penguin

（川北稔・和田光弘訳『甘さと権力——砂糖が語る近代史』東京・平凡社，1988 年）

Mitchell, B. R., 1980, *European Historical Statistics, 1750–1975*, New York : Facts on File（中村宏・北村甫・斎藤真訳『マクミラン世界歴史統計——ヨーロッパ篇』東京・原書房，1983 年）

———, 1988, *British Historical Statistics*, New York : Cambridge University Press（中村壽男訳『イギリス歴史統計』東京・原書房，1995 年）

———, 1993, *International Historical Statistics : The Americas, 1750–1988*, Second edition, New York : Stockton Press（中野勝郎訳『南北アメリカ歴史統計—— 1750～1993』東京・東洋書林，2001 年）

Mitra, Debendra Bijoy, 1978, *The Cotton Weavers of Bengal, 1757–1833*, Calcutta : Firma KLM Private Limited

Mokyr, Joel, 1976, *Industrialization in the Low Countries, 1795–1850*, New Haven : Yale University Press

———, 1985a, "Demand vs. Supply in the Industrial Revolution," in Joel Mokyr, ed., *The Economics of the Industrial Revolution*, Totowa, N. J. : Rowman and Allanheld, 97–118

———, 1985b, "The Industrial Revolution and the New Economic History," in Joel Mokyr, ed., *The Economics of the Industrial Revolution*, Totowa, N. J. : Rowman and Allanheld, 1–51

———, 1988, "Is There Still Life in the Pessimist Case ? Consumption during the Industrial Revolution, 1790–1850," *Journal of Economic History*, 48 : 1, 69–92

———, 1990, *The Lever of Riches : Technological Creativity and Economic Progress*, New York : Oxford University Press

———, 1991, "Dear Labor, Cheap Labor, and the Industrial Revolution," in David Landes, Patrice Higgonet, and Henry Rosovsky, eds., *Favorites of Fortune : Technology, Growth, and Economic Development Since the Industrial Revolution*, Cambridge, Mass. : Harvard University Press, 177–200

———, 1994, "Progress and Inertia in Technological Change," in Mark Thomas and John James, eds., *Capitalism in Context : Essays on Economic Development and Culture in Honor of R. M. Hartwell*, Chicago : University of Chicago Press, 230–54

Moore, Barrington, 1966, *Social Origins of Dictatorship and Democracy : Lord and Peasant in the Making of the Modern World*, Boston : Beacon Press（宮崎隆次・森山茂徳・高橋直樹訳『独裁と民主政治の社会的起源——近代世界形成過程における領主と農民』東京・岩波書店，1986–1987 年）

Mooser, Josef, 1984, *Ländliche Klassengesellschaft, 1770–1848*（Rural class society, 1770–1848), Gottingen : Vandenhoeck and Ruprecht

Moosvi, Shireen, 1987, *The Economy of the Mughal Empire c. 1595 : A Statistical Study*, Delhi : Oxford University Press

Morgan, Edmund S., 1975, *American Slavery, American Freedom : The Ordeal of Colonial Virginia*, New York : W. W. Norton and Co.

Morineau, Michel, 1985, *Incroyables Gazettes et Fabuleux Métaux*（Incredible gazettes and fabulous metals), Cambridge : Cambridge University Press

Morris, J. H., and L. J. Williams, 1958, *The South Wales Coal Industry, 1841–1875*, Cardiff : University of Wales Press

Morse, Hosea Ballou, 1966, *The Chronicles of the East India Company Trading to China, 1635–1834*,

4 vols., Taipei : Chengwen (reprint)

Morton, A. G. 1981, *History of Botanical Science : An Account of the Development of Botany from Ancient Times to the Present Day*, New York : Academic Press

Mote, Frederick, 1977, "Yuan and Ming," in K. C. Chang, ed., *Food in Chinese Culture : Anthropological and Historical Perspectives*, New Haven : Yale University Press, 195-257

Mukerji, Chandra, 1983, *From Graven Images : Patterns of Modern Materialism*, New York : Columbia University Press

Myers, Ramon, 1982, "Customary Law, Markets, and Resource Transactions in Late Imperial China," in Roger Ransom, Richard Sutch, and Gary Walton, eds., *Exploration in the New Economic History : Essays in Honor of Douglass C. North*, New York : Academic Press, 278-98

Myint, H., 1958, "The 'Classical' Theory of International Trade and the Underdeveloped Countries," *The Economic Journal*, 68 : 270, 317-37

Najita, Tetsuo, 1987, *Visions of Virtue in Tokugawa Japan : The Kaitokudo Merchant Academy of Osaka*, Chicago : University of Chicago Press（子安宣邦訳『懐徳堂——18 世紀日本の「徳」の諸相』東京・岩波書店，1992 年）

Naquin, Susan, and Evelyn Rawski, 1987, *Chinese Society in the Eighteenth Century*, New Haven : Yale University Press

Needham, Joseph, 1965, With assistance from Wang Ling, *Physics and Physical Technology*, Vol. 4, part 2 (Vol. 27 overall), in Joseph Needham, et al., *Science and Civilization in China*, Cambridge : Cambridge University Press

Nef, John, 1932, *The Rise of the British Coal Industry*, 2 vols., London : Routledge

———, 1964, *The Conquest of the Material World*, Chicago : University of Chicago Press

Ng, Chin Keong, 1983, *Trade and Society : The Amoy Network on the China Coast, 1683-1735*, Singapore : Singapore University Press

———, 1990, "The South Fukienese Junk Trade at Amoy from the 17th to the 18th Centuries," in Eduard Vermeer, ed., *Development and Decline of Fukien Province in the 17th and 18th Centuries*, Leiden : E. J. Brill, 297-316

Nipperdey, Thomas ; translated by Daniel Nolan, 1996, *Germany from Napoleon to Bismarck, 1800-1866*, Princeton : Princeton University Press

Nishijima, Sadao, 1984, "The Formation of the Early Chinese Cotton Industry," in Linda Grove and Christian Daniels, eds., *State and Society in China : Japanese Perspectives on Ming Qing Social Economic History*, Tokyo : University of Tokyo Press, 17-78

Nishikawa, Shunsaku（西川俊作）, 1978, "Productivity, Subsistence, and By-Employment in the Mid-Nineteenth Century Choshu," *Explorations in Economic History*, 15 : 1, 69-83

North, Douglass, 1981, *Structure and Change in Economic History*, New York : W. W. Norton（中島正人訳『文明史の経済学——財産権・国家・イデオロギー』東京・春秋社，1989 年；大野一訳『経済史の構造と変化』東京・日経 BP 社，2013 年）

———, 1991, "Institution, Transaction Costs, and the Rise of Merchant Empires," in James D. Tracy, ed., *The Political Economy of Merchant Empires*, Cambridge : Cambridge University Press, 22-40

———, 1994, "The Evolution of Efficient Markets in History," in John James and Mark Thomas, eds., *Capitalism in Context : Essays on Economic Development and Culture in Honor of R. M. Hartwell*,

Chicago : University of Chicago Press, 257-64

——— and Robert Paul Thomas, 1973, *The Rise of the Western World : A New Economic History*, Cambridge : Cambridge University Press（速水融・穐本洋哉訳『西欧世界の勃興——新しい経済史の試み』京都・ミネルヴァ書房，1980 年）

——— and Barry Weingast, 1989, "Constitution and Commitment : The Evolution of Institutions Governing Public Choice in 17th Century England," *Journal of Economic History*, 49 : 4 (December), 803-32

Nyren, Eve, 1995, *The Bonds of Martimony = Hsing Win Yuan Chuan* (Translation of Seventeenth Century Novel, Attributed by some to Pu Songling), Lewiston, N. Y. : E. Mellen Press

O'Brien, Patrick K., 1977, "Agriculture and the Industrial Revolution," *Economic History Review* 2nd series, 30 : 1 (February), 166-81

———, 1982, "European Economic Development : The Contribution of the Periphery," *Economic History Review*, 35 : 1 (February), 1-18

———, 1988, "The Political Economy of English Taxation 1660-1815," *Economic History Review*, 41 : 1 (February), 1-32（玉木俊明訳「イギリス税制のポリティカル・エコノミー—— 1660-1815 年」秋田茂・玉木俊明編訳『帝国主義と工業化　1415～1974』京都・ミネルヴァ書房，2000 年，165-204 ページ）

———, 1990, "European Industrialization : From the Voyages of Discovery to the Industrial Revolution," in Hans Pohl, ed., *The European Discovery of the World and Its Economic Effects on Pre-Industrial Society, 1500-1800 : Papers of the 10th International Economic History Congress*, Stuttgart : Franz Steiner Verlag, 154-77

——— and Caglar Keyder, 1978, *Economic Growth in Britain and France : Two Paths to the Twentieth Century, 1780-1914*, London : George Allen and Unwin

Ogilvie, Sheilagh, 1996, "Proto-Industrialization in Germany," in Sheilagh Ogilvie and Markus Cerman, eds., *European Proto-Industrialization*, Cambridge : Cambridge University Press, 118-36

——— and Markus Cerman, 1996, "Introduction : The Theories of Proto-Industrialization," in Sheilagh Ogilvie and Markus Cerman, eds., *European Proto-Industrialization*, Cambridge : Cambridge University Press, 1-11

Osako, Masako M., 1983, "Forest Preservation in Tokugawa Japan," in John R. Richards and Richard P. Tucker, eds., *Global Deforestation and the 19th Century World Economy*, Durham : Duke University Press Policy Series, 129-45

Osborne, Anne, 1994, "The Local Politics of Land Reclamation in the Lower Yangzi Highlands," *Late Imperial China*, 15 : 1 (June), 1-46

Owen, E. R. J., 1966, "Egyptian Cotton and the American Civil War, 1860-1866," in Chalres Issawi, ed., *The Economic History of the Middle East, 1800-1914 : A Book of Readings*, Chicago : University of Chicago Press, 416-29

Pach, Z. S. P., 1990, "The East-Central European Aspect of the Overseas Discoveries and Colonization," in Hans Pohl, ed., *The European Discovery of the World and Its Economic Effects on Pre-Industrial Society, 1500-1800 : Papers of the 10th International Economic History Congress*, Stuttgart : Franz Steiner Verlag, 178-94

Palat, Ravi, 1995, "Historical Transformation in Agrarian Systems Based on Wet-Rice Cultivation :

Toward an Alternative Model of Social Change," in Philip McMichael, ed., *Food and Agrarian Orders in the World-Economy*, Westport, Conn.: Greenwood Press, 55–77

Pan, Ming-te（潘敏徳）, 1994, "Rural Credit and the Peasant Economy (1600–1937)—— The State, Elite, Peasant, and 'Usury'," Ph. D. diss., University of California, Irvine

———, 1998, "Who Was Worse Off ?" Paper Delivered at 1998 meeting of Chinese Historians in the United States, Seattle, Wash

Parker, Geoffrey, 1988, *The Military Revolution: Military Innovation and the Rise of the West, 1500–1880*, New York: Cambridge University Press（大久保桂子訳『長篠合戦の世界史——ヨーロッパ軍事革命の衝撃　1500〜1800年』東京・同文舘出版，1995年）

Parker, William, 1984, 1991, *America, Europe, and the Wider World*, 2 vols., Cambridge: Cambridge University Press

Parker, David, and Patricia Croot, 1987, "Agrarian Class Structure and the Development of Capitalism: France and England Compared," in T. H. Aston and C. H. E. Philpin, eds., *The Brenner Debate: Agrarian Class Structure and Economic Development in Pre-Industrial Europe*, Cambridge: Cambridge University Press, 79–90

Parthasarathi, Prasannan, 1998, "Rethinking Wages and Competitiveness in the Eighteenth Century: Britain and South India," *Past and Present*, 158 (February), 79–109

Pearson, M. N., 1991, "Merchants and States," in James D. Tracy, ed., *The Political Economy of Merchant Empires*, Cambridge: Cambridge University Press, 41–116

Perdue, Peter, 1987, *Exhausting the Earth: State and Peasant in Hunan, 1500–1850*, Cambridge, Mass.: Harvard University Press

Perkins, Dwight H.; with the assistance of Yeh-Chien Wang, Kuo-Ying Wang Hsiao, Yung-Ming Su, 1969, *Agricultural Development in China, 1368–1968*, Chicago: Aldine Publishing

Perlin, Frank, 1978, "Of White Whale and Countrymen in the 18th Maratha Deccan: Extended Class Relations, Rights, and the Problem of Rural Autonomy under the Old Regime," *Journal of Peasant Studies*, 5: 2 (February), 172–237

———, 1983, "Proto Industrialization and Pre-Colonial South Asia," *Past and Present*, 98 (February), 30–95

———, 1985, "State Formation Reconsidered, Part Two," *Modern Asian Studies*, 19: 3 (July), 415–80

———, 1987, "Money Use in Pre-Colonial India," in John F Richards, ed., *Imperial Monetary Systems in Mughal India*, New York: Oxford University Press, 232–373

———, 1988, "Disarticulation of the World: Writing India's Economic History," *Comparative Studies in Society and History*, 30: 2 (April), 379–87

———, 1990, "Financial Institutions and Business Practices across the Euro-Asian Interface: Comparative and Structural Consideration, 1500–1900," in Hans Pohl, ed., *The European Discovery of the World and Its Economic Effects on Pre-Industrial Society, 1500–1800*, Stuttgart: Franz Steiner Verlag, 257–303

———, 1991, "World Economic Integration before Industrialization and the Euro-Asian Monetary Continuum," in H. G. Van Cauwenberghe, ed., *Money, Coin, and Commerce: Essays in the Monetary History of Asia and Europe*, Leuven: Leuven University Press, 239–374

———, 1994, *Unbroken Landscape: Commodity, Category, Sign and Identity: Their Production as*

Myth and Knowledge from 1500, Aldershot, U.K. : Variorum

Peterson, Willard, 1979, *Bitter Gourd : Fang I-Chih and the Impetus for Intellectual Change*, New Haven : Yale University Press

Phelps Brown, E. H., and Sheila Hopkins, 1956, "Seven Centuries of the Prices of Consumables, Compared with Builders' Wage-rates," *Economica*, 23 : 92 (November), 296-314

———, 1957, "Wage-rates and Prices : Evidence for Population Pressure in the Sixteenth Century," *Economica*, 24 : 96 (November), 289-96

——— and Sheila Hopkins, 1981, *A Perspective of Wages and Prices*, London : Methuen

Phillips, Carla Rahn, 1990, "The Growth and Composition of Trade in the Iberian Empires, 1450-1750," in James Tracy, ed., *The Rise of Merchant Empire : Long Distance Trade in the Early Modern World, 1350-1750*, New York : Cambridge University Press, 34-101

Platt, D. C. M., 1972, *Latin America and British Trade, 1806-1914*, London : A&C Black

Plumb, J. H., 1973, *The Commercialization of Leisure in Eighteenth-Century England*, Reading : University of Reading Press

Polanyi, Karl, 1957, *The Great Transformation : The Political and Economic Origins of Our Time*, Boston : Beacon Press（吉沢英成・野口建彦・長尾史郎・杉村芳美訳『大転換——市場社会の形成と崩壊』東京・東洋経済新報社，1975 年；野口建彦・栖原学訳『［新訳］大転換——市場社会の形成と崩壊』東京・東洋経済新報社，2009 年）

Pollard, Sidney, 1981, *Peaceful Conquest : The Industrialization of Europe, 1760-1970*, New York : Oxford University Press

Pomeranz, Kenneth, 1988, "The Making of a Hinterland : State, Society and Economy in Inland North China 1900-1937," Ph. D. diss., Yale University

———, 1993, *The Making of a Hinterland : State, Society and Economy in Inland North China 1900-1937*, Berkeley : University of California Press

———, 1995, "How Exhausted an Erath ? Some Thought on Qing (1664-1911) Environmental History," *Chinese Environmental History Newsletter*, 2 : 2 (November), 7-11

———, 1997a, "Power, Gender and Pluralism in the Cult of the Goddess of Taishan," in R. Bin Wong, Theodore Hunters, and Pauline Yu, eds., *Culture and State in Chinese History : Conventions, Accommodations, and Critiques*, Stanford : Stanford University Press, 182-204

———, 1997b, "Gentry Merchant Revisited : Family, Farm and Financing in the Yutang Co. of Jining, 1779-1956," *Late Imperial China*, 18 : 1 (June), 1-38

Postel-Vinay, Giles, 1994, "The Dis-Integration of Traditional Labour Markets in France : From Agriculture and Industry to Agriculture or Industry," in George Grantham and Mary MacKinnon, eds., *Labour Market Evolution : The Economic History of Market Integration, Wage Flexibility, and the Employment Relation*, London : Routledge, 64-83

Powelson, John, 1994, *Centuries of Economic Endeavor : Parallel Paths in Japan and Europe and Their Contrast with the Third World*, Ann Arbor : University of Michigan Press

Prakash, Om, 1981, "The European Trade and South Asian Economies : Some Regional Contrast, 1600-1800," in Leonard Blussé, Femme Gaastra and P. H. Boulle, eds., *Companies and Trade : Essays on Overseas Trading Companies during the Ancien Régime*, Leiden : Leiden University Press, 189-205

Rabb, Theodore K., 1967, *Enterprise and Empire : Merchant and Gentry Investment in the Expansion of*

England, 1575–1630, Cambridge, Mass. : Harvard University Press

Rangarajan, Mahesh, 1994, "Imperial Agendas and India's Forests : The Early History of Indian Forestry, 1800–1878," *Indian Economic and Social History Review*, 31 : 2 (July) : 147–67

Rawski, Evelyn, 1972, *Agricultural Change and the Peasant Economy of the South China*, Cambridge, Mass. : Harvard University Press

———, 1985, "Economic and Social Foundations of Late Imperial Culture," in David Johnson, Andrew Nathan, and Evelyn Rawski, eds., *Popular Culture in Late Imperial China*, Berkeley : University of California Press, 3–33

Raychaudhuri, Tapan, 1982a, "The State and the Economy : The Mughal Empire," in Tapan Raychaudhuri and Irfan Habib, eds., *The Cambridge Economic History of India, Volume 1 c.1200–c.1750*, Cambridge : Cambridge University Press, 172–93

———, 1982b, "Non-Agricultural Production : Mughal India," in Tapan Raychaudhuri and Irfan Habib, eds., *The Cambridge Economic History of India, Volume 1 c.1200–c.1750*, Cambridge : Cambridge University Press, 261–307

———, 1982c, "Inland Trade," in Tapan Raychaudhuri and Irfan Habib, eds., *The Cambridge Economic History of India, Volume 1 c.1200–c.1750*, Cambridge : Cambridge University Press, 325–59

Razzell, Peter, 1993, "The Growth of Population in Eighteenth Century England : A Critical Reappraisal," *Journal of Economic History*, 53 : 4 (December), 743–71

Reid, Anthony, 1988a, *Southeast Asia in the Age of Commerce 1450–1680, Volume 1, The Lands below the Winds*, New Haven : Yale University Press（平野秀秋・田中優子訳『大航海時代の東南アジア I——貿易風の下で』東京・法政大学出版局，2002 年）

———, 1988b, "Women's Roles in Pre-Colonial Southeast Asia," *Modern Asian Studies*, 22 : 3 (July), 626–46

———, 1989, "The Organization of Production in Southeast Asia Port Cities," in Frank Broeze, ed., *Brides of the Sea : Port Cities of Asia from the 16th to 20th Centuries*, Honolulu : University of Hawaii Press, 55–74

———, 1990, "The System of Trade and Shipping in Maritime South and Southeast Asia and the Effects of the Development of the Cape Route to Europe," in Hans Pohl, ed., *The European Discovery of the World and Its Economic Effects on Pre-Industrial Society, 1500–1800*, Stuttgart : Franz Steiner Verlag, 74–96

———, 1993, *Southeast Asia in the Age of Commerce 1450–1680 : Volume 2, Expansion and Crisis*, New Haven : Yale University Press（平野秀秋・田中優子訳『大航海時代の東アジア II——拡張と危機』東京・法政大学出版局，2002 年）

Richards, John, 1990, "Land Transformation," in B. L. Turner II et al., eds., *The Earth as Transformed by Human Action*, Cambridge : Cambridge University Press, 163–78

Richardson, David, 1987, "The Slave Trade, Sugar, and British Economic Growth, 1748–1776," *Journal of Interdisciplinary History*, 17 : 4 (Spring), 739–69

Rimmer, W. G., 1960, *Marshalls of Leeds, Flax Spinners, 1788–1886*, Cambridge : Cambridge University Press

Ringrose, David, 1970, *Transportation and Economic Stagnation in Spain*, Durham : Duke University Press

Riskin, Carl, 1975, "Surplus and Stagnation in Modern China," in Dwight Perkins, ed., *China's Modern Economy in Historical Perspective*, Stanford : Stanford University Press, 49–84

Roberts, J. M., 1967, "Lombardy," in Albert Goodwin, ed., *The European Nobility in the Eighteenth Century : Studies of the Nobilities of the Major European States in the Pre-Reform Era*, New York : Harper and Row, 60–82

Roberts, Luke, 1991, "The Merchant Origins of National Prosperity Thought in 8th Century Tosa," Ph. D. diss. Princeton University

Roberts, Michael, 1967, "Sweden," in Albert Goodwin, ed., *The European Nobility in the Eighteenth Century : Studies of the Nobilities of the Major European States in the Pre-Reform Era*, New York : Harper and Row, 136–53

Rösener, Werner ; translated by Thomas M. Barker, 1994, *The Peasantry of Europe*, London : Basil Blackwell

Rosenthal, Jean-Laurent, 1992, *The Fruits of Revolution : Property Rights, Litigation, and French Agriculture, 1700–1860*, Cambridge : Cambridge University Press

Rossiter, Margaret, 1975, *The Emergence of Agricultural Science : Justus Liebig and the Americans, 1840–1880*, New Haven : Yale University Press

Rowe, William, 1984, *Hankow : Commerce and Society in a Chinese City, 1796–1889*, Stanford : Stanford University Press

———, 1989, *Hankow : Conflict and Community in a Chinese City, 1796–1895*, Stanford : Stanford University Press

———, 1990, "Success Stories : Lineage and Elite Status in Hanyang County Hubei, c.1368–1949," in Joseph Esherick and Mary Rankin, eds., *Chinese Local Elites and Patterns of Dominance*, Berkley : University of California Press, 51–81

———, 1992, "Women and the Family in Mid-Qing Thought : The Case of Chen Hongmou," *Late Imperial China*, 13 : 2 (December), 1–41

Roy, William G., 1997, *Socializing Capital : The Rise of the Large Industrial Corporation in America*, Princeton : Princeton University Press

Rozanov, Boris, Victor Targulian, and D. S. Orlov, 1990, "Solis," in B. L. Turner et al., *The Earth as Transformed by Human Action : Global and Regional Changes in the Biosphere Over the Past 300 Years*, New York : Cambridge University Press, 203–14

Sahlins, Marshall, 1976, *Culture and Practical Reason*, Chicago : University of Chicago Press（山内昶訳『人類学と文化記号論——文化と実践理性』東京・法政大学出版局，1987 年）

———, 1994 (1989), "Cosmologies of Capitalism : The Trans Pacific Sector of the World System," in Nicholas Dirks, Geoff Eley and Sherry B. Ortner, eds., *Princeton Studies in Culture/Power/History : A Reader in Contemporary Social Theory*, Princeton : Princeton University Press, 412–55

Saito, Osamu（斎藤修）, 1978, "The Labour Market in Tokugawa Japan : Wage Differentials and the Real Wage Level, 1727–1830," *Explorations in Economic History*, 15 : 1 (January), 84–100

———, 1983, "Population and Peasant Family Economy in Proto-Industrial Japan," *Journal of Family History*, 8 : 1 (March), 30–54

Salaman, Redcliffe N. ; with a chapter on industrial uses by W. G. Burton, 1949, *The History and Social Influence of the Potato*, Cambridge : Cambridge University Press

Santamaria, Alberto, 1966, "The Christian Parian," in Alfonso Felix, ed., *The Chinese in the Philippines, 1570–1770*, Vol. 1, Manila : Solidaridad Publishing, 67–118

Schama, Simon, 1987, *The Embarrassment of Riches : An Interpretation of Dutch Culture in the Golden Age*, New York : Alfred A. Knopf

Schoppa, R. Keith, 1989, *Xiang Lake : Nine Centuries of Chinese Life*, New Haven : Yale University Press

Schran, Peter, 1978, "A Reassessment of Inland Communications in Late Ch'ing China," *Ch'ing-shih Wen-t'I*, 3 : 10, 28–48

Schultz, Theodore, 1964, *Transforming Traditional Agriculture*, New Haven : Yale University Press（逸見謙三訳『農業近代化の理論』東京・東京大学出版会，1966 年）

Schwartz, Stuart, 1985, *Sugar Plantations in the Formation of Brazilian Society : Bahia 1550–1835*, Cambridge : Cambridge University Press

———, 1992, *Slaves, Peasants, and Rebels : Reconsidering Brazilian Slavery*, Chicago : University of Chicago Press

Senghaas, Dieter ; translated from the German by K. H. Kimmig, 1985, *The European Experience : A Historical Critique of Development Theory*, Dover : Berg Publishers

Sewell, William Jr., 1980, *Work and Revolution in France : The Language of Labor from the Old Regime to 1848*, New York : Cambridge University Press

Shepherd, James F. and Gary M. Walton, 1972, *Shipping, Maritime Trade, and the Economic Development of Colonial North America*, Cambridge : Cambridge University Press

Shepherd, John R., 1993, *Statecraft and Political Economy on the Taiwan Frontier, 1600–1800*, Stanford : Stanford University Press

Skinner, G. William, 1971, "Chinese Peasant and the Closed Community : An Open and Shut Case," *Comparative Studies in Society and History*, 13 : 3 (July), 270–81

———, 1976, "Mobility Strategies in Late Imperial China : A Regional Systems Analysis," in Carol A, Smith, ed., *Regional Analysis*, New York : Academic Press, Vol. 1, 327–64

———, 1977a, "Regional Urbanization in Nineteenth-Century China," in G. William Skinner, ed., *The City in Late Imperial China*, Stanford : Stanford University Press, 275–351（今井清一訳『中国王朝末期の都市——都市と地方組織の階層構造』京都・晃洋書房，1989 年，3–48 ページ）

———, 1977b, "Cities and the Hierarchy of Local Systems," in G. William Skinner, ed., *The City in Late Imperial China*, Stanford : Stanford University Press, 275–351（今井清一訳『中国王朝末期の都市——都市と地方組織の階層構造』京都・晃洋書房，1989 年，51–135 ページ）

———, 1987, "Sichuan's Population in the 19th Century : Lessons from Disaggregated Date," *Late Imperial China*, 8 : 1 (June) : 1–79

Slicher Van Bath, B. H., 1977, "Agriculture in the Vital Revolution," in E. E. Rich and C. H. Wilson, *The Cambridge Economic History of Europe*, Vol. 5, New York : Cambridge University Press, 42–132

Smil, Vaclav, 1983, *Biomass Energies*, New York : Plenum

———, 1984, *The Bad Earth : Environmental Degradation in China*, New York : M. E. Sharp（深尾葉子・神前進一訳『蝕まれた大地——中国の環境問題』滋賀・行路社，1996 年）

———, 1985, *Carbon, Nitrogen Sulfur : Human Interference in Grand Biospheric Cycles*, New York : Plenum

———, 1990, "Nitrogen and Phosphorus," in B. L. Turner et al., *The Earth as Transformed by Human Action : Global and Regional Change in the Biosphere Over the Past 300 Years*, New York : Cambridge University Press, 423-36

———, 1993, *China's Environmental Crisis : An Inequality into the Limits of National Development*, Armonk, New York : M. E. Sharpe（丹藤佳紀・高井潔司訳『中国の環境危機』東京・亜紀書房，1996 年）

———, 1994, *Energy in World History*, Boulder : Westview

———, and William Knowland, 1980, *Energy in the Developing World : The Real Energy Crisis*, Oxford : Oxford University Press

Smith, Adam, 1937 (1776), *The Wealth of Nations*, New York : Modern Library

Smith, Thomas, 1958, *The Agrarian Origin of Modern Japan*, Stanford : Stanford University Press（大塚久雄監訳，石坂昭雄（他）訳『近代日本の農村的起源』東京・岩波書店，1970 年）

———, Robert Eng, and Robert Lundy, 1977, *Nakahara : Family Farming and Population in a Japanese Village, 1717-1830*, Stanford : Stanford University Press

Snooks, Graeme, 1994a, "New Perspective on the Industrial Revolution : The Industrial Revolution in Historical Perspective," in Graeme Snooks, ed., *Was the Industrial Revolution Necessary ?* London : Routledge, 1-26

———, 1994b, "Great Waves of Economic Change : The Industrial Revolution in Historical Perspective 1000-2000," in Graeme Snooks, ed., *Was the Industrial Revolution Necessary ?* London : Routledge, 43-78

So, Alvin（蘇耀昌）, 1986, *The South China Silk District : Local Historical Transformation and World-System Theory*, Albany : SUNY Press

Soboul Albert, 1966, *La France à la veille de la Révolution : Économie et société*, Paris : Société d'Édition d'Enseignement Supérieu（山崎耕一訳『大革命前夜のフランス――経済と社会』東京・法政大学出版局，1982 年）

Sokoloff, Kenneth, and David Dollar, 1997, "Agricultural Seasonality and the Organization of Manufacturing in Early Industrial Economies : The Contrast between England and the United State," *Journal of Economic History*, 57 : 2 (June), 288-321

Solow, Barbara, 1992, "Why Columbus Failed : The New World without Slavery," in Wolfgang Reinhard and Peter Waldman, eds., *Nord und Süd in Amerika, Gemeinschaften, Gegensätze, europäischer Hintergrund*, 2 vols., Freiburg : Rombach Verlag, 1111-23

Sombart, Werner, 1924-27, *Der Moderne Kapitalismus : Historisch-Systematische Darstellung des Gesamteuropäischen Wirtschaftslebens von seinen Anfängen bis zur Gegenwart*, Munich : Dunckner and Humblot（権田保之助訳註『近世資本主義――其始期より現在に至る全歐經濟生活の史的系統的叙述（其の一節）』東京・有朋堂書店，1930 年；梶山力訳『高度資本主義』東京・有斐閣，1940 年；岡崎次郎訳『近世資本主義』東京・生活社，1942 年）

———; introduction by Philip Siegelman ; translated by W. R. Dittmar, 1967, *Luxury and Capitalism*, Ann Arbor : University of Michigan Press

Spence, Jonathan, 1977, "Ch'ing," in K. C. Chang, ed., *Food in Chinese Culture : Anthropological and Historical Perspectives*, New Haven : Yale University Press

Stansell, Christine, 1986, *City of Women : Sex and Class in New York City*, 1789-1860, Urbana : Uni-

versity of Illinois Press

Staunton, George Sir, 1799, *An Authentic Account of Embassy from the King of Great Britain to the Emperor of China*, 3 Vols., Philadelphia : R. Campbell

Steensgaard, Niels, 1982, "The Dutch East India Co. as an Institutional Innovation," in Maurice Aymard, ed., *Dutch Capitalism and World Capitalism*, New York : Cambridge University Press, 235-58

———, 1990a, "Trade of England and Dutch before 1750," in James Tracy, ed., *The Rise of Merchant Empire : Long Distance Trade in the Early Modern World, 1350-1750*, New York : Cambridge University Press, 102-52

———, 1990b, "Commodities, Bullion, and Services in International Transactions before 1750," in Hans Pohl, ed., *The European Discovery of the World and Its Economic Effects on Pre-Industrial Society, 1500-1800 : papers of the 10th International Economic History Congress*, Stuttgart : Franz Steiner Verlag, 9-23

Stein, Burton, 1982a, "Vijayanagara c. 1350-1564," in Tapan Raychaudhuri and Irfan Habib, eds., *The Cambridge Economic History of India, Volume 1 c.1200-c.1750*, Cambridge : Cambridge University Press, 102-24

———, 1982b, "State and Economy : The South," in Tapan Raychaudhuri and Irfan Habib, eds., *The Cambridge Economic History of India, Volume 1 c.1200-c.1750*, Cambridge : Cambridge University Press, 203-13

———, 1985, "State Formation and Economy Reconsidered Part One," *Modern Asian Studies*, 19 : 3 (July), 387-413

Stern, Steve J., 1988, "Feudalism, Capitalism and the World System in the Perspective of Latin America and the Caribbean," *American Historical Review*, 93 : 4 (October) : 829-72

Stone, Lawrence, 1979, *The Family, Sex and the Marriage in England, 1500-1800*, New York : Harper and Row（北本正章訳『家族・性・結婚の社会史—— 1500 年-1800 年のイギリス』京都・勁草書房，1991 年）

Stross, Randall, 1985, "Number Games Rejected : The Misleading Allure of Tenancy Estimates," *Republican China*, 10 : 3 (June), 1-17

Subrahmanyam, Sanjay, 1986, "Aspects of State Formation in South India and Southeast Asia," *Indian Economic and Social History Review*, 23 : 4 (December), 357-77

———, 1990, *The Political Economy of Commerce : Southern India 1500-1650*, Cambridge : Cambridge University Press

———, 1993, *Portuguese Empire in Asia 1500-1700 : A Political and Economic History*, London : Longman's

Sugihara, Kaoru（杉原薫）, 1996, "The European Miracle and the East Asian Miracle : Towards a New Global Economic History," 奈良産業大学『産業と経済』11 : 2, 27-48

———, 1997, "Agriculture and Industrialization : the Japanese Experience," in Peter Mathias and John Davis, eds., *Agriculture and Economic Growth : From the Eighteenth Century to the Present Day*, Oxford : Blackwell Publishers, 148-66

Sun, Jingzhi, 1988, *Economic Geography of China*, New York : Oxford University Press

Takekoshi, Yosaburo, 1967, *The Economic Aspects of the History of the Civilization of Japan*, Vol. 3, London : Dawsons of Pall Mall (Original published by George Allen & Unwin in 1930)

Tandeter, Enrique, 1993, *Coercion and Market : Silver Mining in Colonial Potosí, 1692–1826*, Albuquerque : University of Mexico Press

Tavernier, Jean-Baptiste ; translated from the original French edition of 1676, with a biographical sketch of the author, notes, appendices, &c, by V. Ball ; edited by William Crooke, 1925, *Travels in India*, Vol. 2, second edition, London : Oxford University Press

Teiser, Stephen, 1993, "The Growth of Purgatory," in Patricia Ebrey and Peter Gregory, eds., *Religion and Society in T'ang and Sung China*, Honolulu : University of Hawaii Press, 115–46

Telford, Ted, 1990, "Patching the Holes in Chinese Genealogies : Mortality in the Lineage Population of Tongcheng County, 1300–1880," *Late Imperial China*, 11 : 2 (December), 116–36

Teng, Ssu-yu and John K. Fairbank, eds., 1954, *China's Response to the West : A Documentary Survey, 1839–1923*, Cambridge, Mass. : Harvard University Press

Thomas, Brinley, 1985a, "Food Supply in the United Kingdom during the Industrial Revolution," in Joel Mokyr, ed., *The Economics of the Industrial Revolution*, Totowa, N. J. : Rowman and Allanheld, 137–50

———, 1985b, "Escaping from Constraints : The Industrial Revolution in a Malthusian Context," *Journal of Interdisciplinary History*, 15 : 4 (Spring) : 729–53

Thomaz, Luis Filipe Feirera Reis, 1993, "The Malay Sultanate of Melaka," in Anthony Reid, ed., *Southeast Asia in the Early Modern Era : Trade, Power and Belief*, Inthaca : Cornell University Press, 70–89

Thompson, E. P., 1966, *The Making of the English Working Class*, New York : Vintage（市橋秀夫・芳賀健一訳『イングランド労働者階級の形成』東京・青弓社，2003 年）

———, 1967, "Work, Time and Industrial Discipline," *Past and Present*, 38 (December), 56–97

Thompson, F. M. L., 1963, *English Landed Society in the Nineteenth Century*, London : Routledge

———, 1968, "The Second Agricultural Revolution, 1815–1880," *Economic History Review*, 21 : 1 (April), 62–77

———, 1989, "Rural Society and Agricultural Change in 19th Century Britain," in George Grantham and Carol Leonard, eds., *Agrarian Organization in the Century of Industrialization : Europe, Russia, and North America*, Greenwich, Conn. : JAI Press, 187–202

Thornton John, 1992, *Africa and Africans in the Making of the Atlantic World, 1400–1680*, Cambridge : Cambridge University Press

Tilly, Charles, 1975, "Food Supply and Public Order in Modern Europe," in Charles Tilly, ed., *The Formation of National States in Western Europe*, Princeton : Princeton University Press, 380–455

———, 1984, *Big Structures, Large Processes and Huge Comparisons*, New York : Russell Sage Foundation

———, 1990, *Coercion, Capital, and European States, A.D. 990–1990*, London : Basil Blackwell

Totman, Conrad, 1989, *The Green Archipelago : Forestry in Preindustrial Japan*, Berkeley : University of California Press（熊崎実訳『日本人はどのように森をつくってきたのか』東京・築地書房，1998 年）

———, 1992, "Forest Products Trade in Pre-Industrial Japan," in John Dargavel and Richard Tucker, eds., *Changing Pacific Forests : Historical Perspectives on the Forest Economy of the Pacific Basin*, Durham, N. C. : Forest History Society, 19–24

———, 1993, *Early Modern Japan*, Berkeley : University of California Press

———, 1995, *The Lumber Industry in Early Modern Japan*, Honolulu : University of Hawaii Press

Tracy, James, 1991, "Introduction," in James D. Tracy, ed., *The Political Economy of Merchant Empires*, Cambridge : Cambridge University Press, 1-21

Tucker, Richard P. and J. F. Richards, eds., 1983, *Global Deforestation and the Nineteenth-Century World Economy*, Durham : Duke University Press

Ukers, William, 1935, *All about Coffee*, second edition, New York : The Tea and Coffee Trade Journal Company（UCC 上島珈琲株式会社監訳『オール・アバウト・コーヒー——コーヒー文化の集大成』東京・TBS ブリタニカ，1995 年）

Unschuld, Paul, 1985, *Medicine in China : A History of Ideas*, Berkeley : University of California Press

Usher, Abbott Payson, 1913, *The History of the Grain Trade in France, 1400-1710*, Cambridge, Mass. : Harvard University Press

Van der Wee, Herman, 1977, "Monetary Credit and Banking System," in E. E. Rich and C. H. Wilson, eds., *The Cambridge Economic History of Europe*, Vol. 5, Cambridge : Cambridge University Press, 290-393

Van Leur, J. C., 1955, *Indonesian Trade and Society : Essays in Asian Social and Economic History*, The Hague : W. Van Hoeve

Van Schendel, Willem, 1991, *Three Deltas : Accumulation and Poverty in Rural Burma, Bengal and South India*, New Delhi : Sage Publications

Vermeer, Eduard, 1990, "The Decline of Hsing-Hua Prefecture in the Early Ch'ing," in Eduard Vermeer, ed., *Development and Decline of Fukien Province in the 17th and 18th Centuries*, Leiden : E. J. Brill, 101-63

Vicziany, Marika, 1979, "The Disindustrialization of India in the 19th Century : A Methodological Critique of Amiya Kyar Bagchi," *Indian Economic and Social History Review*, 16 : 2 (April) : 105-43

Viraphol, Sarasin, 1977, *Tribute and Profit : Sino-Siamese Trade, 1652-1853*, Cambridge, Mass. : Harvard University Press

Visaria, Leela, and Pravin Visaria, 1983, "Population," in Dharma Kumar, ed., *The Cambridge Economic History of India*, Cambridge : Cambridge University Press

Von Glahn, Richard, 1996, *Fountain of Fortune : Money and Monetary Policy in China, 1000-1700*, Berkeley : University of California Press

Von Tunzelmann, G. N., 1978, *Steam Power and British Industrialization to 1860*, Oxford : Oxford University Press

Wadia, Ardesgur Ruttonji, 1955, *The Bombay Dockyard and the Wadia Master Builders*, Bombay : A. R. Wadia

Wakefield, David, 1992, "Household Division in Qing and Republican China : Inheritance, Family Property Economic Development," Ph. D. diss., University of California, Los Angeles

Waley-Cohen, Joanna, 2000, *The Sextants of Beijing : Global Currents in Chinese History*, New York : W. W. Norton (paperback)

Walker, Mack, 1971, *German Home Towns : Community, State and General Estate, 1648-1871*, Ithaca : Cornell University Press

Wallén, C. C., ed., 1970, *Climates of Northern and Western Europe*, Amsterdam : Elsevier Publishing Co

Wallerstein, Immanuel, 1974, *The Modern World System 1 : Capitalist Agriculture and the Origins of the European World Economy in the Sixteenth Century*, New York : Academic Press（川北稔訳『近代世界システムI——農業資本主義と「ヨーロッパ世界経済」の成立』名古屋・名古屋大学出版会，2013年）

———, 1989, *The Modern World System 3 : The Second Era of Great Expansion of the Capitalist World Economy, 1730s–1840s*, New York : Academic Press（川北稔訳『近代世界システムIII——「資本主義的世界経済」の再拡大 1730s–1840s』名古屋・名古屋大学出版会，2013年）

Waltner, Ann, 1990, *Getting an Heir : Adoption and the Construction of Kinship in Late Imperial China*, Honolulu : University of Hawaii Press

Wang, Gungwu（王賡武）, 1990, "Merchants without Empire," in James Tracy, ed., *The Rise of Merchant Empire : Long Distance Trade in the Early Modern World, 1350–1750*, New York : Cambridge University Press, 400–421

Wang, Yeh-Chien（王業鍵）, 1973, *Land Taxation in Imperial China, 1750–1911*, Cambridge : Cambridge University Press

———, 1986, "Food Supply in 18th Century Fukien," *Late Imperial China*, 7 : 2 (December), 80–117

———, 1989, "Food Supply and Grain Prices in the Yangtze Delta in the Eighteenth Century," in *The Second Conference on Modern Chinese History*, 3 vols., Taibei : Academia Sinica, 2 : 423–62

———, 1992, "Secular Trends of Rice Prices in the Yangzi Delta, 1683–1935," in Thomas Rawski and Lillian Li, eds., *Chinese History in Economic Perspective*, Berkeley : University of California Press, 35–68

Warden, Alexander J., 1967, *The Linen Trade*, London : Cass

Warren, James, 1982, "The Sulu Sultanate," in Eduard de Jesus and Alfred McCoy, eds., *Philippine Social History : Global Trade and Local Transformations*, Quezon City : Ateneo de Manila University Press, 415–44

Washbrook, D. A., 1988, "Progress and Problems : South Asian Economic and Social History, c.1720–1860," *Modern Asian Studies*, 22 : 1 (February), 57–96

Watson, Rubie, 1990, "Corporate Property and Local Leadership in the Pearl Riber Delta, 1898–1941," in Joseph Esherick and Mary Rankin, eds., *Chinese Local Elites and Patterns of Dominance*, Berkley : University of California Press, 239–60

Weatherill, Lorna, 1988, *Consumer Behaviour and Material Culture in Britain, 1660–1760*, New York : Routledge

Weber, Eugen, 1976, *Peasants into Frenchmen : The Modernization of Rural France, 1870–1914*, Stanford : Stanford University Press

Weber, Max, 1992 ; translated by Talcott Parsons ; introduction by Anthony Giddens, *The Protestant Ethic and the Spirit of Capitalism*, London : Routledge（梶山力訳『プロテスタンティズムの倫理と資本主義の精神』東京・有斐閣，1938年。これ以外にも大塚久雄氏はじめ多数の翻訳が刊行されている）

Widmer, Ellen, 1996, "The Huanduzhai of Hangzhou and Suzhou : A Study in Seventeenth-Century Publishing," *Harvard Journal of Asiatic Studies*, 56 : 1 (June), 77–122

Wigen, Karen, and Martin Lewis, 1997, *The Myth of Continents : A Critique of Metageography*, Ber-

keley : University of California Press

Will, Pierre-Etienne, 1980, “Un cycle hydraulique en Chine : la province du Hubei du XVIe au XIXe siècles,” *Bulletin de l'Ecole française d'Extrême-Orient*, 68, 261–88

———, and R. Bin Wong, 1991, *Nourish the People : The State Civilian Granary System in China, 1650–1850*, Ann Arbor : University of Michigan Press

Williams, Eric, 1944, *Capitalism and Slavery*, Chapel Hill : North Carolina University Press（中山毅訳『資本主義と奴隷制——ニグロ史とイギリス経済史』東京・理論社，1968 年）

Williams, Michael, 1990, “Forests,” in B. L. Turner et al., *The Earth as Transformed by Human Action : Global and Regional Change in the Biosphere Over the Past 300 Years*, New York : Cambridge University Press, 179–202

Williamson, Jeffrey, 1990, *Coping with City Growth during the British Industrial Revolution*, New York : Cambridge University Press

———, 1994, “Leaving the Farm to Go to the City : Did They Leave Fast Enough ?” in John James and Mark Thomas, eds., *Capitalism in Context : Essays on Economic Development and Cultural Change in Honor of R. M. Hartwell*, Chicago : University of Chicago Press, 159–82

Wills, John E. Jr., 1979, “Maritime China from Wang Chih to Shih Lang : Themes in Peripheral History,” in John Brewer and Roy Porter, eds., *Consumption and the World of Goods*, London : Routledge, 133–47

———, 1984, *Embassies and Illusions : Dutch and Portuguese Envoys to K'ang-hsi, 1666–1687*, Cambridge, Mass. : Harvard University Press

———, 1993, “European Consumption and Asian Production in the Seventeenth and Eighteenth Centuries,” in John Brewer and Roy Porter, eds., *Consumption and the World of Goods*, London : Routledge, 133–47

———, 1994, *Mountain of Fame : Portraits in Chinese History*, Princeton : Princeton University Press

———, 1995, “How We Got Obsessed with the ‘Tribute System’ and Why It's Time to Get Over It,” presented at annual meeting of the Association for Asian Studies, Washington D.C.

Wink, Andre, 1983, “Maratha Revenue Farming,” *Modern Asian Studies*, 17 : 4（October）, 591–628

Wittfogel, Karl, 1957, *Oriental Despotism : A Comparative Study of Total Power*, New Haven : Yale University Press（井上照丸訳『東洋的専制——全体主義権力の比較研究』東京・アジア経済研究所，1961 年；湯浅赳男訳『オリエンタル・デスポティズム——専制官僚国家の生成と崩壊』東京・新評論社，1991 年）

Wolfe, Martin, 1972, *The Fiscal System of Renaissance France*, New Haven : Yale University Press

Wong, R. Bin（王国斌）, 1997, *China Transformed : Historical Change and the Limits of European Experience*, Ithaca : Cornell University Press

Wright, Mary C., 1962, *The Last Stand of Chinese Conservatism : The T'ung Chih Restoration 1862–1874*, Stanford : Stanford University Press

Wright, Tim, 1984, *Coal Mining in China's Economy and Society, 1895–1937*, Cambridge : Cambridge University Press

Wrigley, E. Anthony, 1988, *Continuity, Chance, and Change : The Character of the Industrial Revolution in England*, Cambridge : Cambridge University Press（近藤正臣訳『エネルギーと産業革命——連続性・偶然・変化』東京・同文舘出版，1991 年）

———, 1990, “Brake or Accelerator ? Urban Growth and Population Growth before the Industrial Revolution,” in A. D. van der Woude, Akira Hayami, and Jan De Vries, eds., *Urbanization in History : A Process of Dynamic Interaction*, Oxford : Clarendon Press, 101–12

———, 1994, “The Classical Economists, the Stationary State, and the Industrial Revolution,” in Graeme Snooks, ed., *Was the Industrial Revolution Necessary ?* London : Routledge, 27–42

——— and Roger Schofield, 1981, *The Population History of England, 1541–1871*, Cambridge : Cambridge University Press

Wu, Peiyi, 1992, “Women Pilgrims to Taishan,” in Susan Naquin and Chün-fang Yü, eds., *Pilgrims and Sacred Sites in China*, Berkeley : University of California Press, 39–64

Yamamura, Kozo（山村耕造）, 1974, *A Study of Samurai Income and Entrepreneurship : Quantitative Analysis of Economic and Social Aspects of the Samurai in Tokugawa and Meiji Japan*, Cambridge, Mass. : Harvard University Press（新保博・神木哲男監訳『日本経済史の新しい方法——徳川・明治初期の数量分析』京都・ミネルヴァ書房，1976 年）

Zangheri, R. 1969, “The Historical Relationship between Agricultural and Economic Development in Italy,” in E. L. Jones and S. J. Woolf, eds., *Agrarian Change and Economic Development : The Historical Problem*, London : Methuen, 23–40

Zelin, Madeleine, 1986, “The Rights of Tenants in Mid-Qing Sichuan : A Study of Land-Related Lawsuits in the Baxian Archives,” *Journal of Asian Studies*, 45 : 3（May）: 499–526

———, 1988, “Capital Accumulation and Investment Strategies in Early Modern China : The Case of the Furong Salt Yards,” *Late Imperial China*, 9 : 1（June）: 79–122

———, 1990, “The Fu-Rong Salt Yard Elite,” in Joseph Esherick and Mary Rankin, eds., *Chinese Local Elites and Patterns of Dominance*, Berkley : University of California, 82–112

Zhang, Xiaobo, 1995, “Merchant Associational Activism in Early Twentieth Century China : The Tianjin General Chamber of Commerce, 1904–1928,” Ph. D. diss., Columbia University

Zuo, Dakang and Zhang Peiyuan, 1990, “The Huang-Huai-Hai Plain,” in B. L. Turner et al., *The Earth as Transformed by Human Action : Global and Regional Change in the Biosphere Over the Past 300 Years*, New York : Cambridge University Press, 473–77

【中国語文献】

韋慶遠・呉奇衍・魯素，1982，『清代奴婢制度』北京・中国人民大学出版社

海汕，1983，「玉堂春秋——済寧市玉堂醤園簡史」『済寧市史料』1 期，pp. 48–78, 2 期，pp. 90–106

郭起元，1826，「論閩省務本節用書」賀長齢輯・魏源（編）『皇朝経世文編』36 巻，20 葉 a–21 葉 a（台北・国風出版社影印本，1962 年，pp. 929–30）

許檀，1986，「明清時期臨清商業」『中国経済史研究』2 期，pp. 135–57

———，1995，「明清時期山東的糧食流通」『歴史檔案』57 期，pp. 81–88

『金瓶梅』著者・刊年未詳（なお筆者は英訳版を用いている。英訳のタイトルは以下の通り）
The Golden Lotus, translated by Clement Egerton, London : Routledge and Kegan Paul, 1957

屈大均，1700，『広東新語』（台北・台湾学生書局影印本，新修方志叢刊，1968 年）

呉承明，1985，『中国資本主義与国内市場』北京・中国社会科学出版社

———・許滌新（編），1985，『中国資本主義的萌芽』北京・人民出版社，1985 年

黄啓臣，1989，『十四―十七世紀中国鋼鉄生産史』鄭州・中州古籍出版社
『済南府志』道光 20（1840）年刊
上海市社会局，1935，『上海之商業』上海・上海市社会局（台北・文海出版社影印本，近代中国史料叢刊 3 編 42 輯 418, 1988 年）
徐新吾（編）・上海社会科学院経済研究所（編写），1992，『江南土布史』上海・上海社会科学院出版社
『続修歴城県志』民国 15（1926）年版
孫暁芬，1997，『清代前期的移民塡四川』成都・四川大学出版社
趙崗（Chao, Kang），1983，「中国歴史上工資水平的変遷」『中華文化復興月刊』16 巻 9 号，pp. 54–57
———，1985，「清代直隷商品経済分析」『河北師院学報（哲学社会科学）』3 期，pp. 99–104
張忠民，1980，『上海——従開発走向開放（1368–1842）』昆明・雲南人民出版社
陳宏謀，1826，「風俗条約」賀長齢輯・魏源（編）『皇朝経世文編』68 巻，4 葉 a–6 葉 b（台北・国風出版社影印本，1962 年，pp. 1752–53）
沈従文，1992，『中国古代服飾研究』増訂本，香港・商務印書館（香港）
杜家驥，1994，「清代天花病之流伝・防治及其対皇族人口之影響初探」李中清・郭松義（編）『清代皇族人口行為和社会環境』北京・北京大学出版社，pp. 154–69
樊樹志，1990，『明清江南市鎮探微』上海・復旦大学出版社
潘敏徳（Pan, Ming-te），1985，『中国近代典当業之研究（1644–1937）』台北・国立台湾師範大学歴史研究所
方行，1987，「論清代前期棉紡績的社会分工」『中国経済史研究』2 巻 1 号，pp. 79–94
———，1996，「清代江南農民的消費」『中国経済史研究』11 巻 3 号，pp. 91–98
熊秉真，1995，『幼幼——伝統中国的襁褓之道』台北・聯経
余英時，1985，「儒家思想与経済発展——中国近時宗教論理与商人精神」『知識分子（The Chinese intellectual）』6 号（冬），pp. 3–45
余明侠，1991，『徐州煤砿史』南京・江蘇古籍出版社
葉顕恩，1983，『明清徽州農村社会与佃僕制』合肥・安徽人民出版社
羅崙・景甦，1986，『清代山東経営地主経済研究』済南・斉魯書舎（景・羅，1959，『清代山東経営地主底社会性質』山東人民出版社，の増訂版）
李治寰，1990，『中国食糖史稿』北京・農業出版社
李中清（Lee, James），1994，「中国歴史人口制度——清代人口行為及其意義」李中清・郭松義（編）『清代皇族人口行為和社会環境』北京・北京大学出版社，pp. 1–17
———・郭松義（編），1994，『清代皇族人口行為和社会環境』北京・北京大学出版社
李伯重（Li, Bozhong），1986，「明清時期江南地区的木材問題」『中国社会経済史研究』1 期，pp. 86–96
———, 1994，「控制増長　以保富裕——清代前中期江南的人口行為」『新史学』5 巻 3 期，pp. 25–71
———, 1996，「従“夫婦并作”到“男耕女績”——明清江南農家婦女労働問題探討之一」『中国経済史研究』11 巻 3 期，pp. 99–107
李文治・魏金玉・経君健，1983，『明清時代的農業資本主義萌芽問題』北京・中国社会科学出版社

凌大燮，1983，「我国森林資源的変遷」『中国農史』3 巻 2 期，pp. 26–36
梁方仲，1980，『中国歴代戸口，田地，田賦統計』上海・上海人民出版社

【日本語文献】

足立啓二，1978，「大豆粕流通と清代の商業的農業」『東洋史研究』37 巻 3 号，pp. 361–389
岩橋勝，1981，『近世日本物価史の研究――近世米価の構造と変動』東京・大原新生社
河田悌一，1979，「清代学術の一側面――朱筠，邵晋涵，洪亮吉そして章学誠」『東方学』57 号，pp. 84–105
岸本美緒，1987，「清代物価史研究の現状」『中国近代史研究』5 号，pp. 79–104
―――，1997，『清代中国の物価と経済変動』東京・研文出版
斎藤修，1985，『プロト工業化の時代――西欧と日本の比較史』東京・日本評論社
―――・新保博（編），1989，『日本経済史 2　近代成長の胎動』東京・岩波書店
田中正俊，1984，「明・清時代の問屋制前貸生産について――衣料生産を主とする研究史的覚え書」西嶋定生博士還暦記念論叢編集委員会（編）『東アジア史における國家と農民』東京・山川出版社
寺田隆信，1972，『山西商人の研究――明代における商人および商業資本』京都大学文学部内東洋史研究会
濱下武志，1994，「近代東アジア国際体係」平野健一郎（編）『講座現代アジア 4　地域システムと国際関係』東京大学出版会，pp. 285–325
速水融，1989，「近世日本の経済発展と Industrious Revolution」速水融・斎藤修・杉山伸也（編）『徳川社会からの展望・発展・構造・国際関係』同文舘出版，pp. 19–32
星斌夫，1971，『大運河――中国の漕運』東京・近藤出版社
南満州鉄道株式会社天津事務所調査課，1936，『山東の畜牛（北支経済資料第 6 輯）』天津・南満州鉄道株式会社天津事務所